前　　言

　　望子成龙是每位家长的心愿。身为男孩的父母，无不希望自己的儿子是最棒的：机智勇敢、乐观自信、品质卓越、自立自强、有才学、有责任感、有爱心、有风度……并希望他在不久的将来成长为一个顶天立地的男子汉，担当起社会、家庭的重任。但是，最棒的男孩不是天生的，而是通过后天教育造就的，这与父母的教育和引导不无关系。正如古人所说："玉不琢，不成器。"男孩如同一块璞玉，只有在用心雕琢下才能放射出最耀眼的光芒。

　　父母的教育决定了男孩的未来，出色的男孩是优质教育的结果。家庭是男孩人生中的第一所学校，父母是他们的第一任老师，父母的言传身教，对男孩的智力、性格、习惯、心态、能力、品德等的培育有着重大影响，甚至可以决定男孩的一生。男孩将来会成为什么样的人，成就怎样的事业，掌握多少财富，拥有怎样的人生，都掌握在父母的手中。因此，无论你想给男孩一个什么样的明天，都要用心培育他。因为没有教不好的男孩，只有不会教孩子的父母。

　　教育男孩是一门艺术。培养最棒的男孩，父母不但要教，更需要掌握科学的育儿观念和方法，具备一定的育儿智慧。如果教育方式合理、科学，每个男孩都将是最棒的。如果教不得法，不但达不到培养目标，还可能阻碍男孩的发展，使他终其一生碌碌无为。因而，要想培育出优秀的男孩，必须先学会做父母。首先，提高自身的素质，以自己言传身教的榜样力量去影响男孩，造就男孩；其次，掌握科学的教育理念和有效的技巧，了解男孩与女孩的区别，遵循男孩的独特个性和发展规律，科学地加以引导；再次，男孩在人生的各个阶段，会遇到各种各样的问题、困难和挫折，父母应随时更新自己的教育观念，鼓励、帮助男孩自己去解决这些问题，慢慢地放手让男孩独立面对人生。

本书结合男孩的心理特征和成长规律，从不同角度出发，为父母提供了一套成功的教子方案，使父母掌握教育的正确方向和科学方法，真正教到点子上，是每一位望子成龙的父母的必读书。当父母掌握了这些方法和技巧，并用心、耐心、精心培育自己的儿子，帮助他朝着你所期望的方向发展，成为优秀的男孩。

轻松
教育

班耀友————

编著

养育男孩

 吉林出版集团股份有限公司
全国百佳图书出版单位

图书在版编目（CIP）数据

轻松教育 . 养育男孩 / 班耀友编著 . —— 长春：吉林出版集团股份有限公司 , 2020.8

ISBN 978-7-5581-9008-7

Ⅰ . ①轻… Ⅱ . ①班… Ⅲ . ①男性－家庭教育 Ⅳ . ① G78

中国版本图书馆 CIP 数据核字（2020）第 140024 号

目　录

第一章　读懂男孩的成长——全面了解你的男孩

第二章　父亲和儿子一同成长——做男孩需要的好爸爸

第三章　母亲影响男孩的一生——好妈妈的教子分寸

第四章　男子汉成长的第一站——良好的家庭环境

结语:赢在好习惯,养出好男孩

第一章　读懂男孩的成长
——全面了解你的男孩

重新认识男孩

男孩都是"小冒险王"

爬树、登高、从高处往下跳、溜冰、滑雪等，这些在家长看来很危险的行为，却是一些男孩最喜欢的运动。男孩好像总是那么精力充沛，一刻都不想停下来。因此，有些家长经常不由自主地叹气：淘气的孩子真麻烦，他好像时时刻刻都在设法让你提心吊胆。然而，很少有家长从源头上分析：我的孩子到底怎么了？为什么他总是做这些危险的活动？为什么他的精力总也用不完？

一家三口正在不声不响地吃饭，儿子突然开口说话了："我找到一个鸟窝！"

母亲抬起头，瞪大了眼睛，父亲也聚精会神地听儿子说话。男孩很高兴，指手画脚地讲了起来。他说，今天放学回家的路上，看见一只金翅雀从一棵松树的树冠里飞出来。他就在浓密的树枝里搜寻，终于发现在高处一根树杈上有一团乌黑的东西。

他把书包放在地上，开始往松树上爬。巨大的松树又粗又高，他那小小的身子紧紧贴在树皮上，慢慢往上挪动，每一次挪动都要分两步进行：先用胳膊抱住，接着两条腿尽量往上蜷，最后才停下来，四肢牢牢抓住坚硬的树干，就这样他用了很长时间才爬上去。

父亲和母亲惊呆了，谁也没有吱声。两个人就这样战战兢兢、一声不响地听着。

男孩的天性就是喜动不喜静，他们有使不完的劲儿。其实，我们并不能完全责备这些精力充沛的孩子。冒险对他们来说是一种证明自我的机会，而爬树是诸多冒险行为中最受男孩喜爱的一种。

这在父母看来是一种危险，而对男孩们来说却是有价值的危险。首先，男孩可以通过观察树的整体，判断自己是否能爬上去。如果认为能爬，下一步就会想爬上去的方法，确定从何处往上爬，那根树枝能否支撑自己的体重，等等很多问题。这样，当孩子们根据自己的印象判断能够爬到树顶时，便决定进行实际爬树，当然有时也会从树上掉下来受伤。但这是因为自己的判断不得法而产生的失败，这将成为下一次成功爬树的经验。

对这些男孩来说，冒险可以为他们的生活带来一场全新的体验，或者可以这样说，在他们的眼中，冒险的体验就是生活中快乐的本源。对于未知的事物他们根本就不懂得恐惧，所以也喜欢做更多的尝试。可以想象，如果孩子的生活中只有单一的学习生活，总是重复着同样的内容，那该有多么的单调乏味啊，那又会有什么收获呢？

父母要给男孩提供冒险的机会。让孩子去尝试新的东西，独辟蹊径。很多发明家都是最富有冒险精神的人，因为他们敢于做许多次试验，直到成功才罢休。冒险不等于蛮干，人们要在冒险中不断地总结、思考、突破。否则，纵然有成功的想法，但是却不敢冒险，又怎么会实现伟大的目标呢？

在不确定的环境中，人的冒险精神就更加珍贵难得。初生牛犊不怕虎，男孩在做事的时候往往有更强的开拓性。父母不妨试着培养男孩的冒险精神，勇于尝试和开拓的豪气会让男孩有更新鲜、更活泼的生活。

正确理解男孩的"顽皮捣蛋"

男孩过于旺盛的精力让家长头疼不已。应对这些调皮捣蛋的小鬼不是件容易事，你刚刚阻止了他做某件疯狂的事情，一转眼，他们能轻而易举地找到另一件类似的事。男孩的天性中就有"冒险情结"。

实际上，我们应该为男孩天性中的冒险因子欢呼，因为成功者与失败者的区别并不在于能力的强弱或意见的好坏，而是在于是否有准确的判断、适当冒险与采取行动的勇气。没有尝试者、冒险者，就没有成功者。冒险是一切成功的前提。冒险越大，成功越大。

当然，让男孩面对爬树这种小危险并不代表要让男孩平白无故地去冒险，生活本身就存在着许多培养男孩自己去克服一定程度危险的机会。

在现代社会，由于生活方式的改变，很多家长都认为社会上的不安全因素很多，因此不愿意带男孩到户外去活动，男孩长时间地被关在小小的房间里，缺少了锻炼的机会。有的家长甚至连男孩参加那些具有挑战性的游戏都不能接受，认为在这种活动中很容易擦伤膝盖或扭伤脚踝。我们时常见到这样一种情况：经常被关在房间里的一些体弱、内向的男孩活动容易碰伤；而平时比较好动、顽皮、身体健壮的男孩却不太容易碰伤。

其实这里面是有原因的，体弱的男孩就是因为平时活动少，所以遇到危险时反应慢，灵活性差，动作不协调，容易受到伤害；而那些顽皮、健壮的男孩因为有了很好的锻炼所以动作灵活，遇到危险时反应快，能采取自救方法，因而受的伤害就小。在舒适的环境中，孩子生活中的需要很容易得到满足，几乎不用克服什么困难。男孩成长过程中有利于发展自己能力的机会就这样被剥夺了。

所以说，对男孩而言，爱得太多有时候也会造成伤害，如果他们总是依赖父母，又怎么能在风雨来临的时候勇敢面对呢？

只有勇于实践，不断地在失败中总结经验教训，才能为下一次的成功奠定坚实的基础。别人的经验，无论怎样，对男孩而言都是非常枯燥、毫无生命可言的。只有自己在生活中总结出的经验教训，才是最宝贵的。

"破坏力"的反面是"创造力"

爱搞破坏的孩子看上去似乎有点不可救药，而实际上这是创造力萌发的一种体现。面对孩子的破坏活动，看似一些物品被损坏了，但是换回来的是孩子一生都受用不尽的财富——思考力和创造力。

行为出格、爱搞小"破坏"、爱顶嘴的男孩，常被视为另类，被当作捣蛋鬼、坏孩子，他们常遭人白眼，没人理睬。而那些老实、听话、顺从的孩子，大多被认为是好孩子。

其实，男孩爱搞"破坏"属于天性使然，是其创造力萌芽的一种体现。他们对生活中各类陌生事物充满新鲜、好奇感，并且身体力行，欲用自己的双手来探索这个未知世界。家长如果理解男孩的这种天性，加以引导、鼓励，则有利于孩子处理问题能力的提高，更重要的是能让孩子从小培养出一种浓厚的求知欲望，形成勇于创造的好习惯，为今后的事业道路奠定基础。

而那些老实、文静、听话的乖孩子，家庭中虽少了"破坏"气氛，大人安心，但孩子缺少冒险精神，长大后就会循规蹈矩，缺少创新精神，这实在不利于孩子的成长。

欧洲的家长尤其重视鼓励孩子的创造力，对于孩子一些"出格"的行为并不予以约束，反而支持孩子进行一些开拓思维的活动。

欧洲的孩子特别喜欢在卧室的墙上为自己开辟一片领地：在墙上挂一个小画板，贴一些飞机、星球的图片，用艺术字写座右铭。这个小天地完全由孩子进行布置设计，家长也鼓励孩子在这个天地里充分发挥他们的想象力进行创造。

欧洲的孩子尤其喜欢表演，有时他们会根据一些文学作品的片段自编、自演哑剧、小品和滑稽剧等。大家可以假扮饭店、机场或是公园里的各种人物，比谁演得像。有的时候孩子们还会搞一些抽签演小品的创造性娱乐活动。

欧洲的爸爸妈妈经常为孩子讲故事，不过方式方法也暗含了培养创造力的玄机：他们常常讲一段故事，然后就让孩子为所讲的故事起名字，所起的名字越多、越切题、越新颖、越奇特、越有趣越好。家长们认为，这是训练孩子创造力的一种有效手段。

欧洲孩子在需要送别人礼物的时候，家长通常会鼓励孩子自己动手制作，比如新年贺卡、祝贺节日和生日的小工艺品等。在日常的生活中，家长更是支持孩子做小实验、搞小制作、种花、植树、饲养小动物，甚至为孩子准备他自己专用的"家庭工具箱"。

《教育文摘》曾就儿童创造力教育的问题，提出了 8 条对策：

1. 用儿童的读物和玩具创造一种环境，使儿童易于表达自己的思想，提出问题并可以自己找到答案。

2. 鼓励儿童自己去探索、去行动，从而树立起自己对自己负责的信心。

3. 对儿童提出的问题，即便是很荒唐的问题，也应该给予重视和鼓励。

4. 允许儿童对自己所做的事情表示后悔，鼓励他直视自己所犯的错误，引导他从中吸取教训。

5. 给儿童布置一定的任务，并提出具体的要求。但完成任务的时间不能过长，应让儿童用大部分时间做自己喜欢的事情。

6. 给儿童制定高于同龄孩子所能达到的目标。

7. 面对同一个问题，可以提供多种答案，让孩子自由挑选。

8. 对于儿童的任何想象力都要给予鼓励。

要想培养孩子的创造力，家长们首先应该做的就是保护好孩子的好奇心。面对孩子天真幼稚的行为，不能用成人的标准来判定，应发自内心地赞美孩子的创造力："儿子真棒，我小时候可不如你。"随着孩子年岁的增长，在他对这个世界的探索越来越深入的时候，父母对他的鼓励应多于批评，这样孩子创造求新的脚步才会越来越快。

拿走男孩的芭比

安安是一个典型的"乖乖男孩"，每天在家里安安分分的，像个女孩一般安静老实。虽然没有同龄的男孩那样调皮，但是安安的家长还是看在眼里急在心上。"他已经不算小了，都快上小学了，但还是像个女孩一样，而且越发安静胆小，不敢跟大人表达自己的想法。以后可怎么办呢？"

相信很多家长都有和安安家长同样的烦恼，他们多么希望自己的孩子能够长成个"阳光男孩"，但是纵观现在周围的男孩，这种乖乖男孩的现象已是屡见不鲜了。

因为这些男孩从出生开始,他们接触的保姆大多是女性,上了幼儿园之后,接触的多数是女教师。而现在有些文化产品,比如说漫画、影视剧作中又将男孩塑造成为长发飘飘的女孩样子,这些细节都会对男孩的成长带来一定的影响。

不仅如此,如今独生子女家庭越来越多,男孩子更加容易被娇生惯养。在这种环境下成长起来的男孩不仅责任心弱,而且更容易养成自私和斤斤计较的性格。

很多幼儿园的老师都会有这样的共识:一般在三周岁之前的男孩性别意识都比较模糊,只有当他们长到五六岁的时候,才会逐渐明白男女之间是有差别的。在这个时候培养男孩的性别意识非常及时也非常关键。如果没能把握住这个关键时期对孩子进行性别培养,就很有可能影响男孩的心理健康。

那么,作为父母,我们应该怎样做,才能使男孩更加像男子汉呢?

1. 父亲对于儿子的成长具有重要的榜样力量,所以在家庭中,爸爸要在繁忙的工作当中尽量多抽出一些时间来陪伴自己的孩子。男孩的性别意识越早培养越好,如果能让男孩多与其他男孩或成年男性接触,那样会更好一些。

2. 鼓励男孩多参加一些体育户外运动。现在的生活条件好了,很多男孩都喜欢待在家里看看电视、玩玩电脑游戏,这样成长起来的男孩与外界接触少,缺乏共情力,更容易变得自私冷漠。

3. 作为家长,还要帮助男孩确立自己的性别角色。比方说,让男孩学会对别人说明自己是男孩还是女孩,让男孩懂得自己怎样的行为最容易获得大人的赞许,从而使他们所扮演的性别角色获得社会的认可。

英雄情结：我想成为"奥特曼"

现在男孩过多地受到家庭的保护和照顾，这样的生长环境使他们失去了很多自由活动的机会。男孩内心渴望能够自由地活动，但是客观环境却得不到满足，他们会因此而感到心理上的压抑，而他们喜欢看《奥特曼》，则可以在一定程度上起到宣泄情绪的作用。

《奥特曼》是男孩都喜欢看的动画片，有的男孩不仅喜欢看，还喜欢模仿里面的动作和语言。当然，对于《奥特曼》的剧情，我们应该给予一个客观的看待，因为在剧中充满了暴力，对孩子来说确实有不利的影响。家长在给予男孩合理的引导之余也要鼓励男孩像奥特曼一样具有勇敢和刚毅的性格。

小孩子天性纯洁，模仿能力极强，但是他们的年纪毕竟很小，还不能够建立正确的是非观念，往往什么都跟着学。所以，家长一定要重视对男孩的引导，鼓励男孩成为一个正面的"奥特曼"。

很多家长很反感自己的孩子看《奥特曼》，理由如下：

家长 A 说：我认为这个片子不好，因为它宣扬暴力，我很希望自己的孩子能够远离这些有害无益的垃圾片子。

家长 B 说：我平日里总是禁止自己的儿子看《奥特曼》，因为我担心他会变得暴力、过于好斗，但是我想尽了各种招数，软硬兼施都无济于事，孩子还是照看不误。

男孩们很喜欢"奥特曼",自然有他们自己的想法：

奥特曼很厉害；

奥特曼会变身；

奥特曼还会飞；

奥特曼高大、坚强、有力量，是一个英雄。

正因为奥特曼是一个英雄形象，所以孩子们崇拜他也就不足为怪了，因为奥特曼恰巧符合了男孩成长的心理需求。作为家长，我们完全可以依照男孩崇拜英雄的心理，肯定他们崇拜的英雄，还可以提供一些类似于奥特曼的健康形象，比如说孙悟空，来帮助男孩树立良好积极的世界观。

如果有的男孩对"奥特曼"很迷恋，那家长应该采取什么样的办法比较好呢？

1. 如果男孩很喜欢和同伴打斗，家长在发现的时候应该及时予以阻止，并且让男孩明白什么才是真正的英雄，这样可以使男孩的注意力转移。

2. 家长可以和男孩讨论，有没有比暴力更好的对付怪兽的方法。我们可以让男孩明白，我们的社会中有更先进的科学技术、有更现代化的武器，告诉男孩"打打杀杀是莽夫的行为"，还可以给男孩讲"君子以德化人"的道理。通过这样的方法可以让男孩对暴力失去崇拜感，对建立健康的三观会起到一定的积极效果。

3. 我们还可以和孩子开展各种丰富多彩的户外活动，增加男孩的体质，同时使男孩的精力得到适度的消耗。

生理秘密决定男孩的特质

男孩女孩生来不同

男孩和女孩生来在大脑结构上的差异，使他们对事情的处理方式截然不同。女孩更善于处理那些复杂的情感，这可以解释为什么女孩可以更加容易地理解和感受别人的情感，她们会比男孩更加善解人意。而男孩更擅长处理那些简单直接的情感，远不如小女孩细腻。

很多父母在日常生活中也能体会到这一点：女孩一般情感都比较细腻，很会关心他人、体贴他人。在与他人相处的过程当中，女孩能够很好地感受他人的内心，而有的男孩只想着自己来掌控局面，不仅不会关心他人，而且在无意之中还可能会伤害到别人。

诚然，不关心他人、不善沟通，这是男孩天生的弱项，但这无疑也是男孩成长过程中的障碍。如果家长希望自己的男孩能够懂一点人情世故，那就要想办法从小训练他们，耐心地教他们一些与人相处的小技巧。

有一位家长就是通过帮助自己的儿子改变思维方式，教会他体会到别人的感受：

当儿子 3 岁的时候，我就告诉他说："如果你打别人的话，别人就会感到疼，所以我们不可以打人。"男孩一般思维都比较单向，做事不会考虑到后果，所以作为家长，我得先向他交代清楚。为了让儿子能更加深刻地体会到这句话的含义，我经常和他玩"角色互换"的游戏。

我还会这样告诉孩子："当别人感觉到不舒服的时候，他的脸色就会发生变化。我们要去关心他，安慰他。"这样，教会孩子通过别人的面部表情来判断别人的内心感受。

当儿子5岁左右的时候，遇到不高兴的事情，他就会发脾气。这时，我就开始教他读懂自己的情绪。我告诉他："当你感觉心里不舒服的时候，要及时告诉爸爸妈妈，或者让自己安静一会儿，一定要掌控自己的情绪。"

体会他人的内心感受、了解自己的情绪，这是培养男孩与人相处能力的必修功课，也是减少男孩与他人发生冲突的有效方法。其实，家长在教孩子学会这些交往技巧的过程，就是帮助孩子在大脑左右半球建立联系的过程，相信在这样的过程中，男孩一些天生的弱势，比如语言表达能力不强、不会关心他人、不善于与人沟通等，都能得到有效的改善。

决定男孩性别的关键

男孩和女孩分别带着不同的特质来到这个世界上，这也就注定了从一开始男孩和女孩就是不同的。男女有别，并非简单地指外观上的差异，更多的是心理、生理等方面的差异。正是因为男女之间天生的性别差异以及由这种差异引发的心理和伦理等方面的巨大差异，所以在教育子女的过程中，性别不应该被忽略。

每个孩子的性别在母亲受孕的那一天开始就已经被确定

了，这是我们每个人都无法改变的事实。在我们的细胞里含有一种叫作染色体的物质，它携带了一些信息，这些信息可以控制我们身体的遗传特征，比如，我们眼睛的颜色和头发的曲直，等等。性染色体分为 X 和 Y 两种，人体内的每一个细胞都含有 23 对染色体，在每对染色体中，一半来自母亲，一半来自父亲。母亲的卵子中含有 23 条染色体。在受精过程中，它会和父亲精子中的 23 条染色体相结合，这样就形成了含有 23 对染色体的新细胞。人的性别是由爸爸精子中的性染色体决定的。当爸爸含 X 染色体的精子与妈妈的卵子结合时，就会生下女孩；当爸爸含 Y 染色体的精子和妈妈的卵子结合时，就会生下男孩。

　　不同的染色体结构决定了男孩和女孩生理结构的不同。这种不同不仅仅指生殖器官的显著不同，更表现在大脑结构、体型大小、激素值的高低以及感观反应速度等各方面。

　　以女孩为例，从妈妈受孕那一刻起，女性染色体基因便被女性激素激活，这些激素在女孩出生之前就已经为她规划了未来。也就是说，女性激素决定了女孩细心、安静、敏感、温柔等天性，同时也决定了女孩更注重人与人之间的关系。激素对女孩的感情生活也有着重要影响。它控制女孩情绪的稳定、思考的过程、做事的动机、爱好以及如何处理外来的压力。女性激素同样导致她的情绪天生就变化无常。因此，有的文学家曾把女人称为"最具情感的动物"。女性激素等雌性激素活动不稳定，就会使女孩的情绪产生波动。如果女性激素等雌性激素过低，女孩就会感到孤独、生气、易怒、悲伤、失望、缺乏自尊，这也是女孩更敏感的原因。

当然，雌性激素只是一个方面。女孩还受其他激素的影响。例如孕激素就是女孩更喜欢小孩子和小动物的原因，催产素则会使女孩产生更多的"怜悯之情"，这就是"母性的本能"。

我们再来看男孩，睾丸素在塑造雄性特征方面起到了重要的作用。虽然女孩体内也有睾丸素，但是水平只及男孩的1/20，因此女孩不存在很强的攻击性。而睾丸素这种激素使得男孩身体的发育更快。同样也是由于这种激素，使男孩的行为不同于女孩，男孩更需要释放自己的能量。

总的来说，染色体决定了一个人的性别，而激素造成了性别差异。

睾丸素让男孩成为"有攻击性的小机器"

男孩大多喜欢集体生活，更喜欢主宰、控制环境，并善于根据自己的实力来估计自己在所处集体中的地位。相对于女孩来讲，男孩更喜欢竞争，竞争的环境可以使他变得更加兴奋，男孩也更愿意接受挑战，喜欢不为任何理由的冒险。

教育学家曾经做过这样的实验：分别观察6个月大的男婴和女婴，当他们面对困难的时候，女婴会通过哭泣来解决问题，而男婴会试图通过自己的探索来解决问题。通过分析这个对比实验可以得出结论：男孩如果能够从父母身上得到充分的爱和支持，就会比女孩更快地走向独立。

心理学家将男孩称为"有攻击性的小机器"，在运动能力、爆发力等方面，男孩要远远胜过女孩，同时，男孩运动的速度和猛烈程度也会远远超过女孩。男孩天生在这些方面具有优势，这取决于他们体内的睾丸素。

男孩喜欢玩冲锋枪，喜欢捉弄小猫小狗，拎起它们的小耳朵。

男孩喜欢玩火、喜欢扔石块，并且不会像女孩一样和小伙伴友好相处，他们会在游戏中粗鲁地推倒小伙伴。

男孩有时还会有意激怒自己的弟弟或妹妹，从中得到快乐。

男孩在做事的时候注意力很集中，但是耐久性很差，表现得很毛躁。他们经常没有听清指令就盲目行动。

男孩更加富有个性，他们喜欢张扬的做事风格，并且会对自己的所作所为产生自豪感。他们的行事风格看上去果断、大气。

男孩天生好动，喜欢实践，总是把家里的东西搞坏，他会出于好奇把家里的闹钟拆掉，为了听清脆的响声而把杯子摔在地上。

睾丸素对男孩的影响远远超过生长激素对他的影响，男孩因而变得精力旺盛，脾气暴躁。科学家曾做过很多实验来证明这一点，比如，给雌鼠注射睾丸激素，这些雌鼠竟试图和同性进行交配，彼此还会进行厮杀。这个实验足以证明睾丸素的作用。

正是由于睾丸素的存在，使男孩表现出不同于女孩的特征。了解睾丸素是父母帮助孩子更好地发展的一个途径。父母懂得相关的养育知识和技巧，才能给予孩子正确的情感影响，使他们的潜力得到最大限度的发挥。

为什么"惹是生非"的总是男孩

很多家长都会为自己的男孩感到头痛，他们经常会做一些大人想不到的淘气事情：

也许他们会三天两头地掉进小区门前的水塘里；

他们最喜欢干一些让妈妈感到伤脑筋的事，把身上弄得脏兮兮的；

他们的书桌，更像是一个垃圾箱；

他们活动的区域，半径三米之内全部是乱糟糟的。

男孩不仅淘气，他们有的时候还喜欢发脾气，甚至是和人打架。

男孩在 2 岁左右的时候喜欢发脾气是一种很正常的现象，因为这个年龄段的男孩一般都容易冲动，自制能力很差，并且不太能忍受得住挫折。更多的男孩习惯用发脾气的方法来表达对于父母要求的不满，通过这样的一种方式来表达自己的感情。

而当男孩到了 4 岁，他们对于挫折有了一定的承受能力，会初步明白一些事情的道理，如果这个时候男孩依然习惯用哭闹的方式来发泄情绪，那么原因大多是在家长身上，这说明家长在教育孩子的方法上存在着问题。

家长在与男孩沟通的过程中，用什么样的方法才能够有效控制男孩的脾气呢？专家给出的建议如下：

1. 作为家长，千万不要过于溺爱自己的孩子。有的男孩由于受到了父母过多的溺爱，稍微不如意就会大哭大闹以威胁家长。这个时候，是要迁就孩子，还是遵从教子的原则呢？当然是后者，否则的话他只会更加无理，而你则会节节败退。当男孩乱发脾气的时候，最简单的方法是将他单独放在一个小房间里，做短暂的隔离，冷落他一会儿。这样的做法会让男孩感到自己乱发脾气、放肆哭闹都是没有任何意义的，这样做不能引起家长的注意，也得不到自己想要的东西。当他意识到发脾气不能够使家长顺从他的时候，他就不会再乱发脾气了。这个时候，家长再为男孩耐心地讲道理，他就能够认真听下去了。

2. 有的男孩发脾气，只是为了能够让父母更多地关注他。男孩的年龄越小，他的情感就会越不稳定，注意力也会更容易分散。当父母发现男孩出现这样的表现时，一定要耐心哄劝他，千万不要训斥指责，更不要动怒打骂。

3. 当男孩成长到一定年龄之后，对于有些事情也有了自己的想法和看法，这个时候家长一定要给孩子提供充分表达内心的机会。当男孩喋喋不休、饶有趣味地向我们陈述一件事情的时候，千万不要让孩子扫兴，耐心地听他讲，这就是对他最大的鼓励。

男孩是"沉默的大多数"

科学研究表明，不管是男孩还是女孩，基本上都是先发育大脑的右半球，然后才发育左半球。男孩的大脑右半球不断地发育、完善，试图与左半球建立联系。但由于左半球的发育缓慢，导致大脑的右半球神经细胞无法延伸到左半球，只能返回右半球并联结到右半球上。因此，男孩的大脑右半球联结发达，又由于男孩的大脑具备较好的空间推理能力，因此，男生一般擅长数学，并且对拆卸零件很感兴趣。他们有很强的动手能力，喜欢自己动手解决问题，和女孩相比，男孩完成空间任务的能力更强一些，更加擅长抽象思维，具有很强的立体空间认知能力。男孩在数学方面也有很大的潜力，比女孩更容易理解复杂的数学概念，自然科学也是男孩的专长。

相比之下，男孩大脑的左半球发育得相对较慢，而左半球正是我们的语言中枢。所以，小男孩往往不能流利生动地使用语言，他们要付出更多的努力才能调动大脑的左半球，找出合适的词来形容他们的感受。

近来，科学家又发现，在大脑的结构上，男女之间存在着7个天然不同的区域。在女孩的大脑中，负责表达和处理复杂情感的区域更发达，比如忧伤和幻想；而对于男孩来说，负责表达和处理那些直接情感的区域更大，比如恐惧和愤怒。所以，对于有些事情的态度，男孩和女孩的态度就会相差很多，一些让女孩感觉很沮丧的东西，男孩却无动于衷，而男孩更容易被人激怒，表现得更加直接，他们经常是放弃口头表达而选择肢体动作来解决问题。

有位老师曾在班里做过这样一项调查：在他教课的班级里，总会有一些孩子在听说读写方面存在困难。其中，男孩的数量要远远多于女生的数量，男孩与女孩的比例大约是4：1。

而对于成长中的男孩来说，语言表达能力是非常重要的。如果不能顺畅地表达自己的思想和情感，就很难获得别人的理解和认同。

男孩在语言方面的劣势，一方面是由于生理的原因，另一方面也与家长的教育方式息息相关。很多家长习惯与小女孩在一起讨论，询问她们的心情，了解她们喜欢的游戏，但当和男孩在一起的时候，家长常常任由他们自由玩耍，总会忽略与他们的沟通。要多与男孩谈话、带他们去看不同的风景、聆听不同的声音，这不但可以刺激其大脑发育，提高男孩的表达能力，而且有助于加强男孩的观察力、创造力以及对社会的适应能力。有位家长曾经分享过自己的教子经验：

在我的儿子刚满 1 岁的时候，我就要求自己无论多忙，每天都抽出固定的时间读一段文章给他听。当时有人嘲笑我："孩子这么小，他能听懂你在说什么吗？你这样就是在做无用功啊。"但是对于这些评论我并不理会，依然坚持每天给儿子读书。令我惊喜的是，每当我拿起书给儿子读时，他就会手舞足蹈。慢慢的，他可以和我一起读简单的诗句了。

再后来，儿子开始喜欢听我讲故事，他每次听我讲故事，都会特别专注。我想这是训练他说话的好时机，我就会问他："你猜，接下来会怎样？"我用这样的方法引导儿子开口说话，锻炼他的语言表达能力。

男孩的大脑发育特点决定了他在语言方面的劣势，这位家长的做法就很科学。这位家长懂得让男孩从小对语言产生感觉，对语言产生兴趣。有了兴趣之后，再想办法促使他产生表达的欲望。当然，在实际的实施过程中，家长会遇到很多的困难，在最开始，男孩讲话肯定会磕磕巴巴或是表达不清，这都是很正常的现象，家长不要着急，应耐心地给孩子更多的鼓励和帮助，而不是嘲笑甚至批评。

第二章　父亲和儿子一同成长
——做男孩需要的好爸爸

父爱：男孩不可或缺的爱

父爱与母爱不同

看到一条河流，男人注意到的是它的水速和水量，会目测它的深度，并猜想自己是否可以穿过它到达彼岸；而女人会注意那些愉快的浪花、晶莹的水珠，有的还会脱下鞋子跳进河里，顾不得水流里是否暗藏危险。这就是男人与女人的区别，因而我们常听说，"男人来自火星，女人来自金星"。

"男人来自火星，女人来自金星"这个美国著名的畅销书作家约翰·格雷的经典命题，让人们开始注意到男女本身的不同。

小琛一家到郊区野餐，在爸爸的鼓励下，小琛开始观察各种各样的植物，并且摘下一些花朵、叶片，要带它们回家做标本。在看到一只野兔时，爸爸兴奋地大叫："快看，有一只野兔，可惜我们离它太远了，不然我们一定将它抓住，带回家陪我们玩儿。"听到爸爸的话，小琛也开始紧紧盯着那只兔子，目光中充满征服的欲望。

当午餐的时候，小琛把他们看见野兔的经历讲给妈妈听，语气中满是遗憾，没想到妈妈却说："为什么要抓住那只兔子呢？也许它们也是一家人出来晒太阳，享受今天的好天气呢。你想想，要是有人把你带走，爸爸妈妈该多么难过，同样的道理，我们怎么能从野兔的家庭里夺走一个成员。"

男人的攻击性和女人的多愁善感，让爸爸妈妈对孩子有截然不同的要求，而这也让孩子掉进一个矛盾的思维世界，由于没有思维判断的能力，孩子可能会依据自己平时的亲疏感来决定听谁的说法，如果一直崇拜爸爸，那么妈妈的主张就可能被抛在脑后了。这样的情况时有发生，一方面，可能会激发孩子自己去思考辨别；另一方面，也可能让孩子感觉莫衷一是。

怎样的教育才不会前后矛盾，让孩子有一个学习的标准呢？这里，也同样需要依据爸爸妈妈自身的性别特质来教养孩子。

爸爸可以发挥自己理性、创新的特质，让孩子在生活中体会到主见、责任和原则。这些抽象的概念本身是很难对孩子有所启发的，但是通过父亲示范，孩子会将这些优秀的品质和人生必备的智慧自然地纳入自己的思维世界中，影响自己的人生。

小雨的爸爸常常自己钻研学英语，并且邀请小雨作为自己的搭档。面对一些看不懂的术语或是单词，两个人就商量着它可能的含义。有英语基础的小雨教爸爸如何使用在线翻译软件，他自己的英语学习积极性也随之大大提高。邻居遇到一些常见的问题，小雨爸爸也是毫不犹豫地出手相助，正是这些点点滴滴，影响了小雨爱学习和乐于助人好品质的养成。

妈妈也同样可以将自己最温柔、秀美的一面展示给孩子，妈妈是孩子最信赖的朋友，也是他日常生活中最为亲密的人，再没有谁比妈妈更适合教会孩子如何与人接触，因为他会将妈妈对待他的方式运用到对待他人的实践之中。

小雨的妈妈，在生活中勤劳、节俭。对于有困难的人，她从不简单地施舍，而是照顾别人的感受，想方设法给别人恰当的帮助。和小雨说话时，妈妈从来不会一副心不在焉的样子。她还向小雨学习上网聊天，并且学会了五笔打字，母子之间的感情也变得更加融洽了。

父亲是孩子眼中的超人

父母需要学习更符合自己性别特质的教养方法，在我们传统的中国人眼中，父亲就是整个家庭的主心骨，他是家庭经济上的主要来源，也是全家重要事情的决策者。父亲在孩子的眼中，常常是一个无所不能的"超人"角色。

"父亲"对孩子来说究竟意味着什么？经过大量的调查研究，育儿专家给"父亲"这个角色提出如下几个方面的建议：

1. 父亲是孩子游戏的重要伙伴，孩子需要在游戏中成长

组织一次家庭野餐，父亲常常会带着孩子上山采果、下河摸鱼。在孩子看来，唯有父亲能陪他完成这次冒险，并且在危难的时候帮助他。即使在家里，父亲也常常会把孩子举到肩上，来回旋转，或抛向天空。这些动作常伴有一定的危险性，

但父亲的大手和力量可以让孩子感受到刺激与安全，令孩子们快乐地"咯咯"大笑。

在婴儿 20 个月前，父亲是孩子的基本游戏伙伴，20 个月的婴儿对父亲的游戏明显地感兴趣，反应积极；30 个月以后，父亲则成为主要的游戏伙伴。这时的婴儿能兴奋、激动、投入、亲近、合作而有兴致地和父亲一起游戏，他们会把父亲作为第一游戏伙伴来选择。

2. 父亲帮助孩子形成积极的个性品质，培养孩子的正面情绪

在现代社会，男性的独立、自主、坚强、果断、自信、与人合作、有进取心等是不可或缺的美好品质。父亲正是促进孩子形成积极个性的关键因素。理想的父亲通常具有独立、自信、自主、坚毅、勇敢、果断、坚强、敢于冒险、勇于克服困难、富有进取心、富有合作精神、热情、外向、开朗、大方、宽厚等个性特征。

孩子在与父亲的互动中，一方面接受父亲的影响并且不知不觉地学习、模仿；另一方面，父亲也自觉、不自觉地要求孩子具有以上特征。如果孩子在 5 岁前失去父亲，对他的个性发展会非常不利。孩子年龄越小，对他的影响越大。没有父亲的孩子缺少克服困难的勇气，具有较强的依赖性，缺乏自信、进取心，同时对控制情绪和道德品质形成也有不利的影响。

3. 父亲能提高孩子的社交技能，让孩子今后成为乐于协作的人

父亲是保持家庭与外部社会联系的"外交官"，对孩子社交需要的满足、社交技能的提高具有极其重要的作用。随着孩

子长大，他与外界交往的需要日益增多，父亲作为孩子重要的游戏伙伴，扩大了孩子的社交范围，丰富了孩子的社交内容，满足了孩子的社交需要。

同时，父亲和孩子的交往可使孩子掌握更多、更丰富的社交经验，掌握更多、更成熟的社交技能。若孩子在和父亲的游戏中反应积极、活跃，那他在和同伴的交往中也较受欢迎。因为父亲影响了他的交往态度，使他喜欢交往，在交往中更加积极、主动、自信、活跃。

4. 父亲能使孩子的性别角色正常发展，让男孩更坚强

社会处处存在性别暗示，即使是给孩子的玩具，也会有"男孩的"与"女孩的"分别。在儿童性别角色发展中，不论是对男孩还是对女孩，父亲的作用似乎更大一些。孩子在与父亲的游戏中渐渐意识到自己的性别身份：父亲常常和男孩打闹，称他为"男子汉""哥们儿"，却对女孩非常温柔，抚摸她的小脸蛋，称她为"小公主"。

5. 父亲能促进孩子的认知发展，提高孩子的智商和情商

由于父亲在性格、能力等方面的特点，特别是父亲与孩子在交往上的独特性，使孩子从母亲和父亲那儿得到的认知上的收获是不完全相同的。从母亲那儿，孩子可以学到更多语言、日常生活知识、物体用途、玩具的一般使用方法等。从父亲那儿，则可以学到更丰富的知识，比如认识自然、社会的知识，并通过操作、探索花样繁多的活动、玩法，逐步培养动手操作能力、探索精神，从中，孩子的想象力受到刺激、变得丰富，并愿意动脑、有创造意识，他们的求知欲和好奇心也会同步发展。

孩子将来在社会生活中需要的知识、沟通技巧都受到父亲

的影响，而且这种影响力是持久的、牢固的。没有父亲的男孩，常常感到不安、自卑，也不愿意与他人交流，生活在压力之中。正是父亲为孩子的成长撑起了一片天空，在他还没有能力经受风雨的时候，给他时间成长筋骨、养精蓄锐。父亲是世界上最重要的角色，认识到这一点，对每一个父亲来说，既是重要的责任，也是迈向成功教育的第一步。

父亲性格决定男孩性格

播种性格，收获习惯；播种习惯，收获命运。性格决定命运已经不是新鲜的话题，但谁更能影响孩子的性格呢？答案就是父亲。

学前教育专家说：对孩子而言，爸爸意味着安全和自信。幼儿园有一种户外活动器材，在爸爸妈妈接孩子回家时，经常会有孩子爬到上面下不来，害怕地叫爸爸或妈妈。妈妈听到叫声后总是急急忙忙把孩子抱下来，宝宝长宝宝短地哄着。而爸爸听到叫声后往往对孩子说，你自己下来！能上去就能下来。爸爸更容易影响孩子形成勇敢的品质，这一点对男孩来说很重要。

这位教育专家还说：如果我办幼儿园，我会隔一段时间就请一位男老师（或爸爸）来给孩子们上课。幼儿园女教师居多，不利于男孩的成长，也不利于女孩完整个性的形成。男性能展示给孩子勇敢、自信、安全、坚毅、强悍的性格特征，孩子的性格形成，与父母个性影响有很大关系，而爸爸的影响力比妈妈更大。

在培养孩子的性格上，父亲不仅需要具备探求新知的好奇心，也需要思考辨别生活中的常规，勇于尝试、勇于挑战，为孩子的成长创造更加适合的条件和土壤。

父爱对孩子来说，另外一个重要的影响就是让孩子形成正确的性别意识。每个爸爸都有自己的教养哲学，但在儿子与女儿身上却产生两种结果。男孩和女孩对同一信息会有各自的理解，这种差异在于生理上的不同，男孩注重逻辑，女孩思维比较发散，因而父亲对男孩和女孩的影响也是不同的，在男孩的世界里，父亲是超级英雄，是力量和权威的象征；在女孩的世界里，父亲则是依靠和信赖的对象，是女孩的第一个异性朋友。

父亲积极地和孩子交往，有助于孩子对男性、女性的作用与态度有一个积极、适当而灵活的理解。研究表明，男孩在4岁前失去父亲，会使他们缺乏攻击性，在性别角色中倾向于女性化的表现——喜欢非竞赛性的活动，如看书、看电视、听故事、猜谜语等。

男性希望被尊重，即使在父亲与儿子之间也是如此。男孩向往与父亲之间是相互尊重、相互配合的关系，当他发现自己被当成一个男子汉来对待的时候，他会感到自己的存在价值。

男孩的心里有强烈的自我独立感，他们不希望被指挥，当他们向父亲诉说种种不愉快的事情的时候，也许并不是在寻求答案，而是想抒发一下感情，怎样做他们已经知道。因此父亲不要急于给儿子一些建议，这是男孩子成长的时间，他们在运用自己的能力摆平问题，父亲只需要鼓励他、相信他。这样有助于提醒他：你是一个男子汉，我相信你能自己解决问题。

如果一个男孩在遇到困难的时候，还哭哭啼啼地找爸爸来帮忙，这时爸爸就应该好好反思一下自己对待男孩的方式了，是不是不太信任他？是不是总觉得他还只是一个孩子？如果你想培养一个勇敢的男子汉，那就抛弃过多的爱，放开孩子的手脚让他成长。

缺少父爱是男孩的情感缺憾

家庭教育中，父亲对孩子的影响是母亲所无法替代的。早期教育中父亲的参与能够更好地促进孩子许多优秀的品质的形成。

一位教师在演讲会上列举了许多协助儿童克服惧怕的方法，并一一举例说明。会后，有几位听众问道："父亲不尽责所造成的不安全感，对孩子的影响究竟有多大？"

教师解释道："就我的经验和观察，那些缺乏父亲照料的孩子，如果母亲或其他家人不能提供安全的爱，孩子较易自暴自弃，沉沦于玩乐游荡而不能自拔，甚至犯罪。"

"怎样才能补救呢？"

"我接触过许多这类情况，发现他们所需要的不是专业辅导，而是一个关心他们、了解他们、肯花时间陪他们的父亲。他们需要的也不是心理医生，而是一个他信任和尊敬的男人。因此，要唤醒那些不尽责的父亲，把他们从麻将桌上请回家，从灯红酒绿中请回家，从超工时的工厂和办公室里请回家。要他们尽一份应尽的天职，做一件非做不可的良心事。因为孩子需要他的爱、陪伴和支持。否则，他们将会在自己的人生中留下'失职的父亲'的罪恶！"

"如果找不回来呢？或者他没有父亲呢？"

"找一个能代替失职（或缺席）父亲的人，也许是老师，也许是一位爱心的义工或辅导员，给他关怀、支持和安全感。"

父母的爱对孩子的影响虽是不同的，但也是一样重要的。尽责的父亲更能给孩子安全感和自尊，这能使孩子自爱和自重。想想你作为一名父亲，尽到了应尽的责任、付出了更多的爱吗？你是否经常忙于事业和工作上的应酬，而无暇陪伴孩子？

你错过了孩子成长过程中许多令人难忘的具有纪念意义的瞬间，比如第一次说话、第一次走路等。

幼儿心理学家格塞尔曾指出："失去父爱是人类感情发展的一种缺陷和不平衡。"心理学家和社会学家所做的大量调查表明：没有父爱的家庭会严重影响孩子的身心健康，造成孩子性格、心理的缺陷。所以，让孩子感受到父亲的存在，体会到父亲对自己的爱，其意义在于使孩子有一种心理寄托，获得安全感，从而健康地成长。

心理学家和教育家都指出，父母因性别角色、社会分工、家庭分工的不同，应各自运用不同的教育方式担负起不同的教育任务。一般来说，母亲偏重于生活和情感，父亲偏重于精神和心理；母亲强调稳定，父亲强调创新发展；母亲传递着细腻、呵护、富有同情心等阴柔的一面，父亲传递给孩子的是坚强、勇敢、承受力强等阳刚之气。两者相辅相成，共同作用，才能造就了孩子健全的心智。相反，如果过分地强化或弱化某一方面，都将影响孩子的心理成熟和性格完善。对于孩子而言，父亲既是教育者，又是纪律执行者、社会化指导者。在很多家庭中，父亲一般比母亲接触面广，在家庭的重大问题决策上，更具权威，如果父亲将孩子的健康成长时刻放在心上，就更容易培养出适应社会需要的身心健康的孩子。此外，父亲的严格要求，以及父亲对事业的执着态度，对孩子的一生，将有不可估量的影响。

有一位父亲，下班后常带儿子玩各种游戏，教孩子做一些简单的玩具，拆拆装装，耐心回答孩子提出的各种问题，或带孩子到户外捉蚂蚱、知了。孩子五岁时活泼可爱，口齿伶俐，遇事反应灵敏，喜欢自己动手做些小玩意儿。而另一位父亲，不关心孩子，下班回家后只顾自己看电视，或找人下棋、聊天、谈生意、炒股票，很少与孩子相处，似乎孩子并不存在。为此，夫妻俩常吵架、怄气。在这样的环境中，孩子容易养成懦弱胆小、缺乏创造力的性格。

教育家杜布森最信奉这样一句话："让一个男孩和一个合适的男人在一起，这个男孩永远不会走上邪路。"所以，他送给天下的父亲这样一句话："没有哪个男人比蹲下去帮助孩子的时候站得高。"

总之，父爱在培养孩子的健全心智方面至关重要。这一作用正是母爱所不能替代的。

当然，必须强调的一点是，强化父爱，并非就要削弱母爱，淡化母亲的职责。相反，父亲和母亲都应该发挥各自的性别优势，让孩子既从母亲那里得到爱抚，学会具有同情心，又在父亲那里养成坚毅的品格。这一切对孩子来说，是必不可少的。

做有远见卓识的好爸爸

心有多大，舞台就有多大。心中的梦想决定着人生的成就。志存高远，执着追求，是一切成功者的共同特征。如果想培养出一个优秀的男孩，就要让他们从小树立远大的梦想。

放眼古今中外，无数杰出人士都具有远大的梦想。汉代司马迁一生著《史记》，"欲究天人之际，成一家之言"；鲁迅"横眉冷对千夫指，俯首甘为孺子牛"，用一支笔为同胞呐喊终生。

梦想有多大，人生的成就就有多大。家长在教育男孩的时候，要鼓励他们树立梦想，不要轻易打碎他们的梦想。

一位成功人士回忆他的经历时颇有感慨地说："小学六年级的时候，我考试得了全班第一名，出于奖励，老师送我一本世界地图，我真的特别高兴和兴奋，跑回家就开始认真地看这本世界地图。很不幸，那天轮到我为家人烧洗澡水。于是，我就一边烧水，一边在灶边看地图。看到一张埃及地图时，我想到埃及一定是一个令人向往的神秘世界。埃及有金字塔，有埃及艳后，有尼罗河，有法老王，还有很多令人着迷的东西，心想长大以后有机会我一定要去埃及，去体味一下那里的神奇和美妙。

"正当我看得入神的时候，有人突然进来怒气冲冲地跟我说：'你在干什么？'我猛地抬头一看，原来是爸爸，我理直气壮地说：'我在看地图！'爸爸很生气，说：'火都熄了，看什么地图！'我继续有恃无恐地大声说：'我在看埃及的地图。'爸爸跑过来'啪啪'给了我两个耳光，然后愤怒说：'赶快生火！看什么埃及地图。'打完后，还踢了我屁股一脚，把我踢到火炉旁边，用很严肃的表情跟我讲：'我向你保证！你这辈子都不可能到那么遥远的地方去！赶快生火吧！整天想入非非，你以为想怎么样就能怎么样呀？'

"我当时看着我爸爸，呆住了，心想：'他怎么给我这么奇怪的保证？我这一生真的不可能去埃及吗？'他的保证一直萦绕在我的耳边，伴随着我成长。但是，我从来没有放弃过去埃及的梦想。20年后，我第一次出国就去了埃及，我的朋友都问我：'去埃及干什么？'我说：'因为我的生命不要被保证。'于是，我就自己跑到埃及旅行。

"有一天，我坐在金字塔前面的台阶上，寄了张明信片给我爸爸。我这样写道：'亲爱的爸爸，我现在在埃及的金字塔前面给你写信，记得小时候，你打了我两个耳光，还踢了我一脚，保证我不能到这么远的地方来，现在我就坐在这里——埃及金字塔前面给你写信。'写的时候我感触颇深。爸爸收到明信片时跟我妈妈说：'哦！这是哪一次打的，怎么那么有效？一脚踢到埃及去了。'"

作为男孩，有自己的梦想是很难得的，我们做家长的在家庭教育中千万不要像上文中的父亲那样，扼杀孩子的梦想。我们要做呵护孩子梦想的父母，在日常生活中要时时鼓励孩子树立远大的梦想，还要让他们知道要实现自己的梦想，就应当注重行动，在行动中实现自己的梦想。

男孩的成长需要爸爸陪伴

给自己一个定位：我的职业是父亲

生活中有很多种明星，娱乐明星、政治明星、体育明星、厨艺明星，当然也有爸爸行业的明星，蔡笑晚就是其中之一。

蔡笑晚是 6 个孩子的父亲，他培养出了 5 个博士 1 个硕士，他用一本书来总结自己的人生感悟——《我的事业是父亲》。人们称蔡笑晚为"博士之父"，这个头衔带给蔡笑晚的成就感不亚于"微软之父""电车之父"。不过，蔡笑晚年轻的时候从未料到自己能得到这样一个头衔。

年轻时的蔡笑晚想当一名科学家，但被迫从大学回到农村，这段经历对蔡笑晚来说异常沉重、无奈。当了爸爸之后，蔡笑晚特地改了个名，也就是我们今天看到的"笑晚"：既然不能在青春年少时开怀畅笑，就要让自己笑在最晚，对子女的期待在当时就是他唯一的慰藉。

虽然生在最底层的家庭，但蔡笑晚很重视早期教育，在他的教育下，孩子们 4 岁就会四位数的算术，个个都喜欢学习，而且继承了父亲的志愿，想要成为科学家。

"做一个好父亲，我想光有志气和热血是不够的，身教重于言传，所以我这个父亲还是孩子的榜样。他们学习，我也在学习，学相对论、高等数学、中西医，后来我成了瑞安当地挺有名的医生……另外，我从来不打骂孩子，家里气氛很开心。

只有32平方米的家里还装了一个舞厅用的旋转灯，办家庭舞会。我还和妻子自己设计旅游路线，带着孩子们走遍了关内关外、大江南北。"

自从做了父亲之后，蔡笑晚的人生都在围绕着孩子们转，他坦言如果当初实现了自己的理想，可能就没时间和精力来培养孩子了，这叫"塞翁失马，焉知非福"。如今，蔡笑晚当年的大学同学有的当了官，有的是大老板，但同学们聚会的时候都说最羡慕蔡笑晚。越是上了年纪，越是能明白父母的最大安慰是儿女。

一个人事业上再成功，如果没有一个完满的家庭，总会觉得有遗憾。子不教，父之过。一个没有被教育好的孩子，不仅是爸爸的痛楚，也会成为社会的"短板"。培养一个对社会有用的人才，也是父亲身上的责任。这份责任从小处来说，意味着家族的延续和体面；往大处说，它决定了中华民族的未来。

在日本，常常会听到"亲子"这个词汇。"亲子"是日语，翻译成中文就是父母与孩子。无论是在幼儿园还是社区，以"亲子"为中心的各种活动很常见，特别是运动会，一般的学校或幼儿园，都会设置一些让父母和孩子一起参加的项目。而父母也会积极地配合参加，他们普遍认为，这样既可以提高孩子参加体育运动的兴趣，也可以增进父母与孩子之间的感情交流。父亲在日本家庭中是一个权威者的形象，但日本父亲依然要参与到孩子的成长中，中国也有严父慈母的传统家庭观念，父亲的严格教育帮助孩子把握人生的大方向，避免走上歧途。但如今忙碌的生活和工作从孩子成长的世界里夺走了爸爸们，"留守儿童"与托儿所成为社会的热点词语，还有多少爸爸能像蔡笑晚一样，明白自己有一个终身职业是"父亲"呢？

出生于80年代前后的人，现在正是组建家庭的时期，这代人或多或少还能从父母的身上找到一些60年代的影子：不善交流、没有耐心去聆听、忽视他人内心的感受、要求严格等，而父亲的刻板形象，也根深蒂固地融入到对下一代的教育中。今天，当爸爸再来养育孩子的时候，父母那一代人留给自己的影响固然不可能彻底避免，但我们可以有意识地纠正自己的教育方式，避免过往的时代伤痕再来伤害孩子，也避免父亲真正的教育功能一再缺失。

从教育的角度来说，无论父亲是否"恪尽职守"，孩子都对父爱有定性的需求，父爱的影响力体现在孩子成长的方方面面，从心理成长到身体成长，父亲是孩子生命中的一部分。虽然现代生活的快节奏一再地和孩子们抢夺父亲的空间，但当你选择成为父亲的时候，也要明白你其实选择了一个职业——父亲。

再忙也要抽时间陪孩子

"朝九晚六"是现在上班族的标准时刻表，这对于一个父亲来说，意味着早上在孩子起床之前出门，晚上在孩子已经玩了一天、感到疲惫的时候回家。现代生活的节奏，已经让父亲错过了很多与孩子相处的时光，更不必说加班、堵车等额外支付的时间了。剩下的周末情况如何呢？

孩子终于盼来了周末，他希望这一次能够和爸爸妈妈一起度过，是去动物园还是去植物园，都听爸爸的安排。孩子的爸爸是一家公司的销售经理，在公司基层工作了几年，终于赢得了领导的肯定。现在是公司准备用人的时候，如果业绩突出，他很有可能被器重。

这个周末，爸爸也打算陪一陪孩子，平时加班工作，一天中都难得见上一面。但是恰好周五有客户打电话约他一起去郊区钓鱼，这样绝好的交流机会，让爸爸左右为难。

后来爸爸想到，自己能为孩子做得最多的，就是给他一个好的生活环境，衣食无忧，最好还能有一笔可观的教育积蓄，保障他将来能上最好的学校、出国留学接受最好的教育。而陪孩子出去玩的事情，妈妈奶奶她们也可以带着一起去，父亲最后决定去见客户。

爸爸心理的这番斗争，不仅说服了自己，相信也说服了很多读者。的确，在现代社会里，努力工作存钱是最保守的法则。但是这样的选择是最优的吗，用经济学的话来说，这种选择的效益是最大的吗？

按照效益最大化的原则，我们首先要来认识爸爸做出取舍的主要动机。我们知道他最终都是为了孩子好，让他生活有保障，感到幸福。那孩子最需要的是什么呢？

孩子如果需要的仅仅是去了解植物、动物的机会，那谁带他去都可以，甚至找一个生物学家去是最合适的。但是对于孩子来说，他内心最需要的，其实是一种爱的感觉——和爸爸妈妈在一起，相互交流，在亲密的接触中感受到爱和温暖。这种被爱的感觉，是孩子日后乐观、自信、积极的动力，也能让孩子体会到安全感和归宿感。成年人中，也常常会有人希望听到一遍又一遍"我爱你"的表白来确定一种稳定的关系，孩子的心里更是渴望他们刚刚意识到的爱的关系被行动证明。而爸爸的陪伴，就是最好的证明方式。这种证明的行为，非爸爸不能完成，非此时不能完成。

孩子对父母的情感需求是有一定规律的，从寸步不离到不胜其烦，有自己的变化。一旦父亲错过这个规律，希望将来再弥补，就没有现在这样自然而然而且效果最佳了。反倒是给孩子的物质生活保障，可以慢慢地积累，不像孩子的成长那样无法挽回。

都说忙是为了家人，等到了爸爸们也老去需要陪伴的时候，才会明白被人冷落的滋味。

孩子给爸爸打电话：爸爸，你什么时候回来陪我看电视？

爸爸说：好孩子，我现在在外面工作，没有时间。和你妈妈一起看电视吧。

30年后，爸爸给儿子打电话说：孩子，你什么时候回来陪我们吃顿饭吧。

儿子说：爸爸，我现在在外面工作，没有时间，您就和妈两人吃吧。

其实家人能够在一起的时间并不多，孩子上学读书之后，在家里待的时间只会越来越少。你现在不去陪陪他，他将来也没有时间来陪你。彼此的失望是相似的，家人之间的责任缺失也是相仿的。好孩子要慢慢养，不管怎样，都要从彼此相互关注和陪伴开始。

男孩和爸爸学说话学得更快

如果将处于学习语言期的儿童分成两组，一组和爸爸接触，一组不和爸爸接触，你会发现与爸爸接触较多的孩子在语言表达上更有优势。也就是说，爸爸会让孩子学会说一些完整的句子。

说话，看起来是迟早都会学会的事情，很多爸爸觉得不用太在意。但在学说话的背后，其实是孩子的逻辑思考能力的形成。如果他善于言谈，思维敏捷，不仅是在说话上有优势，在做其他事情的时候也能有条不紊，具有较强的思辨能力。

但在孩子的生活中，往往是和妈妈对话较多，和爸爸的交流少一些。有的爸爸因为自身的性格原因，也不怎么和孩子说话，这对幼儿期的孩子来说，是一种成长缺失。

一般来说，男性的理性思维比较强，在一些重大问题上比较理智，看得长远，表现在说话方面就是语言逻辑缜密，有很强的递进关系。爸爸简简单单的几句话，对于孩子来说就是一个很好的学习范本，他们会跟着说同样逻辑的句子，慢慢提高自己的逻辑能力。

正因为如此，爸爸在孩子处于语言学习期的时候需要注意几个问题：

第一，让孩子保持一颗快乐好奇的心。

我们常常取笑"鹦鹉学舌"的人，因为他们没有思考，人云亦云。但是我们在教孩子的时候，也常在急迫的心境下让孩子去鹦鹉学舌。其实孩子根本不懂语言的含义，如果让他反复重复一些并不理解的声调，只会使孩子感到紧张和痛苦，失去对学语言的兴趣。所以爸爸和妈妈要配合，发现孩子对什么最感兴趣，多在孩子感兴趣的方面进行对话。爸爸也要保持一个轻松愉快的表情和心境，不能把自己当成教官。

第二，对孩子分心表现出宽容态度。

幼儿在学习时分心是很常见的，关键是如何引导孩子，切忌硬逼或训斥。当孩子在学习中不合作的时候，爸爸最好的办法是什么也不说，自己继续游戏，假装没有注意到孩子分心了。如果孩子完全不配合、发脾气，等等，爸爸可以离开房间几分钟后再继续。而在孩子调皮捣蛋的时候，爸爸直接收拾好全部玩具结束游戏则是下下策。

第三，对孩子说完整的句子。

"来，让我们坐车车。"说这些不完整的句子其实对孩子的语言发展并没有好处。可能大人觉得叠词减低了孩子理解语言的难度，事实上孩子理解任何新词需要的能力是差不多的，"车车"和"汽车"对他来说是一样的。如果爸爸能表达准确，孩子也会跟着模仿准确的说话方式。

当然，爸爸说话是为了孩子学习语言，并不是做演讲。所以不要自顾自地说，也不要提太多问题。

第四，持之以恒。

爸爸要坚持长期和孩子对话，不能兴趣来了就说，没有兴趣了就不说了不管了。最好是在孩子精力最充沛、注意力较集中的时候，这样学习的效果就会好一些。

第五，记录孩子的进步。

长期看不到孩子的进步，会影响父母教孩子的积极性。为了避免这一点，建议爸爸也做一个有心人，记录孩子学习的词汇，是名词还是动词，是一个字还是两个字的词语，是短语还是句子。这样爸爸才能对孩子的进步和掌握的情况有一个整体的把握。

一般来说，具备较高语言技能的孩子，有一些特别的表现，比如喜欢听故事、儿歌；善于模仿他人的声音和语言；喜欢讲话，擅长口头表达，词汇很丰富；喜欢阅读，即使不认识字，也能独立翻阅图画书；擅长记忆名字、地点、日期和琐事，能很容易地完整复述故事；总是问有关词、声音或事物名称的问题，如"这是什么意思"；喜欢玩文字游戏，善于理解谜语、笑话；喜欢涂涂写写，等等。如果孩子在这些方面有很好的表现，爸爸应该多多鼓励孩子，多和他对话，给他讲故事，或者帮他挑选一些适宜的图书。

与儿子成为好朋友

家长应采取易于被孩子接受的平等的对话方式去理解孩子，相信孩子，做孩子的知心朋友，否则会拉远自己与孩子的距离甚至使孩子产生隔阂及逆反心理，不利于家庭教育的实施。家长的行为是无声的语言教养，良好的亲子沟通能培养孩子优秀的内在品质。

我国翻译学家傅雷先生堪称教育孩子的楷模，他特别注重与孩子的思想交流，教孩子仪表、修养、礼节及做人的道理，与孩子交朋友。他的优秀育儿方法是值得广大家长朋友学习的。

　　傅聪曾回忆说："我父亲留学法国，深受法国人文主义的影响，因此对我们子女也是民主式教育，在家里他不仅仅是父亲，还是我们的知心朋友。除了文学音乐，我父亲也很喜欢美术，记得家里有很多美术作品。长期受这种文化熏陶，我也很自然地喜欢美术音乐。我们经常交流对音乐绘画的看法，从父亲那里学到了很多，让我受益匪浅。我是 12 岁才开始学钢琴，学了两年又放下了，直到 17 岁又开始学。这期间都是我的意愿，父亲没有非让我学钢琴或绘画。父亲总能像朋友一样，尊重我的兴趣和爱好。"

　　父母是孩子最好的老师，同时也可以做孩子最好的朋友。但是由于父母受传统观念的影响，很难跟自己的孩子交上朋友。事实上，只要父母放下自己的架子，与孩子多沟通，了解孩子的想法，真正走入孩子的世界，做孩子的知心朋友还是可以实现的。

　　要像傅雷那样做孩子的知心朋友，教育家给大家的建议是：

　　第一，不要总是盯着孩子的缺点。从心理学上分析，孩子是心理和行为的不成熟个体，家长必须对他们加以正确的指导和培养，在这个过程中如果家长像朋友一样与孩子一起成长，效果会很好。但是，家庭教育中常见的问题是，父母对孩子寄予厚望，为了达到自己设定的目标，在孩子耳边不停地叮嘱、提醒。这种做法往往收效甚微，甚至适得其反，使孩子产生厌烦情绪，还容易挫伤他们的自信心和自尊心。有些家长眼睛总是盯着孩子的缺点，只讲缺点，不提进步。其实，绝大多数孩子已能分辨是非善恶，只是缺少改正缺点的自觉和毅力。如果父母总是喋喋不休地数落孩子的缺点，反反复复地教训孩子，他们会将此视为不信任，甚至产生逆反心理。这样一来，别说做知心朋友了，连正常的亲子关系也会被破坏。

　　第二，注意和孩子的情感交流。注重与孩子的情感交流是与孩子成为知心朋友的前提，与孩子交流的时间最好选在吃饭时和睡觉前，因为这是孩子情绪最为平稳的时候。有一位母亲从孩子很小时，就注意和孩子的情感交流。每天在孩子上床时都要问问他："今天过得开心吗？"孩子长大后，就形成了在睡前和父母沟通的习惯，有什么不顺心的事就像朋友一样告诉父母。有了这样的感情基础，孩子就容易接受父母的建议和忠告，很容易跟父母建立起朋友的关系。

好爸爸活力十足

　　伯尔的父亲是德国一个公司的小职员。他算不上成功的男士，事业平平，但却一直深刻地影响着两个儿子。

　　父亲非常喜欢历史，他总是在家里大声地谈论历史上一些有趣的故事，给伯尔狭小的生活空间带来了色彩。父亲经常在孩子面前发表他的意见，甚至和兄弟俩探讨世界大战的问题。镇上如果有演讲，他总是带孩子们去听，而且大多是坐在最前面。由于母亲总是担心孩子出问题，做任何事情都谨小慎微，所以，父亲就和孩子们悄悄地商量他们的野营计划，避免母亲担忧。当妈妈的唠叨被甩在了耳后时，伯尔和哥哥都高兴极了，觉得是在进行一件很保密、很刺激的事情，因此都非常配合父亲的行动。

父亲总是带着孩子们去很远的地方，他要求孩子们不带午餐，路上饿了自己想办法，而且还必须"孝敬"父亲一份食物。有时，他们在山上野炊，由伯尔和哥哥安排饮食。如果伯尔他们只找到一份食物，就给父亲吃，父亲从来不和他们客气，他会吃得一点儿不剩。尽管如此，两个男孩仍然很快乐。

伯尔的父亲是一个精力充沛的男人，他兴趣广泛，这一点也传染给了孩子们。后来伯尔的哥哥成了一名探险队员，主要是探索自然界。而伯尔则来到了父亲曾经提到过的中国，研究中国的历史和文化。可以说，他们的选择都和父亲的教育密切相关。

读完伯尔的故事，父亲们可以反思一下自己与孩子的交流现在停留在哪一层面：是天文地理无所不包，还是局限在批评和接受批评上？

身为父亲，在孩子面前做好榜样是分内之事，这其中就包括引导孩子热爱生活，对人生充满好奇和活力。充满活力并不是要求父亲天天与孩子们汗洒球场，而是要葆有一颗热爱生活、积极进取的心。就像伯尔的父亲这样，有广泛的爱好，有一颗年轻的心。这不仅能改变自己的生活，也能为孩子寻找兴趣点，建立父子之间的友谊。

但很不幸的是，总有一些"待在书房"的父亲，或者看书做学问让孩子觉得很神秘，或者埋头计算设计，忙得不可开交。或许是因为不知道怎样与孩子们交流，父亲总是尽量避免与孩子单独相处，父亲的这种羞怯有时显得可爱，但是长期不愿意主动与孩子接触交流的父亲，会耽误孩子的发展。如果孩子感受不到父亲身上的活力，他就不会主动邀请父亲参与到他的活动中，因为他会害怕被拒绝，这对亲子间的感情交流很不利，也让孩子在今后的生活中往往不懂得如何与人交往，如何表达自己的意愿，缺乏自信，在生活中处于不利的位置。

怎样让忙于上班的父亲们做到充满活力呢？

首先，父亲要有一颗好奇心，好奇心让人充满活力，也让生活变得丰富多彩。父亲不一定是百科全书式的，但是当遇到什么问题时，如果父亲不知道，大可以拿出来和孩子们讨论，让孩子感受到自己是被需要的。可是平凡的生活已经让很多人失去了心灵的敏感性，对很多事情司空见惯，习以为常。好在这种观念是可以改变的，只要用心发现，就可以找到很多孩子们感兴趣的事情来研究。

其次，有活力的父亲是随时接受新知、虚心学习的人。有的人认为，父亲回答"不知道"是有失颜面的事情，因此常常编造一些理由来回答孩子的问题，这样只会让孩子在某一天对父亲失望。本来世界上就不存在全知的人，父亲也没有必要变成万能博士。

最后，很重要一点就是要热爱运动。适当的运动不仅有助于孩子的骨骼发育，也非常有益于孩子的心灵发育。运动让人体验紧张激烈、痛苦和超越，是人生情感的演习所。运动不一定是打球，与孩子去野炊也是很好的选择，就像伯尔的父亲，带着孩子们去野外生存，培养孩子们的探险精神，将孩子们培养成为不畏惧苦难的人。

坚强可以培养

有这样一种人，他们不论做什么都全力以赴，总是有明确而必须达到的目标，每次失败，他们都笑容可掬地站起来，然后下更大的决心向前迈进。拥有这样坚毅品格的人，从不知道屈服，从不知道什么是"最后的失败"，在他们的词汇里面，也找不到"不能"和"不可能"几个字，任何困难、阻碍都不足以使他们跌倒，任何灾祸、不幸都不足以使他灰心。

培养坚毅的品格是人生中重要的一课。为了使孩子适应未来社会激烈的竞争和快节奏的生活，家长必须注意孩子意志力的培养。

小强是个6岁男孩。一天，他的父亲带他去玩球，父亲故意把球踢得很远，再让他去捡回来。一开始他还很开心地去捡回来，但是跑了几次之后，小强说："爸爸，你能不能小点劲儿，我都跑不动了！"

爸爸说："我像你这么小的时候，有一次跟小朋友们去爬山，累得腿都抬不起来了。但是我们休息了一会儿，还是继续爬。虽然爬山的时候很累，但是过几天我就感觉双腿很有力，跑步呼呼带风，体育课比赛短跑，我还得了第一名呢！"

小强听完，就说："那我也能坚持！"

爸爸说："如果实在累了，我们就休息一小会儿再继续吧！"

再后来，有一次踢球，小强不小心摔倒，把膝盖磕破了皮儿，但他坚强地爬起来继续踢球，没有哭，爸爸伸出大拇指为他点赞。

冬天，小强被爸爸激励着早起跑步，锻炼身体。有几天小强觉得天气太冷了，犯懒不想起，爸爸鼓励他说："男孩要勇敢坚强，磨炼意志，你想一想，大英雄什么都不怕，还会怕冷吗？"

经过爸爸的一番劝说，小强终于克服了懒惰，精神抖擞地跟爸爸出去跑步，呼吸着清新而冷冽的空气，小鼻头红红的，小强说："早上的空气真好啊！"

爸爸说："把身体锻炼得棒棒的，每天的感觉会很好，你是不是能感受到浑身有劲儿？"

小强使劲儿点头。

不仅如此，爸爸妈妈渐渐发现，小强对待学习也更有耐心，对于难以解答的问题，也不再直接查找答案，而是非要自己琢磨出来。

培养孩子坚毅的品格的时候，要充分发挥父亲的影响力。因为父亲在生活中一直都是伟岸的象征，父亲是家里的顶梁柱。这些形象在孩子幼小的心中已经扎根。因此，父亲不单单要带领孩子认识到生活的艰辛，还要培养孩子应对生活困难的毅力。

好爸爸不该做的事

高压独裁的"一言堂"

"独裁爸爸"并不是一个新鲜词，虽然我们看到了像漫画家朱德庸、作家周德东那样的"民主爸爸"，但他们毕竟是少数，有一些父亲还是在想着怎样把控好自己的家庭，怎样维护自己的尊严和权威。在这种独裁作风下，是否真的建立了父亲的权威呢？一个在"独裁爸爸"膝下长大的优秀男孩的回答是：不能。

小时候，我成绩优异，一直担任班干部；初中时我在征文比赛中屡屡得奖，然后我考上了市里最好的高中，接着考上了不错的大学，年年拿奖学金，当了团支书，入了党……我妈说我让爸爸很有面子，但爸爸似乎从来不真正关心我。

我从小被要求要出类拔萃。我不想让父母失望，也从没让他们失望过。但我感觉自己就像一棵果树，被浇了养料，然后被期望着结出累累硕果，果实被摘下后换成了金钱。他投资，我产出。过程中是他不断要求，而不是一个爸爸对儿子付出爱。

从我记事以来，爸爸从来没有去学校接过我，记得有一天下很大的雨，很多人都是父母接回家的，我给爸爸打了个电话，本来是想说我等雨小点了再回家的，但我还没有开口，他就说自己是不会来接我的。那一次我自己淋雨回到了家里，哭了很久。

读完这个男孩的故事，也许你会觉得这并不能说明爸爸不爱他，只是不懂得表达爱，但我们都能感受到男孩内心的凄凉和怨恨。可能很多父亲一直在要求孩子做这做那，一心想着为孩子好，但从来没有想过孩子的感受。

"他投资，我产出"，父亲和儿子之间竟然就是这么简单的投资关系，父亲的权威、尊严、魅力等，也就无从说起了。

其实大多数高压独裁的家庭培养出来的孩子都有心理障碍。让孩子走父亲决定的路，还需要看一看孩子是否能承受这份压力。如果父亲给孩子的压力过大，可能会引发孩子的心理问题。

张亮亮的父亲是一名军人，39岁读了博士，后来成为一家医院的医生，同时也是博导，是家族的榜样。他对自己的优秀直言不讳，毫不客气地对儿子张亮亮说："你这辈子永远不可能达到我的高度，更不可能超过我。"

张亮亮的母亲对张亮亮打小就十分呵护，据说张亮亮小时候吃饭的碗都是用高温消过毒的。母亲很重视对他的教育，但和很多家长一样，希望他自立的同时很多事情又替他代理，以至于没有让他经过什么磨炼。

优秀的父母自然让他产生压力，张亮亮说："父亲不给我压力，但是他看不起我，不认可我做的事。母亲很关爱我，通过关爱的方式给我压力，一会儿希望我申请耶鲁、哈佛，一会儿又说申请到哪个学校也没关系，这对我是莫大的折磨。每次都是这样，我总是希望母亲打电话只询问生活上的情况就好，因为出国的事情她不懂，给她解释她也不一定明白，还会大声跟我争论。"

在父母的压力之下，张亮亮在各方面也力求上进，读研究生后，一年半的时间内，张亮亮通过了托福、雅思考试，也获得了高级口译、北美精算师等证书。一年看了17本很厚的专业原版书，还竞选了学生会宣传部长。他还担任了校报三个版面的版主，并申请了30多所国外大学，专业方向也不尽相同。

但是他压力很大。在不断地自我苛求之下，张亮亮在宿舍饲养宠物，并在饲养过程中将一些宠物猫误伤致残后丢弃，发生了之后的"虐猫事件"。大学给张亮亮严重警告处分，同时劝他休学一年，接受学校专门安排的心理辅导。

一个处处看起来都很优秀的高校才子，私下却是一个内心忧郁几近残暴的人，他对猫的虐待其实是在发泄自己心中的愤怒，这愤怒正来自家庭的压力，来自爸爸那句伤人的话——"你永远也不可能超过我。"

只会用金钱爱孩子

每逢暑假，很多孩子都会回到爷爷奶奶家住几天，一则给老人的生活增添一些快乐，再则也给年轻的父母放放假。但孩子回老家对老人来说不亚于一场"接驾"，孩子身上很多平时隐藏的问题这时候也都露出了尾巴。相信很多人对下面这位父亲的故事一定不陌生：

王鑫在家一直很乖，我和爱人对他很满意，也想尽办法让他生活得无忧无虑的。暑假到了，王鑫到奶奶家住了一周，却变得难"伺候"了。

奶奶做鱼给他吃，他不肯吃，说要吃海鱼；买回鳊鱼来，他还是不愿意吃，说那个也不是海鱼；带他出去吃热干面，上面有葱不吃，沾了酱也不吃；做西红柿鸡蛋汤吃，他嫌里面没有肉。奶奶生气地说要把他送回来，他又说要过完暑假再回。

一个暑假下来，奶奶都瘦了一圈。我接孩子的时候看到老母亲受苦，才意识到自己平时对孩子的教育出现了问题。

平时王鑫只要想吃什么，妈妈马上就去买了做。想看最新的电影首映，不论多贵一定会看到。他的玩具也总是紧跟潮流，图书漫画更是常换常新。和其他孩子比起来，王鑫知道的东西的确要多一些，但是他明显没有别的孩子懂事，只要是自己想要的东西，一定会想办法弄到手，否则就不依不饶的，让别人拿他没办法。

不懂得照顾别人是现代独生子女的通病。他们以自我为中心，在今后的人际交往中会受到很多打击：首先是发现自己不再是主角了，会失落；其次是因为以自我为中心，会招来别人的厌恶。爸爸用金钱来满足孩子，结果宠出来这样的刁蛮少爷。所以父亲最好能够在孩子还小的时候就让他知道，自己不是世界的中心，自己想要的东西也需要通过劳动或者等待才能获得。

我们常常对孩子说"吃得苦中苦，方为人上人。"但很多人在落实到行动的时候，又免不了会给孩子打折，真正"非宠主义"的父母还是很少。爸爸能够给孩子的最好礼物，不是限量版的球鞋或高级玩具车，而是在保护中让他前进、尝试的勇气。用金钱来奖励，其实是扰乱了孩子的价值观，让一切想要的东西都变得简单、唾手可得，他们就失去了支配自己生活、教育自己、锻炼自己的能力和意识。

"我自己上学去。""不行，路上不安全，我还是送你吧。""我自己选衣服。""不行，爸爸帮你选最好最贵的。"……其实有很多次都是孩子在主动要求锻炼，却被爸爸挡了回去。很少有爸爸能一边保护着孩子，一边又让他自己去尝试。

很多爸爸努力挣钱养家，但忽略了根本的一点——孩子的成长不仅需要物质上的保证，还需要心灵上的体验——酸甜苦辣、悲欢荣辱，这些才是培养一颗健康的心必需的营养。

2009 年盛夏的成都，26 人驾驶豪华跑车涉嫌超速行驶，在成南高速被警方拦下，被网友称为"华丽的车队"的照片传遍网络；第二天，备受争议的 26 辆豪华跑车再次出现在成灌高速，仅用 13 分钟就跑完了 45 千米的路程，平均时速 210 千米。据报道，这些跑车来自中国的五湖四海，车主们是清一色的"富二代"。

另有新闻报道：重庆江北茂业百货里，一个家境富裕的高干子弟持双刀杀死了自己穷追无果的女孩。

毫无疑问，上述那些富二代的生活中并不缺少金钱，但是很明显，他们的生活中缺少严厉的管教。

在教育面前，财富也无能为力，甚至会帮倒忙，会让孩子的劣行更大程度地"施展"，祸害社会。

没钱的爸爸不一定就是失败的，有钱的爸爸不一定就是成功的。爸爸要当好，与其让孩子衣食无忧，不如让他们懂得为人处世的最基本的道理。

在家庭教育上，没有贫富之分，只有方法好坏之别。不会爱的爸爸，上亿家产可能把孩子压出心病；会爱的爸爸，兜里只有一元钱，也能给孩子换来一次开心、满足的欢笑。

教育不是只要拿学费交给学校这么简单的事情，如果爸爸把给孩子提供优渥的物质条件当成自己在教育孩子过程中的重要任务，那么孩子的成长中就会出现爱的缺失。用金钱爱孩子，要有多少的金钱才能体现出父亲的爱呢？这个问题没有答案，因为金钱是无法代替父爱的。

在孩子面前相互否定

很多父母都想尽心尽力地教好孩子，但是如果夫妻之间教育孩子的态度并不统一，或者双方的配合不到位，就会很影响教育效果。

宁宁发现妈妈总是对爸爸不满意，经常听到妈妈的抱怨声，为什么呢？因为爸爸工作忙，总是照顾不到家里，妈妈一个人忙里忙外，爸爸无法帮助她。这一天，宁宁的妈妈又开始唠叨了："唉，看看你这个爸爸呀，一天到晚不回家，屋里屋外全都是我一个人忙来忙去！"宁宁听到这样的话，就很懂事地说："妈妈，我来帮你做。"而妈妈却说："你还在念书，你现在的任务是把书读好，其他的杂事不要你来操心。"宁宁听话地点点头，就进屋学习去了，以后也就不提帮妈妈做家务了。

曾经有一位教育专家提到这个故事，打趣地说："这个妈妈整天在抱怨先生，却从来不让自己的儿子树立做家务的概念，恐怕往后还会有一个女人像她一样受罪。"

妈妈在孩子面前抱怨爸爸，这样的做法弊端相当大，抱怨不仅不能解决任何问题，而且还不利于在孩子面前帮爸爸树立威严。相反，下面这个家庭的做法则很值得提倡。

玲玲的爸爸经常在妈妈不在家的时候对玲玲说："孩子，你妈妈为了你很不容易啊。你出生之前在妈妈肚子里待了足足十个月，这十个月妈妈很辛苦啊。后来妈妈为了照顾你，不得不把原本很好的工作辞掉了。每一次你生病的时候，妈妈总是跟着着急上火……"玲玲瞪大了眼睛,这些事情如果不是爸爸跟她讲,她是不会知道的。

这一家每天晚上总是一起共进晚餐。有一次爸爸下班回家有点儿晚,玲玲饿了很想先吃饭,妈妈对她说:"我们一起等爸爸回来吃饭好不好?爸爸每天在外面工作很辛苦,如果没有爸爸的辛勤劳动,我们就不会有这样安稳的生活了。家里优越的物质条件都是爸爸给我们创造的。"玲玲一听,就坚持要等爸爸回家一起吃饭。

父母双方先配合好,才会让孩子感受到家里浓浓的亲情,令孩子更爱自己的爸爸妈妈。这就很需要夫妻双方的配合。"儿子,爸爸天天在外赚钱很辛苦,所以你今后要好好孝顺爸爸"这样的话,一般来说爸爸是不好意思对儿子说出口的。但如果能通过妈妈的口说出来,孩子既能感受到爸爸为家庭的付出,也能感受到一家人相互之间的欣赏和肯定。所以通过父母双方的配合,这个问题才能很顺利地解决。如果父母之间没有配合好,那就算是用更多的心思来教育孩子,效果也不会太理想。

同样的道理,家长和老师之间也要如此的配合,做家长的千万不能在孩子面前说老师的坏话。

咄咄逼人的"强势爸爸"

到了当家长的阶段,最头疼的莫过于不知道该怎么教育男孩。教育专家在研究中发现了这样的问题:一些从事教师、军人、法官、警察等职业的父母,他们的孩子在交流上更容易发生障碍，这是为什么呢？

这一类的家长被称为"强势家长"，他们的社会地位相对较高，对社会的责任感也比较强烈，在工作中更是一丝不苟，所以在教育男孩的过程中也流露出了明显的职业色彩，表现为"眼睛里容不下一粒沙子"，一旦发现了男孩的小失误和小问题，就比较容易把问题严重化、扩大化。

还有一类家长是属于"吹毛求疵"的类型，他们习惯于严厉地要求男孩，不容男孩犯一点错误。这样的家长所教育出来的男孩有两种典型的表现：一种就是绝对服从型，男孩会表现得胆小怕事，丧失独立生活的能力，没有一丝主见，甚至连穿什么衣服、买什么样的早点吃都没有主意；另一种就是直面对抗型的，这样的男孩会产生强烈的逆反行为，甚至会离家出走，或是流连于网吧。有一位警察的儿子曾经很坦诚地跟老师讲："我爸对我严厉的时候，总是用那种盯着犯罪分子的眼神，我能不痛苦吗？"

由于家长在教育男孩的时候表现出了明显的强势，那种很强烈的表达方式往往流露出了对男孩的不尊重，与男孩的敏感心理产生了冲突。这些家长长期以来习惯把职业心态带回家，以不平等的姿态与孩子交谈，没有体会到男孩的内心感受，而是让孩子毫无反抗地听从指挥。这种做法会为家庭教育布下重重障碍。

作为父亲，强势的方式、强势的力度、强势的状态都会给男孩造成很大的影响。父亲和男孩之间犹如一对齿轮，一方强则一方弱，通常会造成以下三种结果：

第一种是男孩比父亲更强的"超越式"。这一种情况出现的原因是男孩希望像父母一样出色，于是争强好胜，有时会比父亲更加优秀，即"老子英雄儿好汉"。比如姚明，他的父母都是很优秀的篮球运动员，姚明之所以能成为世界级篮球健将，一方面也来自于超越父母的挑战心理。

第二种就是过于依靠父亲保护的"依赖式"。家长过于保护以至于制约了男孩的个性发展，这样的家长带出来的孩子要么性格比较懦弱，要么依赖性很强，属于对父亲的绝对服从型。很多态度强硬的父亲，他们的男孩会表现得腼腆、胆小、不自信等。

第三种就是男孩通过自己努力获得成绩的"奋发式"。家长态度不是很强硬，甚至是管束比较宽松，但是他们的男孩却很有责任感。比如：背着母亲上学的当代孝子张尚昀、带着妹妹上大学的洪战辉、航天英雄费俊龙、奥运冠军刘翔等人，都是典型的例子。他们都是出生在普通的人家，通过努力活出了自己的精彩。

作为家长，在教育男孩的过程中最好不要过于强硬，这样才会给男孩留有足够的发展空间。家长应该以一种宽容的心态来审视男孩在成长过程中暴露出来的各种问题，自己主动放下架子，和男孩交朋友，这样家庭的民主氛围就会增强，男孩也不会抵触和父母进行交流，许多问题都可以迎刃而解。

一位各方面很不错的高中男孩，在他16岁的时候与同班一位女孩相恋了，男孩的父亲与他进行了一次属于两个男人间的谈话。

父：儿子，你是不是觉得她是最好的女孩？

子：我觉得我认识的女孩里她最可爱。

父：爸爸相信你的眼光。但是，你才上高一，你认识的女孩有多少？

子：我心里只有她。

父：你说你要上大学，将来还要出国深造，想成为一名律师或金融家。你知道你将来会遇上多少好女孩吗？爸爸并不反对你现在谈女朋友，但是，爸爸最反感的是见异思迁。这个女孩是你到目前为止认识的最好的女孩，可是，你将来会有更多的机会遇到更多的人，到那时你该怎么办？你会不会后悔？

子：可是，现在让我离开她，我会很痛苦。

父：你初三时买的"随身听"呢？

子：前两天，您给我买了个更高级的复读机，我觉得音质比原来那个好，就把它送人了。

父：这就叫一山更比一山高。如果你能把握好每一个属于你的机会，你以后的成就只能比今天大，你面对的世界只会比今天更广阔，到时候你的选择只会比今天更好，更适合你。如果你与现在这个女孩真有那份情缘，到时候再让它开花结果多好。儿子，一个人一生不可能不做些让自己后悔的事，但是，人生大事只有几件，后悔了，就会遗憾终生。

子：爸爸，我懂了……

从此以后，男孩把对女孩的特殊感情深埋心底，生命的乐章却弹奏得更欢快了。他明白，即使爱的种子发芽了，也没有机会长成参天大树，更不可能结出甜美的果实。而在这之前，自己只能做一个默默耕耘的农夫，等待庄稼的成熟。

例子中的父亲面对男孩的早恋，不是用命令的口气让男孩放弃，而是选择理解男孩的想法，帮助他树立正确的爱情观和认识爱的真谛，并以平等的态度与他交流自己对人生、爱情、学业的看法。

你可以把自己和男孩放在平等的位置上，像朋友一样，一起商量，分析利弊，最后让男孩自己拿主意，这样男孩不仅不会反抗，反而会在商量的气氛中感觉自己在成长，有了自己的主见。这时大部分男孩会愉快地采纳父亲的建议。

在教育男孩的过程中不能一味使用命令的语气而忽视与男孩的沟通，很多人会问，如何跟男孩进行的沟通呢？教育专家给我们的建议如下：

第一，应该注意以下因素：理解、关怀、接纳、依赖和尊重。理解，要求父母与男孩双方能够设身处地地为对方着想；关怀，不但存在于内心，更要切实付诸行动；接纳，要求考虑到每个人的个性，懂得欣赏对方身上的优点；依赖，要做到既信任别人也信任自己；而尊重是指尊重对方特别是男孩的权利，尊重男孩的意见和选择。

第二，要建立一种积极健康的家庭沟通交流关系，应该改变父母是决策人、男孩是接受者这样僵化的家庭角色的分配。父亲在家庭教育中应该懂得进行角色交换，每一个家庭成员都可以表述自己的诉求和看法。当男孩能够参与讨论家里的问题时，他们方能更好地理解父母，而父亲一方面可以调动男孩的主动性，使自己清楚地了解男孩的想法，另一方面可以得到有关自己教育的反馈信息。

不打不骂的"冷暴力"

爱孩子是父母的本能，但爱不能只藏在心里，或者只存在于父母的主观认知中。相反，对孩子来说爱是实际的，既要能感觉得到，还要能摸得到。

所以，父母对孩子的每一次拥抱、每一次抚摸、每一次亲吻，都能拉近彼此的距离。对孩子来说，父母的爱就如同孕育地球上所有生命的太阳和水那样重要，所以，让孩子时时感受到父母的爱非常重要。

在这个世界上，作为父母，能够给予孩子最有价值的礼物就是"爱"——慷慨和无条件的爱。我们应尽可能多地让孩子感受到我们爱他。无论孩子犯了怎样严重的错误，父母都要对孩子有一颗宽容的心。

当孩子犯错误的时候，家长很可能会用冷漠的眼光看待孩子，或者对孩子不理不睬，这样的"冷暴力"很容易使亲子间的感情联系割断，并极有可能使我们失去教育孩子的大好机会，导致孩子对于父母的爱感到麻木。

有很多父母特别宠爱孩子，他们一辈子甘愿为儿女付出，从孩子上幼儿园、上小学、上中学、上大学，到找工作、结婚、生孩子，父母无时不在操心，"为孩子把心都操碎了"，是许多家长都有的感受。然而许多孩子却体会不到这些，他们喜爱和崇拜的人是歌星、影星或政界商界的巨头，唯独没有父母。在一些调查中，孩子对于为他们"操碎了心"的父母，不但不领情，还有颇多抱怨，惹得很多家长感叹"好心没好报"。我们总是以为当我们为孩子付出了很多之后就可以换来什么，但是孩子最需要的恰恰是父母的一句关爱和一份微笑。即便他们的表现很不好，他们也极不愿意看到父母那种很失望的表情，更不愿意从中读出父母"恨铁不成钢"的意思。冷冰冰的态度是最让孩子感到害怕的。

这些现象似乎在提醒家长，在家庭教育中存在着一些误区。比如在爱孩子的问题上，许多家长是出于本能的爱，却不重视爱的表达方式，不会爱，因而使孩子体会不到父母的爱。

在得知孩子两门功课一共只得了188分时，妈妈难过得直流泪。一边的女儿看着妈妈流泪却感到十分困惑，她不能理解妈妈为什么如此痛苦。此时，这位妈妈就是忽略了孩子的感受。妈妈对孩子的期望是要得"双百"，孩子没有满足她的需求，她就感到伤心。如果换个位置思考，孩子努力了，她虽然只得了188分，但妈妈也应为孩子感到高兴。而妈妈却只关注自己的感受，而忽略了孩子的感受。家长的行为与孩子的体验相反，孩子幼小的心灵就会产生疑问：这就是妈妈对我的爱吗？这样的情况再三发生，孩子就会形成一种认识，认为这就是爱。现在社会上很多人反映大学生冷漠，不懂得爱，很大程度上是因为他们缺乏爱的体验。只有学会施爱，让孩子体会到爱，并学会去爱别人，才能成为合格的父母。

总有一些父母，宁可自己省吃俭用，也要让孩子在物质上应有尽有，但在精神上却经常忽略孩子的需求，对孩子的情感和人格缺乏应有的尊重，这样也很难让孩子体会到父母无私的爱。父母应该尽可能多地和孩子在一起。每个孩子都需要从父母那里得到足够的重视。在每天工作之余，父母要腾出一些时间参加孩子的游戏，和孩子一起读书，为孩子提供接触到各种东西的机会。学会倾听孩子的心声。有经验的父母指出，通过听孩子说话来了解他们的感受，是非常有用的一种方式。与孩子谈话，也为父母提供了了解和教导孩子的机会。

第三章　母亲影响男孩的一生
——好妈妈的教子分寸

做母亲更需要"岗前培训"

母亲的素质决定孩子的素质

有这样一个说法：上帝之所以先造出男人，并不是因为男人比女人优越，而是因为男人比女人容易造。上帝先试着造出男人，成功以后才去造女人。当上帝把女人造出来以后，上帝创造人的任务也就完成了：他把这个任务交给了女人。这样看来，母亲的工作正是上帝的工作。

孩子是母亲体内孕育的生命，因而母亲的身体素质决定了孩子的健康基础。最新的科学统计表明，母亲的智商对孩子的智力有更为明显的遗传优势。母亲孕育下一代，这是对上帝的工作的延续，也是人类得以不断进步、充满希望的基础。

上帝选择女人来继续完成他的工作，不仅是因为女人能够繁衍子孙，更因为女性的特质，即善良、勤劳、温柔的本质，这能填充孩子在父亲影响下形成的思维世界，让他的精神在正义、勇敢等的筋骨下，充满情感的血肉。就像上帝不仅仅创造出人类，还给人类以信仰和力量一样，母亲也不仅仅是生养了孩子，还是孩子精神的避风港，她可以在孩子遇到挫折、失去信心的时候，给孩子鼓励和安慰，让他重新鼓起面对生活的勇气，勇往直前。

母亲的素质对孩子的方方面面产生着影响：

第一，有修养的母亲养育有修养的孩子。

所谓"修养"，处处体现在日常生活当中，与人相处或是独自一人时，所思所言都是修养的体现。母亲与孩子朝夕相处，因而孩子身上大多数的修养，都是从母亲那里点点滴滴学来的。母亲尊老爱幼，孩子自然就会上行下效；母亲节俭有度，孩子自然就会拒绝奢华；母亲彬彬有礼，孩子自然就会谦虚不傲……

著名华人指挥家汤沐海的母亲蓝为洁女士，就特别重视孩子的修养，她自己是一个电影剪辑师，在她的手中，诞生了一部部优秀的电影作品，她也常常与儿子交流对艺术的理解。在她的培育之下，汤沐海成为世界级的指挥家。汤沐海的高雅修养和高尚品质，很大程度上来源于母亲的影响。

第二，善良温柔的母亲让孩子懂得为他人着想。

精神的冷漠是可怕的，很多感情木讷的人，在童年时代往往缺少母亲善良温柔的感染，这样的人往往性格粗暴、对人没有耐心。"悲天悯人"的情怀虽然可以受后天的教育形成，但是它仍然来源于孩子母亲的善良根基。

比尔·盖茨曾经说，自己在母亲那里得到的是"虔诚和善良"，在全球拥有超过44万雇员的比尔·盖茨退休以后，专门投身慈善事业，他不仅是连续13年蝉联世界首富的商业巨人，也是长期大力支持慈善活动的社会活动家。从他对全世界贫困地区的大量捐款上，我们可以看到他善良母亲的影子。

第三，耐心细致的母亲教会孩子做事。

再粗心大意的女孩，一旦变成母亲，就会变得坚强和细致，这也许就是常言所说的母性。每一个孩子都有自己的成长节奏，只有耐心等待和观察，才能很好地捕捉到孩子的步调，让他在适当的时间里做适当的事情，事半功倍。

在平时的生活中，如果一个母亲连听完孩子说话的耐心都没有，就不要指望孩子会有耐心倾听别人的想法，向别人虚心求教了。希望孩子养成良好的生活习惯，没有耐心是不可能成功的，作为孩子的启蒙老师，母亲的耐心是他成长中的最重要的礼物。

第四，沉着镇定的母亲使孩子学会坚韧不拔。

当"郁闷"成为社会的流行语，抱怨也就开始成为整个社会的风气。长期承担家务的母亲们，常常在孩子面前喋喋不休地抱怨自己的辛苦，"唠叨"成为现代母亲一个不光彩的标签。

母亲对孩子的影响相比较父亲而言，更加具体，孩子如同初生的果实，表面还有一层薄霜一样细小的绒毛，母亲的手，正是要感知这些细微的绒毛，呵护孩子的成长。所有母亲的特质，都是她作为女性特质的延伸，当上帝决定你成为一个女人，就是他授予了你创造人、养育人这一项工作。如果用一个词来概括，那就是展现母亲的"亲和力"。

爱是维系母子关系的纽带

吴章鸿是一位平凡的母亲，她在 2005 年被"全国妇联"授予"感动中国的十位母亲"荣誉称号。她以她的家教经历告诉世人，"穷"妈妈的爱也可以雕琢出最为出彩的音乐人才。她的儿子吴纯已经获得了 16 项国际钢琴比赛大奖，这位妈妈用最朴素的爱来陪伴孩子一点一滴的成长。她在孩子还小的时候，每天早上五点半起床把孩子背在身上，挤公交车送他去学钢琴。她懂得教育孩子，但是从来都不会用粗暴的方式来压制孩子，而是耐心地劝导，用一片爱心来给孩子讲道理。在吴纯 11 岁的时候，其父亲与吴章鸿离婚并带走了家里所有的财产，而吴章鸿咬紧牙关，和孩子一起共渡难关，努力给孩子创造最好的教育条件，同时还告诫孩子记住周围人对自己的帮助，让他怀有一颗感恩的心。在妈妈的感染下，吴纯从小就明白做人应该秉承的处世之道，正如他的老师——世界著名钢琴大师克莱涅夫教授对他的评价："他是一个礼貌并真诚的人，这一点可以让他赢得更多的尊敬与敬佩。"

在旁人的眼中，吴章鸿与儿子一直是非常和谐的组合，在吴纯还小的时候，吴章鸿对他说："你需要爱，妈妈同样需要爱，妈妈在爱你的同时，更希望得到你的理解、尊重和支持。"确实，这样的爱才是最完美的亲子关系。

日本教育家井深大认为：孩子和母亲之间有一条纽带在维系着。

这条纽带不是语言，而是母爱。尤其是在培养人品的时

养 育 男 孩

候，这种不用语言也能进行信息传递的"纽带"更是必不可少的。

小时候缺乏爱的孩子，长大后多数也不懂得如何去爱，这并不能说他们自私，而应该说，这些孩子是因为在幼年时没有被爱过，所以并不懂得如何爱别人。

井深大在自己的著作中讲了伊扎贝尔的故事：

伊扎贝尔的母亲是一个口不能说、耳不能听的聋哑人。伊扎贝尔出生后，家人为了让她们母女躲避世人的目光，在一间形同牢房的漆黑房间里，对她们进行了整整六年半的监禁。伊扎贝尔出生时，是一个没有任何问题的正常婴儿，但是在经过六年半的监禁之后，她却变成智碍少女的模样：嘴巴不能说话，对陌生人充满敌意，一副穷凶极恶的样子。

据说，她的行为只相当于刚出生六个月的婴儿水平。但是经过梅逊和戴维斯两位大夫的共同教育，这位智碍少女掌握的语言词汇量逐渐增加，数年之后，达到了能够满足日常生活需要的水平。她从出生到六岁半的几年时间里，没有人跟她说过话，陪伴她的只有黑暗和寂静。可是，伊扎贝尔最终还是融进人的生活，这是为什么？

这是因为伊扎贝尔和母亲的肌肤之亲十分丰富，既不能听也不能说的母亲不可能听得见伊扎贝尔的哭声，也不可能对伊扎贝尔说出温柔的话语，但是，她可以通过搂抱婴儿，和婴儿进行心灵的交流。正是这种心灵的交流刺激了伊扎贝尔的大脑和心灵，帮助了她发育和成长，让她能迅速接受后来的教育，融进人的生活。

说到心灵教育，似乎让人觉得很难很难，其实，它并不难。对新生婴儿的初次爱抚，婴儿喝奶时和母亲之间的视线交流，母亲对婴儿出声时做出的应答……这种母婴之间的交流是母亲和孩子之间联系的纽带，也是孩子这个时期最重要的东西。

井深大把母亲和婴儿之间相互联系的纽带称作"不用语言的交流"和"语言之前的交流"，婴儿所感受到的首先是"语言之前的交流"，辅助他心灵和能力的成长。

妈妈决定孩子的一生

人民教育家老舍先生在怀念母亲时说过如下一段话："从私塾到小学，到中学，我经历过起码有二十位教师吧，其中有给我影响很大的，也有毫无影响的。但是我的真正的老师，把性格传给我的，是我的母亲。母亲并不识字，她给我的是生命的教育。"

母亲教育研究所所长王东华教授在他的《发现母亲》中说："对母亲的依恋是人的精神赖以存在而不致崩溃的基础，也是人不断扩大自己生存疆域的依据，人所有的信仰，都是对母亲的信仰的一种替代形式。"这话一点儿也不夸张，母亲能够带给孩子的动力，是难以估计的。

观察一下你身边，就可以发现，那些阳光自信、富有乐观精神的孩子，几乎无一例外地都拥有一位极其疼爱他们并乐于赞美他们的母亲。父亲的爱或许更多的是含蓄与深沉，他在潜移默化中影响孩子形成正确的价值观与良好的品性，而母亲的爱更加热情，正好将这种力量激发出来，使之发挥出最大价值。女人天生具备表达情感和想法的特质，所以母亲更易于夸奖孩子、关注孩子情绪的变化、在意孩子心情是否愉快等。

战国时期齐国的王孙贾，15 岁入朝侍奉齐王。一年后，淖齿谋反刺杀了齐王，齐国人却不敢讨伐逆臣淖齿。王孙贾的母亲看到这一切，极为痛心。她对儿子说："你每天早上出去，晚上回来，我总在家门口等你，如果你晚上回来得晚，我还要到外面张望。你是王的臣子，怎么能够在王失踪生死未卜的情况下，安然回家呢？"母亲的话让王孙贾非常惭愧，他走上街头，号召人们一起讨伐淖齿，当时就有四百余人响应，最后终于平息了叛乱。

很多人担心，不知道怎样去教育孩子珍惜人生、积极进取。其实，只要你自己本身是一个积极进取的母亲，孩子自然就能养成阳光的心态和性格。孩子对人生的理解，都是从母亲的身上慢慢感悟到的。正因为如此，妈妈们才更有必要去改变自己、提高自己。

中国台湾著名的漫画家几米有一本漫画，叫作《我的错都是大人的错》，其中有很多"金玉良言"，一针见血地说出了现代家教的矛盾：

有些父母喜欢教训孩子：吃得苦中苦，方为人上人。
但她们自己吃尽了苦头，怎么没有变成人上人……
大人喜欢吹牛，
却要求小孩诚实。
所有的孩子都爱吹牛，

说他们的爸爸从来不吹牛。

大人喜欢对小孩说：

永远永远不要放弃梦想。

但为什么放弃梦想的都是大人？

这些既简单又直白的语言，把大人问得哑口无言了。为什么家长总是在做自相矛盾的事情，一边说着这样的话，一边又做着那样的事？每个父母都希望自己能有一个称心如意的孩子，但是很抱歉，几米又说出了一个真相：我知道我不是一个完美的小孩，但你们从来也不是完美的父母，所以我们必须互相容忍，辛苦坚强地活下去。

很多孩子的不完美，都是从大人的身上映射过来的。比如我们常说孩子没有什么自尊心，不知道害羞，脸皮太厚。是不是因为他的自尊心被父母伤害得太严重了，产生了"抗体"？或者是他们没有从父母的身上找到自尊的感觉，从来不知道自尊是一种怎样的东西。现在孩子身上反映出来的种种问题，都是大人教育思想或者教育行为的后果。

妈妈与孩子相处的时间最多，对孩子产生的影响也最大。有的妈妈说孩子不爱学习，但是她自己也从来没有在家中翻阅过一本正经的读物。

有一位老师曾说，他请了专门的进行家长培训的老师去学校培训，结果有几个家长却趁机带着孩子去澡堂。"那些家长的脑子才需要洗一洗呢！"

家长会上，如果是家长自由选择座位，常常可以见到大家都往后面坐，哪怕讲台前面的位置空了很多。有很多家长迟到；或者听到一半的时候就离开了教室；或者在听课的过程中从来没想过要记笔记；或者是突然接听电话，大声说话打断主讲人……

我们能责怪孩子听课不积极、不记笔记、不用心、不守时吗？

家庭是孩子的第一所学校，而母亲是孩子的第一位老师。好的或者坏的教育，都将在孩子的心中留下烙印，代代相传。孩子身上的那些错误，很可能就是这个家庭的错误，甚至就是母亲的错误。

孩子是妈妈的镜子

我们遇到过那种人见人爱的小孩，也见过惹人生气的小孩。有的孩子在你开口之前，就已经领会了你的用意，这样的孩子被认为是冰雪聪明的；有的孩子比较被动，有问才有答，但是有问必答，虽然有点儿羞怯，也不乏令人怜爱的气质；但是有的孩子就完全不能或者不愿意配合他人，就像是封闭在自己的世界中的小动物，处处提防，充满攻击性。很多人将这样的区别归结为天性，就像双胞胎中有静如处子的，也有动如脱兔的。但事实上，这些不同的反应都在一个框架里，反映的是孩子的同一种能力，即人际交往能力。

人际交往是每个人必须要面对的现实。心理学家霍华德·加德纳指出，在社会活动中，人际交往能力的核心是留意他人差别的能力，特别是观察他人的情绪、性格、动机、意向的能力。良好的人际交往能力使人能够了解他人，更好地与他人相处。这些属于非智力因素，取决于后天的培养与开发。儿童从一出生，就开始了与他人交往，随着年龄的变化，他们与人交往的意识不断增强，交往策略也不断丰富。

父母在儿童早期成长的过程中所进行的精心培养，将促进孩子在人际交往方面的良好发展，给儿童将来走向社会、参加工作打下坚实的基础。母亲在培养孩子与人相处的能力方面，发挥的作用尤为重大。

孩子从一出生，母亲就与他有亲密的接触，孩子最初的触摸记忆和声音记忆都来自母亲，母亲是与孩子的身体和心灵靠得最近的人。等孩子长大以后，其他的孩子是否接纳他，关键在于他怎样去接纳别人。而这种接纳他人的能力就是从模仿母亲开始的。一般来说，一个热情的孩子往往有一位温柔慈爱的母亲；一个性格古怪的孩子往往母亲的性格也比较古怪；没有母亲的孩子，则更是容易走上冷漠的极端。

当孩子做错了事情的时候，往往是母亲来给他安慰和鼓励；学校里发生的不愉快的事情，母亲也会耐心地倾听孩子的诉说。所有这些对母子来说，似乎都是理所当然的事情，但是如果发生在朋友之间，一方受到委屈，另一方会真诚地安慰他、设身处地地为他着想，就难能可贵了。如果一位母亲可以做到善意地倾听，让孩子体会到被尊重、被珍视的快乐，孩子也就会模仿母亲的口气和神态，去倾听他人的喜悲，这样的人是大家都会喜欢的朋友。

另外，孩子在与人相处的时候是否心态平和，也与他和母亲相处时的心态有很大关系。能够与母亲随时进行有效的沟通，交流感情的人，从小会在表达感情上比较明确、稳定，这也是决定他能与他人自如交流的关键。

做身体力行的好妈妈

妈妈带着儿子去动物园，路上看见地上有一份报纸。儿子看着妈妈，不知道该不该去把它捡起来，扔进旁边的垃圾箱，但是妈妈仿佛没有看见一样地走过去了。就在儿子准备转身去捡的时候，妈妈说："现在的人怎么这么没素质，到处扔垃圾，不知道有多脏。"

到了公交站台，妈妈抱着儿子就往车上挤，排队等候的乘客们的目光都落在这对母子身上，妈妈浑然不觉地说："别挤到孩子，谁给让个座。"

这趟周末之旅给孩子留下的最深刻的印象，不是动物园里的小熊猫，而是第一次感受到那么多陌生人投来的法官一样的目光。家长和孩子一起外出游玩，本来是一件开心的事情，既可以促进感情，又能够让孩子接触到更多人。但上面的家长不顾及最基本的社会公德，不讲究最起码的社会秩序，这对孩子的负面影响不可小觑。

一方面，家长的做法直接否定了孩子在学校学习的爱护环境、文明礼让的观念，让孩子感到家长与老师之间的矛盾；另一方面，家长的言行让孩子感到羞愧，伤害了孩子的自尊心，也破坏了家长在孩子心目中的形象。

其实完全有一种"多赢"的方式来处理他们遇到的问题，那就是家长的以身作则。

看到地上有报纸，还没脏到不能用手去捡的程度，妈妈说："有人不小心把报纸丢了，我们把它捡起来吧，要是太脏了就留给环卫师傅们打扫，像这份报纸我们是可以动手捡起来的。"说完，就牵着儿子的手，一起将报纸放到垃圾桶内。

看到很多人在排队，妈妈说："看来大家等很久了，已经排了很长的队。等会儿我们排队上车，如果没有座位了，我们就互相扶着站稳吧。"

用善意的方式来理解一些不文明的行为，可以让孩子感受到文明礼貌是社会最基本的秩序，从小养成好的习惯，也让孩子与家长一起参与到文明行动中来，感受到光荣和自豪。要知道，所有的美好品德，都以自尊心和羞耻感为基础，哪怕是很小的荣誉，也会让孩子非常开心。

然而素质的培养，绝不止于社会公德的基本教育，它还包括孩子的世界观、价值观、人生观的培养，树立远大的理想，懂得谦虚和尊重他人，能够从小事做起……这些更加崇高和抽象的概念，要变成孩子生活中的一部分，除了让孩子去亲身体会，别无其他途径。这时候，就更需要父母的示范了。

孩子的精力其实是非常旺盛的，只是需要父母来调动行动的积极性。如果父母和孩子站在一起，共同完成一件事情，孩子都是乐于接受的。如果仅仅停留在告诫和说教上，效果就不怎么明显了。

很多人都相信父母的素质决定了孩子的素质，家长的素质水平高低对孩子有非常重要的影响，但是这个关系并不是建立在遗传上的，而是生活中的耳濡目染使然。

遗传对很多家长来说还是一个模糊不清的概念，当孩子身上有一些好的或者是坏的表现时，父母双方常常会拿"遗传"说事，甚至为争论是谁遗传给孩子坏习惯而吵架。

"遗传"是指父母的基因特征传给子女。遗传最直接、最显著的影响是对孩子生理上的影响，例如相貌、身体素质等。对孩子的心理来说，遗传的影响力是非常有限的，心理遗传学在整个遗传学当中至今还没有形成系统，也就是说，还没有人能够十分肯定地说父母的素质、性格会遗传给孩子。但是几乎所有的遗传学者和教育学家都很明确地表示：家庭的氛围对孩子性格的形成有至关重要的作用，父母的言谈举止直接影响着孩子的性格和习惯。

0~6岁是孩子整体素质形成的关键时期，既然遗传对孩子的性格影响是微乎其微的，父母不妨打起精神，用行动去培养未来的绅士。

好妈妈不食言

优秀的母亲必须让孩子知道，要言出必行，说话算话。要教育孩子对别人讲信用、负责任，首先就要从自身做起，给孩子树立榜样，答应的事情就要做到。只有说话算话的母亲才能在孩子心目中树立起威信。

苏梅有一次到一个英国朋友家去玩，这位英国朋友有个3岁的孩子，非要跟苏梅一块儿洗澡，苏梅就敷衍她：你先洗，我一会儿就去。等这孩子洗完澡后，苏梅仍没有去，孩子哭了，说苏梅骗她。孩子的妈妈也跟苏梅急了：你怎么能骗孩子呢？你既然答应和孩子一块儿洗澡，就要跟她一起洗……

看了这个例子，你有何感想？如果你是文中孩子的妈妈，你会怎么做？

许多时候，你是不是为了达到目的，随口哄哄孩子做出承诺，但是后来也没有兑现？

苏梅的行为是中国众多妈妈的一个典型缩影。

有太多的家长在孩子面前言而无信。比如，孩子哭闹时，妈妈常用许诺来哄孩子："别哭了，回头妈妈给你买辆小汽车。"但妈妈并不兑现这些许诺。孩子却信以为真，满怀希望地等待着，然而一次次的许诺都不过是"空头支票"，孩子的一次次希望都成泡影。这样下去，孩子不仅逐渐失去了对妈妈的信任，也慢慢地学会了说谎。妈妈只有在孩子面前信守诺言，才能真正树立威信，同时也会给孩子良好的教育，影响孩子以后的言行。

遵守承诺方为君子，诚信待人才显人品。一个信守自己承诺的人，是一个有人格魅力的人；而一个视承诺为儿戏的人，自然不会得到别人的信赖。在家教当中，我们要有意识地加强孩子对信守承诺的认识，借以培养孩子的诚信品质。

然而，在现实生活当中，值得我们反思的是，许多家长并没有信守承诺的习惯。他们往往向孩子许下这样那样的承诺，但一转身就让其随风而逝，很少有兑现的时候。久而久之，孩子对父母的做法习以为常，也就不会去遵守自己许下的承诺。要知道，承诺是必须兑现的誓言，是不容随便变更的。在哄骗中长大的孩子，已不会对自己的承诺负责，也就常常做出违反诚信原则的事情。

有一个孩子，他父亲早逝。父亲去世时留下一堆债务。若按常规，欠债人已去，把他的商品拍卖分掉，债务还差不多也就算了。但是这孩子一一拜访债主，希望他们能宽限自己一些

養 育 男 孩

时间，并保证把父亲留下的债务分文不少地还掉。后来这孩子果然历二十年之功，把父亲留下的债务连本带息、分文不落地全还了。周围的人都非常感动，知道他是一个可靠之人，也就都非常愿意和他做生意。结果这个孩子不但赢得了别人的合作，也赢得了他人的尊敬。

家长应教育孩子在答应别人之前，要慎重考虑自己有没有能力和把握做到，对不能做到的，就不要轻易答应；对比较有把握做到的，也应留有余地，不要大包大揽。

孔子说："言而无信，不知其可也。"言而有信，是做人最基本的道德要求，在培养男子汉的过程中，我们一再强调信守承诺的重要性，需要每位妈妈去身体力行。

母亲对孩子必须言而有信、以诚相待，这样，孩子才会对母亲产生充分的信任感，也才愿意把自己的心里话告诉母亲。母亲是孩子的镜子，也是孩子模仿的对象，也只有说话算话的母亲才能在孩子心目中树立起威信来，才能避免孩子养成说谎的习惯。

妈妈，请放手让男孩经历风雨

让孩子在逆境中保持乐观

在现代的家庭教育中，妈妈要让孩子知道，他面临的是一个处处充满竞争的社会，"物竞天择，适者生存""优胜劣汰"将是普遍现象，未经锻炼的翅膀难以搏击人生的风雨，也难以在未来的竞争中取胜。妈妈要认识到，要想让孩子在竞争中立于不败之地，必须对孩子进行挫折教育，让他自小接受艰难困苦的磨炼，敢于面对挫折，不怕失败，以培养他坚韧不拔的意志和毅力。在逆境中经过千锤百炼成长起来的孩子才更具生存竞争力。

人的生活并非都是一帆风顺的，在我们的生命中总是会遇到这样或那样的困难和问题。但是我们应该让孩子明白，在逆境中开放的花是更美的，就像冰山上的雪莲那样的纯洁、美丽！所以我们要让孩子相信：挫折和困难正是上天给予他们的试金石，淘汰懦弱和无能者，留下的坚强者更懂得人生，懂得如何去完善自己，也会获得更多的经验和教训。

逆境更能让孩子获得更好的成长机会。从一个人成长的一般规律看，顺境可以出人才，但是逆境更容易磨砺意志，逆境也可出人才。因为，逆境中奋斗的人既有失败的教训又有成功的经验，更趋成熟；他们能把挫折看成一种财富，深谙只有经历失败才可能成功，成功是建立在失败的基础上的，因此更具有笑对挫折、迎难而上的风范。

"宝剑锋从磨砺出，梅花香自苦寒来！"孩子在逆境中成长是一笔财富。但是我们要引导孩子，让他们面对逆境挫折时能有一种积极乐观的心态。

乐观像一股永不枯竭的清泉，乐观像一首没有歌词的永无止境的欢歌。它使灵魂得以宁静，使精力得以恢复，使美德更加芬芳。孩子在用乐观的心态生活时，他们的精神、灵魂、美德都会从这种愉悦的心情中得到滋润，尽管烦恼和不安时时吞噬着这种美好的心情，各种挫折和磨难会一点一滴地消耗它，但这如清泉甘露般的美丽心情永远不会枯竭，而会历久不衰以至永远。

所以让孩子保持乐观的心态，微笑着面对生活是很有必要的。那么，妈妈在生活中应该如何引导孩子乐观地面对生活中的各种挫折呢？

1. 要朝好的方向想

有时，孩子变得焦躁不安是由于碰到自己所无法控制的局面。此时，你应该让他们接受现实，然后设法创造条件，使之向着有利的方向转化。此外，还可以引导孩子把思路转到别的事上，诸如回忆一段令人愉快的往事。

2. 不要过于挑剔

乐观的人往往是"憨厚"的人，而愁容满面的人又总是那些不够宽容的人。他们看不惯社会上的一切，希望人世间的一切都符合自己的理想模式，这才感到顺心。因此，尽量让孩子避免挑剔的恶习。挑剔的人常给自己戴上是非分明的桂冠，其实是在消极地干涉他人的人格。怨恨、挑剔、干涉是心理软弱的表现。

3. 偶尔也要屈服

当孩子遇到重创时，往往会变得浮躁、悲观。但是，浮躁、悲观是无济于事的。我们要告诉孩子，要冷静地接受已发生的一切，放弃生活中已成为他们负担的东西和终止不能取得成功的活动。大丈夫能屈能伸，只要不是原则问题，不必过分固执。

纵容小错，累积大过

教育孩子就要赏罚分明，孩子做得好要给予奖励，但孩子做错事时也一定不能姑息，哪怕只是小错也要进行适度的处罚，这样孩子才能正视自己的错误，及时改正。

6 岁的小航总喜欢玩火，只要是与火有关的东西，例如火柴、打火机，甚至于家里的炉灶他都要去摆弄摆弄。小航的爸爸也喜欢各式各样的打火机，从气体、电子式到机械式打火机，甚至古老的"火镰"……对于小航玩火的行为，父母从来没有给过任何处罚，他们觉得玩火也不是什么大错，看着儿子熟练地使用各种打火机，小航的爸爸甚至还得意地说："瞧，我的儿子就是像我！"

一天，小航在家里玩一个爸爸刚买来的打火机时，一不小心把自己的帽子烧了个洞，脸上还蹭上了不少黑灰！小航的妈妈看到儿子的狼狈样儿，非但没有狠狠地教训他，反而笑得喘不过气……过些日子，父母带小航去农村的姥姥家，小航居然和几个表兄弟一起玩起火来，不知什么时候开始，姥姥家的草垛已经燃起了熊熊大火！小航的妈妈跑来，拉过小航就是一顿痛打！

看到上面这个故事，你认为谁应该受到指责？是小航，还是小航的父母？

细细回想，自己是否有时也会认为孩子的小错并无大碍，不用小题大做？

一般人认为，孩子犯了小错可以不管，犯了大错就必须加以批评，其实不然，小错更应该引起家长的重视。

日本教育家多湖辉上中学时曾有过这样的经历。有一次发表考试成绩，他发现自己的数学成绩比预想的差很多，心里大吃一惊。他记得考试时，除一道题没答上之外，其他题都答得很完整。看完试卷之后才明白，自己因计算错误丢掉了好多分。父亲看完卷子后说了这么一段话："看了你的试卷，发现你太马虎了。有的题前半部分都对了，最后却写错了答案，还有的题把加减弄反了，像这种本不该出现的错误太多了。现在，请你马上把错改过来，否则将会一错再错，养成粗心大意的习惯，后果将不堪设想。"

无意中犯的错，是最容易被人忽视的，它的负面影响也是很大的。

孩子的判断能力远不及大人成熟，他们时常会犯错误。但是，即使是孩子，也具有区分好坏的基本判断能力，如果犯了严重的错误，他的内心深处一定会有所察觉。虽然不知原因，他也会自问是否做错了。

然而，虽然人们常常意识到自己错了，可一旦有人指出来，他们还是会产生反感，并有可能将错就错下去，这一点大人小孩都不例外。就说上高中的孩子吧，只要家长劝说让他们努力用功，他们必会顶嘴说："知道了，别再啰唆了！"然而，说归说，他们还是不肯用功，有时甚至会故意跑到外面去玩。

因此，除了及时指出问题，还要注意方式。如果妈妈在一旁呵斥，孩子刚刚萌发的反省心也会一下子化为乌有，进而产生反感，破罐子破摔，如此就会带来相反的效果。当孩子遭遇较大挫折时，妈妈当场数落不如给孩子留下自我思考的机会，等事情过后，再慢慢"细问"："那件事怎么样了？""当时觉得很困难吧？"有了反思的机会，孩子才有可能从各个角度去检讨错误，并从中吸取教训。

相反，当孩子犯了小错误，就应"随时确认"，及时给予批评警告。有时，孩子未必能意识到自己的错误，如果不加以纠正，小错很可能演变成大错。因此，不断纠正小错误，才能做到防患于未然。

有一句话叫作"星星之火，可以燎原"，一点小过错不断纵容，也会累积成大过。因此，家长在教育孩子时，一定不要纵容孩子的小过错，要不然只会害了孩子。

有一些家长，对孩子的小过总是纵容，如果心情好，甚至还要表扬两句。等到孩子把小错变大过时，他们就又变得异常愤怒，严厉地责罚孩子，殊不知，这些教育孩子的观点、行为都是错误的！这些错误的观点和错误的行为，只能收到适得其反的教育效果。

对于那些家有"玩火孩子"的母亲，我们的忠告是：面对孩子的小错误，母亲要立即纠正。如果孩子犯下小错误，当母亲的不能立即纠正，一旦孩子犯下大错误便后悔莫及了。母亲应该知道，尽管孩子的判断能力比不上大人，但是他们区别好与坏的能力还是有的。如果孩子犯了错误，在他的意识里，他会感觉到自己做了错事。此时，母亲应当抓住孩子"我犯错误了"的心理，立即进行有效的教育和行为上的纠正，这样一来，孩子就不会再犯同类的错误。

请拿掉你手中的"保护伞"

吃水果时，孩子拿起了水果刀准备削皮。妈妈见状，立刻夺了下来："你不能削，会削到手。"

孩子拿起水杯，向热水瓶走去，妈妈马上说："会烫着手，我来，你过去等着。"

公园里，健身器械旁，妈妈的眼神牢牢地盯着孩子，不时地大声叫："那边危险！不要过去！""那么高的地方不能爬，会摔下来。"孩子下了秋千和滑梯，妈妈赶忙跑过去扶住孩子。

妈妈如此担心孩子，生怕孩子受到一丝伤害，于是把孩子严密地保护起来。孩子的确没有磕着碰着摔着，妈妈以为安全了，尽到做母亲的责任了。可是，在这样的保护下成长的孩子是什么样的呢？

孩子好奇的眼神在一次次"不能"的喝令当中逐渐变得漠然，忍不住伸出的手吓得缩回去，不再伸出，心里那只探索世界的小手也缩了回去。种种未知危险的预警始终回响在耳边，只是想象，就已经限制了孩子的行为。

等孩子渐渐地长大时，他们便什么也不敢做，什么也不会做了。母亲的代劳让孩子甚至没有了自己想要去做的意识。孩子变得唯唯诺诺、自私、懒惰、怯懦、自卑和不合群，有的甚至出现了严重的心理问题，更别提冒险和探索了。

用一句话来说，这就是母亲过于保护的结果。想想看，在这种环境中长大的男孩子，什么事情都不敢做，还期望他们能有什么创造性吗？

　　母亲做不到随时随地保护孩子，事故终归是难以避免的。男孩要学的是怎样去忍受在生活中碰到的疼痛甚至困难。尝试了，体验了，即便是痛，也是他们人生中最初的宝贵财富。感受了疼痛才能更深刻地意识到以后应该小心去避免。而母亲在无形中剥夺了男孩这种尝试的权利。母亲不是孩子永远的"保护伞"，经常沐浴在母爱保护之下的男孩离开了母亲以后很难立足于社会。下面的这位母亲就是很明智的，她给了孩子另外的一种保护。

　　为期两天的野营马上就要开始了，孩子积极准备着去山里要携带的物品。他做了很多准备。妈妈检查了他的行李，发现他没有准备足够的衣服，因为山里要比平原冷得多，而且也没有准备手电筒，这可是野营时必需的东西。

　　但是妈妈什么也没说。

　　两天后，妈妈问野营回来的儿子："怎么样？玩得开心吗？"

　　儿子说："我带的衣服太少了！还有，我没带手电筒，这件事情很麻烦。"

　　妈妈问："那为什么不预备好呢？"

　　"我以为那儿的天气和这边一样，没想到山里会那么冷！下次再去的时候，我就知道该怎么做了。"

　　这个事例中的母亲是想让"经历"去告诉孩子结果，而不是由自己直接告诉他，甚至无微不至地为他准备好。看上去，这位母亲似乎是个不称职的母亲，但她其实是一位非常明智的母亲。因为她避免了自己的过度保护，给了儿子直接的体验和经验积累，从而避免了让孩子过度依赖。

男孩有体验错误的权利，所以不要找出"不想让他走弯路"的借口，应放手让他尝试错误。体验了失败，才能更有利地回避失败，这才是最直接的给予！如果母亲只知道帮助他踢开前进路上的小石子，会让他觉得一切都是容易的、安全的和可靠的。只有无数次错误经验的累积，才能让孩子直观地感受到错误的真正含义，这些远远胜于母亲的"千叮咛万嘱咐"。

所以，母亲要大胆地给他体验错误的机会，这是男子汉成长过程中必须要经历的一步。

适当让男孩受一点儿苦

很多母亲由于对男孩太过于精心照料，使男孩往往会对母亲过度依赖，逐渐变成了娇弱的"奶油小生"。

小学生强强对母亲说："妈妈，我的同桌小丽昨天打了我的头，还把我的书包扔到教室外面去了。你说我该怎么办呢？"

这个本应该充满着阳刚之气的男孩，怎么会变得如此胆小怕事呢？

我们不得不把矛头指向那些乐于事事代劳的母亲，她们处处疼爱孩子，为孩子做好一切，结果换来的是男孩自理能力的下降。

一个小学一年级的男孩，在中午吃饭时突然大哭起来。老师问他为什么哭，男孩一边抽泣着一边说："今天的鸡蛋太硬了，没法吃。"原来，以往男孩带的鸡蛋都是母亲事先剥好皮的，而这次时间来不及了，母亲没有帮他剥皮。

东南大学的一位教师说，一些学生考入大学、离开父母后，基本不会独立生活，不能自理自立。一个考上南京某名牌大学的高才生，入学一个月便将自己的各种证件、钱物等都丢失了，并且无法处理简单的日常生活。不得已，学校只能要求他的家长前往学校帮助其料理生活。后来这名同学还是感觉生活不适应，只好休学回家。还有的学生将自己换下来的脏衣服打包邮寄回家，让父母去洗。一些大一、大二的学生均反映适应不了大学生活。

有一次，学校组织学生进行大扫除，有一位妈妈拿着抹布来帮助儿子打扫卫生。老师不禁感到纳闷，问这个妈妈："平时孩子在家做家务吗?"没有想到这位妈妈毫不犹豫地回答："疼还疼不过来呢，怎么能让他做家务呢?"

这样被母亲"一手包办"长大的男孩，将来肯定是要吃苦头的，注定会给家长带来悲哀和失望。

要想把自己的男孩培养成为适应未来社会的男子汉，当母亲的可以表现得不那么强势，给男孩提供显示本领的机会。母亲的过于能干、刚强，会让男孩失掉施展才华的机会，使其能力慢慢地弱化。

事实确实如此，如果母亲把男孩当成一个男子汉来培养，他会慢慢变成令母亲满意的男子汉。如果母亲总是把男孩当作一个小孩子，即便他已经长到了十几岁甚至是二十几岁，他也会永远把自己看作是一个小孩子。正确的做法是，适当让男孩受一点儿苦。

有一次，我国一位青少年教育专家在华盛顿参加完一个会议，出来在路边等车，看见一个母亲和一个3岁左右的小孩过马路。那个小孩不小心摔了一跤，母亲走了过去，对小孩说："汤米站起来！"小孩继续在地上要赖。母亲的声音越来越大、表情越来越严肃："站起来！"小孩立刻站起来了。母亲把小孩带到路边就开始训斥："汤米，你看看你刚才，像个男子汉吗？还说长大了要保护妈妈，你那个样子能保护我吗？摔了跤不马上站起来，还妨碍交通。"3岁的小孩含着眼泪，被妈妈带走了。

赫胥黎说："人在早年遭受几次挫折实际上有极大的好处。"男孩在成长时期太顺利了未必是好事。对男孩过分保护，往往会妨碍他身心的正常发展，使他们变得胆怯、依赖心重、神经质，不敢做任何尝试，而且不易与人接近。为了让男孩在以后的生活中少吃苦头，在男孩成长的过程中，父母要做的是精心设计一个有益的教育环境，使男孩在成长过程中适当地吃些苦头，培养他承受挫折的勇气和能力。有了这样的准备，男孩才可能在以后少吃苦。

孟子云："生于忧患，死于安乐。"忧患和安逸都是生活方式，但一个可以培育信念，一个只能播种平庸。母亲必须让男孩知道，在成长的道路上，不可能是一帆风顺的，成功往往是与艰难困苦、坎坷挫折相伴而来的。如今的男孩生活过于安逸，普遍缺乏经受磨炼的机会，因此，他们很难学会忍受挫折和失败带来的负面情感，这对他们的成长是极其不利的。

　　有位男孩考上了一所部队院校，严格的军事化管理让男孩苦不堪言，他在给家长的信中屡屡透露出不能承受的意思。他的父母千里迢迢去探望，看到男孩的确很苦，站要有站相，坐要有坐态，就是平日穿衣叠被吃喝等杂务也得用统一整齐的动作来规范，更别说每日早晨风雨无阻的五千米越野长跑。他们只待了三天就被部队领导要求返乡，他们看着男孩黑瘦的模样，内心充满矛盾——男孩平日一进家门就喊饿，可现在，肚子咕咕叫，还要饭前唱一支歌！怎么办？母亲几乎动了把男孩领回家的念头，可父亲却一直坚持："别人家的男孩能行，咱家男孩也行！"后来两位家长终于释然。如今，他们的男孩已成为一个成熟稳健、果断独立的男子汉了。

　　日本著名企业家松下幸之助曾经说过这样一段话："狮子故意把自己的小狮子推到深谷，让它在危险中挣扎求生。虽然这种考验太严格，然而，在这种严格的考验之下，小狮子在以后的生命过程中才不会泄气。在一次又一次地跌落山涧之后，它拼命地、认真地、一步步地爬起来。它自己从山涧中爬起来的时候，才会体会到'不依靠别人，凭自己的力量前进'的可贵。狮子的雄壮，便是这样养成的。"

别让男孩走"中性路线"

　　几十年前，著名的预言家阿尔文·托夫勒预言了世界发展的十大趋势，其中就包括了男女性别逐渐趋于中性。而时下的

"中性"的确已经作为一个时尚的词汇，频繁出现在我们眼前。

走在校园里，我们不难看到留超短发型、戴宽边眼镜的女生打扮，并且这样的人群还有扩大的趋势，她们觉得这是一种时尚。与之相反的是，一些男生性格文弱、细腻、敏感，缺少男孩应有的阳光与粗犷。

随着社会的变迁，我们对于性别的认识已经采取更为理性的姿态，中性化作为一个时尚的词汇，越来越被我们熟悉。

有一位心理咨询中心的分析员这样分析中性化的原因：在心理学中有这样的理论，兼有男性和女性特征优势的人比较灵活，更擅长于人际交往，更容易被社会接纳，具有更强的社会生存能力。

不过，中性化具有优势并不代表性别可以忽略不计。当性别失去了严格的分类之后，男性和女性的概念也就失去了意义。女孩可以具有男孩的出色品质，比如勇敢、坚毅，男孩也可以具备女孩的优势，比如细心、周到，但是，男和女毕竟是自然的属性，是不可能从根本上进行颠覆的，如果违背了自然的法则，那将会出现很多不自然的后果。

震震从小就失去了父亲，同自己的妈妈和外婆生活在一起。因为是家里唯一的孩子，长辈们都很疼爱他，可以说是关怀备至。

在震震成长的过程中，家人也从来没有给他灌输过关于性别的知识，他也没有感觉到自己和别人有什么不同，与外婆和妈妈生活在一起很自在。上了小学之后，震震就很自然地和班上的女生玩到了一起，然而男生却常常嘲笑他，甚至是欺负他，虽然有一群"小姐妹"为他解围，可是震震心中有一种挥之不去的难过。

震震大学毕业之后，一直都找不到合适的工作。无奈之下，家人帮他找到了一份工作，因为男同事很多，他无法适应那里的工作环境和工作压力，没有过试用期就被辞掉了。

在成人世界中我们可能会有这样的体会：有些男人在家庭中没有担起任何责任。不管他们的工作有多努力，在外面多么受人的尊敬，但是一回到家里就会像个孩子一样，他们的妻子为此伤透脑筋。

当女人们聚在一起聊天的时候，经常会有类似的抱怨："我家里有两个'孩子'，其中一个是我丈夫。"因为对于妻子而言，优秀的丈夫能够承担家庭的责任，能够帮助她解决实际的问题。但有些丈夫回到家往往就是盯着电脑，完全不把家庭事务放在心上，怎么会不让妻子感到恼火呢？

虽然这些妻子对丈夫颇有微词，但是对自己的儿子却宠爱有加，她们不愿意让儿子分担家务，愿意给他最快乐的童年。可是对男孩来说，如果在年少时就长在温室里，不懂得承担责任，可能到了成年之后，自己都无法对自己负责，那怎么会对妻子、对家庭负责呢？

所以，妈妈要有意识地把男孩培养得更加刚强，在以下几个方面应该有所注意：

第一，让男孩独立生活。

妈妈要改变什么事情都替男孩包办的态度，要多给男孩自主的机会。不论是在生活中，还是在学习上，凡是应该男孩自己做的，妈妈一定要放手让他自己做，并坚持这样的原则：你能干的，我绝不替你干；你不会干的，我教你干；你让我干的，我考虑该不该干。

很多家长都有这样的认识误区：在生活方面都帮助男孩料理好，男孩只要把全部的精力放在学习上就好了。其实这种认识是错误的，因为男孩在生活中形成的依赖心理会阻碍学习过程中自强自立精神的形成，这也是孩子形成软弱性格的重要原因之一。

男孩在独立做事的过程中锻炼了解决问题的能力、对抗挫折和困难的意志，当遇到困难的时候就不会感到无所适从。而且，当男孩在进行劳动等实践的同时，一定会切身感受到妈妈的不容易，当这种感情产生之后，还会促进男孩共情力的产生。因此，妈妈应该让男孩学会自己独立生活，教给他独立面对生活的勇气和能力，可以先从小事着手，比如：让男孩自己准备早点、夜间要自己上厕所，等等。这些看起来是小事，但对于培养男孩坚强、勇敢的品质是有益处的。

第二，让男孩成为强者。

如果想让男孩坚强，就千万不要把他看作是弱者。只有他能自己立定脚跟的时候，他的意志才会坚定。

第三，让男孩增强自信心。

正在成长过程中的男孩更需要体验挫折的经历，家长应该鼓励男孩了解并发挥自己的特长，让他大胆尝试，享受成功。天下没有十全十美的人，找到更多的理由表扬男孩，让他认识到自己的优点和长处。这样，当男孩遇到挫折的时候，他就不会一蹶不振、轻易放弃了。

第四，让男孩正确看待失败。

当男孩遭遇失败的时候，妈妈要帮助男孩找到失败的原因，和男孩一起分析遇到的问题，教会他从不同的角度看待事物，帮助孩子养成良好的心理素质。

　　人的一生当中总会碰到自己无法控制的状况，作为家长，在教会孩子正确对待失败的同时，还要教男孩做好心理准备，人生因为充满了挑战才显得精彩，失败中也包含着有益的因素，能战胜失败的男孩才会更好地成长。

妈妈常走的弯路

保全了玩具，破坏了好奇心

　　妈妈经常会遇到这样一些令人头疼的问题：男孩似乎特别具有破坏欲望，什么东西到了男孩手里，没一会儿就被大卸八块，弄得你哭笑不得。一些妈妈为了保护玩具，不许男孩任意摆弄玩具，更不许男孩拆卸。殊不知，这种做法是本末倒置的，只保护了玩具，却破坏了男孩的好奇心和探索精神。

　　男孩总拥有极强的好奇心，刚对世界有了一个初步认知的男孩，对一切都充满了好奇。

　　一个男孩的母亲，因男孩把她刚买回家的一块金表当新玩具给拆坏了，就狠狠地揍了男孩一顿，并把这件事告诉了男孩的老师。不料，这位老师幽默地说："恐怕一个中国的'爱迪生'被你枪毙了。"这个母亲不解其意，老师就分析说："男孩的这种行为是创造力的一种表现，你不该打他，要解放他的双手，让他从小就有动手的机会。"这个老师就是著名的教育家叶圣陶。

男孩对生活充满了好奇，男孩在这些千奇百怪的想象里破坏着、成长着。作为父母，应该注意保护好男孩的好奇心，不可扼杀男孩的好奇心。

温帆是武汉科技大学电信系的大学生。在学校期间，他有四项发明获得了国家专利，"带打气筒的自行车""可以转换多种锤头的锤子"等都是他多维思考的产物。而他的父母从小就很注重培养他的多维思考能力。

在温帆很小的时候，有一次，父母花了两个月的工资买了台收音机。一天，妈妈下班回到家，发现儿子把收音机拆了，于是便问："你怎么把收音机拆了？"

温帆说："我听见阿姨在里面唱歌，就想看看阿姨怎么在里面唱歌。"

妈妈一听，不仅没有生气，反而很高兴地对儿子说："你的想法真不错！阿姨在很远很远的地方唱歌，不管是天上、地下、海里，你都能听得见。这是为什么呢？你长大了就可以去探索这个问题的答案！"

温帆的想象力和好奇心一直得到母亲的鼓励，他对无线电、电子、电波越来越感兴趣，上大学的时候就报考了电子信息专业，从某种意义上说这都是对他童年时期好奇心的回应。

还有一次，父亲在修自行车时让他当助手，对他说："跟我修这一次以后，下次就完全交给你自己修了。"

温帆很有体会地说："父母让我多动手做实验，多观察别人的做法。看得多了，在做同样事情的时候，我就能从多方面切入，会想能不能做得更好，把它提高一个档次？于是，在搞发明创造时我便不断有新想法冒出来。"

能拆开玩具，说明男孩有好奇心，有求知的欲望，能自己去看待问题、研究问题。所有的母亲都希望自己的男孩能够成才，为了给男孩找到努力的方向，她们不惜花钱让男孩上各种各样的培训班，向男孩讲述成功人士的成长经历，希望借此找到男孩的成才之路。但他们或许不知道，可能仅仅是对男孩拆东西的批评，就可能改变其一生的命运。所以当妈妈的不能一味地批评，更不要扼杀男孩的好奇心，否则的话，就可能扼杀了将来的人才，因为成功的秘诀就在于他们敢不敢去探索知识，去探索未来。

一位学者指出："人们只有在好奇心的引导下，才会去探索被表象遮盖的事物的本来面貌。"好奇是铸就成功的最重要的因素。因为只有好奇心才能产生兴趣，只有感兴趣才能产生探索的欲望和动力。

心理研究表明，当一个人对某些事物产生好奇时，就会充满兴趣地去研究。他会变得愉快，精神放松，大脑高度兴奋。相应的，创造性就会得到充分发挥。是否具有强烈的好奇心和浓厚的兴趣，将在很大程度上决定着男孩参与未来社会竞争的成败。

在现实生活中，许多孩子一直是被动地接受知识，缺乏积极主动探索世界的好奇心，再加上家长对他们的好奇心的管制和干预，使得很多人都技能单一、反应迟钝，遇到了能力范围之外的事情就手足无措。

所以，母亲要鼓励男孩永葆好奇心，有了好奇心才能不断去寻找想知道的答案，才能学到更多的知识，从而不断进步。

请保姆带孩子

母亲并不是一个简单的称谓，她的职能也不再是传统意义上的喂孩子、洗衣服、打扫卫生……孩子的教育必须由母亲承担。把自己的孩子委托给他人照料，只有人类这样做，其他的动物绝不会这样。

有一种说法是，罗马之所以灭亡，就是由于罗马的母亲们把教育孩子的工作委托给了别人。这种说法虽然夸张了些，可是就像福禄培尔曾经说过的：国民的命运，与其说是操纵在掌权者手中，倒不如说是握在母亲的手中。

看看我们周围，孩子基本上没有时间和自己的母亲待在一起，因为许多年轻父母正在为生活的富裕而努力奔波。由于工作忙，母亲把孩子委托给孩子的爷爷、奶奶、姥姥、姥爷看护，或是根本就没有自己的亲人照顾，只是由花钱雇来的保姆看护。在斯特娜看来，这样的妇女是不能称为母亲的。

大多数的家庭都不可能让母亲全职在家里教育孩子，虽然对孩子的照料不一定样样都亲自动手，但对孩子的教育和平时的管教，母亲一定要承担起责任。正是出于这样的考虑，斯特娜奉劝天下父母在孩子出生以后要慎用保姆。大多数保姆会对孩子说，不许做这个，不许做那个，因为她这样做最省事。但这样一来，非但不能提高孩子的能力，反而会使孩子养成各种不良习惯。

那么，我们怎样才能做一个好母亲呢？一家杂志社曾经对读者做了一次问卷调查，问他们的母亲是如何教育他们的，问怎样才能做个好妈妈。下面是一些来信的摘录。

第一，读书是关键。

在我童年时，我记得母亲每天都读书给我听，并常常带我去图书馆。我清晰地记得我第一次读书给母亲听时，她的眼里带着泪花。在我有了女儿爱米后我也一直读书给她听——从她出生的那一天起，因为婴儿也爱听读书时那有节奏的声音。我的女儿爱米是一个好动的孩子，一会儿也坐不下来。但是在她两岁半时，每天夜里她都要带上20本书放在自己的床边。当她能够复述我给她讲的《棕熊》时，我的眼里也涌出了泪水。

第二，使用神奇的接触。

当妈妈同我聊天或是当我问她问题时，妈妈总是抚摸我的胳膊、手、肩和头，她时而将我额前的刘海梳梳，时而将我的头发拢在我的耳后。这些动作让我们这些孩子感到被珍视。现在我养育了两个孩子，当他们在我身边走过时，我都要去抚摸一下他们。

第三，不要抱怨。

我知道我父母比任何人都努力地工作，以养育我们和送我们上大学，但我从来没有听他们说过疲倦或是要我们给他们回报。

妈妈现在身体不好，但她从不把她的健康问题归咎于其他人。

第四，停止指手画脚地评论。

我母亲经常说："不要急于评论其他母亲是如何养育孩子的，免得在最后你发现也许你还没有她们做得好。"对一个家庭正确的东西对另一个家庭也许是行不通的。因为孩子们有不同的需要和不同的个性，家长也有不同的要求与习惯。只要不存在虐待与冷淡孩子，我们就不要去絮絮叨叨地评价别人家的教养方式。

第五，不要老是坐在电视机旁。

我母亲限制我看电视的时间和电视节目的种类。她常常说童年时光很珍贵，很美好，不要只坐在那"方盒子"前。因此我的童年不仅有电视节目，还有野外早餐、攀登翠绿的山冈、在树林中玩耍和交谈。

现在我也是一个母亲了，我继承了这种少看电视与录像的教养方式，结果是我和我的孩子们有更多的时间去阅读、唱歌、烹饪、交谈与去图书馆。我们家也更安静，没有电视吵吵闹闹的声音。我的孩子们被"强迫"通过看书读报去发挥他们的想象力。

第六，充分享受两人品茶的欢乐。

和孩子一起饮茶的作用是相当大的。以前当我神情忧伤地从学校回到家，我妈妈总是沏上一壶茶，然后我们边喝边聊。我们在一起的时间没有电视的打扰。在这安静的时刻，我乐于说出心里的任何想法、看法，甚至小秘密。无论是她给我劝告还是只听我诉说，都能使我慢慢平静下来。我们现在还保持着这种方式：无论何时，当我看到妈妈有些神伤时，都会沏上一壶热茶。现在每当我的两个女儿与我谈论她们的问题时，也都将有一壶好茶陪伴着我们。

第七，庆幸孩子们的差异。

我的母亲并不强求我们与别人一致，现在我也试着这样对我的孩子。我母亲认为，每一个孩子都有独特的能力与兴趣，绝不能统一要求孩子，应该让他们成为他们自己，帮助他们去激发他们的潜能——无论他们选择了什么道路。最重要的是，要记住平等并不意味着给你的孩子绝对相同的东西，而是给每一个孩子他所需要的东西。

不让孩子分担家务

很多父母习惯为男孩创造最好的物质条件，尽量不让男孩受苦。但是，每个人的一生都不是一帆风顺的，一个人如果习惯了坐享其成、养尊处优的生活，将来一旦面对困难该怎么办呢？男孩总有一天要长大，他们总有一天需要自己去工作、去独立生活，父母不可能永远跟着他。

据不久前的一项抽样调查显示，某市高中生对家务劳动的参与程度达到了令人吃惊的地步。调查表明，高中生近六成起床不叠被子；五成从不倒垃圾，也不扫地；七成不洗碗，不洗衣服；九成从不洗菜做饭。还有部分高中生什么家务也不做，个别人连整理书包都还要家长代劳。

是现在的男孩真那么懒，不肯做家务劳动吗？调查结果出人意料，有82％的高中生表示愿意做家务；有36％的学生认为做家务很开心，是一种乐趣；有40％的学生说妈妈不让做家务，也从不教他们怎么做。

妈妈的理由是：他还只是个孩子，现在的任务就是学习，这些事等他长大了再学做也不迟。这些妈妈的一片"苦心"，使男孩不仅不会做家务，还养成了衣来伸手、饭来张口的习惯，以为别人为自己做什么都是应该的，却不知道自己也有关心与帮助别人的一份责任。

教育家苏霍姆林斯基认为，体力劳动对于小男孩来说，不仅能获得一定的技能和技巧，也不仅是进行道德教育，还为他们提供了一个广阔无垠的、惊人丰富的思想世界。这个世界激发着儿童的道德、智力、审美能力，如果没有这些情感，那么全面地认识世界（包括学习）就是不可能的。

为了男孩将来能更好地适应社会，让男孩了解妈妈的辛苦与不易，妈妈可以在男孩上小学高年级或初中时，周期性地让男孩当一天（或两三天）家，这是一个行之有效的办法。

具体的操作方法：找一个周末，让男孩为第二天的生活与活动安排做一个预算与计划，然后从第二天早上起床开始，就由男孩上岗指挥与组织一天的家务与游玩。父母则在男孩指挥下加以配合，需要多少钱，买什么菜，到哪里玩，坐什么车，走哪条路线，均由男孩来筹划。妈妈要放手、信任，不要干预，即使男孩安排得不是很合适，也不要当即否定，而是另选一个日子再与他一起总结，先让他自己提出改进意见，然后再补充。相信男孩对这样的活动兴致会很高，也会十分用心和负责任，快乐与收获定会出乎你的意料。

其实每个男孩身上都隐藏着勤劳的种子，小时候他们往往看到妈妈擦桌子，就迈着小步子跑过来想帮妈妈擦；长大点儿看到妈妈做饭，就跑去厨房给妈妈打下手，但是碰到这种情况时，妈妈常常会说："你干不好，让妈妈来。"或者说："一边看书去，别来打扰我做饭。"男孩心中勤劳的小火苗，就是这样慢慢被妈妈熄灭的。等父母发现男孩变得越来越懒的时候，想重新点燃勤劳的小火苗，就会变得异常困难了。

作为母亲，如果想教育男孩从小养成勤劳的好习惯，首先应该引导男孩建立一个积极的劳动态度。俗话说态度决定一切，要男孩养成良好的动手习惯，应先从改变他们对劳动的态度开始，你可以选择对男孩进行言传身教，多给他讲一些勤劳的故事，给男孩制造一个勤劳的家庭氛围，让他从意识上觉得劳动最光荣。只要使男孩养成热爱劳动的习惯，使他们产生认真劳动的渴望，就能使男孩形成勤劳的习惯。

让男孩尽早参与家务劳动，要讲究方法，你可以列出一张家务清单，让他每天依次照做。这样，不但可以培养男孩的独立性，也可以使男孩更有责任感。比如可以让男孩帮忙擦桌子、洗碗筷等。当男孩完成了你交给的任务后，要跟他说声"谢谢"，并给予适时的鼓励。

第四章　男子汉成长的第一站 ——良好的家庭环境

男孩的成功来自父母 1% 的改变

其他父母能做到，你们也能做到

学校一到上学、午休、放学的三个时间点，一定会有很多家长聚集在学校门口等候孩子。同是上有老下有小的一代人，"战友"见面，围绕家庭的话题就此谈开。家长纷纷感慨："现在的孩子真是不听话。""孩子越来越不好教育了。""电视上的那些学习机，对我们家孩子不管用。"……真的是孩子越来越难教了，还是我们的教育方式出了问题？不妨先来看看童话大王安徒生的成长故事。

1805 年，丹麦一个贫困家庭里诞生了一个小男婴。他的爸爸是一个鞋匠，妈妈是一个洗衣工，祖母年老无力，常常出门乞讨来补贴家用。然而在这样的家境下，小男孩日后竟成为童话大王，这个小男孩就是安徒生。

安徒生的童年时期没有什么同龄的朋友，常常一个人孤孤单单地玩耍。看到安徒生形单影只，父亲打算给安徒生建造一个属于自己的空间，于是将堆放旧物的小偏房收拾了一通：他在墙上挂满各种有趣的图画，自己在门板上画了一幅风景图；他将所有的故事书和乐谱都摆放在木架子上，还在窗户上放了一些手工制作的小人儿。当然，几乎所有的东西都是不值钱的旧玩意儿，但就在这间屋子里，安徒生给每一件东西都编了一个身世奇特的小故事，加上父亲给他讲各种各样的故事，他的童话才能开始渐渐积累起来。

安徒生的父亲为儿子所做的事情几乎称不上严格意义上的"教育"，他就是在自己的能力范围内给孩子安排了一间小屋，里面没有高档玩具，也没有百科全书。父亲将自己所能提供的所有东西都给了孩子，将自己听说的村野故事讲给孩子听，终于培养出了一个童话大王。

按照现代的教育观念，安徒生的父亲所做的应算当下最流行的"自由式教育"。父亲为孩子提供接触知识的条件，让孩子根据自己的兴趣特长来发展。这种教育方式的最大益处在于，它保护了孩子的天性，也尊重了孩子自身的认知规律。相比较而言，现在不少的父母在孩子学习知识和养成习惯方面就显得太过紧张了。

星星今年7岁了，刚开始读小学。一次，星星在姨妈家认识了一个新朋友毛毛，他比自己小半岁，但是已经学了三年钢琴。毛毛在家长的鼓励下弹奏了一曲，这下刺激了星星妈妈的神经。"我们家星星也有音乐天赋的，不去学习太可惜了。"和爸爸商量之后，妈妈马上就给星星报了钢琴班。

但是天生好动的星星根本不听老师的指挥，不仅上课讲话，学习也不专心。不到两周，星星就说什么也不上钢琴班了，妈妈在家里急得直跺脚。

妈妈将星星送进特长班，本来是想发掘孩子的音乐天赋，但孩子就这样被糊里糊涂送进了特长班，属于自己的课余生活突然被打乱了，因而学习的积极性也不高，妈妈想要达到的效果也完全不能实现。星星现在正是好动的年龄，要让他安静下来，就需要把他的注意力集中起来，寓学于乐。不考虑孩子的成长节奏，一味地按家长自己的意图将孩子送进各种特长班，并不能解决问题。

其实，像这样的例子还有很多，面对孩子在成长过程中遇到的各种问题，家长没有找到症结所在，送其去特长班，是最简单、最偷懒的做法。如果特长班可以将孩子的成长烦恼统统消除，那所有的孩子都不需要操心，只要多花一点钱就可以了。但事实上，送进特长班并不意味着孩子的特长就被发掘了。

家长简单的处理方式，让各种特长班的生意越做越红火，孩子的负担也越来越重，而这种方式逐渐形成社会趋势，家长的判断方向也就越来越模糊了。但是特长班对绝大部分孩子来说，终究还是灌输式、命令式的教育，它的效果也是有限的。为了让孩子学习，家长不惜节衣缩食，尽一切努力来改善孩子的外在学习环境，那为什么不思考一下，如何加强既简单又有效的内在影响呢？靠废品改装和旧房改造，就顺利教育孩子的安徒生的爸爸不就是最好的榜样吗？

爸爸妈妈先爱上阅读与"写作"

"有思想的人总会孤独，幸好我们有书可读。"一本书可以点燃一个人的热情，在静谧之中体验悲喜聚散，书籍让人自由，就像博尔赫斯所说，"敢问图书馆的诸君，年少时，谁不曾梦想浪迹天涯"。书籍对成年人有如此的魔力，对孩子也具有魔法，它会打开孩子的思维世界，让他在天马行空的想象中体验情感。

很多人说："是的，我鼓励孩子看童话书，因此专门为他买了童话全集让他看。"大人都以为自己的责任是给孩子提供图书，童话是孩子的玩意儿，父母是没有工夫去读的。其实，每个人的心中都有一个孩子。当自己成为父母，为找有效的教育方法而晕头转向的时候，何不走进孩子的世界，从阅读童话开始，唤醒自己内心的纯真，与孩子一起成长。

妈妈下班回家了，看见女儿乖乖地坐在自己的房间里读刚给她买的童话大全，感到很高兴。"来，让我们一起读这个故事吧。"于是，妈妈坐在女儿身边，开始听女儿抑扬顿挫地朗读起《灰姑娘》的故事。

"时间就要到了，我必须回家！"女儿模仿着灰姑娘的口气急切地说，她那投入的神情非常可爱，妈妈都被她逗笑了。两人在一起度过了半个小时的阅读时光，妈妈在最后语重心长地对女儿说："你也要像灰姑娘一样勤劳，将来才能收获美好的人生，知道吗？"然后，母亲心满意足地离开了房间。

上面这位母亲的表现怎样？也许你会觉得还不错，陪孩子阅读，又给孩子讲道理，两全其美。但是教育专家的意见却是，这样的母亲只能拿到刚刚及格的分数。能够有意识地与孩子在一起读书是很好的，但拥有一份阅读的心情，才是最重要的。

孩子的童话里常常充满了"胡言乱语"，这会让成人忍俊不禁，但这说明父母还没有进入阅读的状态，没有和孩子一起去体验那份感情，妈妈在危急的时候笑了，女儿这时却是真的感到十万火急的，这会让女儿感到妈妈没有体会到自己的心情。

接受童话需要成人拿出孩子般的天真，童话就是一种文学形式，它和诗歌、散文一样值得认真地对待，如果父母总是置身事外，就很难体会到孩子经历的感情。

在故事的结尾，妈妈教育孩子像故事中的主人公那样如何如何，这其实也是不必要的。故事就是故事，不用拿着现实中的道德尺去衡量里面的角色，然后要求孩子也做到。孩子在故事中已经体验到了各种情感，他们也会在生活中模仿这样的情感，父母的指点没有多大的效果，反而会扫了孩子读故事的兴致。如果想和孩子交流读书心得，不如换成"灰姑娘以后会怎样呢"这样的提问，激发孩子去续写故事。

另外，父母和孩子一起读童话的时候，不妨从听众变为演说者，自己为孩子读一些故事，同时可以找邻居"借"几个小听众，一方面给孩子创造一种故事会的感觉，另一方面也为孩子找到了交流的伙伴。父母读故事，会让孩子感受到温馨，也让自己更加集中注意力，投入到角色当中。

如果有时间，父母最好能和孩子分配角色，脱稿饰演故事中的角色，能做到这一点是最好的，饰演角色不仅会挑战孩子的注意力和记忆力，也会培养孩子的合作精神和表演才华，因为剧情需要，孩子还可以为人物添加一些台词，这和诗人创作诗歌是同样性质的，家庭的氛围也将在这种戏剧的互动中变得更加亲切融洽。

和孩子一起感恩生活

感恩在所有的文化中都是一种美德。一个成就再大的人，如果不懂感恩，人们会说他无情无义；相反，一个失足的浪子，如果还不忘亲友的恩情，人们仍然会对他有所怜悯。

养儿方知父母恩。等到自己为人父母的时候，我们首先想到的是父母养育自己时的辛劳。这种体验，也算得上是孩子送给父母的礼物。很多人成为家长以后，才发现生活的沉重：恋爱中的花前月下是那样美好，但生活本身是实实在在的。婚姻中难免有冲突，当女人变成母亲、男人变成父亲之后，他们开始成熟，懂得忍让和承受。孩子让家庭成为一个社会的小细胞，孩子让父母发现自己与社会紧紧相连，所有这些改变，也是父母成长中的必经阶段，就像孩子会换牙、长高一样。养育的经历，值得父母心怀感恩。

父母要感谢生活，也要把孩子培养成一个知道感恩的人。对孩子恩情最大的就是亲人，我们要用"孝"来定义这种特殊的恩情互动。

有一篇著名的小说，里面讲的是父亲带着爷爷和儿子生活，后来娶了一个女人。女人非常不愿意和年迈的爷爷一起生活，于是父亲买了一条毛毯，准备将爷爷送进敬老院。

拿到毛毯的爷爷心里虽然非常难过，但嘴上还是说："你真是个善良的人，这条毛毯真柔软，盖上它一定会很舒服的。"小男孩看在眼里，伤心极了。后来，小男孩说："不如将这条毛毯剪成两半吧，等我长大以后，另一半就用得着了。"

孩子的话让在场的父亲感到震惊和心痛，他没有想到，自己在孩子面前将爷爷送进敬老院，孩子将来也会学着把自己送进敬老院。没有人照料的孤苦生活是谁都不愿意接受的，孩子的话让父亲警醒：不能够这样对待养育自己的父亲。

故事告诉我们，要让孩子懂得孝顺父母，自己首先就应该孝顺老人。如果孩子从小就看到父母孝顺爷爷奶奶，他自己也会受此影响，学着为父母做一些事情；反之，孩子也会按照父母对待老人的方式来对待他们，冷漠、自私的父母很难教育出知恩图报的孩子。

感恩这样的品德教育，虽然一直被反复强调，但是近些年来，孩子身上暴露出来的正是学识有余、品行不足的缺点。智商和情商没有同步发展，教育出来的孩子将会是以自我为中心、自私自利的人。

感恩的教育要求父母用行动去影响男孩，和男孩一起去感谢生活中帮助过自己的人，同时也感谢男孩给你的生活带来的快乐。心怀这种感恩之心，男孩也会体会到感恩的幸福。

正确爱你的男孩

拿捏好表达爱的分寸

天下没有不爱孩子的父母，但是，父母往往拿捏不好爱的分寸，容易对孩子造成溺爱。溺爱的危害不言而喻。在探讨如何防止溺爱男孩之前，我们先做个小测试，看看你是否是溺爱孩子的父母以及这种溺爱到了何种程度。

题目：请根据孩子的真实状况选择偏高、一般、偏低三个选项。（注：该问卷针对 6～12 岁孩子的父母）

1. 孩子会自己整理书包，准备上学用品。

2. 受到挫折的时候，不会向父母发泄。

3. 看到某些想要的东西，如果父母不给买，孩子就会放弃。

4. 孩子在找人借东西之前，都会向物主说一声。

5. 遇到什么困难都不会抱怨别人，并且希望下次做得更好。

6. 会关心其他的家庭成员。

7. 愿意与客人分享自己的食物和玩具。

8. 无论是看电视的时间，还是上床睡觉的时间，都有规律可循。

9. 需要做决定时，知道自己要什么，不会不知所措。

10. 做家务劳动的时候尽职尽责。

11. 能够清楚地表达自己的想法。

12. 遇到问题首先想到自己解决，不会马上让父母协助。

13. 见到别人会很自然地打招呼。

14. 善于反省自己的问题。

15. 不会乱发脾气，生气有原因。

16. 能够欣赏别人的优点，而不是嫉妒。

17. 对父母的付出懂得表达感谢。

18. 家里家外一个样。

19. 能适当支配自己的零用钱。

20. 总是喜欢自己、欣赏自己，对自己很有信心。

21. 容易亲近，善于与人合作。

22. 喜欢动手帮忙做家事，不懒散。

23. 在环境及外部条件恶劣的情况下，依然做好自己该做的事。

24. 不会和人比较物质条件。

评分标准：

偏高得 2 分，一般得 1 分，偏低得 0 分。答完 24 题之后，累计总得分。

测试结果：

37 分以上：你不是特别宠爱孩子，你的孩子已具备很好的社交能力，能应付这个繁杂的社会。

25 ~ 36 分：你有一点儿宠爱孩子，现在你要帮助他建立他较欠缺的与人交往的能力。

12 ~ 24 分：你很宠爱孩子，有时过度保护，有时又太放任，这样会阻碍他的发展。

11 分以下：你已经过度宠爱孩子了，并且阻碍他很多能力的形成，不可以再宠他了。

父母对孩子溺爱，受伤最大的是孩子。溺爱的危害首先在于这样的男孩比较缺乏同理心。因为被溺爱的男孩可能从来没有被父母呵斥过，也就无法准确体会别人的情绪和需要。这样的男孩也容易没有自信，因为父母为他做好了一切，他还会做什么呢？被溺爱的男孩其表达能力或多或少都会有所欠缺，因为在他表达出来之前，父母都已经为他做好了。

那么，父母应怎样正确地向孩子表达爱意呢？美国宾夕法尼亚大学莫尔学院的哈利亚特博士认为：家长应该给自己准备一份自我检查表，经常对照检查，检查的内容有：

1. 告诉孩子"我爱你"。

2. 通过温和的触觉传达对孩子的爱意。

3. 关心孩子的行踪。

4. 让孩子明确什么是对，什么是错。

5. 对孩子每一个小小的进步表示认可。

6. 向孩子询问对父母是否有意见。

7. 耐心地回答孩子提出的各种问题。

8. 交给孩子一些工作，让他懂得承担责任。

9. 让孩子对自己有足够的信心。

10. 尊重孩子的个性。

哈利亚特博士在研究的过程中，为家长总结出向孩子表达爱的三条途径：

第一，每天有固定的时间与男孩进行交流。可以是坐在地板上与男孩一起做游戏，可以是帮助男孩完成学习计划，可以是与男孩一起欣赏电影。

第二，用和蔼的语言让男孩感觉到被认同。当男孩向父母表达一种感受的时候，父母应该是以同样的心情回应他。

第三，帮助男孩正确表达自己的情绪。家长可以限制男孩的行为，但是要让男孩充分地表达自己的情绪。教给他正确表达情绪的方法，告诉他并不是单纯靠哭闹就可以解决问题。

按照这三条建议做，相信家长对孩子的溺爱行为能得到较好的纠正。

我家的男孩爱吸吮手指

在我们的身边，有很多吸吮手指或咬指甲的孩子，这个看似平常的现象，却有着深层次的心理学意义，孩子喜欢吸吮手指、咬指甲，可能是由于爱的需求得不到满足引起的。

小勇的父母都在大型企业上班，加班是经常的事儿，于是小勇独自在家也成了家常便饭。小勇已经6岁了，长得虎头虎脑的，人见人爱，但是令父母忧心的是，小勇至今仍保留着吸吮手指的习惯。

这天，小勇和父母一起去姥姥家。小勇很喜欢去姥姥家玩，因为那里有小表哥浩浩和小表弟涛涛陪他玩。三个小家伙有一段时间没见面了，刚一见面，浩浩就特别热情，还叫小勇玩自己的玩具枪。看到浩浩的玩具枪，小勇爱不释手，玩起来就不想放下了。没多久，浩浩和涛涛也想玩了，就央求小勇把枪给他们玩一会儿。但是，小勇不舍得把枪让给他们玩。浩浩和涛涛见小勇半天都不把枪给自己玩，于是两个人一起把玩具枪从小勇手里抢了过来，还把小勇推倒了。

"哇——"小勇大哭起来，父母闻讯赶来，从浩浩的嘴里得知了事情的原委，爸爸批评了小勇。父母走后，浩浩和涛涛哥儿俩也不理小勇了，看着他们玩得起劲，小勇默默地一旁看着，下意识地把手指塞进嘴里吸吮了起来。

每每看到小勇吸吮手指，父母都会严加斥责，甚至打骂。然而，小勇至今仍难以改变这种习惯，往往不由自主地就将手指塞进了嘴里。如今，小勇的右手食指都已经有一些畸形了。

日常生活中，只要我们稍加留意，就会发现身边有很多像小勇那样吸吮手指或者咬指甲的孩子。有心理学家指出，吸吮手指和咬指甲是儿童期发病率较高的一种心理运动功能障碍。美国一位心理学家经过长时间的调查研究，结果表明，在 6～12 岁的儿童中，有 12% 的儿童"经常"和"几乎整天"吸吮手指，而有 44% 的儿童经常咬指甲。

一般说来，大多数的婴儿都有吸吮手指的行为，特别是婴儿长牙的时候，这是正常现象。随着年龄的增长，大多数儿童吸吮手指或者咬指甲的现象会逐渐消失，但也有少数会持续到成年。

心理学家认为，儿童吸吮手指、咬指甲主要有以下几种原因：

1. 不用母乳喂养或者突然断奶。由于母乳不足，或母亲工作需要，不能用母乳喂养或者突然断奶，使婴儿的吸吮要求得不到满足，孩子就可能转而开始"吃"自己的手指。

2. 爱的需求得不到满足。父母工作太忙，对孩子要求过严，家庭成员关系紧张等原因，使孩子得不到充分的爱抚和关注，特别是缺乏母爱。

3. 适应困难。儿童适应新环境感到困难，或在心理不安、不满或紧张时，便常借吸吮手指、咬指甲等方式来平稳自己的情绪。

4. 缺少同龄伙伴。现在大多数孩子都是独生子女，当孩子从学校、幼儿园回来后，常常是一个人在家里做作业、玩玩具、看电视，当感到孤独、寂寞、乏味时，便不自觉地去吸吮手指、咬指甲，久而久之便养成了习惯。

5. 模仿。有的儿童吸吮手指是在幼儿园、学校里从同伴那儿模仿而来的。

6. 其他原因。如在饥饿、身体有疼痛或其他不舒服的表现时，吸吮手指、咬指甲可以转移分散儿童的注意力。若不良情境经常出现，则可能使这类动作形成习惯性动作。

吸吮手指、咬指甲，看似是两个很平常的现象，但是对孩子的影响和伤害却是深远的。因为，儿童从手指中吸吮到的远不止是病菌。

我们知道，人的手是接触外界最多的一部分，特别是孩子，出于好奇，总喜欢这儿摸摸，那儿抓抓，甚至会在地上爬。因此，孩子的指甲缝中和指尖上会沾有大量的细菌、病毒等。此外，一些儿童玩具、食品包装和学习用品等带颜色的塑料产品中含有大量的铅，孩子在吸吮手指、咬指甲时，无疑会把大量病菌和铅等有害物质带入口腔和体内，导致口腔、牙齿感染，儿童体内铅含量过高等。

另外，经常吸吮手指、咬指甲还会对儿童的牙齿造成伤害，造成牙齿排列不整齐，如牙齿外暴，门牙缺角，影响孩子的容貌。咬指甲还可能造成指甲畸形，破坏甲床，引发出血或感染，造成感染化脓等，给孩子带来痛苦。

此外，孩子吸吮手指常会遭到小朋友的耻笑，引发他的害羞、焦虑等情绪；再者，经常吸吮手指，总是把手放在口中，会影响孩子手指肌肉发育，从而对以后的工作、学习及生活也有一定的影响。如果男孩有吸吮手指的习惯，应该注意帮助其进行矫治。具体有以下矫正方法：

1. 营造温馨和谐的家庭氛围。部分孩子之所以会吸吮手指或咬指甲，是因为父母关系紧张，经常吵架，或对孩子要求太严，经常打骂孩子。因此，只有营造温馨和谐的家庭氛围，才能使孩子情绪稳定，使他改掉吸吮手指和咬指甲的毛病。

2. 关注孩子的心理需求。父母应当从忙碌的工作、家务中抽出时间，多与孩子在一起，交流感情，并多进行肌肤接触，陪孩子做游戏，陪孩子睡觉，在睡觉前给孩子以抚摸等，使孩子有充足的幸福感和满意感。

3. 鼓励孩子多与同伴玩耍。给孩子安排一些合适的手工活动，尽量使他们不闲待着。如让孩子玩积木、玩沙子、画画、做游戏等，把孩子的注意力引向快乐的活动中，让孩子忘记这种不良行为。

4. 对孩子要宽容。在矫正孩子吸吮手指、咬指甲的行为时，父母的态度要和蔼亲切，语言动作要轻柔，千万不要大声呵斥、恐吓、打骂，不要采取简单粗暴的方式阻止孩子，因为这样只会强化这种行为，使孩子感到更紧张，甚至产生自卑感、孤独感等不健康心理。

5. 运用"厌恶疗法"。在不得已时，可在孩子的手指上抹点胡椒粉，使他吸吮时产生一种厌恶感，可减少或逐渐消除这种不良行为习惯。

让男孩感受到自己"得宠"

一个孩子在生活中受到周围人的关注越多，在各方面就会表现得越好。当他感到自己"得宠"时，就有动力追求完美和优异。当一个孩子明显地感受到被关注，就越是希望表现自己，所有的才能都会被调动起来。

《鬼妈妈》是一部以美国畅销小说为题材改编的动画片。卡罗琳是一个只有十几岁大的小女孩，对身边的一切充满了好奇，但是由于爸爸妈妈在平常的生活中要处理很多关于工作的事情因而无暇照顾她，闲得发狂的卡罗琳只好在家里到处转来转去。她在家里发现了一个惊天的秘密，她通过一扇奇怪的门走入了另一个"家"，那里有和现实生活中一样的居住环境和待人周到的"妈妈"——只不过那个"妈妈"的眼睛被纽扣缝上了。正是由于那个"妈妈"熟谙儿童的心理，热情地陪伴她玩耍，卡罗琳觉得自己找到了真正想要的快乐。只是，后来她发现那个"妈妈"是个女巫并进行了一场斗争……

从这部影片中，父母可以学到一些道理：孩子虽然小，但是他们确实希望得到爸爸妈妈更多的爱和关注。当孩子发现父母并没有将太多的注意力放在他身上时，其心里会觉得黯然失落。

对于孩子来说，他们内心最需要的是一种爱被的感觉，他们希望有更多的时间和爸爸妈妈在一起，感受到更多的来自父母的关注和爱护，这种良好的感觉，是孩子日后乐观、积极、自信的主要动力源。

或许，父母只是每天简单地问一句"今天在学校过得怎么样"，却传达出了对孩子的一个明确信号，那就是父母很在乎他在学校里的表现。有些家长会从各方面关注子女的教育，而另一些只有时间去关注子女一两个方面的问题。但不论何种层次的介入，相信都会对子女的一生起到重要的作用。每天，我们可以听孩子讲述他在学校中发生的有趣故事，和孩子一起聊聊天，这并不是什么难做到的事情，所能起到的作用却是很大的。

曾经有一位教育研究者给家长提出一道多项选择题：以下4个选择你认为哪项最能够帮助小孩在学校里提高学习成绩？

A. 为学校做义工

B. 监督小孩功课

C. 与小孩讨论学校所发生的事

D. 与小孩的老师保持联系

当然，以上的任何一项都对小孩的学习进步很有帮助，但是研究人员的统计结果表明：回答 C 的家长，他们的小孩在学校中的成绩是最好的。这并不意味着其他的选项不重要，而是更加深刻地说明了父母和子女共同参加一项活动是多么的重要。

弗兰克是家里的一名小主人，不但参与家庭中的各种活动，还参与家庭大事的决策。比如爸爸妈妈要购买什么样的汽车或者是家电，要怎样把房间布置一下，都要问下弗兰克是否有更好的点子。

父母对男孩如果不进行沟通引导，其结果常常会适得其反。美国有一个七岁小男孩在作文课上写给家长的信中写道："当你用权力来阻止我去做我想做的事时，我想说的是，我恨你！"家长要培养一个好孩子，应该与他尽可能多地交流，交流会促进家长与孩子之间的融洽关系，也方便家长开诚布公地教导他们。

引导男孩"正向心理循环"

家长在教育孩子的时候应该注意培养孩子的"正向心理循环"，当孩子被灌输了成功的信念之后就可以创造出成功的事实，而成功的事实又进一步强化了孩子成功的信念。这样的心理状态循环下去，就不用担心这个孩子不优秀了。

一位老师在美国某大学教书时遇到了这样的问题：一个学生在课上的表现相当突出，而且有许多课程的成绩都是 A，并且在学校中是个活跃分子，同时参与学生会很多职位的竞选，还准备以后竞选公职。但他的数学成绩是 C，他叹了一口气，说道："我不是学数学的料。"

"你怎么知道自己没有学习数学的天赋呢？"老师问他道。

"因为从小我的数学成绩就不好，也实在是没有兴趣。"这个孩子很认真地说道。

"你怎么可以根据目前的现状，就认定将来也会学不好呢？"这位老师对学生展开了心理辅导，"如果你很轻易地就形成了对自己的负面看法，你认定自己绝对不是学习数学的料，那么你就会不自觉地用行动来证明自己的言论了。长此下去，在你的心目中会形成一个负向的心理循环，最后就真的没有任何回旋的余地了。"

那个孩子听从了老师的建议，以后试着暗示自己可以学好数学，果真成绩一点点有了起色。

在课堂上，美国老师用得最多的词汇就是"very good""good job""wonderful""excellent"（都是"好""很好""不错"等夸奖之辞）等。老师经常在每个细节和环节上鼓励学生，增强学生的自信心。

自卑对一个人来说是有百害而无一利的。一个人如果陷入了负面的心理，他能找到一万个理由说自己如何如何不如别人，比如：我个子矮、我长得黑、我眼睛小、我不苗条、我嘴大、我有口音、我汗毛太多、我父母没地位、我学历太低、我职务不高、我受过处分等。由于自卑而焦虑，于是注意力分散了，从而导致失败，即失败——自卑——焦虑——分散注意力——失败，这就是自卑者制造的恶性循环。一个人如果陷入了自卑，在人际交往中除了封闭自己以外，就有可能会奴颜婢膝，低三下四。

如果一个人从小就形成了对自己的某种负面观念，那将对他的人生非常的不利，因为失败的信念会制造出失败的事实，而失败的事实又进一步强化失败的信念。而对自己的这种负面观念形成得越早、越深刻就越是难以自拔。

与此相反的就是形成"正向的心理循环"，成功的信念总会驱使人创造出成功的事实，而成功的事实又使人更加认定成功的信念。如此循环下去，就不怕这个人不优秀了。

当家长发现自己的男孩在某些方面出现消极情绪的时候，

及时帮助男孩建立"正向心理循环"才是最终的解决问题之道。不管是正向的还是负向的心理循环，都像是一个大轮了，家长则起到了关键的"第一推动"作用。为孩子建立一个好的"心理循环"，也算是家长为孩子做出的一大贡献。

孩子的恐惧心理源自不自信

现在的许多男孩，由于父母的溺爱，过着太过精细的生活。狭隘、软弱、琐碎、目光短浅、缺乏激情等问题在许多男孩身上存在着。家长在日常生活中对男孩限制过多，这也不准，那也危险，为男孩提供过分保护，如到公园玩耍时，不让男孩去爬山怕摔下来，不让男孩去湖边玩怕掉下去，等等。这些行为都会造成男孩胆小恐惧，遇到事情还没尝试就已经产生了恐惧的心理。

过分保护男孩会打击男孩的自信心，只有让男孩对自己充满信心，他才能勇敢地面对未来人生的一切挑战，才会创造美满幸福的生活。那么怎样才能让男孩充满自信心呢？最重要的就是让他拥有面对困难，不怕困难的勇气。男孩因为害怕失败而产生的心理压力，使得那些本来很容易就能完成的事情变得很困难。所以，家长在生活中要注意不能过分保护男孩。

爸爸在院子里安放了一个秋千，可秋千安放好之后他发现小瑞丰很害怕荡秋千。

当爸爸第一次将他抱上秋千的踏板上时，小瑞丰吓得哭了起来。

"不，不。"小瑞丰站在踏板上紧紧地抓住绳子，他的动作狼狈极了，不停地哀求爸爸把他放下来。

"这没有什么，很多孩子都会玩，你不用害怕。"爸爸一边说一边将他稳稳地扶住。

"爸爸，我不想玩这个，我会摔下去的。"小瑞丰哭着说道。

"你不会摔下来的。只要抓住绳子，这是很安全的。"

"不，我害怕。"儿子仍然坚持。

为了消除他的恐惧，爸爸把他抱了下来。说：

"这样吧，爸爸先给你作个示范。等你见到爸爸玩得很高兴的时候，你一定会改变主意。"说完，爸爸就上了秋千开始摇荡起来。

"爸爸，你真行!"见爸爸在秋千上荡得很高很高，小瑞丰高声欢呼起来。

"那么，你也来试试好吗?"他问儿子。

"好吧，可是我不要荡得那么高。"儿子终于同意试一下。

可当爷爷走过来见到小瑞丰荡秋千难看的模样时大笑起来："瑞丰，你是在荡秋千吗? 怎么一点儿也不像呀。"

听见爷爷那样说，爸爸担心会由此而打击小瑞丰的自信心，连忙出声制止了他。"不，你应该说他做得非常棒。"

爷爷立刻明白了爸爸的意思，连忙说道："哦，我忘了，在我第一次荡秋千时还不如瑞丰呢。"

"是吗?"儿子听见爷爷这样说，便立刻来了精神，用力在秋千上摇荡了几下。

"是这样的。据我所知，每个人第一次荡秋千时都害怕得要命，爸爸也是这样的。"爸爸趁机鼓励小瑞丰，"我第一次上千秋的踏板上时比你还要害怕，站在那里一动不动，根本不敢晃动。你比我好多了，我相信用不了几天你就会荡得很高很高。"

"真的？"小瑞丰听见爸爸和爷爷都这样说，恐惧感顿时消失得无影无踪。

第二天，爸爸下班后回家，还没有走近住处便听到了院子中传来的欢笑声。小瑞丰和爷爷正在高兴地荡着秋千。

可见，孩子的恐惧心理源于他的不自信，我们在教育孩子的时候应该先用赞美的语言帮助他树立起自己坚定的信心，鼓励他去解决困难，排除心里的忧虑。"我相信你，你一定能做好"应该是父母时常挂在嘴边的话，即使孩子做得很差，也不应该失望，要善于对他进行夸奖，以免孩子感到悲观失望。

如果说得不到鼓励的孩子如同久旱的秧苗，那么那些不但得不到鼓励反而时常受到打击的孩子只会变成渴死的枯草。哈佛心理学教授波利斯·塞德兹这样说："打击只能使孩子变成一个懦夫，变成一个无能的人。当然，放纵孩子也不是一个明智的做法，但起码能让孩子自由自在。打击却不一样，它能毁掉孩子。"

教孩子主动关心家里人

在一个家庭中，往往孩子的一切占满了父母的心，我们对他们的关心可以说是无微不至。但是，我们是否曾经想过，我们用爱心培育出来的孩子是否也懂得爱他人呢？或者说，他们能不能做到爱自己的父母呢？面对这个问题，很多家长都会显得有些无可奈何。

如果，我们作为父母并没有意识到培养孩子爱心的重要性，只是一味地给予，那么孩子也就会对爱的理解有所缺失。而没有爱心、不懂得爱他人的孩子所表现出来的状况更多的是自私狭隘。所以，注重培养孩子的爱心是极为重要的。

那么，我们作为家长应该从哪些方面着手培养孩子的爱心呢？

第一，让孩子懂得爱身边的人。

孩子小的时候，所接触的人很少，无非就是自己的父母家人，这个时候要有意识地让孩子懂得爱自己的父母。如果孩子还小的话，那么最好的方法就是父母双方在孩子面前表现得互相体谅、互相爱护，这样孩子幼小的心灵会在无形中懂得爱是一件很美好、很幸福的事情。如果孩子稍稍长大了，那么家长可以多和孩子进行情感交流，让孩子明白父母每天都在忙些什么，体会大人的不容易。

第二，让孩子懂得尊敬老师，与自己的同伴互相友爱。

当孩子稍稍长大之后，会接触到幼儿园老师和小朋友，开始真正意义上的集体生活。这个时候，家长要特别注意自己的孩子在和其他人的相处中有没有表现出很自私、很霸道之类的不良倾向，也可以多向老师询问孩子的状况，防微杜渐。

第三，让孩子懂得爱宇宙间的一切生命体。

无论是生物还是植物，世间万物总是有生命力的。我们应该将这个道理给孩子讲清楚，让他明白爱护自然的道理。当孩子树立了这样的正确观念，那么他很自然地就会懂得爱护路边的小树，爱护公园里的小花小草，爱护家里的小猫小狗。慢慢的，孩子就会很自然地培养出对这些小生命的感情。

家长还可以想出其他的方式来帮助孩子树立爱心，有爱心的男孩不仅会给他人带来快乐，也会让自己生活得更加快乐。

别给男孩太多没有原则的妥协

十月怀胎的辛苦和分娩的"切肤之痛"让母亲最能体会骨肉亲情，日常起居上的悉心照料更加深了母亲与子女之间的感情，母亲对子女的爱，已经不仅仅是慈母手中线缝出的衣裳能够代替的。也正因为如此，母亲更容易溺爱子女，独生子女的家庭尤其如此。

明明的妈妈是一个全职太太，体会到丈夫在外面工作的不易，她也要求自己把家里的事情打理得事事顺心。在对明明的教育上，妈妈积极地给孩子报辅导班，按时接送孩子，一日三餐都按照营养书上的推荐进行搭配，保证孩子的身体健康。

平时孩子的任何事情，像收拾书包、放水洗澡这些都由妈妈一手操办，在家务上，妈妈尽心尽力，毫无怨言。

而明明却没有感觉到妈妈的辛苦，在他看来，妈妈所做的一切都是理所当然的，如果哪一次他发现妈妈没有帮他把书包收好，或是给他做的饭菜他不爱吃，或是没有及时叫醒他去上学，他都会大哭大闹。爸爸长期不在家，妈妈就成了明明最亲密的伙伴，但凡遇到困难，妈妈总是第一时间帮他解决，但是明明还是常常和妈妈怄气。

不论是出于补偿心理，还是出于对孩子的爱，明明的妈妈都绝对到了溺爱的地步。这样的妈妈可以理解，但是她的做法非常不明智。

　　妈妈溺爱孩子，都是为了让他生活得更幸福，但是孩子能在父母的照顾下成长多久呢，总有一天他需要与别人一起应聘、一起工作、一起生活，到那时他的困难谁来解决？有的人正是知道自己不能保护孩子一生，所以对孩子越发有求必应，百般顺从。这样的母亲可以说是不负责任的，因为她没有为孩子的将来做任何打算，并且让孩子错失了很多学习成长的机会，她将一个没有独立生活能力的孩子抛给了社会，这样的行为不可取。

　　孩子是需要经历挫折才能健康成长的，这一点将在以后的章节中详细论述。溺爱则会让孩子养成不好的生活习惯和性格。

　　被溺爱的孩子很难遵守规矩，也不懂得自我约束，在他们看来，规矩就是为别人准备的。由于凡事都由家长包办，孩子往往有太多优越感，做事情眼高手低，也不善于与人相处。当别人帮助了自己的时候，在溺爱中长大的"小皇帝"们也不懂得感恩，反而觉得是理所当然；当他们看到别人比自己优秀的时候，不仅不会向别人学习、替别人高兴，还会产生沮丧、嫉妒的消极情绪。

　　在一家家庭咨询室的会客厅里，一位母亲面对专家显得忧心忡忡。

　　专家问，孩子第一次系鞋带的时候打了个死结，你是不是不再给他买有鞋带的鞋子？孩子第一次洗碗的时候，弄湿了衣服，你是不是不再让他走近洗碗池？孩子第一次整理自己的床铺，整整用了1个小时，你嫌他笨手笨脚，对吗？孩子大学毕业去找工作，你又想方设法帮他找了工作？

所有这些答案都是"是的"，这位母亲惊愕了，从椅子上站起来，凑近专家说："你怎么知道的？"

专家说："从那根鞋带知道的。"这位母亲问："以后该怎么办？"专家说："当他生病的时候，你最好带他去医院；他要结婚的时候，你最好给他准备好房子；他没有钱时，你最好给他送钱去。这是你今后最好的选择，别的，我也无能为力。"

这则故事中的母亲，就是用自己的爱，为孩子埋下了一个温柔的陷阱，由于被剥夺了犯错误和改正错误的机会，孩子也失去了长大成人的机会。当他们在日后的生活中遇到一些不如意的事情，除了向妈妈求救，就只能"独自垂泪到天明"了。

所有母亲不妨仔细体会美国女小说家菲席尔·D·C的话："母亲不是赖以依靠的人，而是使依靠成为不必要的人。"

宠爱男孩 ≠ 放纵男孩

天下父母莫不宠爱自己的孩子，但是如果宠过了头，那将为孩子的成长带来一系列的不利影响。所谓宠，应该是满足孩子在成长过程中的感情需求，这样宠出来的孩子在日后会更加自信，但是在宠的过程中千万不要因为溺爱而放任孩子。溺爱会给孩子带来一系列的不利影响：助长孩子的任性和娇气；弱化孩子与外界交流的能力；埋没孩子做任何事情的潜能。

在发达国家，无论家长是高官还是富豪，都很少给子女零花钱。而子女的零花钱大多是通过课余或假期的打工"按劳取酬"获得的。不仅如此，当子女成长到了 18 岁的时候，他们就再也不会在经济方面依赖自己的父母，而是必须要自食其力。而这些孩子也把长大了还向父母伸手要钱视为一种耻辱，他们会自觉地凭劳动和智慧来挣钱生活。

反观中国的一些家长，从来不让自己的孩子做任何的家务，对孩子的各种要求几乎是"有求必应"，当孩子遇到各种困难时家长都先迎难而上。用一句话概括就是，父母在极力创造一个让孩子感觉没有任何委屈的环境。这样做虽然让孩子得到安逸的生活，万事不求人，但同时也把孩子应该具备的社会适应能力和免疫力破坏掉了。

家长对孩子的过度宠爱，原因大致有以下几个方面：

1. 家长小的时候自己受苦太多，曾经感受过贫苦生活给自己带来的折磨，现在自己事业有成了，总觉得不能让孩子再像自己从前那样受苦，所以千方百计地给孩子最大的满足。

2. 有的家长自己本身从小就生活在富裕的生活环境里，并且现在的条件要比过去好很多，所以就觉得孩子一定要过得比自己更舒服才算是跟上了时代的步伐，才算是不委屈孩子。

3. 有的家长由于不经常在家，长期在外拼搏，无暇照顾孩子平时的生活，总觉得自己对孩子有亏欠，所以就会在物质方面尽量满足孩子，甚至容忍孩子挥霍金钱。

任何东西如果给的太多了，人的感觉就会钝化，爱也是如此。无论是什么原因导致溺爱心理的产生，最终都会导致孩子心理发展的障碍：

1. 被过度宠爱的孩子容易变得无情，只喜欢一味地索取，不懂得付出。

2. 被过度宠爱的孩子容易变得无能。如果父母帮助他做了很多本该属于他做的事情，过度的照顾会让孩子的品德、智力甚至是身体发育停滞不前。家长可以给予孩子生命，但却无法担负孩子的一生，孩子迟早要独自面对他自己的事情。

3. 被过度宠爱的孩子基本上缺乏自强的精神，缺乏自立的能力，承受不了任何风风雨雨，心理的抗挫能力极差。这些孩子在日常的生活中会有一些具体表现，比如缺乏自我控制能力，行为怪异；不能控制饮食；在活动中不守秩序，如果别人不按照自己希望的方式做就会大吵大闹；很少为别人考虑；不能与别人一起分享成果。

4. 被过度宠爱的孩子会表现得很难适应社会，因为被过分娇宠的孩子容易出现自私、任性、放肆、骄傲、易发脾气、不遵守规则、没有公德心等状况。这样的孩子一旦走上社会，往往高不成低不就，大事做不来，小事不肯做，注定会失败。

父母爱孩子，这是人之常情，但是千万不要过度。爱孩子不能只用感情，爱孩子也需要用智慧，教育孩子时坚持原则才是最好的方法。

家庭潜藏的教育危机

"红白脸"是错误的教育方式

在男孩的成长过程中，父母扮演的角色是不同的，担负的责任也是迥异的。一般来说，母亲是榜样，父亲是权威。

　　母亲对于一个男孩有着无与伦比的影响，因为母亲对男孩的影响从准备怀孕的那一刻就已经开始了，因此，母亲的观念对男孩人格的健康成长起着直接的引导作用。母亲通常是善于表达自己情感的，她的情绪、态度、处世方式、审美情趣往往会在潜移默化中传递给男孩。母亲对自己生活的满意度高，男孩就更易养成乐观、开朗的个性，并与母亲更亲近；母亲勇敢、坚强，男孩也会成为一个积极进取、不惧苦难的人；母亲的言谈举止，甚至一个细微的表情，往往会在长大成人的男孩身上重现。

　　而对男孩来说，父亲展现的是一种男人的基本模式。男孩往往把父亲看作是将来发展自己男性特征最现实的"楷模"。父亲是一种权威的象征。父亲对男孩评价是否积极，决定他是自信还是自卑；父亲的鼓励对男孩的激励作用，不亚于母亲的鼓励。

　　因此，在日常生活中，母亲最重要的教育任务，就是时刻做男孩最好的榜样，给予男孩正面、积极的引导；父亲最重要的教育任务，就是给予男孩更多积极的评价和肯定，以及更多的关爱。

　　尽管在教育子女的过程中，父母分工不同，但要切记一点：在教育子女的时候父母的态度一定要达成默契，要自始至终保持一致。

　　由于父母各自生活经历不同，受教育的程度以及自幼得到的家庭教育的不同，所以对男孩的教育要求、态度、方法会不一致，这是正常的。但教育子女是个严肃的问题，双方应坦诚交换意见，服从正确的教育观和教育方法。即使父母意见上有分歧，也不能在男孩面前公开化，而是要避开男孩进行讨论，双方都要自觉维护对方在男孩心目中的威信和形象。

如果在家教中采用"红白脸"的教育方式，父管母护，父严母慈，或父从母命，在这种家庭环境中成长的男孩往往觉得家里只有一个人说了算，只怕一个人，只听一个人的话。"红脸"在家时，他会安分守己，乖巧得很；而一旦只有"白脸"在家，他则会顽皮，我行我素，为所欲为，甚至无法无天。对外界刺激麻木、冷漠、无动于衷，成为难以管教的男孩。

例如，当爸爸不允许男孩边看电视边吃饭时，妈妈就应与爸爸站在同一阵线，并告诉男孩："要听爸爸的话，吃饭时不可以看电视。"然后，等男孩上床入睡了，父母双方再心平气和地讨论、沟通："你那样管教男孩不妥当，我认为应该……"不要让男孩有机会拿妈妈的话当挡箭牌，去拒绝接受爸爸的要求。

教育男孩的态度保持一致，不仅仅限于父母，还包括爷爷奶奶、姥姥姥爷。在有些家庭里，男孩做错了事，父亲要处罚男孩，而爷爷奶奶则要庇护男孩，有的甚至当着男孩的面责备父亲，哄男孩说："都是你爸爸不好，把宝宝给弄哭了。不哭了，奶奶替你打爸爸。"说着还假装打几下爸爸。

这种结果不但造成了爸爸的管教毫无效果，而且损害了爸爸在男孩心目中的威信。

家庭成员对男孩的态度不一致，还会造成男孩无法辨别是非，无所适从。男孩年龄小，分辨不清怎样做是对的，怎样做是错的，需要加以帮助才能逐渐辨明是非，如果家庭成员的意见不一致，男孩到底该听从谁呢？

这样教育的后果可能就会造成他谁的也不听，或在谁面前听谁的，谁对自己有利就听谁的等一系列问题产生，过早学会两种面孔对人、看人行事等不良行为。总之，父母对男孩的教育态度要恪守一致，保证在男孩面前观念一致，意见统一。

"隔代亲"教育隐患多

随着生活压力的不断增大，很多忙碌的爸爸妈妈纷纷走出家庭外出工作，以至于没有时间和精力照顾自己的孩子，正是因为如此，照顾孩子的重任就落在了我们的父母辈——爷爷奶奶、姥姥姥爷的头上。

这种现象大家似乎已经司空见惯了，在放学的时候你在学校门口观望一下即可得知：接送小朋友的大多都是他们的爷爷奶奶，而不是爸爸妈妈。这些老人慈祥地搀扶着孩子，或者是抱着孩子，或背着孩子，任由这些孩子在他们面前撒娇。而老人们的脸上一般都洋溢着幸福的笑容，对孙辈疼爱溢于言表，一切尽在不言中。能够和孙辈每天共享天伦之乐，实在是人生一大乐事。

在这种美满生活的表面之下，掩藏着严重的教育危机，又有多少人能够意识到呢？

我国自古就有"子不教父之过"的古训，强调的就是，爸爸妈妈才是家庭教育的主要负责人，他们是孩子的主要监护人。现在的父母已经越来越重视科学教养的作用了，对于养育孩子而言，无论是从教育理念、教育方法，还是知识掌握等各个方面来讲，父母无疑是教育下一代的最佳人选。但是目前的实际情况却非常令人担忧：幼儿的教育存在着严重的角色错位问题，也就是说，原本应该由父母担当的家庭教育责任已经完全由爷爷奶奶或者姥姥姥爷来担任了，隔代教育已经成为目前教育形式下一个躲不开的话题。

除去父母的工作压力大之外，长辈主动地大包大揽也是造成这种现象的主要原因。这些新"上任"的爷爷奶奶中，很多也不过只有五六十岁，他们也正处在精力旺盛、经验丰富的大好时候，有足够的精力和体力来照顾孩子的生活。同时，生活的历练也使他们看不惯这些爸爸妈妈带孩子时笨手笨脚的样子。他们不忍心也不放心自己的子女来带孩子，干脆亲自出马，对孩子的照料实行"一条龙式服务"，绝对服务到家。相反，如果年轻的父母不希望他们带孩子，他们还会感到失落呢。

正是由于这些原因，使隔代教育已经成为我国家庭教育的主要模式，但是这样的教养方式很容易形成一些弊端。比如说"隔代疼"会使老人们放纵、溺爱孩子，老人们缺乏科学育儿的观念、态度和系统知识，由老人们带大的孩子会在身体、心理及人格方面存在诸多的缺陷，大体说来，主要有以下几种：

1. 过分地疼爱容易让孩子"以自我为中心"。平时男孩在家里，被爷爷奶奶哄惯了，在家里总是呼风唤雨，他就会觉得别人为自己做一切都是理所应当。

2. 被娇惯长大的孩子不能吃苦。

3. 隔代教养长大的男孩容易形成不健全的人格。因为这些孩子大多数时间都是和老人们在一起的，所以接触的小朋友少，在性格上就会有点孤僻。

4. 家庭的教育观念不一致，影响男孩的身心健康。有时候，我们的父母在教育观念上与我们有所不同，这使得我们在教育过程中会产生一些分歧，无法形成"统一战线"，这对于孩子来说是极为不好的。

生活中，即便是父母双方都要外出工作，也要经常回家同男孩进行各方面的交流，给予男孩正确的引导和鼓励，以弥补老人教育上的不足。

建议老人多看看教育方面的书籍，改变自己的观念，为了培养下一代，想方设法填平与男孩的"代沟"，多和男孩进行感情交流，用言行来引导男孩，加强对男孩的思想品德教育。

让孩子看到父母吵架怎么办

夫妻之间很少有不吵架的，无论是大的原则问题，还是鸡毛蒜皮的小事，总免不了有些摩擦。夫妻吵架总是床头吵架床尾和，反而更能增加感情，不是什么大不了的事。不过，当夫妻成为父母之后，吵架这件事就值得重视了，因为身边多了一个孩子。

一对小夫妻吵架了，声音都不大，但是家里的气氛很不好。这时，他们三岁半的小儿子慢慢地走了过来，抱抱爸爸的腿，又抱抱妈妈的腿，眼里含着眼泪，脸上满是恐惧的表情。这个时候夫妻二人意识到原来吵架对孩子的心灵产生如此大的影响，父母的心情和表情足以让一个孩子幼小的心灵感到不安和恐惧。

一位儿童教育专家曾对小学和幼儿园的孩子做了关于

"你最喜欢什么样的家"的调查。结果发现，孩子对父母和家庭的要求放在首位的并非是经济、物质条件，他们对吃的、穿的、用的和玩的东西似乎都不大在意，相反，却很关注家庭的精神生活。孩子最喜欢的家有五种，而排在第一位的是：和睦、团结、友爱的家。孩子最喜欢爸爸妈妈和和气气，不吵架、不斗嘴，全家老小和睦相处，家里始终充满爱。

还有一位英国学者曾经走访了20多个国家，对1万多名肤色不同、家庭经济条件各异的学龄儿童进行调查，发现孩子对家庭的精神生活及家庭气氛十分重视。这位学者总结出各国儿童对父母和家庭最重要的10条要求，而"孩子在场，父母不要吵架"高居榜首。

根据调查显示，有85%的宝宝最怕的就是父母吵架。如果一个孩子长期在充满冲突的家庭中生活，容易变得自卑，与人交往时往往显得不自信、不主动，不能很好地与他人建立信任关系，容易陷入人际交往的障碍。

几乎所有的孩子都渴望自己的爸爸妈妈能够相亲相爱，希望自己的家和睦、友爱、温暖。而许多父母却时常忽略孩子的这点心理与要求。检讨一下自己，是不是与伴侣意见分歧时，也总是毫无顾忌地大吵大闹？是否情绪激动时，在孩子面前也忘记了父母的榜样作用，说脏话，不顾及家长的形象？

良好的家庭气氛是孩子健康成长的重要条件，如果父母真的在孩子的面前吵起来了，应该做以下几种补救行为：

第一，首先要安抚受惊的孩子。

鼓励孩子把当时的感受说出来，弄清楚孩子害怕的是什么，是父母吵架时的腔调和表情，还是怕父母分开之后不要自己了。作为家长可以适时使用肢体语言，比如拥抱或者亲吻来传达对孩子的关爱，同时向他保证父母不会不要他，让孩子安心。

第二，父母双方最好再当着孩子的面和好。

可以向孩子说明，吵架的事情已经过去了，爸爸妈妈以后不再吵了。然后要向孩子解释清楚，你们当时是因为一时冲动，没有控制住自己的情绪才吵架的。尽管孩子对这些解释并不完全懂，但是当他看到爸爸妈妈在一起和往常一样心平气和地讲话，自然就会平静很多。时间久了，只要父母不再吵架，孩子就会渐渐淡忘掉不好的记忆。

第三，让孩子了解父母吵架和他无关。

父母在吵架之后应该告诉孩子，大人吵架的事情和他无关，不要让孩子认为是自己不好才让父母吵架的，避免孩子产生自责心理。并且要让孩子知道，不论父母之间是否在争吵，都是非常爱他的。

和睦的家庭氛围能够为孩子的身心成长注入生机与活力，增加孩子对生活的信心与勇气。如果男孩在一个紧张压抑的家庭氛围中成长，会逐渐变得忧心忡忡、缺乏热情、性格内向，严重的还会形成心理障碍。在良好的家庭氛围的影响下，你的男孩一定可以健康、茁壮地成长。

拒绝"家暴"，别让孩子成为失败婚姻的牺牲品

我听说通常在战争后就会换来和平，为什么看到我的爸爸一直打我妈妈。就因为喝醉酒他就能拿我妈出气，我真的看不

下去，以为我是懦夫。从小到大，只有妈妈的温暖，为什么我爸爸那么凶。如果真的，我有一双翅膀、两双翅膀，随时出发、偷偷出发，我一定带我妈走。

从前的教育，别人的家庭，别人的爸爸，种种的暴力因素，一定都会有原因。但是呢，妈跟我都没有错，亏我叫你一声爸："爸，我回来了。"不要再这样打我妈妈，我说的话你怎么不听？不要再这样打我妈妈，难道你的手不会痛吗？

这是周杰伦的一首歌《爸我回来了》的歌词，一个年少的孩子对暴力父亲的反抗跃然眼前。这首歌引起了很多青少年的共鸣，孩子的传唱和留言已经证明，家庭暴力是一个不争的事实。

家庭暴力中最容易受伤的，也许不是成年人，而是目睹这一切的孩子。当一个孩子看到自己的父母拳脚相向的时候，他该去怨恨谁心疼谁？当他的同学们都在讲述自己家庭中温馨有趣的故事时，他的心中是怎样一种酸痛和委屈？但是，今天在很多家庭中正上演着家庭暴力的悲剧，城市化、打工浪潮和网络文化等正在考验着每一个家庭，暴力也不仅是拳脚，更可能是精神上的折磨，幸福对有的孩子来说遥不可及。

有个中年人进城做生意发了财，就在城里买了店面，很少回家。他的妻子在家带着两个儿子种地，他只能逢年过节的时候回家看看。

随着生意越做越好，他把大儿子也接到城里来读书，小儿子依然在家里跟着妈妈。渐渐的，他与妻子的感情疏远了，他在城里也有了一个"事实上"的家庭。后来他回家协议离婚，妻子不同意。"你让我痛苦，我也不让你好过。"双方都抱着这样的想法生活，一拖就是十年。这期间大儿子已经上了大学，小儿子渐渐长大要读书，而他拒绝付学费，"你不是我的孩子。"他这句话不仅让妻子怒火中烧，也让小儿子对他恨之入骨。

面对丈夫的冷暴力，妻子只能天天对着小儿子数落爸爸的各种不是，就这样，小儿子立下了将来要为妈妈报仇的志向。他勤奋读书，考上了最好的高中，学费都是亲戚凑的，他的爸爸完全不想认他。复仇的火焰在小儿子的心中燃烧，"总有一天，我要让他们把欠我的全部还给我。"

如果说失败的婚姻是成年人半辈子的痛苦，那么在失败的婚姻中成长的孩子则可能会经历一辈子的不幸福。世上最大的不幸莫过于本应该爱你的亲人却伤害你，而孩子这无辜的生命在家庭暴力中却要承受太多。

当然，婚姻破裂是夫妻关系的极端状态，在平时的生活中，更多的时候是爸爸表现出的对妈妈的不尊重。

比如喝完酒胡言乱语，发泄心中的牢骚时，对妻子谩骂、诋毁；比如心情不好的时候对妻子恶言恶语；比如平时有意无意地嘲讽妻子的行为，嘲笑妻子的娘家人，诸如此类，都能让孩子感觉到爸爸对妈妈的不尊重，谁能忍受自己最爱的人被别人欺负，哪怕这个人是自己的父亲？

小说家乔治·桑曾写过一段话："她想，和一个对妻子不尊重、不信任的男人过日子，这无异于希望让一个死人复生。"和不尊重自己的人生活在一起是没有快乐的，如果妻子表示了对丈夫的不屑，很多人可能都会受不了；同样，丈夫不尊重妻子，妻子的心中又怎能好受，又怎能尊重自己的婚姻呢？如果父母双方互不尊重，对孩子来说无异于是精神上的折磨。就像周杰伦的歌词中呼喊的那样："如果真的，我有一双翅膀、两双翅膀，随时出发、偷偷出发，我一定带我妈走。"

著名的翻译家傅雷曾经对儿子傅聪很凶，以至于让妻子饱受心灵的煎熬。后来傅雷给儿子写信的时候，一直无法原谅自己曾经的暴躁：

昨夜一上床，又把你的童年温了一遍。可怜的孩子，怎么你的童年会跟我的那么相似呢？我也知道你从小受的挫折对于你今日的成就并非没有帮助。但我做爸爸的总是犯了很多很重大的错误。自问一生对朋友对社会没有做什么对不起的事，就是在家里，对你和你妈妈做了不少有亏良心的事。——这些都是近一年中常常想到的，不过这几天特别在脑海中盘旋下去，像噩梦一般。可怜过了 45 岁，父性才真正觉醒！

在爱的环境中成长，孩子懂得了尊重和感恩；在恨的环境中成长，孩子记住了伤痛和仇恨。就算是以爱孩子的名义，爸爸也需要尊重自己的妻子和家人。不然的话，很多父亲到了中年和晚年，也难以面对对家人的内疚。

父母很少与孩子沟通

和孩子的交流沟通绝对不是一件无足轻重的小事，它关系到家长与孩子之间的和谐关系，关系到对孩子求知欲的培养以及对其人格的尊重。但是遗憾的是：现代家庭教育中，与孩子的有效沟通总是被忽视。

教育专家多湖辉在实践教育中多次强调，父母应该重视与孩子的沟通，这样才能走进孩子的内心世界，知道孩子在做什么，想什么，才能更切合实际地为孩子的成长提供一个良好的环境。与孩子沟通时，就应该像对待大人那样对待孩子的提问。

有一次，多湖辉在国外街头看见一个约四五岁的男孩，抓着一个留着乱蓬蓬胡须的嬉皮士问："对不起，你为什么赤着脚走路呢？脚不痛吗？"那个男子注视着孩子的脸，像对大人一样地说："这是我的哲学，不想隔着鞋，想直接与地球接触。"这个孩子像是终于理解了，于是小声地说："好，是哲学。"这个时候，这个孩子必定是切身理解了"哲学"这句话。所以，这位男子像对待普通大人一样认真地回答问题，使孩子感受到自己的提问得到了认真的回答。相反，如果大人采取不认真的态度，孩子的问题最终也得不到回答，很可能会导致孩子缩手缩脚。

很多家长也许已经注意到了，孩子到了 3 岁，每天都会提出"为什么""怎么办"等一连串的问题，说明孩子开始萌发了求知欲，这个时候，父母首先应意识到不能马马虎虎回答孩子提的问题，而要尽量拿出合乎道理的解答方法。大人采用有逻辑性的、科学的回答方式，是想让孩子能正确认识问题。但是在孩子看来，无论对其做什么样的回答，都不能全部消除其疑问，因此，大人在回答孩子问题时要采取一些技巧。

大人可以反过来对孩子的提问进行"如果"的反问。通过这样的提问和对提问的解答，会拓宽孩子的思维空间。这种办法并不是对孩子随意的提问直接回答，而是让孩子更清楚地认识自己所提问题的本身，并且启发他自己找出答案。比如，对于孩子"为什么夜里必须睡觉"的问题，就可以反过来问："那么，你认为不睡觉会怎么样呢？"这个时候孩子就会自己思考"如果不睡觉会怎么样"的问题。这就促使孩子从各个方面探讨问题的可能性，于是，孩子就想出了"不睡觉就发困""不睡觉就会疲乏""不睡觉早晨就起不来"等答案。

父母很少在家陪孩子玩

阅读的最好效果就是饰演里面的角色，让孩子扮演国王或是魔法师，这其实就发展成为一种游戏了。著名教育家蒙台梭利曾说，"游戏是孩子的工作"，既然玩游戏是孩子的天职，身为父母，也就有必要加入孩子的游戏中去。

在陪孩子做游戏方面，东方家长远远赶不上西方家长，家庭游戏是西方家庭里面的传统节目，但是在我们眼中，孩子从小如果玩游戏，就是在不务正业，要加以制止。

其实，喜欢玩游戏是孩子的天性，家长应积极引导孩子，并和孩子一起玩，通过反复练习来锻炼孩子的各种能力。教育孩子时，培养和训练跟灌输和说教完全是两回事。前者是让孩子在潜移默化中进步、提高，后者却像"行政命令"一样僵化，不会被孩子发自内心地接受。让孩子参与简单有趣而又富有挑战性的游戏，能培养孩子的坚强意志。如果从婴儿期就开始对孩子进行教育，孩子可能发育得比同龄人更聪明、更机灵，反应更快，各方面的能力也更强。

烁烁的爸爸用积木搭了 14 层高的"摩天楼"，烁烁也想尝试。可是第一次他只搭到 6 层就倒了，第二次也只是搭到 8 层。第二天，他已能搭起 10 层。第五天他搭到了 13 层，可接下来的日子就停滞不前了。一次次失败，又一次次推倒重来，超过爸爸的信念鼓舞着他不懈地努力。有一天，爸爸问他："超过我没有？"他歪着头惋惜地说："没有，可是我都努力了呀！"爸爸赶紧趁热打铁："你说得对，做得也对，虽然暂时还没有成功，可是你努力去做了，终有一天会成功的。做别的事也是这样，包括学习。"经过一段时间的毅力培养，烁烁逐渐养成了做任何事都坚持不懈的好习惯，他的学习成绩也有了明显进步。

不管教什么，首先必须努力唤起孩子的兴趣。只有当孩子有了兴趣时，才能取得事半功倍的良好效果。而唤起孩子兴趣的最好办法是用游戏的方式进行教育。

在和孩子游戏的过程中，父母会发现游戏对于儿童来说并不仅仅是一种喜好，更重要的是在做游戏的过程之中能够促进孩子智力的发育。

父母可以把知识带到孩子的游戏当中去对他进行教育，并将重点放到认识事物和学习、巩固知识上。然后经常问孩子一些"什么动物爱吃什么食物""哪里不正确"等诸如此类的问题。孩子通过智力游戏就会加深对事物的认识和了解，并且会对这方面的知识掌握得更好。

在游戏当中，父母应当综合孩子的实际水平和年龄特征来有效地选择和设计游戏。智力游戏的内容不能太难，也不能太过于容易，不然就不会有理想的效果。孩子三四岁时，可主要用形象、实物和动作互相联系的方法来对他进行教育。等孩子稍微长大一些的时候，也就是孩子四五岁的时候，可将游戏的内容加深一些，难度增大一点。不过这种游戏的难度都应是孩子能够通过努力来完成的，不要用怪异的问题去刁难孩子。

对于孩子来说，最佳的教导方式莫过于做游戏。孩子在游戏中能学到很多书本中学不到的东西，发挥出各种能力。而且在游戏中，有助于孩子的各种潜能被一一激发出来。

游戏的效果发挥得怎样，因人而异，但是绝大多数孩子都会在游戏中学到很多知识，这比给孩子买任何玩具都有意义。因此，再忙的父母也请拿出时间来，陪孩子做做游戏。

鼓励男孩玩耍，杜绝呆板

男孩不会玩也是一种"病"

生活在当今社会中的孩子比起过去的孩子，缺少的不是物质，而是童年的快乐。跳皮筋、打沙包、扇纸牌、弹玻璃球……这些游戏曾给我们很多人的童年带来快乐。而现在，电脑、网络已经取代了这些游戏。并不是现在的孩子不喜欢沙包、皮筋，而是因为他们没有时间玩，更重要的是没有一起玩的同伴。

英国教育家夏洛特·梅森说：我们对孩子的态度，决定着我们和孩子的关系。让孩子高兴就是养育孩子的原则。因此，父母应该教孩子怎么玩，并且尽可能地陪着孩子一起玩，这样他们才能始终保持快乐的心情。

童年是人生最快乐、最美好的时期，但同时也是最脆弱、最天真的时期。我们要小心地呵护儿童的生活感受，按照他们的接受能力让他们适当地接触生活。

"贪玩"是男孩的天性，玩可以启发男孩的观察力、想象力与创造力，而父母还可以借此了解男孩的想法等。"我家男孩太爱玩了！真头痛！"如果因为男孩与生俱来的"本事"而大伤脑筋或感到麻烦，甚至担忧他因此耽误学习，你就极有可能大错特错了。

看看那些生来有缺陷的特殊儿童，如自闭儿、智障儿及患有其他疾病的儿童等，即使老天剥夺了他们部分能力，但仍然仁慈、智慧地保留了他们玩耍的权利。玩耍是每个男孩的天赋特权，我们不仅不应该抱怨或剥夺，还要学会感恩并且善加利用。

陪孩子玩耍是父母责无旁贷的功课。大人陪孩子一起玩耍的基本守则，应该建立在与孩子"对等平视关系"上，而并非传统的上对下。孩子才是游戏互动关系中的主角。

当然，户外活动对孩子来说也是必不可少的。除了家人之外，多让孩子和其他儿童及大人接触互动，等于创造了更多玩耍、学习的机会与空间。

虽然并非每位父母都能熟稔和孩子的互动对答技巧和游戏方式，但是其实每个大人都曾经是孩子，也都隐藏有一颗童心，只是你我常常忘了启动那颗童心的"魔法咒语"罢了。

父母要趁孩子的童年时光，尤其是学龄前的"黄金时光"，多陪陪孩子，多陪他听音乐、学说话、学沟通。当我们找到开启童心的"魔法咒语"后，每个大人都可以再变回孩子，重新陪你的孩子再享受一次美好幸福的童年。

在游戏中激发学习兴趣

当男孩小的时候，他们最喜爱的事就是能够自由自在地玩耍。有时他很向往一个地方，但还缺乏自己单独出去的能力，做家长的也经常不放心让他单独去。这时候应该怎么办呢？一个最有效的办法就是家长经常抽时间带男孩到他感兴趣的地方去玩。

也许一些家长会用这样那样的理由为自己没有满足孩子的要求找借口，比如说："我太忙了，确实抽不出时间。"或是"我那天不知道因为什么忘了这件事，下次我一定带他去。"无论哪一种借口都是不能成为理由的。有什么比自己的孩子更重要的呢？

兴趣是最好的老师。但兴趣这东西不是天生的，是需要后天的培养。

教育家波利斯·塞德兹教授的儿子小塞德兹从小的学习都是自愿的，如果他不想学，塞德兹也不会强行要求他学。况且，每学一样知识，小塞德兹总会觉得快乐，并主动要求学更多的知识。

在一次旅行中，小塞德兹曾毫不费力地掌握了一个物理学原理。

坐在火车车厢里的小塞德兹指着窗外说道："那些树木在飞快地向后面跑，爸爸。"

"不，那不是树木在向后跑，而是我们坐的火车在向前跑。"塞德兹笑着对儿子说。

"不，我认为我们坐的火车并没有动，而是窗外的树木在动。"儿子天真地说，"因为我在这儿坐了很久了，但并没有发现火车有什么变化，反而发现外面的东西都变了。这不是说明窗外的东西在动吗？"

"那么，假如现在你不在火车上而是在窗外的话，你会怎么想呢？"

"这个嘛……"小塞德兹想了想说，"一定是我也会向后跑，就像那些树木一样。"

"你能够跑那么快吗？"

"是呀，我能跑那么快吗？这可有些奇怪了。"小塞德兹充满疑问地说。

"虽然你不能回答这个问题，但我仍然向你表示祝贺。"

"什么？祝贺我什么？"

"你今天发现了一个物理现象，当然应该祝贺你啦。"

"我发现了一个物理现象？"儿子不解。

"你刚才发现的，正是一个参照物的问题。"于是，塞德兹耐心给他讲解，"你之所以说窗外的树木在向后跑，是因为你把火车当成了参照物，也就是说相对于火车来说，树木的确是向后移动了。反过来，如果把树木当成参照物，火车就是向前跑了。"

"噢，我明白了。怪不得我会认为火车没有动呢！这是因为我把自己当成了参照物。火车带着我向前行驶，我们一起在运动，当然就不会感到它也在动！"小塞德兹说道。

"那么，把你放在窗外会有什么效果呢？"塞德兹问道。

"嗯，假如我站在窗外的地面上并以我自己作为参照物的话，火车就是运动的了，"小塞德兹回答道，"假如仍然以火车作为参照物的话，我就是和树木一样在向后飞跑了。"

"那么，你能跑那么快吗？"塞德兹又一次问道。

"当然能，因为这是相对的，火车能跑多快我就会跑多快。"

事实上，这样类似的讨论在父子之间发生过许多次。也正是这种看似闲谈般的讨论使小塞德兹在轻松和有趣的聊天中学到了那些在书本上显得极为晦涩的知识。

家长有时间应该多带孩子出去玩，但目的性不能太强，因为有益的影响一般都是潜移默化的，而不是强制灌输得来的。如果将孩子的游戏也套上学习的枷锁，那么也就失去了游戏的意义，上面塞德兹的做法就是最好的例子。

别让父母的虚荣心束缚了男孩

在早期教育领域，有一个人是不能不谈到的，他就是"教育奇书"《卡尔·威特的教育》的作者卡尔·威特。这位德国乡村牧师的教子经验，在家长中广为流传，故事也编写得富有传奇色彩。卡尔·威特的教子经验之所以能够得到大众的热捧，这其中必然有大家感同身受的道理，而"非功利教育"理念就是其中的亮点。

卡尔·威特在他的书中强调自己的教育理想，就是将孩子培养成为一个接近完美的人。在他看来，那些接受了片面教育的偏才和高分低能的儿童都是"俗物"，一个真正的天才应该是身体和心灵都得到健康发展的人，要让孩子全面发展，家长首先就必须抛弃功利性的教育思维，杜绝将孩子培养成"供人观赏的玩物"。他在书中记叙了这样一段耐人寻味的故事。

十多年前，报纸上报导了一个"神童"的事迹。据说一名叫里斯米尔的小男孩在绘画方面有超人的天赋，这件事引起了我的注意，我特意去访问了这个孩子。

在他的父亲的引见下，我看到了里斯米尔所获得的各种荣誉证书，但是在我走进房间之后，里斯米尔始终坐在墙角一动不动，他似乎没有注意到我，两眼无神地盯着面前的石膏像。

里斯米尔的父亲赶忙解释道，小里斯米尔正在思考他的作品。"卡尔博士，我为了让儿子成为一名伟大的画家，一直对他要求很严。你也看见了，他无时无刻不在考虑绘画的事。可以这样说，他的那些成绩完全来自于努力和勤奋。"

这件事对卡尔·威特的触动很大，在他看来，这个孩子在父亲长期的"强行教育"下，已经变成了只会画画的机器。威特一直相信，孩子需要全面的发展，当他看到那位神情痴呆的"绘画天才"的时候，他断定这个孩子的大脑发育是不健全的，将来未必能有所成就。

"我暂且不说要将孩子培养成完美的人，仅就艺术来说，在那种方式下里斯米尔根本就不可能学到真正的艺术。真正的艺术家，都是些博学、有丰富知识的人。他们不仅多才多艺，而且充满智慧；他们有思想也有生活的乐趣，那些创作手法只是他们表现自己的一种手段罢了。然而，里斯米尔所受到的教育完全是舍本求末。我能判定，他不可能成为一个真正的艺术家。"

据说后来的事实也应了威特的结论，几年后里斯米尔的"天才"便不复存在了，人们也没有见到他们所期望的这位

"天才"有任何的成就，在平庸的生活中，里斯米尔成了实实在在的平庸者。

就因为父亲对绘画天才的向往，一个孩子从健康活泼的儿童变成了对生活毫无感知的木偶，这样的故事听起来让人感到沉重。但是这样的悲剧，也在我们的生活中上演着，父母为了将孩子冠上各种荣誉和头衔，不惜大刀阔斧地改造孩子的成长空间，让他们向着家长满意的方向生长，结果养出一盆盆"病梅"，满足了观众的眼睛，却捆绑了孩子的天性。

正如威特所说，真正有意义的教育，应该着力于对孩子本身的培养，抛弃种种功利性，以合理的方式开发出他们潜在的能力。如果仅仅是为了实现父母的愿望，教育将变成可怕的改造人的手段，孩子的一生都将生活在痛苦当中。

多给男孩一些自由的空间

世界充满了机会，孩子充满了好奇。家长要重视保护孩子的冒险精神，鼓励孩子做探路者，而不是模仿者和追随者。想想你在平时是不是有过类似情形：限定孩子出去玩耍的时间，并告诫孩子不能够乱跑乱碰等；孩子对自然界陌生的事物感到好奇时，会情不自禁地去尝试，这时你会顾虑危险而禁止孩子去冒险探索未知的事物。

不让孩子冒险，孩子也就失去了锻炼自己的机会。来自现实教育的报告指出，小孩子使用工具的能力很差，不会用刀削铅笔，上版画课时，让孩子带雕刻刀，他们却马上就把手划破了。

但是，如果人一次也不体验危险，也就不会产生回避这种危险的智慧。这或许有些夸张，但是可以说人类的历史就是反复与这种危险进行斗争的历史。

然而，现在的孩子几乎没有尝试这种错误的机会了，用一句话来说，这就是父母过于保护的结果。

当然没有必要让孩子平白无故地去冒险，在生活中存在着许多培养孩子克服一定程度危险的机会，有时让孩子成为掉落谷底的狮子也是很必要的。孩子未必一辈子都能在安然的环境中生活，应当尽量让他去体验，让他增强适应能力，这也是父母所应尽的责任。

每个人在成长过程中都需要冒险，都可能面临失败。其中，也许有些孩子经历失败的次数比较多，家长也会由此变得不安，他们担心孩子的前程，于是处处防患于未然，不让孩子失败。

要锻炼孩子的勇气，这常常对父母自身的勇气是一个考验，他们往往对孩子的安全过于忧虑，为防止万一发生危险，而宁愿牺牲孩子锻炼的机会。然而，这样做事实上是很自私的。父母更多地是为了保护自己的孩子不受万一可能发生的危险而带来的伤害，害怕自己不能承受由此而来的打击，所以为求保险而加倍保护，造成孩子缺乏勇气。我们需要为孩子的将来着想，大胆鼓励他们去做力所能及的事情，做一个勇敢的孩子。

为培养孩子的勇气，以及给予他们更多自由的玩耍空间，父母就应当多鼓励孩子，少打击孩子。比如孩子的脚还蹬不到自行车蹬子就想骑车，从未离开过父母却想和同学一起去郊游时，不要轻率地否认孩子想要试一试自己能力的努力，不要说"不行，太危险了"之类的话。

一位儿童心理学家说："人应该有探索，有追求。而这些都离不开冒险探索的精神。""初生牛犊不怕虎"，孩子本来是无所畏惧的，他们喜欢冒险，积极探索的精神就是从这里产生的。

西方幼儿教育很注重让孩子在各种冒险活动中去体验成功的滋味，锻炼勇气和信心。比如在看马戏时，一头身挂很多玩具的牛在舞台上来回走动。主持人宣布，愿意上台摘玩具的孩子，只要把玩具拿到手便归自己，另外再发奖品。孩子们都踊跃上台，而在座的家长却没有人会加以阻止。如果孩子在拿取牛身上的玩具时表现得很勇敢很机灵，便会博得全场一阵阵热烈的掌声。孩子在克服重重困难的过程中增强了勇气和信心。这种积极进取、不畏艰险的精神，是由既放心又放手的勇敢的家长培养出来的。

因为害怕危险而不敢让孩子去冒险，无异于因噎废食。作为父母，应该鼓励孩子成为探路者而不是模仿者。

结语：赢在好习惯，养出好男孩

好习惯是成功的阶梯

这个时候，你也许会问："好习惯是什么呢？"

在了解好习惯之前，应先了解一下习惯，什么是习惯呢？

《现代汉语词典》上的解释是：在长时期里逐渐养成的、一时不容易改变的行为、倾向或社会风尚。那么，什么是好习惯呢？

著名的教育家乌申斯基给了我们一个形象的解释。他说："良好的习惯乃是人在其神经系统中存放的道德资本，这个资本不断地增值，而人在其整个一生中就享受它的利息。"

人民大学毕业的优秀学生刘朔就是靠着从小养成的良好习惯，赢得了学习上的胜利。他毕业后顺利被香港大学录取。可见习惯的力量是强大的，父母要培养孩子养成良好的习惯，好习惯能成就男孩的一生。

教育就是培养好习惯的过程，那么父母在教育男孩的过程中应该培养男孩哪些习惯呢？教育专家给家长的意见如下：

1. 要养成社交好习惯

人从一出生起就开始了人际交往，没有一个人能避开与外界的交往、沟通而独自生存下去。良好的交往和沟通能力，能帮助男孩更好地成长。

因此，父母要鼓励男孩不要害怕与人交往，比如见到邻居和周围的人要主动与他们打招呼；多给朋友们打电话；不要只玩别人的玩具，也应该拿出自己的玩具与别人一起分享……

2. 要养成做事好习惯

很多男孩总是事事依赖大人，做什么都以自我为中心，在父母看来这些孩子永远都长不大，那是因为他们还没有养成正确做事的好习惯。

正所谓方法为王，方法决定他们做事的效率和效果。找到正确的做事方法并让它变成习惯，会让男孩终生受用。

想要男孩成为一个怎样的人，就需要培养男孩养成怎样的习惯。养成良好的做事习惯，他们就能学会管理自己，有条不紊地做好每件事。

3. 要养成修身好习惯

孔子在《论语》中提到："少小若无性，习惯成自然。"意思就是说，人的本性是很相近的，但由于习惯不同便相去甚远，小时候培养的品格就好像是天生就有的，长期养成的习惯就好像出于自然。

在男孩的成长过程中，或多或少会有一些坏习惯，比如"说谎""偷窃""打架斗殴""骂人"，等等。这些坏习惯对自身成长非常不利，必须及早改掉。千里之堤，溃于蚁穴。不要对坏习惯放松警惕，坏习惯如同潜伏在人生中的蛀虫，会吞噬掉孩子美好的未来。

一个男孩只有养成良好的修身习惯，才能和别人友好地相处，积极追求美好事物，将来才能成为成熟可敬之人。

4. 养成安全好习惯

放学的路上被人拦住索要钱财、迷恋网络游戏、宿舍里进了坏人、收到莫名其妙的短信……遇到种种危险的情况，男孩该怎么办？

最近几年，有关青少年安全事故的报道接连不断，安全问题应该引起男孩的重视。现在，他们所处的环境已不再是单纯的学校、家庭两点一线，而是处于纵横交错、关系复杂的社会网络中。

父母必须让他们明白，现实中绝大多数的危险、意外是不可预料的，没有人能够完全、绝对地避免风险，他们需要学会一些紧急防护知识和应急措施，使他们能够在危险、意外来临时，竭尽全力、镇静从容地应对，尽量避免受到伤害，能够安全脱身。

5. 要养成学习好习惯

有这样一个口号："活到老，学到老。"学习已经成为每个人生命中的大事。在平时学习中，对于孩子而言，学会课前预习、学会记笔记、按时独立完成作业、学会自己搜集资料、把阅读当成乐趣、课后自主整理和复习、寻找适合自己的学习方法等，都是学习好习惯的表现。

只要他们每天学习一点点，每天进步一点点，每天收获一点点，就会收获因学习好习惯而带来的快乐！

"冷"对孩子的牛脾气

生活中，有些男孩会出现无理取闹、乱发脾气的情况，这往往让父母感到又尴尬又头痛。

凯伦夫妇最近被儿子的坏脾气折磨得头疼死了。儿子吉姆仅6岁，却脾气暴躁得厉害，在商场里面逛的时候，儿子稍不如意就大发雷霆，大喊大叫。即使是跟他讲道理，他也听不进去，如果父母不按照他说的去做，他就一直吵闹、哭喊、在地上打滚儿，手里有什么东西都会顺手扔出去。

为此，凯伦夫妇想尽了办法，他们打他，苦口婆心地教导他，罚他站墙角，赶他早点儿上床睡觉，责骂他，呵斥他，给他讲道理……这些都不管用，一有事情吉姆还是会大发雷霆，暴躁脾气依然如故。

每个人都不希望自己的男孩是一个随意发脾气的孩子，可事实上发脾气是男孩成长过程中常会遇到的情况，如果家长引导得不好，孩子就会像吉姆一样，养成乱发脾气的习惯，特别是没能满足孩子的要求时，孩子会没完没了地发脾气，直到他得到自己想要的东西为止。

一天晚上，一家人正在看电视，小恒突然要吃冰激凌。已经很晚了，商店都关门了，爸爸妈妈试图跟他解释，劝说他明天再吃。然而，小恒的脾气却上来了，他倒在地上大声叫喊，用头撞地，用手到处乱抓，用脚踹所有够得着的东西……

爸爸妈妈被气得不知道该说什么，他们努力克制自己的火气，暂时没有作出任何举动。

小恒已经叫喊半天了，他奇怪地发现，居然没有人理他。于是，他又重新按他刚才的"表演"闹了一番。这次爸爸妈妈坐了下来，静静地看着儿子，还是没有任何语言和动作。

小恒不服气地又开始了第三次"表演"，然而爸爸妈妈还是没有任何表示。最后，小恒大概也觉得自己趴在地上哭叫无趣，他爬了起来，回房间睡觉去了。

从此，小恒再也没朝别人乱发过脾气，小恒乱发脾气的坏习惯也就自然消失了。

有些男孩情绪不稳定，自制力差，并且难以接受父母的意见与劝说。在这种时候，疼爱孩子的你能做到冷静处理吗？你是不是对孩子过度关注，比如，孩子一伤心你立刻就安抚，孩子一哭叫你马上就哄？

"现在的孩子越来越难管了！"一些年轻的妈妈抱怨说，"稍不如意，牛脾气就上来了。打也不听、骂也不灵，哄他吧，他还更来劲！"生活中，确实有不少这样的男孩。那么对男孩的"牛脾气"，家长应该怎样处理呢？

心理学家认为，孩子爱发脾气是由于家庭教育不当引起的。特别是独生子女，如果从小就事事以他为中心，吃不得一点儿苦，要什么给什么，那么孩子就会养成达不到他要求就会发脾气的坏习惯。

要让男孩心平气和地生活，改掉喜怒无常的坏情绪，最有效的办法是采取置之不理的方法，进行"冷处理"，让这些坏情绪自动消失。譬如孩子在商场里满地打滚儿的时候，你就在旁边看着，直到他偃旗息鼓。

当孩子发脾气时就向他屈服是最不可取的教育态度和教子方法。当孩子乱发脾气时，父母要保持冷静，对孩子的不合理要求绝不迁就，要让孩子明白，无论他怎么发脾气，父母都不会"俯首称臣"，他始终都达不到自己的目的。当孩子已经"雷霆万钧"时，不妨运用"冷淡计"，父母都不去理会他。事后，再当着孩子的面，分析一下他发脾气的原因，细心地引导、教育孩子，相信孩子会从这种错误的行为中吸取教训。

专家认为，父母在阻止孩子坏脾气发作的时候，既不要采取过于强硬的态度，也不能采取过于软弱的态度。最好是能够迅速而果断地将孩子的注意力转移到其他方面，以缓和紧张的局势。也就是说，当孩子正处于发脾气的时刻，父母不要一心只想到训斥孩子，因为孩子这时是听不进去的；也不要强迫孩子或者用武力威胁孩子马上停止发脾气。最简便的方法就是冷处理，把他撇下不管，让他一个人去发泄，去自我克服、自我平息。这样坚持一段时间后，孩子就会渐渐改正乱发脾气的习惯，因为他知道这样做是什么也得不到的。

轻松
教育

班耀友 ————

———— 编著

养育
女孩

吉林出版集团股份有限公司
全国百佳图书出版单位

图书在版编目（CIP）数据

轻松教育 . 养育女孩 / 班耀友编著 . -- 长春 : 吉
林出版集团股份有限公司 , 2020.8

ISBN 978-7-5581-9008-7

Ⅰ . ①轻… Ⅱ . ①班… Ⅲ . ①女性 – 家庭教育 Ⅳ .
① G78

中国版本图书馆 CIP 数据核字（2020）第 140025 号

前　言

　　望女成凤是每位家长的心愿。身为女孩的父母，无不希望自己的孩子成长为一个美丽、优雅、博学、多才、自信的完美女孩，获得成功的事业和幸福的婚姻。但是，完美女孩不是天生的，而是通过后天细心打造的，这与父母的教育和引导不无关系。正如古人所说："玉不琢，不成器。"女孩如同一块璞玉，只有在精心雕琢下才能绽放出最美的光彩。

　　家庭是女孩人生中的第一所大学，父母是第一任老师，父母的言传身教，对女孩的性格、习惯、品德等方面的培养有着重大影响，甚至可以决定女孩的一生。你想给女儿一个美好的明天，就要精心指导她，因为没有不完美的女孩，只有不会教的父母。

　　教育女孩是一门艺术。父母既需要教，又需要掌握科学的教育观念和方法，如果引导得当、教育方式合理，你的女儿可能会成为一个卓尔不群的人才。因而，要想培育好女孩，必须先学会做父母，首先，提高自身的素质，以自己言传身教的榜样力量去影响女孩。其次，掌握科学的教育理念和有效的技巧，不要陷入教育误区。最后，女孩在人生的各个阶段，可能会遇到各种各样的问题、困难或挫折，父母们应随时更新自己的教育观念，及时观察并发现女孩的心思，帮助她正确面对和处理各种问题，这样才能确保其健康成长。

阅读本书，掌握其中的方法和技巧，并用心培育，女孩能从这种教育和引导中得到受益终生的启迪，收获自己的幸福。

目　　录

1

第二章　心平气和的慢养——让女孩的芬芳静静散开

第三章　如何听女孩才会说，怎样说女孩才会听

第一章　富者容易贵者稀
——为什么要富养女孩

"富养"女孩，并不是"娇养"

"千金"：自古女孩多富养

在中国古代，富贵人家习惯将女孩称为"侯门千金"，女孩何以称为"千金"？这要从我国古代的货币单位说起了。在2000 年前的秦朝，将一镒作为一金（一镒为二十四两），汉朝的时候将一斤金子称为一金。后来的人以"金"来形容贵重，比如说一字千金、一言千金、一笑千金、一刻千金、一物千金等。

用"千金"一词来比喻女孩，目前所见的最早的文字记载是在元代张国宾所写的杂剧《薛仁贵荣归故里》："你乃是官宦人家的千金小姐。"自此以后，明清小说中用"千金"来形容女孩就更为常见了。

自古以来，人们总是习惯以"金""玉"来称谓女孩，女孩的气质也因此而蒙上了一层尊贵与荣耀。

培养女孩是一件意义重大的事情，用"千金"来代称女孩也许是代表了人们的一种期许吧。如果从这个角度来理解，用"千金"来形容女孩当之无愧。

在人们眼里，女孩是高雅与尊贵的代言。作为家长也因此有足够的理由来富养女孩，让她生活得更优越、更有品位。

没有一个家长不希望自己的女儿是清丽脱俗、出类拔萃的。然而，一个女孩要想健康地成长，必定离不开父母的精心培育，就如同一棵珍奇的小树。富养，是一种新的教育方式，找准女孩的需求，然后尽量地满足她。

鼓励女孩尽量展现女孩的魅力

女孩天生都喜欢玩布娃娃，喜欢漂亮的小连衣裙，希望自己能够和布娃娃一样可爱。作为父母，我们不要小看了她这种源于天性的喜好，那么，就鼓励女孩展现她的魅力吧，我们可以和她一起做游戏，和她一起选择漂亮的衣服，为女孩梳漂亮的辫子，希望她将一个女孩应有的魅力发挥到极致。

多陪女孩玩"过家家"

女孩大多喜欢安静的游戏，过家家这种传统的游戏通常是女孩们的最爱。在这个游戏中，女孩的母性温柔得以发挥，她们喜欢自己整理一个小家，有条不紊地安排如何做饭，如何照顾"小宝宝"。而且，女孩永远是这个游戏中的主角，乐在其中且乐此不疲。多陪女孩玩这样的游戏，有助于女孩产生更多的优越感。

没有钱就不能培养好女孩吗

提到"富养"，不免有些家长会有误解：他们会觉得

"富"就是生活富足。于是乎，他们愿意给女孩最好的生活，津津乐道于那些高档前端的教育方式，立志于让自己的女孩可以像小公主一样长大，口口声声说要让自己的女孩见更多的世面。但是，这种用金钱堆砌起来的"富"，很有可能让女孩变得骄纵和刁蛮。

说到这里，也许有的家长会提出疑问：既然是富养，没有钱作为基础如何实现富养呢？实际上，精神上的"富"才是"富养"的深刻内涵。

如今社会的分化越来越严重，不同的阶层，在生活水平方面都相差甚远。有钱家的孩子或许穿的衣服都是高档名牌，玩的玩具全部都是电动化，居住的环境舒适明亮；而普通人家的孩子就没有这样优越的待遇了。面对这样的状况，也许家长难免多少会有些担心：尽管我们再不愿意亏待自己的女儿，但是也担心女儿会有心理落差。

实际上，这样的担心大可不必，因为女孩观察世界的眼光和成人相比有着很大的差别。她们并不太在乎自己是否富裕，在乎生活中是否可以玩得尽兴。

所以，即便是家庭条件不富裕，我们同样可以为女孩创造尽可能好的亲子环境，给予孩子精神上的富足。

要说明的一点是，作为家长，我们没有必要掩饰自己的家庭条件。因为如果女孩观察出来我们在掩饰，反而会暴露出家长的心虚，觉得家庭条件不富裕是件丢脸的事情，这才会真正打击女孩的自信心。家庭条件不富裕固然是个劣势，如果父母懂得善加利用，同样也可将其变成优势。比如父母可以让女孩了解到她想要的东西父母要付出多大的努力才能帮她得到，这样的话，父母对她的爱可能会让女孩很满足，觉得自己虽然拥有的物质少，但是拥有的爱却很多，这样她就会变得很自信而不是自卑。

让女孩感受到自己并非是丑小鸭

每个女孩都有自卑的时候，当女孩把自己当做是丑小鸭的时候，家长要及时告诉自己的女孩：你是独一无二的，没有人会像你一样。家长赞美的话语会给女孩增添战胜自卑的力量，女孩能够自信是非常有魅力的。

家长要帮助女孩断除自卑心理

自卑对女孩的心理发展有很大的负面影响。心理学家阿德勒认为，每个人都有先天的生理或心理欠缺，这就决定了每个人的潜意识中都有自卑感存在。如果一旦发现自己的女孩有自卑感，父母也要让女孩懂得，面对任何事，都应有必胜的信心，自信是消除自卑的最好方法，因为自信会使人获得更多的成功。但自信要切合实际，不可以盲目自信。自卑者应打破过去那种"因为我不行——所以我不去做——反正我不行"的消极思维方式，建立起"因为我不行——所以我要努力——最终我一定会行"的积极思维方式。

富养，并不是为女孩做好一切

日本杰出的教育家多湖辉对于儿童心理和脑力的开发有着很深的研究，他认为，增强女孩能力最好的办法，就是父母自己先成为"教育的实践者"。爸爸妈妈们不仅要先了解女孩的心理动态，并且还要针对女孩独特的个性特征，不断地在生活和实践中来摸索教育女孩的方法。实际上，要想让女孩能够脱离对别人的依赖，独立地发展和锻炼自己，并非是一件容易的事情。

很多父母对这样的一种说法抱有如下的态度：对于男孩，不应该太过于保护，但是如果是女孩的话，则最好能够尽全力来保护她，因为女孩是那样的娇嫩和弱不禁风。

在传统的观念中，女孩向来都是处在被保护的位置，多多爱护自己的女孩看上去是天经地义和理所当然的。但是，如果把自己的女孩娇宠成一个"玻璃公主"，一天到晚仰着头等待着别人的照顾和呵护，遇到困难就不知所措。相信这样的女孩，是不会受到人们的喜欢的。

富养女孩，并不是把女孩培养成一个娇气十足的小女人。如果你的女孩从小是在被娇宠的环境中长大的，那么她会习惯于对外界的依赖，她可能会缺乏分析和判断的能力。当她遇到困难的时候，她不懂得反思自己，总会认为自己做的是对的，都是由于别人做得不够好，和同龄人相比显得更加蛮横。

玲玲是家中的独生女，平时爸爸妈妈都很宠爱她，事事都要顺她的意才行。所以，玲玲是个脾气不好且很骄傲蛮横的小孩。

每天早上，妈妈早早地就起来给玲玲做早餐，帮助她收拾好该带的东西，然后去叫玲玲起床，再帮她挤好牙膏，给她叠被子。等玲玲吃完早餐，再送她上学。

这一天，玲玲赖床，睡过了头，等她醒来之后发现已经早上七点半了。"糟了，上学要迟到了！"玲玲大叫一声，马上从床上蹦起来，匆匆忙忙地穿衣洗漱。临走前，她狠狠地对妈妈说道："我今天迟到，都是你害的！"妈妈在一旁，感到自己辛苦照料的孩子居然如此不懂事，伤心极了。

相信很多家长会遇到类似让人感到沮丧的事情。根据一份对1500名中小学生的调查报告显示，其中有51.9%的学生需要家长帮助整理生活用品和学习用具，有4%的学生遇到困难无法独立解决，只有13.4%的学生偶尔做一些简单的家务，这种情况实在是令人担忧。

现代社会中独生子女居多，所谓的"集三千宠爱于一身"，几代人的关心和爱护都集中在同一个孩子身上，家长们都会精心地为女孩铺路，帮她穿衣，帮她系鞋带，帮她做这做那，所以，女孩在家里凡事都不需要自己动手。幸福的背后隐藏着危机，这样的女孩在长大之后不能自立，有着强烈的依赖心理，凡事不愿意自己动脑筋，遇到了事情之后，第一个想法就是找人来帮忙，这样的人很难被别人认可。

相信孩子能把事情做好

我国著名教育家陈鹤琴先生提出过：凡是儿童能自己做的，应当让他自己做。当女孩三四岁的时候，家长应该锻炼她学会自己吃饭、穿衣服、收拾玩具等，到了5～6岁时，可以让女孩学着洗小件的衣服，放手让女孩去做可以做的事，不仅能培养女孩的生活自理能力，还可以培养女孩的自信心。

避免对孩子过度呵护

女孩在成长的路上总是免不了跌跌碰碰。当一个女孩喜欢这儿摸摸，那儿看看的时候，这正是她发现和体验自己能力的时候。如果这个时候家长担心宝贝会碰着、伤着而一味地保护，女孩将错过最好的发现自己能力的机会，也无法体验到自己战胜困难的喜悦感受，自信也就无从培养了。

从那一天开始让她一切自己做主

从女孩出生的第一天起，她那可爱的样子惹得爸爸妈妈无比地疼爱，即便是捧在手心里还是怕她会被风吹到，时时处处都给予无微不至的保护。到了女孩两岁以后，她的能力开始逐渐发展起来，她以好奇的眼光来打量这个世界，她会模仿妈妈的样子拿着抹布来擦桌子，她可能最经常说的话就是"让宝宝干"，她希望自己通过行动来获得快乐。

但是家长总是出于对女孩的过分爱护而拒绝女孩来做事情，"你上一边玩去吧！""这样的事你还做不了！""你这样会摔倒的！"等等，这些原本充满爱意的话却让女孩感到自己是那样的无能为力。

这样做的后果会让女孩习惯于依赖，让她明白原来自己是不需要做什么的，让她习惯于心安理得地享受别人的劳动成果。

女孩是一个有别于大人的独立个体，她在幼小的时候也希望自己能够挣脱开大人的控制，希望通过自己的努力来做好每一件事情，除非她真正需要别人的帮助。在这一点上，家长们往往干的是矫枉过正的事情，因为当女孩真正遇到问题的时候，她一定会主动来找爸爸或者妈妈帮忙的，而家长最常做的事情往往是在女孩不需要帮助的时候给予了太多的帮助。让女孩自己解决问题，不仅有助于女孩培养自主意识，同时还可以提高女孩分辨是非的能力。

所以，在日常生活中，当女孩做错了事情时，应该尽量让她自己处理；当她在自己处理事情的时候，应该让她自己成为解决问题的主角。

有一位幼儿园的老师，她在课上教小朋友们制作花环，但是她只教了一种制作方法，然后对小朋友们说："如果你们觉得还有什么更好的方法来制作花环，可以自己动脑筋想一想，不必按照老师的教法来做。"结果孩子们做出了很多种花环，并且对自己的作品非常满意。我们没有理由低估孩子的潜质，她们也许比我们想象的要强千万倍。对女孩的想法给予鼓励，肯定她们，就是最好的教育，她们将会感受到莫大的快乐。

有的女孩总是对自己缺乏信心，这样的女孩通常表现为胆小、怯懦、说话的声音像蚊子一样小，总是认为自己做得不够好，在群体中不喜欢主动和小朋友玩等。对于这样的女孩，家长们要注意了，很有可能是因为你在她身上花费的时间太少所致。所以，如果发现自己的女孩有这样的情况，家长们最好是多亲近自己的女孩，并且多给予一些鼓励，多问她们一些问题，多给她们制造锻炼的机会，让她们能够逐渐在生活实践中增强自信心。

永远保持对孩子的期望和信心

爱一个女孩就要从相信她开始。当一个女孩感到父母对她有十足的信任时，就会发自内心地爱戴、亲近自己的父母，心里的疑惑也更乐于向父母倾吐。父母的信心可以成倍地提高教育的效果。对女孩有信心，不能只挂在嘴上，而要更多地表现在行动中，当女孩遭受挫折的时候，父母要理解女孩的心情，少一些唠叨就是向女孩暗示"我相信你能做好"，这个时候孩子就会安心很多。

给孩子自由发展的空间

在家庭中，父母应该注意为女孩准备一块属于她自己的"领地"，让女孩至少有一个角落可以发泄自己的感情，这一点是培养女孩独立自主的良好方法，也有利于人格的健康发展。在这个角落，只放女孩喜欢的物品，给予她"自我"的感觉，让她自由自在地施展自己的想法。

女孩也要能吃苦

曾经有一个家庭条件比较优越的女生，高中毕业之后直接被父母送进了国外的一所大学。这个女孩的英文不成问题，经济上也没有任何困难，但是念了不到 3 个月就闹着要回家。在国外的那段时间，她总是不断地给家里打电话，抱怨生活条件不好，很多事情没有别人可以帮助自己料理，等等。她几乎天天把自己锁在家里，一边吃零食一边和同学们聊天，感到周围的生活不尽如人意。就这样，爸爸妈妈也只好把她接回国。

中国从 20 世纪开始，就有很多家庭开始为了开阔女孩的视野，鼓励女孩出国留学。但同时就会有越来越多的家长们发现，女孩们去了国外，非但不能接受那里的文化，反而会暴露出很多的问题，比如说无法与人和睦交往或者是生活过于铺张。

讲到这里，家长们可能会有所反思：养育女孩也要让她吃苦，条件太过优越，把她惯坏了。这里说的是"富养女孩"，既然要让女孩富养，难道还要再让她吃苦吗？这样讲岂不是很矛盾？

富养不是惯养，而是要培养能上能下、大气稳重的女孩。所以让她适当吃点苦是有必要的。

有着"战地玫瑰"之称的闾丘露薇在刚刚毕业的时候，一文不名，为生活所迫当一名汽水推销员，每天都在炎炎烈日下叫卖汽水，而且每天只吃一顿饭，就这样努力工作，赚来了第一笔钱。

女孩在成长的过程中，太顺也未必是件好事，因为如果一个女孩不能吃苦，那么她在长大之后，面对复杂的社会极容易丧失斗志。家长只有收起保护伞，多让女孩尝尝"苦头"，她会变得更加坚强。

苦难可以打磨出个性坚强的男子汉，同时也可以培养出坚韧不拔的女孩。从来都没有一帆风顺的人生路，也从来没有哪个女孩可以在父母的怀抱中安安稳稳地生活一辈子。但是在眼下，很多女孩由于缺乏锻炼的机会，很难学会忍受挫折和失败所带来的负面情感，她们会因为一件很微不足道的事情而大发脾气，或者是用眼泪来逃避问题。相信没有一对父母愿意富养出这样的女孩。

相信孩子，适当放手

父母在教育女孩的过程中应注意防微杜渐，避免女孩的依赖行为和依赖心理，培养女孩对自己的事情负责的品质。指导女孩在自己的选择中认识自己并发现自己的力量，才是父母应该注意的。父母在与女孩谈话的时候，可以使用一些鼓励性的话，表示出相信女孩的意思，比如"由你自己来决定""你自己看着办吧""完全听你的""你能干好的"。父母的肯定能使女孩产生欣喜和感激，使她相信自己有承担责任的能力。

让孩子学会自己照顾自己

家长们应该让女孩养成凡事靠自己的习惯，自己收拾、打扫自己的房间，叠好自己的衣服；学习上遇到了困难要开动脑筋、多思考，实在解决不了时再请教别人，等等。生活中的点点滴滴，都可以当成锻炼自理能力的机会，不能事事都依靠家长来解决。

杜绝任性的"大小姐"

如今，已经有越来越多的女孩开始暴露出情绪不好之类的问题，而且平均年龄呈现逐渐下降的趋势。有的女孩以自我为中心，只要有什么事情不合心意，马上就会摆出一副闷闷不乐的样子；有的女孩脾气暴躁，只要是看到让她感到心烦的事情，脾气往往一触即发，就像拉开了炸药包。这些女孩的普遍特点是自制能力较差。

養 育 女 孩

　　小豆豆班上的同学都有恐龙拼图，但是小豆豆没有，她央求妈妈也给她买一套。妈妈对小豆豆说："你有很多套拼图玩具了，为什么一定要恐龙的呢？我们不买了，好不好？"小豆豆听了妈妈的话，感到很委屈，一个下午都没有和妈妈说话。

　　西西的小伙伴来到她家里玩，抱着她妈妈新给她买的绿青虫大抱枕不肯松手，西西不乐意了："把它给我，这是妈妈给我买的。"小伙伴不依不饶："我喜欢这个，你让我多抱一会儿吧。"西西生气了，最后两个人吵了起来。

　　这就是女孩，她们可能会因为种种原因而闹情绪，如果妈妈没有给她们买到想要的玩具，会不高兴；如果爸爸没有给她们讲故事，会不高兴；如果妈妈做的饭不好吃，会不高兴；如果和小朋友在一起没有抢到玩具，会不高兴……面对容易产生不良情绪的女孩，家长的处理方式如果不恰当，则容易使女孩形成不好的性格：一则会变得我行我素，无视周围人的反应；二则会变得愈加的孤僻和封闭。

　　这个时候，家长那些说教会显得苍白无力，女孩的脾气不会因为你说了一句"不要这样想"而消失。这个时候，我们要尊重女孩的感情，了解女孩的心理，我们应该明白女孩天生就是敏感的。在女孩闹情绪的时候，我们先不要惊慌，也不要急躁，更不要凭主观的意志强行阻止，而是要用柔和的方式来慢慢对女孩进行疏导，宣泄不良情感，安抚她的情绪，还可以用其他的事物来转移女孩的注意力。

　　关注女孩成长过程中的反抗期

　　在对待女孩任性的这个问题上，家长应该充分理解女孩的生长发展规律。在女孩的成长过程中，4岁是她的第一个反抗期。这个时候的小女孩不像以前那样乖巧听话，开始出现摆脱大人约束的迹象，看上去好像是故意在和爸爸妈妈作对，而实际上却是一种正常的心理反应。这个时候，如果家长总是不分青红皂白地对女孩横加干涉或者是责骂惩罚，女孩可能表面看上去听话很多，但是自尊心和自信心会受到很大伤害，独立性的发展会停滞不前。父母应该在关注女孩反抗心理的同时注意因势利导，对女孩给予充分的鼓励和满足。

对于女孩的任性行为要理智看待

当女孩提出过分以及不合理的要求时，家长们应该注意要采取积极正面的教育方式，在坚持原则的前提下帮女孩摆明道理，让她能够心服口服。而一个孩子的是非观念也正是在学习处理各种具体事情的过程中逐渐形成的。所以，当女孩出现任性的状况时，家长可以采取转移重点、适当惩罚、冷静处理等办法将问题圆满解决。

"富养"女孩的几个关键词

美丽：一个女孩就是一道风景

当代著名作家冰心曾经说过："世界上如果没有女人，那么这个世界上至少会少十分之五的真、十分之六的善和十分之七的美。"虽然这样的说法很感性，但是大家依然公认女性会比男性更能代表"美"这个概念，而女孩更是和"美丽"紧密相连的。

　　世界上没有两片相同的树叶，也没有两个有着同样风姿的女孩。女孩的美有很多种，有的女孩天生沉静，犹如一潭湖水；有的女孩天性活泼，好似爽朗的春风；有的女孩温柔可人，就像是西湖边上绵绵的细雨；有的女孩聪明隽秀，像天上一颗闪亮的星；有的女孩淡雅大方，犹如高洁的百合……每一个女孩，带着各自的气质与风采，成了城市角落中的独特风景。看看我们眼下的女孩，即便她不漂亮，她也一定有着一种独特的美。

　　历史上曾经有过数不胜数的美丽女子，她们犹如人间的精灵，倾国倾城的容貌让人感受到生命中的美是那样的动人心魄。

　　荧幕上的经典绅士格里高里·派克，毕生都记得第一次见到"天使"赫本的情景。那是 1952 年的一个清晨，《罗马假日》即将开拍，36 岁的他见到了 23 岁的她，怦然心动……这是一个多么柔美娇羞的女孩啊，白底黑条裙装，宽松的裙子在腰部收紧，黑色的宽腰带紧紧束住她的纤纤细腰，仿古青铜长方形腰带扣飘散着一份淡淡的古典韵味，衬托着她的静谧、娴雅、悠然……她轻盈的腰肢与宽阔的裙摆形成巨大的反差，使整体涌动着一种撩人心弦的旷世美丽。

　　她如人间的仙子，扑闪着深如碧潭的大眼睛，袅袅娜娜地对着众人宛然一笑，身上青春的气息与纤尘不染的高贵立刻迎面扑来，空气中马上飘散出一股百合的芳香，让人的心灵变得好似海潮刚刚退去的沙滩，温暖而柔软。

　　《罗马假日》的公映，让赫本一夜之间从山野间一朵羞涩的雏菊变成了荧光灯下最耀眼的玫瑰。那个楚楚动人的安妮公主，外貌优美脱俗，体态轻盈苗条，一头黑色短发，在金发性感女郎风行的年代，吸引了世人。"赫本头"表现出的天真无邪一下子成了国际流行的发式，一时间，赫本成了国际知名人士，全世界都在狂热地播放她的新闻，大量的报纸也欣喜若狂地赞叹她的美貌、活力、妩媚与典雅。

现实生活中的父母可能会说："我不希望自己的女儿太过于耀眼，就是希望她能够做一个普通的孩子，能够平平安安就很好了。"实际上，抱有这样想法的父母可能还不知道，这是对女儿的一种不负责。有的父母认为，不要去刻意打扮年龄还小的女孩子，甚至有的父母故意不让别人赞扬女孩的美貌。实际上，美丽也是女孩心灵的一剂滋补品，就算是个小姑娘，也不例外。

让女孩整洁利落

中国以前有句谚语说："即便是穷人家的女儿，也要把头发梳理得干干净净。"女孩子打扮自己不一定要多么花哨，衣服以及饰物贵在与自己的身份相称，并不是说越华贵越好。所以，家长要教育自己的女孩，不必追求奇装异服，只要干净整洁、落落大方就是最美的女孩。

嘱咐女孩要做到语言美

可以想象，如果一个女孩从头到脚给人的感觉都很舒服，结果突然从嘴里冒出了一口脏话，那这个女孩的印象分一定会被大打折扣。所以，语言是一个女孩的"软外表"，同样是女孩的门面，所以不容忽视。仪态大方、彬彬有礼的女孩才是真正的美丽女孩。

知性：内在的美丽永远比躯壳可贵

如果说，女孩的青春美丽能够让她得到难得的机遇或者是挑战的话，那么知性就是能够留住这种机遇、迎接各类挑战的神奇魔法了。一个女孩一旦拥有了知性力，那么她的能力和魅力都将成倍地增长。

知性的女孩具有一种独特的气质，大气而不平庸，是灵性与弹性的结合。具有知性魅力的女孩有人格的魅力，同时有着女性的吸引力，更有感知的影响力。

知性的女孩具有以少胜多的智慧，她凭借着一举一动、一言一语的优势，展现出的是至善至美，如百合花一般的高洁。

知性的女孩很少具有那种性感、热烈的美，也不是那种纯粹的清纯、可爱的美，她们的那种美是美丽与气质的综合，或者是从容淡定，或者是优雅大方，或者是低调冷艳，或者是淡定恬然。

能够在眼界开阔的情况下自己来把握人生的命脉，才算得上是知性。

要让女孩的生命中多一点知性，并不容易做到。一个极富知性的女孩，需要的是饱满的见识、可叹的经历和睿智的思考。

尊重孩子的独立人格和自我意识

女孩年龄增长之后，自我意识会逐渐增强，她们会提出"我自己来做"的要求，并跃跃欲试地尝试着做每一件事，这是女孩心理发展到一定阶段的正常现象。可是父母却总是怕她们做不好，总是包办代替，从而剥夺了女孩学习与锻炼的机会。作为家长，应该支持女孩提出的一些要求，比如她想独立把自己的房屋格局改造一下，给女孩做事的机会，也体现出对女孩的信任。

尊重孩子的个性和选择

女孩的性格是多样的，父母们要尊重女孩独特的个性，而不应该以所谓的"规则"对孩子的个性进行评判。明智的家长应该不反对女孩玩冲锋枪，不抱怨这样的女孩疯疯癫癫。让女孩做自己喜欢的活动，而不要根据父母的兴趣爱好来选择，因为那样极容易使女孩丧失个性。聪明的父母是尊重女孩个性的父母，凡是女孩能做的事情，可以放手让女孩自己去做。

眼光：让女孩淡定地面对整个世界

一个曾经博览群书、走遍四方的女孩，绝对不会给人"小家子气"的感觉。著名的学者阿基米德曾经说过："多看，多听，多接触，你就会成为智者。"我们父母在教育女孩的过程中，不仅仅要关心女孩是否吃得好、穿得好，还要多多注意女孩的心灵境界，注重女孩的品位和眼光。多给女孩创造一些增加阅历的机会，无疑有助于开阔女孩的眼界，成为一个"站得高，看得远"的优秀女孩。

在女孩小的时候，尽可能制造一些让女孩外出增长见识的机会，这其实是挺重要的。在行走的过程中，女孩看到了更高的山，看到了更宽广的河，她的心中也就装下了更大的气魄。也可以带着女孩去乡下体验生活，去看看那里的生活，看看那里的交通工具，看看那里的生活方式。

也许有的家长会觉得：这样的做法大可不必，因为在女孩年龄还小的时候，带着她去也许她什么都记不住呢。而实际上，这是教育观念上的一个误区。

小孩子是敏锐的，无论让她做什么，她都可以记住。

罗罗的爸爸在每次出差的时候都尽可能带上她，让她多接触一些新鲜的环境。回来的时候，家里的叔叔问她："罗罗，你暑假的时候去哪里玩了？"

"爸爸带着我去上海了。"

"上海好玩吗？"

"好玩。"

孩子的回答如此简单，给人的感觉好像她就只知道这么多。但是这样一种无形的积累，使罗罗的优势在不经意间体现出来了。

有一次，叔叔教罗罗和大她一岁的哥哥学习英文单词，在讲到地铁"SUBWAY"的时候，罗罗轻而易举地就记住了，但是哥哥无论如何就是理解不出来。罗罗说："我在北京、在上海都见过地铁，就是那个在地底下走的一长串的车。"

这就是见识宽广无形中带来的优势，和其他同龄的女孩相比，罗罗的思维较为广阔。可是见识并不是临时学的，而是长期积累的结果。

曾经有一位小学老师说过："经常去各地游玩的孩子学习

成绩可能并不出色，但是他们的作文可能会比其他的孩子写得好，因为有东西可写。"还有一位家长提到自己的孩子说："我女儿钢琴弹得很好，作文写得也很好，她写出的文字就如同琴谱的节奏一般有着动人的韵律。"

帮助你的女孩增长见识吧，她将会收获无形的财富。

开阔眼界，让女孩在玩中增长见识

女孩经常会对新鲜的事物表现出强烈的好奇，会提出很多让家长无法解释的难题。所以，家长可以增加带她去参观科技馆、名胜古迹的机会，鼓励她勤于观察和思考。在游玩的过程中，如果家长发现自己的孩子对某些事物感到有兴趣，就可以针对那些事物恰如其分地对女孩进行讲解，但是要注意准确性。

鼓励女孩养成勤于观察的好习惯

父母们要明白，对于女孩的培养，除了带她游玩之外，更重要的是帮助女孩学会观察，帮助她获得一些知识。比如说在带着女孩观察植物的时候，就要提醒女孩对不同的花、不同的树进行区分。观看动物的时候也要如此，这样做可以培养她们比较与鉴别的能力。

父母要先使自己成为有见识的人

作为父母，我们自己要多学一点知识，然后才能对女孩提出的问题给予正确的回答。父母的回答一方面可以满足女孩的好奇心，另一方面可以使女孩更加愿意去充实自己，感到和父母一同增长见识是一件愉快的事情。

温柔：女孩特有的无敌撒手锏

曾经有一位诗人说过："100%的智慧加上100%的漂亮也比不过1%的温柔。"女孩的魅力缘自温柔。在古希腊的神话中，智慧女神雅典娜所扮演的就是一位温柔与智慧集于一身的形象。温柔，是女性不可缺少的基本资质与品性。

当然，千万不要以为温柔就是嗲声嗲气，这是故作姿态，是一种假惺惺。要知道温柔也是有真假之分的，假温柔的女孩装作娇羞的样子会让人不禁退避三舍，而真正的温柔是一种性情，是骨子里的一种真诚善意。

有人将温柔比喻成水，看似绵软柔弱，实则力量强大。老子说过，上善若水，水是世界上最为神奇的物质之一，可以适应任何环境而变换；看似是世界上最柔弱的水，却可以将山崖拍打成为绝壁；水是生命之源，有了水，万物获得了生的可能。而女性温柔的品格正应该是水的品格。

著名的学者朱自清在他的散文《女人》中对女性的温柔做过如下的绝妙描绘："我以为艺术的女人第一是她的温醉空气，使人如听着箫管的悠扬，如嗅着玫瑰的芬芳，如躺在天鹅绒的厚毯上。她是如水的蜜，如烟的轻，笼罩着我们。我们怎能不欢喜赞叹呢？"由此可见，女性的温柔之美，是多么的让人陶醉，让人沉湎其中，是多么的令人神往。

女性的温柔体现在谦恭的态度、有礼貌的交流方式以及日常生活的细节当中，让人回味无穷，好评有加。温柔的女孩人见人爱。一个女孩，如果缺少了温柔，那将会使魅力减少，令智慧无光。

温柔还体现在性格的宽厚仁慈，一个温柔的女孩断然是不喜欢与人斤斤计较的。

妈妈先要温柔，为女孩做榜样

在女孩心中，妈妈是与她最为亲近的女性。当女孩小的时候，她会模仿妈妈的一言一行：她会学着妈妈的样子给自己的布娃娃喂奶，也会学着妈妈的样子涂抹自己的脸。如果妈妈喜欢责骂她，她可能会用相同的方式去对待小朋友；如果妈妈经常爱挑剔，她可能会长成一位喜欢挑剔的女孩；如果妈妈很乐观，那么她可能会乐观地对待周围的一切……所以，妈妈要重视自己的榜样作用，当一个温柔宽厚的妈妈。

为孩子建立一个"好行为箱"

在传统教育中，一般来讲女孩所受到的表扬肯定总是大于批评的。在日常的生活中，父母要多给她一些鼓励，多给她一些表扬。父母可以找一个箱子，放在一个固定的地方，在箱子外面贴着"好行为箱"的贴纸。当父母看到女孩有了值得表扬的好行为时，就写在纸条上塞进箱子里。过一段时间，和女孩一起打开箱子，分享她的好行为。

理解孩子的善良行为

对于女孩来讲，心灵的发展才是最重要的，这就需要家长的理解。家长应该努力使自己站在女孩的角度，设身处地替她们着想。当一个女孩为她心爱的小鸡死了而悲伤难过的时候，这个时候父母就要表示出理解，因为这是女孩精心饲养的，这是女孩的一种善良的感情和对生命的热爱，应该给予一定的支持，千万不要粗暴地加以斥责。

充足的爱是女孩的"养料"

女孩的世界，需要不断确认被爱

佳佳从小就展现出了惊人的绘画天赋，妈妈帮她报名参加了一个绘画辅导班。佳佳的老师很喜欢她，经常在课上当着全班同学的面来夸奖她，还经常把她画的画贴在墙上展览。佳佳喜欢去上课，而且进步也特别快。

过了一段时间以后，美术班又换了一位新老师。这位新老师在上课之前已经对全班学生的情况有所了解，知道佳佳的绘画很好，不用特别操心。于是这位老师很少在课上去看佳佳画画，基本上都不怎么理会她。

渐渐地，佳佳觉得上课没有了动力，觉得这位新来的老师并不喜欢她，就开始想各种办法逃课。妈妈看出了佳佳的异常，就问她："最近为什么不去上绘画课呢？"

"妈妈，新来的老师不喜欢我。"佳佳委屈地向妈妈抱怨。

"你怎么会有这种感觉呢？"妈妈问道。

"因为以前的老师总是在关注我的作品，还经常表扬我。但是现在的新老师基本上都不理我。"佳佳撅着嘴向妈妈抱怨，看得出来，她十分在意老师对她的看法。

"老师不关心你，不一定是不喜欢你，也许她觉得你画得很好，所以就去照顾更需要帮助的小朋友。"妈妈善意地帮助佳佳分析。

"才不是!"佳佳伤心地大哭起来,"为什么以前的老师就会很关心我!"

很多育儿专家会经常提醒年轻的父母,不要轻易批评女孩,因为她们可能更加容易不自信。有些时候,女孩会因为一些小事情而和父母大吵一架,看起来斤斤计较,实际上这正是女孩正常的心理反应,和男孩相比,她们有更加强烈的不安全感,需要更多的爱护,需要父母不断地对她们表达关心。

父母要多多表达对女孩的爱

在西方国家,父母在晚上临睡之前都会对自己的女孩说"我爱你",但是在中国,能做到这些的父母很少。但是如果有一天,我们听到女孩对我们说"爸爸我爱你""妈妈我爱你"的时候,心中还是感到像是吃了蜜一样的甜。我们并不是不喜欢这种直白的表达方式,相信女孩也会喜欢。如果有一天我们对女孩大胆地说"我爱你",女孩一定会很开心。

父母对女孩表达爱的方式还有很多,比如说平时经常给她一个拥抱,在女孩过生日的时候给她写一张贺卡,这样的做法都可以温暖女孩的心。

谨记:有一些话千万不要对女孩说

教育是一个循序渐进的过程,女孩的转变是一个潜移默化的过程,这个过程是在各种各样的生活细节中完成的,所以父母们一定要注意平时与女孩的对话方式。有的时候,父母无心说的一些话,会让女孩心里感到很不舒服。

"别人家的孩子一回到家就先写作业,你看你到了家,除了看电视就是玩游戏。"这种比较的话,会让女孩对父母有抵触情绪。

"你自己一边玩去,别添乱。"这样的话会让女孩在潜意识中将自己划作家庭的"编外人员",不利于合作意识的形成,同时会打击女孩的积极性。

"你怎么这么淘气啊,看来是投错胎了。"这样的话最容易让女孩朝着男孩的性格方向发展。

"怎么总打扮得跟个妖精似的。"女孩最忌讳别人说自己不好看,父母的话说得太过直白,容易让她产生逆反心理。

父爱如山如海一般宽广

母亲对女孩的照顾更多时候是从生活琐事中体现出来的,而父亲对女儿的照顾则更多地体现在精神引导,很多女孩都是在父亲的影响下改变自己,比如著名主持人王小丫。

王小丫的名字是父亲给取的。小时候,经常有男同学追着王小丫喊:"你是一个树丫丫,你是一个脚丫丫。"多次被弄哭后,她强烈要求改名字,父亲没有答应,只是说:"你长大后会明白的。"

在教育孩子方面,王小丫的父亲非常注重言传身教,很少呵斥,而是用实际行动来影响、感染她。上小学三年级时,小丫发现父亲每天晚上都坐在书房里看书写字,有时家人都睡了,可父亲书房的灯还亮着,王小丫很不解,父亲为什么这么爱学习?父亲在灯下伏案忙碌的身影深深刻在她的心里,潜移默化中，王小丫晚上也开始自觉地看书学习，有时甚至暗暗与父亲较劲，看谁学习时间更长。勤奋的父亲是王小丫的榜样，她的学习成绩一天比一天好起来。懂事后，王小丫明白了父亲的良苦用心。

上初中后，父亲成为当地报社的总编辑。受父亲的影响，王小丫立志要做一名新闻工作者，高中毕业时，报考了北京某著名高校的中文系，但因几分之差与其失之交臂，最终被四川大学经济系录取。王小丫想复读一年再考。父亲认真开导她："孩子，学经济一样可以当记者，将来做个财经记者也不错。"

父亲对她的影响不仅仅局限在亲情之中，精神层面的更多。当别的父亲在关心孩子的吃穿时，父亲早已走进她的心灵，因此她也获得比别人更多的东西和感悟。她机智、圆润的主持风格中或许就浸透着父爱的影响。

一个女孩，她将来在社会中所需要的知识和沟通技巧大部分都会受到父亲的影响，而且这样的影响力是持久而牢固的。父亲不仅是整个家庭的靠山，同时也是女孩的精神支柱。当女孩得到了充足的父爱之后，她更养成一种刚柔相济的好性格。

有大量的研究资料表明：如果一个女孩在成长的过程中与父亲接触较少，那么她会明显比其他女孩发育得慢，而且不能很好地控制自己的情绪，这种症状，也有的专家称其为"缺少父爱综合征"。这样的女孩在身高、动作、智商等方面比其他的女孩发展缓慢，而且普遍存在焦虑的情绪和依赖性过重等特点。

父亲要主动发现与女儿的共同兴趣点

其实，在女孩的内心非常希望能和爸爸有机会一起活动，比如说和爸爸一起去旅行、一起去打球等。这一点需要爸爸来主动发现，然后主动约女孩共同参与进来。能够与爸爸相处融洽的女孩会在成长的过程中显得更加自信，同时会产生更多的优越感。这些会让女孩感到自己有能力、有自信、有价值。

父亲不要对女孩过分严厉

女孩们从心理上来讲希望得到父亲更多的关注，她们希望父亲能够更多地来体会自己的感受。如果父亲对女儿过分严厉，或者会经常对女儿表现出不耐烦，那将是对女儿自信心极大的打击。有的爸爸奉行"严父出孝女"的信条，对女儿太过死板，这样做的后果会让女儿对爸爸敬而远之。

母爱如月光一般温和

一般人都认为，父亲与女儿比较亲，而母亲与儿子比较亲。虽说没有什么科学依据，但是在现实生活中还真有这个规律。还有人说女儿就是父亲前世的情人，这样讲的话，女儿与母亲可能是前世的情敌。家庭中的母女关系，既有妈妈与女儿之间这样浓浓的血脉之情，女儿是妈妈的"贴心小棉袄"，同时母女之间也存在着水火不相容，甚至说出伤感情的话来。这样奇怪而有趣的关系，也许只有在母女之间存在。

现在以独生子女家庭居多，妈妈们不再像过去那样同时照顾好几个孩子，而是将全部精力集中在一个孩子身上。但是有时妈妈会有深深的感受，那就是为女儿做了很多，但未必会得到女儿的感激，更多的时候是"费力不讨好"。这让妈妈们感到无可奈何，很多妈妈想同女儿建立一种积极的母女关系，但是会发现自己的努力实在是徒劳。其实，妈妈们只要把握好同女儿的距离就好，你要努力地成为女儿最好的朋友，而并不是要为女儿去做一切。

至于朋友之间的分寸，那就是相互理解、支持与尊重，妈妈如果能够和女儿保持好这样的距离，相信母女关系会融洽很多。

在一个家庭中，妈妈与女儿相处的时间要远远多于爸爸，所以女孩对爱的需求在很大程度上是从妈妈那里获得的。妈妈们要想和女儿更好地交流，则有必要了解一些关于她们的心理特点，因为这将大大提高妈妈与女儿的交流效果。对女孩来讲，她也需要一个懂得沟通的妈妈，她理想中的妈妈懂得她的需要在哪里，才会让她感觉舒服，才会成为她心中的"圣母"，才会让她有沐浴清凉的感觉。否则的话，妈妈那费力不讨好的催促和喋喋不休的唠叨一定会让女儿无比的厌烦，甚至会感觉自己是生活在噩梦中的。

举例说来，女儿与妈妈在一起聊天，她更希望得到妈妈的倾听，分享她的沮丧或者是开心，她需要的是妈妈态度上的支持而不是解决问题的途径。因为在女孩的思维里，只要将情绪发泄出来，问题就随之解决了。如果妈妈总是自以为是为女儿提供一连串的解决方案，那么女儿肯定不愿意再和你说了。

一个温和的妈妈，就是女儿最需要的妈妈。女孩最喜欢的就是这种善解人意且有修养的妈妈。

当然，仅仅做到这些还不够。"妈妈"是一门人生的大课，还有更多需要学习和理解的地方。

妈妈要努力让女孩感受到你很珍惜她

女孩更希望自己能够得到周围人的珍视。如果一个女孩发现自己在被人珍视和喜爱，她将有一种莫名的满足感。如果女孩可以从妈妈那里得到更多的体贴，那么她会感到更多的安全感。比如说，当女孩请求妈妈帮她做些事情时，如果妈妈说"我很乐意去做"，她更能感受到妈妈的那份珍爱。

主动和女孩分享她的沮丧与无助

当女孩在面对困境的时候，会变得不知所措以及情绪化，在她的内心也很希望有人可以了解并帮助她。这个时候妈妈就应该过来主动和她一起谈论一些问题的细节，和她一起分享沮丧的情绪，这样女孩就不会觉得自己很孤单，反而会感到快乐和舒服。

爱现实中的女孩，而不是你所期待的女孩

每个人都有自己的世界观，也许同样的一件事情，在某些人看来不值一提，但是在另一些人看来则意义非比寻常。人们都习惯于按照自己的理想方式来做事，反而忘记了对方的感受。比如，有的爸爸妈妈总是将个人的世界观用到教育上来，那将是一件很麻烦的事情。

也许在你心目中最优秀的女孩应该是安安分分、规规矩矩的，但是你的女儿却是一个喜欢大吵大闹的黄毛丫头；也许你

觉得真正的淑女应该是能够上得厅堂下得厨房的那一种，而你的女儿恰恰是那种"假小子"脾气。这个时候，很多父母在感情上就比较难以接受了。

爱你的女儿，并且接受你眼下这个真实的女儿，这对于父母来说是一件难办的事情。因为我们都希望将女儿调教成为自己理想中的那个女孩。当我们发现女儿身上出现了一些被我们视为"缺点"的东西，有的父母就开始"耿耿于怀"，强行将女儿往自己所要求的道路上引。

而在现实生活中，许多父母都在以"爱女儿"的名义为女儿编制各种梦想，不给她们自己规划未来的机会。一句"我这都是为了你好"就将这种剥夺女孩权力的行为名正言顺地合理化了。但是，父母在独断的同时看不到女孩内心的反抗，这样做的后果很可能使女孩的实际情况与你所期望的南辕北辙，最终使亲子关系越来越糟。

从现在开始停止对女孩的各种幻想吧，请爱你的女孩，爱她真实的样子。这世界上成功的路不止一条，每个女孩都有她独特的生命轨迹。支持她走自己的路，风光无限将更加值得期待。

不要把女孩的成功当作是你的成功

很多家长在潜意识中都有一种"补偿心理"，所谓的补偿心理就是当他们自己无法实现某种愿望的时候，就希望通过别人实现来使自己的内心平衡。在现实生活中很多父母会不知不觉地对女孩产生这样的心理。女孩是女孩，你是你，如果父母们可以看清这一层关系，那就用自己理智的来看待问题吧，不要按照你的想法给女孩设定太高的目标。

父母们可以回想一下自己的童年及少年时期

父母可以想想自己小的时候，可能还会有这样的回忆："我小的时候很想去学习技术工，但是妈妈不让。""我讨厌妈妈把她的想法强加给我，也不喜欢爸爸给我的压力。"父母在这种回忆中，就能够做到"己所不欲，勿施于人"了。一个合格的父母懂得包容女孩的价值观，懂得放低自己，做女儿坚实的后盾。

让女孩了解"钱"从何而来

认识"钱"为何物

男孩子想要拥有一把玩具手枪，女孩子则希望拥有更多的布娃娃。无论是男孩还是女孩，小孩子都喜欢拥有自己的零用钱。童年的欢乐，总是有那么一小部分来自于拥有"钱"的美好。钱在孩子的心中可能并没有形成真正的概念，只是作为玩具、零食等实物的化身而出现的。

生活中处处都离不开钱，有了钱，就有了物质保障，这是安居乐业的基础。然而，金钱在激励我们为生活努力奋斗的同时，也激发了我们对物质无尽的欲望，稍不留神，这欲望就有可能冲破底线，无声无息地坠入罪恶的深渊。

教育女孩，首先要使女孩形成正确的金钱观，毕竟年幼的她们还无法理解金钱的真正意义，这时候，作为父母，就需要给予孩子这方面的正确引导，让她知道何为"钱"。

人们对待金钱有截然不同的态度。有一种人，他们不惜放弃身体的健康，也不在意欺骗亲朋好友的真挚的情感，把"向钱看"作为他们生活的动力。如此的生活态度，他们一旦超越了道德的底线，那么随之而来的很可能就是人性的沦丧。为了钱，什么事都做得出来。

还有另外一种人，金钱在他们的眼中只是作为交换物质的中介。钱财固然重要，然而却不如亲密牢靠的感情更让人欣悦。他们也喜欢赚钱，然而人生的最高理想却不是拥有钱财，他们用富余的钱来救助需要帮助的人，用金钱创建有益于他人的事业。

两种对待金钱不同的态度，也导致了人生的不同追求与价值取向，一个是万恶的始作俑者，一个却是真善美的源流。这样看来，教育女孩，我们不仅要让她知道钱从何而来，还要让她了解金钱的"善"与"恶"。

家长的金钱观对女孩最有塑造性的影响

孩子从接触到钱的那一刻起，父母对金钱的态度就已经在潜移默化地影响着她了。身为父母，要做好她的榜样，不贪慕虚荣，不嫌贫爱富。

让女孩做金钱的主人

俗话说："钱是个好仆人。"为人父母，我们要让女孩懂得驾驭金钱，让孩子学会做它的主人。

带女孩到父母的工作场所参观一下

由于不知道赚钱的艰辛，有很多女孩在花钱的时候就表现得大手大脚。钱不是女孩亲自挣的，可能就不知道挣钱是多么不容易。

刘怡今年13周岁，上初中一年级。不久前，她有了和别的同学比阔气、比花钱大方的思想。比如，学校组织校外参观，她听说有的同学带了20元零花钱，就要父母给她30元；以前，穿衣服要一般的裙子就好，现在则嚷着要买名牌的裙子。为了她上学方便，去年，父母给她买了辆轻便的自行车，结果没骑多长时间，她就又缠着要买更高级的车子。

刘怡对父母越来越过分的要求来自于她的攀比心，这样的现象在生活中随处可见。父母为了供女孩读书，让孩子健康成长，往往不惜一切代价地把钱花在女孩的身上，满足她们的要求。

然而，父母的用心良苦却不为女孩所知。攀比的心理来源于"身在福中不知福"。为了避免女孩心中滋生出这种攀比的心理，父母在平时的教育中就要适当地采取一些策略。身为家长，应该让女孩了解赚钱的辛苦，更要让她们知道优质的生活是与努力学习分不开的。父母要对女孩进行这方面的教育，可以带着她们到自己工作的地方去参观一下。在参观的过程中，那些辛苦劳作的场面就会给她们的心灵带来一种震撼。这样，她们才会体味父母的辛劳，花钱的时候才会三思而后行。

此外，父母在平时买菜的时候可以带着女孩，让她大致了解买什么菜需要花多少钱。这样一来，她就会慢慢地领悟金钱的概念。这不仅使女孩懂得了持家的辛苦，而且在潜移默化之中，也养成了勤俭节约的好习惯。

在花钱之前让女孩先考虑一下，她要买的东西是不是她真正需要的

事实上，很多的钱我们都花得冤枉，因为发现买到的东西在实际应用中却派不上用场。商场经常做各种类型的促销活动，父母一看价格便宜，就会买很多东西，可是买回来了，却发现一点用处都没有。很多的父母都会这样，可是这样的行为女孩却是看在眼里的，她们在不知不觉中就会进行模仿。因此，作为父母花钱也要做到三思而后行，并且告诉女孩，让她在买东西之前认真地考虑是否真的需要。

要把相关的影片与事例多多地融入家庭教育中

很多影片都表现了贫穷家庭出身的女孩的艰辛，这些女孩不仅要维持生计，而且还要在困难的环境下保证学业的正常进行。她们生活的艰苦程度是一般家庭的孩子所无法想象的。让女孩看一些这方面的影片，她们就会从中感受到自己其实生活在多么幸福的环境中，对零用钱就会更加合理地安排。

让女孩了解自己的家庭情况

父母靠努力工作所赚来的钱都是血汗钱，父母不是女孩可以随意取钱的"银行"，更不是随要随有的"印钞机"。让女孩了解家庭的实际情况，这是她们懂得省钱的重要前提，也是消除攀比之心很好的方式。

每个家庭的情况有所不同。如果家境不是很理想，生活的压力较大，那么父母就可以尝试着把自己每个月的收入透露给

女孩，在这个基础上，再让女孩慢慢地知道家里面每个月的开销。若是每月的开销刚好够家庭所有成员的支出，或者有时候还会超支消费，在这样的情况下，女孩可能就不会再买不是必需的东西了。

梅梅是一个刚上初中的学生。她的母亲很早就得了病，失去了工作能力；爷爷瘫痪，奶奶年迈，行动也不是很方便。全家的生活重担全都落在了靠苦力赚钱的父亲身上。

在这样的家庭环境中，梅梅从懂事起，她慢慢学会独立，尽量不让父亲为她操心。上小学的第一天，父亲把她送到校门口就回到医院照料母亲了，之后，父亲再也没有接送过她，小小年纪的梅梅，每天步行半小时去上学。

从小学到中学，梅梅从来没有放松过学习，她一直担任班长，成绩在学校里始终名列前茅。

梅梅照顾生病的母亲，为父亲分担劳苦，而且从不落下自己的功课。她可能没有别的孩子手中漂亮的洋娃娃，可是家庭的困苦却丝毫没有阻挡梅梅在苦难中坚毅成长的决心。

作为父母，我们有义务让女孩了解自己的家庭条件，让她们从小就懂得幸福来之不易的道理。

让女孩亲身体验持家的辛苦

父母可以每个月抽出一天或两天的时间来让女孩亲自持家。把当天所需要花的钱事先交到女孩的手中，让她根据自己手中的钱，在前一天就做好第二天所需要购买的条目。如此，女孩在精打细算之际就能够懂得父母持家的不易，从而为自己乱花钱的行为感到惭愧。

揭示财富产生的秘密：勤劳

有哪个家长不希望自己的孩子长大成材？有哪个家长希望看到自己的孩子日后过着穷困潦倒的生活？为人父母，都对自己的女孩有着美好的憧憬，希望她们在社会上能够顶起一片属于自己的天空。父母的这些愿望，说到底就是希望女孩能够过上富足的生活，这里所说的"富足"，既包含钱财上的富裕，也包含精神上的充实。

要想自己的女孩将来有所成就，那么在她小的时候，父母就应该让她理解：所有的成就都来源于勤劳，只有自己双手创造出来的财富才是真正有意义的财富。

小克莱门的老师玛丽是一位虔诚的基督徒，每次上课之前，她都要领着孩子们进行祈祷。有一天，玛丽老师给孩子们讲解《圣经》，当讲到"祈祷，就会获得一切"的时候，小克莱门忍不住站了起来，他问道："如果我向上帝祈祷，他会给我想要的东西吗？""是的，孩子，只要你愿意虔诚地祈祷，你就会得到你想要的东西。"

小克莱门当时的梦想是得到一块很大很大的面包，因为他从来没有吃过那样诱人的面包。而他的同桌，一个金头发的小姑娘每天都会带着这么一块诱人的面包来到学校。她常常问小克莱门要不要尝一口，小克莱门每次都坚定地摇头，但他的心是痛苦的。

放学的时候，小克莱门对小姑娘说："明天我也会有一块大面包。"回到家后，小克莱门关起门，无比虔诚地进行祈祷，他相信上帝已经看见了自己的表情，上帝一定会被自己的诚心感动！然而，第二天起床后，当他把手伸进书包的时候，除了一本破旧的课本，什么也没有发现。他决定每天晚上坚持祈祷，一定要等到面包降临。

后来，金头发的小姑娘笑着问小克莱门："你的面包呢？"

小克莱门已经无法继续自己的祈祷了。他告诉小姑娘，上帝也许根本就没有看见自己虔诚的祈祷，因为，每天肯定有无数的孩子都进行着这样的祈祷，而上帝只有一个，他怎么会忙得过来？

小姑娘听到小克莱门的坦白后，她说出了一句影响他一生的话，这句话可能对任何祈祷者都适用：

"原来祈祷的人都是为了一块面包，但一块面包用几个硬币就可以买到，人们为什么要花费这么多的时间去祈祷，而不是去赚钱买面包呢？"

小克莱门理解了小姑娘的话中的含义——只有通过实际的工作，才能获得自己想要的东西，而祈祷永远只能让你停留在等待中。

小克莱门长大后，成了一名作家。他再没有祈祷，因为在无数个艰难的日子中，他都记着：只有自己通过努力和辛勤的汗水换来的收获才是最真实的，也只有勤奋才是通向成功的必由之路。

小克莱门不是别人，他就是用自己的辛勤写作换来荣誉的马克·吐温。其实，所有的成功人士，他们无一例外都是通过自己艰苦的劳动换来最终的荣誉。

培养女孩对劳动的热情

家长要有意识地建立起女孩对劳动的热情。下雪天可以带着她外出扫雪，帮助别人清扫门前的积雪；平时还可以让女孩养成讲卫生的好习惯，定时打扫自己的房间。让她把劳动视为光荣的行动，而不是养成好吃懒做的恶习。

让劳动的过程充满欢乐

正如刚刚提到的扫雪，父母其实可以与女孩一同参与其中。在扫雪的过程中，父母与女孩还可以通过玩游戏，例如堆雪人、打雪仗等增近彼此之间的感情。当然了，玩完之后一定不能忘了此次的目的是劳动，最后要把雪地清扫干净。

蛋糕法则：分享让财富增值

快乐与知识一样，只有懂得分享的人才能获得更多的乐趣。乐于分享快乐的人，他不仅让原本不开心的人变得开心起来，而且在看到自己的成就之后，内心的快乐又增加了很多倍。快乐同样是财富，是一个内心丰富之人的财富来源。有分享精神的女孩，往往能够获得更多的快乐，因为分享的过程本来就是一个良性循环。

想要让自己的女孩学会与他人分享，这看上去似乎是一件简单的事情，可是做起来却有些难度。假如女孩的年龄还小，那么家长就可以为她做一些亲身的示范：有了什么东西或者喜悦的事情拿来与女孩分享，或者与身边的亲朋好友一起分享。这样，女孩也就自然而然地领会了分享所带来的快乐。

有一个女孩过生日，自己挑了一个很大的蛋糕。由于平时爸妈不让她放开吃甜食，这回她想一个人把住自己的生日蛋糕的"半壁江山"。

结果晚上给女孩庆生之前，竟来了一群不速之客——爸爸的同事们。大家三三两两地赶来了，女孩背地里对爸爸说："唉，早知道就订一个更大的蛋糕了，这下子我的那份要被人拿走了。"爸爸看出来女孩是在为自己的蛋糕要与其他人分享而难过，于是安慰她说："叔叔阿姨们过来给你过生日，这是多好的事情啊，一块小小的蛋糕算什么。"女孩还是嘟着嘴。

等到许完愿吹熄蜡烛，叔叔阿姨们纷纷亮出了自己的礼物，有小闹钟，有彩笔，其中还有一盒精致的小蛋糕！女孩开心极了。

晚上临睡前，爸爸问孩子高兴不高兴，孩子说很高兴。爸爸问："你还为叔叔阿姨吃了你的蛋糕而难过吗？"女孩摇摇头。"当你把自己的蛋糕和别人分享了之后，别人也会把他们的好东西和你分享。就算叔叔阿姨们没有带礼物来，至少你多了几个朋友，朋友肯定要比蛋糕的保质期长久，是吗？"孩子点点头。

有什么能比快乐更重要呢？即便是财富，也不及内心的充实更重要。假如从小不注重女孩这方面的教育，而是让她养成自私的脾性，那么以后后悔也来不及了。只有让女孩亲自体验到分享的过程，才能领略到其中的欢乐。

女孩只是一个单纯的个体，她们渴望得到父母的爱，更渴望从父母那里得到更多的快乐。偶尔陪女孩做做游戏，或者全家人一同外出野餐，这些不仅能够让家庭氛围更浓，而且还起到了教育女孩的作用，不是很好吗？所以说，只有父母想不到的，没有做不到的。

女孩应该懂得：分享也能够让"财富"增值

假如女孩手中有一个漂亮的布娃娃，当旁边的孩子都用羡慕的眼光看着这个布娃娃的时候，女孩只是紧紧地把布娃娃抱在怀中，不愿与他人分享，那么布娃娃带来的快乐就只有女孩一个人享有。可是，如果女孩懂得分享的乐趣，她就会让身边的朋友同她一起玩布娃娃，这个时候，一个人的快乐就变成了一群人的快乐，而且布娃娃的价值也随之增大了。

乐于与他人分享，是女孩心智逐渐成熟的表现

当女孩看到一个孤单的同学时，她愿意上前与同学一起交流，与她分享高兴的事情或是伤心的事情，这都说明孩子的心中已经有了仁爱。而仁爱的多寡又是一个人心智成熟的重要标志。

第二章　心平气和的慢养
——让女孩的芬芳静静散开

养育女孩切忌急功近利

重读卡尔·威特：教育要远离功利

在早期教育领域，有一个人是不能不提到的，他就是卡尔·威特。这位德国乡村牧师的教子经验，受到过中国图书界的广泛推荐。卡尔·威特的教子经验之所以能够得到大众的热捧，这其中必然有大家都感同身受的道理："非功利教育"的理念就是其中的亮点。

卡尔·威特在他的书中非常强调自己的教育理念，就是将孩子培养成为一个"接近完美的人"。在他看来，一个真正的天才应该是身体和心灵都得到健康发展的人，要让孩子做到全面发展，家长首先要抛弃功利性的教育思维，杜绝将孩子培养成"供人观赏的玩物"。他在书中记叙了这样一段耐人寻味的故事。

十多年前，报纸上报道了一个"神童"的事迹。据说一名叫里斯米尔的小男孩在绘画方面有超人的天赋，这件事引起了我的注意，我特意去访问了这个孩子。

在他父亲的引见下，我看到了里斯米尔所获得的各种荣誉证书，但是在我走进房间之后，里斯米尔始终坐在墙角一动不动，似乎没有注意到我，两眼无神而茫然地盯着前面的石膏像。

里斯米尔的父亲赶忙解释道，小里斯米尔正在思考他的作品。"卡尔博士，我为了让儿子成为一名伟大的画家，一直对他要求很严。你也看见了，他无时无刻不在考虑绘画的事。可以这样说，他的那些成绩完全来自于努力和勤奋。"

这件事对卡尔·威特的触动很大，这个孩子在父亲长期的"强行教育"下，已经变成了只会画画的机器。老威特一直相信，孩子需要全面的发展，当他看到那位神情痴呆的"绘画天才"的时候，他断定这个孩子的大脑发育是不健全的，将来未必能有所成就。

"我暂且不说要将孩子培养成完美的人，仅就艺术来说，在那种方式下里斯米尔根本就不可能学到真正的艺术。真正的艺术家，都是些博学、有丰富知识的人。他们不仅多才多艺，而且充满智慧；他们有思想也有生活的乐趣，那些创作手法只是他们表现自己的一种手段罢了。然而，里斯米尔所受到的教育完全是舍本逐末。我能判定，他不可能成为一个真正的艺术家。"

据说后来的事实也应了老威特的结论，几年后里斯米尔的天赋便不复存在了，人们也没有见到他们所期望的这位"天才"有任何的成就，在平庸的生活中，里斯米尔成了实实在在的一个平庸者。

就因为父亲对绘画天才的向往，一个孩子从健康活泼的儿童变成了对生活毫无感知的木偶，这样的故事听起来让人感到沉重。但是这样的悲剧，也在我们的生活中上演着，父母为了将孩子推上各种荣誉和头衔的位置，不惜大刀阔斧地改造孩子的成长空间，让他们向着自己满意的方向生长，结果养出一盆盆"病梅"，满足了观众的眼睛，却捆绑了孩子的天性。

正如老威特所说，真正有意义的教育，应该着力于对孩子本身的培养，抛弃种种功利性，以合理的方式开发出他们潜在的能力。如果仅仅是为了实现父母的愿望，教育将变成可怕的改造人的手段，孩子的一生都将生活在痛苦当中。

对孩子多一点包容

女孩在幼年的时候，可塑性是很强的，不管怎样的缺点都可以纠正过来。所以，当父母发现女孩的缺点时，不可以一味地嘲讽奚落，而是应该包容孩子、安慰孩子，然后再帮助她分析问题、克服缺点。在帮助女孩指明缺点的时候，最好是先夸夸她的优点，再说她的缺点，她就容易接受了。比如，女孩粗心，家长就可以先说她做事很果断，是个大优点，只是再细心一点就好了。用这样的方式来包容女孩的缺点，还可以帮助她改正缺点。

对孩子的表现耐心三分

无论任何事物，只有积累到一定量的时候才可能发生质的飞跃。女孩的成长也不例外，不可能一蹴而就，需要一定的积累与储备。所以父母不要急于求成，女孩的成长是需要时间的。如果女孩弹琴一遍两遍不成，三遍四遍进步还是不大，请不要急躁地用"笨"来给女孩定性，给她们时间去练习，去领会。不要总是嫌女孩动作慢，这样不利于女孩的潜能发挥。

"不教"的教育最美妙

叶圣陶有一句脍炙人口的名言："教，是为了不教。"这句话不仅是对为人师表的教师说的，更是对广大家长说的。

易中天也说过："教育的根本目的是实现人的全面自由发展，让人更像人，而不是像工具，或者是机器上的一个部件。"

在女孩的教育中，父母最重要的是营造一个宽松、自由、民主的氛围，让下一代自由成长。"因为每个人只有一个人生，人生道路只有自己选择，别人替代不了。"易中天说，"最好的家教就是不教育"，并不是说要放弃家教。

对家长而言，不教就是什么都不做吗？当然不是。不教，不意味什么都不做。我们要做的就是提供一个良好的家庭环境，注意培养孩子们的各种生活习惯，引导孩子们学会生活和学习。在家庭教育中，易中天自称"一等爸爸"，为达到"不教"的目的，易中天首先从身教开始。

有一次，当他的女儿经过仔细分析后，决定立志成为一名优秀设计师，就委托老爸抽空对有关学校实地考察。易中天花了近一年的时间把女儿考虑范围内的北京、上海、广州、南京等地近百所高校跑了个遍，并实地拍摄了这些学校教室、宿舍、食堂、学生状态等音像资料，还列出了这些学校近年来在福建省招生的排行榜。资料整理好后，他交给了女儿，便不管不问任其选择了。在这里，易中天这个"一等爸爸"对女儿委托的事情做得如此之细，考虑得如此周到，就已经身教到家了。从易中天的行动中可见，他所说的"最好的家教就是不教育"，实质上是表达了"最好的家教是身教"的观点。

相对照易中天的这种"不教"教育，现实中有不少父母和学生处于烦恼之中。有些父母经常抱怨，孩子有时太依赖父母。孩子对别人、对父母存在一定的依赖性是非常正常的现象，甚至是健康的，但存在一个"度"的问题。作为父母，就应当正确地帮助孩子掌握这个度。

总而言之，家长在教育女孩成长的过程中，不教中有教，其高明之处在于顺其自然，因势利导，启发培养女孩的学习兴趣，让女孩自觉成才，自觉成长，而不是强制、苛求，这样的教育才会结出丰硕的果实。

培养女孩的独立性，从读书学习做起

许多的父母常常会有这样的感慨："现在的孩子读书，大人比孩子还要累。"因为许多父母甘愿赔掉一切去做孩子的"陪写"。而实际上，父母的陪写不仅是一种吃力不讨好的事情，而且对孩子来讲也是有百害而无一利的。这样的做法极容易使女孩产生依赖情绪，懒得动脑筋。

家长要时时反省自己的行为，其实在很多时候父母的某些行为纵容了女孩的不良习惯。社会行为研究专家库柏教授曾经说过："学生家庭作业的真正目的，并非是使学生很快地提高成绩，而是促使他们养成积极的学习态度和良好的学习习惯。"所以，应该教会女孩学习以及思考的方法，让女孩成为学习的主人。

努力帮助孩子发挥优势

很多家长都在犯这样一个错误，就是拼命地把精力放在弥补孩子的短处上，不妨转变一个角度来看待问题，"长相出众、爱蹦爱跳、嘴巴甜"，这也许正是孩子的最大优势，为什么不把主要的精力放在发展孩子的优势上呢？努力朝这一方面引导，说不定孩子的艺术天赋就出来了，有几个歌唱家是数学天才呢？所以从现在开始，仔细地观察孩子，看她最感兴趣的是什么？她学得最快的是什么？她最大的优势是什么？找到了并努力地发展，很有可能就为孩子找到一条阳光大道，并且让孩子重新找回自信：自己还是可以在某一个方面出类拔萃的。

慢养需要包容与支持——女孩的个性发展高于一切

"今天妈妈给你报了个辅导班，以后要好好听讲。"

"听说画画很能培养人的艺术修养，明天给你请个美术老师。"

"隔壁阿姨给他儿子买了架钢琴，妈妈也给你买了把小提琴，好好学，超过他。"

在长期的家庭教育中，没有哪位父母不是"望女成凤"，也没有哪位父母不想给自己的女孩创造最好的条件，就算自己再辛苦，也不能让孩子输在起跑线上。

诚然，父母对女孩百般的爱我们不可否认，但是当我们一心想把女孩培育成大树的时候，却忘记了女孩是一棵什么样的树，她的成长需要什么样的土壤。并非所有的女孩都是挺拔的杨树，也不全是高昂着头的橡树，也许只是一棵摇曳多姿的柳树。

陶行知说过，养育一个孩子同种植花木是一个道理，首先要能够认清花木的特点，区别不同的种类和生长习性，然后再分别给予施肥、浇水栽培，这就是"因材施教"的道理。好比说松树和牡丹花的生长习性不同，所需要的肥料也不同，如果你要是用培养种植松树的肥料来培养牡丹，那么牡丹就会瘦死；反之，如果你用牡丹的肥料来培养松树，那么松树会受不了，会被烧死。培养一个女孩，我们也要具备这种园丁般的眼光，首先是要认识她们，发现她们的特点，然后给予适宜的肥料、水分和阳光，并且除去害虫。只有这样，女孩们才能够欣欣向荣地生长，否则会枯萎。

一个女孩，能够拥有良好的个性是成功人生的开始，所以我们的教育应倡导个性化教育，鼓励女孩学会独立思考、合理想象；提倡"异想天开"，允许"标新立异"；克服女孩思维单一化的倾向，启发女孩用自己的眼光去观察，用自己的脑子去思考，用自己的心灵去感悟，最后用自己的方法去解决，而不是一味以老师和家长的眼光、书本的角度来替代。

要知道，不同的女孩有各自不同的个性。许多家长觉得自己的孩子个性是天生的——无法改变的，其实并不是这样的，个性固然是生理基础，但主要还是在后天的生活实践和环境影响下形成和发展起来的。那么，要怎样培养女孩的良好个性呢？

家长要引导女孩结合自己的特点来选择学习的方式

每个女孩会因为家庭环境的不同以及自身原因，有着不同的学习习惯。她们拥有不同的爱好、能力、素质和性格特点，可能有的女孩喜欢通过做题来强化自己的知识，有的女孩喜欢独立学习，静静思考；有的女孩喜欢通过实际交流来练习英语，而有的则善于通过阅读增加词汇量；有的女孩喜欢课外学习美术，但有的女孩对美术并不感兴趣。因此，家长千万不要有盲从心理，误导女孩。

为女孩改变自己的个性创立好的条件

良好的环境是女孩成长过程中不可缺少的外在因素，还可以改变女孩的个性。如果你发现你的女孩不爱表现，容易被人忽视，就应该考虑到这样会对她的成长不利。这时必须要寻找机会，与她一起聊天、做游戏，并从中发现其兴趣，表扬她、肯定她，她会逐渐变得自信起来。所以，要想让女孩有一个良好的个性，最好创建良好的外部环境，让女孩在和谐愉快的环境中健康成长。

人是早产三年的动物

婴儿刚出生的时候，腿不会走，手不会拿，嘴不会说。因此，我们常认为婴儿的身体是极不完善的。其实，婴儿真正软弱的不是身体，而是大脑。由于大脑发育得不完善才无法协调身体，而其他动物出生后，之所以能在极短的时间内同成年动物一起活动，原因在于它有一个已经成熟到和成年动物差不多的大脑！

婴儿从一出生，就具有觅食反射、吸吮反射、握持反射、拥抱反射、踏步反射和交叉伸腿反射等100多种神经系统的反射，婴儿的这些功能同动物相比丝毫不会逊色。而婴儿与其他动物相比，明显不同的就是大脑的发育程度。很多动物在刚刚出生的时候，它的大脑就已经接近成年水平，但是婴儿的大脑在一段时间里，只是胎儿脑发育的继续。例如，人在婴儿期有感受，却对自己的这段时间的经历回忆不起来，就像回忆不起来胎儿期一样。这个奇特的现象，表明人类的前3年仍是环境的胎儿，同胎儿并没有多少区别。

专家们发现，智商测验对年龄大的人来说或许是稳定的，对于越是年龄小的孩子，其准确性越是值得怀疑。例如，一项对152个孩子从1岁零9个月到18岁期间的智商进行的多次测试，其中有两位的智商增加了70和79分。对学龄期的孩子测试也表明这样，对学龄前孩子更是如此，如2岁孩子的智商值和他5岁时的智商之间，只有很少的联系；而同十几岁时，几乎就没有什么联系了。

这种智商值的变化，正说明孩子实际智力的变化。3岁前的孩子，智力还没有发展起来，就如去测试胎儿的智商一样，怎么可能得出比较准确的数值？

人的大脑不仅是早产的，而且这种早产还是有时间限制的，那就是3年。超过了3年，人的大脑基本发育成熟，可塑性大为减少。越是年幼，大脑的可塑性越强。

在人的一生中，出生以后的头几年是形成正常个性和心理机能最重要的时期，此时脑的正常发育，特别是周围环境的影响，决定了他今后心理发展的方向。他事实上仍然处于胎儿期，从子宫中的胎儿变成怀抱中的胎儿，如同试管婴儿一样不过是换了一个环境。人脑犹如更高级的电脑，它有着强大的兼容能力，如果植入狼的环境就成了狼孩，植入了熊的环境就变成了熊孩……

但是，一旦过了这 3 年，人脑就从环境子宫里分娩出来了，这时的大脑就已基本成熟而不再会发生大的变化了。

不要过早地为女孩贴上标签

既然人脑是早产 3 年的，那么在女孩刚出生的时候就为她贴上"聪明"和"普通"的标签都为时过早。如斜视和立体盲者，如果在 3 岁前矫正，其立体感就可恢复，而超过此年龄，婴儿将成为永久性的立体盲者；再如聋儿，如果在 1 岁前发现，给他们安上助听器，他们就能正常地学会语言发音，但是过了 3 岁，他们学习发音就会变得十分困难。在这 3 年里，父母完全可以利用有效的教育来为女孩健脑，也就是说，如果大脑在母胎中没有获得良好发育的话，那么是完全可以通过后天获得补救的。

家长要正确看待女孩的前 3 年

父母应该珍惜女孩出生的前 3 年，因为此时正是女孩的大脑可以急促发育的最佳时机，通过早期的教育和引导，完全可以将女孩培养得健康聪明。然而怎样科学合理地对女孩进行早期教育，正是家长们需要学习和探讨的关键。

跟上孩子的脚步

很多家长会觉得，女孩在出生之后犹如一张白纸，需要父母将好的理念和知识传授于她。这样的观点更深一层的含义就是：女孩本身并不具备主观能动性，父母决定了女孩将来的性格和能力。因而当一个家庭里产生出一位杰出人物的时候，父母总能够非常积极地讲述这个孩子成长的过程与经历，然后会一再强调："其实我的孩子很普通，是我们一手将她带大的。"言外之意，孩子的成功无一不是受到父母的熏陶，这实际上是一种变相的自夸，家长将孩子变成了自己炫耀的资本。

女孩的心灵真的只是一张白纸吗？她的本真在哪里？真的就如同我们所说的那样，她从出生就是一无所知，与生俱来的只有空壳吗？

当女孩在母亲体内成长的时候，大脑和器官都在向适应外界环境的方向发展，一旦十月怀胎期满，女孩从母亲体内分娩出来，她其实就具备了学习、思考的条件。她需要的不只是简单地灌输知识，而是父母给她提供"阳光""空气"和"土壤"，让她得以按照自己的规律成长起来。这个道理，在生物界中显得尤为明显。

刚刚出生的幼蝶必须吃到最嫩的叶子才能长大，而蝴蝶是不会给幼蝶喂食的，那蝴蝶怎样保证孩子成活呢？母蝶在合适的季节将卵产在树杈中间，等到幼蝶破茧而出的时候，天生对光线的敏感直觉会引着它朝枝头爬去，那时刚好是植物开始抽芽的时候，而枝头的枝叶一定是最嫩最适合幼蝶食用的。但是对光线的敏感性并不会永远伴随蝴蝶，一旦它长大可以吃一般的叶子时，那种敏感性也就随之消失了。

刚生下来的婴儿，实际上各种反应能力都不输于正常的大人，这些反应的能力就如同幼蝶对光线的敏感性一样，是一种成长的本能，也是成长的规律。既然我们从来不担心女孩的身体不能长开，从来不担心剪掉的头发不能再生，我们为什么不相信女孩的心灵也有自然舒展、成熟的能力呢？

女孩的成长过程实际上是一个心灵的成长过程，父母需要做的，就是去感觉孩子成长过程中的变化，为她提供精神及物质上的需求，让她自然健康地成长起来。

永远别说伤害孩子的话

很多父母在对待女孩的时候，经常会说"妈妈说了不准就是不准""爸爸叫你怎样你就怎样"。这样一种粗暴的语言，会极度地伤害女孩的自尊心。父母可以告诉女孩"那样做不是特别好""这样做会更合理一些"，同时在讲述的过程中配以适度的表情和身体姿势，女孩会从父母的表情中察觉出自己有哪里做得不对。但是，千万不要过度夸张、恐吓孩子。

鼓励就是阳光

任何一个女孩都离不开鼓励，就如同植物离不开阳光一样。当一个女孩被鼓励的时候，也就有了接受挫折和失败的勇气。鼓励女孩的时候，千万要记住的是不可以过分地夸奖她，这样容易使其产生骄傲情绪，鼓励的目的是让女孩坚信自己的努力不白付出，相信自己的能力。父母可以对女孩说"继续下去，你会成功的""妈妈很为你高兴"，这些鼓励性的语言可以使女孩感受到自身的价值，并且体会到努力付出收获的乐趣。

启蒙教育要慢慢来才稳妥

达尔文与《物种起源》：成功不能一蹴而就

抛弃功利性去教育子女，做出一两件事来，可能并不难；但是如果要自始至终地秉承关照女孩心灵的教育思想，对很多家长来说并非易事。因为非功利的教育首先关注的是女孩本身的成长节奏和需求，可能不会让女孩在短期之内有学识上的进步。而社会会给家长诸多压力：特长生潮流、高分名校情结、就业竞争激烈等，在讲求效率和速度的现实面前，家长未必能够稳住阵脚。

我们相信，心胸的大小决定一个人事业的大小。在决定女孩心胸和视野的宽度和深度的少年时期，她最大的收获关键不在于有多少荣誉证书，而是学会今后做学问、做事情的道理和方式。因而早期教育就需要家长接受一个事实：非功利教育的成果不会立竿见影，但是它是成功的基础。

据统计，1500～1960 年间，全世界 1249 名杰出科学家和 1928 项重大科研成果的创始者在年龄上有一个阶段划分：科学创造的最佳年龄区是在 25～45 岁，最佳峰值年龄在 37 岁前后。更为精准的数据是，在诺贝尔奖的大部分获得者中，物理学家的平均年龄为 35 岁，化学家的平均年龄为 39 岁。

当然，科学家只是社会精英中的一类，他们也是最能代表智商的一类人。普通人对科学家总有一种崇拜的情感，因为他们代表人类的思维精英，可以办到我们办不到的事情。上面的统计显示，科学家往往在青壮年才能够有所成就，还有更为典型的"大器晚成"的例子。

1859 年 11 月 24 日，达尔文在伦敦出版《物种起源》时，已经 50 岁。他最早的科学著作，也是在 45 岁以后才开始出版的；易卜生的《玩偶之家》，在他 51 岁享誉世界；更为晚成的例子是美国遗传学家摩尔根，他的基因学说是在 49～60 岁之间完成的，67 岁才获得诺贝尔奖。

这样的事实让我们看到，人生在青少年时期可能没有什么重大的收获，命运的转机很可能在你已经成年、感到没有希望的时候到来。但是机遇只眷顾有准备的人，达尔文 22 岁就离家登上"贝格尔号"去环球科考，易卜生 21 岁开始自费发表戏剧作品，摩尔根 20 岁时以最优异的成绩获得了动物学学士学位，24 岁就获得了博士学位。他们因为没有放弃早年的努力，才会有后来的成功。

婉转巧妙地纠正孩子的错误

父母尽量不要对女孩说："你总是这样粗心大意。"可以尝试换一种方式说："你这次看得太快了，如果你肯再看得慢些的话，我会非常高兴的。"当女孩除了数学之外，各科的学习成绩都挺好的，女孩有可能会认为自己是个笨学生。这个时候，家长可以这样对女孩讲："你是一个好学生，数学仅仅是几门功课中的一门，只要多花点时间成绩会好的。"

教给孩子激励和暗示自己的方法

父母可以教给女孩一些控制紧张情绪的方法，在女孩开始紧张的时候，可以反复默念一些建立信心、给人以力量的话，或是随身携带座右铭，时时提醒、激励自己，在面临困境或是诱惑的时候，利用绕口令，以组织自身的心理活动，获得精神力量。

像卡尔·威特一样培养女孩的天才

哈佛大学的发展心理学家加德纳认为，人的智力是多元的，每个人都在不同程度上拥有八种基本智力，具体包括：言语—语言智力、逻辑—数学智力、视觉—空间智力、音乐—节奏智力、身体—运动智力、人际—交往智力、自我反省智力和自然观察智力。

每个女孩都是一个独特的个体，都有一种或一种以上的特殊本能、技能或特质，有自己的智力强项和弱项领域。女孩的智力强项领域就是她潜在的天赋与才能所在，只是有待我们去发掘。

所以做父母的首先要相信你的女孩是独特的，并以赏识的目光来审视她。不要拿女孩的弱项与其他孩子的强项来比较；不要刻意将她们塑造成你要她所变成的样子；不以家长的标准、愿望、喜恶来培养你的女孩。

古罗马诗人卡特鲁斯说："上天赋予每个人素质。"

人的天赋素质虽然不能人为地培养和造就，但可以去发掘。父母在日常生活中，只要用心就能发现女孩的天赋。

卡尔·威特认为：孩子的天赋当然是千差万别的，有的孩子多一点，有的孩子少一点。没有一个孩子生下来就注定会成为天才，也没有一个孩子注定一生庸碌无为。一切都取决于后天的环境，取决于后天的培养和教育，父母则是其中最为直接和关键的因素。事实上，是父母操纵着女孩的前途和命运，决定着女孩的优劣成败。父母的信心和正确得当的教育观念是填平孩子之间天赋差异的关键所在。

对孩子的表扬和激励应该在日常生活中有所体现

不要只在女孩考了 100 分时才说上一句："考得不错。"那么，女孩会认为这时受表扬是理所当然的，丝毫不感到意外。如此一来，即使以后总得 100 分，女孩的上进心也会慢慢消失。父母可以换个方法表扬孩子，要抓住要点或者"投其所好"地进行表扬。比如："今天确实不错，你学习了两个半小时。"

教育是慢而坚决的艺术

孩子有了缺点和错误，可以慢慢纠正、慢慢改，但是不允许不改正、不纠正。你可以给孩子制定一个规则，如果孩子违反的话，你可以轻轻惩罚，再犯再惩罚，但不能容许一而再、再而三地纵容。大多数有坏习气的孩子，都是因为一开始出现状况的时候，家长没有及时管教，使她们形成了坏习惯。

从女孩出生那天起开始教育

在中国的教育制度下，常常能听到有的父母这样一本正经地说："我的孩子考得不好，学习成绩又这样差，而人家的孩子却学习得那么好，那是因为人家的孩子的家长都毕业于名牌学校，他们有好的遗传基因，而我只有认命了！"

这便是中国式教育的一个缩影，或许不少父母都把孩子成绩不理想等因素归结为遗传和宿命，却没有意识到早期教育的重要性，如果他们的孩子能够从出生那天起开始教育，那么现在倍感骄傲的肯定是他们。

著名教育专家巴甫洛夫说过："婴儿降生的第三天开始教育，就迟了两天。"

日本当代教育家井深大经过观察研究发现，日本不仅从小学到大学的教育出了问题，更为严重的是，在幼儿教育上，充斥着许多似是而非的观念。如有人认为，幼儿教育只是为了培养优秀人才，对于一般的孩子就不必花那么大的精力；还有的母亲认为，自己的女儿不是那种天才型的孩子，因此，在养育女儿时，只要尽力把女儿的体力培养好就行了；还有一类母亲，她们尽管肯定幼儿所具有的无限潜力，但仍然顽固地坚持已有的观念，认为一个小孩即使在幼儿期的启蒙教育中奠定了良好的潜力开发基础，但是，想在现实的学校教育体制下发展她们的更大潜能也值得怀疑。

这样的教育现状令井深大忧心忡忡，他开始大声呼吁："为了孩子的未来，天下所有的父母亲们，应向现行的育儿观念提出挑战。如果父母们仍然抱持传统的观念，对孩子的教育不闻不问，就无法革新孩子的脑力，使他们脱胎换骨。而且，孩子的教育从出生的那一瞬间即已开始，因为对于一个毫无能力的孩子，他的可塑性是最高的。"

关于孩子早期教育的论点，还有一个经典的故事可以作为佐证。

　　作为生物学家的达尔文，在育儿教子方面也是见解独到，深受人们信服。一天，一位英国少妇希望自己的孩子能成才，可她不知道什么时候开始对孩子教育比较好，于是，她抱着自己的孩子去请教伟大的学者达尔文。

　　"达尔文先生，您是世界上著名的大科学家，我今天特意来向您请教一个问题，我的孩子什么时候开始教育最好呢？"

　　"亲爱的夫人，"达尔文瞅了少妇一眼，关切地问，"你的孩子多大了？"

　　"她还小着呢，才两岁半。"

　　达尔文叹了口气，不无惋惜地说道："唉，夫人，你对孩子的教育已经晚了两年半了！"

　　这位创立了进化论的著名科学家，非常重视对孩子的早期教育与良好家庭氛围的创造。在他的精心培养下，他的5个儿子中有3个成为名人：乔治成为天文学家；弗朗西斯继承父业，成为科学家；霍勒斯则成为物理学家，被英国皇家学会封为爵士。

　　早期教育的力量是伟大的。井深大还指出，婴儿长到两三岁时，已有了他的"自我"，也就是说进入所谓的反抗期了。这一来，就不那么随便地顺从父母，父母愈是责罚，他的反抗心愈强，父母见了也愈生气，从而形成恶性循环。

　　针对这种情况，作为成功的教子典范的老卡尔·威特同样认为，儿童潜能是递减的，比如说生来具备100度潜在能力的儿童，如果从一生下来就给他进行理想的教育，那么就可能成为一个具备 100 度能力的成人；如果从 5 岁开始教育，即便是教育得非常出色，那也只能成为具备 80 度能力的成人；而如果从 10 岁开始教育的话，教育得再好，也只能达到具备 60 度能力的成人。为了不失时机地给孩子以发展其能力的机会，要让孩子尽早发挥其能力。老卡尔·威特从儿子出生那天就开始了教育。结果证明，他培养了一个成功的儿子。

因此，对家长来说，如果想要培养女孩超常的能力，千万不能错失孩子婴幼儿时期的关键教育。

关注孩子的非智力因素

女孩综合素质的培养和提高，真正起关键作用的是非智力因素，而不是智力因素！父母平时更应该关注女孩是否养成了好习惯，是否塑造了好性格，女孩的生活能力、学习能力、自制能力、应变能力等各方面的能力是否达标，女孩的心理素质如何，等等。非智力因素高的女孩，将终身受益。

关注孩子的内心世界

父母与女孩之间的代沟明显表现为双方谈不到一块儿。与跟老年人谈话相比，跟女孩谈话似乎更需要一种类似天赋的才能。在和女孩交谈之前，你必须主动并自然地与女孩接近。开始同女孩接触时，应该有意识地与女孩保持一段距离，只对她们偶尔地注意一下，表示一下好感；等到女孩对你的存在习以为常，感到你并无恶意后，再寻机同女孩接近。要真正与女孩很好地相处，你还必须了解女孩心理、生理上的特点，懂得她们喜欢什么，不喜欢什么。

激励孩子探索新事物

在家庭生活中，细心的家长经常会看到对待不同的新鲜事物，女孩的反应具有一定的差异。有的事物令女孩表现出自信、勇敢、大方的一面，有的事物令女孩感到害怕，表现得非常胆小懦弱。究其原因是女孩的心理与外界客观因素的影响关系密切，并与她幼儿时期的自我评价处于初步形成的阶段有关，年龄越小的孩子自我评价水平越低，她们常常依附于成人对自己的评价来认识自己，并当作评价自己的依据。有些跟不上成人对她的要求，就会产生自卑感，因此，家长的评价对女孩的自信心影响很大。

在这方面，家长应以正面鼓励为主，允许女孩尝试错误，允许女孩宣泄情绪，并进一步鼓励她们去探索新事物。

意大利教育家蒙台梭利有一篇文章写道：

有一天，一群孩子玩耍嬉闹，有说有笑。在他们围成的圈子中间放着一个水盆，盆里漂浮着许多有趣的玩具。只有一个刚刚两岁半的小女孩独自一人站在圈外，不难看出，这个小女孩对圈子里的游戏充满了好奇。

我饶有兴趣地在远处观察着她。她开始尝试着慢慢走近其他孩子，靠近一些的时候她想挤进去，但她没有力气，怎么挤也挤不进去。于是她仍然站在圈外着急地看着周围，在她那张小脸上呈现的表情非常有意思。

这时候，她的目光突然落在了不远处的一张小椅子上，显然，小女孩决定把椅子搬到这群孩子的后面，然后爬上这个椅子，再看看里面发生了什么趣事。于是她开始向椅子走去，脸上露出充满希望的神情。

就在这时，她的爸爸突然出现了，走过去一把抓住了她，并轻松地把她举过其他孩子的头顶，让她看水盆，嘴里还说："来，我可怜的小家伙，你也看看吧！"

小女孩虽然看到了那个水盆和漂浮物，但是她脸上原来的那种非常有趣的欢欣、探索和期望的表情，一下子消失得无影无踪，剩下的只是"相信有人会替我做"的孩子的那种呆滞的表情。

从这个小孩的表现来看，她开始的时候对人群中的水盆产生了强烈的探索欲，而且她自己想方设法去满足自己的探索欲望。但是她的爸爸打破了她快乐的探索过程，让她丧失了体验成就感的机会。本来她可以通过自己的努力去克服障碍，体验实现自我价值的快乐，然而这个机会却被父亲在无意中剥夺了。

不要禁止女孩的各种尝试

每一个女孩在成长的道路上，都会遇到许多新鲜的事物。面对这些新事物，她们总会主动地去探索、尝试，因为只有通过自己不断地探索和尝试，她才会获得生活的体验，获得成功的体验。这也是女孩本能的需要，使得女孩们竭尽所能、集中精力地去探索新事物。即使是很小的孩子，都有追求自我实现的需求。遗憾的是，一些父母或禁止孩子做各种尝试，或出于保护她们的目的，剥夺了孩子探索和尝试的权利，那么，女孩就无法获得成功的体验，无法深刻体会自己所要了解的事物，永远无法追求自我实现的价值，可能会变得越来越没有自信。

家长要能够热情地鼓励女孩探索新鲜事物

每一个女孩在探索新事物的时候，都会伴有不同程度的恐惧心理，她们害怕自己做不好。如果父母出于保护女孩的目的，就会对她们说："算了，太危险，不要做了。"女孩想要探索新事物的自信心就会被父母的呵斥吓跑。如果父母鼓励女孩说："没事，去试试吧！"鼓励女孩探索新事物，同时还教给女孩必要的防护方法和知识，就可以在保护女孩不受伤害的情况下，让女孩尽情体验探索的乐趣，增强自信心，并在女孩"自我教育"的过程中逐步完善自己。

有益的玩就是学，有趣的学就是玩

"有益地玩就是学，有趣地学就是玩。"这句话说的是让女孩在乐趣中学习。可是现在生活中的很多女孩，她们的童年是在忙碌中度过的，丝毫没有快乐可言。父母过分在意分数和名次，极大地抑制和扼杀了女孩对学习的兴趣和热情。即便是对于音乐、舞蹈等特长技能的训练，也被许多家长以功利目标代替了兴趣的培养，导致女孩兴趣和学习动力的丧失。读书学习几乎是孩子唯一能做的事。

父母总以为如此这般便能培养出一个天才，然而，他们忽略了一件重要的事，那就是要让女孩能够有兴趣地学习，因为只有这样才能有良好的效果，否则只能使女孩失去学习热情。兴趣是最好的老师，兴趣是推动女孩探求知识、从事学习活动的原动力，兴趣对发展能力十分重要，稳定、浓厚的兴趣，是促进女孩在某一领域能力发展的一种极为重要的因素。当然，培养女孩对学习产生浓厚的兴趣并不是一件很容易的事。

塞德兹在很小的时候也曾和其他年龄相仿的孩子一样对学习没有兴趣，那时候，无论父母怎样引导，都不能把他从贪玩拉到热爱知识、自觉学习的轨道中来。直到有一天，他真正懂得了知识的重要性。

一天，父亲给塞德兹带回了几块眼镜片，有近视镜片，也有老花镜片。塞德兹对新奇的事物一向感兴趣，他把镜片架在自己的眼睛上玩，没过一会儿就大叫眼花，只好把镜片举到离眼睛较远的地方才能看清楚镜片后的东西。父亲任他玩耍，不去管他。当他一只手拿着近视镜片，一只手拿着老花镜片，一前一后地向远处看时，他看到了什么呢？远处的尖塔突然来到了他眼前。

他高兴地大叫："快来看啊，爸爸，礼堂的尖塔就在这里！"

从此，他懂得了望远镜的原理并亲手制作了他的第一架望远镜。就这样，通过不断地游戏和动手玩耍，塞德兹的潜能得到了很好的开发。

与此同时，在开发塞德兹的想象力和创造力上，父亲也设计了各种各样的游戏。例如，送给塞德兹一个小玩具，用橡皮筋作动力使玩具飞入空中。塞德兹非常喜欢，马上就联想到它与飞机的相似之处。他照着这个玩具仿制了几个，都能成功地飞了起来。塞德兹正是在这个玩具的启发下，明白了飞机飞上天的原理，并开始制作航空模型。

教育女孩，不要胡乱给女孩灌输术语和公式，而要引导她们自由地发挥出潜能。对于女孩来说，比较理想的引导方式是和她们一起做游戏。女孩在适度的游戏过程中，既能提高动手能力，又能提高创造力。

所以，不要限制女孩兴趣的发展，也不要以为她喜欢玩耍就是没出息的表现，对于女孩的兴趣应该给予支持和鼓励。让女孩在乐趣中学习，既学得开心，又激起她源源不断的求知欲。这样女孩的学习自然是"不用扬鞭自奋蹄"。

鼓励孩子坚定自己的选择

有的女孩原本对某项课程很感兴趣，但是在学习的时候由于受不了辛苦就产生了逃避心理，在这个时候家长怎么办呢？最好的做法是态度坚决地告诉她："当初是你自己说要学的，既然选择了这条路，那就必须要坚持。"这样的做法对大多数的女孩来讲还是可行的。不过也有一些女孩，她们在选择之初就比较迷茫，不知道自己是否真的喜欢，在试过之后，才发现原来并非自己所爱，如果是这样，那就不能用强硬的方法来逼迫她了。

先观察后培养，不要着急为女孩"塑形"

挖掘闪光点，发现"天才"

俗话说："孩子都是自己的好。"但真的让家长说出自己的孩子到底有哪些过人之处，许多家长却说不出个所以然来。

历史上很多的有名的人都很注重对孩子幼年时的培养。

比如居里夫人对两个女儿的教育就是刻意发掘天赋的成功范例。

在孩子刚学说话时，居里夫人就开始对她俩进行了探索性地发掘。女儿刚上小学，居里夫人便让她俩每天放学后在家里进行 1 小时智力活动，以便进一步发掘其天赋。

当两个女儿进入赛维尼埃中学后，居里夫人让女儿每天再补一节"特殊教育课"——在索尔本的实验室里，分别请老师教给她们化学、数学、文学、历史、雕塑、绘画、自然科学，以及 4 门外语，而每星期四下午在巴黎市理化学校里，由居里夫人教女儿物理学。

经过两年"特殊教育课"的观察鉴别后，她发现：大女儿伊蕾娜性格文静、朴实、专注和自然，着迷于物理和化学，明确自己的使命是要当科学家并研究镭。小女儿艾芙性格活跃、充满幻想、情绪多变，居里夫人先培养她学医，再引导她研究镭，又激励她从事自然科学，可她对科学不感兴趣，艾芙的天赋是文艺。

多年后，居里夫人的大女儿伊蕾娜·居里因"新放射性元素的合成"荣获诺贝尔化学奖，而小女儿艾芙·居里也成为一位优秀的音乐教育家和人物传记作家。

倘若每一个做父母的都能像居里夫人那样，迅速挖掘女孩的天赋，顺势引导，就能为她成才打开通道。

如何发现女孩的天赋是每个家长都关心的问题。

其实只要注意观察，家长们都能发现女孩在某一方面的优势，世界上从来就没有一无是处的孩子。

同时，比发现女孩天赋更重要的是挖掘和引导。发现女孩的天赋并将天赋变成实实在在的能力，这才是家长最应该做到的。

从细微处察觉女孩的语言能力

科学家认为，事实上，每个女孩都有自己的特长、天赋，关键在于是否表露出来。家长们平时可以细心观察。比如，女孩是否善于背诵较长的诗句篇章？当你第二次给女孩讲述同一个故事时，如果不小心说错某一个地方，女孩是否能立刻察觉？当你带女孩走街串巷时，她是否能指出曾经到过的地方？如果一些类似问题你都答"是"，说明你的孩子记忆力相当不错，在语言方面应该有一定天赋。

从日常生活中发觉女孩的特长在哪里

女孩是否一听到音乐就会跟着翩翩起舞或小声哼唱？女孩的日常举止动作是否优美协调？女孩是否能很快学会骑自行车、滑板车之类？显然，答"是"的家长可以相信，女孩有一定的音乐天分，平衡能力也相当不错，舞蹈也许是发挥她的长处的地方。

当女孩在玩玩具时，你是否发现她会自动按颜色大小分类？当女孩开始涂鸦时，你是否观察到她对色彩的喜好，喜欢用鲜艳的色彩涂色？这些都说明她很可能在绘画方面会有所发展……

多彩的童年——歌德成才的启示

在文学艺术领域，曾经有过一位影响力非凡的人物，他的家庭教育不仅有父亲的指导，还有很多其他方面的感染和培养。他就是德国的天才诗人、作家，恩格斯眼中的文艺领域"奥林匹亚神山上的宙斯"——歌德。

1749 年 8 月 28 日，歌德出生于莱茵河畔的法兰克福。他出生时家境殷实，父亲曾为莱比锡大学法学博士，当过地方官。母亲是法兰克福市长的女儿，一位典型的贤妻良母，爱好文学。

歌德 4 岁开始跟随父亲读书识字，并且跟随家庭教师学习多门外语。7 岁编出饶有诗趣的《新帕利斯》童话，8 岁就能阅读德文、法文、英文、意大利文、拉丁文、希腊文等多种文字的书籍，14 岁创作剧本，25 岁发表了一部用时 4 周完成的小说《少年维特之烦恼》，后来风靡全球。歌德早年的成就让世人给他"天才"的称号，但是真正让他卓尔不凡的，还应归功于良好的教育环境带给他的快乐童年。

从歌德出生开始，父亲就有了一套自己的教育方式。当歌德还是婴儿时，父亲就抱着他去郊外散步，有意识地让他接触自然。在路上，父亲总是耐心地给小歌德讲解遇到的各种事物，培养他的观察能力和认识能力，使歌德获得不少自然知识。后来歌德专门研究过自然科学，并撰写有关植物形态学和颜色学的论文。歌德一生都保持着对自然科学的浓厚兴趣。在父子俩休息的间隙，父亲为歌德朗诵歌谣。这些歌谣既好念，又易被儿童接受，每次外出歌德都能背上一两首。随着外出次数的增多，歌德的口语能力也不断提高。歌德稍大一些，父亲带他到各地旅游，每经一处，父亲总是讲讲当地的历史、风土人情。如果旧地重游，要求歌德将所知内容复述一遍，以加深记忆。旅游开阔了歌德的眼界和见识。

母亲平时喜欢给歌德讲故事，但是她的故事并不同于书上的那种来龙去脉清晰的故事，而是每讲到关键处，小歌德正听得津津有味，她就停下来，要孩子自己设想下面发生的事。如果猜得不对，也不说出答案，就让他继续想，直到找出合理的答案为止。

歌德的父母经常鼓励孩子与邻家的孩子共同学习。他们一起作诗，在星期日聚会品评诗作，歌德的诗总是得到伙伴们的赞扬。他们还举办演讲活动，小歌德站在椅子上，面对家庭的亲朋好友们时，一开始有些紧张，但很快就变得口齿伶俐，并极富感染力。

外祖母也是歌德的好伙伴，她请人在家中演木偶戏，还送给歌德一套表演浮士德故事的木偶戏玩具。歌德和其他孩子精心排演这个剧目，分配角色、背诵台词，很快他们又决定自己动手给木偶做衣服、装饰，自己编剧并排演。

歌德在大自然中学习生命科学，在游戏中学习历史、文学以及组织活动的技巧，在表演中尝试各种角色的人物，体会各种感情，这样丰富的经历让他的内心从小就拥有敏锐的感知力，对他日后的艺术创作大有好处。

在歌德的回忆录中，他写道："这种儿童的玩意和劳作从多方面训练和促进了我的创造力、表现力、想象力以及一种技巧，而且是在那样短的时间，那样狭小的地方，花那样小的代价，恐怕没有别的途径能够有这样的成就了。"可以看到，歌德个人也是非常赞成父亲的教育方式的。

很多家长用心良苦地教育自己的女孩，但是女儿往往不领情，也没有学到多少知识，只是觉得委屈。当女孩也自觉从中获益无穷的时候，家长的教育才算是真正成功的教育方式。歌德的家庭挚爱孩子，也珍惜孩子的童心，让他在成长中感受到快乐，这一点从来不因为任何事情而改变。

奔波劳碌的父母满身疲惫地回到家，将自己的礼物递给孩子就不再关心，这样的礼物，还不如将快乐的感觉带回家里。无论谁有多么崇高的育人理想，首先要做的，就是让女孩在快乐中成长。

和孩子来一次亲子瑜伽

小女孩活泼好动，经常四处走动，缺乏集中能力和耐性，令不少父母感到头痛不已。这个时候，父母可以带着女孩来一次亲子瑜伽，瑜伽能够有效地锻炼女孩的平衡力、节奏感、空间距离，可以让女孩拥有更加灵活、敏捷的身手，以及神经与肌肉的协调能力。

关注孩子，无论时间长短

作为家长，首先要有责任意识。当这种意识被树立起来之后，就可以见缝插针地教育女孩了。在送女孩到学校的时候可以给她讲一讲马路上的见闻；可以在和女孩一起看电视的时候与她讨论相关的社会问题；让她发表自己的看法等。每天下班后花半个小时到 1 个小时与女孩一起活动，或者，每周安排 3 ~ 4 个小时与她一起进行户外活动。

夏洛特·梅森家庭教育：在游戏中感受快乐

全心全意地为女孩健康成长创造条件的父母，先不要急于去为女孩存钱出国，审视一下你的家庭，看看你的家庭是否充满快乐，因为夏洛特·梅森告诉我们，快乐的氛围是孩子成长的重要因素。

夏洛特·梅森是英国著名教育家，她被誉为"家庭教育之母"。梅森认为家庭对于社会而言，最重要的工作就是抚养和指导儿童。为人父母是一件很重要的事情，任何事业上的提升和尊严都不能替代家庭教育的地位。因此，父母要与孩子一起长大，要引导他一点点走向独立和成功，首先要创造健全的家庭环境。快乐的家庭氛围是养育孩子的原则，如果孩子快乐，他在很大程度上就会成为好孩子。

现代教育的不幸莫过于此，家长处心积虑地为女孩安排各种课程，但是女孩们自己并不喜欢；每次上学之前，家长像例行公事一样开始动之以情晓之以理，好说歹说才将女孩送出家门；看到可怜的成绩单，全家老小连吃饭的心情都没有；因为孩子的不良表现，家长开始争论是谁之过……争吵和冲撞将家庭变成了情感战场，这时候最受伤害的，就是心智还没有成熟的孩子。在女孩的眼中，家庭是她生活的主要场景，父母是她世界的全部，当女孩目睹了家庭的不和谐，尤其是发现所有的不愉快的起因都是自己的时候，她的心里将蒙上一层阴影。因此，为女孩创造快乐氛围的第一步，就是千万不要在女孩们面前吵架！

快乐的家庭氛围有助于女孩放松心情，健康成长。除了避免伤害，家长所能做到的另外一件事情就是与女孩积极地互动，有意识地引导女孩去体味亲情与友谊，而这就需要父母重视游戏。

游戏是女孩成长中的"工作"，一个不喜欢做游戏的孩子，成长的步伐就会相对较缓。游戏不仅能够启发女孩的观察力、想象力与创造力，让家长借此了解女孩的想法，还能够让女孩找到适合自己的角色，体验到快乐。

爱玩是每个女孩与生俱来的天性，几乎所有的女孩都曾因为玩耍而闯下大祸、小祸，遭到大人的呵斥与责罚。"我家孩子太爱玩了！真头疼！"当你因为女孩与生俱来的"本事"而大伤脑筋或感到麻烦，甚至担忧她因此而玩物丧志时，家长极有可能弄错方向了。

上天既然赋予每个女孩玩耍的本能，自然有其用意。动物在玩耍中练就捕食、逃生的本领，女孩也会在玩耍中探索世界、学习成长。女孩借由玩耍，碰触对她而言是陌生且充满各种可能的人、事、物；也借由玩耍，反复尝试和练习，熟悉世界的运作模式，即使那个游戏的世界在大人看起来毫不起眼，但是对女孩来说，从中却有许多不同的发现和挑战。

家长们要了解家庭教育与学校教育的区别

学校教育的重点是要向学生们传输知识，而家庭教育则不应该把注意力集中在孩子的作业本和考试分数上。在家庭的日常生活中，父母更应该关注的是女孩的性格，而性格的培养应该从女孩的习惯、兴趣等方面入手。

把孩子带到大自然中去，让孩子体会生活的美好

父母可以找个机会带女孩到农村感受田园风光，让她了解播种和收获，看到劳动之美，认识各种蔬菜，避免"米是一袋一袋地长在田里"的常识错误。投入到大自然的怀抱，呼吸到清晨的新鲜空气；看到山间的雾霭、小草上的露珠、漫天的彩霞、袅袅炊烟；听到小河的水声、牛羊的叫声、虫鸟的鸣啼；闻到荡漾在田间的泥土清香，庄稼、草木散发的芬芳；品尝新鲜的瓜果蔬菜。帮助她全身心地感受大自然之美，培养她良好的审美能力，以及热爱大自然的情感。

帮助女孩确立一个切合实际的目标

目标和梦想一样是一个人成功路上的里程碑。目标能给你一个看得见的靶子，当你一步一个脚印去实现这些目标时，就会有成就感，就会更加信心百倍，向高峰挺进。成功学专家拿破仑·希尔说过："不甘做平庸之辈的人，必须要有一个明确的追求目标，才能调动起自己的智慧和精力，全力以赴为自己的目标而行动。"因此，我们在教育女孩的时候，要帮助女孩树立一个切合她自身实际的目标。人生如果失去了目标，就像航船失去了航向，最终可能会迷失在人生的大海中。

有一年，一群踌躇满志、意气风发的天之骄子从哈佛大学毕业了，他们的智力、学历、环境条件都相差无几。临出校门，哈佛对他们进行了一次关于人生目标的调查。结果是这样的：27%的人，没有目标；60%的人，目标模糊；10%的人，有清晰但比较短期的目标；3%的人，有清晰而长远的目标。

25年后，哈佛再次对这群学生进行了跟踪调查。结果是这样的：

3%的人，25年间他们朝着一个方向不懈努力，几乎都成为社会各界的成功之士，其中不乏行业领袖、社会精英。

10％的人，他们的短期目标不断实现，成为各个领域中的专业人士，大都生活在社会的中上层。

60％的人，他们安稳地生活与工作，但都没有什么特别突出的成绩，几乎都生活在社会的中下层。

剩下的27％的人，他们的生活没有目标，过得很不如意，并且常常在埋怨他人、抱怨社会、抱怨这个"不肯给他们机会"的世界。

其实，他们之间的差别仅仅在于25年前，他们中的一些人知道自己的人生目标，而另外一些人则不清楚或不是很清楚。不知道或者不清楚自己人生目标的人，在人生前行的路上就会迷茫，因为迷茫而浪费宝贵生命，在有限的时间内取得的成就就会大打折扣，甚至会一事无成。

在生命中没有一个目标的人，很容易受到一些微不足道的诸如忧虑、恐惧、烦恼和自怜等情绪的困扰。所有这些情绪都是软弱的表现，都将导致无法回避的过错、失败、不幸和失落。因为在一个权力扩张的世界里，软弱是不可能保护自己的。

所以，每一个女孩都应该在心中树立一个目标，然后着手去实现它。她应该把这一目标作为自己思想的中心。这一目标可能是一种精神理想，也可能是一种世俗的追求，这当然取决于她此时的本性。但无论是哪一种目标，她都应将自己思想的力量全部集中于她为自己设定的目标上面。她应把自己的目标当作至高无上的任务，应该全身心地为它的实现而奋斗，而不允许她的思想因为一些短暂的幻想、渴望和想象而迷路。

训练你的女孩为自己设定目标

如果你的女孩尚且年幼，那你不妨教会她在做每一件小事时都给自己设定一个可行的目标，比如搭积木，有的孩子搭得又快又好，有的孩子却反反复复也搭不出一个样子，这就是有目标和没有目标的区别。因此我们不妨在女孩动手做一件事之前，总能先提示性地问问她："你要做的是什么？要做到什么程度才可以呢？"这样习惯成自然，渐渐地，女孩就会懂得凡事都应给自己确立一个目标。

引导你的女孩制订适合自己的目标

如果你的女孩正在为不知方向而犯愁，那你不妨问问她下面几个问题来启发她们，比如，"你想在你的一生中成就何种事业？""如果把它作为自己终生的事业，怎样做到在有利于自己的同时，也对别人有帮助？""阻碍你实现自己目标的因素又有哪些？""你为什么没有现在去行动，而是仍然在观望？"等。当她认真地思考上述问题之后，她可能就会制订出适合自己的目标。

千万不要过早地为女孩贴"负面标签"

不要苛求女孩"十全十美"

也许是由于望女成凤心切，大人们往往对自己的女孩很苛刻，但也比较容易忽略女孩的感受。在工作中，他们总是要求自己的领导能设身处地地替自己考虑这个，考虑那个，但一回到家庭生活中，目标就转移到孩子的缺点上，这也不是，那也不是。继而要求女孩应无条件地服从自己的意志，照着父母的完美计划成长。实际上，这种做法的结果无疑是在推着女孩朝逆反的方向发展，因为女孩会一天天成长起来，有了审视自己的目光，有了自己的世界观、人生观和价值观取向，便有了反抗的心理，对于父母的苛求和指责，便会经常说"不"。

作为父母应该知道，我们自己本身实际上也不是十全十美的，每个人身上也存在着这样或那样的缺点与不足，我们的孩子自然也不例外，为什么总是看不到呢？

如果我们真立志要做个好父母的话，要理解女孩的感觉，尊重女孩的选择，说不定女孩在某方面的不足正好可以成就其他方面的才能。父母要有眼力去发现女孩的特点。

由此看来，父母在教育女儿的时候，眼光同样很重要，父母们应该让自己多具备一些伯乐精神，及时发现女孩身上的特别之处。利用女孩自身的优点引导她，把她所有优秀的品质发挥出来，帮助她完成人生的自我超越，而不是只盯着某方面的不足不放。

有一项统计表明，从19世纪到20世纪的200年中，能够真正称得上"天才"的孩子只有寥寥的十几位。应该说，世界上大部分的孩子都是很大众化的，不是十全十美的。

责备只能使女孩消极地应对身上不良的行为、习惯。所以，做父母的不要总是苛求自己的女孩十全十美！最重要的是要让她们实实在在地学习，踏踏实实地做人，认认真真地做事，健健康康地成长，她们才会拥有更美好的前途！

帮助女孩发现她自身的优点

如果家长能换一种教育方式，把每个女孩身上的特质和性格罗列出来，然后一一告诉女孩你是多么欣赏她们，让她们感觉到自己是不能代替别人，别人也无法取代她们的，而且也觉得你看到了她们身上与众不同之处。那么，你的女孩就会越来越自信，也就会越来越完美了。

注意和孩子说话的语气

如果家长把女孩抱在怀里告诉她你为她而骄傲，经常不断地给予她表扬，那女孩的感觉是否会更好一些呢？家长和孩子进行交流的时候，不仅在她做得好的时候要表扬。当她做出努力之后，尽管未达到预期的目标，也要进行适当的鼓励，在和女孩说话的时候让她永远感受到如沐春风般的温暖。

用赏识的眼光看待孩子

一位哲人曾经说过这样的话："人的精神生命中最本质的要求就是渴望得到赏识。"对女孩来说，训斥只会压抑幼小的心灵；只有赏识她们，才能开发出潜能。

没有种不好的庄稼，只有不会种庄稼的农民；没有教不好的孩子，只有不会教的父母。赏识教育的本质是生命的教育，是爱的教育，是充满人情味、富有生命力的教育。

每一个孩子都拥有巨大的潜能，但孩子出生时都很弱小，好像生活在一个巨人的世界里。德国著名心理学家阿德勒也透露过他在念书时，认为自己完全缺乏数学才能，对数学毫无兴趣，因此考试经常不及格。后来偶然发生的一件事，让他的潜能开发出来了。他出乎意料地解出了一道连老师也不会做的数学难题，这次的成功改变了他对数学的态度，找到了数学天才的感觉。在老师和家长的赏识中，他成了学校里的数学尖子。

所以，家长们只有赏识自己的孩子，她们才可能会焕发出生命中无限的潜能。

哈佛大学的心理研究专家做过这样的实验：有两组孩子，先让他们一起长跑消耗体能，然后一组接受严厉的批评，另一组得到热烈的称赞，随之进行体能检测发现，被批评的那组孩子无精打采，体能处于崩溃状态；而被表扬的那组孩子精力旺盛，体能得到迅速恢复，充满自信。

这个实验可以作为我们教育的反思：父母在教育女孩时应多给她们一些适当的赏识，学会赏识、赞美你的孩子，这对她的心理发展十分有利。让女孩知道父母对她们的关注和认可，既能快速抚平她们身体上以及心灵上的创伤，也能促使女孩的心理朝良好健康的方向发展。

适当的赏识与鼓励是必要的，但父母也要注意千万不要对女孩赏识过了头。一个孩子如果受到的赞美过多，心理便会膨胀，就会找不准自己的定位，从而也就不知道自己的言行是否符合一定的社会道德规范，这样的孩子在人格上往往是不完善、不成熟的，心理上也会十分脆弱，在今后的人生路上可能会经不起生活中的风雨与挫折。一个完备的人在成长中是需要经历一些磨难的，只有经历磨难并且能够从磨难中铸就刚强性格的人，才能适应未来的生活。

第三章　如何听女孩才会说，
怎样说女孩才会听

营造温暖的交流氛围

多听听女孩的想法

物质生活条件越来越好的今天，不少女孩的成长却出现了"三大三小"现象，即生活的空间越来越大，成长的空间越来越小；房屋的空间越来越大，心灵的空间越来越小；外界的压力越来越大，内在的动力越来越小。

这些奇怪的现象，应该引起父母的注意，"给女孩自由的成长空间。"这并不是一句空话！

随便找一个学校的校门口等着，一到上学、午休、放学的三个时间点，一定会有很多家长聚集在学校门口等候自己的女孩。

家长们纷纷感慨："现在的孩子真是不听话，补习班昨天又没上。""孩子们越来越不好教育了。""电视上的那些学习机，对我们家孩子不管用。"……

是孩子们越来越难教了，还是我们的教育方式出现了问题?

程君今年7岁了,刚开始读小学。

一次,程君在姨妈家认识了一个新朋友玲玲,她比自己小半岁,但是已经学习舞蹈3年了。玲玲在家长的鼓励下表演了一段拉丁舞,这下刺激了程君妈妈的神经。

"我们的女儿成天像个男孩子,和小区的孩子们打打闹闹,不成样子。我看见老马家的女儿去学舞蹈了,跳得很好,不然我们也送女儿去学习?"

和爸爸商量之后,妈妈马上就给程君报了舞蹈课。

但是天生好动的程君根本不听老师的指挥,不到两周,程君就说什么也不上舞蹈课了,妈妈在家里急得直跺脚,但眼前的"假小子"一点改观都没有。

如果不考虑女孩现阶段的特点和兴趣爱好,盲目地将女孩送进培训班,并不能解决任何问题。

如今,家长送女孩上培训班是为女孩安排课余生活的首选。的确,很多女孩在培训班上学到了知识,但是女孩的心灵却没有因此而变得快乐。

许多家长将培养女孩的重点放在增长知识上,为了让女孩提高学习成绩,家长们不惜节衣缩食,尽一切力量来改善女孩的学习环境。

父母纯粹的爱是什么?其实非常简单,就给她空间,让她朝着积极向上的方向发展,这才是爱的真正意味。

但是现在大多数的父母是以管教和约束为方式来养育女孩,这与爱的本意背道而驰。

薇薇今年高考，成绩还不错，这本来是皆大欢喜的事情，但是她整个暑假都过得不开心。原来，一家人在填报专业上发生了很大的分歧：薇薇想学自己感兴趣的教育学，但是父母总觉得新闻专业更适合女儿，他们希望她成为一名记者，于是坚决主张薇薇报新闻专业。

"这是你的人生大事，爸爸妈妈有经验，你就听我们的，我们绝对不会害你。"妈妈开导薇薇。

"正是因为这是我的人生大事，我才一定要坚持学自己喜欢的专业。你们总是说我没有经验，但是你们给我锻炼的机会了吗？从小到大，哪一次选择不是你们决定的，这一次我绝对不让步！"

最终，薇薇还是没能拗过家长，报了新闻专业。

薇薇的反问值得家长深思。很多时候，家长都是因为"为了孩子好"这个想法，剥夺了孩子成长应有的空间，让孩子在父母设计的世界里成长。

给女孩一个成长的自由空间，是现代教育家们共同呼吁的一项理念，著名教育家蒙台梭利将"自由教育"列入自己的基本理念，称这样的教育方法是"以自由为基础的教育法"。

正如蒙台梭利所主张的，让孩子拥有自由，首先是让他们领悟到纪律和秩序的重要性。怎样让孩子区别好坏，唯有说教显然是达不到目的的。

对女孩管教过严，就像养在鱼缸中的热带金鱼，三寸来长，不管养多长时间，始终不见金鱼生长。女孩在父母的"鱼缸"中永远难以长成大鱼。要想女孩健康乐观地成长，一定要给女孩自由活动的空间，而不让她拘泥于父母提供的一个小小的"鱼缸"。

帮助女孩养成凡事自己决定的习惯

在一些小事情上就让她自己去做决定，并让她承担因为自己的决定而带来的各种结果，久而久之，即使女孩在面对选择大学专业这样的问题时，家长也可以放心地说："如果是你经过深思熟虑的，你可以自己做决定。"

家长要尊重女孩的想法

女孩有自己的想法，作为家长我们要给予支持和鼓励，而不是经常泼她的冷水。家长真诚的鼓励会让女孩更加乐于分享自己的想法，有利于建立一个民主的家庭氛围。

不要太介意孩子的"顶嘴"

能够同父母进行"争辩"的女孩，她在以后的人生道路上会表现得比较自信和有创造力。父母千万不要介意女孩"顶嘴"，而应审时度势，并加以耐心引导，使争辩变得更加有意义。

有一位妈妈抱怨说："最近我女儿特别爱顶嘴。比如，在从学校回家的路上，我们到一个公园去玩了一会儿。当我说：'咱们回家吧'，她不干，还会反问我：'为什么我非要听你的，而你就不能听我的?'女儿特别喜欢小动物，总想养一只小狗，我认为小狗身上有细菌就不让她养，但是她却说：'你说得不对! 电视里说过，小朋友和小动物多接触可以提高抵抗力。'每当这时候我都会很着急，但是又不知道该怎么对待孩子。"

适度争辩能够帮助女孩变得更自信和自立。在争辩的过程中，女孩会感受到自己受到重视，知道怎样才能贯彻自己的意志力。那么，当你的孩子"顶嘴"时，你是不是会做出如下的反应呢？

女孩的突然"顶嘴"，让你在感到气愤的同时是否反省过自己对于女孩的态度应该改变一下？

在与女孩发生争辩时，你是否注意控制自己的语气与耐心，给女孩以空间让她发表自己的观点和意见，之后再加以合理引导？

随着女孩一天天的长大，有的家长渐渐觉得女孩不如以前听话了，变得难管了。无论大事小事，动不动就与家长顶嘴，家长说东，她偏说西。这令家长感到十分的为难和恼火。女孩顶嘴该怎么区别对待呢？

实际上，女孩的顶嘴是有其原因的，随着年龄的增长，当女孩进入青少年时期，就已经具备一定的独立思考能力，所以，从这时起，她们不再愿意别人把自己当作小孩子来看待，不愿意处于被照顾的从属地位。这时，如果对女孩有过多地干涉，就可能出现两种结果：一种是与成人对立，干脆一切都不听你的；另一种是影响独立性的发展，养成过度依赖性，形成过度依赖的不良习惯。

父母可能总觉得小孩子见识少、阅历浅、不成熟，形成了"父母说话小孩子听"的定论，不少父母要自己的女孩必须"言听计从"，否则就认为有失父母威信和尊严。

德国汉堡心理学家安得利卡·法斯博士通过多年的实验观

察后证实：隔代人之间争辩，对于下一代来说，是走向成人之路的重要一步。

女孩在与父母争辩的时候，往往是她们最为得意的时候。这样做对于她们来说至少有两个好处：一是当女孩最来劲、最高兴、最认真时，对她们的大脑发育是有好处的；二是这样可以营造家庭的民主气氛，增加女孩各方面的能力。这样的女孩会具有很强的交际能力和其他方面的能力，对将来的发展是大有好处的。

因此，从某种意义上说，争辩是女孩的一门必修课，而这门课最好在家里进行。在争辩的过程中，父母要有热心和耐心，让女孩在争辩中不断成长。

不要把和女孩争辩当成丢面子的事

有的父母之所以受不了女孩和自己争辩，原因就在于他们觉得这样是对自己一家之长的权威的挑衅。父母们应该树立一种观念，要允许女孩和自己争辩，因为这并不是什么丢面子的事情。父母如果担心女孩争辩的话，她会不听话、不尊重父母的选择等，其实这样的想法是多虑的。

家长要为女孩的"顶嘴"而感到高兴

家长大可不必为女孩顶嘴而生气恼火，倒不妨为此而感到高兴。因为女孩开始顶嘴就意味着她已经长大了，并且有了独立思考的能力，这不正是家长所期盼的吗？父母应该认识到：屈从的时代已过去，取而代之的是说服的时代。

为自己的错误向女孩道歉

父母如果做错了事，从不向女孩承认自己的缺点、过失，女孩就会产生"父母说的永远正确，但实际上老是出错"的观念，久而久之，对父母正确的教诲也会置之脑后。

父母如果在做错事后总能郑重地向女孩认错、道歉，女孩就会懂得承认错误并不是一件可耻的事，就会提高分辨是非的能力，尝到原谅别人的甜味。

"花花，我和你讲了许多次要守时守约，否则会浪费别人的时间，也给别人留下不好的印象，你不这样认为吗？"

"的确不好，不过，也没有什么大不了的。"

母亲有些生气了："怎么能说没什么大不了的呢？你养成这样的毛病，长大后会怎么样呢？还有谁会信任你呢？"

看见母亲生气，花花也有些沉不住气了："你都已经长大了，不是也过得很不错吗？没见你有什么麻烦呀？"

"你是什么意思？"母亲没想到话题会转到了自己身上。

"你大概忘记了，你好几次答应来参加我们学校的活动，我都告诉老师你会来，结果直到活动结束了你都没有出现。"

"那是因为我临时有工作，而且那些活动也不是非参加不可……"母亲注意到女儿不屑的，甚至有些讥讽的表情，尴尬地停住了。

妈妈接着说："花花，我没有意识到自己的行为对你造成的影响，我当时的确有急事不能来，但我应当事先或事后向你解释一下，或者去向你的老师解释，我真的很抱歉，你能原谅我吗?"

花花有些感动:"没关系,我知道你很忙。下次打声招呼就可以了。"

"你们班下一次家长座谈是什么时间?我一定把工作安排开。当然如有意外我会提前告诉你,好吗?"

"好的,妈妈!"

父母就是女孩行为的榜样,当然父母也不一定是完美无缺的,也会犯错。当父母犯错被女孩指出时,及时真诚地道歉是至关重要的。

不少父母认为自己是"一家之主",需要保持自己的"形象"与"威信",因此不愿意在女孩面前承认自己的缺点和错误。比如说有些父母明明知道自己做错了事,冤枉了女孩,还总是想着给自己护短,不当回事儿。这就违背了做人的基本原则,也是家庭教育之大忌,次数多了,父母就会在女孩的心目中失去威信,更不用说让她听从你的教导了。

比如当女孩"闯祸"后,一些父母由于一时冲动,往往会对女孩进行不恰当的、过重的批评或惩罚,事后又会后悔。这时,倘若父母能真诚地向女孩道歉,补救自己的"过失",不仅能够使女孩心悦诚服,而且还会更加乐于接受父母的批评,引导她更好地发展。

有一位母亲回忆说:

自己的女儿今年12岁,刚读完小学。虽然我很疼爱她,但在她12年的学习、生活里,我还是因为她的一些过错打过她几次。每次挨打,都是她表示"痛改前非"之后我才罢休,我从来也没有为此自责过，还常常为自己"教女有方"而沾沾自喜。近日，因为一件小事我又打了她。但这次女儿却没有逆来顺受，而是出人意料地一边哭，一边跟我讲理，直到我感到理屈向女儿道歉后，这场"风波"才宣告结束。

有一次我在看电视的时候，女儿突然喊我，说有几道填古诗的题答不上来，要我帮她解答。我便过去坐在她的写字台前看了看题，顺手拿起了她的自动铅笔往上面填写答案。但我马上把注意力集中在这个自动铅笔上，这种铅笔外表看似一种一次性的自来水笔，在笔的顶端可以安装与之配套的"铅"，省去了削笔的环节，可能是这种原因，现在的孩子们都很喜欢使用这种铅笔。但这种铅笔的铅杆很细，稍一用力就会折断，孩子很难练好字。

我曾多次要求女儿不要再使用这种铅笔，但女儿一直坚持使用。由于不是什么原则问题，我也是说说算了。谁知当我拿起笔去填写答案时，铅笔"嘭"的一声断了，随着铅笔的折断，我的火"腾"地冒了上来，几乎是同时，"啪"的一声我把铅笔摔在了写字台上，并大声呵斥正高高兴兴地在地板上自己下围棋的女儿："我说过多少次了，不让你用这种笔，你还是用！"

受到惊吓的女儿看到我把她的笔摔了，还大声训斥她，突然一边哭，一边跟我讲理："你摔我的笔干吗？你为什么摔我的笔，这是我花14块钱买的……"

尽管女儿的哭声和表情充满了对铅笔的心疼，但看到女儿不服管教，我还是火冒三丈，一步跨到女儿跟前，在她屁股上打了两巴掌。

看着女儿哭得更凶了。这时我想起明天上午女儿要参加初中升学考试，心里想：今天打她合适吗？要影响她明天的考试怎么办？但做母亲的面子又放不下来，就气冲冲地告诉女儿："笔摔坏了明天我给你买！"

女儿胆怯地望着我，但明显很不服气，继续哭着说："买到又怎样，我到初中就不再使用这种铅笔了。你知道吗，这是我小学时期使用的最后一支铅笔，我还要用来作纪念的。你再买还是这一支吗……"

听到女儿这样说，倒使我意识到了问题的严重性。我隐隐感到自己摔坏的不仅仅是女儿的一支铅笔，而是女儿对小学生活的深深眷恋和梦想。

我对自己冲动的做法开始后悔了。

实际上，人类就是在不断地犯错误并且不断地改正错误的过程中取得进步的，所以，作为父母不妨坦陈自己的缺点或错误。

有一位母亲在教育自己的女孩时，曾经多次将自己在成长过程中犯过的错误告诉女孩，并详细地分析主客观原因，尤其是分析自己的一些缺点在产生这种错误中所起的作用，其目的就是让女孩在今后的人生道路上不再和她一样，以类似的个人"缺点"犯同样的"错误"。

每位家长身上都蕴含着改变女孩命运的神奇力量。当你自己从内疚、自责和愤怒中解脱出来的时候，你也解救了你的女孩；当你终止了旧的家庭模式给你的束缚时，你就等于给自己和女孩一份厚礼。她会记住自己的父母是如何坦诚地对待自身的缺点，这种勇气与坦率会鼓励女孩做终生的探索与自我培养，而不至于迷失方向。

家长可通过道歉帮助女孩树立信心

父母应该意识到：当自己向女孩道歉时，就等于在教女孩相信她自己的洞察力。如果父母不停地批评她、辱骂她，女孩就会形成一种对生活本质甚至是对世界的负面看法。作为父母应该让女孩懂得，任何人都会犯错误，即便是父母也一样，每个人都要对自己的错误负责。

主动向女孩道歉

当家长犯了错误，即便是不太严重的错误，事后也一定要向女孩道歉。答应了女孩的事情如果做不到，则马上向女孩说明原因，以得到女孩的谅解。在道歉的时候，态度应当郑重和真诚。

记住你被女孩赞扬的时刻

很多家教书中都鼓励父母要多多赞扬女孩："你的问题提得很有思想。""你做得太棒了！"不管女孩的表现怎样，乐观的父母们总要把目光朝向好的一面，给女孩一些鼓励和信心。但是很少有书籍提到家长被女孩赞扬，有的家长似乎是永远的强者，可以为女孩遮风挡雨，把最美的一面留给女孩，因而忽略了女孩的赞扬；有的则难以适应现实生活的种种压力，忍不住将怒气也撒向女孩，根本得不到女孩的赞扬。

其实，任何人的努力都会被其他人觉察到，父母的努力女孩也一定会有所感知。只要再尝试将女孩引向更好的教育，只要再努力改善家庭的关系，家长一定能够发现女孩会时常赞扬父母，女孩对父母的赞扬是完全真实的，发自内心的。当父母们得到女孩赞扬的时候，请记住她的话，这可以成为父母们继续坚持的动力。

妈妈不在家的时候，这个时候就需要爸爸做饭给女儿了。看着爸爸穿上围裙，女儿咯咯地笑了："原来爸爸也能做饭啊！"

看到桌上摆着各种汤菜，女儿兴奋地拍手："好棒，今天我要吃一碗饭！"要知道，女儿平时怎么也吃不完一碗，每次都会剩下许多。看着女儿吃得津津有味，爸爸也觉得很有成就感，想到自己平时没有时间分担家务，爸爸暗暗决定，周末一定多在家给孩子和妻子做饭。

很多家长在初为人父母的时候或许受到过这样的告诫：不要轻易地赞扬你的女孩，但是当孩子表现出色的时候，也不要吝啬自己的赞扬。有的父母出于对女孩的爱，常常随口就会说出赞扬的话，这样反而失去了赞扬的魅力。而女孩赞扬父母，不会有太多考虑，觉得很满意很惊喜，就会实实在在地把感受说出来。正是因为童言无忌，孩子的赞美才更加值得父母相信和斟酌。

女孩学会赞美父母，这是一种感情上的互动，在和别人交流沟通的时候，女孩也会去赞美他人。懂得赞美的人是知道感恩的人，往往能赢得别人的喜爱，也能结交很好的朋友。如果一个人从来不赞美别人，可能会让周围的人感到没有动力、难以应付。

另外，女孩赞美父母的时候，多是父母的做法超出了孩子的预期，让孩子感到很惊讶。爸爸能做饭本来是很平常的事情，但是在女儿看来却很了不起，爸爸有此反思，感到自己平时对家庭太缺少照料，正是女儿的赞美让爸爸回到了家庭生活当中。如果一个小小的礼物就能赢得孩子的赞美，父母也应该反思自己平时对孩子的关注是不是不够。赞美的后面有很多潜台词，如果想要了解自己的孩子，就要学会聆听孩子的话语。

当然，孩子的赞美最终的作用在于温暖父母的心灵。发自内心的赞美都是令人欣慰的，尤其当心爱的孩子能够感受到自己的付出时。

但是，孩子的赞美有时候不一定是直接的陈述，它可能变个模样出现。孩子很喜欢一件衣服，其实也是在赞美妈妈挑选得很合心意；孩子享受吃饭，也是在赞美妈妈的手艺好；孩子把不会的题拿给爸爸，是在赞美爸爸的知识丰富……孩子身上的良好习惯、得体的言语都可以理解为一种赞美，是在用行动赞美父母的教育。

经常给女孩一些出其不意的惊喜

女孩在赞美家长的时候，十有八九是因为父母做了一些她以前没有想到或者是预料到的事情。所以，父母可以试着多为女孩创造一些惊喜，多让女孩发现自己的另一面，她会觉得自己的爸爸妈妈不仅很亲切，而且丰富有趣。

当被女孩赞扬的时候也说一些赞扬女孩的话

如果有一天，女孩说："妈妈你真好。"这个时候家长最好能够给予一个感情上的反馈，则能更好地完成互动，比如可以对女孩说："是呀，我家妞妞这样听话，听话的孩子当然要得到夸奖啦。"这样的话印在女孩的心中，她不仅很开心，而且会在潜意识里告诉自己：要做一个好小孩。

说女孩想听的，听女孩想说的

80：20，与女孩对话的黄金法则

不知道家长们是否经历过这样的情况：当你拖着疲惫的身体，努力打起精神，准备和女孩好好沟通的时候，不是被女孩三言两语打发了，就是被"噎得"半天回不过神来，不但不能达到了解女孩的目的，还惹了一肚子气，以致逐渐丧失了和女孩谈话的兴趣。家长们会感觉到自己越来越不了解女孩，越来越不知道该怎样教育女孩。因此，父母们一定要学会与女孩交谈的技巧，而这个技巧，就是有名的"二八"法则。

1897 年，意大利经济学家帕累托偶然注意到了英国人的财富和收益模式，他发现，社会上的大部分财富被少数人占有了，而且这一部分人口占总人口的比例与这些人所拥有的财富数量具有极不平衡的关系。于是，帕累托从大量具体的事实中归纳出一个简单而让人不可思议的结论，如果社会上 20% 的人占有社会 80% 的财富，那么可以推测，10% 的人占有了65% 的财富，而 5% 的人则占有了社会 50% 的财富，这样我们可以得到一个让很多人不愿意看到的结论：

一般情况下，我们付出的 80% 的努力，也就是绝大部分的努力，都没有创造收益和效果，或者是没有直接创造收益和效果。而我们 80% 的收获却仅仅来源于 20% 的努力，其他 80% 的付出只带来 20% 的成果。

显然，"二八"法则向我们揭示了这样一个道理，即投入与产出、努力与收获、原因与结果之间，普遍存在着不平衡关系。小部分的努力，可能获得大的收获。

家长和女孩能够顺利地交流思想，对于相互之间保持良好关系非常重要，任何一个家长都希望女孩能跟自己讲讲她们内心的感受，这样家长就可以帮助她们了。但是，有多少家长能够保持经常和孩子交流呢？得到的回答常常是："当然啦，我们经常说，可她一点也不听。"

其实，家长们所谓的交谈，其中很大一部分是唠叨、批评、说教，不管这些做法出发点是多么好，多数会使亲子间的相互关系变得紧张。试想，如果女孩是你的朋友，你总是板着脸，不管不问地说一大堆，那么你们的朋友是否会不耐烦？

家长要想收到最好的交谈效果，最好的方式是根据女孩的年龄和成熟程度把握好谈话的"度"。有专家曾建议，人们应把 80% 的时间留给对方来发言，把剩下的 20% 的时间拿来提一些能够启发对方说下去的问题。可以说，对话的过程重在倾听，而家长们更是要懂得这个法则。

家长们常常会犯一个错误，就是说得实在是太多了。他们过早地对女孩进行长篇大论式的谈话，并且还常用一些女孩听不懂的词。那些在女孩很小的时候就开始对她们讲大道理的家长会发现，随着女孩的年龄增长，她们会变得越来越不好管教。当她长到十几岁时，她的妈妈又试图用严厉的惩罚来对待她，但是已经听惯了大道理的女孩甚至比一般的女孩更不能接受这种惩罚。

对待年龄小的女孩，侧重于管教

如果女孩只有两岁，家长们肯定无法向她解释清楚电源为什么是危险的。如果看到女孩的手已经伸向了电源线，家长要赶快把她的手拉开并且对她说"不可以，危险"，这样的做法会使女孩更加清楚家长的意思。

对待年龄大的女孩，则侧重于疏导

如果一个 13 岁的女孩偷偷抽烟，家长应详细地说明尼古丁的害处，若简单地责罚她，并不能收到很好的效果。她们需要大量的空间去表达自己、需要耐心的听众，家长们一定要多多倾听，让她们说出自己的想法，并且及时解答她们的疑惑。这就像大禹治水，重在疏导，而不是想办法用东西堵塞。

三思而后言，不在气头上说话

妈妈和客人正在客厅聊天，女孩拿着试卷走上前来。"这分数又考那么低！还好意思拿到我面前，真丢人！"妈妈抖着哗哗作响的试卷，像在寻求客人的同情。客人略显尴尬。

"看书去！怎么还不去！"

看到女孩没有动静，妈妈更加生气："我说错了吗？一直都这样，我看是改不了了！我也不抱什么希望了！"妈妈气愤失望的表情让女儿无地自容。

生活中总有这样愤怒的时候，于是伤害女孩的话也就随口而出。

"女孩还小，考试成绩不理想是正常的，别这么说她了。"面对客人的担忧，妈妈说："小孩子不说她就不懂，非得骂她两句！"

其实年龄不是评判的标准，家长看似无意的言语其实已经渗透到孩子心灵深处了。

"孩子就得经常说，要不就忘，你看上次我跟她老师提了一次她尿床的事，以后不是再也不尿了吗？6岁的孩子，说出来我都觉得丢人。"

"你看看你，笨手笨脚，还老忘东忘西，上次打碎水杯，这次又丢了鞋！有哪件是好事啊？"面对一屋的客人，妈妈的嗓门儿一点都不小。

自己尚且觉得丢人，更何况是作为当事人的孩子，不仅要忍受母亲的唠叨还要承受自己被当众揭短的难堪。

先来设置一个场景，假如在公司的年终晚会上，有一个同事突然在大庭广众之下笑说"你的舞怎么跳得这么差啊，就像是大象在扭动"或"你唱歌可真是难听"，这时，你是怎样的反应？

实际上，你当众愤怒地指出女孩的不足时，她当时的感受和假设的场景中的你是没有区别的。

其实任何人都会犯错，家长的不宽容让女孩日后也变得苛刻，对别人的要求也会多。当众揭短，女孩容易自卑，甚至永远走不出家长对自己的描述和定位。或者有的女孩抱着"无所谓"的态度，破罐破摔，既然已经这样了，不改又能怎么样呢？

而且，因为家长一次又一次在气头上说的话，容易使女孩认识世界的角度发生倾斜。在成长初期，女孩往往通过家长这个窗口来认识世界，来完成和巩固对自己的判断。家长的当众评价，无形中对女孩认识世界造成了一定的错误指向，女孩会认为这个世界苛求完美，不会保护个体的尊严，在以后的生活中，女孩也极容易将此要求延续到和他人的交往中。

女孩的心灵也会惧怕赤裸地暴露在众人面前。家长如果是爱女孩就要为她着想，停止口中的不满，尤其在众人面前。当问题出现时，家长不妨寻求解决的办法，这样远比批评有效。明确地告诉她，她做得不对，她要为自己的过错负责，建立孩子责任意识。

伟大的教育家洛克说：父母越不宣扬子女的过错，则子女对自己的名誉就越看重，因而会更小心地维护别人对自己的好评。如果父母当众宣布他们的过失，使他们无地自容，他们越觉得自己的名誉已受到打击，维护自己名誉的心思也就越淡薄。

气头上的话，总是会放大过去的小抱怨，家长们千万要管好自己的嘴巴。

家长们不要因为自己一时口快造成永久的伤害

在家庭教育中，教育者的心态和教育的出发点直接影响着教育结果，所以不要因为她是你的孩子，就蛮横地在众人面前让她的缺点一览无余。或者因为无法掩饰你愤怒的情绪，就无辜地伤害女孩。女孩的自尊心有时就像是透明的玻璃物，碎了就很难粘和起来，伤害也许是永远的。

家长要克制自己不要在盛怒的时候批评女孩

有的时候家长也会明白女孩有很强的自尊心，不能伤害她，但是有时候看到女孩知错不改的时候，就忍不住发火。怎样避免这种情况？很简单，当你觉得自己在气头上的时候，可以忍住怒气，与女孩暂时保持一段距离，各自都平复一下心情，等到双方都冷静了，再心平静气地谈论此事。

女孩为什么不告诉你她在想什么

一位读小学的女生说，她很害怕放假："放假在家里，父母都上班了，只有我一个人在家，我很孤独也很害怕，没有人和我说话。爸爸妈妈回到家里，说的第一句话就是：'作业写完了吗''这一天你都干什么了'，他们从不知道我在想什么。晚上睡觉我从不拉上窗帘，因为我要和星星、月亮说话。我很想上学，因为学校里有同学，和同学在一起我感到很开心。"她不敢把自己的想法告诉爸爸妈妈，她说："他们根本不了解我。"

听到这个女孩的话，家长会不会觉得心酸呢？既为女孩的苦处难过，也为自己做父母的失败而伤心。每个父母都爱自己的女孩，可是，如果女孩连想法都不敢和父母讲，这就是父母爱的结果吗？

很多家长不知道自己的女孩在校的学习和表现情况，不知道女孩最近又交了哪些朋友？女孩的零花钱是怎样花的，女孩晚上外出在干什么？跟谁在一起？女孩的星期天在干什么？"我根本不知道她在想什么？"这是家长们最苦恼的。可是家长为什么不知道孩子在想什么？原因在哪里呢？女孩为什么宁愿向外人倾诉，也不愿把心里话告诉自己的父母？做父母的难道不应该反省一下自己吗？

有一位家长说："我工作很忙，一天累到晚，孩子确实顾不上。没办法，我只能用物质来弥补，她想要什么我给她买什么，可是孩子在想什么我确实不知道。"有些家长是单位上的"顶梁柱"，忙得顾不了孩子；还有一些父母生下孩子后推给老人或者保姆照看，忽视了父母在孩子成长过程中的作用。这类孩子由于缺少父母在心理上、品德上、精神上的爱抚、教育，造成孩子缺乏爱心和同情心。现在有的孩子在物质上很富有，但是在精神上却相当匮乏。在孩子成长过程中，父母的理解和关爱绝对不是高档玩具、保姆，甚至各种辅导班老师能够替代的。所以，家长与其不惜花钱给孩子买这买那，送孩子学这学那，不如多抽出一点时间陪陪孩子，不要让孩子陷入"情感真空"。

还有相当多家长对孩子说得最多的是"要好好学习"，中学以后，家长和孩子之间的谈话内容基本上是"学习"这一个主题。当孩子学习暂时出现困难时，有的家长不是积极鼓励，而是拿别人的孩子作对比，孩子敞开的心扉也许会因为家长一次敷衍的应答或粗暴的对待而从此关闭。有些家长为了维护其尊严和权威，往往对孩子实行命令主义，总要摆架子，树权威，个性固执，作风专横，孩子一开口就说她讲错了，孩子一动手，就说她什么都不会，对孩子过多地批评、指责，极少鼓励、赞扬。这种家庭教育方式让孩子怎么开口跟你讲心里话呢？

甚至还有些家长对孩子过于严厉，动不动就惩罚，罚扫地、做家务、不准看电视、不准玩游戏。孩子稍有过失，动辄训斥，甚至打骂。这种粗暴惩罚的家庭教育方式造成孩子心理扭曲，性格冷漠，不要说跟家长沟通了，严重的会使孩子出走，交上坏朋友，走上截然相反的道路。因为孩子在家庭里得不到温暖，得不到尊重，得不到幸福，稍有诱惑，可能就会被坏人利用，受骗上当。

反省了自己的所作所为，父母们还能埋怨女儿与自己疏远吗？

很多时候，关切女孩的感受更甚于给她们忠告。比如，家长可以这样问女孩："你看起来很生气"，或者"你好像有点不好意思"。类似这种说法，可以让女孩知道家长正在关心她们，也因此促使她们愿意开口说话。

一旦女孩打开话匣子，家长们一定要用心聆听。可以把工作摆在一旁，关掉电视机或者放下手头正在做的事，纯粹和她们交谈。只要家长的关心恰到好处，女孩一定会打开她的心扉的。

巧用时间和女孩进行沟通

当家长和女孩坐在餐桌旁、房间里，或者和孩子单独相处，这正是家人畅谈一天大小事情的最好时机。如果女孩年龄还很小，家长可以利用她们就寝前的这一点时间，和她们讲悄悄话，亲热一番；要是女孩的年龄较大，家长也可以利用这个时候，心平气和地和她们就某事进行沟通。

多用些心思，多了解女孩

如果家长们想提供给女孩有益的指引，就得了解她们生活状况的方方面面：她有哪些朋友、她和朋友在一起的情况、她在校学习情况、她和老师的相处状况、她有哪些兴趣、她有哪些困难……只要家长用了心，关心得恰到好处，女孩很容易会向家长打开心扉，毕竟，她们需要家长的关爱和帮助。

当女孩提出你无法解答的疑惑时

到了快要入学的年纪时，这个阶段的女孩可能会变成一个"十万个为什么"，遇到任何事情都喜欢问问"为什么"：

"为什么有的豆子是青色的，有的却是黄色的?"

"为什么我早上刷牙在吃饭前，晚上刷牙在吃饭后?"

"为什么妈妈穿裙子，爸爸从来不穿?"

"为什么别人在看漫画，我却要在家里画画?"

一般的家长都会感到不胜其烦甚至是招架不住，就算有耐心的家长，也未必有能力一一解答女孩的问题。当女孩提出家长也不知道的疑问时，怎么办呢？

父母们一般会这样想：如果在女孩面前暴露出无知，就会威严扫地，这原本是人之常情。因此即使父母不知道问题的答案，也会编出一套说法，或者说"你以后就会明白了"，敷衍了事。

家长这样的心理可以理解，但是不能提倡。其实，父母在女孩心中的威严并不完全建立在"博闻多识"这一条上，对事情的态度、对女孩的信任和尊重、在工作上取得的成绩、夫妻之间的评价都会影响到女孩对父母的认识。如果一位爸爸在平时的生活中很积极，面对家庭的困难也毫不气馁，对妈妈和孩子都呵护备至，常常得到邻居的称赞，那他在孩子心目中就会有很好的形象，即便遇到问题不会回答，孩子也不会因此改变对爸爸的崇拜。

家长承认自己不知道还只是回答问题的第一步，如果就说一句"我也不知道"然后就走人了事，确实会让女孩感到失望。怎样弥补无语的状态呢？当女孩的提问兴头在没有回答的情况下大减时，家长们不妨说一句："虽然我现在不知道答案，但是我知道在哪里可以找到答案。让我们去图书馆寻求神秘的答案吧！"听到家长的这番话，女孩会马上兴奋起来，想去图书馆探个究竟。

陪女孩发现问题、探讨问题，答案是什么并不是最重要的，关键是让女孩练习独立思考、判断的能力，学会运用资源去解决问题，她才能享受明白事理的喜悦。

家长总认为孩子什么都不懂，其实，孩子的心灵深处绝对不是一片空白，尽可能地将你知道的道理用简短的话解释给孩子，就能激发他心中的思维系统。当他有疑惑的时候，你可以告诉他："为什么不听听老师的说法"，"你尽量去理解，也不用着急，以后会有很多学习的机会"。这绝不是逃避责任，而是在为孩子缓解无知的焦虑。

独立解决问题的能力是拉开人与人之间的差距的重要指标，当孩子向你提出难以回答的问题时，不要回避或假装知道，尽管把真实的情况告诉他，让他学会独立去解决问题，这样，孩子在成长的道路上才能走的更扎实。

爱提问题的孩子,一般都是善于思考的。所以,家长们千万不要打击女孩提问题的积极性,如果家长经常说"你脑子里想的都是什么乱七八糟的啊!"或者说"你怎么总是这么多废话啊!"这些话会刺伤女孩的自尊心,并且会使她不再愿意发表自己的古怪想法,对她的成长是极为不利的。作为家长,更应该鼓励女孩多提出问题,并且赞叹她的奇思妙想。

向女孩"索要"关爱

不懂得爱父母的女孩很难学会爱别人,这一点尤其值得家长重视。因为随着独生子女的增多,自私自利,以自我为中心的"小公主"也逐渐增加,这些女孩只懂得无止境地索取,心安理得地接受父母和他人的爱,却吝啬得不肯付出一点。

一位妈妈给3岁的女儿买了盒新鲜的点心。小女孩津津有味地吃着,爸爸走过来说:"什么好吃的?让我尝一尝。"没有想到的是,女孩按住盒子盖大叫:"不给,不给。""小东西,别这么自私,给一块。"爸爸故意从盒中抢了一块点心咬了一口。结果女孩大哭起来,非要爸爸吐出来不可。妈妈连忙跑过来哄着:"宝贝别哭了。都是爸爸不好,咱们打爸爸。"女儿大叫着:"坏爸爸!坏爸爸!"最后在爸爸连声的"认罪"中,女儿才破涕为笑。

这个故事中,不仅女孩的做法让我们感到很无奈,妈妈的做法更加让我们深思。难道我们就不可以从女孩那里得到一些关心吗?我们作为家长为什么只是一味的奉献,但是却不告诉女孩爱别人才是她今后走向幸福生活的必需？善良和同情是女孩的天性。其实 1 岁前的婴儿就有情感反应，别人哭她会随着一起哭；一两岁的幼儿看到别人哭，就会拿自己喜欢的玩具去安慰，这表明她已能清楚地分辨自己和他人的痛苦，有了想减轻别人痛苦的本能，这是爱心先天的自然流露。可如果后天得不到很好的培养，她们的爱心就会逐渐消失。有一对父母在这方面的做法希望能对家长们有所启发：

一鸣的父母为了培养一鸣的良好品格，让一鸣从小就关心父母，不小气、不自私，每次吃东西父母都要她和父母分着吃。有一次，一个朋友从外地带来了一筐橙子，父母要求一鸣每次吃橙子都要拿出 3 个，最大的两个给父母，小的留给自己。开始一鸣每次都做到了，可是，当筐里只剩下三个橙子时，一鸣却舍不得了。这时爸妈就告诉一鸣：好东西越是少的时候越能考验人，这时，你能想到把好的、大的橙子给长辈，才是真正的好孩子，要求一鸣继续坚持以前的做法。最后，一鸣是一边哭着一边把大的橙子分给父母，而且眼泪汪汪地望着父母，希望他们不要把橙子吃下去。这时，妈妈给爸爸使了个眼色，一瓣一瓣地把橙子吃掉了。两个橙子到底是什么味儿，谁都没吃出来，因为他们也"心疼"。但从这以后，一鸣遇事总是先想到爸妈，逐渐养成了关心父母的习惯。

如今的孩子，大多是独生子女，得到了太多的关注与爱，可是很多家长却常忽视孩子的爱心教育。爱心是要父母精心培育的。有一位母亲在这方面做得很好：

我常跟女儿说的一句话就是：有女孩真好！女儿小时候长

得比较胖，刚学会走路时，我抱她上楼梯就很困难，所以我就有意识让她知道：自己能做的事情一定要自己做！要让她知道，在家里爸妈的想法也非常重要，做事情要学会为别人着想。在关键时候要充分发挥她在家里的作用。比如，每次回家，都要让她力所能及地帮我拎一点东西，让她知道，妈妈一个人拿着很累，需要她帮忙，而且她也应该帮妈妈。有时候心情不好的时候，就告诉她，要体谅一下妈妈，不要让妈妈烦，往往这个时候她就会很主动地说一些我喜欢听的话，还会表现得特别乖。

让女孩分担一些家庭中的事情

父母不应该让女孩在家中当特殊人物，养成衣来伸手、饭来张口的坏习惯。父母要让女孩知道，家庭中的事务每位成员都有义务承担。要循序渐进地教女孩做些力所能及的事，比如擦桌子、摆放碗筷、摘菜叶、洗手绢等。在女孩稍大些时，还可以让她分担相对重要的家务，既让她获得成功感，又使她从小养成勤劳的好习惯，并从中体会到父母为家庭付出的辛劳和养育之情，体会到爱是需要付出的。

爸爸妈妈要相互"串场"

若是爸爸和女孩说："孩子啊，你爸爸不容易，你要好好孝顺你爸爸。"或者妈妈经常对女孩说："孩子啊，妈妈天天忙里忙外的真不容易，你以后一定要好好心疼你妈妈啊。"其效果不如爸爸妈妈之间相互夸赞，爸爸对女孩说妈妈好，妈妈对女孩说爸爸好，这样的话，女孩既懂得爱爸爸又懂得爱妈妈了。

让女孩在平等的氛围中表达

帮助女孩合理宣泄感情

女孩是天真无邪的，她们的喜怒哀乐很真实，也很强烈，这往往直接支配着她们的行为。同成人一样，女孩常常利用多种情绪来表达自己的需要与愿望。烦恼、攻击、挫折、愤怒这些侵犯性情感是点燃攻击性行为的导火线。因此，父母和老师应当更多地体察和理解女孩的情绪变化，为她们创造一定的条件，帮助她们将这些不良情绪发泄出来。

很多父母都认为，女孩没有太多学业上的负担，不愁衣食，并且受到无微不至的照顾，她们不会有什么压力。怎么会抑郁呢？其实，现在的女孩在得到父母的爱的同时，却越来越失去了玩的自由；在得到大量玩具的同时，却失去了与父母拥抱、游戏和谈话的机会；在幼儿园，教师与女孩、女孩与小朋友之间有时会有一些矛盾发生，如受到批评、不能与小朋友友好相处，这些都会使女孩产生压力感。

在女孩的眼里，这是一个陌生的世界，每天都会有很多新的事物发生。女孩正以惊人的速度吸收各类不同的信息，结果她每天都发现很多不可理解的事情。爸爸妈妈可能会离开一段时间，不知去了哪里，还会不会回来？白天在街头看见一只大黑狗，晚上睡觉时就会想，狗会不会趁我睡觉的时候走进我的房间咬我呢？或者会不会有魔鬼躲在我的床底下呢？妈妈送我上幼儿园，爸爸、妈妈都不去，为什么我要去呢？幼儿园是什么地方？这些忧虑使女孩不安和恐慌。

抑郁使女孩感到孤立、恐惧和不快乐。女孩抑郁起来并不知道自己哪里不对，只知道自己的感觉糟透了，不像以前的自己，心里的那种感觉会越来越糟糕。

在日常生活中，父母要培养女孩开朗、自信、合作的性格，与女孩建立平等、尊重、信任的关系。父母不以家长的权威强迫女孩，尊重女孩的意见。当女孩从父母那里体验到父母对她的尊重时，她就懂得了要尊重别人。

即使当女孩发生了比较激烈的事件时，父母也不能用简单粗鲁的方式处理，这会使女孩萌生愤怒感，非但不能解决问题，而且会造成破罐子破摔的不良后果。这时，父母应耐心地与女孩沟通，倾听女孩诉说，减轻女孩的心理压力，同时要帮助女孩正确地面对事件，妥善处理。

父母应该帮助抑郁的女孩缓解情绪

当女孩遇到困难或情绪压抑的时候，我们应该及时告诉女孩，不要把烦闷锁在心里，有不开心的事情要说出来。此外，还可以教给她一些宣泄情绪的小窍门，比如让她大哭一场，或者做一件自己喜欢的事情，还可以和好朋友倾诉等。

帮助女孩找到发泄情绪的合理途径

当女孩感到情绪郁闷但是无法发泄的时候，父母可以通过一些方法来帮助她们。比如说，可让女孩用语言发泄情感，创设悄悄话角，当她们感到愤怒时，独自大喊大叫，舞动自己的手臂。又如：可让女孩通过运动形式表达情感，设立体育角，当她们想打人的时候，就打陀螺，用沙包击靶子，或戴上手套任意打击沙袋，也可任意在垫子上翻滚，这样使女孩将自己的情感发泄到一个合适的替代对象上。

不可以用命令的口气和孩子说话

在我们的周围，总会看到这样的现象：

"去，给我回家写作业去！"

"不准说话，赶紧吃饭！"

"今天必须去辅导班听课……"

在父母教育女孩的过程中，很多家长都忽略了，女孩是发展中的个体，具有独立的人格和鲜明的个性心理特征，在向周围世界学习的过程中，她们处于主体地位，是学习的主人，家长应培养富有创造性和主动精神的女孩，让她们在探索中发现，在发现中提高和成长。

因此，了解女孩、尊重女孩、激励女孩、引导女孩是成功的教育方法，强迫责令，以成人为中心，往往使女孩被动，收不到好效果。命令的方式应慎用，绝对不能滥用。

对此，女孩家长在与女孩的沟通过程中要注意自己的方式，如何说女孩才肯听，如何听女孩才肯说呢？

仔细分析一下，女孩不愿意听从家长的原因，不外乎以下几种：

第一，当女孩玩得开心之时，家长硬性命令女孩去洗脸，孩子不去，便强硬拖着女孩去洗，孩子很委屈地哭了起来。其实，只要好言相劝，让孩子再玩得开心一些，这样反而更好。

第二，当女孩用手抓饭吃，妈妈打了一下她的手，女孩哭了，正在哭得喘不过气来之时，爸爸命令女孩："不要哭，闭上嘴!"女孩怎能一下子憋住这口气呢？纵然家长是一番好心去教孩子，但实际伤害了女孩的心灵，这种命令是女孩不能接受的。

第三，有时一些可听从、可不听从的命令多了，反而会强化女孩不听从命令的习惯。家长在命令女孩时，应该注意不多用、不滥用"命令"，一旦运用便要求女孩认真执行，鼓励肯定女孩执行命令的优点。"命令"要下在女孩有可能接受、有时间准备、又能尝试成功的点子上。尽可能让女孩会乐意去执行，而且会完成得挺好。当命令执行不好的时候，要帮助女孩检查原因，改正错误，并鼓励她下次完成好。

家长也可以尝试着把自己在工作单位执行命令的情况，编成小故事，讲给女孩听，启发女孩的学习和模仿能力。

对家长而言，和女孩交流沟通绝对不是一件无足轻重的小事，它关系到家长与女孩之间的和谐关系，关系到对女孩求知欲的培养以及对其人格的尊重。但遗憾的是在现代家庭教育中，与女孩的有效沟通总是被忽视。

父母应该重视与女孩的沟通，这样才能走进她的内心世界，知道女孩在想什么，才能更切合实际地为女孩的成长提供一个良好的环境。

这个时候，父母首先应意识到不能马马虎虎回答女孩提的问题，而要尽量拿出合乎道理的解答。

同时，很多人会问，如何用沟通代替命令，跟女孩成功地沟通呢？教育专家给我们的建议有如下两点：

第一，成功的家庭沟通，应该注意以下因素：理解、关怀、接纳、依赖和尊重。理解要求父母孩子双方能够设身处地地为他人着想；关怀不但存在于内心，更要切实付诸行动；接纳要求考虑到每个人的个性，懂得欣赏人们身上的优点；依赖是要做到既信任别人也信任自己；而尊重是指尊重他人特别是孩子的权利，尊重他们的意见和选择。

第二，要建立一种积极健康的家庭沟通交流关系，应该改变父母是决策人、孩子是接受者这样僵化的家庭角色的分配。父母在家庭教育中应该懂得进行角色交换，每一个家庭成员都可以对他表述的愿望予以积极地辩解。

当女孩能够参与讨论家里的问题时，她才能够更好地理解父母，而父母一方面可以调动孩子想问题的主动性，另一方面可以得到有关自己教育的反馈信息。

综上，父母与女孩通过沟通，才能让女孩明白理解、信任、承诺、准时等观念的重要。通过沟通，最容易让女孩站在他人的立场上思考，也最容易让女孩养成理解他人的习惯。

家长要学会沟通的艺术

做家长的要学会沟通的艺术，当你的女孩"倔脾气"上来时，不要一味地责骂，学会与女孩交朋友，因为在女孩面前我们不仅仅是父母，还是女孩的朋友。家长应该设法巧妙地从与女孩的对抗中解脱出来，不应该继续与女孩抗衡下去，在女孩缓过了顶牛儿情绪，心平气和，情绪良好之时，也会接受意见，改正错误。

善于做自我批评的家长会使女孩心服口服

如果家长的命令不合适，应该做自我批评，这样会使女孩心服口服，因为平等的亲子关系，会给双方以好的感受。如果不来个缓解过程，既伤了心、又伤了身体，大家情绪都不好，甚至造成家长与女孩之间的隔阂。

"蹲下来"和孩子说话

成功的家庭教育，一定是民主的教育，与女孩平等相处，特别是交流的时候，最好家长能够蹲下来与女孩的目光平视，以平等的姿态与女孩相处，对女孩正确的想法和行为给予充分的肯定。

林俊访问澳大利亚归来，那里的许多人和事仍历历在目，如一些家长蹲着同小孩子谈话，和孩子在一个水平高度上面对面地谈话，这给他留下了很深刻的印象。

一个周末，学校的一位秘书尼蒂请他到她家作客，他又一次见到这动人的情景。尼蒂有一双可爱的儿女，当他们准备乘车一同去超级市场时，4岁的女儿因为哥哥先坐进汽车而不高兴，尼蒂在车门口蹲下来，两只手握住女儿的双手，脸对脸，目光正视着孩子，诚恳地说："罗艾姆，谁先坐进汽车并不重要的，对吗？"罗艾姆看着妈妈会意地点点头，钻进了汽车并挨着哥哥坐了下来。第二天上午，我们和孩子们去公园玩。当罗艾姆同哥哥跑跑跳跳，要到湖边去看戏水的鸭群时，不小心绊了一跤，眼泪在她的大眼睛里滚动着，马上要流出来了。这时，尼蒂又很自然地蹲下来，亲切地对女儿说："你已经不是小宝宝了，是不是？你已经是个大孩子了，绊一下是没关系的，对吗？"这时，林俊也学着在一旁蹲下来，面对着罗艾姆说："是的，你是个大孩子了，对吗？"孩子一下子就收住了眼泪，很自豪地玩去了。这时，林俊禁不住同尼蒂谈起了这样的教育方式。她说："与孩子说话当然要蹲下来呀！他们年龄小，还没有长高，只能大人蹲下来，才能平视着说话。在我小的时候，我的父母就是这样同我们说话的。我们认为，孩子也是独立的个体，因为他们比我们矮一些，我们就应该蹲下来同他们说话。"

现在，常常可以看到有些父母站在那里，大声呵斥孩子："过来！别摸！""去！去！去！别烦我"等居高临下、命令式的语言。其实，是否蹲下来与女孩说话，只是一种方式问题，重要的是在父母心中，是否把女孩真正当作和自己一样，具有独立人格的个体，这才是问题的本质。这会影响到家长能否以正确态度对待与教育女孩的一系列问题。

你是否也会蹲下身来与女孩交谈，有没有发觉女孩不愿意对你敞开心扉？如果发现她总是不愿与你交流，就该反省一下自己了。

看了文中尼蒂的事例，对这位母亲的做法有何感想？你赞同她这样做吗？

每次女孩有事要问，或是欲与之谈话时，你是居高临下、严肃地说话，还是俯下身平等地看着孩子说？

你认为家长有必要树立并维持家长的威严吗？

很多家长之所以与女孩交流的效果不好，就是因为家长与女孩交谈时，往往以长者自居，对女孩缺乏应有的尊重。大多数父母总喜欢把女孩当作"小豆包"，没有在情感上给她们公平的待遇。殊不知，女孩早已有了自己的思维与尊严，她们渴望与大人平起平坐，渴望大人把她们当作平等的个体来看待。

家长们已经习惯了站在成人的立场，以成人的思维方式为女孩分析问题，告诉她们应该如何去做，这会使她们怯于亲身去体验。如果家长坚持认为自己的知识渊博，总是滔滔不绝地向女孩灌输，不厌其烦地纠正女孩的错误，就限制了女孩自己去积累知识的机会。而且这种认为女孩这也不行那也不行的态度，会极大地打击她们的积极性，使她们丧失自信。学会站在女孩的角度思考问题。家长对孩子所要表达的爱，是要对方接受的，千万不可因"爱"而生"碍"。

父母要做到平等地对待女孩，就要抛弃那种居高临下与女孩谈话的姿态，而要蹲下身子，以平等的态度对待女孩，与女孩的目光平视。

人与人之间的交往需要在思想上和感情上平等交流，无论是蹒跚学步的女孩，还是已经上学的女孩，都有这种渴求。平等，不仅在大人之间，大人与女孩之间也需要平等。

纪伯伦说："孩子来自你的身体，但是不属于你……你可以给他们爱，但不能塑造他们的思想……你们是弓，你们的孩子是从弓上发出的生命箭矢。"

教育女孩，首先要尊重女孩

要教育女孩，首先要尊重女孩，在与女孩交流时要平等，在此基础上才会努力地去理解她的想法。这种平等的关系会使女孩愿意同父母交流，并能听得进父母的说教，这是做好子女教育的首要条件。为了做到这些，我们在对女孩的教育上要尽可能地多一些人性化，从女孩容易接受的事和有关的问题出发，给她提建议，让她明白哪些该做、哪些不该做。女孩最初受人尊重的感觉是从父母那里得到的，尊重别人的意识也是在日常生活中经过多次的训练、教育和不断地强化而逐渐建立起来的。而且只有那些能够得到父母的尊重与爱的女孩，才会懂得如何去尊重别人、爱别人。所以，家长请不要忽视女孩的"平等观"，爱她就要让她知道你很尊重她。应放下长辈的架子，蹲下身来与女孩交谈，而不要总给女孩"高高在上"的压迫感。

用了解与希望倾听的语气与女孩说话

家长们用了解、希望倾听的态度与孩子们谈话，就是向孩子表示尊重她们的能力，尊重她们的独立性。尽管父母认为女孩所做的许多事情不尽如人意，但是，也不能因此显出不屑一顾的样子，更不应该挑剔指责过多。作为父母，应这样和女孩沟通："我想听听你对这件事是怎样理解的？""让我弄清楚是不是理解你所说的。"如果家长肯丢掉成年人的认识框架，愿意从女孩的角度来理解她们的世界，并给予引导，就会使她们通过自己的经验学到知识。千万不要以父母的权威压抑女孩。

不要和女孩一样任性

任性似乎是女孩子的天性，若遇到不顺心的事，小嘴一撇，就哭个不停，生气的父母实在受不了，竟也学着和女孩一起任性起来，拉她，扯她，骂她，打她，却不会心平气和地和她谈上一谈，很多时候女孩的任性是善意的，如果父母也学着任性，那就不应该了。

儿童心理学家威廉·科克的研究表明，孩子任性也是一种心理需求的表现。他指出，随着生理发育，幼儿开始逐渐接触更多的事物，但是却不能像成人那样对这些事物做出正确的判断和评价。

女孩只会凭着自己的情绪与兴趣来参与，而家长多以成人的思维去考虑女孩参与的结果，完全忽略了女孩参与的情绪和兴趣。实际上，这种情绪和兴趣，正是女孩心理需求的一种表现方式。

5岁的苏苏看到邻居小朋友的一辆遥控小汽车很好玩，回到家后，便向妈妈提出了要求："妈妈，我也想要一辆小汽车。"

"好，"苏苏的妈妈满口答应下来，"明天去买，今天商店关门了。"

"不，我要小汽车，我现在就要。"苏苏坐到地上，哭叫起来。

"你这孩子，怎么这么不听话。"妈妈急了，一把拉起苏苏，"都答应你了，你还想怎样。"

然而，苏苏却一直没有安静下来。

她反反复复地重复着那句话："我要小汽车。"

这件事情从表面看来是苏苏太任性，在无理取闹。其实真正的原因是她看到那辆小汽车上有个小灯在一闪一闪的，她很想知道那个小灯为什么会闪，这是一种好奇的心理需求。当这种心理需求得不到安抚和满足时，苏苏只能以哭闹来表示抗议。

处于独立性萌芽期的女孩，一切事物都想亲力亲为，想弄个透彻，这原本是好事。但是，这种"亲力亲为"的心理，往往会在不合实情中表现出来。这种任性，实质上是一种与家长对抗的逆反心理，其根源又在于家长初始没有重视她的心理需求。

面对这种情况，家长切不可简单地以女孩任性来对待。家长应该了解女孩的心理需求，给以足够的重视。例如，上文中苏苏的妈妈，就完全可以和女孩聊聊那辆小汽车，聊聊车上的小灯，并对明天和女孩一同买小汽车进行想象。相信解决女孩的任性并非难事。

一般说来，女孩任性的原因主要有两个：

第一，由于女孩的认知水平不高，不善于从他人的角度考虑问题，她们只能考虑自己的需要、自己的情感，尤其是三四岁的女孩，在活动中追求自主，力图表达自己的意志，因此，常常不肯按照家长的意图来办事。

第二，如今的父母大多过于宠爱女孩。女孩要什么，父母就给什么，甚至一些不合理的要求也迁就答应，养成了女孩以自我为中心的习惯，一旦遇到不顺心的事情，女孩就会大哭大闹，直到家长让步为止，渐渐地，女孩发现了，只要自己坚持，家长就会让步，自己的要求就会被满足，于是就养成了任性的性格特征。

从心理学的角度来看，任性是儿童意志薄弱、缺乏自控能力的表现。

但是，女孩的任性并不是天生的，而是家长不良教育方式的结果。有些家长抱着侥幸心理，认为女孩现在还小，有点小性子也没有关系，等女孩大了自然就会好了。

有一些家长，则以自己的任性来对付女孩的任性，"你越不听，我非要你听不可"；还有一些家长，每当女孩任性的时候就互相推诿，爸爸说是妈妈惯的，妈妈说是爸爸宠的。于是，女孩不是出现狂躁、郁闷等异常情绪，就是毫无顾忌地张扬任性。

心理学家斯考特·派克认为，家长对孩子的溺爱和对宠物的爱有着惊人的一致性，可以说是一种父性或母性的本能。它并不需要努力，也不需要经过意志抉择，并且对心灵的成长毫无帮助，所以不能算是真爱。虽然溺爱也能帮助建立亲密关系，但要养育健康而心智成熟的孩子，还需要更多的东西。

派克认为：爱不光是给予，它是合理的给和合理的不给；是合理的赞美和合理的批评；它是合理的争执、对立、鼓励、敦促、安慰。所谓合理，是一种判断，不能只凭直觉，必须经过思考和有时不怎么愉快的取舍决定。

并且，这样做的人经常会处于一种两难的困境当中，一方面要尊重所爱的人在生活和人格上的独立，一方面又要适时提供爱的引导。

这种真爱复杂而艰巨，需要认真思考，需要不断创新。相反，溺爱不管看起来是多么富有牺牲精神，也是懒惰的、缺乏思考的，而且一成不变。最懒惰的就是放纵型的溺爱，因为这样做的父母放弃了思考，而让没有控制能力的女孩去发号施令。

爱是合理的给和合理的不给，面对女孩不合理的要求，父母要学会对女孩说"不"，但是当面对女孩善意的任性时，父母就应该心平气和地同她讲道理了。

添加适量的肯定和激励

不拿自己的孩子和别的孩子随意比较

有一些女孩子自尊心极为强烈，也很敏感，但她们同时也很好强，不愿意服输，总想做那个佼佼者。所以，父母的有些话仿佛一根针，深深刺痛了她们的心。有些时候，这些现象完全是因为父母的不当比较造成的。

有的女孩，我们认为她"笨"，可能仅仅是我们拿她的弱项和其他孩子的强项比较的结果。很多时候家长们只看到女孩弱项的一面，而没有发现她们的强项。

小花是个内向的孩子，从小生活在爷爷奶奶身边。

爷爷奶奶有他们自己的工作要做，没有多少时间注意小花，因此小花就越来越沉默了，整天一副心不在焉的样子。

后来小花又回到了父母身边生活，但妈妈脾气暴躁，常常会责骂她。而让小花最难过的就是，妈妈总喜欢拿她的弱项和其他孩子的强项比较。

"你看看你的成绩，真让我为你感到难过。隔壁的小佳，她和你念同一年级，年龄比你小两岁，可成绩却比你好。"

小花的学校举行游园会，邀请家长一起参加，孩子们为家长表演了一场舞台剧。

小佳是主角，她打扮成公主站在舞台中央，而小花则扮演一位端水的仆人，而且由于紧张，小花还在舞台上摔了一跤。

回到家以后，小花的妈妈又开始责骂起女儿来：

"怎么搞的？你为什么要在大庭广众之下丢人！看看人家小佳，打扮成漂漂亮亮的公主！你为什么就不能学学小佳……"

在母亲的责骂声中，小花全身缩在椅子上，心里只有一个想法：都怪小佳！没有她，妈妈就不会再这样责骂自己了。

很多家长都喜欢攀比，别人家的孩子上辅导班，那自己的孩子绝不能落后。其实，这种不根据女孩实际情况而盲目攀比的行为，对女孩的成长是非常不利的。

"别人行，你为什么就不行？"这是许多家长训女孩的口头禅。

某女士一说起女儿的学习，就显得特别激动："我们做父母的舍不得吃舍不得穿，一心只想女孩好好读书，可她就是不争气。我姐姐的孩子比她还小一岁，学习从来就没让父母操过心！我横看竖看，我的孩子不比别人差啊，别人行，她为什么不行呢？"

没有一个女孩愿意承认自己比别人差，她们希望得到家长的肯定，她们对自己的认识也往往来自于家长的评价，而这种肯定式的评价对女孩自信心的培养是尤为重要的。

如果父母总是强调女孩比别人差，常此以往，这会使女孩形成自我否定的习惯，当女孩遇到困难就会恐慌、退缩，从而对女孩的心理造成伤害。

家长要学会欣赏女孩，不要总是拿自家的孩子与别人家的孩子比较，孩子之间是无法比较的。

由此，家长们要让自己的女孩保持自信！不论好坏，都要鼓励女孩在生命的交响乐中演奏属于自己的乐章。这是最大化女孩潜能的重要通道，也是最大化女孩自信的源泉。

曾经有一位家长，自己是大学教授，才高八斗，对女儿要求极严。别人家的女儿钢琴弹得好，他马上叫女儿学钢琴，女儿钢琴水平上不去，他就气急败坏；他又让女儿报奥数班，希望在理科思维方面有所锻炼，结果落了空，他极为沮丧，整天在家里苦着个脸。

其实，女儿的兴趣不在这些方面。女儿说，她喜欢一个人待在屋里浮想联翩，幻想自己上九天、下五洋，写小说。这样的女儿，在她父亲看来，既不争气，也不中用。

而主张"人性教育"的专家认为，这样的女孩优点集中，尤其是哲学思维发达、性格敏感、想象力丰富的，如果从事文学、哲学和历史方面的研究，可能更加适合。

每个孩子的智能发展是不均衡的，每个人都有各自的强项和弱项。如果孩子找到自己的强项，使潜力得到充分发挥，便可取得骄人成就。

有一个女孩，她的父母看到邻居家的孩子因为一篇作文而被一所重点大学免试录取，于是，父母便强迫女孩学写作文，但过了一个学期，女孩的写作能力并没有多大起色。

在和别人的攀比中，女孩的自信心也一点一点被消磨下去，最后彻底失去了学习的兴趣。不得已，父母把她送到了一位教育专家那里。

在和这个女孩接触的过程中，专家发现她并不像她母亲所说的"是个笨孩子"，除了有点儿自卑以外，并没有其他学习障碍。

经过一段时间的辅导与学习，这个女孩对化学产生了浓厚的兴趣，专家就鼓励她去做实验，去探索、去发现更多的为什么。

这个女孩的智慧火花一下被点着了。后来，她考上了一所高校的生物化学专业，毕业后又考上了另一所高校的研究生。

家长要包容自己的女孩，包容就是不去指责女孩的缺点，更不要拿女孩的缺点与别的孩子的优点比较，这样做只会刺伤女孩的自尊心。更不要以别的孩子的标准来苛求自己的女孩。当女孩老拿自己跟别人比的时候，做家长的应引导女孩做正确的比较，让女孩树立对自己的信心。

鼓励女孩"自己只和自己比"

家长们可以这样告诉女孩：不论是学习还是生活的各个方面，自己只和自己比，只要让自己每天进步一点点就足够了。通过家长这样的劝慰，女孩自然会变得越来越上进。

永远不要说自己的女孩差

不少父母老想给女孩树立榜样，拿自家女孩的不足与别人的长处相比，这是一种盲目的教育心态，父母的这种教育方法容易使女孩产生挫败感，不利于培养女孩的自信心。

用女孩的方式去爱她

爱自己的女孩是这个世界上所有父母都能够做到的事，但是真正会爱女孩的父母却不多。因为爱是一门艺术，尤其是对于女孩，要爱的适时、爱的适度、爱的得法，这都有一定的讲究。爱女孩，首先就要从了解女孩开始。

大部分的家长都把眼光放在了 5 年、10 年、20 年，甚至更久，希望从小抓起，让自己的女孩成为一个出色的人。可是，家长们不能忽略的是，真正的爱应该以女孩喜欢并且易于接受的方式爱她，并不一定要女孩按照我们的期待来成长，而是让她成为一个快乐的人。

女孩在成长中最需要的是什么？女孩和男孩在成长过程中的需求有哪些不同？不知有多少父母问过自己这些问题，又有多少父母能够给出答案。

打个比方来说吧，女孩和男孩看到同一条河流时，男孩注意到的是它的流速和水量，目测它的深度，并估量自己是否可以穿过它到达彼岸；而女孩会注意那些跳跃的浪花、晶莹的水珠，有的还会脱下鞋子踩踩水，顾不得水流里是否暗藏危险。男孩与女孩是有区别的，这就决定了父母教育女孩与男孩方式的不同。

女孩与男孩看问题具有不同的方式，所以女孩父母需要依据自身的性别特质来教养女孩。

女孩是靠语言来表达自己的，同时，她也是在与父母的交流与沟通中来获取父母对她的爱。

女孩注重父母对自己的评价，当女孩在某一方面取得成绩的时候，父母应该及时地给予鼓励与表扬。

由于大脑的细微差距以及大脑中某个部位的发育先后顺序及程度不同，也造就了女孩与男孩的差异。

有时，女孩比男孩更敏感。"听"是女孩得天独厚的心智能力；在触觉方面，最不敏感的女孩也要比最敏感的男孩得分高；女孩的视觉记忆更好，在黑暗中女孩看得要比男孩清楚；女孩的味觉和嗅觉也比男孩敏感。正因为此，女孩更擅长调动自己的听觉、触觉、视觉、味觉和嗅觉等，捕捉到那些微妙的、不容易被人发觉的信息以及更为具体的细节，建立起自己的直觉系统。

这些都是父母应该细心关注的地方。

女孩天生就有一种娇弱的特质，就像是鲜花，在盛开之前，需要更多的精心呵护；女孩是温柔的代名词，是世界的调和剂。

女孩需要父母更多的呵护与关爱，需要自始至终精心的培育。要想让女孩健康、快乐地成长，做父母的就要按照女孩喜欢的方式爱她，让女孩感受到父母是多么在乎她、多么爱她，让她在健康和谐的环境下成长起来。

赏识教育也有分寸

时常会听到有些家长说这样的话："我的女儿太出色了，聪明绝顶，又那么漂亮！"母亲这么夸女儿，一旁的女儿则羞愧得简直无地自容！

似乎，现在的父母觉得好孩子都是夸出来的。

不可否认，赞美确实能起到巨大的激励作用，不只是女孩，大人也一样，如果大人在工作中得到表扬和夸奖，那么积极性也会大增，随之创造的是更多的价值。被夸奖代表着被认可，被夸奖的人也会更深刻地认识到自己的价值。但是夸奖也要把握适当的"度"，过分夸奖或者夸奖不当的结果可能适得其反。

心理专家马丁认为：过分夸奖同贬低一样，不能帮助人树立自信，还会让人变得脆弱。所以在家教中也应当注意避免过度夸奖。正确的夸奖方法应是先仔细观察，了解女孩所做出的努力和成绩，在此基础上，有针对性、目的性的夸奖才是正确的夸奖，而过度夸大千万不可盲目使用。

赏识女孩一定要有限度，惩罚女孩一定要有分寸，并且需要有明确的操作方式。如果父母过分夸奖女孩会使得她很难正确认识自己，不知道自己真实的潜力有多大。当然，因为父母的过分夸奖，懂事的女孩会去努力但能力达不到就容易产生压力，甚至会有挫败感。

此外，如果过分地夸奖或炫耀女孩的长处，时间久了，易使女孩产生比谁都强的心理，不允许或不能接受别人超过自己的事实。大人在夸奖女孩时一定要实事求是，不要夸大其词，并在表扬女孩时应给她指出不足之处。

一位母亲忧虑地对老师说："我们并没有给女儿什么压力，也很少责备她，更不会疾言厉色。我们奉行以奖励代替责备，为什么孩子会越来越忧虑呢？"

老师单独和这位念初中一年级的女孩交谈，发现她担忧自己不能名列前茅，所以很用功。她经常失眠，觉得压力很大，甚至想休学。

"我很怕考不好，所以每天学习到深夜。"女孩说。

"你觉得学习有困难吗？所学的功课你不会吗？"老师问。

"不是，是怕考不好。如果落到前三名以外，我会觉得很没有面子。我就是怕输掉！"

"你父母亲要求你考前三名吗？"

"没有。是我自己担心考不好，我就是很在意成绩。"女孩哭了起来，"我怕失败，那很没面子。"

"对谁来说，你会觉得没有面子？"

"我怕爸爸妈妈对我失望！怕得不到他们的欢心。"女孩泣不成声。

这个女孩长期生活在父母和亲人的夸奖之中。由于一直保持好名次，她未曾尝过父母没有夸奖的滋味。她怕失去夸奖，并把这个惧怕当成了一种严重的威胁。

可见，过度的夸奖，给女孩带来了心理负担，慢慢地会加重女孩的心理压力，使女孩变得焦虑，遇到困难容易退却，缺乏信心。所以，千万不要看到女孩有一点儿小成就，动不动就过度表扬、夸奖。

著名作家毕淑敏曾写过一篇题为《请为你的夸奖道歉》的短文，说的是她的一位朋友到北欧访问，周末到当地教授家中做客发生的事情。

这位朋友一进屋，看到了教授5岁的小女儿，这孩子长得非常漂亮。

朋友带去了中国礼物，小女孩有礼貌地微笑道谢。朋友抚摸着女孩的头发说："你长得这么漂亮，真是可爱极了！"

教授等女儿离开了之后，严肃地对朋友说："你伤害了我的女儿，你要向她道歉。"朋友大吃一惊，非常不解地看着教授。

　　教授说："你是因为她的漂亮而夸奖她，而漂亮不是她的功劳，这取决于父母的遗传基因，与她个人基本上没有关系。

　　"你夸奖了她，孩子很小，不会分辨，她就会认为这是她的本领。而且一旦认为天生的美丽是值得骄傲的资本，她可能会看不起长相平平的孩子，这就成了误区。

　　"不过，你不要沮丧，你还有机会可以弥补，你可以夸奖她的微笑和有礼貌。这是她自己努力的结果。"

　　朋友听后，感觉的确很有道理。

　　不要认为教授对女孩太严苛，事实上他是非常赞同赏识教育的。只不过他认为，表扬不可过多过高，不能让孩子情绪过热，过多的赞美会让孩子产生错觉，要么认为自己比任何人都要出色，要么就逐渐形成压力，为了夸奖而去做。

　　女孩的父母对女孩的赞美应该就事论事，不可过分夸大其词。父母在赞美女孩优点的同时也要适当泼点儿冷水，提醒女孩改正缺点。最好是了解女孩做事情的过程，把她做某件事情的良苦用心和艰难努力都看在眼里，然后再夸奖女孩。

赞美要把握好时机和尺度

　　当女孩在表现出色的时候、取得进步的时候、需要鼓劲加油的时候，可以不失时机地赞美她。甚至在指出女孩的不足之前，也要先肯定她的努力，让女孩看到自己的优点，然后再改正自己的缺点。

对于女孩的夸奖最好能够适可而止

　　过多过分的夸奖，会带给女孩不必要的困扰。夸奖具有启发性和鼓励作用，但夸奖过多，会带给女孩压力，形成焦虑。所以家长在平时对女孩的夸奖要适可而止，而且应用欣赏、交谈、聆听等方式代替过多的夸奖。著名教育家老卡尔·威特给父母们的忠告是：我们不能让女孩在受责备的环境中成长，但是也不能让她们整天泡在赞美里。

理性看待女儿的说谎

教育女孩要诚实是家庭教育中的重要内容，要想让女孩诚实，家长应该多注重平常的小事，而不应等到发现女孩说谎之后再来补救，做父母的应当允许女孩犯错，但是要心平气和地与女孩一起分析犯错的原因，帮助女孩克服说谎的毛病。

现实中，由于各种原因，有时女孩会说谎。作为家长，如何对待女孩说谎呢？是大声斥责、严厉批评，还是心平气和地引导女孩认识到说谎的危害呢？

女孩子说谎实在是一个严重的问题。而且一旦说谎成了习惯，那就很难改正了。所以，面对女孩说谎的问题，父母们一定要抱着认真的态度去处理。教育说谎话的女孩，一定要注意技巧，切不可一味地批评和打骂女孩。

当发现女孩说谎时，父母一定要弄清楚女孩说谎话的原因，一般情况下，女孩说谎是模仿成人行为的结果。父母在日常生活中由于应付某些特殊情况而不得不讲假话时，女孩如果不加分析、判断，就会全盘模仿。

此外还有可能是为了逃避责任，免遭打骂和惩罚。女孩有时是在环境的压迫下才说谎的，而且只有发现说谎可以逃避责任、免遭打骂和惩罚时，才真正有意识说起谎来。

针对这一点，家长可以对女孩说："说谎的人会失去别人的信任。"以此来增强女孩的自律意识，使女孩能够自觉地改变说谎的坏习惯。

家长要把握女孩说谎的心理原因

并非女孩的所有谎言都与"品德不端"有关。许多时候，女孩说谎的最初原因可能在家长身上，也可能是无意中模仿大人的不实之词；或出于自我保护的本能；或为了迎合家长的过高期望，满足某种虚荣心。当发现女孩说谎的时候，作为家长要正确理解并加以引导，根据不同情况客观分析，对她进行正确的教育引导，即使女孩犯错，只要说了真话，就应肯定她的表现，并引导她不断完善自己。

对于女孩无意识的说谎，家长不要过分追究

有时候对于女孩的无意说谎，家长不必过于追究，因为随着认识能力的提高，这种现象会慢慢消失。而对于有意说谎的女孩，则要严肃对待。有意说谎通常带有明显的欺骗目的，当她们知道一旦讲出事实真相将要受到惩罚时，就可能用谎言来掩盖事实；或者，当女孩意识到不隐瞒事实将得不到家长表扬时，也可能采用说谎的手法。

第四章　每个女孩都是"艺术家"
——女孩的才艺培养

艺术是女孩最好的成长伴侣

莫让学艺成为孩子的负担

　　如今，让孩子学习各种各样的才艺成为很多父母生活中的重心所在。他们认为，学习各种才艺是素质教育的一种，因此，无论孩子愿不愿意，父母都逼迫着孩子进各式的才艺班。

　　从小学习一门艺术，不但可以陶冶孩子的情操，开发她潜藏的艺术才能，而且对于日复一日枯燥的课本学习都有着很大的调节作用。如果学得好，日后还可能在才艺方面有所作为。但是，家长在为孩子报才艺培训班的时候并不能自作主张，而是要根据孩子的特点，在与孩子协商的基础上再斟酌。

　　一位父亲在女儿两岁时，就让女儿学才艺，每天都规定女儿必须做什么，不准做什么。如果女儿不听话，就没完没了地唠叨。在这种环境里，女儿的确取得了不小的进步，不到10岁，就弹得一手好琴，还擅长书法绘画。

　　一次，女儿在绘画比赛中获得了一等奖。父亲非常高兴，扬扬得意地说："我太幸福了，10 年磨一剑，工夫终于没有白费。"但是，当他看到女儿获奖的那一幅画时，惊呆了：在画上，有一只乖巧的小羊正在弹琴，在旁边站着一只龇牙咧嘴的大灰狼，在狼旁边标了这样一行字："你得一直弹我爱听的曲子！不然，我就吃掉你！"他恍然大悟——乖巧的小羊，还有龇牙咧嘴的大灰狼——这是女儿在控诉自己啊！

有些孩子在看到钢琴这类漂亮的乐器，或是听到优美的音乐时，她自己也会想要用好看的乐器演奏出美妙的音符。好奇是孩子特有的天性，最初喜欢某样东西的时候大多都是因为好奇心所引起的。但是有的孩子在接触了一段时间之后，却发现她手中的乐器并不是自己真正喜欢的，也就不愿意继续学下去了。这个时候，家长应该多站在孩子的角度考虑，而不是以强迫的方式让孩子做自己不愿意做的事情。

事实上，很多父母在才艺学习这方面的意识本身就很模糊，多是随大流地对孩子胡乱地进行培养。他们看到别人家的孩子今天去学美术，明天又去学声乐，于是觉得自己的孩子也不能够落后，也让孩子去学。他们并没有想到，在孩子没有兴趣的情况下学习才艺，只会给孩子的生活和思想造成巨大的压力，别的一无所获。既耽误了学校里的文化课学习，才艺方面也没有很大的长进，何苦呢？

每个人都有自己所擅长的领域，并不是所有的孩子都有艺术天分。有的孩子可能对文学感兴趣，如果父母强迫孩子去学舞蹈，那根本就是南辕北辙，最终孩子将什么都没有学到。因此，在家庭教育中，父母如果想要自己的孩子学习才艺，就一定要根据孩子自身的条件以及兴趣来决定。

学习才艺不宜贪多，一门足矣

无论做什么事情，要想把这件事做得更好更精，那么就一定要花费大量的时间与精力在这件事情上，学习才艺也不例外。孩子的接受力本来就有限，再加上现在学校学习的负担也重，如果父母还让孩子在课余时间参加过多的才艺培训班，那么孩子就会不堪这种过大的压力。因此，对于真正有艺术天分的孩子，父母只需要让孩子扎实地学习一门才艺就已经足够了。

父母应该多倾听孩子的想法

不要认为孩子年龄小，不要觉得她们什么都不懂，更不要对女孩说："我做的一切都是为了你，你现在反抗，长大后就知道是对你好了。"可是似乎很多父母都会说这样的话，让孩子年幼的心灵承担了太多的负重。孩子是追求自由的，可学习才艺的压力往往埋没了她心中对自由的向往，这对她的成长是很不利的。因此，父母在决定孩子是否学才艺之前，一定要多与孩子沟通，倾听她自己的想法，之后再做决定。

高雅不是"媚雅"

关于"媚雅"，很多人并不知道这是什么意思。已故作家王小波在一篇文章中曾经说："这个词的意思我倒知道，是指大众受到某些人的蛊惑或者误导，一味追求艺术的格调，也不问问自己是不是消受得了。在这方面我有些经验，都与欣赏音乐有关。高雅音乐格调很高，大概没有疑问。我自己在音乐方面品位很低，乡村音乐还能听得住，再高就受不了。"

也就是说，"媚雅"之人本身欣赏不了高雅的美，可是却要故作高雅，硬着头皮学习"高雅"，无奈自己却是"媚雅"之举。可是很多家长就是这样，他们让自己的孩子学习孩子并不喜欢的东西，不管孩子怎样垂头丧气，还是强迫着其去学。

有许多诸如此类的父母，他们不但自己不懂得某种艺术，更谈不上欣赏，可是非得把自己的这点虚荣心强加在孩子的头上，让孩子去学习自己没有获得的东西，让孩子承受着"嘱托前辈梦想"的压力。

要知道，无论艺术本身有多么高雅，可是学习自己不喜欢的艺术就是"媚雅"。难道作为父母，你愿意让自己的女儿变成"媚雅"之人吗？

艺术的学习是基于兴趣，而不是为了考级

专家认为，孩子学习艺术可以本着兴趣去学，而不是追求社会上流行的考级。考过钢琴十级的人，如果本身并不喜欢钢琴演奏，那么他弹出来的音符也只是没有灵魂的篇章。相反，只有一个人心中热爱一门艺术，那么他在艺术中所表现出来的东西才有来自灵魂的震撼和力量。

发现孩子的内在潜质，不要让女孩产生抗拒心理

孩子在学习自己不喜欢的东西时，往往会产生抗拒心理。鲁班小时候非常聪慧，他的父亲非常高兴，想要让他读书成才，不要跟自己一样再做木匠。可是鲁班并不这想，他执意要做一个好木匠。父亲没有把自己的意志强加于鲁班身上，于是鲁班才有了后来的巨大成就。在现实生活中，父母应该多观察孩子，发现孩子的内在潜质，看孩子究竟喜欢什么，适合什么，而不是随大流地让孩子去学艺术。

艺术家就是能够听到蚂蚁跑步的人

著名的雕刻大师罗丹曾说："对我们来说，自然界不是缺少美，而是缺少发现美的眼睛。"有审美能力的人，在别人眼中微不足道的东西，在他的眼中却是最美的风景。懂得欣赏美的人，他的生活往往更加充满了情趣。那一双慧眼，让默默无闻的蒲公英瞬间成了风儿最青睐的伙伴，那一双艺术家的耳朵，甚至连蚂蚁的跑步声都听得到。

哪一个父母不希望自己有一个审美能力极强的孩子？可是偏偏却发现自己的孩子是一个没有美感的"普通人"。其实，"艺术家"三个字并没有我们想象中的遥远，只要有一双善于发现的眼睛，有一对巧于聆听的耳朵，那么就已经具有了艺术家的潜质。

艺术家对平淡的生活往往具有一种强烈的感悟能力，他们有着敏感的内心，能够发现别人所看不到的美。因此，在家庭教育中，要想自己的女儿也有一颗艺术家的心灵，那么首先就应该培养孩子对外物的观察能力。

眼睛是心灵的窗户，透过孩子明亮的双眼，我们可以了解到她清澈的内心世界。同时，孩子那明媚的内心也能够通过眼睛这扇清新的窗户折射到外物上面，把美好付诸于青草与花朵，把情趣交给蓝天和白云。大自然给予了我们太多的美，假如善于观察与发现，这些美就会融入我们的内心。当然，除了自然景色之外，生活中的任何一种现象和场景都可以成为孩子观察的对象。

因为有着强烈的好奇心，所以孩子的想象力是无穷的。家长在生活中应该学会开发孩子的想象力，这是促进孩子成才的一个重要因素。世界上很多伟大的艺术家都有着丰富的想象力，他们眼睛里所看到的，在心中会变成另外一个模样，一个更美、更深刻的样子。当看到女孩把一个图案涂抹成五颜六色的时候，千万不要对她说："这些颜色一点都不搭配！"因为家长的这种做法会埋没孩子的想象力和创造力。所以，请允许孩子漫无目的地表达自己的艺术，孩子眼中的美好往往是成年人所看不到的。

优美的文学作品曾经让我们感动，动人的绘画也让我们两眼放光。艺术家就是能够听到蚂蚁跑步的那个人，作为家长，培养女孩的敏锐的观察能力是至关重要的。

父母不要问太多的"为什么"

其实，对于一个喜欢画画的孩子来说，她的很多作品可能都是随性之作。家长如果过多地问她为什么这样画，为什么那样画，这也许会让孩子自己也混乱。转而在以后的绘画中，孩子就会去在意这些"为什么"。这时候，她的想象力可能就会受到限制，作品也就跟着大打折扣了。

给女孩看一些有趣的书籍，以增强她的兴趣

市场上指导孩子艺术创作的书籍有很多，其中也不乏一些枯燥无味的"说教"，家长要避免买这些书，因为枯燥的读本很有可能让孩子的兴趣在不知不觉中消失。因此，父母在挑选书籍的时候，最好选择一些趣味性强的，这样，孩子在看书的时候，更容易对内容产生兴趣。

腹有诗书气自华

美丽的容貌和优雅的气质，每个女孩子都想拥有这两样美好的东西。可是，上天赐予了我们固定的容颜，即便没有想象中的美丽，我们也应该不加质疑地接受它，因为这是我们独有的财富。除了容貌之外，优雅的气质也是女孩子所追求的。然而，在很多女孩的眼中，气质只不过是来自于对外表的装扮。

培根说："如果船的发明被认为十分了不起，因为它把财富、货物运到各处，那么我们该如何夸奖书籍的发明呢？书像船一样，在时间的大海里航行，在相距遥远的时代能获得前人的智慧、启示和发明。"

腹有诗书气自华，书籍才是让女孩更富有内涵的营养品。妆化得再好看，衣服穿着再漂亮，如果没有诗书的底蕴，一个女子看上去也只不过是拥有外在的美丽罢了。相反，一个外表并不是十分出众的女孩，如果她饱读诗书，在知识的海洋里无尽地畅游，那她的身上自然地会带着深深的气质，散发出无比的清新与魅力。

不过，我们这里所说的饱读诗书并不单是说在学校里的学习，而是重在对书籍的兴趣。

在培养孩子读书兴趣时，除了在学校里对课本的学习，对专业知识的学习外，家长应该让孩子多看一些课外读本，以扩大孩子的眼界，丰富孩子的精神世界。不妨建议孩子在闲暇的时间里多跑跑图书馆，在那里找寻一些自己喜欢的读本，在安静的环境中静静地享受书籍带给自己的快乐。

孩子可以看一些文学大师的经典著作，也可以欣赏一些精美的散文……家长可以本着利于孩子对基础知识的学习、本着孩子的兴趣，在这些基础上为孩子挑选一些合适的读本。书读得多了，孩子的阅读和理解能力也会逐渐增强。当然，更让家长欣喜的是，时间久了，你会发现自己的女儿有着一种书香的气息，那是一种格外清新高雅的气质。

书籍是人类智慧浓缩后的精华，读书多的人，会对真善美有着自己独到的体会，对人世间的事物也能够看得更透彻。读书多的人，他可能在风口浪尖上波澜不惊地体味人生的美好，所谓的一览众山小嘛。

让女孩合理地安排读书时间

课外书籍的阅读当然非常重要，但要合理安排阅读时间。不能让女孩每天都沉浸在小说的世界里，这样会耽误学校的学习。家长可以建议女孩每天做完功课后，围绕着自己的兴趣做一些扩展阅读。

生活与艺术零距离

用音乐陶冶女孩的情操

音乐能够陶冶人们的情操，让人们从烦躁中解脱出来，从压力中得到舒缓，并且达到修身养性的作用。毕达哥拉斯就曾说："如果我们把各种优美的音调融合在一起，就能使各种行为缺陷转化为美德。"希腊著名的哲学家柏拉图也说过："如果教育适当，节奏和和声比什么都深入人的心灵，比什么都扣人心弦。人人知道，当我们的耳朵感受音乐旋律时，我们的精神就会起变化。"

除了陶冶情操之外，音乐还能够起到一些规范人们行为的作用。例如，一些国外的公共场所就会播放一种叫作"文雅劝说者"的音乐，这种音乐的旋律是经过专家精心地研究与编制后才在公共场所加以播放，以起到约束不好行为的规范作用。另外，有的工厂和企业也用音乐给员工进行精神上的调节，在紧张的工作之后，播放一小段轻松舒缓的音乐，让疲累的大脑和身体得到适当地缓解，从而让员工恢复到最佳的工作状态。

作为一种有节奏的律动，音乐在人的大脑中能够起到让细胞和谐共振的同步作用，同时刺激大脑皮质神经细胞的兴奋度，从而让人们产生不一样的情感体验，以达到陶冶情操的目的。可以说，在家庭教育中，音乐是帮助父母培养女孩的好帮手。父母可根据女孩不同的特征和状态，适时地播放一些音乐，净化女孩的心灵。

在阳光明媚的清晨，在悠闲而宁静的下午，在温暖的家中播放一些舒缓而温馨的音乐，让温暖与舒适将女孩包围，让她在音乐中享受体验家庭的和谐，亲人的美好。父母播放的音乐最好是纯音乐，优美舒缓，或者是享誉世界的名曲，这些大师级的作品一定会让你收到不错的效果的。

女孩正处于成长的关键时期，对于任何事物都有着极强的感知力，音乐也是如此。如果家长能够时不时地播放一些好的音乐，这样就可以增强女孩对音乐的感受力。在节奏中享受艺术带来的美妙，在音符中思考一些人生的道理。当然，如果女孩的情感细腻的话，在音乐中，她或许还能够与作曲的人在精神领域进行交流，也能够通过音乐引起某些方面的共鸣。

纯音乐给人以很大的遐想空间，女孩在听音乐的过程中可以尽情地放飞自己的想象力，在音乐的国度中尽情地遨游。

父母可以利用音乐帮助女孩入睡

舒缓的音乐有助于人们放松紧张的情绪，如果孩子学习的压力过大，特别是面临升学考试的女孩，很有可能因为过于紧张而睡不着觉。这个时候父母就可以请出音乐这个好帮手，在孩子躺在床上的时候，播放一些节奏缓慢的轻音乐，让孩子闭上眼睛，放松心情，慢慢地，就会进入梦乡。

父母可以通过音乐来调节女孩的坏情绪

有时候，因为对一些事情不满意，女孩的情绪会有或大或小的波动。无论是流泪哭泣、大吵大闹还是生闷气不说话，如果父母在这个时候拿女孩没有办法的话，不妨任由她做什么，父母可以尝试播放一些舒缓的音乐。不知不觉中，你会发现女孩糟糕的情绪已经烟消云散了，洋溢在她脸上的还是之前快乐的笑容。

学会演奏一种乐器

贝多芬曾说："音乐是比一切智慧、一切哲学更高的启示，谁能渗透音乐的意义，便能超脱寻常人无法自拔的苦难。"或许年幼的孩子对贝多芬深奥的话语还不是很理解，但即便是不理解音乐与生命融为一体的那种崇高意义，孩子也能够在音乐中表达情感、宣泄感情。

抒发感情的方式有很多，演奏乐器就是其中一种。所谓琴棋书画样样精通，父母想要培养才艺全面的女儿时，让她根据自己的兴趣挑选一种乐器进行练习就很不错。在心情不好的时候，通过自己弹奏一首优美的曲子，情绪便可得到舒缓，让孩子在音乐中重新找寻到生活的意义与乐趣。

乐器的种类实在太多，对于学业繁重的学生来说，只要静下心来，学会其中的一样，能够充满感情地演奏就可以了，这不仅可以让自己的生活多一抹生动的色彩，也是与朋友交流的好方式。

根据女孩的实际情况选择适合她的乐器

女孩喜欢拉二胡，可是家长却非得让她选择小提琴，阻挠了她的兴趣。这里我们建议，在选择乐器的时候一定要按照孩子的想法走，这样她在学习的时候才能够因为喜欢而更加用心。

带着女孩亲自挑选属于她的乐器

在决定好学什么之后，家长还需要带着孩子亲自到乐器行挑选属于自己的乐器。购买的时候要让孩子全程参与，因为自己选中的她日后才会更加珍惜。把乐器抱回家之后，家长还需要告诉孩子，乐器就如同一个小小的生命，时间越久，与它的感情就越深厚，因此要格外地爱护它。

在对弈中成为生活的智者

与球类运动、拳击以及其他靠体力来比拼的项目不同，下棋属于博弈的一种，它靠的不是力量，也不是身体的轻巧灵活程度，而是依靠大脑的智慧。下棋，比的就是谋略，能够活跃孩子的大脑，让她的思维更加灵活。

下棋，也不仅仅是一项娱乐或者竞技活动，而更是一种文化的传承。生活中很多成语与词汇都与下棋有关，例如星罗棋布、棋逢对手、举棋不定、丢卒保车、丢车保帅，等等。因此，让孩子学习下棋，这是了解中国文化的一个好方式。

有一位学者曾经写过一篇关于下棋与帮助青少年提高品性的论文，他在文中提到，学习下棋可以让孩子养成良好的品质，如洞察、远见、谨慎以及乐观等。所谓洞察，就是指在下棋的过程中，孩子需要观察每个棋子之间的关系，以及自己的棋子所处的环境是有利还是不利。

而所谓下棋中的远见，则是说，孩子在下棋的过程中每走一个棋子，都需要在心中考虑下一步该如何走，以及对手将如何走。有时候，一步棋子可能关系到整盘棋的输赢。因此，有远见的人习惯于边走边观察局势，以锁定最后的胜局。

除了洞察力与远见之外，下棋还能够帮助孩子练就谨慎的态度。在走一步棋之前就需要慎重考虑，在走过之后不能反悔，棋子落下就是落下，没有后退的道理。人生也如同下棋，需要认真对待。

下棋教给孩子的还有乐观豁达的人生态度。一盘棋下完的结果肯定是一方输，一方赢。所谓胜败乃兵家常事，下棋的输赢也是如此。孩子需要在下棋的过程中体味成功的快乐与失败的苦闷，但是无论快乐也好，苦闷也罢，都需要以一种豁达和乐观的态度来面对。与下棋一样，在日常生活中孩子也会遇到各种事情，这个时候，就需要拿出下棋的精神，淡然地看待一切。

人生就像一面棋盘，而我们所走的路也正如棋盘上的棋子。让孩子在对弈中成为生活的智者，这就是下棋的艺术，更是生活的艺术。

通过对弈培养女孩专注的精神

一些女孩无论做什么事情都容易走神，特别是上课的时候，面对这样的情况，家长不妨让孩子学习下棋，让她在棋局中提高自己对事物的集中力，而且下棋的乐趣也足以吸引孩子。

凡事有度，家长不能让女孩沉迷于下棋

做什么事情都要有节制，下棋也是这样。虽然下棋有诸多好处，能够培养女孩在很多方面的品质，但是由于孩子还处于重要的学习阶段，因此不能为了下棋而荒废了学业。父母可以把下棋发展为孩子的一项兴趣爱好，在业余的时间里作为放松精神、调节心情的一项活动，但决不能让孩子因为沉迷于下棋而耽误了功课。

书法，是写意人生

近年来，电脑已经在日常生活中越来越普及了，可是电脑在带给我们方便的同时，也对传统文化的继承方面有所冲击。现在很多人都在用电脑办公，用电脑打字。懂得用电脑的人，基本上很少会再拿起笔来写字，更不用说用毛笔来练书法了。

书法在科技发达的现代社会，已经渐渐地褪去了它之前的实用性，而变成了一种美的象征。能够写一手好的毛笔字，对于现代人来说，那是才艺的展现。古代的文人墨客，他们留下来的书法作品，如今正在被收藏家们收藏，通通成了他们的财富，甚至是无价之宝。

其实，学习书法更能够让人的内心平和下来，多一点思考，少一些浮躁。对于孩子来说，学习书法还能够提高他们对于美的感知力。因此，家长在培养孩子的过程中，不妨根据兴趣，让她尝试着学习书法，走一走写意的人生。

书法是多种艺术的集合体，在白净的纸面上，那灵动的笔画和水墨的韵律相结合，在黑白的世界中蕴涵着无穷的生命力和文化内涵。练习书法，能够提高一个人的修养，更可以展现一个人的学识。此外，书法对于调节情绪也有很好的作用，当你感到愤怒或者不高兴的时候，写上一页毛笔字，那不快的情绪在不知不觉中就隐没了。

在刻苦研习书法造诣方面，古代有不少故事，王羲之以及他的儿子王献之就是如此：

晋代王羲之从小学习书法，7 岁就写得一手好字。成年后他仍然刻苦练习书法，即使闲坐时，也常常用指头在膝盖上比拟点画，时间长了，裤子都被磨得破损了。王羲之还虚心向别人学习，博采众长，成为我国历史上著名的书法家，人称"书圣"。其书法平和自然，笔势委婉含蓄，遒美健秀，后人评曰："飘若游云，矫若惊龙。"其书法作品有《兰亭序》《官奴帖》《十七帖》《二谢帖》《奉橘帖》《快雪时晴帖》《乐毅论》《黄庭经》等。

王羲之的 8 个儿女都擅长书法，以最小的儿子王献之尤为突出。王献之 7 岁开始学习书法，几年后自认为已经写得一手好字，便在父亲面前炫耀，想得到几句赞扬。谁知父亲却指着家里的 18 个大水缸说："要想写出像样的字，你得写干这 18

缸水。"后来，王献之经过长年累月的练习，18 缸水写完了，他的字大有长进。

一天，王羲之想试试儿子的功力，就从背后出其不意地拔他的笔，竟没有拔动，于是叹息着说："这孩子前途无量啊!"后来，王献之终有所成。王献之的书法兼精诸体，尤以行草擅长。他运笔英俊豪迈，饶有气势，在书法史上与其父齐名，并称"二王"。他的书法作品有《洛神赋》《鸭头丸帖》《中秋帖》《东山帖》等。

要想练好书法，除了长期的坚持和刻苦研习之外，还需要掌握基本的技巧。如果父母本身在书法方面没有造诣，那么就可以为女孩请一个书法老师，或者是上专门的培训班。

当然，练习书法最重要的还是提高孩子的修养。在紧张的学习之余，孩子可以通过写毛笔字来放松身心，在艺术的长河中陶冶自己的性情，追求精神上的高远境界。

多给女孩讲一些书法大师的故事

由于孩子的年龄小，因此耐性也是有限的。有些孩子在练习书法的过程中往往不能够静下心来，刚练一会儿就想要出去玩。这时候，父母就需要抓住孩子的心理，给她多讲一讲书法大师刻苦研习的故事，让感动留存在孩子的心中，从而安静下来写毛笔字。

父母可以与女孩一同修身养性

如果孩子一个人练习书法感觉枯燥，那么父母不如也加入其中。家长一周的工作是忙碌的，孩子一周的学习也是紧张的，到了周末的时候，如果没什么事情，父母和孩子不妨一同走进写意的人生，用书法放松身心的压力，在黑白的世界中陶冶情操。这样，既增加了与孩子之间的亲密度，而且还能够提高孩子对练习书法的专注程度。

尽情涂鸦，展现女孩的生活情趣

三昧书屋中少年鲁迅曾用荆川纸蒙在小说的绣像上，将人物一个个描下来。他在回忆时风趣地说："书没有读成，画的成绩却不少了，最成片断的是《荡寇志》和《西游记》的绣像，都有一大本。后来，因为要钱用，卖给一个有钱的同窗了。"这种情节，其实与你在课堂上偶然偷偷在笔记本上画一个小猫或者雪橇狗的往事有些相像吧。可见，这绘画中，确实有无穷的乐趣。

画画不仅能提高审美能力和空间的把握能力，而且还能提高手眼以及大脑之间的协调力。孩子正在成长发育的关键时段，让身体的各个器官灵活起来是非常重要的。而且画画还能够激发孩子的想象力，既陶冶了情操，又锻炼了心智，何乐而不为呢？

孩子有着极强的模仿力，看到课本上有喜欢的图画，就想尝试着自己把它画下来。无论是照着画还是临着画，对于提高孩子的审美能力都有一定的帮助。关于绘画方面的名人故事有很多，其中就不乏因为热爱画画而勤学苦练的例子。

"江南四大才子"之一的唐伯虎，他的画画技艺很高，有一次，一个画家向他挑战，两个人在相同的时间里，都完成了各自的作品，栩栩如生。正当大家争执不下谁画得好的时候，两只蝴蝶飞了过来,都围着唐伯虎的百花争艳图飞。这时候,比赛的结果就出来了,唐伯虎的画逼真得吸引了蝴蝶,当之无愧地成了赢家。

16世纪日本的"画圣"雪舟,因幼时家贫,不得不进山当和尚,但他酷爱绘画,常因为学画而误了念经,以致一再触犯庙里的长老。长老见他对绘画如此着迷,屡教不改,大怒,将他的双手反绑,捆在寺院的柱子上。雪舟虽然行动受制,却不愿意因此放弃绘画,想到伤心处,不由得泪如雨下。那些泪水刚好滴落在地上,激发了雪舟的灵感,他居然伸出了大脚趾,蘸着泪水就在地上画了起来,画出了一只活灵活现的小老鼠。长老见了大吃一惊,终于认定这孩子日后必有出息,便不再限制他绘画。后来,雪舟果然成了一代宗师!

许多女孩对粉笔都有着很深的情结,因为从小就看到老师在黑板上用粉笔写写画画,因此自己也有了强烈的好奇心,她们会拿着粉笔乱写乱画,在黑板上、在墙壁上、在地上……这个时候,家长不能因为女孩弄脏了墙壁或者地板就大声地对其进行训斥,因为这可能会丧失她对涂鸦的兴趣。家长最好用循循善诱的方式教导女孩不可随意乱画,可以为她买一块小黑板,让孩子在上面尽情地涂鸦。

孩子的世界充满了无穷无尽的乐趣,与其让这些童年的乐趣随着时光的流逝而消失得无影无踪,倒不如让孩子拿起画笔尽情地涂鸦,以留住此时此刻的快乐感受。

让女孩多学习名家名作

学习名家名作并不是要求孩子能够模仿名人的作品,毕竟孩子还小，画不出难度高的作品。我们这里所说的学习，重点是学会欣赏。在平时的教育中，家长需要帮助孩子理解名作的内容，从结构、色彩、内涵等诸多方面进行诠释，这对于提高孩子的绘画水平很有帮助。

经常带女孩参观博物馆、展览馆

随着生活水平的提高，人们的业余生活也越来越丰富多样了，无论是大人还是孩子，在闲暇的时间里可供休闲的场所都变多了。在周末的时候，有些家长可能会选择陪女儿到游乐场去玩，有的则带着孩子去公园里散步，另外一些也可能去商场购物。但是却很少有家长想着带孩子去博物馆或展览馆参观。

对于大多数孩子来说，比起博物馆和展览馆，他们可能更愿意去游乐场、动物园等地方。但是作为父母，空闲的时候带孩子参观博物馆或展览馆是一个不错的选择。

带孩子去参观博物馆有很多好处，能够增长孩子的见识，扩充她的知识。特别是当孩子在学校已经学习了相关的知识时，为了理论联系实际，去博物馆就是很好的一个途径。

有一位母亲，经常带女儿去一些博物馆。女儿最喜欢的是自然博物馆，于是妈妈收集了许多与自然界动物、植物有关的资料，分成不同的专题，每次选定一个主题有针对性地带她去参观。

家长带孩子去博物馆不要过于追求向孩子灌输知识，结果丢掉了趣味性，常此以往，孩子可能就再也不想去博物馆了。

家长最好选择一些适合女儿年龄的博物馆，或者是与女儿目前正在学习的某一方面知识相关的博物馆，这样就更有针对性了。参观的时间也不宜过长，最主要的是，父母不能够强迫孩子参观。

去博物馆之前，教给女孩基本的礼仪

博物馆是文化场所，不是休闲娱乐之地。因此，在进博物馆之前，父母事先把相关的规章制度和礼仪教给孩子。例如，博物馆是安静的场所，进到里面之后不能大声喧哗。此外，博物馆中的物品一般都是文物古迹，是供人们参观的，不能随便乱摸乱动。

巧手灵心，巧女孩修炼有术

折纸游戏让女孩心灵手巧

当第一艘纸船从我们手中缓缓地浸入水面的时候、当第一架纸飞机在天空中放飞的时候、当第一个纸花篮中盛满了我们喜欢的糖果的时候……也许父母在回忆自己的童年时，自然地就联想到不可缺少的折纸时代。

曾几何时，各色的纸张在我们眼里是那么的具有吸引力，我们看着那光滑亮丽的纸面，脑海里早已想象着把它变成了花骨朵、小青蛙……简简单单的小纸片在我们心灵手巧的摆弄之下居然能够呈现出美妙的形态，如梦如幻，可爱极了。不可否认的是，折纸游戏能够给童年的孩子带来无尽的乐趣，同时也能够让女孩提高动手能力。

要让女孩在折纸游戏中变得心灵手巧，这还需要一个循序渐进的过程。女孩还在年龄很小的时候，父母就可以把纸张拿给她。先不要教她应该做什么，父母要先看女孩在面对纸张时的反应。一般情况下，年纪较小的女孩在拿到纸张之后都会以撕纸的方式寻找乐趣，把一张纸撕成纸条或是雪花片，然后漫天地挥洒，在飘扬的纸片中享受"胜利"的快乐。

这个时候，父母不要出面制止女孩的行为，因为这是女孩在对纸张的出现表示欢喜。父母越是制止，她就越是要做这件事。因此，家长不妨任其在一旁乱撕，自己坐在一边用纸撕出有形状的东西。等到女孩看见之后就会感到好奇，这个时候家长再去引导着女孩撕出形状各异的小动物或者花儿，就显得更加有趣了。

待到女孩稍微大一点的时候，父母就可以教给她一些简单的折纸游戏，让她在纸张的世界中尽情地玩耍，发挥出卓越的想象力。不过，做什么事情都需要慢慢地过渡，从简单到复杂，折纸也是如此。一开始的时候，家长只需教女孩用简单的两三步就可以折出可爱物体的方法，等到女孩熟练的时候，再逐步增加难度。

折纸游戏长期玩下来之后，父母会发现女孩已经有了自己的一套折纸技巧。她能够把平面的纸张变成立体的形状，小猫、小狗、小兔子……在立体的世界中用空间的造型不断地创造快乐，丰富情节。父母还可以买一些专门教折纸的书籍给女孩看，或者跟女孩一同研究书上的折纸方式。最好是父母和女孩共同研发和开创几种新型的折纸游戏，更是其乐无穷。

在折纸的过程中，父母要不断地开发女孩的智力。例如，一个圆筒可以做出很多不同的东西，只需要在上下左右加上一些小零件，就会形成各式各样的造型。此外，父母还需要激发女孩丰富的想象力和创造力，让她根据自己的想法折出更多更有趣的形状。女孩在折纸的过程中能够体会到无穷无尽的快乐，当她把一张纸变成一个艺术作品时，那种自我成就感足以激励她创作出下一个更好的作品。

教女孩在折纸的过程中保持耐心

有的折纸步骤比较复杂，女孩一次次地折，却一次次地失败。这个时候，父母要鼓励女孩，与她共同找出问题的症结所在，然后再继续试验，直到成功为止。在练习的过程中，父母还需要告诉女孩，做什么事情都要有耐心。等到女孩把复杂的折纸作品完成的时候，她的成就感就会异常的高。

父母给予女孩更多的是提示与指导

有的父母本身就是心灵手巧的人，在女孩不会折的时候，就自己折出一个成品来给女孩玩。这样的做法其实并不科学，因为女孩玩折纸游戏就是为了在快乐中学习技巧，如果父母代替她把作品完成了，那意义就大大降低了。因此，在女孩折纸的过程中，父母只需要在必要的时候做适当的提示与指导就可以了。

学习一个简单的传统编织

与折纸游戏一样，传统的编织手法也能够让女孩心灵手巧。现在，许多年轻人都喜欢亲自动手为家人或是朋友送上一份自制的小礼物。他们在收到这样的礼物后，会倍感温馨。

宋妮妮是小学六年级的学生，她很早就想送妈妈一件自己制作的生日礼物，可是又不知道送什么妈妈才会喜欢。有一次，她在放学回家的路上看到有一个与她年龄差不多大小的孩子手里提着几团毛线，妮妮心中立刻有了好的想法。

妮妮的妈妈是一名城市清洁工，每天早上都要很早起床到街道上打扫卫生。天气暖和的时候还好，可是一想到在寒冷的冬天，妈妈还要顶着寒风在街道上清扫垃圾，妮妮的心中就有说不出的痛。妮妮非常心疼妈妈，不想让妈妈因为寒冷而把自己冻坏，所以她想亲手织一条温暖的围巾和一副厚厚的保暖手套送给妈妈。

决定好了之后妮妮就开始行动了，离妈妈的生日还有一个月，妮妮一定要在妈妈生日之前完成她的礼物。于是妮妮先去了书店，她买了一本简单易懂的编织书。然后妮妮又去了商场，挑选了好看又保暖的毛线。在接下来的日子里，妮妮每天在完成功课之后就偷偷地在自己的房间里学习编织。没过多久，她认真的态度和耐心的学习终于有了成效，已经熟练地掌握了简单的编织技巧，她的围巾和手套就要大功告成了。

终于，在十二月一个寒冬的清晨，妮妮早早地就起来到妈妈工作的街道上去找妈妈。妈妈看到妮妮之后感到十分惊讶。只见妮妮把藏在身后的围巾和手套拿了出来，她细心地给妈妈带上，并且在妈妈的耳边说："妈妈，生日快乐！"妈妈感动地紧紧地搂住女儿，热泪盈眶。

妮妮是多么细心的女孩，又是多么用心地在为妈妈编织生日礼物，这样的举动有哪个父母不为之感动和欣慰呢？当然，父母让女孩学习编织的初衷并不是为了想要得到那份温暖，最主要的是让女孩在编织中享受生活，在编织中让心、脑、手尽情地互动起来，打造一个灵巧的自我。

在一个温暖的午后，母亲坐在沙发上编织着一顶可爱的小帽子，身旁放着一杯暖暖的清茶。这样的场景是多么富有情调啊，当孩子看到母亲在编织什么东西的时候，她会感到十分好奇，可能就有了要学习的想法。父母可以通过这种"不经意"的方式引起女孩对编织的兴趣。

初学的时候，父母不宜教给孩子过于复杂的编织手法，只需要让她在简单的传统编织中寻找乐趣，一针一针地完成自己的小梦想。

用针编织的时候，提醒女孩注意安全

编织往往都会用到织毛衣的长针，父母需要不断地提醒女孩注意，不要让针扎到自己。在女孩编织的过程，父母最好在一旁陪伴，以避免孩子意外受伤。

简单的手法也能编出各式的花样

当孩子熟练掌握简单的编织手法时，父母就需要指导孩子，不要只局限于一种或几种单一的物品编织，而是要充分地发挥自己的想象力，用简单的方法编出更多花样。

简单的烹饪让女孩引以为豪

现在的女孩在家里都是父母的掌中宝，哪里舍得让她下厨房做饭呢？可是父母应该考虑得更长远一些，当父母在做饭的时候，偶尔可以让女孩在一旁看看，让她了解做饭的过程。或许哪天父母因为工作忙而不能及时回家做饭时，女孩自己也不至于饿着肚子一直等待。

五花八门的蔬菜、瓜果，颜色清新而鲜艳，色泽浓郁而逼人，怎能不对我们产生诱惑呢？即便是一碗淡淡的米粥，如果是自己亲自下厨，那么喝在嘴里也觉得美意无穷。其实，这时候喝粥已经不是单纯地品尝粥的味道了，而是在体味一种幸福，那种你寄托在这漫长熬煮过程中的一份心情。

让女孩学着做一两样简单的饭菜，不仅能够提高她的生活自理能力，而且还能多一门手艺，在煮饭的过程中享受生活，多么惬意啊。在周末的早晨，她偶尔也能够给父母一个小小的惊喜，亲自为他们做上一餐早饭，给劳累一周的父母奉献女儿的一点心意，父母也会倍感温暖。

告诉女孩：烹饪也需要用心

就像弹奏乐器一样，不用心弹奏的曲子听上去就没有灵魂。同样的，没有用心烹饪的饭菜吃起来也不会可口。做任何事情都需要用心去做，这是一种生活态度，更是一种积极而乐观的价值取向。

在品茶和园艺中度过美好的下午

中国的茶文化和园林艺术都有着悠久的历史。古往今来，文人墨客对这两种陶冶情操、修身养性的生活方式无不钟爱有加。在周末悠闲而又宁静的下午，跟女孩一同品茶，在一起养花赏花，是非常惬意的家庭生活。

品茶就是在喝茶中享受茶的芳香，并且在品尝的过程中能体味人生的道理，是一种非常优雅的艺术享受。中国是茶的故乡，有着深厚的文化底蕴，再加上适量喝茶也有利于身体的健康，现如今，品茶的潮流更是风靡世界。

当然，品茶之所以用"品"而不用"喝"，就在于品茶的最终目的是达到一种精神上的享受，而不单单是为了解渴才去喝的。会品茶的人有着深厚的茶艺功底，也有着丰富的人生历练，在茶水中回味走过的漫漫长路，又在茶水中展望未来的美好。品茶需要有一颗淡然的心，在宁静中仔细体会，在安详中徐徐品味。

自然的生命力早已浸入了茶叶，茶文化同时也是几种艺术的集合体，包括音乐、文学等。在闲暇的时间里，一家人坐在一起，泡上一壶好茶，学点茶艺表演，父母与女孩一同享受茶文化带来的快乐与安宁，让家庭的氛围更加和谐。

除了品茶之外，父母还可以让女孩学一学园艺，也就是养花之类的小活动。学习园艺也是一个快乐的过程，在这个过程中，可以全家人一起参与进来，父母与女孩共同研究养花的技巧，从中找到其乐融融的感觉。在书桌旁边摆放一盆自己栽种的绿色植物，既可以起到净化空气的作用，又可以陶冶情操。

女孩在品茶和养花的过程中可能会提出大大小小的许多问题，家长在面对这些问题的时候都要细心认真地加以解答，以丰富孩子的知识面。在遇到家长也不懂的问题时，不要觉得难为情，可以和孩子一起查阅相关的资料，共同学习。这既体现了父母的谦虚和乐于学习的态度，也能够激起孩子的兴趣，孩子可能会想：这个问题连爸爸妈妈都不知道，我要是弄懂了，岂不是很厉害！

无论是品茶还是养花，重在陶冶女孩的情操

对于女孩子来讲，关键不在于有多么深厚的品茶功底，或者有多么高超的养花技能。家长在教女孩这些知识的时候，最主要的还是让女孩了解茶文化与园艺文化，在亲身体验的过程中将这两种文化渗透到内心深处，以达到陶冶情操的目的。

轻松
教育

妈妈知道
怎么办

班耀友——

——编著

吉林出版集团股份有限公司
全国百佳图书出版单位

图书在版编目（CIP）数据

　轻松教育.妈妈知道怎么办/班耀友编著.--长春：
吉林出版集团股份有限公司,2020.8
　ISBN 978-7-5581-9008-7

　Ⅰ.①轻… Ⅱ.①班… Ⅲ.①家庭教育 Ⅳ.① G78

　中国版本图书馆 CIP 数据核字 (2020) 第 140021 号

前言

俗话说："没有种不好的庄稼，只有不会种庄稼的农夫；没有教不好的孩子，只有不会教孩子的妈妈。"教育孩子，是需要技巧的。做一个合格的好妈妈，做一个优秀的好妈妈，光有爱是不够的，兼有洞察力也不足以胜任，一个好妈妈还要能够透彻地认识自己，并认真研读孩子这本无字书，不断完善自己的育儿知识和教养方式，为孩子提供一个适宜的成长环境。也许世界上所有的妈妈最盼望的只有一件事：使自己的孩子健康幸福地成长，并在人生道路上取得成功。那么，好妈妈应该是怎样的呢？妈妈在孩子的成长历程中能够发挥多大的作用呢？

好妈妈首先是孩子的好朋友。在孩子的成长过程中，好妈妈要像好朋友一样陪伴孩子成长。这种陪伴，对于良好亲子关系的建立和巩固具有非常重要的作用。在忙碌的工作中，妈妈要腾出时间来与孩子一起打打篮球，出席他在学校的演讲比赛，又或者带他到郊外去探索大自然的奥秘。通过与孩子的这种近距离接触，妈妈才能和孩子有更多的共同语言，孩子也才能真真切切地感受到妈妈的爱，就像好朋友一样和妈妈分享自己心中的快乐与忧伤。与此同时，这种朋友关系还能够帮助孩子养成持之以恒的品质，掌握其他与学习、生活、工作相关的技能。妈妈要用自己的兴趣、可依赖性及独特的指导，为孩子树立榜样。最好的妈妈不是端坐在书房里写字的妈妈，也不是忙碌在厨房里做菜的妈妈，而是那个像好朋友一样与他一起游戏、一起解决问题，了解他需要怎样的爱，和他一起领略人生中美丽风景的妈妈。

好妈妈也是孩子的好老师。老师被誉为人类灵魂的工程师，也是人类智慧、能力、知识的传递者。好的家庭教育就像学校的小班授课，妈妈和孩子是一对一的教学关系。孩子作为一个独立存在的个体，能够得到妈妈全部的关注。著名的教育家杜威说过："教育就是生活，生活就是教育。"好妈妈要想办法使孩子的心灵进入一个更大的世界中，培养他出色的生活实践能力和良好的道德品性。孩子终究是要长大的，要离开妈妈走向社会。作为孩子称职的老师，妈妈不仅要积极配合孩子完成书面形式的作业，还要放手让孩子参与社会实践活动。孩子在实践活动中遇到挫折时，妈妈应给予关怀和帮助。妈妈们要把握好在生活中对孩子的教育，当好孩子的生活老师。

好妈妈是孩子成长道路上的引路人。一些妈妈认为对孩子什么都管，让孩子完全按妈妈的思路去做，便是对孩子最好的爱，其实这是妈妈在借助"爱"的名义来控制孩子。好妈妈应该克制自己的控制欲望，尊重孩子，给孩子自由，离孩子稍远一点儿观察，给孩子一些成长空间，培养孩子独立思考和判断的能力，在一点一滴的小事中对孩子的不同做法、选择加以引导，从而逐步培养孩子乐观、向上的生活态度和良好的价值观，让孩子在不同的年龄阶段拥有自主选择权。

妈妈的教育方法常常影响孩子的一生。正确的教育方法是一把精美的刻刀，错误的教育方法是一柄锄头，妈妈掌握着孩子这块璞玉的命运。教育方法主要有6种类型，即溺爱型、否定型、民主型、过分保护型、放任型和干涉型。其中民主型教育方法和否定型教育方法对子女的影响最大。在民主型家庭中，妈妈是孩子的朋友，经常和孩子商量事情，尊重孩子的想法和意见，经常给孩子表扬和鼓励，因此，孩子的自我接纳程度较高，自信心、自尊感和成就欲望较强；而生活在否定型家庭中的孩子，妈妈经常打骂、批评孩子，对孩子的责罚多于赞扬，因此，孩子的自信心相对较差，他们往往不相信自己的能力，总是甘居下游，对未来担忧，对前途充满恐惧。可见，采用正确的教育方法才能为孩子积累成功的能力和品质，从而成就美好的未来。

这本《妈妈知道怎么办》从"爱子心经——孩子，妈妈会这样爱你""育子秘诀——如何雕刻孩子这块璞玉"两方面阐释了中国主流教育思想和教育方法，涉及如何开发孩子的智力、如何让孩子喜欢上学习、如何培养孩子的良好学习习惯、品格教育、生命教育等教育理念，将妈妈在孩子成长过程中的重要作用——剖析并针对具体问题提出了具体的解决方法。本书文字通俗易懂，事例生动活泼，具有很强的实用性和可操作性，是一本理论与实践完美结合、方法与技巧兼顾的现代家庭教育百科全书。

好妈妈就是一所用爱筑就的学校，每一砖每一瓦都承载着一个母亲对孩子至真至纯的、无私的、伟大的爱。好妈妈就是那个用彩笔为孩子描绘绚丽人生画卷的人，带给孩子的是一个多彩而美好的世界。

目录

上篇

爱子心经
——孩子，妈妈会这样爱你

第一章

审视你给孩子的爱

妈妈给孩子的爱越多并不意味着对孩子越有益，通过牺牲自我来满足孩子的需要也不能说明母爱的伟大。给孩子爱之前，先洞察一下自己的心理真相，也许你会发现，自己并没有那么伟大，你的爱也没有真正滋养到孩子。

放纵型溺爱，最懒惰的爱

溺爱的危害众所周知，鲜为人知的是，溺爱还有包办型与放纵型之分。在包办型溺爱中，父母将孩子当成了"自我的延伸"；而在放纵型溺爱中，父母自愿做孩子"自我的延伸"，唯命是从。很显然，这种颠倒的爱，更不利孩子的成长。

有一对夫妇，中年得子，对儿子百般疼爱，什么都依着他，他要什么就给什么。儿子是个比较内向的男孩儿，平时不爱和人交往，学习成绩也是普普通通。高中毕业之后，儿子没有考上大学，父母就将他送入一所私立大学读书。在儿子读书期间，夫妻二人每两个星期就要到儿子的学校去看望他一次，生怕他有什么不适应。

大学毕业之后，父母并不鼓励儿子主动去找工作，他们对儿子说："你是大学毕业生，可以找一份好点儿的工作。"意思是不想让儿子出去受苦受累。于是儿子也是很心安理得地在家里待了两年，什么工作都没有找。后来父亲不得已帮儿子找了一份很普通的工作，儿子上班不到一个月就回来了，说是不适应，而这一回来，就在家里待了4年，且这4年中未出家门一步。

看到儿子这样，做父母的十分担心，但还是一味地由着他。可是老两口一把年纪，这么下去，儿子以后怎么办呢？父亲为此渐渐变得不爱说话了，心中的压抑堆积了起来，最后得了抑郁症。父亲住院了，儿子也不去看望，而母亲每天不得不在照顾了丈夫之后又回家给儿子做饭。

这是一个真实的故事，可以说，儿子能走到今天，都是父母放纵溺爱的结果。这样的男孩儿，如此自闭、冷漠、寡情、无能，几乎等于一个废人，更谈不上是什么男子汉了。这是孩子的悲剧，更是父母的悲哀。

溺爱看起来最富有牺牲精神，但其实也是最懒惰的爱。其中最最懒惰的就是放纵型的溺爱，因为这样做的妈妈放弃了思考，而让没有什么自控能力的孩子去发号施令。对孩子来说，他小的时候也许会觉得妈妈对他很好，但随着他逐渐长大，有了自己独立的思想之后，他会觉得妈妈的干涉是对他的一种禁锢，他想冲破这种禁锢，于是矛盾就不可避免地产生了。而如果他的独立意识已被磨灭的话，这对孩子就是更致命的伤害。就像上文中的孩子一样，毫无独立意识的孩子会过度依赖妈妈，对困难畏首畏尾，对生活也缺少热情。于是，懒惰的溺爱造就了懒惰的孩子、懒惰的生命。

所以，教育孩子，最忌讳的就是溺爱。一个在溺爱中长大的孩子，别指望他将来会有出息。对孩子的爱，只能放在心里，表现出来的，该狠还是要狠一点儿。不要放纵孩子，对他的要求全部给予满足，而要舍得让孩子吃一点儿苦头。以孩子为中心，一味地放纵、溺爱，是不利于孩子身心健康的，对他们的成长极为有害。

一般来说，在家庭当中，妈妈放纵地溺爱孩子，最典型的表现有以下几种：

其一，对孩子给予"特殊待遇"，使孩子滋生优越感。

有很多妈妈由于孩子是家里的独生子，让孩子在家里的地位高人一等，处处受到特殊照顾。这样的孩子必然是"恃宠而骄"，变得自私、没有同情心、不会关心他人。

其二，对孩子的各种要求"无条件满足"。

有的妈妈对孩子的各种要求总是无原则地满足，儿子要什么就给什么。有的妈妈觉得"再穷不能穷孩子"，即便是自己省吃俭用，也要满足孩子的所有要求。这样长大的孩子必然养成不珍惜物品、讲究物质享受、浪费金钱和不体贴他人的坏性格，而且毫无忍耐力和吃苦精神。

其三，对孩子过分保护。

有的妈妈为了孩子的"绝对安全"，不让孩子走出家门，也不许他和别的小朋友玩儿。更有甚者，变成了孩子的"小尾巴"，步步紧跟，含在嘴里怕化了，吐出来怕飞走。这样养大的孩子一定会变得胆小无能、丧失自信、养成依赖心理，或者是在家里横行霸道，到外面胆小如鼠，造成严重的性格缺陷。

其四，袒护孩子。

孩子犯了错误，妈妈总是视而不见，反而说："不要管太严，孩子还小呢。"有时候爷爷奶奶还会站出来说话："不要教得太急，他长大之后自然就好了。"这样的环境长大的孩子全无是非观念，长大之后很容易造成性格的扭曲。

为了孩子的健康成长，妈妈要给予他充分的爱，但是不可以一味地迁就孩子，否则培养出来的孩子将来会出现很多问题，比如缺少远大的理想、缺少是非观念、缺少良好的习惯、缺少挫折教育……直接影响孩子的未来。

苏联著名教育学家马卡连柯警告说："父母对自己的子女爱得不够，子女就会感到痛苦，但是过分溺爱虽然是一种伟大的感情，却会使子女遭到毁灭。"如果妈妈无视这种警告，一意孤行地认为只要尽力满足孩子的一切需要，就能保证孩子幸福健康地成长，那么，这种教育方式势必会影响孩子在各个方面的发展，让孩子失去竞争力，甚至使孩子养成各种不良性格。

疼爱孩子是妈妈的天性，但是如果疼爱过了头，那就要变成溺爱了，溺爱只会害了孩子。作为妈妈，千万不要让你懒惰的放纵型溺爱害了孩子。

密不透风的"爱"源于自私

一个访谈节目中，台湾舞后比莉讲起自己培养孩子的过程，谈及自己总是处于希望孩子快点儿长大但又害怕孩子长大的矛盾状态中。比莉回忆在儿子小时候，有一次送他上学，儿子在门口对她说："妈，以后不要再送我上学了，我都上中学了，同学都不用爸妈送了！"她听了儿子的话才恍然大悟，意识到儿子已经长大了。对此，比莉跟主持人说："我真舍不得让他长大！"

相信很多妈妈都有和比莉一样的感受，想让孩子长大，但是又舍不得他长大。多希望孩子永远都能天真无邪，单纯可爱，永远在我们的翼下，不要离开我们的视野，让我们永远拥有他！妈妈们心灵深处或多或少都会有这样的恐惧：害怕孩子长大独立，害怕孩子与妈妈分离。

所以，妈妈即使认识到自己对孩子这种密不透风的"爱"，会令长大了的孩子有些受不了，也会使他变得越来越糟糕，但就是不自觉地要对孩子过多地爱护和管教。

当孩子越来越大、越来越独立、越来越渴望自己为自己做主时，很多妈妈就会感到极大的分离焦虑，在内心里害怕孩子长大，于是有些妈妈会有意无意地阻碍孩子长大。

小豪今年已经上初中二年级了。他从小由妈妈带大，任何事情都是由妈妈全权打点，无论是削铅笔、收拾文具、洗衣服、买零食，还是选择学习内容、填报志愿，大大小小的事情都是妈妈为他做。小豪对此习以为常，妈妈也做得心安理得。

然而，小豪在学校里发现其他同学都会做很多事情，例如自己把带来的饭盒洗干净、自己收拾文具书本、自己绑鞋带，而这些事他都不会做，他觉得有点儿不好意思，于是他想和其他同学一样，自己的事自己做。当他向妈妈提出这个要求时，妈妈当即回绝了他："傻孩子，妈妈帮你做就好了，你就不用操心了，好好学习吧。""可是同学们都笑话我什么都不会做啊，他们说我长不大，什么都要靠妈妈！""才不是呢，他们是嫉妒你，其实他们自己也不想做，所以故意说你呢！"

小豪勉强相信了，可是，他渐渐地开始对妈妈的关心和帮忙产生了反感，他总觉得自己没有其他孩子自由，于是经常对妈妈发脾气。妈妈面对孩子这样的抵触情绪，觉得孩子长大了，翅膀硬了，想离开妈妈了，于是心里特别失落，但是，她还是不让小豪碰任何家务事，甚至是小豪自己的事，她总觉得，只要自己帮孩子做这些，孩子就会一直依赖他，就不会离开他，她宁愿让孩子懒一些，也不愿意他很快独立起来离开自己。

很多妈妈都是这样，希望通过为孩子做事，了解孩子的想法，来感觉到孩子仍然依赖着自己，来消除自己害怕孩子长大的心理。这样的爱看似是对孩子的宠爱和负责，其实是出于妈妈的自私，是妈妈为了满足自己的安全感。如此自私的爱，不能算是真爱。孩子长大独立是必然，没有一个妈妈能够把孩子绑在自己身边一辈子，即使你把他绑住了，那也是对他巨大的束缚。

孩子长大了，会渴望独立空间，渴望施展自己的拳脚，尝试自己的力量。这是一个生命成长的必然规律。作为妈妈，不要一厢情愿地认为孩子终究就是不懂事的孩子，永远不知道该怎么独立做事，需要妈妈时时为孩子的一切事情操心。不要像对待一个婴儿一样去对待已经长大的孩子，因为那是对孩子无形的伤害。

妈妈必须要舍得孩子长大。要知道，妈妈的怀抱再温暖，也不如给他一双强健的翅膀，这样即使妈妈不在身边，他也能飞翔；妈妈的肩膀再结实，也不如给他站立的力量，这样即使妈妈老去，他也能独立行走；无论妈妈是多么智慧、多么有能力，都不如教给他智慧和能力，这样才能让他独立面对世界。

作为妈妈，必须舍得孩子长大，不能因为舍不得就牢牢地把他困在自己爱的包围圈里，这对孩子是错误的爱。好妈妈会允许孩子心理上与自己分离。

自我"牺牲"换不来孩子辉煌的未来

我是一位 63 岁的农民，今天我给你们写信，是想说说我的家事。虽说家丑不可外扬，但这些事我憋在心里好长时间了，最近总感到心口疼。

我儿子是一名大学生，也是我们家五代人唯一的大学生，这是我们老两口的骄傲啊！但因为这个不争气的东西，我们也伤透了心。

记得儿子刚考上大学时，我去学校送他。下了火车后，我扛着笨重的行李走在前，儿子跟在后。因为坐了一夜的火车，再加上上了点儿年纪，刚到学校门口，我就被大门前一根铁条绊倒了。我重重地摔倒在地上，行李扔出了老远，一只鞋也甩掉了。儿子向四周看了看，像怕什么似的拉住我的胳膊猛地用力拽了一下说："干什么啊，丢不丢人！"尽管我的双腿摔得很疼，但还是很快爬了起来，捡起鞋穿上继续去背行李。把儿子安顿好后，我忙着又是挂蚊帐，又是买日用品，这一切似乎在儿子眼里都是天经地义的。

第一学期儿子一共来了 3 次电话，每次都是要钱。我和老伴儿种着 3 亩地，抽空我就到村里的砖厂去做工。开始人家说我年纪大，不肯收，我几乎给人家跪下了，人家可怜我才让我干的。小闺女 16 岁了，初中毕业后上不起学给人家当了保姆，挣的钱交给我后，我一分舍不得用，全寄给了儿子。甚至有一段时间我老伴儿的眼睛肿得厉害，疼得一个劲儿流泪，我都舍不得花钱买一瓶眼药水啊！

为了能多挣点儿钱，老伴儿又在村子里找了一份看孩子的差事，给人家抱一天孩子只挣5元钱，没日没夜的。去年冬天，儿子电话打得特别勤，每次都是要钱。我寄了4次，有6000多元，我不知道现在上学得用这么多钱。后来才听村里去打工的一个小伙子回来说，他见到我儿子了，正谈着恋爱，很潇洒。说真的，我和老伴儿听了后不知是该气还是该高兴。然而最可气的是今年过年，儿子居然偷改了学校的收费通知，回来跟我们虚报学费。这之前我只是在报纸上看到过这种事，没想到会发生在我身上。如今好几个月过去了，我一想起这事就心痛，整夜睡不着觉。我不明白，我们亲手抚养大的儿子好不容易考上了大学，为什么会变成这样。不知他们在大学里除了学习文化外，还能否学到要有良心？

这是一篇刊登在《新华每日电讯》上的文章。这对可怜的夫妇，几乎牺牲了自己的一切去关爱儿子，得到的却是这样的回报。相信看了这篇文章的妈妈们都会感到痛心：可怜天下父母心，怎么会养出这样一个不孝子！同时，我们也能猜到，这样一个毫无感恩之心、虚荣、自私的孩子，是很难有光明的前途的。他将为自己的"小聪明"付出很大的代价。但反思一下，不难发现，恰恰是因为父母的完全"牺牲"，孩子才养成现今这种虚荣自私的品性。所以，自我"牺牲"不仅换不来孩子辉煌的未来，甚至会造成孩子品性的恶劣和前途的渺茫。

苏联教育家马卡连柯曾说，一切都让给孩子，为他牺牲一切，甚至牺牲自己的幸福，恰恰是送给儿童最可怕的"礼物"。

但是，家庭对绝大部分女性来说，往往意味着"牺牲"，至少要牺牲很多的个人时间和空间，去处理家庭的琐事。例如孩子不肯睡觉了、老人生病了、亲戚来串门了，作为女主人，不得不

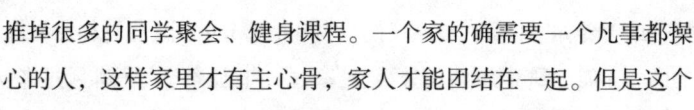

推掉很多的同学聚会、健身课程。一个家的确需要一个凡事都操心的人，这样家里才有主心骨，家人才能团结在一起。但是这个主心骨就一定要什么事情都做好，抛开自己的一切吗？

有一位成功的职业女性，结婚生子后，毅然放弃了自己的工作，安心在家相夫教子。但是很快问题就出来了：一方面是教育孩子没有她想的那么顺利，总是问题不断，小孩儿生病、读书不好、对人没有礼貌等，这一切在她的公婆看来，都是因为她教子无方；另一方面，她觉得自己离以前的那帮姐妹越来越远了，她很久不去做美容，也没有心情购物，整个人的情绪坏到了极点。

后来她去咨询心理医生，心理医生说："你需要一份工作，或者是一个爱好来疗伤。"

的确，女性百分之百将自己牺牲在家务当中，不仅不能达到照顾家庭的理想效果，还会给自己制造伤口。如果家庭中产生不愉快，妈妈们很自然会把原因归结到自己的无能上，渐渐增加了负罪感和挫败感。而爱好或者工作则能让妈妈们重新找回自信和乐趣。

我们想一想：牺牲自我的妈妈们往往把孩子的事情都揽在自己身上，小到系鞋带，大到他交了怎样的朋友、将来读什么大学等，事事都要关心。这样做的结果，往往是孩子不知道妈妈为自己做了多少事情，或者就算是知道了，也觉得理所当然，少了感恩之心。长此以往，孩子在不知不觉中就学会了自私自利。

爱孩子并不意味着牺牲自己，给孩子的爱越多不代表对他越好，为了孩子健康成长，为了家庭幸福美满，妈妈要学会适度从家庭中抽身出来。当然，对很多妈妈来说，要从家庭抽身回到职业女性的角色稍显困难，但我们可以培养一个自己的爱好，或者养花种草，或者养养宠物等，将自己的精力和情感分散开来，这样，我们的内心才能达到平衡的状态，孩子、家庭和自己，都能好好兼顾过来。

畸形的母爱，成为孩子自私的源泉

苏联著名教育家苏霍姆林斯基曾说："在没有明智的家庭教育的地方，父母对孩子的爱只能使孩子畸形发展。这种变态的爱有许多种，其中主要的有娇纵的爱、专横的爱、赎买式的爱。"

现在，很多妈妈"先孩子之忧而忧，后孩子之乐而乐"，她们节衣缩食，看着孩子吃好的穿好的玩儿得痛快，比自己享受还要陶醉。

可是这些妈妈没有意识到，她们在为孩子无条件付出的同时，也使孩子养成了自私、任性、骄横、懒惰、狭隘、霸道、缺乏责任心、缺乏爱心和同情心、不关心他人等不良品行。

其实，老牛尚且舐犊，何况人类的父母？关爱自己的孩子是人之常情，母爱则是世界上最伟大的存在，但这种爱应该是甘霖，让孩子沐浴其中，徜徉其中，在爱的滋养中自由生长。一旦雨量过大，关爱失控，就会形成暴雨和洪水，从而伤害到孩子。

《增广贤文》中说："严父出孝子，慈母多败儿。"这里的"慈母"显然是要打引号的，因为母亲本来就应该是慈爱的，但过分宠溺孩子就不对了，那样的慈爱只是表象，是畸形的爱。

关于"慈母多败儿"，还有一个典故：

从前有个少年，备受父母宠溺，以至于不分好歹。他和别人吵架、打架，母亲从不批评他。他偷拿别人的东西，母亲也不要他把东西还给别人。长大后，他更加无法无天，成了一个无恶不作的强盗。最后，他在一次被发现的偷盗中慌不择路拔刀杀了人，被判了死刑。行刑前，他请求见母亲一面。母子相见后，母亲抱着他大哭，谁知他趁母亲不注意，一口把母亲的耳朵咬了下来，并说："这都是你的错，小时候我做错了许多事，你都不教育我，才使我落得今天的下场。"人们看了，非常感慨，从此便有了"慈母多败儿"一说。

今天我们说，慈母不一定就败儿，只要她们不自以为是地拼命把所有的爱都强加在孩子身上，仁慈的母性只会帮助孩子更好地成长。遗憾的是，很多人，尤其是一些高收入家庭的母亲，依然有意无意地奉行着畸形的爱，把爱变成强行"投喂"，有求必应，不求也应，乐此不疲。导致很多孩子四体不勤，五谷不分不说，也把他们引上了懒惰、自私、任性、霸蛮、骄纵乃至违法犯罪的歧途。

举个例子，我国台湾女艺人狄莺对儿子孙安佐不仅非常溺爱，而且到了常人无法想象的地步。狄莺曾在节目中透露：有一段时间，她每天都会花 7 个小时盯着孩子吃饭，为了他能长得更高、更健康；12 岁之前，她才给孩子断奶；15 岁时，母子才分床睡……初中时，孙安佐曾怂恿同学跳楼，还打过女生。2018 年，作为交换生的孙安佐因威胁说要扫射就读的学校，被美国警方逮捕，之后在其住处查获了枪支、弓弩、弓箭及 1600 发子弹，最终被判入狱 9 个月，且终身不得再入境美国。事情如此严重了，这位糊涂的母亲还不醒悟，为儿子辩解说："小孩子都会耍嘴炮，没想到美国老师当真报警。"其同为艺人的妹妹狄玫也在节目上为外甥大声喊冤，表示"孩子只是开个玩笑，根本不构成犯罪"。

普通家庭也是这样，有的妈妈疼爱孩子，家里有什么好吃的东西都只给他一个人吃。时间长了，孩子的思想上就形成了定式：好的东西只能由我享用。

有一个三口家庭吃饭时，孩子总是把自己喜欢的菜拉到自己面前，恨不得一个人全部吃掉。

妈妈随着孩子，也专门把孩子爱吃的菜放到他面前，自己干瞅着不吃。孩子吃独食看起来是小事情，但是小事情却会产生大问题，这可是这位妈妈没有想到的事情。

孩子吃惯了独食，有东西只想一个人吃，玩具也只能自己一个人玩儿，自私自利的思想由此产生。

一位母亲平时总是把削去皮的苹果给女儿吃，自己却吃苹果皮。一次，当她尝了一口苹果时，3岁的女儿竟声色俱厉地吼道："你怎么吃苹果？吐出来！"这位妈妈声泪俱下："她那么小，就这样对待我……"

孩子如此对待妈妈，确实可怕。但问题的起源在于妈妈的权利丧失，甘愿为子女当马牛，直接导致家庭教育失败，导致孩子养成自私、任性、霸道的性格。

由于许多妈妈没有认识到孩子吃独食的危害，觉得吃独食没什么大不了的，其实孩子吃独食的后果很严重。

一项调查表明，当今的中小学生明显表现出自私和责任心差，他们以自我为中心，而对父母，缺乏应有的关心。被调查的100位中小学生都知道自己的生日，但其中有33.3%的中小学生不知道父母的生日，有27.8%的中小学生不知道父母的爱好。他们把父母对自己的付出看作是天经地义、理所当然的事情，根本体会不到父母养育他们的艰辛。

妈妈"有了孩子，没了自己"，到头来换来的却是孩子心中"只有自己，没有妈妈"。

抚养出这样的孩子，做妈妈的难道不痛心吗？然而这又是妈妈自身的过错造成的恶果。

我国老教育家刘绍禹曾经说过："不要太关心儿童。……太关心了容易养成孩子的以自我为中心的心理，让他变成自私自利的人。"

孩子的自私自利并不是天生的，很多是随着妈妈畸形的爱滋生出来的。作为妈妈，请反思一下你的爱，不要让你畸形的爱，成为孩子自私的源泉。

妈妈的爱，并非越多越好

十月怀胎的辛苦和分娩的"切肤之痛"让妈妈们最能体会骨肉亲情，日常起居上的悉心照料更加深了母亲与孩子之间的感情，母亲对孩子的爱，已经不是"慈母手中线"缝出的衣裳能够代表的了。

也正因为如此，妈妈更容易溺爱孩子，在独生子女的家庭中尤其如此。

小敏的妈妈是一个全职太太，体会到丈夫在外面工作的不易，她也要求自己把家里的事情打理得井井有条。

在对小敏的教育上，妈妈积极地给孩子报辅导班，按时接送孩子，一日三餐都按照营养书上推荐的搭配，保证孩子的身体健康。

平时孩子的任何事情，比如收拾书包、穿衣梳头、放水洗澡这些都由妈妈包办。在家庭内务上，妈妈尽心尽力，毫无怨言。

而小敏却没有感觉到妈妈的辛苦，在她看来，妈妈所做的一切都是理所当然的，如果哪一次她发现妈妈没有帮她把书包收好，或是给她准备的第二天上学时穿的衣服不如意，就会委屈得掉眼泪。

爸爸长期不在家，妈妈就成了小敏最亲密的伙伴，但凡遇到困难，妈妈总是第一时间帮她解决，但小敏还是常常和妈妈怄气。

不论是出于补偿心理，还是出于对孩子的爱，小敏的妈妈对小敏都绝对到了溺爱的程度。这样的做法虽然可以理解，却是很不明智的。

妈妈溺爱孩子，都是为了让孩子生活得幸福，但是孩子能让妈妈呵护多久呢？总有一天，她需要与别人一起应聘、一起工作、一起生活，到那时她的困难谁来解决？

有的妈妈正是知道自己不能保护孩子一生，越发有求必应、百般顺从了。这样的妈妈可以说是不负责任的，因为她没有为孩子的将来做任何打算，并且让孩子错失了很多学习成长的机会，她将一个低能儿抛给了社会，这样的行为不可饶恕！

孩子是需要经受挫折才能健康成长的，溺爱只会让孩子养成不好的生活习惯和性格。被溺爱的孩子很难遵守规矩，也不懂得自我约束，在他看来，规矩是为别人准备的。

由于凡事都有妈妈包办，孩子往往有太多优越感，做事情眼高手低，也不善于与人相处。当别人帮助了自己的时候，在溺爱中长大的孩子也不懂得感恩，反而觉得是理所当然；他看到别人比自己优秀的时候，不仅不会向别人学习、替别人高兴，还会产生沮丧、嫉妒的消极情绪。

一位母亲为她的孩子伤透了心，她在心灰意冷的情况下去找心理医生。

医生问："当您的孩子第一次系鞋带时，打了个死结，从此之后，您是不是再也不给他买带鞋带的鞋子了？"母亲点点头。

医生又问："孩子第一次刷碗的时候，打碎了一只碗，从此以后您是不是再也没让他刷碗？"母亲称是。

医生接着说："孩子第一次整理自己的床铺，用了很长时间，您看不过去，从此代替他叠被子了，是吗？"这位母亲惊愕地看了医生一眼。

医生又说："孩子大学毕业，您怕孩子找不着工作，便动用了自己的关系和权力，为他谋得了一个令人羡慕不已的职位。现在您却为孩子的适应能力太差而感到恐慌了，怕他不能胜任一份好工作，怕他娶不到媳妇，怕他以后过得很凄惨……"

这位母亲更惊愕了，从椅子上站了起来，凑近医生问："你是怎么知道的？"

"从那根鞋带知道的。"医生说。

母亲问："我以后该怎么办才好？"

医生说："当他生病的时候，您最好带他去医院；他要结婚的时候，您最好给他买好房子；他没有钱时，您最好及时给他送钱。这是您今后最好的选择，别的，我也无能为力。"

……

这则故事中的母亲，就是用自己的爱，为孩子埋下了一个温柔的陷阱，由于被剥夺了犯错误和改正错误的机会，孩子也失去了独立成长的权利。

他们在日后的生活中遇到一些不如意的事情，除了向妈妈求救，就只能"独自垂泪到天明"了。

妈妈要让孩子学会自立，首先就要从放开自己的双手开始，让孩子自己系鞋带，即使很慢，迟到了他会因此受到批评，即使系到一起，走路摔倒了他会感到疼痛，但所有这些代价，都是让他学会改变方法、正确做事的动力。不然，他在将来就会错失很多机会，付出的代价将会更加沉重。

另外，孩子在开始做事情的时候，需要适当的鼓励和即时的指导，如果妈妈不在身边，孩子很容易感到孤独和被忽视，因此妈妈对孩子的爱要把握一个恰当的尺度。

妈妈应该明白，溺爱孩子实际上剥夺了孩子生活中许多重要的东西，比如：一、剥夺了孩子的自主权。溺爱孩子的妈妈多为掌控型家长，喜欢包揽，小到穿衣，大到前途，都要为孩子做打算和决断，孩子容易丧失自我，能力退化，胆怯，容易对妈妈产生既抱怨又依赖的矛盾心理。二、剥夺了孩子的自信心。溺爱孩子的妈妈给予孩子的负面信息要多于正面信息，常常喜欢限制孩子的活动，诸如这是不能拿的、那是不能碰的，致使孩子运动游戏的能力差，和同伴玩儿不到一起，内心因此自卑孤独。溺爱的妈妈倾心包揽，不给孩子任何成长的机会，也剥夺了孩子帮着做点儿力所能及的家务、参与家庭活动的生活体验。

妈妈的爱，不是越多越好，小心你泛滥的爱，为孩子埋下温柔的陷阱，困住孩子的人生。

第二章

如何给孩子高质量的爱

爱孩子是每一位母亲的本能，这种爱，有时能给孩子温暖，有时却会严重地影响孩子的发展。所以，母爱都深如大海，但质量有别。任何时候，爱都要讲究方法，都要为孩子量身定做，只有让孩子受益，妈妈的爱才真正是有意义的。

妈妈宠爱孩子有方法，要宠不能惯

著名教育学家卡尔·威特在他的作品《卡尔·威特的教育》中讲过这样一件小事：

有一次，卡尔想吃一块点心，我没有给他，因为我们刚刚吃过晚餐，过多地吃喝会影响他的健康。不到两岁的儿子发起脾气来，他躺在地上，大哭大闹。他的母亲看不过去了，连忙答应了他的要求，她拿着儿子渴望的那块点心说："好啦，卡尔，快起来。"卡尔的哭闹取得了胜利，他得到了那块好吃的点心。

当时，我并没有说什么，但我认识到，卡尔的哭闹是一种对父母权力的挑战，并且在这挑战中取得了胜利。

后来，我和卡尔的母亲谈到了这件事，并把我的想法告诉了她。

我认为面对儿子这种哭闹的挑战是不应该去迁就他的。由于儿子还小，这种迁就的恶果不易看出来，但已经种下了不良的因素，如果儿子长到十四五岁，仍然以这样的方式对他的话，他将会变成一个蛮横无理的人。

由于他知道哭闹能得到他想要的东西，下次他还会哭闹。长大之后，他的方式就不仅仅是哭闹了。那种无礼将不只是针对他的母亲，还会针对其他的一切人。他会以无礼的方式要求其他的人也来满足他的要求。

确实，恰如卡尔·威特所说，一味地纵容孩子并不是关爱孩子。孩子可以宠，但不能惯。

被家长宠爱，是孩子的福分。所谓的宠，应该是满足孩子在成长过程中的情感需求，这样宠出来的孩子在日后的成长过程中会更加自信。天下的妈妈没有不宠爱自己孩子的，但是，并不是所有的妈妈都懂得宠爱孩子的尺度，这是孩子的不幸。对孩子的宠爱，应该有度，如果宠爱无度，就会变成溺爱。溺爱会给孩子带来一系列的不利影响：助长孩子的任性和娇气，弱化孩子与外界交流的能力，埋没孩子处理各种事情的潜能。

有一些妈妈，从来不让自己的孩子做任何的家务，对孩子的各种要求几乎是"有求必应"，当孩子遇到各种困难自己都先迎难而上。一句话概括就是，妈妈在极力创造一个让孩子感觉到没有任何委屈的环境。这样做的后果，孩子无疑是得到了安逸，万事不求人，但是这样做的同时，也把孩子应该具备的社会适应能力和免疫力破坏掉了。

妈妈对孩子无度的宠爱还会使孩子在潜意识中形成"唯我独尊"的错误意识，他们成了家里的上帝，他们的喜怒哀乐左右了家庭的气氛。在学校中，有不少孩子是任性不羁的霸王，没有任何人能与之沟通，没有任何规则能够约束他们。

妈妈对孩子的过度宠爱，原因大致有以下几个方面：

1. 妈妈小的时候自己受苦太多，曾经感受到过贫苦生活给自己带来的折磨，现在自己事业有成了，总觉得不能让孩子再像自己从前那样受苦，所以千方百计给孩子最大的满足。

2. 有的妈妈本身从小生活在富裕的生活环境里，并且现在的条件要比过去好很多，所以就觉得孩子一定要过得比自己舒服才算是跟上了时代的步伐，才算是不委屈孩子。

3. 有的妈妈由于经常不在家，长期在外拼搏，无暇照顾孩子平时的生活，总觉得自己对孩子有亏欠，所以就容易在物质方面尽量满足孩子，甚至可以容忍孩子挥霍金钱。

任何东西如果给得太多了，人的感觉就会钝化，爱也是如此。

被过度宠爱的孩子容易变得无情，只喜欢一味地索取，不懂得付出。

被过度宠爱的孩子容易变得无能。如果妈妈帮助他做了很多本该由他做的事情，过度的照顾让孩子的品德、智力甚至是身体发育停滞不前。妈妈可以给予孩子生命，却无法担负孩子的一生，孩子迟早要独自面对他自己的事情。

被过度宠爱的孩子通常缺乏自强的精神、自立的能力，以及心理的抗挫折能力。有些孩子会在日常生活中有一些具体表现，比如：缺乏自我控制能力，行为怪异；不能控制饮食；在活动中不守秩序，如果别人不按照自己希望的方式做事就会与之大吵大闹；很少为别人考虑；不能与别人一起分享成果。

被过度宠爱的孩子会表现得很难适应社会，因为被过分娇宠的孩子通常自私、任性、放肆、骄傲、易发脾气、不遵守规则、没有公德等。这样的孩子一旦走上社会，往往高不成低不就，大事做不来，小事不肯做，注定要失败。

总之，要想孩子独立，就要从小培养他的独立意识，不能娇生惯养、过度溺爱！

妈妈爱孩子，这是人之常情，大家都理解，但是千万不要"过度"。爱孩子不能只用感情，还需要用智慧，教育孩子时坚持"要宠不要惯"的原则才是最好的方法。

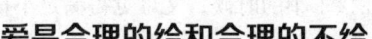

爱是合理的给和合理的不给

毛毛是家里的独子，自从出生就集万千宠爱于一身，爸爸妈妈、爷爷奶奶、外公外婆、叔叔姑姑，人人都对他疼爱有加，有求必应，只要他眼里流露出对某样东西的好奇或是喜欢，家长马上就把这个东西送到他手上，这就养成了毛毛要什么就必须得到什么的习惯。冬天的一个晚上，妈妈带着3岁的毛毛去朋友家串门。回家的路上，毛毛突然发现一直攥在手里的一块糖果不见了。那块糖果是妈妈的朋友给的，他家没有这样的糖果。毛毛急得哭了起来。爷爷奶奶、爸爸妈妈都来安慰他，并承诺第二天给他买他最喜欢的玩具，但毛毛没有妥协："我要！我要！我一定要！！"

毛毛打着滚儿哭闹，爷爷奶奶、爸爸妈妈看着实在心疼，便带上照明工具倾巢而出，沿着回来的路进行拉网式的搜寻，眼看夜里12点了，糖果还没有找到，妈妈看着因绝望而哭得死去活来的孩子，终于硬着头皮敲响了朋友家的门，把已经睡着的朋友一家人吵醒找那块糖果。

毛毛长大了，想找一个女朋友，但他喜欢的女孩儿不喜欢他。他不再打滚哭闹，而是拿起一把刀割破了自己的手腕儿……

独生子女最大的问题，就是得到了过多不合理的爱。他们一切合理、不合理的要求都能得到满足，并且没有兄弟姐妹来分享，这样的成长经历让他们养成无限制索要的习惯，并且觉得父母就应该能够满足自己的需要，这是天经地义的事情，不用感恩也不用怀疑。也许在孩子小的时候，父母觉得满足小孩的要求不是件难事，只要孩子开心就好，但是，没有一个家长能满足孩子一生的所有需要，当你的孩子欲求未满时，当你没有能力给予他时，孩子会怎么样？上述事件中因为追不到女孩儿而割腕的毛毛是对所有不理智满足孩子需要的家长的警醒。

父母过度的爱容易造就出自私、不懂感恩、心智不成熟、人格不健全的儿女，真正伟大的爱不是无限制的给予，而是合理的给和合理的不给，它是合理的安慰、鼓励、督促、给予，也是合理的争执、对立与批评。它是一方面尊重孩子生活的独立性，另一方面又给予孩子积极的引导。

因此，妈妈在教育孩子的时候，不要给予孩子过度的爱，不能溺爱和娇惯孩子，要让孩子明白：不是所有想要的东西都能到手，爸爸妈妈不是能帮你实现所有愿望的超人；如果家长满足了你的需求，要感谢他们的辛勤付出；干净的衣服、可口的食物、舒服的环境，这一切的获得都不是理所当然的；好东西是应该与别人分享的。孩子了解这些事实后，会迅速长大，懂得感恩，懂得分享，懂得控制。孩子生来是一张白纸，关键在于妈妈在上面写上什么样的思想情感。不要在白纸上填满色彩，也不要给予孩子太满的爱，凡事留点儿空间，才有更多的美感。

虽然溺爱也能建立亲密的亲子关系，但要养育健康而心智成熟的子女，还需要更多的东西。所以，真爱不是只会给予的爱，而是合理的给与合理的不给的理智的爱。

虽然，这样做的妈妈经常会处于一种两难的困境当中，一方面要尊重所爱的人在生活和人格上的独立，一方面又要适时提供爱的引导。这种真爱复杂而艰巨，需要认真思考，需要不断创新。但是，为了孩子健康成长，妈妈多花点儿心力又有什么关系呢？

正确地向孩子表达自己的爱

相关研究表明，如果孩子在幼儿期没有得到充足的爱，将来会或多或少表现出人格的缺陷。心理学家认为孩子对妈妈具有绝对的依赖性，不仅在生理上需要得到妈妈的照料，同样在心理上渴求来自妈妈的爱。一个孩子如果在幼年严重缺乏妈妈的关爱，在他成人之后就完全不知道如何给予他人关爱，甚至一生都会受其困扰。

有些妈妈感到疑惑，甚至并不认同这样的说法。天下的妈妈没有不是一心在为孩子着想的，哪有不爱孩子的妈妈？但是无可否认，很多妈妈其实并不了解自己的孩子究竟需要的是什么样的爱。妈妈们感到很头痛，孩子们也感到很难受。

很多妈妈对孩子的关心可以说到了无微不至的地步，具有无私的奉献和牺牲精神。她们为了孩子能够更好地成长，省吃俭用，节衣缩食，把全部的财力和精力都奉献给了孩子，帮助孩子创造最好的物质条件和学习条件，只要是别的孩子有的，我的孩子也一定要有。这样对待孩子，能说是不爱孩子吗？可结果是，孩子的心理出现了障碍，与妈妈的隔阂反而越来越大。于是很多妈妈不禁感叹："教育孩子可真难啊，我费了那样大的心血，可是他却这样对我！"

其实，妈妈对孩子的爱，如果仅仅是物质上的奉献，远远不够。妈妈对孩子的爱，还应该包括对孩子的尊重，亲子之间亲密、平等的交流等方面。有一个小学生在他的日记中就写道："我希望，妈妈能够经常对我笑，能在我睡觉之前和我说声晚安。"孩子是多么渴望与妈妈的感情交流啊！作为妈妈，不要总是觉得自己有多么爱孩子，重要的是让孩子能更多地体验到妈妈对他的爱。很多妈妈都为了孩子付出了巨大的代价，但是她们的孩子却很难体验到妈妈的爱，使爱的质量大打折扣。

所以，妈妈们要学会向孩子表达自己的爱。那么怎样正确地向孩子表达爱意呢？美国宾夕法尼亚大学莫尔学院一位博士认为：妈妈们应该给自己准备一份自我检查表，经常对照检查。检查的内容有：

1. 告诉孩子"我爱你"。

2. 通过温和的触觉传达对孩子的爱意。

3. 关心孩子的行踪。

4. 让孩子明确什么是对、什么是错。

5. 对孩子每一个小小的进步表示认可。

6. 向孩子询问对父母是否有意见。

7. 耐心地回答孩子提出的各种问题。

8. 交给孩子一些工作，让他懂得承担责任。

9. 让孩子对自己有足够的信心。

10. 尊重孩子的人格。

这位博士也为妈妈们总结出了向孩子表达爱的三条途径：

第一，每天拿出固定的时间与孩子进行交流。可以是坐在地板上与孩子一起做游戏，可以是帮助孩子完成学习计划，可以是与孩子一起欣赏视频。

第二，用和蔼的语言让孩子感觉到被认同。当孩子向妈妈表达一种感受的时候，妈妈应该以同样的心情回应他。

第三，帮助孩子正确表达自己的情绪。妈妈可以限制孩子的行为，但是要让孩子充分地表达自己的情绪。教给他正确表达情绪的方法，让他知道哭闹并不能解决问题。

以上三种方法仅仅是表达爱意的部分方式，相信妈妈在与孩子的相处中，能够探索出更多向孩子表达爱意的途径。也许你某种方式的拥抱，让孩子笑得特别开心；也许你和孩子在一起玩儿的某个游戏，让孩子离你更近；也许你说的某一句话，让孩子可以乐上几天。这些都可以成为你今后向孩子表达爱的重要途径。总之，只要妈妈用点儿心，孩子就能更好地体会到你的爱。

别拿孩子的自尊当儿戏，爱孩子从尊重孩子开始

上小学二年级的西西经常说谎。他特别喜欢看动画片，以至于常常沉浸其中忘了写作业。他妈妈每次说："做完作业再看吧！"他都回答："我已经做完作业了！"但他妈妈晚上检查作业时，经常会发现他根本就没有写完作业。

但西西从来不承认自己说了谎，并且总是振振有词："我忘了，我马上去做！"妈妈很生气，有时很想教训他，但考虑到孩子的自尊心，这位善良的妈妈总是忍下去。

有一次，妈妈情绪很不好，对西西发火说："你这孩子总是说谎，好多次，你说谎，妈妈没有揭穿你，可是你想说谎到什么时候呢？"西西红着脸，一句话也说不出来，他觉得自己就是妈妈说的坏孩子。

聪明的妈妈看到儿子的样子，意识到伤害了孩子的自尊心，轻轻地说："西西，只要你以后不说谎，妈妈绝对不会怪你的。想一想，如何才能不说谎，又能做自己想做的事情呢？"

西西听妈妈这么说，知道妈妈没把他当坏孩子，他心里别提多高兴了。他告诉妈妈："以后我要先写完作业，再看动画片。"

"但是想遵守诺言也不是件容易的事吧！妈妈担心你不能遵守诺言。西西，每次做完作业告诉妈妈好吗？"

"嗯，妈妈，我写完告诉您，然后再去做别的事。"

妈妈欣慰地笑了，她为西西接受自己的建议感到很高兴。

其实这位聪明的妈妈只是在适当的时候，给足了孩子面子而已。简单的方法就能改变孩子说谎的习惯。但那些整日苦口婆心的父母却很难改变孩子的习惯。

每个人天生都是有自尊和羞耻感的，即便是婴儿，从6个月大的时候，就能识别"好脸""坏脸"。给他好脸，他会笑；对他横眉竖眼，他马上会哭。儿童有一种强烈的个人尊严感，而成人通常意识不到他们会受到伤害和遭到压抑，更意识不到自己在蔑视孩子。在日常生活中，妈妈蔑视孩子的事例数不胜数。比如，有的妈妈看到孩子端了一杯水，就会害怕孩子把这只杯子摔碎，于是急忙上前阻拦，如果孩子不小心打碎了杯了就会进行责骂，这实际上就是蔑视孩子的一种表现。一只杯子难道比孩子的尝试和探索具有更大的价值吗？你是给孩子探索的机会呢，还是只心疼你的杯子？如果是前来拜访你的客人打碎了这只杯子，妈妈一定会立刻说，这只杯子并不值钱，完全不用把这件事放在心上，那为什么孩子打碎了就是难以避免的挨骂呢？

虽然孩子有时不能够做好某些事情，但妈妈要意识到：对孩子最重要的是一颗健康的心灵而不是多大的能力。要想让孩子真正长大成人，就应该让孩子从小就"站着"，而不是"趴着"去仰视那些大人物，这种自信心与健全的人格会为孩子的一生打下一个良好的基础。一个人的心灵世界，是要靠自尊来支撑的。尊严可以带给人自信，也可以改变一个人的命运。研究显示：与 9 个月到 3 岁的幼儿多交谈，会使这些孩子日后变得更聪明。在妈妈与子女之间关系平等，彼此尊重，且保持交流的家庭里，孩子的智商会比别的孩子明显高出很多。

人人都有自尊。妈妈如果无视孩子的自尊，动辄就当众辱骂、训斥孩子，伤害孩子的"面子"，日久天长，孩子因为经常得不到尊重而降低自尊感，就会"破罐子破摔"，他们不但不会改变，反而会经常犯错，甚至屡教不改。他们的自信和积极向上的心态也会消失殆尽。在他们心里，会不断形成"啊，我是坏孩子""为什么我总是做不好事情呢""我简直太笨了"这种自我否定，最终使得他们对自己丧失信心。

在教育孩子的时候，妈妈可要小心"厚脸皮效应"，记住只有给足孩子面子，他才会自信，对孩子要以鼓励和夸奖为主，以批评为辅，同时要注意批评的火候和方法。

如果你是为孩子的错误而烦恼的妈妈，在你指出错误之前，请考虑好自己是否给了孩子"面子"，与其批评孩子的错误和缺点，不妨和孩子一起商讨解决方案，这样才能从根本上给足孩子面子，让他真的自信起来，进而自觉改变行为方式。

过度呵护会引发孩子的"母源病"

最近，嘉嘉成了医院急诊室里的常客，他总是在周末无缘无故地发烧。医生给他做了全面的身体检查，也没查出什么问题。除了发烧，嘉嘉一切正常。刚开始，嘉嘉的妈妈以为是医院的医疗水平不高，查不出病因，但是，跑了好几家医院，结果都是一样的：除了发烧，嘉嘉一切正常。

嘉嘉的妈妈很纳闷：这孩子是怎么了？经过反复的检查和沟通，医生认为，问题不是出在孩子身上，而是出在妈妈身上。因为小时候，嘉嘉身体不是很好，经常一生病就发烧。因此，妈妈对嘉嘉呵护有加，嘉嘉身体稍有一点儿不舒服，妈妈就如临大敌，时时都很紧张。嘉嘉长大后，妈妈还是这个样子。于是，妈妈的过分担忧，间接地影响了嘉嘉的身体状况。而且，一到周末，妈妈就特别紧张，常把嘉嘉关在家里，不让他出去和小朋友玩耍，她怕嘉嘉出去玩儿会突然生病。即使偶尔带嘉嘉出去，她也总是问嘉嘉"有没有哪里不舒服"，或者说"有什么不舒服，马上告诉妈妈"。

孩子发烧，问题出在妈妈身上！听起来不可思议，但这种情况并不少见。如新生儿妈妈担心奶水不够而焦虑，新生儿就会受到妈妈的影响，出现烦躁、不安等不良反应。

日本某教育学者把妈妈或家人的教养不当造成孩子"生病"的异常现象称为"母源病"。孩子表面上看起来是生病了，但实际上并没有什么病理上的表现。例如，孩子很乖，但是每个月总是莫名其妙地患感冒，而且不容易治愈。实际上，发生这种症状的原因，却是双亲养育子女的方法造成的，这就是母源病。

有的妈妈，自孩子出生起便有了沉重的精神负担，她们时常惦念孩子，会因孩子的某些细微变化而惶恐不安。如：上班时突然想到孩子会生病，会食物中毒，就马上放下手头的工作去看孩子，只有这样才能心安；在孩子外出玩耍时，总会有一丝不祥之感，要求孩子一直留在自己身边；即使孩子睡熟之后，也会突然去看他是否感冒发烧；如果孩子伤风感冒，肚疼拉稀，她们更是心急如焚，会带着孩子四处求医，并为此寝食难安。妈妈的这种紧张和恐惧的情绪会强烈影响孩子，使他们也终日惶惶不安，一时见不到妈妈，便会六神无主，并会因此影响饮食和睡眠。这些孩子明显比其他孩子胆怯、脆弱、易哭，在心理和生理发育上也明显劣于其他同龄的孩子。

有的妈妈不惜一切代价让孩子吃最好的，穿最好的，玩儿最新的，不让孩子做一点儿家务，生怕委屈了他们，若是遇上孩子与小朋友发生口角，无论有理还是没理，总会站在自己孩子这一边。过度的溺爱使孩子在生活上过度依赖妈妈，缺乏自立和吃苦精神，缺乏上进心，心理上也变得十分脆弱。他们一旦遇到小挫折，便会因缺乏应变能力和单独处理事物的能力而不知所措，如果遇到较大挫折，其中有些人会因不堪承受心理压力而产生自杀企图或自杀行为。

母源病对孩子的心理会产生极大伤害，因此，对孩子过度保护的妈妈，请放开手，相信孩子自身的免疫力，让孩子自己去经历风雨吧！

妈妈担心孩子体弱多病，结果却不断地通过行动和语言的强化，让这种担心变成现实。要改变这种情况，妈妈首先应该破除行为上的"疾病"强化。为防止孩子生病，妈妈将他包着，捂着，结果孩子的体质变得更为虚弱，形成一个恶性循环。因此，从孩子出生开始，妈妈就要打破这个循环。

其次，妈妈应该破除语言上的"疾病"强化。为了孩子的健康，需要增强他的心理免疫力。如果你在孩子的面前不断地强调"你体质弱，身体不好"，孩子就会真的以为自己弱不禁风，于是稍有不适，他就会立即倒下。孩子在生病时如果能得到特别的呵护，还会逐渐地将生病看作自己的特权，长此以往，他会变得特别在意自己的身体，时刻留意自己身体的不适之感，期待所有人的同情和怜悯。

此外，妈妈还要帮助孩子建立一个积极的心态，激励孩子与病魔做斗争，把孩子身上的免疫力充分调动起来。

威廉·丹福斯从小就是一个爱生病的孩子，但是他的老师经常用"我相信你""我相信你将成为学校中最健康的孩子"等话语鼓励他，他果真变成了学校里最健康的孩子！他在85岁逝世之前，帮助数以万计的青年获得健康的身体，还帮助他们立志高尚、做事刚勇、服务谦逊。

人的身体与心理有着千丝万缕的联系，积极的心态对孩子的一生是至关重要的。

第三章

爱从认真带孩子开始

那些把干事业和带孩子对立起来的妈妈，那些根本就不在乎和孩子相处时间及相处质量的妈妈，不是不爱孩子，而是骨子里认为和孩子相处不是一件重要的事。这种想法显然是错误的，因为孩子成长中的每一天、每一种境遇对他都会产生影响，也决定着亲子关系的亲密程度。

没有良好的母子依恋关系，孩子的人格发展就有障碍

妈妈正在厨房烧菜，圆圆像条小尾巴似的在妈妈身边蹭来蹭去，妈妈担心自己不小心伤着她，于是对圆圆讲："圆圆，厨房里很危险的，你先出去玩儿，一会儿妈妈做好饭就陪你，好不好？""我不！我要跟妈妈在一起！"圆圆嘟着小嘴。

"圆圆乖，你看厨房这么小，万一妈妈不小心碰着圆圆了怎么办？"

"我就不！"无论好说歹说，圆圆就是不肯出去玩儿。

平时，圆圆就跟妈妈特别亲，无论是吃饭、玩耍还是睡觉都要妈妈陪着。一见妈妈不在，她就会到处找，甚至妈妈洗澡时，她也要守在门外。

刚上幼儿园时，圆圆根本就不愿意离开妈妈，无奈之下，妈妈在幼儿园陪了她整整一周，她才肯去幼儿园。现在，即使每天去幼儿园，圆圆也对妈妈依依不舍，从幼儿园回家后，她就会寸步不离地守着妈妈。

圆圆的爸爸因为工作忙，平时都是早出晚归，因此，圆圆的吃喝拉撒都是由妈妈操持的，这无意中养成了圆圆特别依恋妈妈的习惯。

依恋是婴儿寻求并企图保持与另一个人亲密的身体联系的一种倾向。这个人一般是妈妈，也可以是别的抚养者或与婴儿联系密切的人，如家庭的其他成员。依恋主要表现为啼哭、笑、吸吮、喊叫、咿呀学语、抓握、身体接近、依偎和跟随等行为。

依恋是婴儿与抚养者之间一种积极的、充满深情的感情连接。它对于激发妈妈和照顾者更精心地照料后代，对形成儿童最初信赖和不信赖的个性特点有着重要的影响。

孩子在出生后的第一年对他是至关重要的，妈妈的接纳、喜欢、拥抱、躯体抚慰和精神关注，将促进孩子与妈妈形成信任、安全、温暖的关系，这样的依恋关系能让孩子变得健康、活泼、开朗、自信。如果妈妈性格强硬，情绪不稳定，对孩子疏于照料（让孩子处于饥、渴、冷、湿等不安状态），或不愿意亲自陪伴孩子，把孩子寄养在别处，甚至虐待孩子，那么孩子就可能很难与人形成良好的依恋关系，心理发展延缓甚至出现自闭倾向。有很多不能形成依恋的孩子，在成长中会慢慢出现边缘型人格障碍或自恋型人格障碍等。

而与妈妈形成良好依恋关系的孩子具有以下特征：

人际关系中，开朗活泼，有自信和自尊，懂得爱别人，能与人"共情"，没有暴力倾向，善良，宽容，知道自我的边界，不对别人过度要求。

能正确解读父母教育自己的信息，打得也骂得，孩子不会记恨妈妈，一般也不会让妈妈太伤心。依恋不够的孩子打不得也骂不得，因为妈妈这样做会激发孩子内心深处对妈妈的不信任。

母子依恋关系有以下三种类型：

安全型依恋，这是最常见的依恋类型。孩子在妈妈离开时会哭闹，在妈妈回来时会高兴；如果妈妈在场，通常以妈妈作为认识世界的起点；如果在玩耍，会不断地回到妈妈身边寻求安慰；通常比较爱合作，较少生气，会友善地对待陌生人。孩子容易形成积极的人格。

逃避型依恋，是较少见的类型。孩子在妈妈离开时很少哭泣，在妈妈返回时不会太高兴，并设法躲避妈妈；如果有什么需要，不寻求帮助，而会表现出愤怒的情绪；不在意陌生人。

矛盾型依恋，也是较少见的类型。孩子在妈妈离开前就开始焦虑，对妈妈的行为很紧张，担心妈妈离开；在妈妈离开后更加不安，而妈妈回来时，行为又很矛盾——既想亲近妈妈，又拒绝妈妈；较少关注周围的环境；很难安抚；对陌生人不友好。孩子容易形成消极的人格。

依恋是孩子出生后最早形成的人际关系，是成人后形成的人际关系的缩影。因此，妈妈要与孩子建立良好的依恋关系。

当孩子回家，回到妈妈身旁需要和妈妈重建依恋的时候，妈妈最好不要做的事：

对孩子身上的某些行为、特征、习惯不满意，忙着纠正孩子，让孩子感觉很糟糕，没有安全感。

急于向孩子或让孩子表达亲密感，结果遭到孩子拒绝，这样易引发大人的挫败感和孩子的焦虑害怕情绪。

拒绝原来曾与孩子形成依恋关系的人（如老人、阿姨），嫉妒孩子对那个人太好，让孩子在客体关系发展中产生混乱的感觉。

扔掉孩子随身携带的旧手帕、毛绒玩具、漫画书，给他买更好的东西，这些东西对孩子内心平静很重要，是一种对妈妈依恋的替代品，要暂时保留，耐心地等待孩子自己失去兴趣。

妈妈要用一种平和、坚定、温暖的方式去引导孩子，孩子会慢慢地完全投入妈妈的怀抱，完成儿童时期心理发展的重要任务——依恋。与妈妈有着良好依恋关系的孩子，能够形成健全的人格，为幸福的一生打下最基本、最重要的基础。

不被照顾的新生儿，易形成人格分裂

人格分裂的人喜欢独处，费尽心思独立生活，尽可能自给自足。他不依赖任何人，不需要任何人，尤其重要的是，不需要为任何人负责。因此，他远离人群，他需要这种距离，不让别人有亲近的机会，只开放一点点缝隙。一旦距离被跨越，他的感受如同生存空间遭到侵犯，独立自主遭受危害，他不再完好如初，于是很粗暴地反抗。害怕别人亲近，这是他典型的恐惧。但事实上，他不可能把所有人都排拒在外，于是他只好四下搜寻保护措施，以便自己能躲在其中，避开一切。对他而言，绝对要避免人与人之间的接触，绝不容许与人有亲密的关系。不论与人邂逅，还是认识未来的配偶，都会让他左右为难，于是，他只好把人际关系通通公事化。不得不与人相处时，处于团体或小组之中最让他感到自在，因为他可以隐姓埋名，基于共同利益的名义归属于某个社团。

人格分裂的人喜欢猜疑。他们害怕与别人亲密接触和交往，也害怕交往中的磨合，于是只好靠着猜想来调整人际关系的方针，总是处于惴惴不安中，不晓得自己给别人的印象和观感，以至于自己的举手投足，是否与事实相符，是幻想或投影，或者属实，他都没有把握。

"别人看我的眼光究竟充满嘲讽呢，还是我又乱想了？"

"今天老师对我特别冷漠，他不满意我什么？他平常不会这样的，是不是我多心了？"

"我是否引人侧目？我哪里不对劲儿？难道我搞错了，要不然别人干吗这样瞅着我？"

这种不安全感会使孩子猜疑，病态地对号入座、风马牛不相及地臆想以及知觉混淆，以至于内心与外在都是非不分。这类人若即若离，矜持，遥不可及，别人很难和他们攀谈。他们似乎没有个人色彩，甚至有些冷漠。

具有双重人格的孩子，在生活中是孤寂的，他们的世界是封闭的。好奇的妈妈也许会问：是什么造成了分裂的人格呢？医学上的解释有很多，但是最重要的是幼儿时缺乏关爱。

婴儿除了不可或缺的各种照顾之外，还需要温暖、关爱、适当的刺激，例如安静稳定的成长环境，这样他才能够自信、活泼、有责任感。其中最重要的是要给婴儿足够的身体接触，让他感受温情。

若是婴儿初始的世界让他害怕、不安、感觉空洞、被侵扰，他就会畏缩、被吓退了。太早以及过于强烈的不被信任的经历，使得他无法信心满满地迎接世界。婴儿经常缺少陪伴，世界空茫一片，刺激太强或印象过于繁杂，都可能形成分裂人格，他与世界的关系已蒙受损害，只好退回自己的壳中。

小时候缺乏关爱的孩子、不被爱或者不受欢迎的婴儿特别容易形成分裂人格。有的孩子长期生病住院，或者经历过妈妈离去的创伤也都容易形成分裂人格。妈妈不爱、不在乎小孩儿；妈妈太年轻，个性未臻成熟；妈妈没时间，把孩子交给冷漠的人照管；妈妈生产后很快去上班，小孩儿长时间独处。这些妈妈没给孩子关爱，都会造成孩子爱的缺失，都可能引起孩子人格的分裂。

为了避免和改善这个问题，作为呵护孩子成长的妈妈，要给孩子安全感，当孩子感到孤独无助的时候，用温柔、鼓励的眼神关爱孩子。一个拥抱、一句话语，都能在默默之中告诉孩子："宝贝，我爱你。"

此外，还要保证孩子与成人人格的平等。妈妈不应该因孩子年纪小，而漠视他在家中的地位。平等是营造良好的家庭氛围的前提，也可以为孩子的成长提供一个良好的平台，在家中不被漠视的孩子，才不会自我漠视而封闭自己。

总之，妈妈一定不想让自己的孩子成为一个人格分裂的人，也不想因自己的疏忽让孩子成为双重人格的人，所以，从孩子诞生那一刻起，妈妈就不能疏忽对孩子的照顾和爱。多关心孩子的情感需要，孩子内心深处对于爱和亲密关系的渴望就会得到满足，就可以避免分裂人格的形成，妈妈也可以在这个过程中充分体验到身为母亲的幸福感，何乐而不为呢？

孩子的成长需要妈妈的陪伴

一位母亲在给儿子的信中写道："你是一个铁杆儿球迷，为了看球，甚至可以不吃饭、不睡觉。说实话，我原本无法理解，对我来说，足球只是一堆人争夺一个球的无聊游戏。你常常深更半夜悄悄起来看英超、意甲转播。虽然为了不吵醒我们，你总是把音量放到最低，但是，你那压抑的激动声响和偶尔克制不住而发出的喝彩，还是会惊醒我，那时，总免不了对你的一顿教训。可有一天，一个念头突然冒出来：能够让你如痴如醉的足球到底为何吸引你呢？我怎样才能够体会你在看足球时的快乐呢？有机会一定要尝试一下。"

对此，儿子在自己的日记中也有所记载："奇迹果然出现了！不但是塞内加尔的奇迹，也是我妈妈的奇迹——她竟然从此迷上了足球，每天抢着看报纸，准时看球赛，关心贝克汉姆、罗纳尔多。当我们同时情不自禁地站起来，激情似火地给中国队加油的时候，我感到我们的心灵第一次如此相通。我心里只想说：

'能跟妈妈分享我的快乐，我真高兴！'"

养育孩子的过程也是陪伴孩子的过程，孩子只有感受到你与他在一起，才能把你的爱放在心中。

与孩子共同参与活动，陪伴孩子成长，对于亲子关系非常重要。

孩子们通常有自己的社会活动，例如，学校组织的风筝大赛、校际篮球比赛、乒乓球比赛等。一些妈妈可能会认为：这只是毛孩子的游戏，关我什么事儿呀！其实，这种想法是错误的。教育学家建议妈妈们，要积极参与孩子的这类活动，因为妈妈的参与就是对孩子的肯定。

斯托夫人在谈到她那5岁就能熟练运用8国语言的天才女儿维尼芙雷特时，这样写道：

在维尼芙雷特还小的时候，我经常带着她去看好的电影和儿童剧，每次她都是兴致勃勃的样子，这种兴致甚至超过了她对所有玩具的喜爱。并且，回到家之后，维尼芙雷特的兴致不仅不会降低，反而更加高涨，她总是喜欢和我一起来扮演电影或戏剧里面的角色。我和维尼芙雷特分别选取一个角色开始表演，有时候我们还会邀请孩子的父亲或其他一些小伙伴参与进来，而当角色实在不够时，我们就用玩具娃娃和其他物品代替。

我发现，维尼芙雷特在这种模仿电影和戏剧人物的表演中不仅培养了一些良好的品格，比如勇敢、幽默、乐观等，而且在对电影和戏剧中某些角色的模仿过程中，渐渐学会了与人交往的礼仪和技巧。

有一次，我们看了一出名为《国王和他的女儿》的儿童剧。该剧讲述的是聪明的公主如何戏弄那些阿谀奉承的大臣的故事。回到家之后，维尼芙雷特就乐滋滋地穿上她的公主裙，开始模仿戏中的一个情节。维尼芙雷特扮演那位国王的女儿，而我扮演的则是一个贪婪的宰相。

刚开始，我们都尽量按照剧中的情节来演，但后来，维尼芙雷特就开始自由发挥了。这个时候，我并没有去干涉她，我认为这正是一个发展孩子想象力千载难逢的好机会。

维尼芙雷特模仿剧里的公主，昂首挺胸，神态和举止简直就像个真正的公主，显得优雅从容。她对我这个狡猾的宰相说："你，宰相大人，你的花招儿能骗过我父亲——国王陛下，但休想骗过我。其实，我早就看出了你的野心，你想夺权篡位、谋叛造反……"

于是，我立即装出战战兢兢、卑躬屈膝的样子："不是的，请公主殿下明察，我对国王陛下忠心耿耿，怎么敢有那些邪恶的想法……"

这时，看着维尼芙雷特煞有介事的样子，我忍不住笑出声来。

"不许笑，亏你还是个宰相，一个宫中的大臣，怎么可以这样不严肃呢？简直没有教养，一点儿礼仪都没有！我觉得，就凭这一点，就应该判你极刑！"女儿一本正经地说道，似乎她真就是剧中的那位公主了。

"啊！实在对不起，公主殿下！我真的不是有意的。"于是，我急忙装作严肃认真的样子，竭力忍住发笑。

"你知道吗，作为一个大臣，必须要自重，一举一动都要合乎礼仪，这样才能给下面的百姓做个模范。可你看看你，整天嘻嘻哈哈、鬼头鬼脑的模样，怎么做人民的表率！"

维尼芙雷特严厉地"训斥"了我一顿，并开始"教"我怎样说话，行为举止应该如何。尽管她的"台词"已经天马行空、自由发挥了，但她的动作神情仍然像剧中的公主一般高贵雍容。等到维尼芙雷特长大之后，人们都夸她的言行举止得体到位，并问我是怎么把孩子培养得这样高雅大方。其实，真正的原因就在于那些有趣的戏剧游戏。

腾出时间陪孩子一起做孩子所热衷的事情，是非常重要的。很多妈妈不明白这一点，一心一意"教育"孩子，却拉开了孩子和自己的距离，到了孩子成年的时候，两个人竟然像陌生人一样，无法对话了。

如果你希望孩子养成持之以恒的品质，掌握其他与工作、生活相关的技能，你就要积极去参与孩子的活动，用你自己的兴趣、可依赖性及独特的指导，为孩子树立榜样。

最好的妈妈不是端坐在书房中写字的妈妈，也不是忙碌在厨房里做菜的妈妈，而是那个一直陪伴着孩子的妈妈。她不是一个符号，而是孩子生命中不可缺少的一部分，共同的回忆把他们紧紧连在一起。

多多陪伴孩子，参加他的集体活动，主动帮他解决问题，这样，妈妈才能真正了解自己的孩子需要怎样的爱。孩子的成长需要妈妈的陪伴，你可以错过一份好的工作、一个好的人生机遇，可是，身为一位妈妈，如果你错过了孩子的成长，便也错过了孩子人生中许多美丽的风景。

"双生涯"妈妈的带孩子哲学

据《参考消息》转法新社 5 月 26 日的报道，中国的"上班族妈妈"数量超过 3.2 亿。许多"上班族妈妈"每天奔波于单位、学校和幼儿园，经常在工作与孩子之间顾此失彼，左右为难。"双生涯"（家庭生涯和职业生涯）的妈妈们，在忙碌的工作之余还要顾及孩子的身心需要，确实是件很辛苦的事。所以，在工作和孩子之间找到平衡点，对"双生涯"妈妈来说尤为重要。

"朝九晚六"是现在上班族的标准时刻表，这对于辛劳的妈妈来说，意味着早上在孩子起床之前出门，晚上在他已经玩儿了一天、感到疲惫的时候回家。现代生活的节奏，已经让妈妈错过了很多与孩子相处的时光，就不必说为加班、堵车等支付的时间了。妈妈如果完全被如此繁忙的工作驾驭，就容易忽视对孩子的关注，忽视与孩子的交流和沟通。

《鬼妈妈》是一部改编自美国畅销小说的动画片。卡罗琳是一个只有十几岁大的小女孩儿，对身边的一切充满了好奇，但是爸爸妈妈因为在平常的生活中要处理很多关于工作的事情，所以无暇照顾她。闲得发狂的卡罗琳常常在家里转来转去。一次，她发现了一个惊天的秘密：她通过一扇奇怪的门走入了另一个"家"，那里有和现实生活中一样的居住环境和待人周到的"妈妈"——只不过那个妈妈的眼睛被纽扣缝上了。正是由于那个"妈妈"深谙儿童的心理，热情地陪伴她玩耍，卡罗琳觉得自己找到了真正的快乐。只是，后来她发现那个"妈妈"是个女巫，并与之进行了一场斗争……

从这部影片中，妈妈可以从中学到一些道理：孩子虽然小，但是他们确实希望得到妈妈更多的爱和关注。孩子如果发现妈妈好像并没有太多的注意力放在自己身上，心里产生失落感是非常正常的。

对于孩子来说，他们内心最需要的是一种爱的感觉，他们希望有更多的时间和妈妈在一起，感受到更多的来自妈妈的关注和爱护，这种良好的感觉，是孩子在日后乐观、积极、自信的主要动力源。

曾经有一位教育研究者给妈妈提出一道多项选择题：

以下四个选择你认为哪项最能够帮助孩子在学校里提高学习成绩？

A. 为学校做义工

B. 监督孩子功课

C. 与孩子讨论学校所发生的事

D. 与孩子的老师保持联系

　　当然，以上的任何一项对孩子在学校里学习进步都有帮助，但是研究人员的统计结果表明：回答 C 的妈妈，她们的孩子在学校中的成绩是最好的。这并不意味着其他的选择不重要，而是更加深刻地说明了妈妈和子女共同参加一项活动是多么的重要。

　　研究表明：受到妈妈关注多的孩子，各方面的表现就都很好。

　　一个孩子在生活中受到妈妈的关注越多，在各方面就会表现得越好。他感到自己是个备受关注的中心时，就有动力让自己变得更加的完美和优异。一个孩子明显感受到被关注时，会非常希望表现自己，所有的才能都会被调动起来。所以，妈妈再忙，也不要忘记关注孩子。关注孩子不是指天天和孩子在一起但心不在焉地应付孩子，而是心情轻松、全神贯注地与孩子交流，即使只是每天晚上睡前的短短 1 小时。

　　或许，妈妈只是每天简单地问一句"今天在学校怎么样"，都可传达出对孩子的一个明确信号，那就是妈妈很在乎他在学校里的表现。有些家庭的妈妈可以从各方面关注子女的教育，而另一些只有时间去关注孩子一两个方面的问题。但不论何种层次的介入，相信对孩子的一生都会有不同程度的作用。每天，我们可以在家中听孩子讲述他在学校中看到的有趣故事，和小孩子一起聊聊天，并不是什么难做到的事情，所能起到的作用却是最大的。

　　"双生涯"妈妈，孩子并不会妨碍你的工作，而你也不应该因为工作而忽视对孩子的关注。把握好在繁忙工作中关注孩子的尺度，找到两者的平衡点，也许就不会再顾此失彼，患得患失了。

不让孩子做精神上的"留守儿童"

英英是一个10岁的女孩儿,她性情很古怪,学习成绩不佳。她不喜欢和同学相处,也不喜欢和爸爸妈妈在一起,她只喜欢黏着家里的保姆小玲。英英的爸爸妈妈都非常能干,都是单位里的重要负责人,家里经济条件非常好,从孩子一出生就专门请了保姆小玲来家里照顾孩子。妈妈在生完她3个月后就上班了,把带孩子的事完全交给了保姆,英英相当于小玲带大的。

从表面上看,英英一直和妈妈生活在一起,但由于妈妈工作忙,每天早出晚归,且经常出差,孩子从早到晚全是和保姆在一起,连晚上也是和保姆一起睡觉,孩子住在自己家,却如同一个"寄养儿童"一样缺少和妈妈相处的机会。所以,英英的内心十分孤独,性格也比较孤僻。

后来小玲要回农村结婚,离开了英英家,英英从此就更加孤独了,妈妈给她找了新的保姆,但是英英和新保姆都处不来,于是妈妈就一次又一次地更换保姆。

英英常常一个人躲在房间里,她的性格越发孤僻,越来越不爱开口说话,身体越来越差,学习成绩也越来越差。

很多妈妈以为只要给了孩子舒适的环境、良好的物质条件,孩子就会健康地成长,却往往忽视了孩子的健康成长同样需要妈妈付出爱和时间。

在现代社会,很多妈妈因为顾着自己的事业,而忽视了对孩子的养育。她们往往把自己的大部分时间给了事业,留给孩子的只有那么一点点时间。有的人会认为她们不爱孩子，其实不然，她们会给孩子买最好的玩具、最好的衣服，让孩子上最好的学校，她们爱的方式不一样，因为她们认为和孩子相处不是那么重要的事，殊不知，孩子也是有感受的个体，而这些感受会对孩子的成长产生重要的影响。

现在有太多的妈妈愿意在孩子身上花钱，却不愿意花时间和精力。孩子不是一件玩具，孩子的健康成长和妈妈的关心密不可分。你一旦决定要孩子，就要担起对孩子的责任和义务，重视和孩子在一起相处的时间。有的妈妈由于客观原因，不得不和孩子分开时，妈妈可以在分开的日子里通过经常给孩子打电话或定期去看望孩子等来减少孩子在感情上的失落感，让孩子感受到妈妈是爱他的，是时刻关心着他的。

作为妈妈，试想一下：你现在努力工作的本质不就是为了给孩子一个更富裕、更好的生活环境，能够为孩子提供更美好的未来吗？可是现在有许多妈妈舍本逐末，忽视了给孩子爱的关怀。妈妈要明白，孩子最需要的不是金钱，而是妈妈的爱和关怀，是妈妈的陪伴和呵护。

第四章

孩子的成长大多来自对妈妈的模仿

在孩子的教育和品德培养中，妈妈的作用至关重要。因为妈妈是培养孩子的第一人，也是培养孩子时间最长的人，她的一言一行都会成为孩子模仿的对象。可以说，孩子是对妈妈"依葫芦画瓢"，妈妈"长得好"了，孩子才会"画得好"。

孩子的成长从模仿开始

在饭厅里，一个大人抱着一个几个月大的婴儿。婴儿看到了一幅画了许多水果的画，他边看着画，边做出吃东西的样子。这个婴儿还在吃奶的阶段，怎么会知道水果要怎么吃呢？

牛牛是一个只有 15 个月大的男孩儿。有一天，他拿起妈妈的梳子一下一下地梳理着自己的头发。他的妈妈看到这个举动吓了一跳："我从来没有给我儿子梳过头。他的头发又细又直，即便不梳也很整齐。当看到他拿着我的梳子熟练地梳理头发的时候，我感到很吃惊，看起来他好像天生就会梳头。我也很纳闷：他是怎么学会的呢？"

当然，婴儿不是天生就会吃水果的，牛牛也不是生下来就会梳头的，他们很有可能是观察妈妈的一举一动而学会的。对于 1 岁的孩子来说，模仿是他们学习各种技能和语言的非常有效的方法，也是孩子逐渐产生自我意识的一个途径。

一个小孩儿看见大厅的芭蕾舞者雕像后，立刻跳起舞来，因为孩子曾经看过别人跳舞的样子，所以他知道雕像的姿势就是跳舞的动作。这就是孩子天生的模仿和学习能力。孩子正是这样得以进步和提高的，他们的智能也是这样得以开发的。所以，父母一定要学会敏锐地观察孩子的需要，只有这样，才能给予孩子需要的帮助。

实际上，孩子从降生的第一天起，就开始模仿父母了。首先是模仿父母的面部表情和发音，然后是身体运动和话语的模仿。

初学语言的孩子，一开始就是模仿和重复周围人对他说的话。研究发现，如果平时和孩子说话的人大多数是语音标准的人，那么孩子的发音就会比较好；如果周围的成人说话都不太标准的话，那么孩子的发音则会带有方言的语音语调。孩子不仅会模仿成人的语言、神态，也喜欢模仿成人的行为。如果孩子被允许去做"大人"的事情，他会非常高兴，比如拿扫帚扫地。

到两岁以后，大部分孩子开始对成年人如何使用物品有很大的兴趣，比如，孩子想学习爸爸妈妈是如何使用手机、餐具和电视遥控器等物品的。这些动作的模仿表明孩子的认知能力已经有了一个重大的跳跃，也就是说，孩子能够意识到他所模仿的动作是带有一定意义的。

3岁以后的孩子，已经知道自己是男孩儿还是女孩儿了。这时，他们开始模仿同性成人的行为和举止。比如，女孩儿喜欢穿着妈妈的高跟鞋，或者亲自"照料"娃娃。在性别角色的模仿过程中，孩子会学习那些同性成人的行为方式，并且认同那个人或那种角色，这对孩子以后的行为发展起着重要的作用。

模仿不仅发生在日常生活中，在游戏中也会有模仿。孩子经常在玩耍中扮演某些成人的角色，比如老师、医生、司机、厨师等。这时的孩子不会看到什么就模仿什么，而是会选择熟悉的人和事，把自己感兴趣的行为通过游戏表现出来。这类游戏被称为"装扮性游戏"，对孩子各方面的发展都十分有意义。在装扮性游戏进行的过程中，孩子并非纯粹地进行模仿，而是会在实际游戏情境中进行创造，比如为游戏角色打扮、准备游戏道具、在游戏中安排模仿对象的行为和工作等。这时，孩子的创造行为也不知不觉地发生了。

孩子不仅模仿与他亲近的父母或爷爷奶奶，还模仿其他的小孩子。他会通过模仿改变自己的行为和动作而去迎合周围其他小朋友的行为。所以，这时候，孩子一对一的游戏方式就能够使他们有更多的模仿机会。也就是说，一个孩子喜欢和另一个站在他旁边的小朋友一起玩儿，而不是和一群孩子一起玩儿。没过多久，你又会发现你的孩子甚至开始模仿陌生人、电视里的人物，或者他在动物园看到的动物了。

很多时候孩子是靠模仿学习的。孩子通过模仿学习说话，学习语言，学习为人处世的态度，从而形成自己的价值观与行为方式。有些习惯甚至都是通过模仿形成的。

要鼓励和帮助孩子模仿，因为这是他成长的中间站。孩子不仅仅是模仿了，也会出于自己的愿望而这样或那样去做。他通过每天看见父母刷牙和穿上外衣而逐渐学习这些技能。孩子一旦意识到"我自己能做！让我再试一次"，就逐渐变得独立起来了。确切地说，模仿成了孩子迈向独立的中间站。

另外，孩子的一些模仿会超出他的能力，因此，妈妈需要警惕孩子的安全问题。如果不存在危险的因素，那么就等孩子要求帮助的时候再帮他一把。失败是孩子学习过程中不可缺少的一部分，妈妈要时常鼓励孩子自己再去尝试。那么，孩子才会在第一次失败之后再去效仿别人的成功做法，一次又一次地尝试，直到自己成功。

为孩子提供一个良好的模仿环境，
并且做他模仿的好榜样

孩子的模仿能力与他的生长发育水平和认知能力有很大关系。而妈妈所要做的是为孩子提供一个良好的"模仿环境"，并且做他模仿的"好榜样"。

想让孩子成为怎样的人，妈妈首先就要做好榜样，孩子会学习妈妈的一举一动。当丈夫在家时，你却对打来电话的人说他不在，你就教会了孩子说谎；如果你吃饭时狼吞虎咽，那么你就教会了孩子吃饭时要快速；如果你整日看电视，那么你就教会了孩子整日去看电视；如果你大喊大叫着人们的名字，那你也教会了孩子对人没有礼貌；如果你对孩子动怒，孩子就会对别人动怒；如果你对抢占停车位的那个人说了些脏话，你则教会了孩子去说脏话。

你怎样对待孩子，孩子也会在日后怎样对待你。为人母的你常常动用武力，怒气冲冲地打骂孩子，天长日久，在孩子的心中则会形成一种印象："妈妈就是以这种方式来对待孩子的。"孩子长大成人后，也将以此种方式对待他自己的孩子。

相反，如果你能心平气和地讲话而不是怒气冲冲，则教会了孩子怎样在被激怒的情况下保持冷静；你为自己说脏话而道歉时，则教会了孩子怎样对自己所犯的错误负责；你对自己的怒气负责，便教会了孩子对自己的怒气负责；你彬彬有礼，则教会了孩子彬彬有礼；你能事事与大家分享，则教会了孩子事事与他人分享；

你能与人为善，那么你的善良也传授给了你的孩子；当你全力以赴做事时，你的孩子也会学着专心致志于所做的事情；你常常读书，则培养了你的孩子对待读书的正确态度；你吃健康的食品，积极地健身，那么你的孩子也会紧紧地跟从；如果你以一种负责任的方式行事，那么你的孩子也将以一种负责任的方式行事。

因此，妈妈需要格外注意自己的一言一行。如果你希望孩子能够总是把"谢谢"和"请"挂在嘴边，那么你必须自己先这样做，自己经常说这些礼貌用语才行。另外，孩子对待周围人的方式也是通过效仿父母尤其是妈妈而学到的，所以，必须让孩子亲眼看到妈妈的友善、慷慨和富有同情心，而且，一旦孩子有了这些好的行为，妈妈一定要给予鼓励。

孩子会从妈妈那儿学会许多行为方式，所以妈妈必须成为孩子的一个好榜样。孩子也会从身边的环境中学习，所以妈妈应该为孩子创造那些培养他的优点，鼓励他自律、负责的环境。

孩子身处的环境包括他周围的人和物。孩子周围的人包括父母和其他家庭成员、小伙伴、邻居、同班同学、老师；周围的物包括餐厅、操场，还有电视、电影、书刊、音乐等宣传媒体。孩子的行为是融合在他身处的环境中的。如果环境鼓励他嬉闹，他就会玩儿；如果环境鼓励他踢球，他便会踢；如果环境鼓励他成为一个团队中的一员，他就会加入团队。

环境具有强大的影响力，它给孩子耳濡目染、潜移默化的力量，就像青蛙在不同的环境中会改变不同的体色，孩子在不同的环境中会形成不同的个性。成功的早期教育一定要给孩子丰富多彩的生活环境和条件，这是孩子快乐进取的物质基础。每个妈妈都想让孩子在好的环境中健康成长，但该如何给孩子建设一个有利于成长的环境呢？

1. 人际环境。孩子是家庭中平等的一员，妈妈不要娇宠溺爱，也不要冷落他。一家人要做到互相关爱、分工劳动、遇事商量，共同享受生活的乐趣；一家人还要互相赞美对方良好的行为表现，运用礼貌和幽默的语言进行交流；一家人可以经常开故事会、朗诵会、运动会，表演各种节目，还可以请亲戚、朋友、小伙伴来家里玩儿，尽情享受亲情和友情。

2. 智慧环境。妈妈要给孩子准备好小书桌、小书柜、玩具柜、科技百宝箱、大地图、地球仪、科学实验器具，再给孩子一个"植物园""动物园"就更完美了。孩子的生活环境要有色彩鲜艳的图案、美丽的风景画、优美的书法作品。当然别忘记给孩子提供一个锻炼身体的条件，如沙包等。一家人要经常读书、讨论，一起动手做玩具、开展小实验。对于两岁半以后的孩子，妈妈可以每天设立 20 分钟的"静悄悄"时段，各人在自己固定的位置专心做事情，不相互打扰，事后评定各自的表现情况。

3. 意志环境。养成孩子良好的行为习惯，妈妈可以和孩子一起确定各种作息时间，如早起、早锻炼的时间。制定作息时间表有利于孩子养成有动、有静的活动习惯。培养孩子按时吃饭、洗漱、排便、睡眠、劳动、看电视的习惯，逐步做到不催促、不提醒，培养孩子的责任感和坚持力。3 岁以后的孩子看什么电视，父母要事先与孩子商量好，以儿童节目为主，在规定的时间内不多看也不少看。3 岁以前的孩子每天以 10 分钟为宜，3 岁以后每天 20 ~ 30 分钟为宜。当孩子逐渐长大，还要教给他怎样用钱、怎样节约、怎样存放，鼓励他买书和智力玩具，援助他人等。

小心，别让孩子在模仿中学坏

有一次，一个妈妈带着 3 岁的孩子去做新年前的采购。停车场挤得水泄不通。他们兜了好几圈也没找到停车位。妈妈心里很烦，最后她好不容易看到另一个人要开车离去，逮了个空儿，赶紧向前开车，打出信号，示意自己要把车停在那儿。就在倒车时，另一辆车却乘虚而入，挤到了她的前面，占了车位。妈妈气极了，摇下车窗对着那司机吼着粗话，彼此都愤怒地盯着对方互不相让。最终这位妈妈只好怒气冲冲地继续去寻找另一个停车位。

大约 20 分钟后，母子俩走进大厅。此时的妈妈已平息了怒火，母子俩一起讨论着买些什么样的礼物，在这位妈妈毫无准备时，儿子突然抬起头问："妈妈，能告诉我什么是×××吗？"

妈妈顿时觉得尴尬，弯下身来没好气地对孩子说："小孩子别管大人的事，你别管这句话是什么意思，反正小孩子不能说！"

生活中 95% 的时候妈妈可以成为孩子的好榜样，而当孩子抓住妈妈所犯的错时，做妈妈的总是有一种防范、虚荣的心理："别管那是什么意思，反正你别让我听见你说这样的话，否则……"

作为妈妈，如果你常常用这种方式应对孩子的话则大错特错，这种方式反而让孩子更加好奇和叛逆，同时也会关闭你与孩子间沟通的大门，这样做相当于告诉你的孩子，大人可以说脏话而他不能，那么孩子到学校做的第一件事很可能就是开始问全班同学那句脏话是什么意思。

漫画家几米有一本漫画，叫作《我的错都是大人的错》，其中有很多"金玉良言"，一针见血地说出了现代家教的矛盾：

有些父母喜欢教育孩子"吃得苦中苦，方为人上人"，

但她们自己吃尽了苦头，也没有变成人上人……

大人喜欢吹牛，

却要求小孩儿诚实。

所有的孩子都爱吹牛，

说他们的爸爸从来不吹牛。

大人喜欢对小孩儿说"永远永远不要放弃梦想"，

但为什么放弃梦想的都是大人？

这些既简单又直白的语言，把大人问得哑口无言。对啊，为什么家长总是在做自相矛盾的事情，一边儿说着这样的话，一边儿又做着那样的事？每个父母都希望自己能有一个称心如意的孩子，但是很抱歉，几米又说出了一个真相："我知道我不是一个完美的小孩儿，但你们从来也不是完美的父母，所以我们必须互相容忍，辛苦、坚强地活下去。"

很多孩子的不完美，都是从大人的身上映射过来的。比如我们常说孩子没有什么自尊心，不知道害羞，脸皮太厚。是不是因为他的自尊心被父母伤得太严重了，产生了"抗体"，或者是他们没有从父母的身上找到自尊的感觉，从来不知道自尊是一种怎

样的东西？现在孩子身上反映出来的种种问题，都是大人教育思想或者教育行为的后果。

有的妈妈说孩子不爱学习，但是她自己也从来没有在家中翻阅过一本书，也从未认真学习过，就算是报名参加了一些课程，在听课的过程中也从来没想过要记笔记。

"妈妈，今天你们都听了些什么？"一般孩子也会像妈妈好奇孩子学了什么一样，好奇妈妈学了些什么。

这时候，如果妈妈能拿出来一个笔记本，一条一条说今天的学习内容，孩子马上就能知道，做好笔记很重要。但很少有妈妈能做到这样，甚至连讲了些什么都忘记了。

更有甚者，回家之后向孩子抱怨"今天的课算是白听了，啥也没记住，往后再也不去听了"，这不是在告诉孩子听课没意思吗？

其实，好妈妈会这样做：

回家之后，兴奋地对孩子说："妈妈今天听课，感觉收获特别多。"然后亮出自己的笔记本，"下次我要早点儿去，坐到第一排，这样能听得更清楚。"

学习是多么令人愉快的事情啊！这一点不会因为你是妈妈就变得无趣，也不会因为他是孩子就变得更有趣。学习带来的快乐是相通的，如果你能表达出这种快乐，孩子也就能去努力体会这种快乐。

妈妈应该如何对待孩子的不良模仿

孩子天生就有模仿能力和模仿需求，但是他往往不会分辨什么应该模仿而什么不能模仿。而孩子（尤其是小男孩儿）特别喜欢模仿影视作品里的坏蛋。为什么？因为坏蛋的造型与表演较正面人物更有特色，更容易模仿。于是总会有数不清的小男孩儿在游戏时模仿影视动画里面的坏蛋，学着原本"面目可憎"的家伙——他的模样、他的装束、他的步态、他的腔调。大部分孩子的恶习就是通过不良模仿形成的。

报纸上曾报道过世界上年龄最小的"银行抢劫犯"——罗伯特。他是个年仅9岁的孩子，怎么会抢劫银行呢？因为他刚刚看了一部关于银行抢劫的侦探片，他觉得很有趣，这才照样学样，模仿电影里的坏蛋，用玩具枪去"抢劫"银行的！

现在的荧屏与银幕充斥着"少儿不宜"的东西，关于凶杀、关于打斗、关于抢劫、关于色情的镜头屡有出现，这很难避免影响天真的孩子们！尤其是那些宣扬打斗和暴力的影视节目，如果频频出现在孩子们的面前，那么，体力较强、性格较外向的孩子看了就会立刻仿而效之，横行霸道，欺凌弱小，从而渐渐形成攻击型、侵犯型的性格。而体质弱或性格内向的孩子则会因为无力模仿而感到自卑，渐渐感到低人一等，甚至害怕长大，害怕将来被人欺侮，于是郁郁寡欢，提心吊胆，原本健康的人格很快被扭曲。试想：如此日复一日，年复一年，怎能不结出恶果？

除了媒体大量的不良影响，现实生活中的诸多恶行对孩子也有着巨大的消极影响，例如一个粗鲁暴躁的家长对待任何人都很无礼、班级里有个小霸王长期欺负同学、老师动不动就打骂学生这些看似与孩子没有直接关联的事，其实都在潜移默化地影响着孩子，他们对不良行为其实更加敏感和好奇，在自觉或不自觉的模仿中，孩子的恶习就形成了。

孩子不懂得分辨好坏，且不会对模仿的行为进行正误判断，因此，妈妈要帮助孩子尽量远离不良行为。首先，要给孩子的生活学习环境"消消毒"。妈妈是孩子模仿的第一人，她首先要有文明的举止行为和良好的生活习惯，另外，她还要扫除孩子旁边的不良影响物，例如：不让孩子与粗暴无礼、满口脏话的孩子一起玩儿，当亲戚朋友在孩子面前露出粗鲁一面的时候要让孩子回避，或者给孩子解释清楚这种行为的不当和危害。然而，防不胜防，妈妈不可能完全避免孩子的不良模仿，那妈妈应该怎样对待孩子的不良模仿呢？

1. 应该用自己的言行为孩子树立一个可模仿的正确榜样。

2. 要引导孩子在模仿中学习正确的东西，摒弃错误的东西。孩子的辨别能力差，妈妈一定要让孩子有选择地模仿。

3. 妈妈经常和孩子一起讨论研究电影、电视、故事中的人物形象，正确引导孩子分析人物。分析时不停留于表面情节和人物的直观形象，要教育孩子学习英雄人物的勇敢顽强，憎恨敌人的卑鄙凶残，久而久之，孩子就会主动模仿这些英雄人物的形象，学习英雄人物的优良品德和崇高精神，促进孩子正确道德观的逐渐形成。

4.对孩子已有的不良模仿行为，妈妈应积极地加以纠正。

模仿是孩子学习的一种途径，但也不宜让孩子只会模仿他人，而应更多地鼓励孩子发表和他人不同的意见，进行独立性的活动，这样才有助于孩子创造性思维的培养。

因此，妈妈对孩子好的模仿行为应当支持，并给予表扬和奖励，使之强化；对于孩子的不良模仿行为，妈妈应当制止，因为这种模仿只能导致孩子正确模仿能力的丧失，不良模仿和破坏性行为的出现，进而产生不良的心理。

下篇

育子秘诀
——如何雕刻孩子这块璞玉

第一章

早期教育成就孩子的一生

小孩子的智力水平和学习能力往往被大人忽视了，到了学龄年纪再教育，其实已经迟了。错过了孩子智力发展最迅速以及学习最敏感的时期，家长用多大精力都很难将孩子的潜能开发到他原本可以达到的高度。

教育真正重要的时期是无限接近零岁的时候

曾有一个专家做了一个实验：

他把刚刚出生且同样体重的几只小白鼠分成两组。一组放于较大、光线充足的空间，提供丰富的声响，有滚筒、滑梯等玩具，让小白鼠自由追逐玩耍；另一组小白鼠则关在没有光线的笼子里，没有玩具，没有同伴。虽然提供同样的食物，但19天后的测试表明，两组小白鼠的智力表现大相径庭。

前一组小白鼠机敏灵活，人很难抓住它们；后一组小白鼠则呆滞迟缓，即使有人去抓它们，也不知逃跑。抽样解剖发现：前一组小白鼠因常接受丰富的刺激，它们的大脑生出了许多突触，发展出紧密的连接；而后一组小白鼠则因少受刺激，脑组织竟呈现萎缩状态，脑重量及体积也相对变小。

这个实验主要是用来印证早期教育的重要性。这位专家认为，孩子一旦错过了婴幼儿成长期的发展，脑组织结构就会趋于定型，潜能发展也将受到限制，即使拥有很好的天赋，也无法获得良好的发展。

早期教育受到世界各国教育专家的认同，而早期教育应从多早开始进行呢？现在越来越多的教育家、科学家提出了0岁教育的理念。著名生理学家巴甫洛夫有句名言："婴儿降生第三天开始教育就迟了两天。"日本儿童教育家井深大认为，过去的教育都是从孩子懂话的时候开始，但是这种教育已经迟了，因为孩子在会讲话之前，就已经获得了比利用语言传授的知识更多的东西，因此，孩子开始接受教育的最好时机，既不是上幼儿园的时候，也不是 3 岁，而是无限接近零岁的时候。

另外，孩子婴幼儿阶段发展的特殊性也决定了早期教育从 0 岁开始的必要性。这些特殊性表现为：

1. 大脑发育的可塑性。大脑的可塑性是大脑对环境的潜在适应能力，是人类终身具有的特性。年龄越小，可塑性也越大。3 岁前，尤其是出生的第一年，是大脑发育最迅速的时期，0 岁时受到的外部刺激，将成为大脑发育的导向。早期形成的行为习惯将编织在神经网络之中，而将来若要改变已经形成的习惯却要困难很多。

2. 从幼儿的生理上看，两岁末大脑已基本具备了它的主要生理特征，7 岁时已达成人脑重的 90%，脑神经细胞的 70% ~ 80% 是在 3 岁前形成的，因此，进行早期教育已有牢固的生理基础。

3. 研究表明，在大脑发育过程中，有一系列的关键发展期或敏感阶段，也称学习的关键期，虽然人类的学习关键期持续时间可从出生延续到青春期前期，但人类最基本的情感、行为、技能的学习关键期却开始于出生之后、3 岁之前。

4. 婴幼儿时期是智力发展的最佳时期，如果把 17 岁时所具有的普通智力水平看作百分之百，那么 4 岁时所获得的智力将达到 50%，头 4 年所获得的智力等于后 13 年的总和。因此，早期教育对幼儿智力的发展起着关键性的作用。

5. 婴儿一出生，就要学会适应外界环境，呼吸、吃奶，以后还要逐步学习语言，认识事物，掌握各种动作，学会各种能力，等等，所以婴幼儿时期是一个人生活、心理发展最迅速的时期，一个人一生发展的基础往往是在婴幼儿时期奠定的。

孩子的这些特性，使 0 岁教育成为必要。细心的家长只要观察孩子的表现，就会发现 0 ~ 3 岁孩子的学习能力特别强，如能及时进行教育，让孩子的潜能得到最大限度的发挥，孩子就会在起跑线上拥有有利条件，自然，他的发展就会更好。

也许有些人会质疑对那么小的孩子进行教育，让孩子的大脑吸收过多内容会不会对孩子有伤害，会不会给孩子带来太大压力。

其实，我们完全不用担心这些问题，因为人的潜能非常之大，心理学家有个研究，说一个人在生命结束时，他的脑细胞只用了 5%，科学家只用了 10%，这说明大脑实际上是一个装不满的知识仓库，不用担心早教会给孩子的大脑带来超重负荷。另外，婴幼儿都具有本能的自我保护能力。婴幼儿用脑不是外部压力起主导作用，而是他本能的好奇、兴趣、精神生活的追求决定的。外部的信息一旦超过他的负荷，或者枯燥乏味，他会立刻关闭"注意"的门户，从而把自己彻底保护起来。

早教不仅不会伤害孩子的大脑和身体，而且对孩子的身体发育是有利的。

所以，科学的早期教育，不但不会伤害孩子的大脑，反而能促进大脑的发达和身体的健康。作为妈妈，放心大胆地对孩子进行早期教育吧！

儿童的潜能存在递减法则

"哈佛女孩儿"刘亦婷的母亲刘卫华坚持早期教育，使女儿的记忆能力明显超过了同龄孩子。以"认生"——婴儿第一次表现出记忆能力——为例，刘亦婷3个月大就开始认生，比平均水平大大提前，6个半月就出现了"理解记忆"（即明白词汇与物体的关系），而50%的婴儿则是在10个月左右大时出现的。当她长到1岁1个月时，记忆力的发展又出现了一个飞跃。在记忆方式上，她已不再仅仅依靠人类3岁以前所特有的"模式记忆"，而是提前萌发了3岁之后才有的"分解记忆"能力。在女儿满一岁半时，妈妈就试着教她背唐诗。刚开始是两个字一断地教她，没过几天，女儿就可以流利地背诵朝辞、白帝、彩云……虽说她并不懂诗的含义，但唱歌一样的朗诵，却能使她感悟到诗歌韵律的美妙。自那以后，婷婷的学习热情一直很高，姥姥教她背了一首诗："雄鸡一唱天下白，千家万户把门开……"在从工厂的路南区到路北区的路上，她看见一只公鸡就把诗背了一遍。

妈妈经过不懈努力，对女儿的教育也结下了让人满意的果实。刘亦婷成绩优异，轻松考入了哈佛大学。

成功专家罗宾曾说："每个人身上都蕴藏着一份特殊的才能。那份才能犹如一位熟睡的巨人，等待着我们去唤醒他。"事实上确实如此，每一个孩子身上或多或少都有一些将来可以成大器的潜质。不仅那些反应敏捷、聪明伶俐的孩子是这样，即便是那些相对木讷，甚至看起来有些愚钝的孩子也有这样的潜质。一旦有人将他们的潜质打开，凭借这种热忱的力量，原先人们在他们身上看到的那种"愚钝"也会慢慢消失。

而儿童虽然具备潜在能力，但这种潜在能力不是一成不变的，而是遵循一定的规则在变化。杰出的日本儿童教育家木村久一总结出儿童潜能的递减规律：比如说生来具备100度潜力的儿童，如果从一生下来就给他进行理想的教育，那么就可能成为一个具备100度能力的成人。如果从5岁开始教育，即便是教育得非常出色，那也只能成为具备80度能力的成人。而如果从10岁开始教育的话，教育得再好，也只能达到具备60度能力的成人。这就是说，教育开始得越晚，儿童的能力实现得就越少。

根据儿童潜能的递减法则，儿童智力发展的这个最佳时期非常关键，它对人一生的智力发展都起着决定性作用，妈妈们千万不要错过。妈妈教育孩子的第一要旨就是要杜绝这种递减。而且由于这种递减是未能给孩子发展其潜在能力的机会致使潜能枯死所造成的，因此，教育孩子的最重要一点就在于要不失时机地给孩子以发展其能力的机会，也就是说要让孩子尽早发挥其能力。

如果阳光、水肥充足，再加上精心培育，橡树就可能长到18～21米，甚至更高可达24～27米。但一般橡树只能长到12～15米，要是环境不理想，就只能长到6～9米。同样的道理，具有100度潜能的孩子，如果被放任不管，就只能成为具有20度或30度能力的人。也就是说，他的潜能只发挥出了一小部分。但如果对他进行适当的教育，他的能力就可以达到60度、70度，甚至是80度。也就是说通过教育，就可以让他把大部分潜能发挥出来。

那些"神童"也好，早慧儿也好，只不过是他们的妈妈从小对他们进行了科学的早期教育，使他们的各种潜能得到了充分的开发，使潜质转化为了强大的学习能力，自然在后续教育中就占有极大的优势，使他们总是跑在同龄人的前面。

格莱斯顿也说过："最有意义的事情莫过于把一个孩子内心潜藏的热忱激发出来。"每个孩子都有自己的闪光点，作为妈妈，要做到认清自己的孩子，了解孩子的长处和短处，挖掘孩子的潜能，因材施教，扬长避短。如果这样，相信每个孩子都能成材。

所以，妈妈要努力发现自己孩子的与众不同之处，相信孩子的潜能，及早对孩子的综合潜能进行正确评估，及早开发，这将对孩子的健康成长大有裨益。

早期智力教育不等于知识教育

斯托夫人这样描述她对孩子的早期教育：

我从训练五官开始对女儿进行教育，使她学会使用耳、目、口、鼻等。应该发掘耳朵的听力，因为对婴幼儿来说，最开心的是听到母亲轻柔悦耳的歌声，可我感到为难的是自己不会歌唱，因此我就对孩子朗读诗歌。我朗诵的是《艾丽依斯》，这是威吉尔的诗，结果发现效果很好。在我轻轻地朗读时，小维尼芙雷特很快安静下来，听着听着就睡着了。这个方法我后来在别的孩子身上试验过多次，效果都很好。有时候摇篮曲并不能够催婴儿入睡，可是《艾丽依斯》屡试不爽。因此，在我看来，这部出色的叙事诗同时也是一首了不起的摇篮曲。

斯托夫人热爱音乐，而且巧妙地把颜色和音乐联系在一起，开发小维尼的感官功能。她给七音分别标以不同颜色，在墙壁上用三棱镜制造出美丽的虹光，教授她弹奏乐器。小维尼10岁就可以写曲，自娱自乐，陶冶情操。为了使孩子辨认节奏，她还教小维尼和着诗歌的音节舞蹈。舞蹈可以塑型强身，同时也增强了小维尼对于文学和音乐的通感才能。

维尼芙雷特还有各种各样的小球和木片，这些玩具五颜六色，很适宜孩子玩耍，她的布娃娃都穿着色彩鲜艳的服装。斯托夫人就是借用这些玩具尽力发展她女儿的色彩感觉。

蜡笔也是不可缺少的工具。斯托夫人经常和女儿做一种"颜色竞赛"游戏。游戏一般是这样进行的：她先在一张大纸上用红色蜡笔画一条3厘米左右的线，然后让女儿用蜡笔平行画出一条同样的红色线，接着她用蜡笔在自己的红色线之后接上一条青色线，再让女儿模仿自己用青色蜡笔画出一条线，游戏就这样进行下去。要是女儿没有用和自己线条相同颜色的蜡笔，女儿就输了，游戏就中止。

斯托夫人对女儿进行训练，没有任何勉强的成分。因为她知道孩子的天性，她的目的是要使孩子的潜能得以发挥。她进行各种引导，就是为了不使女儿的某种潜在素质被埋没。与此同时，孩子在这样的教育之中，总会有事可干，不会因为闲得无事犯常见的毛病，比如咬手指头、哭叫。

以上感官的开发使小维尼在学习知识前已蓄势待发，在正式开始学习语言和其他知识时，便如鱼得水。

斯托夫人的女儿 3 岁就开始写诗歌和散文，4 岁能用世界语创作剧本，到了 5 岁，她的诗歌和散文开始发表在各种报刊中，她已能够熟练地运用 8 个国家的语言。不仅如此，她女儿在其他方面，比如数学、物理、体育、品质等也都明显比很多同龄的孩子优秀。这一切成就，有斯托夫人早期教育的很大功劳。

斯托夫人对孩子进行的早期教育涉及了很多方面，但她就是没有在知识教育上下功夫，因为她知道，早期智力教育并不是知识教育。早期教育应注重开发多元智能，本着兴趣、需要的原则对孩子实施启蒙教育，应创造适当条件使幼儿的各项潜能得到最大程度的发挥，为培养孩子体格健康、智力发达、品质和个性良好打基础。

卡尔·威特认为，从出生到 3 岁之前，孩子的大脑对事物的记忆不是对其特征进行了分析之后才记住的，而是在反复的观察中，将整个事物印象原封不动地做了一个"模式"印进了大脑之中。在最初，他的大脑还处在白纸状态，无法像成人那样进行分析和判断，因此，可以说他具有一种不需要理解或领会的吸收能力。如果不把你认为正确的模式，经常地、生动地灌入幼儿尚未具备自主分辨好坏能力的大脑的话，他也会毫无区别地大量吸收坏的东西，从而形成人的素质。所以，早期教育最主要的不是给孩子灌输知识，而是应该根据婴幼儿的心理发展规律和年龄性，把重点放在发展小儿的智力和个性品质培养上。因此，婴幼儿时期的教育内容应是以下几方面：

1.促进孩子语言和思维的发展。科学研究证实，婴幼儿 1 岁半左右是学习语言的最佳时期。此时，小儿学说话最容易而且学

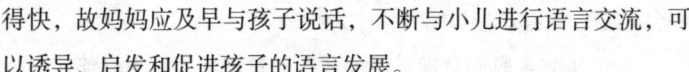

得快，故妈妈应及早与孩子说话，不断与小儿进行语言交流，可以诱导、启发和促进孩子的语言发展。

2. 锻炼孩子的感知觉。婴幼儿感知觉器官的功能，需有相当多的刺激输入和锻炼，才能得以发展。妈妈可以向斯托夫人学习对孩子的感官功能的培养方法，利用声音、语言、实物等刺激其听、视、嗅、触觉等，促使他们在听、看、闻、摸、尝的过程中，获得各种印象，让孩子对客观世界有正确的初步认识，这对婴幼儿智力发展有着重要意义。

3. 呵护孩子的好奇心。婴幼儿时期的孩子，对周围的一切都感到新奇，妈妈应珍惜孩子的这种求知欲望，一定要耐心而热情地倾听，认真简要而正确地回答小儿提出的每一个问题，从而满足他们的要求。

4. 对孩子进行正确的价值观传输。小孩子不会分辨大人对她说的话是好是坏，只会照单全收、不加筛选地进行记忆，所以，妈妈一定要注意对孩子的思想教育，要经常将真善美的品德告诉他，虽然他不懂其中的意思，但他在记忆中会慢慢形成这样的价值观，这对孩子的一生有着良好的意义。

天才是需要培养的

爱因斯坦小时候，智力发育的水平看上去不如一个普通同学，诺贝尔奖的获得者也未必都像居里夫人那样聪颖早慧。孩子的天分是妈妈无法决定的，但是人脑的复杂性和多用性远远超过任何一台电脑，关键在于妈妈如何来发掘。

经过研究，我们发现，"天才"的秘密就是智力潜能比一般人开发得多一些早一些而已。所有"天才"的诞生都源于他们的幼年生活被安排在了丰富多彩的环境中，并获得了较好的心灵阳光。莫扎特出生在一个音乐世家，很小的时候就听他父亲演奏音乐，在他的周围有许多乐器。他5岁时就拉小提琴，并为小提琴作曲，8岁时谱写了他第一部交响音乐。那么，怎样使用环境法开发孩子的潜能呢？如何为孩子的心灵生活布置充足的阳光，培植健康的情感世界，让孩子始终有个好心情？

也许我们都有这样的经验：在镜子前对自己笑一笑，心情马上就会变得愉快轻松。对于大脑的潜能开发也一样，如果能不断输入积极的意识，让意识通过下意识对大脑提出要求，潜意识就会调动体内的潜能发挥作用。比如有一道题苦思冥想都没有做出来，在睡前将有关的条件、信息输入大脑，第二天早上起来，说不准答案就出来了。

1960年，哈佛大学的罗森塔尔博士曾在加州一所学校里做过一个著名的实验。新学年开始了，他让校长把3位老师叫进办公室，对他们说："根据过去3年来的教学表现，你们是本校最好的老师。为了奖励你们，今年我们特别挑选了3班全校最聪明的学生给你们教。这批学生的智商比同龄人都要高，希望你们能有更好的成绩。"

老师们表现出掩饰不住的喜悦，校长又叮嘱他们："要像平常一样教他们，不要让孩子们知道他们是被特意挑选出来的。"

一年之后，这3个班的学生成绩是整个学区最优秀的，比平均分数高出两三成。这时候，校长才告诉老师们真相——这些学生并不是刻意选出来的，只是随机抽选出来的普通学生。3位老师万万没有想到事情是这样的，只有归功于自己教得好而已。而校长又告诉他们，其实他们也是随机抽选出来的。

这就是暗示发挥了重要作用，这3位老师觉得自己很优秀，充满了自信与自豪感，工作中自然就格外卖力，学生受到感染和良好的教学，很容易努力学好，结果就真的全部优秀起来了。

所以，妈妈在开发孩子智能的时候，要给予孩子积极的暗示，不断给他输入积极的意识，从而激发出孩子的正面能量。而且越小的孩子，越是需要妈妈的鼓励和认同。

爱因斯坦既是一个思想家，也是一个科学家，同时还是一个脑袋里充满符号和公式的数学家，是个左脑发达、逻辑思维极强的人。但是，爱因斯坦的思想，首先来自图像和形象，以后把它们翻译成词句和数学符号。他创立相对论不是通过他的理性思维，他没有坐下来用纸笔一步步算出这个理论，最后得到符合逻辑的结论。理论的诞生是在一个夏天的下午，当爱因斯坦躺在长满青草的山坡上，透过微闭的眼睑，凝视着太阳，玩味着透过睫毛而来的光线，当时他开始想知道沿着光束行进会是什么样子，他就像进入了梦境一样，躺在那里，让他的思想随意遨游，幻想着他自己正沿着光束行进。突然他意识到这正是刚才所探求的问题的答案，这个意识正是相对论的精髓。

孩子的想象力总是无穷无尽，这是多么宝贵的资源，妈妈千万不要遏制孩子的想象，而是要支持甚至引导孩子积极遐想，也许，就能培养出下一个"爱因斯坦"！

众所周知，爱迪生上小学三个月就退学了，因为他总是在课堂上"捣乱"。比如有一次，他问老师："为什么一加一等于二？"老师这时很有耐心地说："爱迪生，你拿一支铅笔，再加上一支铅笔，不就变成两支铅笔了吗？""可是老师，把两个杯子里的水放到另一个杯子里，水就集中在一个杯子里了呀，一加一怎么会是二呢？"老师不知如何回答了，爱迪生却还没完："老师，把两块泥巴粘在一起，就是一块，为什么一加一是二？也许一加一是一。"老师发火了："真烦！你自己放学后去想吧！"老师想继续上课，爱迪生又举手了。"什么事，爱迪生？"老师强压怒火。"老师，为什么会起风？""老师，鸡蛋为什么会孵出小鸡？""老师，鱼为什么不会被淹死？""老师，天空为什么是蓝色的？"……这些"为什么"让老师最终忍无可忍，把爱迪生骂哭了。回家后，他的母亲南希仔细询问了儿子，然后拉着爱迪生的手找到老师，质问了一番："你是不是说我儿子是傻瓜、笨蛋，读书也是白读？"老师无言以对。然后，她把儿子带回家，自己对儿子进行家庭教育。

南希并没有高深的文化背景，在当时也没有什么科学的教育方法和先进的教育理念，那么她是怎样做的呢？详情无人知晓，但有一条不可或缺，那就是用无条件的爱来包容孩子的一切，支撑孩子的心灵成长，这样的支撑会让孩子受益一生。

今天再来探讨这件事，我们有了更多的实践经验与方法论。比如，我们经常从照片上看见以万里晴空为背景的冰山景观，相信每一个人都会发出由衷的赞叹："啊，多美啊！"而我们所看到的，只不过是浮出水面的一部分而已。到底是什么造就了冰山之美呢？是冰山隐藏在底下的那部分。通过不断堆积，渐渐地，冰山就会将一部分瑰丽地呈现在水面上。在这里，"呈现"是不可预料也不好控制的，而"堆积"是完全可以通过计划实现的，而事实上，实现了"堆积"，"呈现"就是不速而至的。"堆积"要计划，包括有目的、有计划、有准备、有措施、有安排、有步骤、有反复、有效率、有节制、有效果。

所以，激发孩子的潜能，妈妈还需要计划，应该给孩子的心智发展提供良好的渠道和方法，使其充分发挥自己的潜力。

总之，"天才"之所以是"天才"，往往是因为他后天得到了更早更好的开发。卡尔·威特认为，孩子的天赋当然是千差万别的，有的孩子多一点儿，有的孩子少一点儿。没有一个孩子生下来就注定会成为优秀的人才，也没有一个孩子注定一生庸碌无为。一切都取决于后天的环境，取决于后天的培养和教育，父母尤其是妈妈则是其中最为直接和关键的因素。所以，只要妈妈早期教育培养方法得当，每一个孩子都可能成为优秀的人才。

第二章

男孩儿要"穷"养，女孩儿要"富"养

"从来富贵多淑女，自古纨绔少伟男。""穷养儿子富养女"不仅仅是家教古训，更是一种有科学依据的教育方法。科学研究发现：染色体、大脑结构、荷尔蒙，这三大生理因素决定了男孩儿女孩儿天生不同。妈妈也应该尊重性别差异，因材施教，从而培养出优秀的孩子。

男女天生就有差异，妈妈要采取恰当的教育方式

人常说，生男生女都一样。可是真的一样吗？就从生理上来说，由于男女生理结构及头脑发育等方面的差异，男女孩儿会体现出很多不同。

现代研究证明，男孩儿与女孩儿大脑发育的差别，早在胎儿时期就开始显现出来。他们的差别在相当程度上是由生理基础决定的。在大脑的构造上，男女就有不同，女性联结左右大脑半球的神经纤维束比男性的要多，这是造成男女行为有别的基本原因。同时，男女在出生时的体型就有差异，男婴平均比女婴重10%，这就造成男孩儿生来就比女孩儿更健壮的印象。另外，男孩儿的男性荷尔蒙要比女孩儿的女性荷尔蒙高，因此，我们发现男孩儿的精力更旺盛，而女孩儿则大多显得更安静。

随着男孩儿女孩儿的成长，这种天性的差别将会对他们的学习生活产生越来越多的影响。

女孩儿大脑的语言区域比男孩儿更加发达。这可以解释为什么女孩儿通常比男孩儿说话要早，而且表达能力也更胜一筹。在学龄前阶段，女孩儿会比男孩儿更熟练地说句子，直到上小学的时期，女生的阅读和写作成绩也要比班上的男生好很多。

但是，男孩儿的空间思维能力比女孩儿要出色得多，因此相对于女孩儿来说，男孩儿的数学成绩要好很多。大脑中有一片负责空间感知能力的区域，这片区域的发育程度决定了立体思维和空间思维的水平。男孩儿这片区域的发育普遍优于女孩儿，所以

男孩儿的立体思维也要比女孩儿更加优秀。

由于男孩儿的空间感比较好，他们会比女孩儿提早 3 ~ 4 个月开始奔跑和跳跃，所以比较擅长运动。但是在精细动作的发育上，男孩儿要比女孩儿慢很多，所以女孩儿显现出心灵手巧，画画、写字这些活动都是她们的强项。

男孩儿和女孩儿不仅在学习生活中有很多差别，在情感上二者各自的特征也很鲜明。在女孩儿大脑中，负责处理复杂感情（比如忧郁或幻想）的区域更发达，相对而言，男孩儿的大脑中负责处理简单感情（比如愤怒）的区域更发达。所以我们时常看到同样的一件事情会让女孩儿感到万分沮丧，但男孩儿则表现得无动于衷。正因为如此，女孩儿通常会表现得更加善解人意，甚至在很小的时候就会把问题考虑得很周到。相反，男孩儿更容易在斗争中被激怒，表现得更加直接和对抗，他们经常会放弃口头表达而选择肢体动作来解决问题。

女孩儿比男孩儿能更加适应长期压力，所以女孩儿在遭遇到父母离异等痛苦时，表现出来的适应性也更强。对于男孩儿来讲，他更能适应短期的阶段性压力，比如面对期末考试，男孩儿就会比女孩儿表现得更平静。同时，男孩儿和女孩儿在面对失败时的态度也有很大差别，如果一次考试失败了，女孩儿会觉得是自己的能力不行，男孩儿还是会满怀信心，认为自己只是没有准备好而已。

正因为男孩儿和女孩儿存在着天生的差异，所以妈妈在教育男孩儿和女孩儿的过程中有必要根据他们的性别差异选择教育方式，从宝宝出生以后，就要进行区别教育了。

1岁前，男孩儿管，女孩儿宠。这段时间里，孩子还没有什么意识，需要父母提前对他们的性别性格有所界定。比如可以经常对男孩儿说"不哭"，而对女孩儿要像对待"小公主"般宠着。

1~2岁，男孩儿能说20个单字就行。男孩儿语言能力发育较晚，通常，女孩儿在1岁左右时就能说出很多单字和双字，而男孩儿可能只会说些单字。一位教育学家认为，这是因为男孩儿的语言中枢神经长得本就慢些，所以在1~2岁时，他能说20个单字就行。

2~3岁，男孩儿多防传染病，女孩儿多防免疫疾病。宝宝们有了一定的"性别意识"，男孩儿更加冲动，女孩儿更加细腻。此时不要过于约束其行为，应顺其自然。此外，两岁半到3岁的孩子易生病，男孩儿易得传染病，因此要少去人多的地方，女孩儿患免疫性疾病的可能性比较大，家长应多注意这方面的信号。

3~4岁，男孩儿多做智力游戏，女孩儿多做体育运动。此时"性别特征"更加明显，男孩儿一般会特别淘，女孩儿则变得胆小内向。这时家长就不能再听之任了。男孩儿应多接触有挫折感的智力游戏，女孩儿则应通过体育活动增加安全感。

4~5岁，加强女孩儿的自我保护意识。这一时期，家长应对女孩儿加强"性生理"教育，提醒她们"不能让别人看到自己的身体"。平时教育她们：注意卫生，上厕所前洗手，不要叉着腿坐，别穿太紧的衣服，以免给私处留下健康隐患。

每一个阶段，男孩儿和女孩儿都有新的差别显现出来，所以妈妈要跟上孩子的成长步伐，针对性地进行区别教育，确保孩子能够更健康全面地成长，也使得妈妈能够更加了解孩子的特性，形成更好的亲子沟通。

孩子从小就需要分清楚男女

盛夏午后的一场大雨，将闷热的气息一扫而光。骤雨后的空气，显得格外清新。凉爽的天气，让人顿感轻松惬意。

妈妈匆匆地从菜市场买菜回来后，就进入厨房开始准备晚饭。一向淘气的小伟今天却格外安静，妈妈从厨房出来拿晾在阳台上的围裙，路过自己的屋子时，却不经意地发现，9岁的小伟正在屋子里用化妆品为自己"梳妆打扮"，只见小伟那白皙的脸上涂着眼影、腮红……红的、绿的、紫的，涂得满脸都是，宛若彩绘的大地。

说起小伟，妈妈可是伤透了脑筋，毕竟小伟已经上小学3年级了，却老是喜欢打扮成女孩儿的样子。原来，小伟从小就长得白白净净的，特像小姑娘，再加上爸爸特别喜欢女孩儿，所以家人偶尔会把小伟打扮成女孩儿，给他穿一些漂亮的小裙子，结果，外人一见到小伟，都以为是个小女孩儿，都夸小伟漂亮，家人听了心里也美滋滋，于是，经常给小伟穿一些女孩儿的衣服。后来，家人慢慢地发现，小伟竟然喜欢上了做"女孩儿"的感觉，上幼儿园时还经常跟家人嚷嚷着要穿裙子。原本，家人以为，等小伟上小学之后就不会这样了，谁知道小伟却喜欢上了这种女孩儿的打扮。

小伟的这种偏爱女性打扮的现象，我们可以称它为"性别倒错"。所谓"性别倒错",心理学家把它定义成:男孩儿表现出过分温柔,缺乏男子汉气概的行为,以及女孩儿出现过多的男性装扮和行为。

根据研究,我们可以大致归纳出产生性别倒错的几种原因:

1. 遗传内分泌的影响:男孩儿女性荷尔蒙太多,或者女孩儿男性荷尔蒙太多,都会产生异性化的行为。

2. 父母的角色期望:如有的父母特别喜欢女孩儿,却生了一个男孩儿,于是,把男孩儿当成女孩儿来养,把男孩儿打扮成女孩儿的样子,久而久之,也会造成孩子性别倒错。

3. 教养方式不当:如果男孩儿被父母过分鼓励温柔、胆小的一面,就会使男孩儿成为娘娘腔;反之,如果父母对女孩儿过分强调阳刚的一面,也会造成女孩儿性别倒错的现象。

4. 缺乏同性认同对象:有的家庭由于父亲早逝或者父母离异,家中缺乏男性角色,致使男孩儿完全以母亲为认同对象,从而导致了性别偏差。

此外,父女或者母子关系异常亲密,使孩子失去了与同性相处、接触的机会,也有可能导致孩子的性别认同出现偏差。

其实,无论是男孩儿或是女孩儿,在幼儿期不会对自己的性别表示出多大的关注。因而,孩子表现出异常性别取向的原因多半来自周围的环境,父母和家庭的影响最为直接,还有就是影视、报刊等传播媒介对孩子的影响。

人类学家认为:人的生理性别是天生的,而心理性别则是在于后天的教育,这尤其取决于儿童期接受的成人的影响和教育。所以,妈妈应该从孩子出生以后就开始进行性别角色的教育,让不同性别的孩子展现出与性别相应的特点，即符合"原型要求"，男孩儿就要体现出阳刚之气，女孩儿就应该表现出阴柔之美。

在日常的生活当中，妈妈可以很自然地对孩子的性格给予指导，比如：给女孩儿穿粉色的衣服，给男孩儿穿蓝色的衣服；把男孩儿称为"大胖小子"，把女孩儿称为"小毛丫头"；当男孩儿摔倒了的时候，妈妈鼓励他自己爬起来，在女孩儿摔倒了之后，妈妈则把她抱起来。通过这些提示，让孩子明白自己是男孩儿，还是女孩儿。

性别教育，能够让孩子明确自己的性别角色，以及在这样的一个角色下他要成为一个什么样的人，应该承担什么样的社会责任，怎样尊重异性以及和别人交往合作。相反，如果孩子在幼年没有受过好的性别教育，而是遭遇性别的认同障碍，对性别的认同出现模糊，长大之后他的性取向就很可能受到影响。

所以，孩子需要有正确的性别认同。为了让孩子有正确的性别认同，妈妈要对子女付出较多的时间来陪伴他们，同时，爸爸要给男孩儿，妈妈要给女孩儿提供模仿的机会。

当然，一些性别认同出现偏差的孩子和同性的大人在一起时，可能会有排斥的现象，但是无论如何，都得坚持下去，同时大人要表达自己的关心和爱心。

一旦孩子表现出符合其性别的行为时，妈妈应该马上给予口头上的赞美，以鼓励他再度表现出类似的行为。此外，对于孩子的一些不符合性别的行为，妈妈应该及时地进行提醒，告诉他那样的行为是不对的，即经常给孩子一些回馈，让他能更好地了解男女之间的行为差异。

尽早对孩子进行性别教育，及时纠正孩子的"性别倒错"倾向，对孩子形成正确的性别认识和性取向都有着至关重要的作用。所以，妈妈对孩子进行性别教育责无旁贷。

再富也要"穷"儿子

有一个商人有两个儿子。父亲宠爱大儿子，想把自己的全部财产都留给他。但是母亲很可怜小儿子，她请求丈夫先不要宣布分财产的事。商人听从了妻子的劝告，暂时没有宣布分财产的决定。

有一天，母亲坐在窗前哭泣，一位过路人看见了，就走上前来，问她为什么哭得这么伤心。她说："我怎么能不伤心呢？我很疼爱两个儿子，可是我的丈夫却想把全部财产留给大儿子，小儿子什么也得不到。我请求丈夫先不要向儿子们宣布他的决定，但是我到现在也没有想出更好的办法。"过路人说："这个问题很容易解决。你只管让丈夫向两个儿子宣布，大儿子将得到全部财产，小儿子什么也得不到。以后他们将各得其所。"

小儿子一听说自己什么也得不到，就离开家到别的城市谋生去了。他在那里学会了许多手艺，增长了知识。大儿子一直依赖父亲生活，父亲去世后，大儿子什么都不会干，最后把自己所有的财产都花光了。小儿子在外面学会了挣钱的本事，变成了富翁。

这个故事告诉我们，孩子只有摆脱对父母的依赖，成为拥有智慧又能维持生计的人，他以后的人生才会走对路。

很多妈妈热衷于为儿子创造最好的物质条件，而不是教给他们自力更生的能力。有智慧的妈妈从来都不会简单地给儿子留下财富，担心他们会坐吃山空，会丧失谋生的能力，这样的做法，是为儿子的一世着想。聪明的妈妈会把谋生的本领传授给儿子，"一技在身，胜过家财万贯"。

其实，妈妈给儿子最好的礼物，不应该是限量版的球鞋或玩具，比有形的财富更重要的是，在保护中让他前进、尝试新的环境。这对于现在生活富裕的孩子来说尤为重要。

现在的社会，工业化、数字化、信息化的进程过快，导致现在的青少年心智成熟较缓慢。也可以说是经济基础决定了孩子的心智成熟缓慢。美国的专家做过这方面的研究：20 年前美国的青少年心智成熟是在 15 岁，而现在美国的青少年要到 25 岁至 30 岁心智才成熟。为什么会出现这样的倒退呢？很重要的一个原因就是工业化的进程太快，孩子的物质条件太优越，动手机会和实践能力都大大减少了。所以越是富裕的地区，孩子的心智成熟越慢。而穷人家的孩子则不是，他们的生活压力大，要做很多家务劳动和其他事务。所以，"穷人的孩子早当家"，正是这些从贫困中奋斗出来的孩子，最终才会成大器。

在顺境中的人容易受到迷惑，他们往往会贪图享受，不思进取，不知道苦难为何物，所以没有志向。没有进取心的人，又怎么会有成就呢？而身处逆境的人则不同，他们饱受磨难，一次次与命运和苦难做斗争。人如果没有动力就不知道奋进，努力进取正是处于顺境中的人所不具备的。当然，穷的含义并不只是家庭经济这一个方面。贫困的意义很广，陷入了困境，都算得上是一种贫困。

在"溺爱"的环境中长大、没有任何自理和自立能力的男孩儿，在成年之后，会遇到很多本该在青少年时遇到的问题，但适应能力又不如青少年时期好。

许多男孩儿一直过着饭来张口、衣来伸手的生活，只要有需要，就可以毫不费力地从妈妈处要到钱。但对于这些钱是怎么来的，他们从来没想过。而且他们往往会认为，妈妈的金钱就像蘑菇，取走以后自然就会长出新的，这样的误解让他们不懂得感恩，也不知道节俭生活。失去感恩和节俭意识的人，也就失去了很多快乐。

妈妈不妨带儿子到自己的工作场所去参观一下。通过这些，让他知道钱是从哪里来的，了解钱的来之不易，了解钱在生活中扮演的重要角色。男孩儿会反思自己的消费行为和消费习惯，他们会主动想着去挣钱，而不是随时伸手向妈妈要钱。

而现实中有些妈妈尽管自身有许多生活艰辛和身体病痛，但她们总是竭力在儿子面前掩饰，错以为这是爱孩子，却不知是在害孩子。生活中有苦才有乐，妈妈不要刻意去掩饰生活的另一面，而应让男孩儿从小学会分担你的痛苦、艰辛，理解生活的不易。只有这样，他长大后才会珍惜眼前的生活，才会以真诚之心关爱别人。

生活并不是一帆风顺的，而是充满艰辛的。作为妈妈，遇到不如意的事情时，应该把实际情况实实在在地讲给儿子听，让儿子明白生活的艰辛，让儿子直接面对，和家长共同承担起家庭生活的责任。妈妈要通过活生生的事实告诉儿子，生活就是这样，它既会造就幸福，也会带来痛苦。我们生活在这个世界上，唯有直面人生，通过自己最大的努力，才能掌握命运，创造美好的未来。

妈妈要教育儿子从小懂得这些，这才是对儿子最大的关心和爱护。

"富养"的真实内涵：培养女孩儿灵魂上的富足感

"富养"，并不等于简单的物质上的满足，让女儿"吃香的、喝辣的、穿金的、戴银的"不等于"富养"。"富养"的真实内涵是培养女孩儿灵魂上的富足感。只有精神上的充实和独立，才是真正的富有。充实女孩儿的内涵，造就自尊、自爱、自信、自立、自强的完美女孩儿，是"富养"的意义所在。因此，"富养女"其实是一种教育投资，是一种教育的富足。

这种教育，为的是培养出身心健康的女孩儿，她见多识广，独立，有主见，明智，很清楚自己要的是什么，什么是自己真正追求的东西，从而能够坚守自己的信仰，不被外界势力左右而失去真我。

富也是"丰富"的意思，需要开阔女孩儿的视野与见识。懂得美，懂得欣赏，懂得辨别，女孩儿也就懂得了自我保护，而不会为外界的种种所诱惑。

"富养女"是一种智慧的育女哲学，但需要教育者掌握好教育的尺度和方向。真正的"富养"，能培养出内涵丰富、精神独立的女孩儿，而片面强调物质的"富养"，则可能毁掉女孩儿的一生。

养育女孩儿，并不是满足女孩儿生活上的一切需求就够了，哪怕拥有无数财富的家庭，也不能保障一个女孩儿能够终身幸福，受人尊重；养育女孩儿，也不是仅仅答应女孩儿的一切需求就可以了，为女孩儿在错误的道路上披荆斩棘，只可能引发悲剧。

所以，富养女孩儿不是要给女孩儿多么丰厚的物质条件，而是要在精神上使其富足，在人格上使其独立。

富养女孩儿二十载，女孩儿必定美丽，温柔，贤惠，善察人意而又心地善良，纯真，诚实，不吝啬，多情而不软弱，自重自爱，平易谦和，彬彬有礼，富有同情心，能体谅人，正直，乐于助人，尊敬师长，不忘乎所以，有自知之明，活泼而不放荡，稳重而不呆板，有内涵，坦白，洒脱，性情开朗，心胸开阔，不叽叽喳喳于大庭广众，不搬弄是非于朋友同事之间，具有现代青年人的文化教养，头脑灵活，虚心好学，不矫揉造作，事业心强，谈吐不俗，热情开朗，不缩手缩脚、忸忸怩怩、羞羞答答。女孩儿需要富养，但是富养更需要学问。

"穷"出胆识，"富"出优雅

"男孩儿穷养，女孩儿富养"，但是不能片面地理解"穷"与"富"。穷与富的内涵，是对于不同性别的孩子进行不同教育的方法，在教育目的上有所侧重，绝不是停留在穷与富的金钱意义上。

然而这种内涵并没有被广泛地接受和认可，对"男孩儿穷养，女孩儿富养"的理论，很多妈妈都存在误解。有的妈妈认为，"富着养"就是让女孩儿从小过奢华的生活，弹钢琴、看画展、吃穿得精致、日用奢华，把她当成小公主来伺候，这样长大的女孩儿自然就会拥有高品位、高审美和高贵的气质。

于是许多妈妈挖空心思地满足女儿的各种要求，生怕女儿有一点不如别人娇贵。其实，这是对"穷养男，富养女"的一种误读。富养女，并不单单代表金钱的充裕、物质生活的绝对满足，"富"没有绝对标准，只有相对每一个具体家庭而言的富足。让女孩儿感到安稳、宁静，通过正确的教育让女儿变得乖巧快乐，变得优雅温柔，陶冶女儿的性情和培养她高尚的品格，才是真正的让女孩儿富有。

一位家庭经济条件一般的妈妈，非常看重女儿的品格与气质的培养。她为女儿编织各种适合她体型的衣服，严格要求女儿保持讲卫生、有节制的习惯，每个月都陪女儿去图书馆。妈妈从来不在女儿面前表现出窘迫、邋遢的样子，对待爷爷奶奶非常耐心，家里也收拾得非常妥帖。在妈妈的调教下，女儿可爱的天性得到保护，成为她天然的气质，让人怜爱。

在理解"穷养男"上，妈妈又以为就是要让男孩儿尽量多吃苦，不管条件如何都要衣着朴素、粗茶淡饭。其实，"穷养"也是一种教育上的投资，是对男孩儿的性格、职业、人生的投资。它不仅需要狠下心来让男孩儿自己去体验，还要有把握尺度的智慧。而很多妈妈只看到了前者，而忽视了后者。

为了不忘过去最困难的日子，日本一所学校给孩子们做了"忆苦饭"，结果，孩子们面对当年大人吃过的糠菜号啕大哭，拒食3天。校方毫不动摇，第四天，孩子们终于吃下了这顿忆苦饭。在日本的许多孤岛或森林里，人们常常可以看见日本小学生的身影。他们在无老师带领的情况下，面对着既无水源又无淡水的可怕自然界，安营扎寨，寻觅野果，捡拾柴草，寻找水源，独立生存。一位孩子从荒岛归来后，感慨地对老师说："我以前以为我们享受的一切现代化设施都是本来就有的，荒岛的历险使我明白，人生来是两手空空，一切都是劳动创造的。过去老师讲劳动光荣，我们感到很空洞，如今才真正理解了这个词的含意。"

日本人重视孩子的性格教育，让他们自己去面对困难，这一点值得我们学习。男孩儿们长大了早晚要离开父母去独自闯天地，与其让他们那时面对挫折惶惑无助，不如让他们从小磕磕绊绊，"穷"出应对人生的能力和本事。妈妈要做的就是要培养男孩儿这样一种适应压力的能力，让他变得积极进取、有主见、有雄心、理智、自我依靠，只有掌握了这一点，男孩儿才能掌握自己的人生。

所以，"穷养""富养"并不是经济范畴内的意义，它们的真实含义是思想上的高尚。一个是勇敢进取、独立自主，一个是优雅温柔、性情高雅，虽然二者大不相同，但是没有高低贵贱之分，妈妈如果将这两种高尚情操相应地赋予到男孩儿和女孩儿身上，那必定是孩子们一生受益的财富。

第三章

孩子的成长需要积极的期望

　　孩子的成长方向来自父母的期望，你期望孩子成为一个什么样的人，他就可能成为一个什么样的人。每一个孩子都可能成为优秀的人才，一个孩子能不能成才，取决于妈妈能不能理性且科学地爱他、期待他、信任他、教育他。

把赏识当成孩子生命中的一种需要

儿时的蒋方舟并未表现出过人的天赋，在妈妈眼里，她甚至要比同龄孩子迟钝一些。幼儿园老师反映：蒋方舟内向，不喜欢唱歌跳舞，不像其他小女孩一样爱打扮和出风头。妈妈就想让女儿学点儿才艺，于是将她送去学电子琴，可是没几天蒋方舟就不学了。不学就不学，妈妈不再勉强，从那以后再也没给女儿报任何兴趣班。

后来，蒋方舟上幼儿园大班时，班上要准备一次英语汇报演出，老师放假回家几天，回来发现孩子们把英语全都忘了，唯有蒋方舟还记得很清楚。老师便让她当小老师来教其他孩子，蒋方舟居然教得很好。妈妈很惊喜，她开始笃信，女儿确实有语言天分，于是，就有意识地让她多看一些书，还鼓励她去写一些东西。妈妈发现蒋方舟写的文章中有好的句子时就大声赞扬。在妈妈的赞美声中，她越来越喜欢文字，开始涉猎大量的书籍。9岁的蒋方舟曾以《打开天窗》赢得了众人的关注，后来由于文学上的长处被清华大学破格录取。

蒋方舟生在一个单亲家庭，但很幸运的是她有一个懂得她、赞美她、支持她、发现她优点的母亲，是这样的一位妈妈让她顺利走进了人们羡慕的象牙塔。

蒋方舟妈妈最大的育儿秘籍就是赏识孩子，赞美孩子。其实孩子都是希望被赞美的，妈妈也要懂得这点教育的艺术，懂得欣赏孩子的妈妈，孩子会更喜欢。

中国伟大的教育家陶行知先生曾深刻地指出："教育孩子的全部秘密在于相信孩子和解放孩子。"相信孩子、解放孩子，首先要欣赏孩子，没有欣赏就没有教育。

欣赏和鼓励可以说是每一个人的自然需求。

假设你今天在公司认认真真地做了一份策划书，被同事大加赞扬一番，你会怎么想呢？会不会感到很欣慰自己的努力没有白费？

假设你今天烧了一桌可口的饭菜，丈夫、孩子吃完满意地说："嗯，今天的菜做得真好吃！"你会不会心里特别高兴，下次还兴致勃勃地为大家做上一大桌的好饭菜？

其实，孩子也一样，他们也很需要妈妈的欣赏和认可。谁能总是受着批评、指责、埋怨仍保持喜气洋洋、斗志昂扬呢？而孩子幼小的心灵就更需要赞扬和鼓励了，鼓励能使孩子信心高涨，更加努力，就像托马斯说过的那样："有时候，及时有力的鼓励是对孩子最好的帮助。"

成功学大师拿破仑·希尔从小曾经被认为是一个坏孩子。母牛走失了、树莫名其妙被砍倒了等诸如此类的坏事，人们都认定是他做的，甚至父亲和哥哥都认为他很坏。人们都认为母亲死了，没有人管教是希尔变坏的主要原因。既然大家都这么认为，他也就无所谓了。

直到有一天父亲再婚，当继母站在希尔面前时，希尔像枪杆一样站得笔直，双手交叉在胸前，冷漠地瞪着她，一丝欢迎的意思也没有。

"这就是拿破仑，全家最坏的孩子。"父亲这样介绍道。而他的继母则把手放在希尔的肩上，看着他，眼里闪烁着光芒："最坏的孩子？一点儿也不，他是全家最聪明的孩子，我们要把他的本性诱导出来。"

继母造就了希尔，他一辈子也忘不了继母把手放在他肩上那一刻。赏识孩子，是一种神奇的魔法，往往会带来让人意想不到的惊喜。

会赏识的妈妈需要抛弃一个观念，那就是"我的孩子还不够好"。很多妈妈对孩子的期望很高，已经超过了孩子年龄段应有的能力，所以他们表现得一般时，妈妈就会觉得孩子很差劲，或者没有什么天赋，便会出言批评。3 年级以下的孩子写作文的能力都很一般，这时候如果大人觉得"你写的还没有我好呢"，孩子的自信心和积极性就会受到影响，甚至不愿意写作文、害怕作文考试。

我们如果拿着孩子的昨天和今天比较，多看看孩子的进步，就能找到孩子的一些优点、进步来鼓励他。

"我发现你说话越来越有条理了""你讲的故事真有趣"等，这样一些具体的表扬和赏识能帮助孩子建立信心。或者，妈妈在和孩子交流的时候，表现出对孩子的欣赏，他们也能拥有"成就感"，有成就感的人就容易对自己产生信心，有信心的人就能爆发出更多的潜能。

总之，懂得赏识和赞美的妈妈，才能给予孩子及时的鼓励和赞美，获得赞美的孩子才会一点点做得更好，才能一步步在赏识中走向美好的未来。

正确的赏识是激发孩子潜能的良药

比尔·盖茨之所以取得如此瞩目的成绩，并不是偶然的，这跟他的母亲玛丽的赏识教育有着密切的关系。

他的母亲从小就注重并给予盖茨科学的家庭教育。当盖茨三四岁时，玛丽外出总是把他带在身边，有意对他进行文化熏陶。当她在学校里向学生讲解西雅图的历史和博物馆的情况时，盖茨总是坐在教室最前面，虽然盖茨是个好动的孩子，但在教室里他表现得比其他学生还要专注、认真。对此，玛丽时常给予表扬，这也使盖茨逐渐学会了专注和认真。

盖茨要升初中的时候，因为个头儿很小，又生性腼腆，学习兴趣与同年级的孩子迥然不同。这时，玛丽决定送他到一所叫湖滨中学的私立中学就读。在这所学校，盖茨第一次接触到电脑便产生了浓厚的兴趣。

玛丽十分有远见，她十分赏识盖茨对电脑的兴趣，鼓励并帮助盖茨了解这种很有前途的新事物，还凑钱给盖茨买了一台计算机。比尔·盖茨很快就迷上了计算机，最终成为计算机软件业的霸主。

一位哲人曾经说过这样的话："人的精神生命中最本质的要求就是渴望得到赏识。"对孩子来说，训斥只会压抑幼小的心灵，只有赏识他们，才能开发出潜能。妈妈对孩子进行适当的赏识教育很有必要，赏识的奥秘在于让孩子觉醒，觉得自己与众不同，更容易催生自信的人格。妈妈学会赏识自己的孩子，这对孩子的心理健康发展十分有利。但是与此同时，妈妈也要注意不要对孩子赏识过头。

周弘是我国著名的教育专家，他的女儿周婷婷原本是个双耳失聪的残疾人，但是周弘用20余年的时间倾其心血不断鼓励女儿，让婷婷觉得自己并不差，反而比其他的孩子优秀很多，周婷婷最终成为留美博士生。周弘探索出了赏识教育这一理念，不仅使自己的孩子受益，而且改变了千千万万家庭的命运。

周弘指出，赏识教育的奥秘是让孩子觉醒。他认为，从生命科学的角度看，每一个孩子都拥有巨大的潜能，但孩子诞生时都很弱小，好像生活在一个巨人的世界里，在他们成长的过程中，难免有自卑情结。这时就需要妈妈的赏识教育了。让孩子知道妈妈对他的认可和关注，可以快速抚平孩子心灵中自卑的痛点，让孩子总是觉得自己比其他的孩子有优越感，促使其心理朝着良好健康的方向发展。

德国著名心理学家阿德勒也透露过他在念书时，认为自己完全缺乏数学才能，对数学毫无兴趣，因此考试经常不及格。后来偶尔发生的一件事，让他的潜能发挥出来了。他出乎意料地解出了一道连老师也不会做的数学难题，这次的成功改变了他对数学的态度，他找到了数学天才的感觉，而且觉得自己天生就应该是个数学天才。在老师和家长的赏识中，他重新树立了自信，并成为学校里的数学尖子。

因此说，赏识教育的奥秘就是让孩子觉醒，让孩子自觉地发现自己的潜能。

哈佛心理学家做过这样的实验：

有两组男孩儿，先让他们一起长跑消耗体能，然后一组接受严厉的批评，另一组得到热烈的称赞，随之进行体能检测发现，被批评的那组孩子无精打采，体能处于崩溃状态，而被表扬的那组孩子精力旺盛，体能得到迅速恢复，充满自信。

因此，心理学家告诉妈妈们：妈妈在教育孩子时应适当地多赏识孩子，学会赏识、赞美你的孩子，这对孩子的心理发展十分有利。让孩子知道妈妈对他们的关注和认可，既能快速抚平孩子身体上的创伤，也能促使孩子的心理朝良好健康的方向发展。

适当的赏识、鼓励是必要的，但妈妈也要注意切勿对孩子赏识过了头。一个人如果受到的赞美太多，心理便会膨胀，就会找不准自己的定位，从而也就不知道自己的言行是否符合一定的社会道德规范，这样的人在人格上往往是不完善、不成熟的，心理上也会十分脆弱，经不起生活中的风雨与挫折。一个人的成长是需要经历一些磨难的，只有经历磨难并且能够从磨难中铸就刚强性格的人，才能适应未来的生活。

所以，没有种不好的庄稼，只有不会种庄稼的农民；没有教不好的孩子，只有不会教的妈妈。赏识教育的本质是生命的教育，是爱的教育，是充满人情味、富有生命力的教育。孩子的成长需要妈妈的赏识，更需要妈妈正确的赏识。

对孩子的积极期望要循序渐进

有一个上初中的男孩儿，每天睡懒觉，7点才起床，总是急匆匆吃过早饭，骑上单车飞奔到学校。他爸爸强迫他必须每天早晨 5 点 30 分起床，6 点开始读英语。孩子听到一下子提前了一个半小时，心里很不是滋味，他难以接受爸爸这个决定。妈妈出面调和，爸爸才允许他 6 点 15 分起床。他这才痛快地答应。半个月后，妈妈又让他提前 15 分钟起床，他又同意了。就这样，妈妈一步步提高对他的要求，两个月后，他就能在 5 点 30 分起床了。

同样是这个男孩儿，平时考试成绩总是名落榜尾。有一次他考试成绩有进步，名次跃居班里中等偏下。他爸爸妈妈知道了以后，心花怒放。爸爸兴奋地对儿子说："这次进步真大，爸爸为你骄傲。下次考试一定要进全班前 5 名。"

儿子听了爸爸鼓励的话，不但没有半点儿喜悦，还一副心事重重的样子。他整天唉声叹气，他想自己在这么短的时间里，就是不吃不喝，使出全身解数，也不一定能考进前 5 名啊！

妈妈看出了他的心事，私下里对他说："好儿子，下次只要比现在有进步，达到中等就可以了。"男孩儿听了妈妈的话，感到心里的一块石头落地了。他每天都很开心地听课、学习，半年后，竟然超出了妈妈的预期，达到了中等偏上的水平。

"望子成龙，望女成凤"是家长的共同心理，家长一开始都对孩子充满积极的期望，但是有些期望却不能实现，甚至把孩子推向深渊。这是为什么呢？原因在于有些家长太过心急或者过于严厉，用孩子短期内难以企及的目标阻碍了孩子的发展，并挫败了孩子的积极性和自信心。正如上述事例中的爸爸，他不切实际地给孩子定目标，不但无法推进孩子，反而深深伤害了孩子的心灵，幸好有通情达理的妈妈，孩子才能从超负荷的压力中解脱出来，以振奋的心态去争取可能的进步，一步步实现了一个又一个预言。

心理学上有一个名词：自我实现的预言。意思是说，如果你相信自己行，你最后就能行。比如算命的说你命中有财，虽然碰到困难，但最终必然成功。你听到这番话，自信心顿增，不断克服前行的困难，最终真的验证了"命中有财"这个预言。

不是所有的预言都能成真，只有那些合理的梦想才能成真。

所谓合理的梦想，也就是指那种"跳一跳，够得着"的目标。这样的目标才最具有吸引力，人们才会以高度的热情去追求它。

比如打篮球，如果对着两层楼高的篮球架子，几乎谁也别想把球投进篮圈，也就不会有人去做那犯傻的事。这么高的目标使人们失去了兴趣。但是如果篮球架跟一个人差不多高，谁都能够毫不费力地"百发百中"，大家恐怕也会觉得没啥意思。正是由于现在这个"跳一跳，够得着"的高度，才使得篮球成为一个世界性的体育项目，也使得许多爱好者乐此不疲。

同样，如果妈妈为孩子定的目标太高，或是孩子对自己的要求太高，孩子不但会失去动力，还会平添一些不必要的压力。

日本有一个长跑世界冠军，他胜出的秘诀是分解大目标。比赛前，他会先视察整个路程，把路程中有特点的标志物在心中记下来，作为他长跑中的小目标。找到这样若干个小目标后，在比赛中，他一开始跑，就想着要达到第一个目标，等达到了第一个目标，他就想着要达到第二个目标……这样，他把长距离的路程分成了若干段比较短的路程，心理上就不觉得有太大压力了。

妈妈在对孩子进行积极的期望时，需要注意的是，不要给孩子施加过大的心理压力，要抛弃瞬间改变孩子的想法，将一个适度的良性期待融入孩子的整个成长过程中。

批评是扼杀孩子才能的行为

一个上初中一年级的学生在日记中这样写道：

今天，我的好朋友敏敏来找我出去玩儿，正碰上妈妈大发雷霆地教训我。这次考试，我的成绩下降了，在班里只排到第十二名。敏敏在一边替我解围说："阿姨，你们方方还好，我还不如她呢。"谁知，敏敏不说倒还好，她一说，妈妈反而更来劲了，她骂着我把敏敏也捎带进去了："那你们不在家好好补习功课，还到处玩儿？我要是学习不好，早就趴一边儿哭去了，看你们，一点儿事也没有，脸皮真厚！"

敏敏气得眼泪在眼眶里直打转，转身就跑了。

我和妈妈吵了起来："妈妈，你怎么这样没礼貌？"

妈妈说："我就是要把她气走，免得她以后再来找你，以后也不许你和她在一起玩儿了。"

我气哭了，跑进自己的小屋，把门反锁上。我觉得很委屈：妈妈怎么能这样无情地批评我呢？她怎么能这样批评敏敏呢？平时她不是显得很有教养吗，怎么现在原形毕露了呢？

可见，妈妈这次的批评给方方的心理带来了很大的创伤。孩子偶尔的成绩下降在其求学生涯里是一种常见的现象，妈妈只要耐心提醒，平日里刻意督促一下就可以解决。方方妈妈却大发雷霆，还骂孩子的好朋友。这给方方的心理带来了很大的创伤，从此妈妈的威信也将会在她纯洁的心灵中消失。

所以说妈妈要慎用手中批评的权利，如果批评不当不但起不到教育的效果，还会失去在孩子心中的威信，真是得不偿失啊！很多教育专家都建议家长，要尽量避免批评孩子，因为不管是怎样的批评，多多少少都会在孩子的成长过程中留下阴影。如果真的要动用批评的武器，也要有方法地对孩子进行批评教育。

已经上高二的小涛仍然"玩"性不改，每周六都要玩儿一会儿电子游戏。说是"一会儿"，实际上却是好几个小时。因为他每次都要打一局，而一局至少得打过好几关，有时甚至能从头打到尾，这样几个小时就过去了。有时母亲看不过，便吼他："别玩儿了，快去写作业！"他往往会以"只差一点儿就过关了"为理由，再拖半个小时。

为了帮助儿子改掉贪玩的坏毛病，母亲想了个好办法。又一个周末，母亲约了自己的几个朋友聊天。就在小涛为阿姨削苹果的时候，母亲提起了"如何对待孩子贪玩"的话题。几位朋友都有十七八岁的孩子，所以都有话说。其中一位说："我儿子已经上高三了，还整天惦记着玩儿，家里看得紧，他就到游戏厅、网吧玩儿，我都快愁死了。"小涛在旁边很紧张，生怕母亲揭自己的底。

小涛的妈妈接过话茬儿说："你越管得紧，他越不听话。我就从来不管小涛，每周他都可以玩儿1个小时的游戏，而且很守时，说1个小时，就1个小时。"说着，看了看表，然后对小涛说，"儿子，到玩儿游戏的时间了吧？去吧，玩儿1个小时。"

那天，小涛很自觉地在游戏机旁放了一个闹钟提醒自己，1

个小时后，干干脆脆地退出了游戏。以后，不管妈妈在不在旁边，小涛都只玩儿1个小时，到了时间就立刻停止，再也不用妈妈费心了。

小涛妈妈有艺术地批评孩子的教育方法很值得每一位妈妈学习。在孩子犯错误的时候要保持冷静，要心平气和。如果孩子经常听到"都这么大了还不懂事""就知道玩儿，这么大了还让我操心""好的没学会，就学会打架了，你是不是想把我气死"，可想而知，这些话会带给孩子什么样的心灵感受。所以批评也要讲究艺术，不能一味地呵斥和责备。

此外，批评孩子的时候还要注意以下两点：

第一，批评与表扬相结合。平时要本着多表扬少批评的原则，该表扬的时候表扬，该批评的时候批评，孩子会觉得父母是公正的，如果只批评不表扬，孩子会因你只看到他的缺点看不到他的优点而不满，从而不愿意接受批评。

第二，批评孩子要适时、适度。孩子的时间观念比较差，昨天发生的事，仿佛已经过去好久了，加上孩子天性贪玩儿，刚犯的错误转眼就忘了。因此，妈妈批评孩子要趁热打铁，不能拖拉，否则就起不到应有的教育作用。

不当的批评是扼杀才能的行为，妈妈在教育孩子的时候一定要有耐心，当孩子犯错误的时候，作为妈妈要循循善诱，让孩子认识到自己的错误，而不要一味地呵斥、一味地批评。无论在任何时候，作为妈妈都要慎用你批评孩子的权利。因为经常被批评的孩子潜意识里会认为自己真的不行，觉得自己永远不能达到妈妈的目标，从而失去自信，抛弃兴趣，丢了斗志，这样他们的天赋才能也就爆发不出来了。

赞美不能掉价，表扬不能失效

晓彤是个浓眉大眼的小男孩儿，他自小聪明伶俐，活泼可爱，成绩优异，爸爸妈妈、爷爷奶奶、外公外婆、姑姑婶婶、叔叔阿姨都特别喜欢他，大家对他都赞不绝口，经常对他说："宝贝儿真是个好孩子！""你真棒，彤彤！""我们家晓彤是最好的！"……从小在赞美声中成长起来的晓彤难免有些高傲，因为他也觉得自己是最棒的，而在他慢慢长大后，他不再喜欢家长们的称赞了，突然间，称赞对他失去了效用，因为他听腻了，而且也觉得大人们有点儿夸张，所以，晓彤渐渐对称赞"免疫"了，大人们如何鼓励赞美，他都提不起劲儿，导致他的学习和生活兴致都逐渐下降。大人们都摸不着头脑，谁也没有想到称赞对晓彤竟没有了效用。

孩子需要妈妈的肯定与鼓励，这是毋庸置疑的。但仅仅是空洞的表扬，或不着边际的吹捧，并不能培养孩子真正的自信。只有抓住孩子的长处，加以肯定与表扬，才能把真正的自信植入孩子心灵的深处。

美国心理学家里维斯博士认为，赞扬应当在孩子完成某一个值得肯定和鼓励的行为时进行，而且要恰如其分。对孩子空洞或不恰当的赞美，不仅无益，还会引起相反的效果。里维斯发现，许多妈妈常常用"你是个好孩子"之类的话来称赞孩子。这种总体的、笼统的赞美，起不到引导孩子正确自我评价的作用，因为他们无法知道自己好在哪里。妈妈应当对孩子具体的行为进行及时、具体的表扬，如：孩子洗了手绢，可以夸赞他洗得真干净；孩子收拾了玩具，可以表扬他收拾得真整洁。只要孩子有进步就要鼓励，每有好表现就要加强鼓励的感情色彩。妈妈如果留心，总会找出具体的理由来称赞与表扬孩子。

同时，对孩子具体行为的夸奖也要适度。廉价的赞美也会贬值，逐渐使称赞在孩子心中失去作用，或者使孩子形成不切实际的自我评价而盲目自满，这也会危害他们的成长。

表扬是一门艺术，过多的表扬会影响孩子的行为动机，使他为了表扬采取主动行动。所以，作为妈妈，应当明白如何对孩子进行适度的表扬：

1. 表扬要具体。表扬得越具体，孩子越容易明白哪些是好的行为，越容易找准努力的方向。一些泛泛的表扬，如"你真聪明""你真棒"虽然暂时能提高孩子的自信心，但孩子不明白自己好在哪里，为什么受表扬，且容易养成骄傲、听不得半点儿批评的坏习惯。

2. 表扬要及时。对于孩子好的行为，妈妈要及时表扬。否则，孩子会弄不清楚为什么受到了表扬，因而对这个表扬不会有什么印象，更说不上强化好的行为了。因为在孩子的心目中，事情的因果关系是紧密联系在一起的，年龄越小，越是如此。

3. 表扬要有针对性。有些妈妈和教师常对孩子许愿："你做了这件事我就表扬你。""你考试达到 90 分我就奖励你。"这容易使孩子为得到表扬、奖励才做某件事，哪怕这件事是他应该做的，没有表扬、奖励他就不做，这将有悖于培养孩子良好的道德行为。

4.表扬要注意个性。对性格内向、个性懦弱、能力较差的孩子就要多肯定他们的成绩，增强他们的自信心。反之，对虚荣心理强、态度傲慢的孩子则要有节制地运用表扬，否则将会助长他们的不良性格，影响他们的进步。

5.表扬要适度。过分的表扬易使孩子骄傲自满，太少的表扬也不利于儿童身心健康发展。儿童的成长需要妈妈的鼓励和爱抚。有一个小男孩儿不管有没有病都向妈妈要药吃，原来这位妈妈平时不经常表扬孩子，只有当孩子有病吃药时才说上一句"能干"，致使孩子认为自己什么都做不好，只有吃了药才算能干，所以他经常以吃药来换取表扬，求得心理上的满足。这不能不说是这个妈妈在教育孩子中的一个失误。

6.表扬不仅要看结果，还要看过程。孩子常"好心"办"坏事"，例如，孩子想"自己的事自己干"，吃完饭后，自己去刷碗，不小心把碗打破了。这时妈妈不分青红皂白一顿批评，孩子也许就不敢尝试自己做了。如果妈妈冷静下来说："你想自己做事很好，但厨房路滑，要小心！"孩子的心情就放松了，不仅喜欢自己的事自己做，还会非常乐意帮你去干其他家务。因此只要孩子是"好心"就要表扬，再帮他分析造成"坏事"的原因，告诉他如何改进，这样会收到较好的效果。妈妈的表扬最好在孩子良好行为之后进行，而不是事先许诺，这样才能增强儿童做出良好行为的自觉性。

7.表扬的方式要恰当。只有适合孩子的表扬方式才能收到最好的效果。表扬、鼓励的方式有很多，如购买图书、玩具、衣服、糖果、饮料等物质奖励，点头、微笑、搂抱、竖大拇指等动作、表情奖励，恰如其分的语言表扬，等等，都能带来良好的收效。

不得法的期待只会带来伤害

"你看人家小玲，家长什么都不用管，她一回家就自己学习，年年拿奖状！你倒好，给你买这买那，你什么时候拿过一张奖状给我们看啊？怎么我们就不能摊上一个好孩子呢！"

说这种话的妈妈多半是真性情的妈妈，对孩子的期望也很大，但她肯定很少站在孩子的角度思考一下：我那学习受挫的孩子，对我这个妈妈的期待是什么？

提到"期待"，我们会自然而然地想到父母对孩子的期待，却很少考虑孩子对父母的期待是怎样的。

其实，孩子对父母，尤其是对妈妈有深厚的感情，尽管他不一定通过言语表达出来，但是，他对妈妈一定会有非同寻常的期待。别人可以忽视他的进步，但妈妈的赞扬一定不能少。别人可以对他的愿望充耳不闻，但妈妈一定要理解他的心思。别人可以在他没考好的时候嘲笑他，但妈妈不能。非但不能，他还对妈妈抱有无限期待，希望妈妈安慰他、鼓励他、给他做好吃的饭菜，然后在妈妈怀里，安然地睡一觉。

妈妈爱孩子，所以对孩子充满期待，她会期待孩子健康成长、成才。孩子也爱妈妈，所以对妈妈也充满期待，会期待妈妈爱护自己、欣赏自己、重视自己。

孩子对妈妈的期待，就像妈妈对孩子的期待一样真切、热烈，甚至让人觉得不能承受，但是妈妈似乎没有察觉。比如：有的孩子希望妈妈是超人，可以拯救地球；有的孩子希望妈妈是亿万富翁，可以租下整个夏威夷；有的孩子希望妈妈是道德楷模，受到万人敬仰……这与妈妈期待孩子成为科学家、富翁和君子，本质上是一样的。较高的期待建立在最基础的认可之上，孩子不能成为科学家，不一定就不好，能健康成长也值得欣慰。同样，妈妈不能做超人，但相互尊重和信赖，永远对孩子敞开怀抱，还是可以做到的，也是应该做到的。想想看，妈妈连孩子最基本的期待都无法满足，又怎能要求孩子满足你的期待呢？

　　人们常说，"好妈妈胜过好老师"，因为老师的主要职责说到底还是传道、授业、解惑。卡尔·威特也说过，"每个孩子都是天才"，只要教育方法正确，普通孩子也会变得不凡。很多成功人士的妈妈都有一个共同点，那就是恰到好处地奖励孩子、鼓励孩子、激励孩子。

　　从一定程度上说，每个人都是天才，因为每个人都具有一定的天赋或潜力。格莱斯顿也说过，最有意义的事情莫过于把一个孩子内心潜藏的热忱激发出来。找到孩子的天赋，前提是妈妈坚信孩子有天赋。而激发孩子的热忱，要点则在于想尽一切办法，建立孩子的自信心。没有自信心就没有热忱。孩子没有热忱，妈妈的期待也就无从立足。不得法的期待，只会带来伤害。

　　自信心能够让一个孩子坚信自己有能力克服困难，并相信自己能够成功。而没有自信心的孩子，在踏进学习这个门槛之前，就已经摔倒了。

　　李开复在美国上学期间，曾经因为能背出很多数学公式而被老师夸奖为"数学天才"。其实他自己很明白，自己根本就不是什么数学天才，只是把以前记住的东西搬了出来。但是自信的力量是无穷的，他开始认真地学习数学，并且在全州的数学竞赛中获得了冠军。

自信心是潜力的放大器，孩子的自信，首先来源于妈妈的自信。自信的妈妈相信只要好好培养，世上就没有差生。自信的妈妈懂得赏识并信任孩子，明白自信心对孩子的重要性，明白一个孩子如果成长在只有批评没有夸奖的环境中，就很难建立起自信。

最成功的妈妈，是激发了孩子的学习信念的妈妈。这份信念可以照拂孩子一生，让孩子拥有长劲与韧性，学有所成只是早晚的事情。著名的"罗森塔尔效应"提示的就是这个问题。

罗森塔尔是美国心理学家。1966 年，他做了一项关于学生对成绩期望的实验。他在一个班上进行测验结束之后，将一份"最有前途者"的名单交给了校长。校长将这份名单交给了这个班的班主任。8 个月之后，罗森塔尔和助手再次来到这个班，结果发现，被列为"最有前途者"的学生成绩得到了大幅度提高。其实，这些学生成绩提高快的原因非常简单，只是因为老师更多地关注了他们，他们有了被重视感，从而对自己更有信心了。

其实，每个孩子都有可能成为非凡的人才，但能否实现，取决于妈妈是否对自己的孩子有信心。你想培养自信的孩子，最好的方法就是多对孩子进行鼓励，留意你对孩子说的每句话的措辞和语气，多做肯定性的评价，如"我相信你能做到""我对你有信心""你做得真棒"，等等。

第四章

责任感是孩子成长的"维生素"

一个人的责任心常常能填补他在智慧上的缺陷，而智慧永远填补不了责任心上的缺陷。对于一个没有责任心的孩子来说，人生、命运都是非常渺茫，无从把握的。所以妈妈必须要让孩子明白自己的责任，否则即使孩子具备了超强的能力，也很难获得成功。

"一人做事一人当"，不要为孩子的过失包揽责任

一个中学生抢了别人的钱，爸爸带着他寻找被抢的小学生，整整找了一个星期。

事情的起因是，小学 3 年级学生李溪一天放学后走在回家的路上，两名中学生拦住了他的去路："喂，借点儿钱给我们用用。"10 岁的李溪虽说从来没碰到过这种场面，但也毫不示弱地说："我不认识你们，没钱。"其实，那两个人早就看到他的裤袋里装了个鼓鼓的钱包，于是干脆抢了就跑。这可是李溪攒了 180 天的零用钱，共 180 元。他哭着喊着去追赶，可哪里还追得上？

一星期后，李溪在班主任许老师的陪同下，与同学一起排队走出校门。上次抢钱的一名中学生出现了，不同的是，这次他的身边还站着一个大人。大人把李溪叫到一边说："对不起，我儿子抢了你的钱包。你的 180 元钱现在在他同学手里，我马上联系那个同学的家长。"只一刻钟，当时结伴的另一名中学生也赶到了，大人让两个孩子一起向李溪道歉。

原来，这名中学生的父亲得知儿子与同学合伙抢了一名小学生的钱包后，寝食不安，仅凭儿子一句"那个学生可能在某某学校读书"，便每天在上学放学时，带着儿子到那一带的小学逐个认人，终于发现了背着书包排队出来的李溪……

这位正直的父亲发现孩子的过错时，严厉地指出并教育孩子，让孩子认识到自己的错误，并学会为自己的错误埋单。

生活中存在这样一种普遍现象：大多数人都不认为自己是坏

人，即使自己有不良的行为，也会极力为自己寻找开脱的理由，减轻良心的不安。这就是心理学上的"自我宽恕定律"。我们每一个人对自己的错误，都有回避和推卸的心理倾向，常常是发现别人的错误容易，却不容易看到自己的错误。比如：我们不喜欢被人议论，可是我们自己却喜欢在背后议论人；我们自己的自私、善妒等品质，我们自己总是认识不到，如果别人对我们这样，我们却反应强烈。

一个人如果对自己的错误行为都不能负责，就更难对他人负责。这样的人是可悲的，既不会得到别人的信任，也不会得到社会的承认。做妈妈的都希望自己的孩子是一个有责任感、能够对自己的行为负责的人，因为每个妈妈都希望自己的孩子能够融入社会，为周围的人所接受。那么，当孩子犯错误时，我们决不能毫无原则地让步，更不能姑息放任，而应让孩子学会为自己的错误埋单。

孩子的天性趋向于"自我宽恕"，他们并非天生就有承担责任的能力，他们的责任感是随着年龄的增长和心智的逐渐成熟而形成的。因此，妈妈在教育孩子的过程中，应有意识地教育孩子对自己的行为负责，为自己的过错埋单，让孩子明白自己的不良行为给他人带来的严重影响。

一些妈妈在孩子有了过失之后，常常为了面子而否认说"我的孩子不会这样做"，或者是代替孩子出面道歉，替孩子承担过失。这样的妈妈只会培养出遇事逃避责任的懦夫。妈妈必须明白：孩子做错事，让他自省、向人致歉，对培养孩子的责任感，可以说是一次良好的机会。让孩子直接道歉，有助于深化孩子对错误的认识，养成"一人做事一人当"的习惯。虽然有时妈妈代子女承担责任向别人道歉，亦有其必要性，然而，这也仅限于不具表达能力的幼儿而已；对于已能分辨是非的孩子，妈妈就应该尽量从旁辅助，让他做一个对自己负责的人。作为妈妈，我们要时刻牢记孩子是一个独立的人，同时又是一个特殊的人，我们不能把孩子看成自己的"面子"。孩子需要通过错误成长，需要我们帮助，而不需要我们包庇。

一个有伟大品格的人是善于为自己的行为负责的，成年人要为自己的行为负责，孩子也应该从小养成为自己行为负责的习惯，这样将来才能承担起生活的责任和人生的义务。

要想让孩子成长为一个有责任感、勇敢的人，妈妈应该及早教育孩子为自己的行为负责，培养孩子承担责任的思想意识。这样，孩子才能树立起责任心，长大才能成为一个有责任心的人。

孩子学会道歉，是学会承担责任的一种表现

小洋坐在靠近门边的书桌前写作业，外面风很大，作业本被风吹得啪啪直响。于是小洋不得不一次次跑去关门，每次关上没多久，猛烈的风就又把门吹开了。

这时，邻居有事来找妈妈，她没有进门，而是和妈妈站在大门外闲聊起来。

恰巧此时门又被风吹开了，小洋跑过来用力关门，只听外面传来一声痛苦的叫喊声。

小洋打开门惊恐地看到,门外的妈妈五官痛苦地扭曲在一起,看到小洋出来,妈妈暴怒地冲他扬起了手。原来,刚才妈妈的手放在门缝处,小洋突如其来的关门,差点儿把妈妈的手指夹断。

小洋吓坏了,以为这次免不了挨一顿暴打。但是小洋的脸颊最后感受到的仅仅是一阵掌风而已。

事后,手指受伤的妈妈对小洋说:"当时我实在痛得厉害,原想狠狠地打你一个耳光。但是,转念一想:是我自己把手放在门缝处的,错的人是我,凭什么打你?所以非常抱歉,我刚刚对你太凶了。"

小洋的妈妈用自己的行动告诉了小洋一件事情,那就是要勇于对自己的行为负责,敢于说"对不起"。

有的妈妈认为孩子做错事时道不道歉并不重要,只要孩子下次注意就可以了,但是当错误产生时,妈妈一旦无原则地让步,对孩子姑息放任,就会变相地提示孩子,可以不用为自己的过错承担责任。

"对不起"这三个字虽然看起来很平常,却蕴藏着无穷的力量。

试想:你在路边散步时,突然被一个骑自行车的人撞到了,正当你怒发冲冠准备发火的时候,那人轻轻地对你说了声"对不起",你要生的气是不是就生不起来了?在生活中,我们和别人发生了什么不愉快的事情时,若能够做到礼貌、适时地多讲两句"对不起",那许多大事就可以化小,小事便可以化无了。

而且,更重要的是,让孩子学会说"对不起",其实是教育孩子要勇于对自己的行为负责。一个做错了事而不敢去承担责任的人,就是一个没有责任感、没有价值感的人,他无法明确自己在社会中的地位与重要性，也找不到前进的方向，从而会失去创造的动力，最终一事无成。这样的孩子是可悲的，这样的妈妈也是失败的。

一位哲人曾说，犯错是人的惯常行为之一，错误本身并没有可怕之处，最让人担忧的是，当错误已成事实的时候，我们却选择了逃避，而没能从中学到生活的经验。妈妈作为孩子最亲近的人，应该教孩子学会说"对不起"，让他学会承担起属于自己的责任。

每个人都不是天生就具有责任感的，都是在适宜的条件和环境下萌发的，并随着年龄的增长和心智的逐渐成熟而形成。因此说，家庭是孩子责任感赖以滋长的土壤，妈妈对待孩子的态度以及教育方法，是孩子的责任感能否形成的重要条件。

为了教育好自己的孩子，妈妈需要注意以下几点：

首先，一定要教孩子说"对不起"。当孩子犯了错误时，千万不要偏袒他，而应该让他为自己的行为担起责任。逃避责任，只会让孩子留下人生的硬伤，甚至一错再错。比如：孩子吃饭的时候打翻了自己的碗，要向妈妈说"对不起"；不小心踩了小朋友的脚，也要马上道歉。

其次，要给孩子做最好的表率。妈妈错怪孩子的时候，也要勇于向他道歉。比如：你发现自己晾在阳台的衣服不翼而飞了，你以为是孩子淘气藏了起来，便不听孩子的解释把他教训了一顿，当你发现衣服其实是被风吹到了楼底下的时候，你就应该马上向他道歉，这样，孩子便能感同身受，下次自己遇到这样的事情，才会勇于承担责任。以身作则，是教育孩子的最好方法。

最后，要教孩子做一个和善的人。自己受到触犯的时候，要勇于原谅别人的错误，学会换位思考。比如：在餐厅吃饭，一个小朋友不小心把饮料泼在了你的孩子身上，这个时候可以教孩子换位思考："如果你是他的话，一定已经非常内疚了，我们就不要再责怪他了。"妈妈要让孩子知道，做一个大气、宽容的人，才能得到幸福和快乐。

把价值观纳入责任感教育中来

一位爸爸对儿子说："今天奶奶在的时候，你真是一个好帮手，我很高兴你能扶奶奶从沙发前站起来。"

"真的？"8岁的阿金惊讶地看着爸爸，没想到爸爸会注意到他的行为。当时他根本没注意到这些小的细节。爸爸让儿子知道这些和善、充满关爱的举止，对一个人来说很重要。

这种家庭价值观，可以随时从生活中取得，随时教育孩子，一代传给一代。

有时候，妈妈们可以有选择地教导孩子他们可能疏忽的好行为。比如，女儿刚学会一种新的编织手镯法，她的好友都很喜欢这种手镯，于是女儿就开始做手镯，并为她们挑选各自适合的颜色送给她们。

对于这件事，妈妈可以表达几种不同的看法。她可以赞赏女儿的艺术天赋——你做的手镯真好看，你选颜色也很有品位。也可以说些比较有商业眼光的话——这些手镯做得太好了，简直可以卖给那些工艺品店了。但是这个妈妈却充满爱意地说："你真是个善解人意的女孩儿，能送给每个朋友她们所喜欢颜色的手镯。"妈妈让女儿觉得，她特别欣赏女儿的善解人意及一颗为别人着想的心，进而为女儿良好价值观的养成打基础。

当然，不同的家庭有不同的价值观，对事情的允许程度也各不相同，但重点在于，妈妈应影响孩子，让他们喜欢自己并建立起辨别是非的能力及正确的价值观。

即使我们没把话说出来，孩子就明白我们的意思，但这并不表明他的认知就能和行为画上等号。等他们长大成熟后，必然会有自己的风格和价值观。虽然孩子的价值观不一定绝对和妈妈的一样，但只要孩子能为自己的行为负责，妈妈都应该感到高兴才对。

特别是在青少年阶段，隐约出现的压力会逐渐成为影响孩子生活的主要因素。妈妈不可能永远陪在孩子身边，也不能永远为他们做正确的选择，这也就是为什么要教导孩子伦理道德方面价值判断的原因。因为这样，他们走到低谷时，就会有坚韧的信心振作起来，去做正确的事。

妈妈的行为其实更重要。告诉孩子说谎不对，所以要受罚，但是孩子会怎么想呢？把话当耳边风！如果要孩子遵守规范，妈妈就得先以身作则。希望孩子做自己，有自我形象，绝非取决于别人的赞同与否，要他一切全凭本事，去判定自己是否成功。

10岁的罗潮常到隔壁的杂货店去买东西，有时候是去帮妈妈买东西，有时候是自己去买饼干、汽水。他发现，当店员很忙时，有的小孩儿就会趁机偷东西。有一次，罗潮急急忙忙跑进杂货店买饼干，口袋里却只有妈妈给他买牛奶和鸡蛋的钱。他知道如何趁店员埋头看杂志时偷东西，但并不打算这么做，他知道爸妈会因他的偷窃行为伤透心。正是爸妈的不赞同，降低了他的行动力。

10岁的罗潮就已将家规融为内在道德，知道偷窃是不对的。虽然环境让他有做坏事的诱因，但他的内心深处，是拒绝诱惑，拒绝偷窃的。

打造孩子的责任感，需要妈妈能清醒地意识到这一切都应从小事抓起，树立孩子正确的人生观与价值观，也才能最终让孩子遂着妈妈的心愿健康成长。

所以妈妈对孩子进行责任感教育的时候，不妨把对孩子的价值观教育融进来，这样一来，就能更好地促进对孩子责任感的教育。

孩子的责任心要及早培养

责任感是一种高尚的道德情感，是一个人对自己的言论、行为、承诺等，持认真负责、积极主动的态度而产生的情绪体验。例如：实现了承诺、完成了任务时，感到满意、心安理得；尽了主观努力但由于客观原因而未能达到要求时，感到遗憾、问心无愧，未尽到责任时则感到惭愧、不安、内疚等。责任感一旦产生，就会成为一种稳定的个性心理品质，可以有效地提高学习积极性，自觉加强意志锻炼，促进个性的全面发展。

孩子的责任感是从对具体事物产生喜爱开始的，起初表现为对他所敬爱的人交给的任务有责任感，而对其他人交给的同样的任务没有责任感，对他爱做的事有责任感，对他不爱做的事没有责任感；以后发展为能对自己说过的话、应该完成的任务负责，对同伴、集体负责；到青少年时期便能形成更抽象、更博大的责任心，对国家负责，对人民负责，对事业负责。

责任感的培养应当从幼年开始，从孩子懂事起，妈妈就可以注意着手培养了。例如：可以让孩子做自己力所能及的事，做一些简单的家务，首先让他学会自己负责自己；入学以后，可以让他为他人或集体做些公益性劳动，通过自己的劳动获得肯定的评价，在产生满足和愉快的内心体验的过程中，培养起强烈的责任感。

有一位德高望重的教师，曾谈到他的"育儿观"："我很少过问孩子的学习成绩，我只要知道他有兴趣、肯用功就够了。但是，对于他的习惯、为人处世，我是一点儿也不敢马虎。"他谈到在德育方面的教育以责任感为最重要。如果一个人连起码的对父母、对朋友、对子女、对社会的责任感都没有，这个人肯定要走向犯罪。

妈妈可以从以下几方面培养孩子的责任感：

1. 要教育孩子自己的事情自己做。凡是孩子力所能及的事，例如穿鞋、穿衣、刷牙、洗手等都要他自己去做，妈妈不要包办代替，使他们产生什么都不管、什么都不负责的心理。

2. 要教育孩子关心自己的亲人和家庭。妈妈应该要求孩子主动关心家里的老人、病人和弟弟、妹妹，要做一些力所能及的家务劳动，让孩子在家庭生活的磨炼中形成责任感，进而上升为对家庭、对父母负责。

3. 在学习过程中培养孩子的责任感。要让孩子了解父母等亲人对他的期望与信任，把学习当成自己必须完成的任务。当孩子在学习过程中遇到困难思想动摇时，妈妈要鼓励孩子克服困难坚持下去；当孩子完成学习任务，成绩有了进步时，妈妈要及时肯定、鼓励，让孩子体验到完成任务时的满足与喜悦。

4. 在社会活动中培养孩子的责任感。妈妈可有意识地安排孩子帮助孤寡老人、残疾人做点儿事，带孩子参加居民区的卫生、绿化劳动，鼓励孩子在幼儿园、学校做好值日工作等。在社会活动的实际锻炼中，孩子会逐渐感受到自我存在的社会价值，不断增强社会责任感。

5. 树立起他们勇于承担责任的态度，在孩子闯祸或犯错误时，能有"我要怎么来补偿"的心理，而不是用推诿的态度来对待，找一些客观原因说"那不是我造成的"。只要是孩子独立行为的结果，就要鼓励孩子敢作敢当，不逃避责任，勇于承担后果，妈妈不要一味帮他承担一切，以免孩子丧失为人处世的责任感。

人格健全的孩子，责任感是十分强烈的。一个没有责任感的孩子，任何事情都做不好。培养孩子的责任感要从点点滴滴的小事抓起，使他们逐渐做到对个人负责，对班级负责，对家庭负责，最终培养起对国家、对民族的强烈责任心，将来成为建设祖国的有用人才。

培养孩子责任感的几个有效方法

责任感是一种高尚的道德品质，是指人对自己的言行持认真负责的态度。每一位做妈妈的都应该重视培养孩子的责任感。因为人的一生所有重要习惯、倾向、态度多半是在幼儿时期培养起来的，所以，妈妈要从孩子幼年时期开始，就着手培养孩子的责任感。妈妈可以采用一些适合孩子幼小心灵的方法来培养孩子的责任意识：

1. 用妈妈的责任感培养孩子的责任感：孩子的观察模仿力很强，妈妈的言谈举止中所透露出来的责任感和责任行为往往对孩子起着强有力的潜在作用。因此，妈妈要率先示范，用自己的责任感来培养孩子的责任感。妈妈如果希望孩子能信守承诺，自己首先就要说到做到；妈妈如果希望孩子自己的事情自己做，自己就得认认真真完成自己的任务；妈妈如果希望孩子能对小宠物有责任感，自己就要对宠物表现出爱和关注。总之，孩子会跟着妈妈学，有责任感的妈妈才能培养出有责任感的孩子。

2. 在游戏中培养孩子的责任感：妈妈和孩子一起玩儿角色游戏，让孩子在游戏中通过扮演不同的角色，体验承担不同的责任。例如：妈妈可以扮演病人，孩子扮演医生，让孩子承担医生的责任，询问病情，认真给病人看病，打针拿药；当妈妈扮演学生，而孩子扮演老师时，孩子就要认真给妈妈上课、批改作业，担当老师的责任。通过各种各样的游戏体验，孩子的责任意识就会萌生，就会意识到每个人都有自己的责任。

3. "与孩子拉钩"，用承诺来培养责任感：拉钩，对孩子而言是游戏，但也具有良好的约束力。在孩子看来，拉钩就是最大的承诺，和孩子拉钩约定好一件事情，孩子就会为了实现自己的承诺而愿意为之做出努力，这就是孩子责任感的一种最初体现。

对孩子责任心的培养，仅仅是开始得早、花心思多是不够的，妈妈还要把握尺度，以免过多的说教或者不良的方法造成孩子的厌恶或是抵触。所以，培养孩子的责任感，需要把握以下原则：

1. 注重孩子的爱心培养，让孩子学会关心他人，善待他人，这是培养孩子对社会的责任心的基础要求。比如：让孩子主动关心老人、病人和比自己小的孩子；妈妈生病的时候，让孩子学会照顾妈妈；让孩子知道妈妈的生日，鼓励孩子给妈妈送上一份生日礼物。

2. 对孩子采取民主的态度，鼓励孩子独立思考，允许他们表达自己的观点和看法，有利于孩子形成责任心。让孩子绝对服从的教育方式只能培养出唯命是从、毫无主见、不敢负责的人。

3. 可适当地让孩子了解妈妈的忧虑和难处，提出一些问题，引导孩子独立思考和选择并大胆发表自己的见解。让孩子感到家庭的美满幸福，要靠爸爸妈妈和自己的共同参与，进而增强孩子对家庭的责任心。

4. 在大处着眼，从小处着手。让孩子在生活中感受责任的分量，哪怕只是倒一次垃圾、洗一块手帕、一次维护公共财物的举动、一件表示同情心的事情。孩子积极主动时应给予表扬鼓励，疏忽或漠视时应给予批评和修正。只有这样，才能让孩子摆脱"以自我为中心"的意识，了解周围的世界，从而强化自己对他人负责、对周围环境负责的责任心。

5.鼓励孩子做事有始有终。孩子好奇心强，什么都想去摸摸，去试试，但是随意性很强，做事总是虎头蛇尾或有头无尾。所以交给孩子做的事情，哪怕是很小的事情，妈妈也要检查、督促以及对结果进行评价，以便培养孩子持之以恒、认真负责的好习惯。

6.别让孩子找借口。找借口几乎是人的天性，孩子也不例外。生活中孩子常常会找出这样那样的理由和借口，来推托自己的责任。妈妈应及时而理性地纠正孩子这种不良的行为习惯，清除滋生"不负责任"行为习惯的土壤。

第五章

孩子的理财能力装在妈妈的钱袋中

小孩子需要有零用钱，更需要有支配、管理零用钱的理财能力。妈妈与其把孩子的零用钱控制得牢牢的，不如把控制零用钱的权利交给他，让他自己在处理零用钱的过程中得到理财训练。

给孩子金钱前，首先给予他驾驭金钱的能力

一位经济学家说过："孩子不能在金钱无菌室里培养。"在当今社会，对孩子进行金钱教育是不可或缺的。明智的妈妈懂得从小就开始培养孩子的财商，在给孩子金钱之前，教给他们理财的能力是他们成长过程里重要的一步。

在理财规划越来越受重视的今天，孩子的理财教育也逐渐为广大家长所关注。"授之以鱼不如授之以渔"，理财专家认为，与其送孩子一个玩具或带孩子外出游玩，还不如送给孩子一份理财礼物，培养孩子的理财意识，让孩子的财商与德商、情商、智商"共同发展"。

如今，教育显得比历史上的任何时代都要重要。"一生一份工作"的生活在信息时代已很难再现。如果父母不想让自己的孩子终生为生活奔波，就应关注孩子财商教育的发展。

什么是财商？如何采用技术手段测定一个人的财商指数呢？有些人用银行存款数额、个人拥有的净资产量来衡量，有些人则用开的车型的档次、买的房子的大小来衡量一个人的财商。他们认为，财商就是你能挣多少钱的能力。

实际上，这是一种十分片面的看法。有人曾对财商下了一个定义，他说："财商与你挣多少钱没关系，它是测算你能留住多少钱以及让这些钱为你工作多久的指标。"进而，他说道，"随着你年龄的增加，如果你的钱仍然不断给你买回更多的自由、幸福、健康和人生选择，那么就表示你的财商在提高。"由此可见，

财商与你拥有和挣多少钱没有多大关系，财商可以经过培训和教育而得到提升。

财商人人都有，只不过有些人的财商比较低，所以他们一生都在为钱工作，在财务困境中苦苦挣扎；而另一些拥有较高财商的人可以终其一生快乐、健康、富裕，不用为金钱问题担忧。

培养孩子的财商十分重要。如前所述，信息时代的规则在发生变化，如果你希望自己的孩子终生幸福而且不为金钱问题所扰，就应从他幼年时开始培养他的财商。

对孩子的财商教育可分以下几步进行：

1.注意自己和孩子的语言。不要在孩子面前说或者允许孩子说"我买不起"等诸如此类的话，正确的语言是"我怎样才买得起"。

2.让孩子做有关财商的家庭作业。孩子除了完成学校的家庭作业外，还要做有关财商的家庭作业。因为我们知道，现行的学校教育已不能满足孩子们未来的需要，所以孩子应在学校之外接受有关财商的教育。孩子们的课外财商教育作业可包括玩儿"现金流"游戏、用假钱模拟参与股市交易等。

3.让孩子尽可能多地了解并掌握财经、金融词汇。这对于希望增加自身财商的成年人也很有必要。我们知道，如果一个人想致富，最好从自己熟悉的领域开始。倘若你连资产、负债、净利润等词汇的含义都不甚了解，还谈什么致富以及拥有高财商？

4.帮助孩子设计成功"赢配方"。《富爸爸，穷爸爸》一书告诉我们，每个人的成功都需要一些内外在因素的结合才能实现，孩子也不例外。成功的"赢配方"可使孩子拥有一生的幸福、舒适、富裕、健康和自由。孩子幼年时，极易受到来自学校和社会各方面的伤害和打击，始终让孩子拥有自信，留住他们与生俱来的天赋和才华是父母最光荣而伟大的职责。在此基础上，妈妈要帮助孩子设计使他一生成功的学习赢配方、职业赢配方和财务赢配方。

今天的孩子是幸福的，他们没有战乱之扰、饥饿之忧、贫穷之苦，他们生活在电脑、网络、牛仔裤、快餐的时尚潮流之中。但我们又深深地担忧：父母除了给予他们舒适、富足的生活和足够的零花钱外，还能给他们什么呢？孩子今天以所受的财务教育能否迎接高速发展的信息社会的挑战？所以，对孩子进行财商教育最为重要的一步是：在你给孩子金钱之前，首先给予他驾驭金钱的能力。

莫让孩子一哭闹就被满足欲望

4 岁的强强与妈妈去超市要棒棒糖。妈妈说："不行。"几分钟后，强强又开始要糖，妈妈仍然坚持说："不行。"走到第三个过道时，强强开始耍赖，妈妈依旧说："不行。"强强的小脸涨得通红，他踢着腿，摇晃着购物车，妈妈便开始吓唬他再闹下去就打他的小屁股。可是强强并没怎么样，走到第五个过道时，他已经开始大哭大闹，赖着不肯走了。妈妈找了个地方藏起来，强强更是一发不可收拾，连踢带打，商场里的人都看着这情景。妈妈没法子，只好屈服，给儿子买了棒棒糖。

妈妈最后的屈服，使之前所有的拒绝都失去了效用，并告诉了孩子 3 件事：

1. 家长的话是没用的。妈妈先是说"不行"，而最后又变成了"好吧"。孩子就知道了妈妈一旦再也忍受不了时，就会说"好吧"，就像变魔术一样，一下子"不行"就成了"行"。所以，妈妈在说"不行"时，并不是真的不行。只要一而再，再而三地磨妈妈，妈妈就能答应，并且可以要求得到更多的东西。

2. 耍赖是有用的。"如果哭喊的声音足够大。我就能得到棒棒糖，耍赖的'奖赏'是棒棒糖，耍一次赖可以得到一根棒棒糖——我得手啦！"妈妈让强强知道大喊大叫是有效的，尤其是在人多的场合，妈妈碍着面子，比较容易屈服。

3. 妈妈并不会执行她说的话，她吓唬孩子但并没有真的像她说的那样打他。她告诉强强安静下来，不然就打他的屁股，但事实上她怎么做的呢？她给强强买了只棒棒糖。强强也许会想："妈妈两年前就说过'安静下来！不然我就打你'这句话，直到今天她也没这么做过，第一次听她说这话我还会害怕，现在我一点儿也不怕了，下次还可以用大吵大闹要东西，反正妈妈是不会真正打我的。"

每天，有许多妈妈就是这样处理与孩子之间的问题，她们相信满足孩子的需要是阻止其耍赖的唯一的方法。事实上，作为妈妈，只要有一次屈服于孩子的大吵大闹，就会听到孩子一而再，再而三的要求。在这种情况下，你该怎么做呢？

儿童教育专家帕特里夏·埃斯特斯说："适当地拒绝孩子很重要，即使你完全可以满足他。必须让孩子知道，不是想要什么就能得到什么的。"如果孩子在家中大声吵闹，你可以对他采取"冷处理"的办法，随他吵闹，不理他，他吵闹一会儿觉得没意思，也就不再吵了。如果孩子在公众场合哭闹，也不要因为怕别人注意而软化，就让他吵个够，或者走开一会儿，当他平静下来再回到他的身边。孩子觉得哭闹没有用，自然不会再使用这个招数了。刚开始实行对孩子的"冷处理"时会有些困难，因为孩子的哭闹往往使人不耐烦，或者让妈妈觉得心痛。但是这个时候，你必须硬起心肠才行。为了孩子长远的未来，短暂地委屈一下孩子是必需的。

另外，除了适当地拒绝孩子，妈妈与孩子一起购物时还应该遵循以下这个方案：妈妈尽量不要带孩子做长时间的购物，可以带孩子去附近的便利店做短时间的购物。在离开家之前，妈妈可以将要买的东西拉个单子拿给孩子看，在单子的末尾，妈妈可以写上一种给儿子的奖赏，比如一小块蛋糕，或者问孩子想要点儿什么。在去购物时，让孩子拿着购物单，这样可以给孩子一种购物时的主动权，让他有点事儿做。每购得一种东西就让孩子从购物单上把它划掉，如果孩子表现得出色，他就可以得到一块蛋糕。而且，在与孩子一起购物时，妈妈一定不要吝惜对孩子的鼓励："孩子，你按照单子上所列的做得很好，谢谢！"

人总有贪念，如果孩子的要求都得到满足，欲望就会愈来愈强，对孩子成长后的人格必然有深远的负面影响。只有遏制孩子贪婪的心理，他才能控制好自己的行为，作为妈妈，该出手时就出手，要知道，有一种爱叫作"冷处理"。

别用金钱表扬孩子

刚刚上小学了，成绩一直不是很好，但有一次期中考试，竟然考进了班级前10名，妈妈欣喜若狂："我们家宝贝太厉害了，一下成绩就这么好了，真让妈妈开心！，给你100元作为奖励，以后要好好考啊，考好了，妈妈还给钱！"原本没有想到妈妈会给他钱的刚刚接过100元，心里高兴极了。他还从来没有得过这么多钱呢！看来，考试考好真是有用，嗯，以后我还要考进前10名，我还要领奖金。刚刚自此在心里深深埋下了这个信念，每次考试都期望着拿着好成绩来领取奖金。这不，昨天，在妈妈出门上班前，刚刚一本正经地提醒道："妈妈，明天学校就发期末考试卷了，我要是语文、数学成绩都超过90分，你就得给我100元钱作为奖励！"而且，在刚刚妈妈右脚跨出门的一刹那，刚刚还一本正经地加上一句，"少了100元，坚决不干！""这孩子怎么要挟起我来了？学习是你自己的事啊，又不是妈妈的。妈妈不给你奖励了。"妈妈觉得孩子的这种心态不好，就对他怒斥道。"反正我考好了你就得给钱，为什么以前都给，现在不给？如果妈妈不守信用，以后我就不好好考了！"妈妈听到这话，生气极了，但是又怕刚刚以后真的不好好学习，只好答应了他。

用"钱"作为奖励的手段，初衷是好的，是想表达对孩子努力的一种认可，虽然可以取得一时的效果，但长久下去贻害无穷。从短期看，用金钱奖励能够使孩子产生高度的积极性，但从长远看，这种手段很可能产生不利影响。一个孩子在受到多次金钱奖励后，会变得依赖金钱奖励，甚至做点儿普通的事也是如此。

孩子在尝到金钱奖励的甜头后，金钱可能成为孩子努力追求的首要目标，从而冲淡甚至替代其做家务和学习的内部动机。心理学家认为，内部动机是由个体的自尊心、责任感、义务感、荣誉感、求知欲等内在因素引起的，俗称"我要干""我要学"；外部动机则是由外力逼迫（包括金钱刺激）而引起，俗称"要我干""要我学"。孩子做家务、努力学习，应该是其内部动机在起作用，因为，只有内部动机才是长远而有效的动机。

奖励，是以奖赏激励人，进一步调动被奖励者的内部动机，去争取更大的成绩，而用金钱奖励孩子，充其量只能调动孩子暂时的外部动机。"得到一笔钱"，这只是一个短期目标，金钱刺激也就只能是一个短期激励，学习却是需要日积月累的，在这项旷日持久的活动中，金钱的刺激会很快失效，学习又会很快回到常态之中。学习是一辈子的事，只有让孩子真正懂得了学习本身的价值和意义，能从学习本身得到乐趣，学习才是可持续的。

另外，学习成绩并非可以随意提高，再大的悬赏，没有能力的支撑，目标也无法达成。在奖励面前，孩子往往是心有余而力不足，实在达不成，还是只有放弃。放弃得多了，不仅斗志没有激起，反而会产生挫败感，越发不自信，越发没有上进心。

用金钱来表扬孩子的弊端是显而易见的。所以，妈妈不能用金钱表扬孩子，以免孩子只看重金钱收益，在精神上不能成长，就像一个人的两条腿一长一短，是不能匀速稳当地走路的。妈妈要保护好孩子的童心，让他在精神上成长得健健康康，这就需要妈妈用精神财富来鼓励孩子。

王夫之又叫王船山，是历史上的大学问家，组织过反清复明的运动，晚年在湖南西部的石船山上写书。他们家世代为官，家境很好，也很有名望。

他嫁女儿的时候，人人都想看一看王家的家底到底怎样，以为他会准备什么稀奇嫁妆呢。结果，新娘子上轿之前，王夫之拿出一个小箱子，交给女儿说："这是我为你准备了几十年的嫁妆。"媒婆打开一看，里面全是书和纸稿！

王夫之说，别小看箱子里的东西，那是他一生研究的学问，说的是怎样做一个有骨气、有出息的人，什么金银财宝也比不上有用的知识。

女儿明白了父亲的用意，顿时觉得非常骄傲，上了花轿，风风光光地出嫁了。

王夫之把书籍当成女儿的嫁妆，用精神财富来鼓励孩子的方法，是每个妈妈都应该学习的。

当孩子取得进步的时候，给孩子一本不错的书，带给孩子的收获远不止书本这个礼物这样简单。或者，给孩子留一张字条，和孩子交流最近的心情、分享自己年轻时候的故事，这种精神奖励，比物质奖励更能打动孩子的心。

给孩子精神上的鼓励，胜过任何物质上的奖赏。因为物质的东西总能弥补上，但是精神上的迷茫、孤独是阶段性的，等孩子过了青春期，他们就会自我蜕变，那时候孩子就不容易接受妈妈的贴身帮助了。妈妈想要表达感谢、鼓励，也就不如现在这样自然有效了。

　　妈妈如果总是想着在物质上满足孩子，现在就来想一想，如何从精神上补给孩子、奖励孩子。精神上的奖赏，也许只是一句话、一段文字，却能让孩子久久回味。

小孩儿也要学理财，理财教育不可缺

　　在竞争日趋激烈的社会环境中，金钱观和理财能力是不可忽视的基本素质。理财教育是与少年儿童成长的各种问题息息相关的。可以说，在现代生活中，理财能力是生存能力的重要组成部分。对于成长中的少年儿童来说，学会理财，不仅仅是学会如何用钱，其中包含了多方面的教育内容和多种能力的培养。

　　一位心理学家曾经对 100 名学前和小学儿童进行调查，询问他们钱是从哪里来的，结果得到 3 个答案：大部分孩子认为钱是从爸爸的口袋里拿出来的，还有的孩子认为钱是银行送给他们的，只有 20% 的孩子说钱是工作挣回来的。

　　从理财能力的角度看，处于少儿时期的孩子呈现出如下几个突出特征：一是不具备固定的收入，二是不具备成熟的金钱和经济方面的意识，三是不具备熟练的理财能力，四是具有强烈的消费要求和欲望。这几个方面的特征导致孩子在理财方面极易出现错误，这些错误直接影响他们的成长、发展和前途。

　　所以，小孩子也需要学习理财，妈妈要趁早对孩子进行理财教育。及早进行理财训练，可以教给孩子正确的理财观念，帮助孩子减少无谓的花费，避免将来陷入债务危机，甚至可以避免孩子走上违法犯罪的道路。再者，孩子一旦了解理财投资方面的知识，便会明白世上没有免费的午餐，长大后就不会轻易受骗而相信那些少投资、多回报的骗局，从而减少被骗的机会。总之从小进行理财训练，将会使一个人终身受益。在市场经济和商品社会中，一个人的理财能力直接关系到他一生的事业成功和家庭幸福。进行理财训练，将有助于培养孩子独立生活的能力，树立正确的道德和劳动观念，让孩子知道勤奋努力与金钱之间的关系，激发孩子工作的欲望和社会责任感。

从小对孩子进行理财训练，帮助孩子养成理财习惯，还能让孩子学会为自己的未来投资，从而提高孩子对社会的适应能力和竞争能力。

像学习其他东西一样，孩子学习理财也需要不断尝试和失败，才能走上成功之路。所以，妈妈要坚持对孩子进行理财教育，就像坚持对孩子的常规培养一样。那么妈妈应该怎样对孩子进行理财教育呢？

1.严格按照财务计划花钱。一个有力得当的财务计划，能够使孩子清楚地认识到自己当前的财务状况，以此来把握金钱流向并做出消费决定，以达到控制金钱的目的。

让孩子坚持每天记账，这样孩子容易知道每个月的金钱流向，按照消费记录，建立计划，决定该买物品的具体钱数，然后严格按计划执行。妈妈可以提醒孩子随时查看他的计划，如果他有别的需要，及早做出调整，月底还要评估执行计划的成果。这样，孩子可以在计划与实际花销的对比中，积累经验教训。长期下来，你就会发现孩子改变了许多，他可以量入为出甚至游刃有余了。在计划之余，妈妈最好准备一部分钱让孩子自由支配，以便让他学会如何在花钱时做出正确的选择。

2.给孩子钱的数额应当把握在孩子有能力支配的范围之内。无论孩子的年龄多大，家庭经济条件如何，为孩子花钱都不要没有节制，给孩子多少零用钱，妈妈一定要心中有数。零花钱的多少并没有一个定值，主要依据孩子的年龄及其一周的消费预算来确定。千万不能给孩子太多的钱，千万不能任其无节制地使用，因为这样非常不利于孩子养成理财的习惯。

3.让孩子学习管理经济事务。让孩子从小接触钱、了解钱并学会如何合理使用钱、管理钱，有利于培养孩子的经济意识和理财能力，以适应未来经济生活的需要。所以，妈妈要给孩子适当的零花钱，并让孩子自己处理。

越早进行理财训练，孩子便能得到越多的锻炼机会。孩子越早学会理财，长大后就越会赚钱，更会为自己的未来进行投资。所以，妈妈记得尽早对孩子进行理财教育，理财也是孩子成长过程中必不可少的一门功课。

想杜绝浪费，先要让孩子知道金钱的珍贵

刘明今年13岁了，刚刚上初中。不久前，他滋生了一种和别的同学比阔气、比花钱大方的想法。比如：学校组织校外参观，他听说有的同学带了20元零花钱，就要妈妈给他30元；以前，

踢足球穿一般的足球鞋就行，现在则嚷着要买名牌球鞋，还说"不少同学穿的都是进口名牌，我买国产名牌已经是低标准了"；为了他上学方便，家里去年专门给他买了辆轻便自行车，结果没骑多长时间，他就又要求买顶级变速车。

很显然，这是青少年的一种攀比心理，是虚荣心在作祟。法国哲学家柏格森说："虚荣心很难说是一种恶行，然而一切恶行都围绕虚荣心而生，都不过是满足虚荣心的手段。"如果妈妈不趁早教育孩子摆正心态、认识到实际现状，而是一味满足孩子的过分要求，将会导致孩子虚荣心的进一步膨胀。现在的纵容，最终会伤害孩子。

现在很多孩子都过着饭来张口、衣来伸手的生活，只要想要钱，就可以毫不费力地从父母处要到钱。可是，很多孩子往往不知道父母的钱是从哪里挣来的，并对父母给予的钱抱有一种无所谓的态度。而父母因为孩子是全家的宝，所以孩子要什么就买什么。这无形中使孩子变得花钱大手大脚，一点儿也不知道节约。久而久之，乱花钱的行为就会根深蒂固，孩子也就养成了浪费金钱的坏习惯。

出现这种情况，主要是由于孩子不了解家庭收入的来源和支出。很多孩子不知道钱是从哪里来的，以为父母挣钱很容易。有专家曾对小学生做过一次调查，调查发现，只有20%的孩子知道钱是父母辛辛苦苦挣来的，有很多孩子以为钱就是直接从爸爸妈妈的钱袋里拿出来的。这样的金钱观就导致很多孩子花钱大手大脚，没有节制。

　　大人对金钱的诱惑都缺乏抵抗力，更何况是不明事理的孩子。要让孩子养成爱惜金钱的习惯，首先要让他们认识到金钱的来之不易和珍贵。因此，树立正确的金钱观对他们来说尤为重要。那么，在家庭教育中如何培养孩子的金钱观念呢？

　　1. 让孩子懂得钱的价值。让孩子了解父母的收入来源、开支、储蓄等经济情况，并通过上街购物等机会，做一些物品价格的比较。比如买东西时可以连续逛几家商店，买回物美价廉的商品，然后把省下来的钱给孩子买他向往已久的物品。

　　2. 让孩子了解家庭的收入。让孩子了解家庭的收入，提醒他不要和别人攀比。让他明白要想生活得更好，就必须付出辛勤的劳动，将来要自食其力。父母可以给孩子一些机会，让他们去买菜、交电话费等，使孩子知道家里的钱是怎么花出去的，父母每个月都需要支付哪些开支。这样，孩子有了了解家中"财政"的机会，就会更加懂得钱的重要性。

　　3. 带孩子去商场、菜场，让他知道生活成本。去菜市场买菜时，不妨带着孩子，告诉他各类蔬菜的价格，给他算算一家人一顿饭的成本等。让孩子"实地考察"比苍白无力的说教更具教育意义。比如，当你和孩子上街时，孩子要买 10 元钱一个的冰激凌，这时你不妨告诉他 10 块钱可以买 1 斤黄瓜、1 斤西红柿、半斤豌豆、3 斤小白菜，这些菜一家三口两顿也吃不完。从这样的比较中，他也许会恍然大悟："原来 10 元钱可以买这么多的菜呀！"他了解了 10 元钱在生活中意味着什么，也许会主动对父母说："那我还是别买冰激凌了吧！买根便宜的冰棍吧！"

　　通过这些，知道钱是从哪里来的，知道钱是来之不易的，知道钱是重要的，孩子会反思自己的消费行为和消费习惯，不会再为满足自己的虚荣心而一味攀比，也就不会再给父母增添经济负担了。

第六章

智慧妈妈顺利开启孩子的 EQ 之门

生活中，情商高的人往往具有明显的优势，甚至有人说，成功与否，80% 取决于情商。孩子在学校里可以通过学习各种不同学科来提高思维水平，却没有任何一个课堂专门教孩子如何提高情商。所以，这个重任就毫无疑问地落到妈妈身上。

做孩子健康积极的情绪启蒙老师

楠楠是个刚满月的女婴，长得白白胖胖，只因还没长开，所以显得不那么漂亮。偏偏楠楠妈又是个颜控，总是不自觉地把楠楠跟杂志上的小姑娘比，所以对女儿的长相不太满意。楠楠还有个大大咧咧的姑姑，同属"外貌协会"，在逗弄楠楠时，会不自觉地捏着楠楠的小脸儿说："大侄女，你咋那么丑呢？你咋不像妈妈那样漂亮呢？"楠楠妈听到后，更加在意了，还当着楠楠和楠楠爸的面唉声叹气："咱家孩子怎么那么丑呢？"慢慢地，大家发现，楠楠越来越不爱笑，有人逗她，她也只是呆呆地观察着对方，不轻易做出反应，有时会莫名其妙地哭起来，让大家不知所措。

孩子的观察力是极其惊人的。他们往往能直觉地察觉到对方的情绪变化和心理真实感情，而对方的情绪也会直接作用到孩子的情绪上。像楠楠一样，如果别人看到她时带有厌恶等负面情绪，她的情绪也会比较低落，婴儿是不会敷衍地挤出笑脸的。看来，孩子的情绪是深受大人影响的，妈妈一定要从一开始就注意做好孩子健康积极的情绪启蒙老师，不仅自己要保持良好的情绪，对待孩子时更要有好的情绪。因为，妈妈是孩子最亲密的人，她对孩子情绪的影响最大，这样的影响从怀孕时期就开始了。

胎儿在妈妈的肚子里，能听见的声音都来自妈妈：妈妈说话的声音、心脏跳动的声音、呼吸声、血液的流动声，以及吞咽口水的声音等。如果胎儿在妈妈肚子里透过羊水听见的都是和缓、轻盈、愉悦的声音，那么他出生后，就会有个健康开朗的好性格，常常表现出好情绪，反之，孩子就容易产生消极灰色的情绪。

小宝贝来到这个世界之后，最熟悉的气味和声音自然还是来自妈妈，而他对情绪的种种敏感反应也源自妈妈。别以为小婴儿不懂得感受，其实不然，他完全懂得，只是不会表达。例如，当妈妈给孩子喂奶时，不管是母乳喂养或奶粉喂养，宝宝的小脸蛋贴着妈妈的胸膛，一面吸奶，一面听着妈妈的心跳、呼吸、血液流动声。这是他最熟悉的声音和气味，所以他安全地吸着，并会沉沉地睡去。

可如果在喂奶时，妈妈心里还在为刚才的不愉快生着气，心脏怦怦地跳，呼吸急促，血压升高，身体还释放着高亢的肾上腺素的气味，此时小宝宝贴着妈妈的胸膛，小小的耳朵捕捉了所有的声音和情绪，他发觉不一样了，知道妈妈生气了，他很害怕，很没有安全感，所以紧张的他不能再好好地消化乳汁，也不愿安静地躺在妈妈怀里继续听让他害怕的声音。于是，他不安地哇哇大哭。

宝宝慢慢长大后，对妈妈情绪的捕捉已不再限于气味和声音，而是学会了察言观色，他喜欢妈妈温柔的笑脸，害怕妈妈严峻的眼神，他知道妈妈高兴了，也知道妈妈生气了。他通过妈妈的脸部表情、肌肉收缩、声音、气味，来辨识妈妈的情绪，并且对这些情绪做出反应。如果妈妈开心，他会跟着妈妈哈哈大笑，因为自己把妈妈逗乐而感到更加兴奋和欢乐；当妈妈不快的时候，孩子会感到不安；妈妈流露出悲哀的神情时，孩子也会随之变得忧郁起来。

所以，妈妈，不是爸爸，也不是爷爷奶奶或外公外婆，是孩子最初情绪的启蒙老师。孩子透过妈妈来探索世界，也学习妈妈怎样去表达情绪。如果妈妈希望孩子有个健康积极的情绪智商，除了自己要有个健康积极的情绪之外，在对孩子表现出任何情绪的时候，都要小心。

孩子的好情绪，来自妈妈良好的自我情绪管理

莎莎是一个胆子很小的姑娘，她从小生活在爷爷奶奶身边，爷爷奶奶对她呵护有加，关爱备至。那时的莎莎性格活泼，常常逗得爷爷奶奶哈哈大笑。

莎莎6岁的时候回到父母身边生活，妈妈脾气比较暴躁，莎莎在她面前经常吓得什么都不敢说，不敢做。

一天，家里来了客人，妈妈让莎莎给客人倒水，一不小心，茶杯摔在了地上，妈妈当着客人的面劈头盖脸地骂道："你真笨！"生性敏感的莎莎羞愧得无地自容，眼泪大滴大滴地往下掉。当天晚上，莎莎做了一个噩梦，梦见妈妈恶狠狠地用眼睛瞪着她，并用手指着她的鼻子大骂。从那以后，莎莎只要看到妈妈就紧张，越紧张就越是出错，每当这时，妈妈都毫不留情地对她加以训斥。莎莎最后患了恐惧症，每天晚上都做噩梦，有一点儿风吹草动都紧张得不行。

莎莎的妈妈是爱她的，这一点毋庸置疑，但是她无法控制自己的情绪，常常以粗暴的打骂来发泄情绪。生活在这样的家庭中的孩子，一般是在父母阴晴不定、时好时坏的情绪中惴惴度日。父母不高兴的时候，可能毫无原因地就对他们大发雷霆，高兴的时候，又可能对他们有求必应。在这样反复无常的生活中，孩子

变得敏感多疑，时刻生活在对父母脸色的察觉之中，于是，他们最早学会的是预测父母的态度，在这个察言观色的过程中，他们也学会了犹豫，以此来观察危险信号。

妈妈在家庭生活中的行为，尤其是情绪，会对孩子的心理健康发育产生重要的影响。研究表明，妈妈在家中情绪友善平和，待人接物谦虚有礼貌，有助于孩子的心理健康发育；而如果妈妈在家里经常情绪恶劣，则会让孩子经常处于紧张和恐惧之中，对于孩子的心理发育极其不利。

从孩子的心理健康发育角度出发，父母在日常家庭生活中要特别注意情绪控制，谨防孩子因自己的不良情绪而影响正常的心理发育。尤其是妈妈，与孩子相处的时间长、事情杂，更要保持一种积极的情绪。为了孩子的心理健康发育，以下几点情绪控制特别需要妈妈注意：

1. 不要在孩子面前吵架动粗。爸爸和妈妈在孩子面前任何的吵架动粗，都会让孩子产生紧张心理和恐惧感。父母经常在孩子面前大吵大闹，会让孩子精神高度紧张，心里产生不安全的感觉。因而，妈妈必须谨记不要或尽量不要在孩子面前吵架动粗。

2. 不要在孩子面前抱怨生活或表露颓废的情绪。妈妈是孩子的最大靠山，妈妈对生活的态度直接影响孩子的生活安全感和成长信心。如果妈妈经常在孩子面前抱怨生活，或者经常表露颓废的情绪，会使孩子过早接触到社会或生活方面的压力，会让孩子心理产生不安全感。对生活怀疑或颓废的生活态度可能会因此伴随孩子的成长，会让孩子身心过早地感受到不该承受的压力。因而，特别需要提醒妈妈的是，无论你暂时遇到多大的困难和挫折，为了孩子的健康成长，请一定不要在孩子面前抱怨生活或表露颓废的情绪。

3. 不要在孩子面前责骂或批评他人。有的妈妈经常毫不避讳地在孩子面前责骂或批评他人，很多妈妈以为，孩子年幼不懂事，在他们面前责骂或批评他人对孩子没有什么影响。事实上，这不仅是一种非常不好的处事方式，更是一种有害于孩子健康成长的不良教育方式。这样的行为会让孩子对于妈妈日常的正规教育产生怀疑，也会使孩子因此学到这种不良的处事方式，会扭曲孩子的心灵，使孩子的心理健康受到极大的影响。

4. 不要在孩子面前用偏激的语气来表达对事物的看法。有的妈妈性格比较极端，对于事物的看法也比较偏激，往往会在孩子面前无所避讳地说一些过激的言语。心理专家认为，妈妈过激的言语和情绪会让孩子的心理也往偏激的方向转化，会对孩子的性格塑造和心理发育产生不良影响。因而，为了孩子的心理健康发育，不要在孩子面前用偏激的语气来表达对事物的看法。

妈妈的情绪对孩子成长的影响是深远的，只有一个情绪稳定的妈妈才能教育出一个乐观、活泼、开朗的孩子。为了孩子的明天，妈妈应该以一种良好的情绪来面对孩子。

坏情绪，不疏导，就"决堤"

王女士曾遇到过这样一件有趣的事：一天深夜，她突然接到一个孩子打来的电话，对方的第一句话就是："我烦死他们了！"

"他们是谁？"王女士问。

"他们是很多人，我的同学、老师、爸爸、妈妈。"

王女士感到突然，于是礼貌地告诉她："你打错电话了。"

但是，这个孩子好像没听见似的，继续说个不停："我学习不好，老师非常不喜欢我，同学们也都挺疏远我的，爸爸妈妈听不进去我说的话……"

尽管这中间王女士一再打断孩子的话，告诉孩子，她并不认识她，但是孩子还是坚持把自己的话说完。最后，她对这位素不相识的王女士说："阿姨，您当然不认识我，可是这些话已被我压了多时，现在我终于说了出来，我舒服多了。谢谢您，对不起，打搅您了。"

原来王女士充当了一个听筒的角色。

案例中小女孩儿的举动看似让人不能理解，实际很正常。它形象地说明了小孩子也会有很多烦恼，有很多复杂的情绪，需要有一个倾诉、宣泄情绪的地方，而且消极情绪往往是蓄之越久，越沉重压抑。

实际上，我们每个人在一生中都会产生数不清的意愿、情绪，但最终能实现、能满足的并不多。那些未能实现的意愿、未能满足的情绪如果被压制，就会产生一种心理上的能量，这种能量如果没有释放出去，自身不会有丝毫的减少。即使你在压抑、克制阶段意识不到它的存在，也只说明它从"显意识层"转移到了"潜意识层"，它对你的潜在影响依然存在，而且一直在找机会真正发泄出去。

消极情绪得不到宣泄与缓冲，不仅会影响人的心理健康，还会引起身体上的一些疾病，像高血压、心脏病、胸闷等都是由于消极情绪长期累积而致。其实只要把那些不愉快的事情说出来，心情就会感到舒畅，因此表达能起到一定的情绪安定作用。我国古代，有许多人在遭到不幸时，常常有感赋诗，这实际上也是使情绪得到正常宣泄的一种方式。

对于消极的情绪，最好的办法是疏导，而不是堵塞。因为堵塞只能是暂时的，到一定程度就会造成"决堤"，那时情况失控，就更严重了。而很多家长在孩子情绪消极时，不但没有给予关心和正确的引导，反而运用家长权威强迫孩子收拾好自己的情绪。

梅梅是个成绩优异的小学生，但有一次，她考试失常得了历史最低分80分，心情十分沮丧。回到家后，妈妈一询问，梅梅就伤心地哭着告诉妈妈，谁知妈妈当场大怒，指着她说："那你还好意思哭，居然考这么低分，不准哭了，看得我心烦，赶紧擦干眼泪回屋学习。"梅梅的眼泪被迫止住了，但是心里却永远有了一道伤痕。从此，她考试时情绪特别紧张，害怕考不好被妈妈骂，因而，考试失常的概率更大了。

坏情绪对孩子影响本来就很大，如果家长不给予理解，帮助疏导，甚至用强势手段进行"堵塞"，那孩子受到的影响将更大，后果更严重。

孩子的消极情绪是一定要宣泄出去的，但是"宣泄"不是让情绪的"洪水"到处泛滥。作家罗兰在《罗兰小语》中写道："情绪的波动对有些人可以发挥积极的作用。那是由于他们会在适当的时候发泄，也会在适当的时候控制，不使它们泛滥而淹没了别人，也不任它们淤塞而使自己崩溃。"因此，帮助孩子宣泄情绪一定要有方法，比如应告诉孩子：一有怒气就大动肝火、一有痛苦就大哭大嚎、一有冲动就蛮干一通，这些不正确的宣泄方式反而会激起新的不良情绪；宣泄一定要合理，尽量不要指责别人，而应用倾诉的方式，更容易博得别人的理解；可以将消极情绪转移到另外一些对任何人都无害的事上，比如听音乐、做运动、写日记、游玩等。

让游戏帮你塑造孩子丰富的情感

3岁的贝贝喜欢自己玩儿，她常玩儿的游戏包括过家家、打扮洋娃娃、学妈妈出门去上班等。贝贝的妈妈一开始很高兴孩子会自己玩耍，不会打扰大人。但有一次妈妈仔细观察贝贝的游戏模式，赫然发现她反复模仿和演练的竟是妈妈的日常活动：买菜、做饭、梳妆打扮、电话聊天、匆匆忙忙出门去上班等，甚至会边穿衣服边拿东西，嘴巴里还会忙不迭地喊着："来不及了！来不及了！贝贝再见！要乖……要听话……"

孩子惟妙惟肖的动作、表情，令平时忙碌的妈妈哑然失笑，孩子竟然从游戏中体验到照顾他人、安排事情的乐趣。

想要让孩子有更多的情感体验，就需要抽出时间来陪孩子一起玩儿游戏。妈妈可以在家中模仿幼儿园的教学模式，设置一些特殊的"游戏角落"，布置玩具。玩具不一定要有多精巧多高科技，家中安全的废弃物也完全可以利用起来，比如大纸箱、旧布、坏掉的门把手，都可以变成孩子的宝贝，在孩子的游戏中变身成各种各样的角色，创造出各种不可思议的效果来。例如：纸箱变城堡、火车，旧布变云彩、巫婆斗篷，门把手变喇叭、假鼻子……孩子的想象力一旦被开启，往往连大人都望尘莫及。在玩的过程中，不但孩子的动手能力会得到很大的提高，他对感情的理解也会越来越丰富、深刻。

　　游戏，除了交流感情，还有一个重要功能，那就是培养孩子的健康心理。游戏的功能不在于让孩子知道多少知识，那是课堂上应该完成的事情，家庭游戏的重要作用在于，让孩子有丰富的情感体验，如快乐、幸福、激动、紧张、恐惧、同情、宽容等，也就是在模拟的世界中成长，逐渐塑造出丰富、成熟的不同情感特点。

　　另外，户外活动对孩子来说，也是必不可少的。孩子是属于大自然的，在美丽的自然中游戏会让孩子感触到壮阔、沉静、真实等在家中无法体会的情感。

　　多让孩子和其他人接触，多让孩子和其他人玩儿游戏，也是培养孩子丰富情感的好方法。

　　多种方式综合运用，孩子的情感心理会有很大的进步，这就需要妈妈看到这种进步，正确地理解孩子体验情感、表达感情的方式。例如，陪孩子玩耍，除了创造多元机会与空间，更应确切掌握幼儿的听觉与理解特性。许多妈妈会用"大人"的角度，和"小孩儿"互动，间接或直接安排或命令孩子怎么做、怎么玩儿、玩儿什么。其实小孩儿就是小孩儿，并不是"小大人"，他们是独立的个体，也拥有自己的想法，像是一个隐藏的"神秘宝盒"，我们只能逐步开启和循序渐进地引导，不能掌控。

一味争强好胜的孩子，情感并不健康，不能坦然面对失败的孩子日后也会因此承受更多压力和痛苦。想让孩子成为出色的人，妈妈首先要让他成为情感健康的人；要想让孩子拥有宽阔的心胸和坚强的意志，妈妈就需要从转变游戏态度开始。

有天赋的儿童更需要情商培养教育

15 岁的美国中学生杨格在 10 年级还没有结束就已经自学完高中所有的数学与科学课程。他决定提前申请大学，而且是申请美国一流的大学。没有想到的是，杨格竟然会连中三元，美国最顶尖的三所学校哈佛、麻省理工和加州理工同时看中了他。

不管天赋如何，15 岁的杨格毕竟还是个孩子。如果杨格决定当年就进入大学读书，就会出现一个很有趣的难题：因为他没有修完高中毕业所需要的学分，所以无法获得高中毕业文凭，但是在 4 年之后他可以得到美国一流大学的毕业文凭。不过杨格想延后一年进入大学，先把高中毕业证书拿到手。至于选择哪一所大学，杨格自己也拿不定主意，他甚至孩子气地说，如果实在无法抉择，那就会用扔硬币来决定。

杨格的妈妈是一位普通的办公室文员，一名普普通通的美国女性。她对于儿子能被哈佛大学录取，心理自然也是满欢喜的，但她没有显得很骄傲，也没有觉得自己高人一等。这位"神童"妈妈说了一句令人深思的话："这个孩子好奇心很强烈，冲劲儿也很足。我唯一担心的是，他好像不明白一生中青少年时期只有一次，将来还有很多时间慢慢成长，我希望他早日了解这一点。"

这位美国妈妈讲述的是一个成长中很深奥的道理，那就是不论一个人如何有才华，在他的少年时代心理素质依然脆弱。什么才是妈妈不应该忽略的子女教育呢？那就是孩子的心理建设。孩子的心理建设非常重要，会影响他的一生。在现实的生活中，有更多的早慧儿童长大后不是笑傲天下，而是一无所成且非常压抑。因为聪明的孩子往往被同伴孤立，或者是对过于简单的学业不屑一顾，结果他们的辍学率竟和普通的学生是一样的。对于聪明的孩子，培养出健康的心理更重要。所以这位美国妈妈不怕孩子没机会读大学，而是更注重让孩子在青春期有充分的体验并培养出健康的心理。

曾经有一位华裔妈妈谈到他14岁的孩子上大学的故事。这位妈妈是个过来人，她很有感触地提到，孩子从中学跳级到了大学之后，要立即面对大学课程，同学又都比他大3岁或者4岁，想法都差了一截，除了讨论课程之外，根本难以沟通，无法交往。孩子感觉自己无法享受到多姿多彩的大学生活，最终只得辍学在家。

研究表明，早慧儿童大多也会被同样的烦恼困扰，波士顿大学的心理学教授艾伦·文纳在他的著作《天才儿童：神话与现实》一书中说到了早慧儿童必然要面临一个残酷的事实："在一个个人魅力和性格更能决定失败的世界，他们的考试成绩不再重要。新的认识可能会让人感到措手不及。"

被广泛引用的例子是在20世纪的20年代，美国的心理学家特曼曾经做过的一项大规模的研究。他首先使用智力测验来鉴别超常儿童。通过测试，他筛选出了 1200 个超常儿童，在美国政府的支持下为他们提供了最好的教育条件，给他们提供尽可能多的知识积累，进行精心培养，希望他们中间将来会出现像爱因斯坦那样伟大的人物。50 年后，特曼的追随者们寻找到了其中的 800 人，调查的结果表明，在他们中间，大师级的科学家并不多见，对国家有杰出贡献的一组人，是具有坚强的意志品质和良好人格特征的人。

"情商"看起来和成功密切相关。美国儿童心理和行为矫治专家们的一系列新研究已经证实，正是"神童"的超常智力，有可能成为他们在社交生活中意想不到的一大障碍，尽管他们的智商很高，但"情商"未必一定高，心理上也远未发展到成熟的阶段。

14 岁的美国人罗伯特·枚瑟是人们所说的"超级天才"，他在穿着尿片的时候就和母亲在超市里讨论应该买什么牌子的衣物柔顺剂，他躺在摇篮里的时候就已经思考转世轮回的问题，可是他有的时候却对自己的天赋充满着诅咒，因为巨大的天赋往往伴随着巨大的期望。再加上媒体的大肆追捧，使得他畏惧失败，在沉重的外界压力之下，产生了心理疾病。

那么，什么样的教育对儿童才是最好的呢？

美国加州的一个教育理念被越来越多的人认同，它的特点是，从与社会隔绝的"精英教育"转向根植社会，从重视孩子单方面的才能转向多种能力的均衡培养，从只重视学习成绩转向重视孩子的社会情感需求。其实，无论是什么样的孩子，教育都不仅仅是单方面的智力培养，而应该是全方位的发展和培养，尤其是人格和情商的培养。

轻松
教育

班耀友————

编著

读懂
孩子的心

吉林出版集团股份有限公司
全国百佳图书出版单位

图书在版编目（CIP）数据

轻松教育. 读懂孩子的心 / 班耀友编著 . —— 长春：
吉林出版集团股份有限公司 , 2020.8

ISBN 978-7-5581-9008-7

Ⅰ .①轻… Ⅱ .①班… Ⅲ .①家庭教育 Ⅳ .① G78

中国版本图书馆 CIP 数据核字 (2020) 第 140023 号

前　言

　　在当前的很多家庭里，都明显存在着不对称的两极：一方面，父母总是抱怨孩子很不听话，越来越不服从管教；另一方面，则是不少孩子经常抱怨父母管得严、爱唠叨，觉得自己过得累，很不自由。一场希望孩子听话的父母和不听话的孩子之间的较量在无数的家庭中不断上演，严重影响了亲子之间和谐关系的建立和家庭教育的效果。

　　那么，究竟是什么原因导致了这种情况的发生？孩子不听话的真正原因究竟是什么？父母又该如何应对和改变孩子不听话的现状呢？其实，想要解决这些问题，父母就应从反省和改变自身做起，先学会怎么跟孩子说话，多学习跟孩子交流和沟通的技巧。

　　提起说话，不少父母会不屑一顾，这不就是我们大多数人在幼年时期已经掌握的一项技能吗？谁不会啊！可事实真的如此吗？其实未必。很多父母经常苦口婆心地教育孩子，对孩子说的话很多，可未必真的懂得说话，而且亲子间很多矛盾的引发，正是源于父母不正确的说话方式和教育方式。

　　请看下面的事例：

　　一天放学后，小悦因为沉迷于看喜欢的电视剧而忘记了写作业，妈妈看到这一情景，就严厉地对女儿说："还不去写作业，整天就知道看电视，这么大的人了，一点儿都不懂事，这样下去，你以后就没有前途了！"

小悦对妈妈这种命令的语气很不满意，而且也早已习惯了妈妈的数落和唠叨，就说："你整天就知道这样教训人，我听着都烦，我现在就是不想做作业！"

见女儿不服管教，妈妈恼火了："我说的你就是不听是吧？你不想学习以后就别上学了！真是的，我以前像你这么大的时候，已经算得上家中半根顶梁柱了！今天我不好好管管你，你就不知道谁是家长了！"说完，妈妈打了小悦一巴掌，小悦气愤地跑出了家门。

另一个家庭里，同样是女儿没有做完作业就在看电视，爸爸想要提醒她先写作业，于是温和地对她说："宝贝，这个电视节目很好看吧？你放学这么久了一直盯着看呢？"

"是的，爸爸，很好看。"女儿答道。

"电视节目是好看，爸爸也很喜欢看呢！可总是这样长时间地看电视，视力会下降的，到时就得跟爸爸一样戴眼镜了，没有眼镜还总是看不清东西，感觉真不方便。何况，你今天的作业还没完成呢，待会儿时间晚了，作业做不完，明天该挨老师批评了，这周的'全优'也可能拿不到了！爸爸知道你是个好孩子，老师也总夸你在学校表现好，潜力大，要是不好好学，不仅大家会有些失望，你的潜力也会被埋没了！"

女儿知道爸爸在催促自己写作业，而且也觉得爸爸说得十分有道理，于是说："爸爸，我知道了，我再看10分钟就去写作业！"时间一到，女儿马上乖乖地写作业去了。

同样是要求女儿放学后要先写作业，可由于两位家长采用了不同的说话方式，结果大相径庭。由此可见，在家庭教育中，父母掌握正确的说话方式和教育技巧的确是非常重要的。

世界上没有教育不好的孩子，只有不会教育的父母，而想要教育好孩子，最重要的就是与孩子有一个良好的"对话交流"，运用好语言这一媒介。家庭教育的效果并不取决于父母说了多少话，而在于能否将话说到孩子的心里，使孩子能心悦诚服地接受和遵守。要做到这点，就需要父母学会和运用有效得当的说话方式，反之，即使家长说得再多，也只是对牛弹琴，徒劳一场。因此，每个家长都应该学些说话之道。

本书从这一思路出发，紧密结合当前父母在教育孩子的过程中经常遇到的问题和困惑，从孩子不听话的原因讲起，逐步深入，结合具体情境下孩子的表现，解析其不听话背后的心理状态和父母不同说话方式导致的差异性结果。书中既有贴合实际的亲子对话情景再现，又有鞭辟入里的说理分析，以及不少实用性和操作性较强的意见和建议，还有生动活泼的说话演练示范，以帮助父母掌握与孩子说话和沟通的最佳技巧，加深亲子关系。

教育好孩子并不能一蹴而就。伴随着孩子的成长，父母也需要在这个过程中不断学习、不断充实和完善自己，始终保持一颗积极向上的心。唯有这样，才能真正做好父母，教育出好孩子。

目 录

第一章

孩子不听话，源于父母不会说话

"父母都是爱你的"——不要以爱的名义束缚孩子

"妈妈，这件衣服脏了，我拿去洗洗。"

"别，你先放着吧，待会儿妈妈帮你洗，别累坏了，宝贝……"

"妈妈，周末我们几个同学想一起去郊游。"

"啊，又不是班集体的活动，不安全，我不放心啊。而且，你明天还要上兴趣班呢！"

"你这也不让，那也不让，就只知道让我学习啊学习，我到底还有没有自由啊？"

"这话怎么说的？我们这么做不都是因为爱你、关心你吗？"

乐乐是小学五年级的学生，因为是家中的独生女，父母不仅对她呵护备至，还对她寄予了厚望。平时，妈妈包办了她生活中的所有大小事务，只要求她专心学习。乐乐想自己洗衣服，妈妈怕她累着；乐乐想自己端饭，妈妈怕她烫着；乐乐想出去玩会儿，妈妈怕她会遇到危险……在学习上，妈妈对她的要求特别严格，考虑到乐乐的数学成绩较差，妈妈每个周末都会给她请数学家教，还帮她报了作文兴趣班、英语口语班。当乐乐表现出不满时，妈妈总是口口声声地说："这一切都是因为父母爱你、关心你！"然而，乐乐并没有因为妈妈的爱而变得开心，反而觉得妈妈剥夺了自己成长的机会，限制了自己的自由，自己已经完全处于妈妈的控制下，妈妈所谓的"爱"也已经让自己不堪重负。

【有话要说】

现在的孩子多是独生子女，都是家长小心呵护的宝贝。家长总是认为爱孩子就应该为孩子做好所有的事情，就应该帮助他们成龙成凤，于是，在"爱"的名义下，孩子本来力所能及的一些事情被家长代劳了，爱玩的天性被束缚了，自由空间也被占据了。

家长本以为自己无私的爱能保证孩子幸福健康地成长，但是孩子并不会因此而心怀感激，反而认为家长束缚了自己的自由，从而引发不快和矛盾，影响了亲子关系的和谐。像文中的乐乐就是如此，妈妈无微不至地照顾她的生活是为了表达关爱，可在她看来，这却阻碍了她动手能力的培养；妈妈关心她的学习本也是出于关爱，可在她看来，这却剥夺了她的自由，限制了她潜能的施展。

爱孩子是人之常情，但是在爱孩子的过程中，要讲究原则，把握尺度。家长的爱与付出，孩子未必能全部领会，家长和孩子看问题的方式也不尽相同，所以聪明的家长应该学会站在孩子的角度考虑问题，充分尊重和理解孩子的想法，不要因为心中有爱就对孩子过度约束。要知道，爱得多不如爱得对，真正的爱应该是孩子成长道路上的不竭动力，而不能成为孩子前进的阻碍，要做到如此，家长应该调整好"爱"的尺度：首先，关爱孩子的目的应该是帮助孩子健康而快乐地成长；其次，对孩子的爱应该建立在尊重和友善的基础上，要尊重孩子的天性，重视孩子的自主权；再次，爱孩子就更应该给孩子以适度的时间和空间，让孩子根据自己的意愿和兴趣爱好，自由地进行学习和探索，并在必要的时候给予帮助和约束，只有这样，孩子才能有效地学会遵守生活和社会规范，培养良好品质和优秀能力。

因此，要成为一个好家长，就不要以爱的名义约束孩子，而要让孩子在爱中既得到情感的满足，又获得激励前进的动力。

【说话演练场】

正在读初一的欣欣周末想要跟同学一起外出郊游，可爸爸已经帮她约了周末去一位书法老师家见面，商谈学习书法的事情。

"爸爸，我们几个同学约好周六去郊游。"

"你忘了我已经帮你约好一位书法老师了吗，第一次见面不能失信吧？"

"我也觉得不能失信，我已经跟同学商量好了，我们只是周六上午去，下午就回来了。"

面对这种场景，你可能会这么对孩子说：

"不行，绝对不可以，你怎么能这么贪玩呢？"

会"说话"的父母却会这样说：

"好吧，幸好上次书法老师只说是周末让咱们再联系，我待会儿给老师打个电话，约周日早上吧。不过，你们几个人外出，一定要多加小心，记得早点儿回来！父母都很担心你们的安全啊。"

"随便你了"——切忌对孩子不闻不问，放任自流

余涛的父母平时工作都比较忙，抽不出什么时间照顾和关心孩子，所以余涛从小到大的多数时间都是跟着爷爷奶奶一起过。由于爷爷奶奶对他有些溺爱，他渐渐地就养成了一些坏习惯，如

比较自私、任性、懒惰等。

一天，余涛的爸爸出差后回家看孩子，看到余涛正在家里对着奶奶发脾气，他一边儿扯着奶奶的头发，一边儿还对奶奶说着很不礼貌的话，爸爸大声呵斥道："余涛，奶奶平时对你那么好，你怎么能这么对奶奶呢？"

"不用你管，反正你平时都不怎么管我，现在管我做什么！"余涛理直气壮地说。

"我是你爸爸，我怎么就没有资格管你！"爸爸十分生气。

"你还知道是我爸爸，那你平时怎么什么都不管我，别人都有爸爸辅导功课，可我没有；别人受了委屈时可以找爸爸哭诉，可我不能……"孩子越说越委屈，居然哇哇大哭起来。爸爸一时手足无措，愣在了一旁。

【有话要说】

当前，一些父母鉴于严格管教孩子的弊端，主张让孩子顺其自然地成长。实际上，这种观念也是有偏颇的，对孩子管得太严极易使孩子反感和产生逆反心理，而对孩子不闻不问、放任自流则不能很好地引导和教育孩子，而且这种教育方式的危害更甚于前者。

很多人认为"树大自然直"，对孩子的行为放任自流的父母实际上是忽视了孩子成长的特点及这个过程中环境因素的重要影响。在最初的时候，孩子本身就像一张白纸，后天的教育和环境对于孩子的个性形成和发展、思想观念和道德品质培养等有深远影响。

孩子的思考力、判断力等各方面能力都是不怎么成熟的，思想观念缺乏规范，很容易受到外界环境的诱惑和影响。如果他们"顺其自然"成长在一个良好的环境中，自然是件好事，但如果孩子成长的环境没那么良好，或者身处一个恶劣的环境之中，他们就很容易受到不好的影响，染上一些坏习惯。现如今，科学技术高速发展，社会日益复杂，青少年获取信息的渠道、方式等都有了很大的变化，青少年面临的诱惑也更多了，如果不好好引导和教育孩子，孩子偏离正确人生轨迹的机会也大很多。

因此，要想帮助孩子健康成长，父母还是应该进行适当的干预和引导，切忌对孩子不闻不问，放任自流。但在管教孩子的时候，父母应该需要掌握两个要点：

首先，父母应该掌握好分寸和尺度，切不可管得太严或者放任自流。正确的教育方式是使得家庭教育顺利进行的重要基础，父母只有先掌握好管教的分寸和尺度，既关心和爱护孩子，但又不过分限制孩子，不约束或缩小孩子自由发展的空间，积极为孩子创造愉快轻松的环境，孩子才能健康成长。

其次，父母应该随时做好孩子的榜样，在教育孩子之前先纠正自己的不良行为。家庭是孩子接受教育的第一课堂，父母就是孩子最初的老师，只有父母先做好示范，孩子才会有样学样，接受好的影响。当父母自己行为不端时，孩子也会出于模仿而做出不好的行为。所以，想教育好孩子，父母先要以身作则，纠正自己的不良行为。

在教育孩子的过程中，父母会遇到很多问题，但只要父母心中有爱，坚持正确的教育方式，就总能教好孩子。

【说话演练场】

张良的父母一直相信"树大自然直"，认为在孩子的成长中，父母应该为孩子营造一个宽松自在的环境，加上两人平时的工作就比较忙，所以他们在很多事情上都给了孩子充分的自由，很少关心和过问孩子的行为。

有一天晚上，张良很晚才回家，爸爸已经在家等了很久，看到他回来了，便问："儿子，你今天去哪里了，怎么这么晚回来啊？"

"爸爸，你平时不是说要给我充分的自由吗？怎么管起我来了？"

"爸爸这不是担心你吗？"

"别，我不需要这样的关心，你还是习惯不管我吧，这样我就能总干自己喜欢的事情，每天和自己喜欢的人玩了。"

面对这种场景，你可能会这么对孩子说：

"唉，随便你了！"

会"说话"的父母却会这样说：

"父母说要给你自由，并不意味着我们会对你不闻不问，放任自流啊，更不是说你可以随意做不好的事情。我们平时是相信你、尊重你才会那样，你可别理解错了。对于你的行为，我们还是会严加管教的！"

"你必须马上去做"——命令只会让孩子反感

"琳琳，你怎么还在磨蹭啊，你必须赶快起床了，否则我们两个都得迟到，我可没有时间等你。"

"快点儿，马上把牛奶喝了，然后背上书包，咱们马上出发。"

"琳琳，快点儿去帮妈妈倒杯水。"

"去，帮妈妈拿把椅子过来。你还在干什么，妈妈的话没听到啊？快点儿！"

"都放学这么久了还不写作业，快去先完成作业，之后才能出去玩。"

......

琳琳的妈妈是一个家长制意识比较浓厚的母亲，只要她在家，每天都会对琳琳发号施令，她认为对于孩子的教育应该从小抓起，任何时候都不能松懈，所以在平时教育孩子时应该体现出家长的威严。正因如此，妈妈经常以命令的口吻对琳琳说话，最常说的就是"你必须马上去做""你绝不能这样做"等，殊不知，对于她的这种说话方式，琳琳已经非常反感了，她讨厌妈妈总用这种命令的方式让她做事，为此经常表现出反感和叛逆的情绪，总喜欢跟妈妈"对着干"。

【有话要说】

不少父母喜欢根据自己的意愿安排孩子的行动，动辄发号施令或是斥责孩子，这实际上是非常不好的。孩子虽然还小，但也有自己的独立思想和感情，他们更希望按照自己的意愿做事，在他们看来，父母命令式的说话方式，不仅是家长权威的流露，也是双方地位不平等的表现，所以在家庭中，父母发号施令的说话方式不仅无法令孩子信服，还很容易激起孩子的叛逆情绪。当面对家长的命令时，孩子有时候会不得已而去执行，但更多的时候则会表现出反感和反抗的情绪。因此，家长如果想让孩子愉快地接受自己的教育，或者让孩子帮忙做一些力所能及的事情，应该避免对孩子发号施令。

教育孩子是要讲究技巧的，而要孩子乖乖听话、服从教育，更需要父母动用智慧。具体来说，在家庭教育中，有这样一些技巧是父母必须努力掌握的：

首先，在生活中，父母如果要求孩子做某事或者快点儿行动时，可以试着改变命令式的口吻，而改用商量式的口气。因为不管在什么条件下，命令在他人看来都是不平等的，而商量的口气则会让孩子感受到平等和尊重，才更有利于拉近父母与孩子间的距离，也只有这样，孩子才更容易接受父母的教导，按照父母的要求做事。

其次，父母在避免发号施令的同时还可以采用一些灵活的说话方式来增强教育和说话的效果，如父母在要求孩子做事情的时候可以通过讲道理、表扬、鼓励等方式让孩子体会到行动的价值；父母在希望孩子立即行动时可以采用激将法、游戏比赛的方式来激励孩子的行为等。

但在这个过程中，父母应该注意，凡事学会与孩子商量，学会尊重和理解孩子，并不意味着父母就应该放弃管教的责任，纵容孩子的不良行为。

【说话演练场】

火火是个十分爱睡懒觉的孩子，每天早上闹钟响了好几遍，他仍然不愿意起床，妈妈因为担心他上学迟到而不得不一次又一次地到他的房间催促他，可尽管如此，他仍然赖在床上不起。

"火火，快点儿起床了，你的闹钟已经响了，再不起来今天又要迟到了！"

"火火，怎么还不起来啊，你看都几点了，你必须马上起来了……"

"嗯，马上。"见妈妈已经叫了好几遍，火火只得答应道，可说完之后，他按停闹钟，仍然赖在床上不愿意起来。

面对这种场景，你可能会这么对孩子说：

"你必须马上起来了，马上穿衣服，然后去洗脸刷牙，之后再把桌上的牛奶喝了，必须马上这样做，快点儿！"

会"说话"的父母却会这样说：

"小懒虫，再不起来就真要迟到了，妈妈已经准备好要去上班了，你起得太晚我可不等你了，到时你就自己去学校吧。在学校，迟到了会影响班级荣誉的吧？老师免不了会批评你，同学们可能会笑话你，你今年得优秀的目标也有可能会受到一些影响……"

"有本事每次都拿第一"——请调准你的期望值

"妈妈，我这次语文考了98分，是全班第一名。"正读小学五年级的通通放学之后还没进家门，便迫不及待地从书包里拿出试卷，进屋之后冲着妈妈大声地喊着。

妈妈此时正在做家务，听到孩子的话并没有表现出十分兴奋，她淡淡地说："考一次第一有什么了不起，有本事每次都拿第一。"在看完试卷之后，妈妈指着通通写错的地方说："你看看，这么简单还出错了，怎么这么不细心啊？而且，你这次考试的卷面也不整洁，在毕业考试时会扣分的。"

紧接着，妈妈又展开了进一步的教育。听着妈妈的教导，通通原本喜悦的心情一扫而光，代之以沮丧的情绪，她觉得妈妈实在是太扫兴了，而且对自己的要求过于严苛。

其实，妈妈在心里也为女儿这次的成绩而感到骄傲，但为了勉励孩子，她每次总是会不自觉地以更高、更严格的标准要求孩子，希望以这种方式激励孩子不断进步，谁知效果却适得其反。此后，通通取得了好成绩之后便不再跟妈妈分享，而且学习热情锐减。

【有话要说】

每一个人都不是完美的，父母是这样，孩子也是这样。忽视孩子身上的优点和已经取得的成绩而对孩子提出过高的要求，过分追求完美，实际上是不现实的，也是很容易激发亲子间矛盾的。通通妈妈关心孩子的成长，希望其不断进步的出发点是好的，但由于她没有调整好自己的期望值，只看到了孩子的缺陷和不足，却没有意识到孩子已经取得的成绩，也没有及时给予表扬和奖励，结果打击了通通的学习热情。

现实生活中，很多家长都对孩子有着较高的要求和期望，希望孩子能多"拿第一"，并且最好"每次都能拿第一"，尽管孩子已经做得很好了，可家长却只看到了孩子的错误和瑕疵，这无异于"鸡蛋里挑骨头"。

父母如果总是忽视孩子身上的优点，而无限放大孩子的缺点，动不动就指责孩子的小毛病，并时常表达出对孩子的不满，就很有可能会使孩子的积极性受到打击，在各方面都表现得十分不自信。

因此，为了杜绝这些情况的发生，父母要随时注意调整自己的期待值，不能"鸡蛋里挑骨头"。首先，父母应该学会接受孩子成长中的不完美的现实，以正确的心态教育、培养孩子，而不能对孩子过分施压；其次，父母需要根据孩子的表现和成长阶段调整自己的期待值，多看到孩子的优点和进步之处，多采用表扬和鼓励的方式激励孩子，少在孩子的缺点上斤斤计较，从而促进孩子健全人格的形成和发展。

孩子的成长和进步，不仅需要自身付出努力，也需要父母的帮助和激励，好父母才能教出好孩子，所有的父母一定要记住这点，在教育孩子时根据孩子的特点和具体情况适时调整自己的期望值，帮助孩子茁壮成长。

【说话演练场】

小乐今年刚读初三，因为在学习上态度认真，刻苦用功，他的成绩已经由原来的 20 名左右上升到前 10 名，而且在前不久的语文竞赛中，他还得了年级一等奖，他为自己的进步感到十分高兴，也很希望能和父母分享自己的喜悦。

"爸爸，我在这次的语文竞赛中得了年级一等奖，全班就我一个人，看看，这本漂亮的笔记本就是我得到的奖励。"一回到家，他就眉飞色舞地跟爸爸说。

面对这种场景，你可能会这么对孩子说：

"怎么，都高兴得找不到北了啊？这次得第一并不代表什么，只有每次都拿第一才能说明你真正的水平。谦虚一点儿，继续努力。"

会"说话"的父母却会这样说：

"爸爸真为你感到高兴，能取得这样的成绩你一定费了不少苦心吧，这段时间你的确是进步了，也懂事了很多。快，拿你的胜利品给爸爸看看，待会儿也让你妈妈高兴高兴。"

"就没发现你有优点"——说话片面的父母应该多反省

"早就跟你说要好好学习，在学校要遵守纪律，要表现得好些，你总是不服管教，害得我每次家长会都出丑。"小名的爸爸刚开完家长会，在路上就忍不住地数落起自己的孩子来。

"可是，我又不是故意的，老师讲课我经常听不懂，而且班里那些调皮的同学总是喜欢来招惹我……"

"唉，我怎么会摊上你这么个一无是处的孩子呢？学习不好，又很懒惰，不爱劳动，让你做的事情没有一件能做得令我满意，还经常惹祸，为了你，我不知赔了多少次笑脸，挨了多少次批评！"还没等小名说完，爸爸又继续开始数落起他的缺点来。

尽管小名心中很不服气，也十分想为自己辩解一下，但他始终忍着，只是低着头默默地听着，因为他知道只要自己开口，又会招来"还喜欢和父母顶嘴"的数落。而且，由于经常被爸爸这样数落，小名已经习惯了，他觉得在爸爸的眼里，自己就是个"一无是处"的人，也就因此放弃了努力改变的想法，处在了一种"破罐子破摔"的状态。

【有话要说】

在生活中，像小名爸爸一样的父母并不少见，由于对孩子抱有太高的期望，或是孩子的表现的确不尽如人意，他们在"恨铁不成钢"情绪的作用下，就有可能看不到孩子的优点，满脑子都是孩子的缺点，并对孩子的这些不足表现出非常不满的情绪，从而片面地认为自家的孩子没有什么优点。

父母只看到孩子的缺点，而忽视孩子优点的做法对于教育孩子改正缺点、不断进步是丝毫没有好处的，相反还会毁掉孩子的自信，浇灭孩子的热情，让孩子的情况变得越来越糟。想要帮助孩子全面发展，不断进步，父母应该先抛掉自己看问题和说话片面的毛病，学会正确地看待孩子，只有父母先端正态度，树立正确的观念，才不至于使得教育偏离正确的方向。在这点上，父母起码应该做到以下两点：

首先，父母应该知道，每个人都有优点和缺点，谁都会犯这样那样的错误，更何况是孩子，所以，在孩子成长的过程中，犯错是不可避免的，甚至可以说，正是在不断犯错、不断改进的过程中，孩子才能逐渐成长。身为父母，应该正确地对待孩子在不同成长阶段表现出来的缺点，对孩子做出准确而全面的评价，引导孩子不断改进，不断走向成熟，而不能以片面的言论打击孩子的自信。

其次，对待缺点较多的孩子，父母应该给予更多的关心和爱护，更要悉心教育、积极引导。比如，父母在意识到孩子缺点的前提下，可以多想想孩子的优点，在批评孩子时也不忘及时对其良好的表现进行表扬和鼓励；父母需要对孩子进行全面而合理的评价，要学会管好自己的嘴巴，切忌说"你根本就没有优点""你彻底没救了"之类严重伤害孩子自尊心的话。

学会正确地看待和评估孩子的行为是保证父母与孩子之间沟通顺畅的前提，那些平时总习惯戴着有色眼镜看孩子，喜欢主观臆断、说话片面的父母的确应该多检讨和反思自己的行为，并且及时改正。

【说话演练场】

"妈妈，我不想上学了。"一天放学后，小方对妈妈说。

"为什么这样说呢？你以前不是觉得上学很有意思的吗？"

听到刚才小方的话，妈妈有些诧异。

"老师、同学都不喜欢我，尤其是数学老师，经常批评我，今天还说我真是笨到家了，什么优点都没有，课后同学们都因为这个笑话我，我很伤心。而且，上次我做错事情的时候，你也跟我说，我是个没用的孩子，既然这样，我为什么还要上学？"

面对这种场景，你可能会这么对孩子说：

"谁叫你的表现那么差了呢？如果你表现得好点儿，谁会那么说你？"

会"说话"的父母却会这样说：

"其实老师和妈妈上次说你'没有用处'的说法是错误的，我们都应该反省。尽管你身上还有很多不足，但总体来说你是个好孩子，如果你能好好发现自身的闪光点，并改正缺点，肯定会受到大家的欢迎。"

"为了你，我牺牲了多少"
——别总把对孩子的付出挂在嘴边

"每次都把我的话当成耳旁风，这些年来为了能给你创造良好的物质条件，我和你爸爸每天辛辛苦苦地工作，有什么好的东西都留给你，你怎么还这么不思进取呢？"在听完家长会上老师对小明学习表现的总结后，小明的妈妈再也忍不住了，刚进家门就这样大声地训斥小明。

"我……其实我已经尽力了，平时也没怎么偷懒，可那天考试的时候我感冒头疼，所以没考好……"

"还在找借口，要是你好好学怎么会这样，你就是不争气，只顾着玩。我真是命苦啊，为了你，我不知牺牲了多少。在你小的时候，为了照顾好你，我连工作都辞了；为了能让你进入好的小学、中学读书，我和你爸爸不知费了多少心……"妈妈絮絮叨叨地一直说个不停。其实这些话小明已经听过许多次了，刚开始时他总会觉得父母很伟大，可久而久之，这些话他都听腻了。而且，他觉得妈妈在自己失败时总是絮叨着她自己的付出与牺牲，却不想想别人的感受和付出，实在是不应该。

【有话要说】

一切为了孩子，只要孩子过得安逸幸福，自己付出多少都无所谓，这是很多父母都抱有的想法，同时，为了让孩子理解自己的苦心，明白父母付出的价值，一些父母常常会把自己多年来的牺牲挂在嘴边。然而，在现实生活中，父母无止境地付出真的就能让孩子生活得好了吗？父母常把自己的辛苦和牺牲挂在嘴边，孩子就能理解了吗？其实未必，或许还有可能适得其反。

可怜天下父母心，谁不希望自己的孩子生活得好呢？许多父母省吃俭用，把所有的钱都存下来用于儿女的教育、成长投资等。可是，父母为了子女牺牲一切的做法却未必能得到子女的理解和认同，父母常将付出挂在嘴边的做法也常常会引起孩子的反感，这其实是因为父母的付出与对孩子的期望是不能等同的。

教育家马卡连柯说："一切都给孩子，牺牲一切，甚至牺牲自己的幸福，这是父母给孩子的最可怕的礼物。"的确，多为孩子付出可以为孩子创造良好的生活环境和学习环境，但是无条件地付出和总把付出挂嘴边的做法却是很不恰当的，无条件地付出会让孩子觉得父母的付出是"理所当然"的，从而将父母的艰辛和牺牲全不放在心上。而且，总诉说自己的付出会让孩子觉得自己的付出是要求回报的，这不仅与父母之爱的本质是相悖的，说多了还会给孩子造成心理压力。另外，父母不是万能的，也希望孩子明白自己的苦心，也会因为孩子的不解而感到压抑和遗憾，这样当父母付出与孩子反应出现了较大差异时，也会给父母的心理和情绪造成不良的影响。在教育孩子的过程中，父母应该全方位、多角度地进行培养，不仅要关心孩子的成长环境，更应该关注孩子内心精神家园的建设，给孩子的心灵以阳光。

首先，父母要成为孩子人生的引导者和生活的榜样，要鼓励孩子自主成才。要知道，无条件地为孩子付出，给孩子足够的经济支持，不见得就是为孩子成才上了"保险"，孩子成才的关键还是要靠自己，因而父母为孩子付出需要有限度、有针对性。

其次，父母需要用自身价值鼓舞孩子，以自己的行为激励孩子，而不是总停留于说教。父母应该有自己的人生目标和价值观，并为此而不懈努力，在关怀孩子的同时也不忽视自己的事业和进步，这才是做孩子最好的榜样。

孩子都是在模仿中成长的，如果父母想要帮助孩子更好、更健康地成长就应该掌握好付出的"度"，要注重榜样的建立和心灵的引导，而不能以为什么都只是挂在嘴边就可以了。

【说话演练场】

小艾的妈妈是市里一所学校的语文老师，不久前她本来可以得到一次出国学习深造的机会，可当时小艾正处于小学升初中的关键时期，为了能照料小艾的学习和生活，妈妈毅然放弃了这次事业发展的良好机会。虽然妈妈也觉得有些遗憾，但想想孩子，她还是很知足的，可小艾并不理解妈妈的苦心，觉得妈妈是想一直留在家中监督自己。

"小艾，你在学校要好好学习，不要总是惦记着玩。"每天上学之前妈妈总要这样交代小艾。

"小艾，别忘了写作业，先温习好功课再出去玩吧。"妈妈回到家常常会这样叮嘱小艾。

"妈妈，你真烦，每天都要把学习挂在嘴边，我自己有分寸的。早知道你会这样，当初还不如直接找你们领导，一定要让你出国呢！"

面对这种场景，你可能会这么对孩子说：

"你这孩子，怎么能这么说话呢，妈妈还不是为了你。这些年来，为了你，我不知牺牲了多少！"

会"说话"的父母却会这样说：

"妈妈每天叮嘱你也是为了让你不忘学习啊，也许有时是有点儿啰唆。当初妈妈选择留在家里还不是因为舍不得你，想看着你一天天成长吗？我的乖女儿，你健康成长，妈妈就很开心了。"

第二章

善于沟通，打开孩子的心灵密码

"我们可以像朋友一样谈谈吗"
——用语言架起平等的桥梁

　　袁宁的父母都是工程师，平时的工作非常忙，对于袁宁的关心比较少。袁宁小时候很听话，可自从进入青春期之后，他似乎一下子变得叛逆起来，经常跟父母"对着干"。一天晚上，母子间的冲突又开始了。

　　"我已经跟你说过很多遍了，不要整天只知道吃喝玩乐，你怎么能这么不听话呢？"

　　"怎么了？我不就是提前把一个星期的零花钱用了吗？反正咱家不缺钱。"

　　"你这孩子，真不懂事！"

　　"我也想懂事啊，可你和爸爸整天就知道工作赚钱，有多少时间真正关心过我？你们就知道为我规划生活和未来，有问过我的感受和烦恼吗？你们什么时候坐下来跟我平等地交流过？你们什么都不知道，你们就知道工作！你们根本就不关心我！"

　　说完这些，袁宁飞快地冲进了自己的房间，重重地关上了房门，只留下愣在一旁的妈妈。

　　妈妈原来一直觉得袁宁近期的表现是因为他还不懂事，可现在却意识到，原来孩子所需要的并不仅仅是优裕的物质条件，更需要父母的关心和平等对待，而自己已经很久没有像朋友一样与孩子坐下来聊天了，不免觉得有些愧疚。

【有话要说】

在一些父母的潜意识里，孩子是自己的骨肉，自己把孩子养育大，就可以把孩子当成自己的"私有财产"，有权力决定和支配孩子的行为。殊不知，孩子也是一个独立的人，有自己的意识和愿望，希望得到平等的对待。

在孩子成长的每个阶段，都有自身的特性和幸福、快乐。有的家长不顾孩子的天性和意愿，以过来人自居，越俎代庖地为孩子的一生画好了明确的路线，让孩子按照自己制定的目标和路线去努力，而忽视了孩子内心真实的想法和感受，结果给孩子的心理造成难以消除的阴影，影响了孩子的发展。

现在有很多父母由于受到了传统尊卑观念的影响，很难把自己放在和孩子一样的高度，也很难与自己的孩子成为无所不谈的朋友。事实上，只要做父母的能放下自己的架子，多与孩子沟通，了解孩子的想法，真正地走进孩子的世界，做孩子的知心朋友是很容易实现的。西奥多·罗斯福有句名言："在儿子面前，我不是总统，只是父亲。"如果父母能主动理解孩子，多与孩子平等交流，多尝试走进孩子的内心，做孩子的知心朋友，那和谐的亲子关系就不难建立了。如果想和孩子平等地交流，下面有两个值得参考的建议：

1. 不要总是盯着孩子的缺点

不少父母对孩子寄予了厚望，在为其创造良好物质条件的同时也为孩子设定了未来的目标和方向，所以他们的眼睛总是盯着孩子的缺点，翻来覆去地只讲缺点，不提进步。其实，绝大多数孩子已能分辨是非善恶，只是缺少改正缺点的自觉和毅力。如果父母总是喋喋不休地数落孩子的缺点，反反复复地教训孩子，"我讲话你就是不听""怎么说你才能改呢"，他们会将此视为不信任，甚至产生逆反心理。这样一来别说做知心朋友了，连正常的亲子关系也会被破坏。

2. 注重和孩子的情感交流

注重与孩子的情感交流是与孩子成为知心朋友的前提，父母与孩子交流的时间最好选在吃饭时和睡觉前，因为这是孩子情绪最为平稳的时候。比如，一个母亲如果从孩子小时就注重与孩子的情感交流，每天睡觉前都会询问孩子今天的感受和想法，那久而久之，孩子自然就会形成在睡前和母亲沟通的习惯，有什么不顺心的事就像朋友一样告诉父母。有了这样的感情基础，孩子就容易接受父母的建议和忠告，很容易跟父母建立起朋友的关系。

学会像朋友一样与孩子交流，以语言架起平等的桥梁是父母在与孩子交流时应该掌握的一条重要原则，也是维系良好亲子关系的重要法宝，父母们一定要掌握好。

【说话演练场】

眼见着就要放寒假了，小雨和几个同学商量着放假后一起去哈尔滨看看雪景，因为姑妈就在哈尔滨，到时也能有人照顾。可当他把这一想法告诉爸爸之后，却遭到了爸爸的强烈反对。

"你们现在才多大啊？几个初中生，就想结伴到处闯荡了？你们是不知道这世界多复杂！我不同意。"

"爸爸，我已经读初三了，而且是个男子汉，姑妈也在哈尔滨，我会听话的，保证没问题。"

面对这种场景，你可能会这么对孩子说：

"不行，我绝不会同意的。"

会"说话"的父母却会这样说：

"那我先跟你姑妈联系一下，看她是否有时间照顾你们。不过，你们几个孩子一起出门，爸爸还真不放心，到时候你们一定要小心谨慎，听姑妈的话啊。"

"多放松，心就不会累了"——帮助孩子化解疲劳感

微微是某重点中学初三的学生，在小学阶段和初中的前两年，她的学习成绩一直很好，在班级始终名列前茅。可自从进入初三后，她总是抱怨学习负担过重，压力过大，心很"累"，各种测验、模拟考试不断，她开始对考试紧张、恐惧、抵触，学习成绩也一落千丈。一次，妈妈主动找微微谈话了。

"微微，能告诉妈妈你最近是怎么了吗？你好像在学习上很没精神啊！"

"初三了，我觉得压力很大，我以前成绩那么好，现在也不想落后，可越是这样想就越觉得'心'累，结果上课无法集中注意力，老师布置的功课也不能很好地完成……"

"是觉得现在功课难了，所以学起来有些吃力吗？"

"也不全是。"

"我觉得最主要的可能还是你给自己的压力太大了，因为总感觉到有压力，所以就会觉得疲劳。其实，学习上没必要那么紧张，你以前基础好，学习又一直很用功，只要保持平常心，考试应该是不成问题的。你需要多放松，注意劳逸结合，这样吧，咱们全

家这周末一起去郊外走走？"

从郊外游玩回来之后，微微的紧张情绪果然缓解了不少，之后的日子里，在妈妈的提醒下，她十分注重劳逸结合，学习也进步了不少。

【有话要说】

其实，微微的这种情况属于典型的因对考试、学习的抵触而产生的心理疲劳。虽然这种心理疲劳并不是父母强加的，而是微微因为想要保持学习成绩方面的优势而自己加诸在身上的，但身为父母，当看到孩子有这种倾向时，应该及时进行引导，帮助孩子学会放下心中的重负，以轻松的心态面对学习和生活。

相关科学研究表明，人的大脑持续工作 8 ～ 12 个小时之后，工作能量还像开始时一样迅速和有效率，但由于一些精神和情感的因素，如烦闷、懊恨、不受欣赏、无用的感觉、太过匆忙、焦急、忧虑等，常常会使大脑疲劳的周期缩短。那些情绪上处于良好状态，没有什么压力感的人，很少感到疲劳，而如果情绪状态不佳的人，则很容易就感觉到疲劳了。所以，父母关心孩子，想要帮助孩子缓解疲劳感，一个重要的方面就是要及时引导孩子走出不良情绪。

另外，对于一般人来说，长时间做某一件喜欢的事情，也会感到一些厌倦。比如喜欢学语文，就把所有时间都用在上面，这种做法显然也会导致厌倦疲惫。如果换科目学习，脑子就不容易厌倦而麻木，头脑始终能保持比较活跃的状态。父母要帮助孩子缓解疲劳感，还可以教育孩子养成科学的学习和做事习惯，让孩子在事情的交替中放松身心，保持大脑的活力。

帮孩子摆脱心理疲劳状态最重要的是减压。也就是说，父母不要一开始就为孩子设置过高的期望值，而可以试着用孩子不断取得的小成绩激励他们，使孩子在愉快的情境中消除身心疲劳。比如，父母不妨设个"记功簿"，将孩子的每一次小小的进步记上去，父母给孩子记的"功绩"越多，孩子越会感到愉悦和自信，长期下去，心理疲劳的现象便消失了。在平时的生活中，父母还可以多多鼓励和赞美孩子，这样长久下去，孩子便不会在情绪上浪费大量精力，疲劳感也会逐渐减少。

【说话演练场】

小安是一个聪明能干的初中生，由于在学校表现优秀，而且人缘很好，所以他从初一起就一直担任班长的职务。在任职期间，他在功课方面始终保持着优势，也为同学们做了不少好事，可就是为人有些自私，有时候他害怕其他同学在学习上超过自己，不愿意帮助同学们进步。不久，不仅同学们对他有些意见，他也觉得自己的心理压力越来越大，时常会感觉到疲劳郁闷，因为找不到人倾诉，他只能跟妈妈说。

"妈妈，我最近觉得好累啊，学习真吃力！"

"儿子，你怎么有这种想法呢？"

"我不就是想保持学习上的优势吗？不就是害怕自己落后其他同学而在学习上没有全心帮助同学吗？有很多人就因此而说我自私，不配做班长了。"

面对这种场景，你可能会这么对孩子说：

"同学们是因为嫉妒你才这么说的，别管他们，继续努力就行。"

会"说话"的父母却会这样说：

"你觉得心累的原因是既想保持学习的优势，同时也想赢得同学们的友谊吧，其实这两方面并不矛盾，帮助别人提高，自己也会有进步的，而且这样做你也会觉得心情舒畅。如果你觉得学习累了，就多放松放松，和同学们出去玩一会儿，或者请你的同学们来家里做客，这些都没问题。"

"别难过，有我在你身边"——用安慰语给孩子以温暖

小么是个特别有爱心的小女孩，她十分喜欢小动物，在她的要求下，家里养了五条金鱼、一只乌龟和一只小猫。平时，小么对养的这些动物精心照料，经常与它们聊天。有一天，她养的小乌龟死了，她非常伤心，于是就找爸爸诉说。

"爸爸，我的小乌龟死了，今天早上它还好好的呢。"

"不要这么伤心，宝贝，爸爸明天再给你买一只。"

"我不要另外一只，我只要我的小乌龟活过来，我喜欢它。"

"别哭了，不就是一只小乌龟嘛，市场上一定有比它还好的，你一定会喜欢的。"

"我不，我不！我还是很难过，我就要它。"

说到这里，小么索性号啕大哭，再也听不进去爸爸的任何话语了，爸爸只能无奈地安慰她，想其他方法哄她开心，可无论爸爸做什么，小么还是哭闹不止。最终，爸爸也被弄得束手无策，开始发脾气了，他对着小么大声喊："不许不讲道理，再哭我就不理你了！"谁知情况却越来越糟糕，而小么的情绪也更加低落。

【有话要说】

无论是在学习还是在生活中，孩子总会遇到这样那样不如意的事情，遭遇挫折和失败，面对正常的愿望不能满足的失落，这些经历是孩子在成长的过程中所必然要面对的，少了这些，孩子的成长将会是不完整的。

失败和痛苦是孩子在成长经历中不可避免的，只有经历了痛苦的洗礼，孩子才会更坚强地面对生活，只有经受住了失败的磨砺，孩子才能更健康茁壮地成长。身为父母，应该明白这些道理，要知道，父母不可能凡事都为孩子包办，这是不现实的，也是对孩子有害的。当然，孩子面对困难，感到伤心难过的时候，父母也绝不能置之不理，毫不关心，而应该给予安慰，尽管父母不能时时为孩子遮风挡雨，但当孩子感到无助的时候陪伴在孩子的身边，以语言和行动进行鼓励，让孩子感受到关爱和温暖还是非常有必要的。

当孩子没有得到自己想要的东西或是遭遇挫折时常常觉得难过、沮丧，一些孩子也常常会通过哭泣、发脾气等方式来发泄和表达。当面对这种情况时，父母可以先认可孩子的内心感受，将其心中的真实想法直接点出来。像上文中小么的爸爸就是因为没有捕捉到小么内心的真实想法，忽视了孩子的内心感受而没有达到安慰的效果，所以尽管他已经尽力亲切地安慰小么了，可小么仍旧不领情。其实小么的爸爸完全可以先认同孩子的感受，先表达对小乌龟之死的伤心和难过，引起孩子的共鸣，然后再一步步引导孩子走出痛苦的情绪。

当孩子遭受挫折或感到痛苦难过时，父母不仅要认同并说出孩子的感受，而且要学会以正确恰当的安慰之语让孩子感受到温暖。比如，在孩子因为遭受痛苦而发脾气时，父母千万不能指责孩子，更不能责骂和训斥孩子，而应该给予孩子更多的关怀和爱护，及时抚慰孩子的心灵创伤，让他们感觉到关怀。在孩子遭受挫折和失败时，父母在给予安慰的同时，还应该让孩子明白，失败和挫折都是每个人的经历中不可或缺的部分，经历了，才能更好地成长，无论在什么情况下，父母都会站在他们的身边，与其一起分担。安慰孩子的话，一定要从关心孩子情绪和内心感受的角度去说，以缓解孩子的不良情绪和内心痛苦。

【说话演练场】

小童是一个比较内向的孩子，没多少朋友，邻居家的小远是他为数不多的好朋友之一。两人关系很好，经常形影不离。可几年之后，因为小远的爸爸妈妈调到了另一个城市工作，小远也要转学了，分别时，小远将自己心爱的飞机模型送给了小童，小童将之视若珍宝。可有一天，小童的妈妈在打扫卫生时不小心将飞机模型摔在了地上，小童知道后非常生气。

"小远送的这个飞机模型是我最珍惜的东西，我说过不许你们碰的，你怎么能把它摔在地上呢，真讨厌！"

面对这种场景，你可能会这么对孩子说：

"我又不是故意的。我每天无私地付出，在你心中的分量还敌不过一个朋友的礼物？"

会"说话"的父母却会这样说：

"对不起，妈妈不是有意的，妈妈知道你很珍惜和小远的友谊，现在飞机模型摔了，你心里一定很难过。这样吧，为了弥补妈妈的过失，等今年暑假，妈妈带着你去找小远玩吧。"

"你看能不能这样"——尽量多与孩子商量

8岁的小宝这天晚上9点了还没睡觉，妈妈催他，他却说："我现在不想睡觉。"

"但是已经到了睡觉的时间了，你现在必须睡觉了。"妈妈说。

"可是我还不困啊。"

"你现在不睡觉的话，明天早上上学会迟到的。"

"不，我不会的。"

最终妈妈也没能说服孩子睡觉。爸爸过来看着在玩积木的小宝说："你是不是玩得正开心，还想继续玩一会儿？"

"是啊，我不累。"

"所以你想等玩累了再上床？"

小宝点头。

"你想知道为什么我和妈妈想让你现在去睡觉吗？"爸爸耐心地说。

小宝抬头看了一眼爸爸，摇摇头。

"早点儿休息，这样明天早上就能按时起床去上学。如果你平日晚上超过9点还不休息，第二天早上起来就会感觉很疲惫。所以你能不能猜到我接下来想要说什么？"

"你想说让我休息好，早上按时起床。"小宝眨了眨眼睛说。

"真棒，你猜出来了！"爸爸伸出大拇指，"所以你看现在去睡觉，好不好？"

"好吧！"小宝通过爸爸的解释，才明白了大人的想法，就收好积木，乖乖去睡觉了。

【有话要说】

很多父母常常觉得，自己是一家之主，孩子就应该听从自己的吩咐和要求，没有征求孩子的意见，就自作主张地要求孩子去做某事，结果往往适得其反，而且这也是很不利于孩子的成长的。

现实生活中，还有些父母，虽然征求了孩子的意见，但只是象征性地问问孩子。很多时候，父母会觉得孩子的意见不成熟，最终还是主观地按照自己的意见去行事，而将孩子的意见弃之一旁。

以上的两种做法都是欠妥当的。父母应该明白，孩子也是独立的人，尤其是处于青春期的青少年，自我意识逐渐增强，更渴望得到父母的尊重和平等对待，如果父母经常给孩子下命令，不和孩子商量就自作主张，只会让孩子觉得父母是在以家长的身份施压，有些孩子还会将这一行为理解为父母对自己个性和尊严的忽视及对自己独立能力的不信任。这样，孩子心中的不满、逆反情绪就很容易被激发出来，孩子就更不愿意听父母的话了。

父母和孩子的沟通就像管道中的水，若是管道一头高一头低，水只能流向低的一头，只有两头差不多高时，水才能自由流动。在家庭生活中，父母如果想要求孩子做某事和不做某事，应该少用强硬的命令，而尽量以商量和平和的语气来代替，尽量多使用"你看能不能这样""我们想听听你的意见""请你帮个忙吧"等话语。虽然提出的要求还跟原来相同，但只要父母灵活地改变了语气，孩子的理解就会迥然不同。无论是一两岁的婴幼儿，还是十七八岁的青少年，可能都有自己的想法，尤其是在与自己密切相关的事情上更是如此，因此孩子的事情最好能放手让孩子自己去选择，父母只需要在一旁加以引导和帮助就可以了，即使父母有自己的想法，也要通过商量的方式，把自己的意见传达给孩子，让孩子权衡利弊后再做出选择。总之，父母凡事要学会与孩子商量，这样不仅可以增加相互之间的理解，避免许多无谓的争吵，还能教会孩子为人处世，帮助孩子健康成长。

【说话演练场】

　　小泉今年刚上初中，可独立意识已经非常强了，他遇事有主见，也喜欢表现自己。最近，他的爸爸妈妈拿出多年的积蓄，买了一套宽敞的新房，关于新房的装修，爸爸妈妈还在讨论中，并没有得出最终的方案。一天晚上，见父母又在商量装修问题，小泉就插嘴道："爸爸妈妈，关于新房装修我也有自己的一点儿想法，不知道能否说说。"

　　"你还那么小，能有什么有价值的意见啊？"

　　"我已经读初中了，不小了啊！我也希望房子装修得漂亮一点儿。"

面对这种场景，你可能会这么对孩子说：

　　"真是凑热闹，爸爸妈妈都商量这么久了还没有更好的方案，你能有好点子？"

会"说话"的父母却会这样说：

　　"你说得很有道理，不妨说说看你的想法。你也是家庭的一员，装修这么大的事情是应该听听你的意见。"

"你的偶像我也很喜欢"
——投其所好，赢得孩子的心

正读初二的元元聪明而外向，他平时活泼开朗，喜欢追求时髦，在今年，他疯狂地迷上了听歌和唱歌。平时无论是在课间还是在上下学的路上，他总是戴着耳机，播放着自己喜爱的音乐。不仅如此，他还有自己崇拜的音乐偶像。偶像的歌碟，他几乎都有，他常会津津有味地谈论自己的偶像，并且喜欢模仿偶像的声音、动作。爸爸也不反对元元有一些课余爱好，但对于他痴迷于模仿偶像的行为非常不解。

"就不知道你整天哼哼哈哈地在唱些什么？别人唱歌口齿不清，这个你也要学？"

"你如果喜欢听歌和唱歌就好好学，如果你想要在这方面有所发展的话，可以学一些民歌嘛。或者，干脆爸爸送你去上声乐班吧，说不定能发现你的潜力。"

这是爸爸在听到儿子唱歌时经常说的话。多数时候，元元并不会听爸爸的絮叨，而总是继续戴着耳机，自顾自地回房间继续唱。有时，他甚至还会反驳爸爸几句，然后径自走开。

【有话要说】

上文中的元元爸爸本来是关心孩子的成长，想要好好地跟孩子谈谈，以拉近亲子间的关系的，可结果却因为说话不合孩子的心意而遭到了孩子的排斥和反感。这说明想要拉近与孩子的距离，实现顺畅沟通其实也是需要智慧的。

在生活中，一些父母因为屡次尝试与孩子建立良好的互动关系失败就认为父母与孩子间天然地存在着一些代沟，而且是难以填平的，这其实是不正确的。父母与孩子间的交流难以顺利进行，并不是因为不同辈分的人之间天然存在着代沟，也不完全是由孩子的不懂事造成的，根本的原因在于父母缺少沟通的智慧。现实生活中，一些父母在跟孩子对话时，常常会不自觉地以自我为主导，围绕自己关心的话题展开交谈，如父母经常会询问孩子的学习成绩、孩子的饮食起居、孩子的特长培养等，却忽视孩子此时最想交谈的话题和真实感受，忽略了孩子平时真正的爱好和想法，从而使得交谈受阻，亲子关系疏远。

要想拉近与孩子的距离，缩小与孩子间的差距和代沟，有一个最简洁有效的办法，那就是投其所好，先赢得孩子的心，只有这样，所有的教育和交谈，亲子之间的良好沟通才有可能变成现实。像上文中的元元爸爸，如果能先投其所好，表达出对孩子崇拜偶像行为的理解，照顾好孩子内心的感受，然后再一步步进行引导和教育，或许就能缩短父子间的距离，更好地开展教育。

在与孩子对话时投其所好，父母先要付出关爱，多抽些时间来关心和了解孩子的生活状况，父母在平时需要多了解孩子的兴趣爱好，多关注孩子关心和重视的人和事物，多抽些时间倾听孩子的内心感受，如听孩子说说每天的趣事，多关心孩子成长的快乐和烦恼等。做好了这些基本功课之后，父母可以在与孩子进行对话时，多涉及这些方面，更多地谈论孩子关心的话题，适当多说一些孩子喜欢听的话，这样才更容易打开孩子的心扉，使孩子变得愿意与父母多交流和沟通，从而建立和谐融洽的亲子关系，到教育孩子时，孩子才会听，并且努力去做。

【说话演练场】

云云是一个乖巧的小姑娘，为人聪明机灵，讲文明懂礼貌，可就是喜欢看电视和电影，对于影视明星的崇拜可谓到了痴迷的程度，还常常因为追星而耽误学习。平时，只要是她喜欢的明星主演的影视剧，她几乎会全部观看，而且她还喜欢收集影视明星的画册、照片、歌碟等，哪里有明星的演唱会、签名会等，她也经常会想办法去参加。她妈妈因此而倍感头疼，也十分想教育教育女儿。

"你手上拿的是什么？"

"xx大明星的画册啊，他长得非常帅，最近主演了不少影视剧，是我的偶像！"

面对这种场景，你可能会这么对孩子说：

"整天就知道搞偶像崇拜，不要因为追星而耽误学习，还是现实点儿吧。"

会"说话"的父母却会这样说：

"这个明星我也喜欢呢，他不是主演了xx、xx等电影吗？人长得是帅，但他却不是靠帅气立足于影视圈的，更让人欣赏的是他的才华和能力……"

"这个游戏我玩过"——努力寻找共同话题

诺诺上小学四年级，最近开始玩一种游戏，叫作莫比乌斯环。爸爸小时候没有玩过这个游戏，女儿拿着一张纸来找爸爸一起玩，爸爸当时正在忙自己的事，一看就头大，说："这个是什么东西？

爸爸现在没空，你先自己玩吧！"一句话就把女儿打发走了。等到要吃晚饭，爸爸叫女儿吃饭时，诺诺就像没听见一样，还是自己玩，也不回答。

这时爸爸灵机一动，手机查找了一下资料，莫比乌斯环就是一种无限循环的曲面，爸爸把相关信息看了一遍，然后跟正在自己玩的女儿说："我知道这个游戏了。如果一只小蚂蚁在这个莫比乌斯环上爬，结果是什么？"

"是它永远爬不完！"女儿得意地说。

"你怎么知道？"

"我们老师告诉我的，因为这是一个无限循环的曲面。"

"好神奇，我希望吃完饭后跟你一起玩，好不好？"

"好，那我们赶紧吃饭吧！"

他们吃完晚饭后，还一起用剪刀剪出纸带，做成了一个莫比乌斯环，玩出了很多花样。

诺诺觉得和爸爸玩过游戏以后，他们的共同语言更多了。他们甚至还聊到学校里小朋友之间的一些趣事。

【有话要说】

在生活中，不少父母都发现，孩子越长大，与自己的关系变得越疏离，特别是处于青春叛逆期的孩子，与父母间的关系特别容易僵化。一些父母还觉得，自己的孩子很善变，在学校和在家里判若两人，在学校活泼开朗，在家里却沉默寡言。

其实，正处于青春期的孩子或多或少表现出对父母的疏离是一种正常的现象。青春期的孩子，生理和心理都处于发育的时期，其心理上的自觉意识不断增强，他们渴望挣脱父母的束缚，按照自己的意志安排生活，同时也希望父母能给予更多的理解和支持，而当这些愿望得不到满足的时候，他们就常常会表现出叛逆和不满。

同时，父母与孩子间交流的受阻还与彼此间缺乏共同话题有关。一些父母常年忙于工作，忽视了与孩子的交流和沟通，而在想到要与孩子交流时，又常将侧重点放在孩子的学习和教育上，却对孩子真正感兴趣的事物置之不理。另外，对事物的看法不同，处理问题的方式不同等也直接导致了亲子之间交流的阻断。

想要化解这种僵化的亲子关系，最好的方式就是试着和孩子真诚地做朋友，努力寻找和孩子的共同话题。父母关心孩子的成长，想要真诚地与孩子交流，就应该允许孩子有自己的想法，并鼓励孩子说出自己的真实感受，同时，父母还应该不断充实和提高自己，多关注一些新事物，多关注孩子喜欢的东西，努力让自己的思想跟上时代的步伐。比如，当喜欢篮球的孩子想看球赛时，父母就不要因为看电视剧和他抢频道，而要尊重和理解孩子；当孩子和同学们因为踢足球回家晚了，而且弄得一身脏兮兮的时候，父母可以少一些抱怨和责骂，多一些关心和支持；当孩子喜欢流行歌曲的时候，父母也不妨尝试着学会哼唱几句，体会一下孩子的感受；当孩子成功时，多分享他的成就……当孩子觉得自己的一切都有人理解、有人关心的时候，就会主动敞开心扉，将父母当成自己的朋友了。

【说话演练场】

正读初三的儿子疯狂地喜欢上了踢足球，在每天的课间和放学后，他都会和几个小伙伴一起踢球，有时甚至会因此而很晚才回家写作业。不仅如此，他还迷上了足球节目和几个足球明星，不管是什么级别的足球比赛，只要不上学时，他都会守在电视机前观看，而对于自己喜欢的足球明星，他则会在言行上进行模仿。爸爸十分想好好跟他聊聊，对他进行正确引导。

一天，看到儿子刚踢球回来，爸爸问："放学后，你去干什么了呢？"

"去踢球，我们今天踢得可开心了。"

面对这种场景，你可能会这么对孩子说：

"每天就知道踢球，你的功课完成了吗？先要好好学习，然后才能去玩。"

会"说话"的父母却会这样说：

"儿子，你每天去踢球，现在应该进步不少了吧！爸爸以前也非常喜欢踢球，踢球不仅很好玩，还能培养一个人的毅力和团队协作精神。儿子，爸爸一直都很想跟你分享一下踢球的收获和心得呢！"

第三章

欣赏和赞美，表达爱的最好通道

"你做得对，值得表扬"——肯定并赞美孩子的优点

小芳有一天参加了一个公益活动，学了一套"等灯等灯"的手语操，小芳学得可认真了。她晚上回家也在练，一丝不苟，认认真真，爷爷夸她："动作真标准，小小年纪，做事这么认真，好孩子！"

第二天一大早，小芳跟爷爷一起去一个红绿灯路口参加学校组织的"文明过马路"志愿者服务活动，从早上到中午，小芳都没怎么休息。

爷爷看在眼里，给小芳送水喝的时候又夸她："小芳真棒！知道遵守交通规则，而且还能帮大家一起遵守交通规则。你做得对，值得表扬！"

小芳听了，心里美滋滋的，其实一开始她只是觉得那套"等灯等灯"的手语操很好玩，就认真地学了，得到爷爷的夸奖后，她就更认真了。

这次活动以后，小芳每次过马路都非常认真，小心翼翼，严格遵守交通规则。因为那次的公益活动给她留下了深刻的印象，更主要的是，爷爷也因此表扬了她，这让她更加有动力做事了。

【有话要说】

每个孩子的身上都有优点和缺点，聪明的家长总能发现孩子身

上的优点，并及时给予肯定和赞美。我国著名的教育专家朱永新在《新教育之梦》中有这样一段话："理想的父母是永不对孩子失望的，决不吝啬自己的表扬和鼓励。""在教育子女的过程中，父母的一个微笑、一个赞许、一种肯定都会激起他们非常强烈的情感，扬起他们希望的风帆。"所以在家庭教育中，父母千万不要吝惜自己的赞美，多肯定孩子的优点，进行适当的赞美，尤其是对年龄小的孩子和那些正处于青春期的孩子。对于年龄小的孩子来说，肯定和赞美能让其形成正确的认知，明白什么事情是应该做的，怎样才能把它做好；而对于青春期的孩子来说，恰当的赞美能表现出父母对孩子的认可和信任，有利于增强孩子的自信心。

家长可不要小看一句赞美的话，它可能会成为孩子成长过程中的助推剂，除了可以帮助孩子远离自卑之外，还可以使其体会到父母的关心和爱护，同时能向孩子传达这样的信息：父母对于孩子的爱是无私而平等的，孩子表现好，就能得到父母的赞美和肯定。

我们都有这样的感受：谁都喜欢听好话，孩子也是如此。所以，多给孩子一些称赞，会给孩子极大的鼓舞。而父母的表扬与其他人的表扬相比产生的作用会更大。心理学家经过实验发现，孩子总是在无意识中按大人的评价强调自己的行为，以得到父母的表扬和认可。因此在日常的教育中，家长应该对孩子多一些表扬，少一些批评。对孩子的一些想法和行为，不能按照成人的标准来判定，应该发自内心地赞美孩子："你真棒，我小的时候没有你这样有创意。"这样，孩子的进步就会越来越快，也会把父母当作自己生活中的良师益友。如果父母只是一味地指责孩子，甚至是狠狠地训斥孩子，那孩子的自尊心和无限潜能就会被父母的训斥声淹没。

【说话演练场】

宁儿今年上小学五年级，资质一般，但她勤奋好学。这个学期，她突然迷上了国画，一直缠着妈妈要去学。妈妈知道，女儿没有绘画基础，学起来应该会有些吃力，但见女儿喜欢，自然十分高兴，于是马上答应送她去学。在学了一段时间之后，女儿有天正在家里练习，画了很多遍都不满意，可仍然在坚持，直到画出自己最满意的作品。在这整个过程中，妈妈一直陪在她身边，但没有作声。画好后，宁儿把自己的作品拿给妈妈看。

"妈妈，你觉得我这幅画画得怎么样？"

妈妈仔细地看了看，尽管女儿已经很努力了，但实际上，女儿的作品仍然十分稚嫩，水平一般。

面对这种场景，你可能会这么对孩子说：

"唉，画了这么久，还是这样，没什么长进嘛。"

会"说话"的父母却会这样说：

"我已经看到了你整个的练习过程，这幅画是你画了很久之后最满意的一幅，对吧？我觉得不错，虽然还有一些需要改进的地方，但也比以前有进步了。最重要的是，你在这个过程中学会了坚持，做得很好，值得表扬。"

"这次比上次更好了！"——赏识孩子的每一个进步

王老师是少年宫的美术老师，这段时间，她正在教一批新学生学速写。在这批孩子中，有一个叫小美的小女孩，她学画非常刻苦，虽然刚开始的时候入门比较慢，但后来慢慢地进入了状态，画得越来越好，她觉得这个孩子很有潜力。

可是最近，王老师发现小美已经三次没有来学画了。她感到非常奇怪，于是她拨通了小美家的电话，接电话的正是小美。

"小美，这几次怎么没有来画画呢？"

"妈妈不让我去了。"小美压低声音地说。

"为什么？家里有什么事吗？"

"没什么事，是因为妈妈认为我学不好，再学下去也是耽误时间。"

"怎么会呢，你学得很努力，进步也很快，妈妈为什么会这么说？"

"我每次学完画回家，妈妈总让我给她画一张速写。每次画完，她都说画得不像，一点儿进步都没有，就不让我学了。"

这其实也是王老师遇到的比较多的问题，很多家长希望学习效果可以立竿见影，无视孩子的细微进步，仅仅因为孩子没有达到"最佳"或自己心目中理想的标准，就全盘抹杀孩子的成绩，这是对孩子的一种伤害。也许在无意中，会因为父母过高的期望而葬送掉一个科学家或艺术家。

王老师主动去小美家里，跟小美妈妈进行了一次深谈，告诉她爱迪生小时候的故事。

"爱迪生一生拥有 1000 多项发明，让人羡慕不已。留声机、摄影机、钨丝灯泡，这些东西都是他发明的。你肯定觉得爱迪生这样的人就是天之骄子，从小就很聪明。但爱迪生小时候却被学校开除，老师说教不了这孩子。"

"是吗？那怎么办呢？"小美妈妈问。

"爱迪生的妈妈却没有气馁，自己承担起教育儿子的责任，没想到，却把他培养成了世纪天才！孩子的每一个进步可能没那么大，但每一个点滴的进步都需要我们家长和老师发现，这样才能让孩子体验到成长的喜悦。"

在王老师的诚恳建议下，小美妈妈终于同意让小美再去学画画了。

王老师和小美妈妈约好，每一次上课，回去都要夸孩子，"这次比上次更好了！"结果，小美的进步真是越来越明显。

【有话要说】

孩子在学习或者生活中总会有一些让父母不满意的地方，比如成绩没有别人好，做事没有别人快，头脑没有别人灵敏，但是孩子一直都在进步，这才是最重要的。

父母应该珍视孩子的每一个进步。在孩子看来，只要自己取得一点点进步，父母就应该是高兴的，就应该表扬自己。可是有的父母不会站在孩子的角度看问题，总是用大人的标准要求孩子，因而孩子很多时候很难达到父母的要求。这样一来，孩子就很难看见自己的进步，就会产生自暴自弃的想法，从而失去了前进的动力。

因此，父母随时都要看到孩子的进步，尤其是在孩子表现不好或者学习成效不明显的时候，不要打击孩子的信心和积极性，而是应该对孩子的表现给予宽容，对孩子的进步给予赏识，这将会让孩子建立或者重新建立做好事情的勇气和信心。

父母学会欣赏自己的孩子，及时赏识孩子的每一个进步是非常必要的，但在这个过程中，如下的一些问题也是父母应该多加注意的：

1. 父母学会赏识孩子的每一个进步，就是要求父母能始终保持一颗宽容的心，在平时的生活中善于发现孩子的优点，包容孩子的一些缺点，当孩子在学习和生活中取得进步时，哪怕是很小的进步，父母都应该多肯定和表扬孩子。在赏识孩子的进步时，父母也不要盲目而宽泛地赞赏，最好是根据孩子的表现，进行具体且有针对性的表扬。

2. 父母随时都要看到孩子的进步，尤其是在孩子表现不好、遭遇挫折、感到沮丧等情况时，千万不要打击孩子的信心和积极性，而应该善于发现孩子哪怕是一点点的进步，宽容孩子的不佳表现，安慰孩子的不良情绪，表扬孩子的进步，这将会极大地帮助孩子重建信心，收获勇气。

【说话演练场】

为了丰富自己的业余生活，张源在暑假的时候报了一个钢琴兴趣班，因为以前没什么基础，而且钢琴本身就比较难学，所以他在学习的时候非常用功，经过一段时间的努力，他才慢慢进入状态，可在钢琴课上也经常因为弹错音而受到老师的批评。

一次，他回到家后，有点儿不高兴地对爸爸说："爸爸，钢琴真难学，老师还很严厉，在今天的钢琴课上，我又被批评了。"

"老师为什么要批评你呢？"

"因为在单独弹奏的时候，全班同学都表现得很好，只有我弹得不好。我发誓，我上课认真听了，只是没有一点儿基础，才没学好。唉，我觉得弹钢琴实在太难，真不想学了。"

面对这种场景，你可能会这么对孩子说：

"你肯定是上课不认真才会这样的，要不，其他同学都会，就你出错？"

会"说话"的父母却会这样说：

"我昨天还听你弹过啊，我觉你比起以前来已经进步了很多了呢！而且，我也相信，你上课时是非常认真的。老师之所以会批评你，也是为了你能更好地进步，我觉得是可以理解的，只要你坚持练习，不久之后水平一定会更上一层楼的。"

"你居然找到了捷径"
——欣赏和善待孩子的"小聪明"

小花小时候就喜欢自己画一些小人物，比如小公主、小王子之类的，但是每次她都会忽略画手，简单地用五根线条替代。但是这一天，她忽然兴高采烈地举着图画本跑到妈妈身边，大声说："妈妈，妈妈，你看我会画手了！"

妈妈仔细一看，真的是不错，五根手指整整齐齐的，只是有点儿大。妈妈猜到了，但还是认真地问女儿："小花，你是怎么忽然就学会画手的呢？还画得这么像！"

小花一听妈妈表扬自己，就高兴地说："你不知道了吧？其实我是这么画的……"她就把左手按到画纸上，然后用右手拿铅笔沿着自己左手的外轮廓描出了一个小手掌的形状。

"真不错！"妈妈笑着说，"这是你自己想到的？"

"嗯嗯！"小花拼命地点头。

"小花真是聪明！"妈妈接着说，"小花，这次是借助你的左手画的，下次如果能离开左手也能画这么好，那就更厉害了！"

小花果然又兴致盎然地画了起来。

【有话要说】

孩子正处于不断成长的过程中，对外面的世界充满着好奇，求知欲旺盛，有时也难免会在做事情的时候耍些"小聪明"，走一些捷径。通常来说，如果孩子的"小聪明"用在了提高学习、办事效率等方面，父母一般是不会反对的，也许还会对孩子的行为进行表扬。这点毋庸置疑。可有时候，孩子还可能会在其他的一些事情上耍些"小聪明"，如为了能让父母多陪陪自己而故意装病，为了能得到某样东西而故意找各种理由等，对于孩子的这些"小聪明"，父母就应该客观地看待并根据情况进行引导了。

在生活中，父母需要用发现的眼光看孩子，尤其是要学会欣赏孩子的智慧，当孩子将自己的聪明才智用在了正当的事情上，父母应该给予肯定和表扬，鼓励孩子继续努力，多观察，多动脑思考，争取有更大的进步。

而对于孩子的"小聪明"运用不得当的情况，父母也应该学会分情况妥善处理。

首先，父母应该意识到，孩子所谓的"小聪明"可能只是随着孩子心智的发展，其在探索外部世界时尝试的一种"社交方式"，并不全是不诚实的表现，父母不能因此认为孩子变坏了，也大可不必揭穿这些幼稚可笑的"小聪明"，更不要讥讽孩子，而应该进行引导和帮助，如可以赞赏和肯定孩子在这个过程中表现得好的方面，然后指出孩子存在的问题，进行教育和帮助。

其次，父母应该区分对待孩子不同类型的"小聪明"，然后对症下药，进行引导和妥善处理。如果孩子喜欢利用父母教育方式不一样，比如爸爸管得严而妈妈管得松的情况"钻空子"，父母应该先反思自己的教育态度和方式是否一致，自己对孩子是否存在溺爱的情况，然后两人统一意见和教育方式。如果孩子耍"小聪明"是为了偷懒，父母千万不要急着批评和指责孩子，而应该先诚恳地告诉孩子这样的行为是不对的，不但不明智反而会害了自己，同时，父母还可以给孩子讲一些为人要勤劳诚实的道理，或者给孩子做好示范，帮助孩子改正。如果孩子耍"小聪明"是因为做错了事情想逃避惩罚时，父母应该在理解孩子的基础上指出孩子的错误，鼓励孩子主动承认错误并改正，要让孩子知道，坦诚自己的过失并敢于承担，是一个人最难能可贵的品质。

总而言之，在学会欣赏和善待孩子的"小聪明"之余，当发现孩子总喜欢耍"小聪明"的时候，父母还应该多反省一下自己的行为。父母要知道，过分的限制和严格，容易导致孩子用"小聪明"来欺骗父母。因此，父母在管教孩子时，应当掌握好适度原则，满足孩子合理的愿望和要求，同时还可以建立必要的规则，让孩子学会用规则来约束自己的行为。

【说话演练场】

苗苗是一个聪明而活泼的小女孩，她的想象力十分丰富，动手能力很强，可对于需要记忆和背诵的知识，她却一点儿也提不起兴趣来，所以她的文科成绩一直不怎么好。可是，最近一段时间，父母发现她的记忆力明显提高了，对于识记也有了兴趣。

"苗苗，妈妈发现你最近的变化很大啊，老师要求背诵的课文你总能又快又好地背下来了，以前你可是在这方面很差的。真值得表扬！"妈妈有天不经意地说。

"是啊，可能我最近才打开记忆的阀门吧，自从参加了一个有关记忆力培训的课程之后，我发现了提高记忆力的好方法。"

"哦，什么好方法？说给妈妈听听，让我也长长见识，增强一下记忆力。"

"那就是图像记忆法，也就是在记忆时运用联想、想象等方法，把需要记忆的死板内容转化成形象性的故事情节或是夸张的图片等，比如我记"morning"这个单词时会这样联想：一座山上(m)滚下一个石头（o）压到一棵苗（r）上，把苗压弯（n）了，一分钟（i）过后，苗还是弯（n）的，只是根部开始发育（g）了。"

面对这种场景，你可能会这么对孩子说：

"这都是些什么啊，我还以为你真找到了学习的好方法了，原来都是些歪理。"

会"说话"的父母却会这样说：

"不错，这还真是记忆的好方法。女儿，你真聪明，值得表扬！"

"瞧，我家孩子多棒啊"——赞扬需大声

燕姿今年读小学五年级了，因为是家中的独女，长辈们对她宠爱有加，所以从小到大，她都没有做过什么家务活儿，就连自己的袜子基本都是妈妈帮着洗的。可上了五年级之后，她发现自

己周围的同学基本都能自己料理家务了，不免觉得有些惭愧，于是决定改变下自己。一个周末，妈妈请了几个和自己要好的同事到家中来做客。上午时，妈妈忙着打扫卫生，燕姿自觉地给妈妈帮忙，在客人们吃完饭后，燕姿也主动帮忙干活儿。

"妈妈，你陪客人们聊天吧，收拾桌子、洗碗这类的活儿就交给我了。"燕姿说。

"哦，可是你以前……"妈妈有些诧异，但看到燕姿的表情，忙改口说，"好，真懂事！"

"我们家孩子真是长大了，越来越能干了，今早还帮我打扫卫生来着，而且做得很棒！"听到妈妈在这么多阿姨面前表扬自己，燕姿的心里美极了，虽然她以前很少干家务活儿，这次却干得非常认真。

【有话要说】

中国的很多家长在教育和表扬孩子的时候向来都比较委婉含蓄，即使孩子表现得很好的时候，不少家长也不习惯当众表扬孩子。他们认为这样做可能会让孩子变得骄傲自满，从而放弃努力，其实未必如此。世界上的每一个人都渴望能给别人留下一个美好的印象，希望自己在别人的眼中是优秀的、出色的，希望自己的努力能得到别人的认可和尊重，所以，对于每一个人而言，被表扬是一件愉快的事情，而当众被表扬，则会让一个人的幸福感加倍，而且在人越多的场合，个人的成就感和自豪感就越强烈。

孩子的心理需求和大人是一样的，甚至比大人更强烈。如果能在人多的场合受到大声的表扬，看到自己的表现和能力得到别人的认可，孩子往往会觉得特别满足，自信心和自豪感也会突增，从而更加卖力地表现。上述例子中的燕姿妈妈就深谙这个道理，她在众人面前表扬自己的女儿，因此极大地激发了女儿做事的热情。

进行赏识教育是父母帮助孩子成长、激励孩子进步的方式，而在这个过程中，如果父母能大声地表扬孩子，甚至让周围的人都能听到这种声音，这往往比私下对孩子说出鼓励和赞扬的话更有效，甚至比物质奖励更能激发孩子的积极性和主动性。因而，在教育孩子时，父母不妨多运用这一方式。具体来说，当孩子有好的表现，取得了成绩的时候，父母不妨多大声地对孩子说"你真棒""真是个懂事的孩子""我发现你比以前进步多了"，也不妨当着众人的面夸夸孩子的优秀表现，具体点出孩子在哪些方面表现得很出色，并做出适当而中肯的评价。父母的这些激烈的话语也许就可能成为孩子成长的助推剂，促使孩子不断进步。

【说话演练场】

周末的时候，千千跟着妈妈及几位阿姨一起去逛街。一路上，千千独自走在前面，妈妈和几位阿姨在后面边聊天边走。刚走到商场门口时，眼尖的千千发现离自己不远处的地上躺着一个黑色的钱包，于是她往前走了几步，将钱包捡了起来，然后打开看了看，发现里面有不少钱。

"妈妈，我捡到一个钱包，里面有很多钱。"

"哦，给妈妈看看。"妈妈接过钱包后仔细地看了看，发现里面有几百元钱和几张银行卡。

"妈妈，有人丢了钱，一定很着急，我们在这儿等着失主回来吧。"

面对这种场景，你可能会这么对孩子说：

"可是，咱们还要去逛街，没时间等啊。"

会"说话"的父母却会这样说：

"嗯，你说得对！做人应该拾金不昧，我们家孩子真诚实，值得表扬！"

"太好了，再来一遍"——表扬也要趁热打铁

笑笑身上有着多数独生子女惯有的毛病——娇气、不爱劳动。笑笑虽然已经上初中了，可她平时的生活起居一般都是妈妈料理的，家务事也通常由爸爸妈妈分担，笑笑从不过问。今年，眼见着妈妈的生日就要到了，笑笑想送给妈妈一份特别的礼物。她想了很久，决定在妈妈生日的那天承担家里的全部家务，好让妈妈多休息一下。

妈妈生日的当天正好是周末，可妈妈要加班。笑笑在家先是把所有的脏衣服都用洗衣机洗干净、晾好，之后又把家里收拾得很整洁，然后把地板擦得干干净净……做完这一切后，她已经累得筋疲力尽，此时正好妈妈回来了。

"妈妈，你有没有觉得家里有什么变化？"笑笑急切地问妈妈，想得到妈妈的表扬。

"好像没什么啊！"妈妈环顾了一下四周，"哦，家里好像整洁了一些，地板也干净了。"

笑笑还等着妈妈会称赞和表扬一下自己呢，谁知妈妈却放下

包又去电脑前忙去了。这让笑笑很泄气，她劳动的热情一下就被浇灭了。虽然吃晚饭时妈妈也就此表扬了笑笑，笑笑却一点儿成就感也没有了。

【有话要说】

在教育孩子的过程中，一些父母常常会犯这样的错误：当孩子表现良好，取得了一定的成绩和进步时，没有及时地表扬孩子，或者是忘记了夸奖孩子，或者是很久之后想起来才称赞孩子，这其实都错失了最佳的教育机会，对于鼓励孩子继续好好表现，保持做事热情很不利。上述例子中笑笑的妈妈就犯了这样的错误，她虽然在事后也表扬了笑笑，但已经错过了合适的时间，笑笑的热情已经降温，所以妈妈的表扬根本就没有满足笑笑的期待心理，表扬的成效自然不好。

在家庭教育中，父母不仅要学会称赞和表扬自己的孩子，还应该趁热打铁，及时对孩子的良好行为进行表扬。因为当孩子表现良好、取得了成绩，或者有所进步的时候，是十分希望得到父母的肯定和赞许的，此时孩子几乎将所有的精力和期待都放在了这件事情上，其所有的兴奋点也全部集中在这件事情上，这时就需要父母及时给予合理的称赞，得到了称赞，孩子的成就感就能最大限度地得到满足，从而能巩固孩子的良好行为，增强孩子的做事热情。相反，如果孩子没能得到及时的表扬，会感到失望，主动性会受到打击，就会降低孩子以后的积极性。

为了使表扬教育更有效，父母在平时应该注意以下几点：

1. 父母对孩子提出表扬，最好在孩子有良好行为之后进行，而不是事先许诺，从而增强孩子良好行为发生的自觉性。在孩子有好的成绩和表现之后对孩子进行表扬，能使孩子感受到被认可的喜悦，也能强化孩子的良好行为，促使其继续保持和发扬，不断进步。

2. 父母表扬孩子时一定要及时。俗话说"趁热打铁"，对于孩子的表扬也是如此。在孩子的心目中，事情的因果关系是紧密联系在一起的，及时的表扬对孩子会产生很大的作用。所以，在教育孩子时，对他们身上的那些值得表扬和应该表扬的方面，父母应该及时进行表扬。

【说话演练场】

萌萌所在的班级最近兴起了一股学习中国古典乐器的热潮，在好朋友的劝说下，萌萌也报了一个古筝兴趣班。可由于古筝本来就很难学，再加上萌萌以前从没接触过，所以她学了很久也没有什么进展，不是弹奏起来有很多杂音，就是弹的音根本就不准，更别说能连贯地弹奏了。

一天，她正在家练习弹奏，突然找到了些感觉，自我感觉比以前进步了一些，于是就想让妈妈听听。

"妈妈，你过来听听我弹古筝吧，我自己觉得有进步了。"萌萌大声地对妈妈说。

面对这种场景，你可能会这么对孩子说：

"我现在正忙呢，好像也没有什么特别的感觉。等我忙完后再仔细听吧。"

会"说话"的父母却会这样说：

"嗯，你的确是有些进步了，起码弹奏的音都准确到位了，也有些连贯了。"

第四章

鼓励和引导，孩子成才的良方

"已经做得很好了" ——多一些鼓励，少一些指责

宏宏虽然年纪还不大，但动手能力比同龄的孩子要强很多。他对拆装小电器、搞一些小发明制作十分感兴趣，当家里的电器坏了时，他总是想尝试着自己修理。在业余时间，他还会将原来买的玩具进行重新组装，进行新的设计，但有时也难免因此弄巧成拙。有一天，家里的电脑出了点儿故障，他主动来修，谁知不但没有修好，还弄得电脑都开不了机了。

"你这孩子，总是自以为是，就你那点儿电脑知识，就想修好电脑了？现在彻底坏了，你说怎么办？"一看宏宏把电脑修坏了，妈妈大发雷霆。宏宏心中很不是滋味，也有些恼火了。

爸爸看到这种情景，并没有责怪宏宏，而是对他说："虽然你今天没能把电脑修好，还将情况弄得更糟了，但你敢想敢做，动手能力很强，爸爸还是很高兴的。以后只要努力多学点儿知识，肯定会有进步的，爸爸相信你！"宏宏觉得爸爸说得很有道理，而且马上意识到了自己的不足，并决心以后好好学习，提高能力。

【有话要说】

在宏宏好心办了坏事之后，宏宏的爸爸妈妈选择了两种不同的说话方式，导致的结果是完全不同的。在妈妈的指责下，宏宏觉得非常委屈，乃至表现出了反感情绪；而听完爸爸的批评和鼓励，宏

宏觉得很受用，激起了他继续努力的热情。

父母是孩子的第一任老师，要想在教育孩子的过程中有所成效，教育方式很重要，尤其是在语言教育方面，相似的意思，用孩子能接受的语言来说比指责和批评往往更有成效。而在孩子不小心做了错事，感觉受挫的情况下，适当地鼓励和安慰当然比严厉指责来得有效。

著名心理学家鲁道夫·德雷克斯认为鼓励在孩子的成长中有着举足轻重的作用，他曾经说过这样一句名言："孩子需要鼓励，正如植物需要水分。"的确，鼓励能传递给孩子以爱的信息，让他们在受挫的时候仍能看到自己的优势，保持自信；鼓励能使孩子意识到自己的价值，不丧失斗志；鼓励能帮助孩子走出困境，在任何情况下保持积极乐观的心态，不断进步。

鼓励和表扬一样，都是帮助孩子积极进取、不断成长的良药。所以，如果孩子表现好或者有了进步之后，父母不妨多进行适当的表扬，而当孩子表现不佳的时候，父母也应该多给予鼓励，少一些指责和批评。具体来说，在教育孩子时父母需要注意如下几点：

首先，要正确认识孩子的能力，摆正对孩子的期待。父母应该意识到，孩子的能力是有限的，孩子的思想和行为也是较不成熟的，他们难免会犯错，会出现问题行为，此时父母应该体谅孩子，多多鼓励和帮助孩子。

其次，当孩子遇到难题需要父母的鼓励时，父母可以试着多用"你觉得……怎么样""人人都会有失败的时候，只要坚持努力，你会成功的""你需要帮助吗""我知道你已经尽力了"等话语来安慰和鼓励孩子，让孩子的情绪得到平复，也令其保持继续进取的斗志和热情。

再次，父母对于孩子的鼓励应该是有针对性的，最主要的是要让孩子感受到父母的关心和爱护，让孩子意识到无论出现什么问题，父母都会站在自己的身边，支持并帮助自己。

父母在孩子的成长过程中扮演着重要的角色，如果父母能在平时对孩子多一些关心和鼓励，少一些指责，孩子的健康成长将有更好的保障。

【说话演练场】

芝兰小学时学习成绩一直很好，经常在年级名列前茅，老师说她如果正常发挥肯定能考上一个好的中学，父母也对她寄予了厚望。谁知，在小学升初中的考试中，她因为身体不适，而且心里紧张而发挥失常，成绩不尽如人意。在知道考试成绩之后，她心情沮丧地回到家。

"兰兰，成绩出来了吗？考得怎么样？"刚进家门，妈妈就急忙问。

"嗯，那个……"

"怎么吞吞吐吐的，说啊！"

"我这次没有考好，因为考试的时候我不太舒服，也比较紧张……"

面对这种场景，你可能会这么对孩子说：

"怎么，没考好？意思是说重点中学没有指望了！你平时那么努力，怎么能在这个关键时刻出状况呢？"

会"说话"的父母却会这样说：

"来，给妈妈看看。这次考试虽然很重要，但没考好也不意味着什么，你以前的基础好，在哪个学校都是一样的，不要太伤心了，只要你以后继续努力，还是大有前途的。"

"说说你的意见"——鼓励孩子说出内心的想法

宁军今年刚上初一，他是一个活泼好动的男孩，课余时间特别喜欢体育运动，尤其是踢足球，可他的爸爸认为孩子踢球会耽误学习，所以时时敦促他好好学习。

有一天，宁军和几个伙伴踢球玩，回家稍微有些晚了，他害怕挨骂，就拖着朋友一起回家。爸爸看到他的第一句话就是："成绩不怎么样，玩起来倒是很有劲儿，看你将来怎么考大学。"

爸爸的这番话让孩子觉得很没有面子，他争辩道："爸爸，我今天的作业都完成了。我们很久没有踢球了，今天破例晚了一点儿，你也不用这么生气吧？"

"今天破例，明天破例，以后就不用学习了。我生气还不是为你好。你还敢在外人面前跟我顶嘴？都不知道你以后想怎样？"

"爸爸，你根本就不知道我在想什么……"爸爸的一番话让孩子闭口不言了，伙伴也无趣地回家去了。

【有话要说】

孩子有自己喜欢的娱乐活动，这本来是再正常不过的事情，但是家长却认为这是"不务正业"，必定玩物丧志，因而不由分说地对孩子大加责备。此时，孩子已经表明自己是以学业为重，是在做好作业之后才去踢球的，但是爸爸却因为反感"顶嘴"，完全不顾及孩子内心的想法，就断定孩子是在动摇自己的家长权威，因此引发了父子之间的巨大矛盾。

其实，这种情况在我们的生活中并不少见，一些父母很少考虑孩子的想法，总是要求孩子按照自己的想法去做，一旦孩子有异议就认为孩子是在"顶嘴"，长期处于这种教育之下的孩子，怎么可能有较强的独立意识和思考能力呢？

在家庭教育中，父母应该尊重孩子的独立性，允许孩子有不同的观点和看法，并鼓励孩子说出自己的想法，甚至当孩子的观点与自己有冲突时，还可以鼓励孩子与自己争辩。要知道，这是一个讲道理的时代，而并非是个顺从的时代，培养一个会说话的孩子比培养一个会听话的孩子更重要，孩子说出自己想法的时候实际上也是其思考和加深对周围事物理解的过程，而孩子能与父母争辩则意味着其自我意识的不断增强和心智的日益成熟。

作为家长应该明白，虽然孩子的思想不能在一夜之间就变成熟，但他们有朝一日也会成为父亲或是母亲，也会生儿育女，也会工作养家，其精神和意识都是独立的。在孩子成长的过程中，他们渴望说出自己的想法，有时也难免会与父母争论，父母最好能做到如下几点：

首先，父母要理解和尊重孩子，在遇到问题时，应该多鼓励孩子说出自己的想法，千万不要武断地下结论，不容分说就责怪孩子没有按照自己的意思办事。只有在了解了孩子的想法之后，父母才能更好地找到问题的症结，从而解决问题。

其次，父母应该仔细聆听孩子的意见，允许孩子有不同的意见，就算孩子说错了也没关系，等孩子说完后再纠正。勇敢地说出自己的想法是孩子走向成熟的重要步骤，孩子这样做的时候，表明他在组织语言表达自己的观点，并分析对方的观点，这对于促进孩子的脑部发育是很有帮助的。父母此时所要做的应该是鼓励和帮助孩子，因为孩子这样做并不是不尊重父母的表现，既然真理只会越辩越明，父母又何须担心自己的威严会在争辩中消失呢？

【说话演练场】

安儿是一个听话懂事的孩子，各方面的表现都很不错，就是有些沉默寡言，虽然她很有想法和主见，但很多事情都喜欢闷在心里，而一旦父母和朋友做事和自己的想法不一致，她又会不开心。一个周末，她非常想去少年宫看书画展，可妈妈却想带着她去姑妈家做客。她认为自己前几天已经跟妈妈讲过这件事了，妈妈一定记得，现在妈妈这样做是故意跟自己"唱反调"，所以就很不高兴。

"安儿，快点儿，我已经跟姑妈说了，她一定在家等急了。"

"妈妈，可是……你忘记了吗？"

面对这种场景，你可能会这么对孩子说：

"你这孩子，怎么这么磨磨蹭蹭，真不让人省心。"

会"说话"的父母却会这样说：

"孩子，你想说什么？你是不是有什么意见，或者有自己的想法？说出来听听。"

"相信你一定能行"——积极的暗示帮助孩子成长

木木是家中的独子，而且妈妈当年为了生他而受了不少罪，所以家人从小到大都对他呵护备至。木木上到小学四年级后，父母发现，虽然木木在学习上不怎么偷懒，可学习成绩一直上不去，他们想了很多办法都没能帮助木木进步，于是木木妈妈不自觉地想到了自己不顺利的分娩经历，认为孩子可能是出生时脑部神经受到了损伤，只是以前没有发现。

在一次测验后，看到木木的语文成绩，木木妈妈说："唉，你怎么又考这么差啊？也许真的是智力有问题。"

"可能是我脑子有问题，所以成绩才一直不好。以前你跟我说了，当年你生我的时候难产，我差点儿没命，做了手术才保住的命，我的智力可能就受到了影响。"

"唉，以前就觉得你笨，没想到是这个原因。明天带你去医院检查一下。"

第二天，木木妈妈就带着木木到医院进行了智力测试，没想到木木根本不存在智力低下的问题。看到这样的结果，木木和妈妈都纳闷儿了，这究竟是怎么回事呢？

【有话要说】

心理学家告诉我们：父母若以正面的信念期望孩子能成为什么，将来孩子就会成为什么。父母对孩子的期待与评价经常会在言语及日常生活中有意无意地显现出来。积极正面的期待会使孩子感受到爱与支持，从而充满自信，生气蓬勃；相反，负面的、消极的评价会使孩子失去信心与发展机会。

暗示会产生非同一般的效果。曾有心理学家做过这样一个实验：由两位水平相当的教师分别给两组学生教授相同的内容，有所不同的是，其中一位教师被告知："你很幸运，你的学生天资聪颖。然而，值得提醒的是，正因为如此，他们才试图捉弄你。他们中有的人很懒，并要求你少布置作业。别听他们的话，只要你给他们布置作业，他们就能完成。你也不必担心题目太难。如果你帮助他们树立信心，同时倾注真诚的爱，他们将可能解决最棘手的问题。"另一位教师则被告知："你的学生智力一般，他们既不太聪明也不太笨，他们具有一般的智商和能力，所以我们期待着一般的结果。"在该学年年底，实验结果表明，"聪明"组学生比"一般"组学生在学习成绩上领先了许多。

其实，在被测试者中根本没有所谓的"聪明"学生，两组被测试者全都是一般学生，唯一的区别就在于教师对学生的认知不同，导致了对他们的期望心理也不同，从而以不同的方式对待他们。其中一位教师把这些一般的学生看作是天才儿童，因而就把他们作为天才儿童来施教，并期望他们像天才儿童一样出色地完成作业。正是这种特殊的对待方式，使得一般学生有了突飞猛进的进步。

法国有句谚语说："自以为是鼠辈的人定被他人轻视、欺侮。"这从一个侧面反映了"心理暗示"给人带来的影响。经常给孩子一些积极而正面的"心理暗示"，孩子一旦沐浴在自信的光晕之中，将产生无比巨大的推动力，一步步向更高的人生台阶迈进。

【说话演练场】

王全是一名初一的学生，他聪明伶俐，资质不错，可就是太过于懒散，好像天塌下来他都无动于衷。他几乎每天上早读课都会迟到，有时还会拖欠交作业，在劳动卫生方面也很不积极。后来，经过老师的屡次教育，他决定改变自己。

一天，他看到家里的地板脏了，于是就拿起扫帚，对妈妈说："妈妈，今天我来打扫卫生。"

妈妈觉得十分诧异，因为王全以前可从没主动打扫过卫生，他的房间总是又脏又乱，很多果皮、包装袋都等着妈妈来清理。

面对这种场景，你可能会这么对孩子说：

"太阳打西边出来了，你是在跟我开玩笑的吧？你肯定打扫不干净。"

会"说话"的父母却会这样说：

"你能为父母分担家务我很高兴，我觉得你一定能打扫得很干净！"

"你也很优秀"——发挥鼓励的神奇作用

罗尔是一个非常调皮的小学生，他从小就特别贪玩，上课时经常说话、吃零食，走动位置，课间时还喜欢欺负同学，放学后也经常闯祸，他的老师和同学因此很不喜欢他，家人也经常对着他唉声叹气，认为他是一个很难调教的孩子，只有他的妈妈不这么想，她一直认为自己的孩子也是一个天才，只是他的潜能现在还处于"沉睡"状态。

"妈妈，怎么其他人都不喜欢我？"罗尔有一次问妈妈。

"因为你是个调皮的小天使，你太活泼了，有时候没有想到别人的感受。"妈妈说。

"上次老师说我没药可救了……"

"不，那不是真的，你也很优秀，你以后会慢慢进步，越来越优秀的，也许还能成为一个大科学家呢。"

小罗尔并没有完全听明白妈妈的话，但他记下了妈妈的话。此后，"你也很优秀"一直像一面旗帜一样激励着罗尔，使他逐渐改正了原来的很多缺点，进步了不少。

【有话要说】

美国著名的教育专家卡尔·维特曾经说过："每个孩子都是天才。"心理学的研究成果也表明，98%的孩子都不存在智力问题，而存在的是爱学不爱学、会学不会学的问题。也就是说，在孩子的培养上，智力问题并不是障碍，关键是孩子的教育方法，只要教育方法正确，普通孩子也会成为不平凡的人。

只有坚信自己的孩子是最优秀的，承认孩子的优点，对他的未来充满信心，给他积极的暗示，父母才有可能真正培养出优秀的孩子。如果自己的孩子与别人的孩子在某一方面相比成绩平平，甚至远远不如别人的孩子，即便是在这个时候，我们也要坚信自己的孩子在另外一些方面也一定有他的过人之处，只是现在还没有表现的机会而已。作为家长，我们可以仔细观察孩子闪光的一面，肯定孩子存在的优点。

其实，经常以"你也很优秀"来鼓励孩子，并不是要求父母将自己的孩子拔高，盲目地夸奖孩子，而是希望父母能在家庭教育中多给孩子以鼓励，恰到好处地夸奖孩子。卡尔·维特在《卡尔·维特的教育》

一书中认为，家长教育孩子最重要的方法是"鼓励孩子去相信自己"，只有孩子对自己充满了信心，父母才能培养出优秀的人才。而孩子对于自己的信心来源于"父母有效的夸奖和鼓励"，这种有效的夸奖和鼓励能够给孩子带来自信，又不至于让孩子变得骄傲。

另外，父母以"你也很优秀"这样的话语鼓励和引导孩子，实际上也是对孩子信任、关爱与支持的表达，在这样的氛围中，孩子才能变得更自信，更加充满朝气，从而不断进步和成长。

【说话演练场】

小基的学习成绩中等偏下，其他各方面的表现也很一般，在班级中很不显眼。在新学期刚开学时，老师就宣布全班要重新调整座位，因为小基个子比较高，老师就将他调到了倒数第二排，他因此十分郁闷，觉得老师是因为自己学习不好而轻视自己，剩下的那点儿学习热情也消失了，甚至开始变得不遵守纪律。

"听说你最近在学校表现很不好，能跟爸爸说说原因吗？"

"老师不太重视我，最近我还被调到了倒数第二排，周围坐的都是不太爱学习的学生……"

面对这种场景，你可能会这么对孩子说：

"你的成绩本来就不太好，如果你平时好好学，老师也不会这样对你！"

会"说话"的父母却会这样说：

"你有问过老师原因吗？我可已经问了你们老师，她这次并不是按照成绩来排位置的。你想想，你个子这么高坐后面很正常啊，如果坐前面，可能就挡住后面矮个子的同学了，咱们个子高的是不是应该顾及一下别人呢？还有，你一直都是个很优秀的孩子，不管在怎样的环境中，你都能好好表现，而且爸爸相信你还能带动同学进步，是不是？"

"你还可以表现得更好"——引导孩子进步

在六年级的第一学年期末，方群因为学习成绩好，其他各方面的表现也良好，从而受到了老师和同学们的一致好评，被推选为"三好学生"，看着同学们羡慕的眼神，她心里非常高兴，甚至有些飘飘然起来。回到家后，方群见爸爸正在看电视，她将自己的奖状和奖品往爸爸的眼前一放，然后高昂着头，说："爸爸，这是我这个学期的'战利品'，我今年考了第一名，而且其他方面也表现得很好。你看，这是'三好学生'的奖状。"

"你能取得这样的成绩，爸爸真为你感到骄傲。"

"那是当然啦，我为你争光了吧？每年能得'三好学生'的也就那么几个人，我今年是最受关注的，你该怎么奖励我……"孩子越说越得意，声调也提高了不少。

爸爸觉得方群此时的表现过于骄傲自满了，应该教育和鼓励一下她，便说："取得了这样好的成绩固然值得高兴，但也不能因此而止步不前。你很有潜力，爸爸相信你还可以表现得更好。"在爸爸的提醒下，方群意识到了自己的问题，并且决心以更高的标准要求自己。

【有话要说】

每个孩子都可能有不成熟的一面，常常会因为现实的际遇和遭遇的情况而患得患失，或喜或悲。当他们受挫时，会自卑沮丧，当他们取得了一定成绩的时候，也常常会扬扬自得。上述例子中的方群就因为该学期取得了很好的成绩而骄傲起来。在这种情况下，如果爸爸只是一味地表扬和称赞孩子，方群的自满情绪可能会更加膨胀，从而阻碍其继续进步，所以爸爸在肯定其成绩的时候也给出了善意的提醒，意在引导孩子再接再厉，继续前进。

会教育孩子的家长不仅要鼓励和表扬孩子，更应该在孩子遇到问题、需要帮助的时候提醒和引导他们，从而促进孩子的健康成长。具体地说，引导孩子就是孩子感到茫然无措的时候给他们提建议，在孩子自信过度的时候提醒他们，在孩子取得了一定的成绩之后引领其向着更加远大的目标前进，等等。总之，引导孩子的宗旨在于帮助孩子不断进步和成长。

以语言鼓励和引导孩子是引导教育中的重要内容，但引导孩子进步绝不限于语言上说说而已，同样还需要掌握一定的技巧和工具。想要引导孩子进步，父母应该在以下方面多注意：

首先，父母在平时需要多注意自己的言行，多多关心和理解孩子，做好孩子的表率，和孩子成为朋友，为孩子创设一个和谐融洽的家庭氛围。只有父母能够自律，并且发自内心地关心和爱护孩子，真正了解孩子的需求和想法，才能拉近亲子之间的距离，也只有在这样的氛围中，当父母批评和引导孩子的时候，孩子才会用心去听，虚心接受。

其次，引导孩子进步需要掌握一定的原则和方法，其中最重要的就是要针对具体的情境，运用不同引导语言和方式。比如，在引导孩子积极学习这件事情上，父母可以先为孩子营造良好的学习环境，自己多多陪伴和鼓励孩子学习，运用多种方式激发孩子的学习兴趣和学习热情等；在引导孩子再接再厉，表现得更好时，父母可以先肯定孩子的成绩，然后指出孩子需要提高的方面，给出一些具体的建议，引导孩子保持谦虚的作风，更上一层楼，等等。

学会引导孩子进步是父母在家教时必修的一门功课，只有做好了这些，孩子才会在原有的基础上积极进取，不断攀登新的高峰。

【说话演练场】

小文平时的学习成绩一般，可是他上语文课时非常认真，也很喜欢阅读和写作，语文成绩一直不错。在一次全年级组织的作文竞赛中，他的作品获得了一等奖，原本默默无闻的他觉得自己一下子扬眉吐气了，于是就自满起来，上语文课也没有那么认真了，还经常跟同学吹嘘自己是写作方面的天才，将来可能会成为大作家。班主任在遇到小文妈妈时偶然说起了这些事，希望妈妈能引导和教育一下他。

"你的语文老师跟我说你上次作文竞赛得了一等奖，我真为你感到骄傲！"妈妈说。

"这件事我不是早就告诉你了吗？你儿子真棒吧？你应该为我自豪的。"

面对这种场景，你可能会这么对孩子说：

"这有什么可自豪的，今天你们班主任跟我谈话了，说你因此而骄傲自满，取得小小的成绩就不努力啦？"

会"说话"的父母却会这样说：

"你进步了妈妈很高兴，但你因此就骄傲起来了，妈妈却有些担心。要知道'谦虚使人进步，骄傲使人落后'，你那么有潜力，应该可以表现得更好一些，如果因此就停止向前了，肯定是得不偿失的。"

"咱们玩角色互换吧"
——有效引导跟父母"对着干"的孩子

妈妈爸爸感觉小胖自从上初中以后，开始变得跟以前不一样了。他以前回来主动写作业，写完才出去玩，现在一放学就丢下书包出去跟小伙伴们玩，晚上睡觉前不得不写了，还是磨磨蹭蹭的。妈妈在旁边监督着，会好一点儿，妈妈刚出去做点儿事再回来，看见小胖要么是在摸橡皮，要么是在削铅笔。妈妈说："我不是都给你削好好几根铅笔了吗？就为帮你省时间，赶紧写作业吧！"

小胖说："我就是想自己削铅笔，这不是你说的吗？自己能做的事自己做，不麻烦妈妈！"

"那你早上自己叠被子行不行？"

"那我上学迟到了怎么办？"

"算了，你赶紧写吧！你要是一放学就先写作业，怎么会到现在还没写完？"

"我那不是劳逸结合吗？上了一天课还不能玩一会儿啊？"

小胖的一番话把妈妈噎得说不出话来。

爸爸在一旁呵呵大笑。

妈妈说："都是你教的，都会顶嘴了！"

"嘿，这跟我有什么关系啊！这是孩子自己长大了，有思想了，你得理解，这不是坏事……"

"瞧你说的，那还是好事了？"

小胖的妈妈虽然知道自己的孩子已经进入了青春期，凡事喜欢自己拿主意，但并不理解为什么孩子总是喜欢跟父母"对着干"，更不知道该如何改善与孩子之间的关系，如何才能帮助孩子改变这一现状。

【有话要说】

上述例子中的小胖之所以会经常做出与父母"对着干"的举动，主要是与青春期成长阶段的心理有关。从心理成长的角度来说，人在成长的过程中有两个转变非常明显的阶段，一个是两岁左右幼儿期的"第一反抗期"，另一个就是 11～15 岁青春期的"第二反抗期"，孩子在这两个阶段的心理发展状况，往往会影响其未来性格的形成及健康发展。

当孩子进入青春期之后，不仅生理上的发育明显，心理和性格方面也会出现一些显著的变化，尽管此时他们在经济上还不能独立，在思想上也不完全成熟，可在他们自己的眼中，已经把自己当成大人一样看待了，所以他们也渴望像大人一样独立自主地做事，希望父母能尊重和理解自己。也正因为，他们有时候会表现出特别明显的逆反情绪，喜欢以跟父母"对着干"的方式来反抗父母，凸显独立性和自主性。

对于孩子成长发育过程中的这些心理特征，父母需要多多了解和关心孩子，在这一基础上，父母可以通过一些实际行动来帮助孩子走出青春期的困惑，帮助孩子健康成长，尤其是当孩子出于叛逆而做出一些不合时宜或错误的事情时，父母更应该好好引导和教育孩子。

想要有效引导总喜欢跟父母"对着干"的孩子，父母可以在如下一些方面多努力：

首先，要想引导孩子向好的方面发展，父母应该先改变自己的一些不良做法，不要对孩子管得太严厉，也不要总是喋喋不休，做事要照顾到孩子的感受。有些家长认为教育孩子要严厉，在管教孩子时往往是不许这样不许那样，打骂孩子或是罚站等都是家常便饭，却不考虑孩子的想法。殊不知，在这种环境中成长起来的孩子，要么懦弱、胆小怕事，要么逆反性极强。有些家长总喜欢过多干预孩子的行动，喜欢唠叨，而对于孩子的行为和想法总喜欢提出反对意见，这样自会引来孩子的反感和不满，疏远亲子关系，对于教育和帮助孩子是没有什么好处的。

其次，父母管教孩子应该以尊重和宽容为前提。在平时，父母可以多给孩子一些自己做决定的机会，让他们有一定的选择权，这样可以大大减少逆反行为，而当遇到一些不容选择的情况时，父母也应该多用商量的语气跟孩子说话，可以温和一点儿的时候就不要太严厉，不要总是摆出家长的架势，对孩子发号施令。

还有一点很重要，那就是对于总喜欢跟父母"对着干"的孩子，父母应该多多安抚和引导，如在坚持原则的前提下，可以多多表扬和夸奖一下孩子的良好表现，平时可以鼓励孩子玩玩角色互换的游戏，让孩子体验做家长的感觉，这样孩子就更容易理解父母的苦心了。

【说话演练场】

芳兰马上就读初中了，妈妈发现，她最近变得有些奇怪，总喜欢跟同龄人聊天，却什么话也不喜欢对家人说，有时候妈妈问上好几句，她才勉强说一两句，更让妈妈担忧的是，原本乖巧的女儿似乎一下子变得叛逆起来，在很多事情上她总喜欢跟父母"对着干"。最近，妈妈帮芳兰报了之前她想学的舞蹈班。

"我现在已经不想学舞蹈了。"兰兰没好气地回道。

"你这孩子，上次不是非要去吗？妈妈费了很大的劲儿才帮你联系上，现在怎么不想学了？"

"就是不想学了，我就不喜欢按照你的意思去做事，就不想总是顺从你！"

面对这种场景，你可能会这么对孩子说：

"真是枉费了妈妈的一番苦心啊，真是不像话，跟我'对着干'有什么好处？"

会"说话"的父母却会这样说：

"孩子，你怎么能这么跟妈妈说话呢？妈妈这不是尊重你的选择才帮你去报名的吗？如果你不想学了，咱们也可以好好商量，不是吗？想想，如果你是妈妈，费尽心力才联系好老师，可听到女儿这样说，你会有何感想呢？"

第五章

批评教育，也要懂些说话艺术

"待会儿咱们再聊"——批评教育要选好时机

晓园已经上初一了,她一直是个懂事的孩子。可是最近一段时间,她因为迷恋上了某位歌星,整天沉迷于偶像崇拜而耽误了学习。在一次考试之后,晓园得知自己已经由班级原来的前十名退步到了三十几名,觉得十分后悔和伤心,决心从今以后改正。

晚上回家之后,她什么话也没有说,独自走进了房间。妈妈见状,连忙问:"女儿,你今天是怎么了,好像看起来不高兴啊?"

"嗯,我心烦,你先让我静静吧。"

"这么小年纪有什么好烦的事情,说说看吧。"

"我这次考试成绩很不理想,已经退步了二十几名,都怪我这段时间总是想着追星,没什么心思学习。"

"你现在知道错了啊,那你前段时间干什么去了?我上个月已经教育你很多次了,可你就是不听,还说自己有分寸的,可现在……你真是个不懂事的孩子,待会儿叫你爸爸好好教育你一下!"

晓园本来就觉得难过后悔了,挨了妈妈这么一顿批评,又觉得很委屈,所以哭了起来,同时也觉得妈妈并不关心自己。

【有话要说】

晓园本来就是一个听话懂事的孩子,她在知道自己的成绩明显退步之后立即进行了反思,也决心改正,此时她最需要的就是亲人的安慰和鼓励，可妈妈在知道她的情况之后，非但没有安慰她，反而当场就对她进行了批评和指责，这让原本就伤心和后悔的晓园难以忍受，觉得委屈。在这个例子中，晓园妈妈因为没有掌握好批评教育的时机和方式，以至于影响了母女之间的关系。

每个孩子都是活生生的生命个体，他们不仅仅满足于被爱、被教育，他们更渴求得到尊重和理解，希望在自己开心的时候，父母能一起分享；在自己伤心难过的时候，能得到父母的关心和鼓励；在自己需要帮助的时候，父母能给予支持而不是批评和指责。如果父母不能很好地照顾孩子的这些感受，经常在不适当的时机，采用不适当的方式对待孩子，结果不仅不能教育好孩子，还可能适得其反。

在教育孩子的过程中，批评教育是必不可少的，可是批评教育也不能不分场合、不分时机地盲目进行，而应该讲究一些说话艺术，其中，根据具体情况，选好教育时机很关键。在这方面，父母平时应该注意：

首先，父母需要意识到批评教育选好时机的重要性，而且对于孩子的批评应该合理。

在批评教育中找准时机很重要，只有时间选对了，孩子才能把父母的话听进去，教育才有效果，而如果时间选得不对，父母说得再多，孩子什么也听不进去，这样的教育便是失效的，父母在批评和教育孩子时一定要意识到这一点。同时，在批评孩子时，父母还应该掌握合理、得当的原则，批评合理才能使孩子从心理上产生接受感，才有可能帮助孩子改正不良品德、不良行为、不良习惯与不良学习态度等，批评的话说到点子上，孩子才能明白父母话语的意思，从而改正自己的缺点。

其次，父母应该知道通常来说不适宜批评孩子的一些时间点。

尽管孩子随时都有可能犯错，但父母批评孩子却不能随时随地进行，一般来说，父母尽量不要在清晨、吃饭时、睡觉前、孩子刚才虽然犯错但也受了委屈的时候批评孩子。在清晨批评孩子，可能会影响孩子一天的心情；在吃饭时批评孩子，孩子的食欲将受到影响，这可能对孩子的健康不利；在睡觉前批评孩子，会影响孩子的睡眠，这不利于孩子的身体发育；在孩子虽然做错了事情但已经受伤或受委屈的时候批评孩子，可能会严重影响孩子的情绪和心理，让孩子觉得父母不爱自己、不关心自己。

总体来说，在孩子犯错时，父母最好先给孩子一段冷静和反思的时间，等孩子的情绪平复了再进行教育和说理，这样的效果可能会更好一些。

【说话演练场】

张洛性格活泼开朗，有些顽皮，虽然他在学习方面很自觉，让父母没多费心，可是在生活方面，他却总是让父母操心不已。

有一次，张洛在放学后和同学一起到离家不远的小树林里玩，几个孩子争相比赛爬树，谁知，张洛一不小心从树上摔了下来，把脚扭伤了，手上也擦破了皮，几个孩子见状，马上护送张洛回家。

回家后，爸爸见到受了伤的张洛，问："儿子，你们几个这是去哪里玩了，你怎么受伤了？"

"我们去附近的小树林里爬树，谁知，我一不小心，从树上摔了下来，我的手和脚现在都很疼啊！"

面对这种场景，你可能会这么对孩子说：

"谁让你这么顽皮来着，我和你妈妈一直告诉你要注意安全，可你总当耳旁风，现在受到教训了吧！"

会"说话"的父母却会这样说：

> "先别说这么多了，看你好像伤得有些严重，咱们先一起去
> 医院检查一下，处理下伤口吧，其他事情咱们待会儿再说。"

"我想和你说点儿悄悄话"——不要当众批评孩子

韩敏的妈妈很关心儿子的成长，平时对儿子的要求也比较严格，为了能帮助韩敏提高学习成绩和综合素质，她不知费了多少精力，甚至几次放弃了自己事业的发展机会。韩敏的妈妈比较健谈，无论遇到什么人，总喜欢拉拉家常，在教育孩子时也稍微有些啰唆。

一天，妈妈的两个同事到他家来做客，不知怎的，几个人分别说起了自己孩子的成长话题。韩敏的妈妈看了儿子一眼说："我这个儿子啊，真不让人省心，调皮、贪玩，总喜欢看电视、上网、玩游戏，前几天在学校上课时用手机玩游戏，手机都被老师没收了，我现在也不知道怎么才能教好他了！"

听到这些，正在看电视的韩敏有些不高兴了，心想，这都是很久以前的事情了，于是他忍不住嘟囔了一句。

妈妈见状，说："你们看，他还不服气了！"

"妈妈，我现在已经不上课玩游戏了，而且我现在看电视、上网也都有分寸，不会影响学习的。我上次玩游戏，你不是已经批评我了吗？怎么现在还要再说啊？"说完这些，韩敏不高兴地

走开了。

生活中，一些父母总喜欢教训孩子，数落孩子的不是，不仅是在家里单独相处的时候，即使是当着众人的面也会不自觉地批评教育孩子，上述例子中韩敏的妈妈就是如此。在教育和培养孩子的过程中，父母应该讲究一定的方式方法，顾及孩子的尊严和感受，并以帮助孩子健康成长为目的，而不能动不动就摆出家长的架势，用长辈的权威压人，这样除了恶化亲子关系之外，对于帮助孩子健康成长是没有多大好处的。

英国教育家洛克说过："父母不宣扬子女的过错，则子女对自己的名誉就愈看重，他们觉得自己是有名誉的人，因而更会小心地去维持别人对自己的好评；若是你当众宣布他们的过失，使其无地自容，他们便会失望，而制裁他们的工具也就没有了，他们愈觉得自己的名誉已经受了打击，则他们设法维持别人的好评的心思也就愈加淡薄。"在这个世界上，很少有人会愿意把自己的缺点和不足暴露在众目睽睽之下，所有的孩子也都有这种心理需求，所以父母在教育孩子的时候，一定要照顾到孩子的这种需求和感受，千万不要当众批评自己的孩子。

在教育孩子的时候，无论孩子犯了多大的错误，表现得有多糟糕，父母都不应该在人多的场合批评教育孩子，而应该采取灵活的教育方法，如先不批评孩子，等回家之后再进行教育，或者把孩子拉到一边，尽可能小声地单独跟孩子说。

不当众批评孩子其实是尊重和关爱孩子。每个孩子都有被爱、被保护的需求，也渴望得到尊重和保护。父母当众批评孩子容易使孩子的自尊心受到损伤，久而久之，还会让孩子产生敌对心理，而如果父母能在没有外人的情况下，对孩子进行善意的批评，并指出改进的措施，这样既能保全孩子的面子，避免孩子的自尊心受挫，也能让孩子觉得父母是发自内心地关心和尊重他的，这样一来，孩子才愿意多跟父母交流，多听父母的意见。

不当众批评有利于帮助孩子培养自重、自爱、自尊的品格，帮助孩子健康成长。孩子通常会将父母顾全自己面子的行为当成尊重自己、理解自己的表现。长期受到这种情感的熏陶，孩子在与人交往的时候，既能尊重他人，又能做好自我尊重。这对于一个人建立起良好人际关系，免于迷失自我有至关重要的影响。

总而言之，避免在公开场合当众批评孩子是父母在教育孩子时应该重点掌握的一条原则。做好了这一点，与孩子之间的交流才会更加顺畅，与孩子的关系也才会更加融洽。

【说话演练场】

崔媛觉得自己越来越不喜欢妈妈了，因为妈妈总是对她管得太多太严，而且总喜欢在外人面前数落自己，丝毫不顾及自己的感受，为此，她没少跟妈妈发生冲突。

一个周末，崔媛带着几个同学来家里聚会，大家一时兴起，就互相打闹嬉戏，把家里弄得有些乱。此时妈妈回来了，看到这样的情景，大声地喊："媛媛，你们怎么搞的，把家里弄得这么乱？"之后，妈妈还边收拾屋子边教训崔媛："这么大的女孩子了，一点儿都不知道整洁。"

崔媛听后，有些不高兴了："妈妈，还有这么多同学在呢！"

面对这种场景，你可能会这么对孩子说：

"说你几句就不行了？你就是不爱整洁，平时我是怎么教你的？"

会"说话"的父母却会这样说：

"这么多同学一起玩，应该很高兴吧，你们先尽情地玩，待会儿咱俩一起收拾。"

"这里还可以改善一下"——批评纠错要委婉

为了迎接十一国庆节的到来，马力所在的学校准备举行一次合唱比赛，要求每个班级的每一名同学都要参加。马力所在班级的班主任很看重这次比赛，所以在每天放学后都会组织同学们一起排练。

马力从小就五音不全，以前也从没上过舞台，十分珍惜这次难得的机会，因此他不仅在学校排练时很卖力，到家后也会练习一会儿。一天，马力正在练习唱歌，由于原本的基础不好，他唱错了好几个音，坐在一旁的妈妈实在忍不住了，便大声说："这唱的都是什么啊，真难听，而且就这么几个简单的音都唱错了，也不知道你是怎么学的。"

马力听后有点儿难为情，可还是争辩着："我这是在练习呢，我们老师让我们平时多练习，这样到比赛的时候才能发挥好！"

"就你这水平，还发挥呢？我觉得你还是跟老师说说，别上台了吧，唱得都不在调上啊。"听了这句话，马力泄气了。在之后的排练中，他也没有以前那么认真了，甚至从此之后，他一提起唱歌就很没有自信。

【有话要说】

在现实生活中，不只是每个父母会对孩子有所期待，多数孩子也都渴望自己可以实现父母的愿望，他们都希望把事情做好、尽量让父母满意，得到父母的认可和欣赏。与此同时，孩子和大人一样，也都是讲面子的，即使在自己犯了错误的时候也是如此，当多数孩子表现不佳或者做错了事情时，其实他们的心里也是有些难过和着急的，此时他们最需要的就是得到父母的理解、安慰和帮助，父母此时的确有必要对孩子进行批评教育，但同时也不能忘记先关心一下孩子，而且在批评教育的同时最好也能委婉、温和一些。

教育家马卡连柯曾说："批评不仅是一种手段，更应是一种艺术，一种智慧。"这也就是说，批评并不是教育的目的，而是为了帮助孩子尽可能地改正缺点和错误，往好的方面发展。如果每个父母都像上述例子中马力的妈妈一样，当孩子表现不好的时候，就不顾及孩子的感受，随意讽刺孩子，甚至带着厌弃的表情指责孩子的缺点，对孩子进行严厉批评或是大吼大叫，就很容易伤害孩子的自尊心，无益于帮助孩子提高和进步。

很多教育实践证明，在对孩子进行批评纠错时尽可能地委婉一些，这样更有利于帮助孩子改正错误，收到良好的教育效果。因为批评孩子实际上是指出孩子的错误，是对孩子的否定，而否定又有轻重之别，只有用适当的方法来指出问题所在，孩子才更容易接受。

孩子的身心尚未成熟，犯错也是在所难免的，有时候孩子可能根本就意识不到自己犯了错误，有时候即使意识到了也可能不知道如何改正，这时就需要父母来帮助孩子，而在这个过程中，父母千万不能用简单粗暴的方法对孩子横加指责，而最好能用一些委婉温和的话语来对孩子进行巧妙的批评，先委婉地点评孩子的表现，然后再进行引导和帮助，这样既能发挥批评教育的作用，又能照顾到孩子的心理和情绪。

因此，平时父母在批评指正孩子的时候应该尽量委婉些，要学着让批评拐道弯，既要指出孩子的错误，对其讲道理，也要让孩子自觉地意识到自己的错误，明白自己错在哪里，应该如何改正。

【说话演练场】

莉莉是五年级的学生，平时聪明伶俐，各方面都很让父母省心。新学期刚开始，莉莉就因为学习成绩优异、待人热情而被班里的同学一致推选为学习委员。她高兴极了，在回家之后就迫不及待地大声将这个好消息告诉妈妈，妈妈也很高兴，但同时也提醒她说爸爸刚出差回来，正在休息，让她说话小声点儿。

莉莉回到自己的房间，为了表达自己内心的愉悦，于是打开音乐播放器，播放起喜欢的音乐来。

"宝贝，小声点儿，爸爸在睡觉呢！"妈妈走进莉莉的房间说。

"可是我很高兴啊！"

面对这种场景，你可能会这么对孩子说：

"你这么大了，应该懂事些了，已经跟你说过了，爸爸需要休息，你就别吵了！"

会"说话"的父母却会这样说：

"妈妈也很为你高兴，但表达高兴的方式有很多种啊。爸爸出差刚回来，肯定很累，咱们就让他先好好休息一下，等他醒了，告诉他这个好消息，让他陪你一起高兴！"

"以后你可以这样做"——建议比批评更有效

环环才上初中，平时聪明乖巧，与父母的关系还算比较融洽。可是最近一段时间，她发现自己有些讨厌妈妈了，因为妈妈总是动不动就批评自己，即使是当着同学和朋友的面，也不会考虑自己的感受，而且有时候说话还特别难听，为此，她已经跟妈妈吵了几次架了，母女关系因此有些紧张。

一个周末，妈妈以命令的口气要求环环帮自己把一些特产送到同一城市的姑姑家去，可环环因为要和同学一起去逛街而拒绝了妈妈的要求。

"你怎么这么不懂事，妈妈今天要忙着加班才让你帮忙。"妈妈当着同学的面批评了环环。

"我就是不去！我们早就约好了，而且昨天也跟你说了，东西你可以明天再送嘛！"环环说。

"可妈妈明天还有其他事情啊，这么大的孩子了，一点儿都不懂得体谅父母。"妈妈责备环环。

"我也想体谅你啊，可你每次跟我说话都是这样的语气，还动不动就训人，爸爸就不会这样！"说完，环环拉着同学走出了家门。

【有话要说】

批评是家长在教育孩子时常用的手段，然而在很多时候，批评教育的效果却很难尽如人意，一些孩子对于家长的批评，有时是充耳不闻，有时是光听不改，有时是无所适从，自信心和进取心丧失，有时甚至变本加厉，你越批评，我越逆反……

父母批评和教育孩子，多是想用"苦口良药"和"逆耳忠言"帮助孩子成长，在批评的背后，深藏着父母对孩子的期待和关心。然而，这种良好的期待和关爱，却常常因为批评而收获不好的结果，这应该不是父母的期望。

批评方式在家庭教育中是需要采用的，却未必是教育孩子的最好方式，因为批评的方式有一个很大的弊端，那就是常用一种负面的、概括性的判断来否定被批评者的行为，乃至于人格。而被批评者对于这种方式的反应，最常见的有两个：一个是同意，认为自己就是有这样或那样的缺点；一个是反对，这样就会表现出不满，产生对抗情绪。当面对父母的批评时，孩子如果接受了批评，建立起这样的自我形象，其自信、自尊、自爱就会被消磨，而当孩子反对并不愿意接受父母的批评时就会反抗和拒绝，认为父母不理解、不尊重自己，从而在自己和父母之间垒起一道心墙，疏远父母。

父母想要帮助孩子培养良好的品格、教养、习惯，促使孩子茁壮成长，可以在批评教育时讲究方法，最好能将自己对孩子的批评转换成给孩子的建议。具体来说，父母可以参照以下一些建议：

第一，在教育孩子之前，父母最好能仔细回想一下孩子的行为，并用描述性的语言记录下来，如孩子当时做出了怎样的举动，错误和表现糟糕的地方在哪里，其中有哪些可取之处和需要改进的地方……

要保持客观的态度，千万不要有任何好的或者坏的判断。

第二，父母在开口教育孩子时最好想想孩子表现好的方面及其行为中的可取之处，并仔细思考最佳的教育方式，最好能用商量和建议代替严厉苛责。同时，父母还可以多用正面积极的语言来描述孩子的行为等，并且在认同孩子的基础上，给孩子提出自己的建议。在提建议时，可以讲自我经历的方式；提出疑问，激发孩子自我思考的方式都是可以用的。

父母多努力、多讲究用恰当的方法教育孩子，是孩子健康成长的重要保障，父母在教育孩子时一定要注意这一点。

【说话演练场】

林芳平时学习很努力，也积极上进，在班上颇有人缘，在新学期开学的时候还被同学们推选为班长，她因此非常高兴，学习和做事也更有热情了。可最近的一段时间，她总是没精打采的。

爸爸看到女儿的这种状态，就关切地问："最近怎么了？好像没以前精神了。"

"嗯，最近出了点儿状况。前不久因为一些小误会，我和班上的学习委员闹矛盾了，心情受到了很大的影响，而且常因此心不在焉，上课没有认真听讲，以致耽误了学习，上次的考试也没有考好，老师为此特意找我谈话了。"说完这些，林芳准备接受爸爸的批评。

面对这种场景，你可能会这么对孩子说：

"学习上不努力，净在这种小事情上费神！"

会"说话"的父母却会这样说：

"很好，你能认识到自己的问题和错误。但现在最重要的还是要想办法补救啊，既然你已经意识到两人发生冲突是因为误会，就应该先和同学解除误会，然后再端正自己的学习态度，爸爸相信你一定能做好的！"

"下次不要这样了"——点到为止，给孩子留足面子

小永是六年级的学生，他很爱玩，平时总喜欢和同学一起踢球，有时候要玩到很晚才回家，他的爸爸妈妈因此经常要四处去找他。

有一次，小永和几个同学因为找不到踢球场地，就在离家不远处的胡同里踢起球来，谁知，小永在踢球时不小心把一户人家的玻璃打碎了。那人马上就到家里来告状了，妈妈知道这件事情之后很生气，当着同学的面就教训起小永来。

"真是不让人省心啊，爸爸妈妈每天那么辛苦地工作供你读书，可你整天就知道玩，一点儿也不上进。"

"才不是，我在学校学得很认真的，要不成绩怎么还那么好！"

"居然还顶嘴，你能保证可以一直成绩好吗？"

见小永没有作声，妈妈继续数落道："你想想你，每年要闯多少祸，每次都要我们来给你收拾残局，都这么大人了，好意思吗？"

小永看到妈妈在同学面前不住地批评自己，说了一句："你有完没完啊！"就气愤地独自跑开了。

【有话要说】

父母对孩子没完没了的批评，尤其是当着众人的面批评、指责

孩子，这很容易伤害到孩子，也容易激起孩子的对抗。上述例子中的小永妈妈就是因为没有顾及孩子的面子和感受，当着同学的面不停地批评孩子，最终导致小永气愤地离开。

家庭教育中，一些父母在批评和教育孩子的时候喜欢说个没完没了，还时不时质问孩子："我的话你听见了没有？"孩子慑于家长的权威，不得不应承着，可实际上，孩子根本就没有听清楚父母究竟说的是什么。还有一些父母在孩子表现不好或者犯错误的时候喜欢翻旧账，把很久以前的事情再拿出来数落孩子一番，一点儿都不考虑孩子的感受，其实这两种批评教育方式都是错误的，也是难以收到任何好的教育效果的。父母在批评孩子的时候说得太多、太啰唆，会令孩子分不清主次，不知道听哪一句好，而且长此以往，还会导致孩子在家长的教育面前"失聪"，对任何话都无动于衷。而家长总喜欢抓住孩子的错误唠叨个不停也是很不好的，这样只会令孩子反感，从而使批评教育失去作用。

英国最近一项研究表明，家长既要对孩子严格要求，又要温柔关怀，这是培养高素质孩子的关键。同时，研究还表明，教育也是要讲究方法和策略的，那些总能平和地跟孩子交流、在批评孩子的时候能点到为止、不唠叨的父母更能教育好孩子。因此，在批评孩子的时候，父母不妨多讲究方法，学会点到为止，留下思考空间和回旋的余地，这样或许孩子才更容易接受。

具体来说，在批评孩子之前，父母应该先分清孩子是有意的还是在无意中做错了事情。如果孩子并不知道自己犯了错误，父母就应该善意地指出来，并且帮助孩子改正，而如果孩子已经意识到自己的错误了，父母则要学会理解和体谅孩子，不能没完没了地批评孩子。而在明确了孩子犯错的原因之后，父母还需要拿出爱心和耐心，多多关怀和帮助孩子，最忌讳的就是针对孩子的缺点和错误翻来覆去地批评和数落。要知道，批评孩子的目的是为了帮助孩子改正错误，只要孩子能在教育的过程中意识到自己的错误，有决心改正错误并且能积极实践，父母就应该感到高兴。

【说话演练场】

美嘉家里最近刚领养了一只小狗，父母和美嘉都非常喜欢它，尤其是美嘉，每天放学都会逗小狗玩耍，给它喂食，有时还会帮小狗洗澡，带小狗出去散步。

有一次，美嘉在给小狗喂食的时候，因为粗心和急躁，不小心把狗食洒在了妈妈刚刚擦过的地板上，妈妈看到了，有些不高兴。

"这孩子，我刚刚擦干净，又被你弄脏了，做事总是这么急躁，你就不能小心一点儿吗？"妈妈埋怨道。

"我又不是故意的，还不是因为喂小狗才会这样的。"美嘉有些委屈地说。

面对这种场景，你可能会这么对孩子说：

"每次批评你总会找借口，就不会自己反思一下啊！都这么大的人了，做事情应该有分寸了，别总要父母为你操心。"

会"说话"的父母却会这样说：

"没事了，我也知道你不是故意的，但以后做事情还得要认真仔细些。"

"你就是不知道上进"——不给孩子乱贴负面标签

在海平妈妈的眼里，自己的孩子缺少上进心，好逸恶劳，即使是在非常重要的事情上，孩子也似乎总是提不起精神，非常懒散。这不，眼看着小学升初中的考试已经近在眼前了，可海平仍旧像以前那样贪玩，于是妈妈忍不住又想批评他了。

"你就是个让人操心的问题孩子，人不聪明，性子又慢，做事总是比别人慢半拍。"妈妈大声地说。

"妈妈，你怎么能这样说我？"海平听后，有些不服气。

"你不知道快要考试了吗？还整天这样慢慢悠悠的，就是不知道上进，说你几句还能好好表现几天，可过几天，又是稀里糊涂的，你究竟是怎么回事啊？"妈妈继续指责着。

"我就是问题孩子，我就是不思进取，哼，你经常这么说我，你又好到哪里去了？"海平气不过，跟妈妈顶起嘴来。当听到妈妈仍在那里给自己贴着各种负面标签，不断地批评自己时，海平实在气不过了，于是干脆跑出了家门。

【有话要说】

一些家长在批评孩子的时候，常常会出于气愤、激动等原因而说出一些过重的话，有时甚至会不自觉地用一些很负面的话语来概括孩子的表现，如"你就是不聪明""你就是不思进取""你就是没有担当，喜欢撒谎"等，殊不知，这样的负面标签对于孩子的健康成长是非常有害的。

心理学中有一种"标签效应"，即当一个人被某一种名词形容之后，也就是被贴上了标签，他就会做出自我印象管理，使自己的行为越来越趋近于所贴的标签。心理学家认为，"标签效应"的出现是因为标签具有定性导向的作用，会在无形中影响一个人的"自我认同"，从而使这个人向着标签的方向发展下去。根据这一原理，父母给孩子贴上正面的标签，孩子往往会向好的方面发展，而如果总是给孩子贴上负面的标签，孩子则可能因此而被导向错误的方向，表现也会越来越糟糕。

也许有些家长会认为，给孩子贴上负面标签，或者以较为严重的语气来批评孩子，孩子才能长记性，记住教训，却不知道，父母这样做，实际上并不能让孩子真正接受教训，反而会给孩子的内心造成不好的暗示，那就会使孩子的不良心理和行为得到强化，最终不利于他们的成长。

在教育孩子的过程中，父母应该牢记"标签效应"是有利有弊的，只有善于利用好这一效应，才能取得事半功倍的教育效果。具体来说，父母应该注意以下几点：

首先，父母在教育孩子的时候千万不要轻易给孩子做出坏的结论，切忌动不动就给孩子分成"好孩子"或"坏孩子"，更不能动不动就骂孩子"愚笨""蠢得无药可救了"等，而应该试着表扬和肯定孩子的良好表现，尽量多给孩子贴一些正面的标签，少在孩子身上贴一些负面的标签。

其次，父母在教育孩子的时候一定要实事求是，对于孩子的表现和成绩不能虚夸、过分表扬，同时也不能无限放大孩子的缺点。经常盲目地称赞孩子只会让其骄傲自满，丧失进取心，而过于夸大孩子的缺点则可能打击到孩子的自信心，影响孩子的做事热情，这两种教育方式都可能将孩子导向错误的方向，从而影响孩子的成长和成才。

父母在批评孩子的时候应该合理而讲究方法，切忌随便给孩子贴负面标签，这是父母应该掌握的重要教育原则，而且是非常重要的教育原则。

【说话演练场】

岚岚正读小学六年级，她最近与妈妈的关系很不好，两人时不时地会斗嘴、闹矛盾。妈妈认为是女儿不懂事，不体谅父母的苦心，而岚岚则认为是妈妈喜欢唠叨，在管教自己的时候不讲道理，喜欢乱教训人。

有一次，母女俩又为一件小事吵了起来。

"我真是可怜啊，怎么生了你这个冤家，只想着自己，一点儿都不考虑父母的辛劳和一番苦心！"妈妈埋怨说。

"明明是你不讲道理，总是唠叨，还乱教训人。"岚岚辩解说。

面对这种场景，你可能会这么对孩子说：

"我什么时候乱教训你了，你就是不懂事，没有责任感，只懂得享乐而不知道父母辛苦，说你是问题孩子一点儿都不过分！"

会"说话"的父母却会这样说：

"你对妈妈有什么意见，可以具体跟妈妈说说吗？也许妈妈也有错误，有时候在批评你的时候说话的语气或许有些重了，我在这里先自我批评一下。"

第六章

沉默是金，会倾听才能出奇制胜

"现在该我听你说了"
——掌握与孩子对话的黄金法则

李瑛的妈妈是一个商人，做生意精明能干，平时也伶牙俐齿，非常健谈，可是李瑛却和妈妈不同，她胆子很小，平时也不爱与人交流，即使受了什么委屈也总喜欢自己一个人憋在心里。一次家长会后，班主任又向李瑛妈妈反映了李瑛上课总是不积极发言，平时也有些孤僻、不太合群的问题，希望李瑛妈妈能帮助孩子改正。

李瑛妈妈回到家后，对女儿说："孩子，你在学校有什么困难吗？老师怎么总说你不合群呢？"

李瑛没有说话。

妈妈又接着说："我这么健谈，你怎么会不喜欢跟人交流，不喜欢表现自己呢？你不知道在这个社会里，口才好也是一种很重要的资本吗？你怎么又不说话？"

"嗯，知道了。"

"既然知道你怎么还这样啊？你们老师已经跟我说过好几次了，你在学校太内向，有些孤僻，这样下去对你的成长十分不利！"

李瑛默默地听着，仍旧什么话也没有说，妈妈一个人说了很久很久，可是李瑛都没有什么回应，最后妈妈也只得无奈地作罢。

【有话要说】

身为家长，你是否也遇到了这样的情况：有时候，当你在忙碌的工作之余，强打起精神，想要和孩子好好交流和沟通的时候，孩子却不领你的情，不是支支吾吾半天不说话，就是三言两语就把你打发了；有时候，当你在给孩子讲道理讲得津津有味，甚至连自己都被感动的时候，孩子仍旧无动于衷，似乎一点儿都没有听进去；有时候，你很想要关心和了解孩子，但孩子却总是敷衍回答，甚至还很不耐烦……

要做好家庭教育，并不是靠着美好的心愿或是父母单方面的努力就能实现的，想要多了解孩子，使得交流顺利而愉快地进行，父母在与孩子交谈时还应该掌握一个重要的原则，那就是 80/20 法则。

1897 年，意大利经济学家帕累托偶然注意到英国人的财富和收益模式。他发现，社会上的大部分财富被少数人占有了，而且这一部分人口占总人口的比例与这些人所拥有的财富数量具有极不平衡的关系。于是，帕累托从大量具体的事例中归纳出一个简单而让人不可思议的结论：如果社会上 20% 的人占有社会 80% 的财富，那么可以推测，10% 的人占有了社会 65% 的财富，而 5% 的人则占有了社会 50% 的财富。这样，我们可以得到一个让很多人不愿意看到的结论：

一般情况下，我们付出的 80% 的努力，也就是绝大部分的努力，都没有创造收益和效果，或者是没有直接创造收益和效果。而我们 80% 的收获却仅仅来源于 20% 的努力，其他 80% 的付出只带来 20% 的成果。

显然，80/20 法则向我们揭示了这样一个道理，即投入与产出、努力与收获、原因与结果之间，普遍存在着不平衡关系。小部分的努力，可以获得更大的收获。起关键作用的小部分，通常就能主宰整个组织的产出、盈亏和成败。因此，我们做事情时应该抓住重点，和孩子谈话时也是如此，而这其中的重点，就是要抓住孩子的心，要学会把话说到孩子的心里。

在当前，父母与孩子交谈时常犯的一个错误，就是说得太多，父母总是习惯对孩子进行长篇大论式的谈话，还总是喜欢说一些孩子根本听不懂的大道理，或总是过多地埋怨和指责孩子，这样的教育方式，势必导致孩子的反感和叛逆。因此，为了改变家庭教育的当前窘境，父母应该尝试着改变。

首先，父母可以根据孩子的年龄和成熟程度把握好谈话的"度"。美国著名的成功学大师在教导人们怎样对话的时候，建议我们把80%的时间留给对方来发言，把剩下的20%的时间拿来提一些能够启发对方说下去的问题。这也就是说，父母在与孩子交谈时应该多听少说，把大量的话语权交给孩子。

其次，父母应该多为孩子创造表达的机会，在这个过程中给予引导和帮助。不管是什么性格的孩子，总有表达的欲望和喜欢诉说的事情，也需要大量的空间去表达自己，更需要耐心的听众，而此时父母就可以做听众，鼓励孩子说出自己的想法，并且及时解答他们的疑惑。

交谈的智慧不在于说得多，说得好，而重在效果。

当父母觉得和孩子的交谈根本就没办法顺利进行时，孩子厌烦了你们的话语时，不妨试着巧妙地运用80/20的黄金法则，这样或许可以花最少的力气取得最好的效果。

【说话演练场】

李煜的爸爸多年来一直从事新闻媒体工作，口才非常好，他总觉得自己的儿子实在是个"闷葫芦"，而且做事也没有什么主见。

国庆节前夕，李煜的爸爸问李煜："儿子，国庆节马上就要到了，你觉得咱们全家一起去哪里玩好呢？"

其实，李煜很想要父母带着他去云南玩，所以他听了爸爸的话之后很高兴，正当他想要开口的时候，爸爸却说了："唉，问你也没有用，你向来没有什么主见，还是我自己来想想吧。"

"我觉得去北京不错，毕竟是祖国的首都；要不去海南好了，据说风光很好；不行去成都也行……"爸爸说了很久很久，却始终没有说到李煜想去的地方，李煜脸上表现出了很不高兴的神情。

面对这种场景，你可能会这么对孩子说：

"你有什么不高兴的，反正你又不能拿主意！"

会"说话"的父母却会这样说：

"儿子，怎么了，你是有自己的想法吗？现在爸爸好好听你说，你说出来听听吧！"

"我很喜欢听你说话"——放低姿态，善于倾听

露露是小学四年级的学生，以前活泼开朗、喜欢说话，可最近妈妈却发现，露露现在变得有些沉默寡言了。经过再三询问，妈妈才明白了其中的原因。原来，露露今昔变化明显，与爸爸的教育方式很有关系。

以前，露露每天放学回家后，都会把学校发生的趣事说给妈妈听，可露露的爸爸是个对孩子要求非常严格的人，希望她每天

都能好好学习，所以每次当露露说起学校的趣事时，爸爸常常会打断她，并责备说："整天只会说这些没用的事情，你把这心思放在学习上多好，快去做作业！"

"谁说没有好好学习了？要学习，可也要有点儿娱乐吧！"露露反驳说。

"说了你多少次了，再不好好牢记爸爸的话，看我以后怎么惩罚你！"露露吓得一个字也不敢说了，回到自己房间里。从此之后，露露再也不跟爸爸说学校里的事情和自己的表现了，久而久之，即使是对妈妈和其他家人，她也很少提及这些事情，整个人都变得沉默了。

【有话要说】

亲子之间的沟通交流是影响亲子关系、孩子性格发展的重要方面。生活中，一些父母都忽视了与孩子的交流，在孩子渴望诉说时不重视倾听，时间久了，不良的影响就会表现出来，上述例子中露露的情况就是如此。

大多数父母对孩子在生活上十分关爱，可在真正平等地对待孩子、注意孩子自尊等方面做得却很不够。比如，当孩子学习和生活上有什么问题，向父母诉说时，一些父母常常会以"忙"为理由打断孩子的说话，根本不让孩子把话说完，更有甚者，有的父母还会对孩子采取轻则斥责，重则打骂的态度，如果父母经常这样对待孩子，孩子就会失去想和父母交流的意愿，只能把自己的秘密埋藏在心里，做父母的也就很难知道孩子的所思所想了，这样对孩子的教育就会无所适从。更严重的情况是，如果孩子的话语权长期得不到尊重，孩子还会产生对抗情绪，同时，一些孩子还有可能因此而产生自卑情绪，严重影响孩子的健康成长。

在大多数的情形下，孩子与父母不能沟通，就是因为总是父母在说话而没有人听孩子说话。如果父母能放低姿态，用心倾听孩子说话，不仅能保证亲子之间沟通的顺利进行，而且会让孩子觉得，父母是尊重和理解自己的，他们很重视自己的意见和感受，从而愿意配合父母的教育，尊重和理解父母。

具体说来，在倾听孩子说话这个问题上，父母最好能从如下的一些方面多努力：

当孩子说话时，无论父母有多忙，应该要用眼睛看着孩子，不要随意打断，尽量表现出听得很有兴趣。父母应让孩子发表自己的观点，完整地听完他们所讲的话，如果有什么反对意见，也要等孩子说完后温和而善意地提出，千万不要过于武断，不应否定一切，即使孩子说错了很多，也先不要妄下定论，等孩子说完后再加以指正。

生活中，父母应尽可能地多与孩子交流。而且，应该试着用不同方法使得孩子愿意与父母交流。身为父母，在倾听孩子说话时，应流露出尊重和关爱，营造良好的交流氛围。

同时，父母应该学会正确"听话"，不打岔、不否定、不责备，以便孩子可以畅所欲言，也便于父母看清孩子的内心世界，在此基础上才能创造更多与孩子交流的机会。

每个孩子都有自己的心声，需要有个会"听话"的父母来倾听。只有尊重孩子，积极交流，才能够真正了解孩子的想法和感受，亲子之间才能进行良好沟通。

【说话演练场】

谭林由于小时候感冒发烧没有及时医治，留下了一些后遗症，他平时的反应就比别人慢一些，还有些口吃，所以在语言表达上有些困难。虽然周围的一些同学会因此而嫌弃他、疏远他，但他的爸爸妈妈并没有因此而放弃对他的治疗和帮助，他们每天都会听谭林讲述自己的经历和学校里的趣事。

一天晚上，谭林又跟妈妈说起了学校里的事情："妈妈，我今天……很……开心！"

"今天学校又发生了什么有趣的事情，能跟妈妈说说吗？"妈妈问道。

"嗯，今天，老……师表扬……我了，是因为……"谭林说了很久，就说出了这么些字，他憋得脸都红了，都没有说出来后面的话。

面对这种场景，你可能会这么对孩子说：

"怎么治疗这么久了还是没有成效啊，说话这样吞吞吐吐的，我都为你着急。"

会"说话"的父母却会这样说：

"孩子，不急，慢慢说，妈妈耐心地听着呢！你想到什么就说什么吧！你现在的表达能力比以前进步了不少，继续努力，你会说得更好的！"

"等我冷静一下再说"——愤怒时最好不说话而选择倾听

韩静今年已经是初一的学生了，她从小就乖巧伶俐，人长得也很漂亮。到了初中时，她的爱美之心愈加强烈，当看到班上的几个女同学会在周末化妆时，她也跃跃欲试。

一个周末，她拿出了妈妈的化妆盒，学着以往妈妈化妆的样子化起来，可由于她什么都不懂，结果不仅把自己化成了个花脸，还把妈妈的化妆品弄得乱七八糟。妈妈看到了，对着她就是一阵大吼："你这孩子，在乱搞什么？把我的化妆品弄成这样！"

"啊！"韩晶一惊，手中的粉饼掉在了地上。

妈妈见状更是怒不可遏："你这孩子，这么小年纪就化妆，还弄坏了我的化妆品，看我怎么教训你！"

"妈妈，我……"还没等韩静说完，妈妈又开始斥责起她来。韩静无奈，只哼了一声就灰溜溜地离开，跑进了卫生间。

【有话要说】

这个世界上，没有哪个孩子是不犯错误的，有时孩子常常会因为不懂事、不清楚事情的后果而做错事，有时也会在好奇心的驱使下做出一些出人意料的事情，有时孩子也有可能是想好好表现但结果却很糟糕。当孩子犯了严重的错误、惹祸时，不少父母常常会觉得气愤，根本就压不住内心的火气，极力想要通过训斥和责骂孩子来宣泄自己的情绪，却很少能先静下心来听听孩子的说明，这样其实是很不好的。带着愤怒的情绪和孩子交流是不会收获好的教育效果的，上述案例中的韩静妈妈就是如此，在愤怒情绪的驱使下，她不停地斥责孩子，却没能心平气和地听女儿解释，结果女儿不仅没有信服妈妈的说教，反而更加抵触。

人的语言和行为常常会受到情绪的左右，父母和孩子都不例外，如果父母在生气的时候责备、批评孩子，就可能会说出不合时宜，或者伤害孩子的话来，这对于教育孩子是很不利的。孩子制造了麻烦，犯了严重的错误，父母生气和愤怒是可以理解的，但如果父母因此就不问青红皂白、不考虑孩子的感受，对孩子大吼大叫，甚至大打出手，这就很不应该了，这不仅无法让孩子接受父母的批评教育，帮助孩子改正错误，反而会严重影响彼此之间的关系。

在批评教育孩子的时候，父母一定要注意言行的合理得当，绝不要带着愤怒的情绪批评和指责孩子，以此来发泄自己的不满，最好的方法应该是在情绪难以平衡的时候先不说话，等情绪平静了之后，再和孩子交谈，以保证教育的效果。

即使是觉得孩子的表现实在是让人生气，父母也应该先管好自己的嘴巴，设法让自己先平静几分钟再说话。在实践中，父母可以尝试着用如下的方法来调整自己的情绪：先做几次深呼吸，平静一下自己的情绪，或者转移自己的注意力，多想想孩子好的表现及行为中的可取之处，让情绪在这个过程中得到平复和释放，然后再思考孩子的问题，对孩子进行良好的教育和引导。

【说话演练场】

天宇办事情向来大大咧咧，也不怎么喜欢劳动，虽然已经快读初中了，可他的房间每天总是要妈妈帮忙收拾。妈妈因此而教育了他很多次，但似乎都没有改进。

寒假的一天，天宇叫了几个同学到家里玩，几个男孩在他房间里开着很大声的音乐，又蹦又跳，把房间弄得特别乱，后来几个人又商量去打球，天宇马上关上门就出门了。晚上，天宇的妈妈回来后，看到天宇的房间很乱，非常生气。

"这孩子，你是怎么搞的，有点儿记性没有，说了多少次了，这么大的人了要学会自己收拾屋子。"

"哦，我忘记了，今天下午出去得匆忙没顾得上，我待会儿马上收拾！妈妈你先别生气。"

面对这种场景，你可能会这么对孩子说：

"我能不生气吗？说了你多少次了还是没有改变，不像话。"

会"说话"的父母却会这样说：

"好吧！刚才是妈妈说话的语气重了点，因为妈妈生气所以才会那样的，请你理解。但是，你真的长大了，应该学会自理自立了。"

"我在等你说完"——不要随意打断孩子的诉说

于涛的妈妈是一个爱唠叨的人，一看到于涛有什么表现不合她的意，她就会说个不停，可是她却很少停下来听听孩子的意见和想法，在孩子向她倾诉的时候也总喜欢打断孩子的话。有一次，于涛的学校举办了校运会，于涛参加的是长跑比赛，在这项比赛中，他跑出了全校第一名的好成绩。晚上，他拿着奖状和奖品兴高采烈地回到家，看到妈妈在家，便忍不住想跟妈妈分享一下自己的喜悦。

"妈妈，我们学校今天举行了校运会，我参加了长跑比赛。

参加长跑的很多人都是高年级的，水平很高啊……"于涛说得津津有味。

此时妈妈正忙着打扫屋子，似乎没听清楚，就说了句："嗯，快去写作业吧。"

"可是，我今天还是跑了第一名。在前两圈的时候，我前面还有好几个人呢，我以为自己要落后了，没想到我后来居然追上去了……"谁知没等于涛说完，妈妈就打断他，说："你这孩子，叫你去写作业没听到啊！整天就知道玩，跑步好有什么用？重点中学能因此就要你了？"听完妈妈的话，于涛觉得很没意思，于是悻悻地走了。

【有话要说】

生活中，一些父母就像于涛的妈妈一样，根本就没有耐心听完孩子的话，动不动就开口训斥孩子，有时甚至误解了孩子，结果伤了孩子的心，令孩子从此不愿意多跟父母交流自己的想法，分享成长的经历，影响了和谐亲子关系的建立。其实，在教育孩子的过程中，如果父母能有足够的耐心，善于倾听，不随意打断孩子的话，或许就能收到完全不同的教育效果。

如果父母总是不能耐心地听完孩子的话，随意打断孩子的话，可能会造成诸多消极的影响：一是会让孩子觉得自己得不到父母的尊重，长此以往，他们就会习惯把话藏在心里，不肯对父母说；二是会让孩子觉得自己和父母的地位是不平等的，自己的话语权得不到重视，时间长了，孩子就会与父母产生对抗情绪，以致双方相互不信任，沟通困难；三是可能会影响孩子语言表达能力的提高和性格的发展，一些孩子可能会因此而变得自卑、内向、沉默寡言。

一份调查显示：70% ~ 80% 的儿童心理问题和家庭有关，特别是与父母对孩子的教养和交流沟通方式不当有关。为了帮助孩子健康成长，父母不仅需要平时多与孩子沟通和交流，更应该在双方对话的时候多些耐心倾听，少打断孩子说话。具体来说，父母应该做到：

在与孩子交流时要学会认真倾听，其中最简单也是最重要的就是当孩子说话时，要看着孩子，不要随意插话，尽量表现出你很感兴趣，让孩子发表他们的观点，完整地听完孩子所讲的话。对于青春期的孩子更是如此。很多青春期的孩子往往有较强的逆反心理，他们不喜欢听父母说话，更不愿向父母倾诉心事，但如果他们肯敞开心扉诉说，父母一定要耐心倾听，友善地回应。

在倾听的过程中，父母最好能始终保持平等的姿态，鼓励孩子说出心里话，不管自己对孩子的言语或行为持赞成、欣赏还是批判、反对的态度，都应该先听孩子把话说完，然后再发表自己的意见，告诉孩子你不赞同他的什么观点，并说出理由。当孩子发现自己受到了尊重，他才会更愿意倾听父母所说的话。

在与孩子交流的时候善于倾听、不随意打断孩子说话是保证亲子沟通顺利进行的法宝，父母们一定要好好学习和掌握。

【说话演练场】

小莫是一个想象力特别丰富的孩子，每天他的头脑中总会产生许多稀奇古怪的念头，而且他也非常喜欢和别人分享自己的想法和观点，老师常常夸他聪明，可是爸爸却觉得他就是因为经常把心思都花在了胡思乱想上，所以成绩才会一直这么不好。

有一天，在吃早饭的时候，小莫又有新的想法想跟爸爸说说，于是他高兴地对爸爸说："爸爸，我昨晚做了一个梦，很神奇的梦。"

"做梦有什么神奇的！"爸爸回应道。

"可是，我的梦的确很神奇。在梦里，我梦到自己制造了一个超级机器人，我还真切地记得它的样子，我想我能……"

面对这种场景，你可能会这么对孩子说：

"你又想怎样了？都不知道你整天都在想什么，还不如多花点儿心思好好学习！"

会"说话"的父母却会这样说：

"你继续说啊，爸爸认真听着呢！我觉得你这个梦真的很神奇，而且或许能梦境成真！"

"原来是这样"——用积极回应助推孩子表达

跃然已经上小学四年级了，性格活泼开朗，平时话就特别多。

在学校，他在下课时间总喜欢跟同学们说说笑笑；在家里，他更是喜欢交流，无论对着什么人，他似乎总有说不完的话，尤其是对妈妈说自己每天遇到的一些事情，他的话匣子一打开，就会一直说很久。

有天晚上，跃然又开始对妈妈说自己今天在学校发生的事了。

"妈妈，我今天知道了很多秘密，也做了几件好事。"跃然兴奋地说。

此时妈妈正忙着加班，根本就没有什么心思听孩子说话，但又不忍心打击孩子的积极性，于是说："嗯，好，你可以说说。"

"今天，我才知道我们班新来的吴老师居然就住在咱们小区，就在离我们家不远的那栋楼。还有，今天兰兰告诉我，她下学期准备转学了，因为她爸爸要去另一个城市工作……"跃然滔滔不绝地说着，还时不时地看看妈妈，可妈妈只是"嗯嗯"地应着。

说着说着，跃然觉得妈妈实在是听得心不在焉，于是就停了下来，有些生气地走开了。

【有话要说】

现实生活中，一些孩子常常会由于种种原因而无法连贯、准确地说出自己的感受和想法，有时会出现词不达意、语言表达不清的情况，有时孩子还可能因为兴奋而说个不停，在语句上重复啰唆，尤其是一些年幼的孩子，口语表达能力还很欠缺。当孩子出现这种情况时，父母千万不能表现得过于急躁，随便打断孩子的话，更不能因此而责备、讽刺孩子，而应该给孩子以思考的时间，多引导和帮助孩子。要知道，孩子还处于不断成长的过程中，总有很多需要改进的地方。

在家庭交流中，父母常犯的一个毛病就是说得多而听得少，有些父母不但常常会过早地对孩子进行长篇大论式的谈话，还常用一些孩子听不懂的词语，而在孩子诉说的时候，他们则会显得不耐烦，尤其是在孩子表达不清、说话有些啰唆的时候，他们常常会试图阻止孩子的表达，这其实是很不应该的。

要想做好父母，就应该多跟孩子交流，而想要有良好的交流效果，父母就应该掌握说话和倾听的尺度，尤其是在孩子表达困难或者不愿意说出真实情况的时候，父母最好的应对方式就是要用积极的语言给予回应，对孩子进行良好的引导和帮助，助推孩子的表达。比如，当孩子说有什么事情想要跟父母说，可说到一半却欲言又止的时候，父母不要责怪和批评孩子，而应该耐心地询问原因，并引导孩子将内心的想法和感受表达出来；当孩子说话不知道该怎么说时，父母也最好不要着急，更不能逼迫和责骂孩子，要学会引导和帮助孩子，等等。

以平等的姿态与孩子对话和交流，在孩子倾诉和遇到表达障碍的时候引导和帮助孩子，鼓励孩子说出真心话是父母与孩子沟通时应该做好的事情，也是家长的必修课之一，做好这些，亲子之间的关系才会更和谐。

【说话演练场】

小伟是家里的"小喇叭"，只要他在家里，家里就会非常热闹。平时爸爸妈妈工作都很忙，小伟有什么事情都会先跟爷爷奶奶说，之后等父母有空的时候再告诉父母。可有时候，小伟更加希望能多和父母说说话，讲讲自己感兴趣的事情或是自己的想法。

一天，小伟见爸爸下班回家后，坐在沙发上看报纸，就忍不住想跟爸爸说说话。

"爸爸，你今天下班真早。"小伟说。

"嗯，今天的工作很顺利，所以就早些。"

"你有时间陪我说说话吗？我觉得很久都没有和你说话了。"

面对这种场景，你可能会这么对孩子说：

"有什么事情你就直接说吧，说完我还看报纸呢！"

会"说话"的父母却会这样说：

"是啊，爸爸也这样觉得。我最近工作有些忙，没顾得上听听你的心声，趁着今天有时间，咱爷俩好好聊聊！"

"你的意思是……"——善于听孩子话语的弦外之音

李铮是某市重点中学的一名学生，不仅在班上担任班长职务，还在校学生会任职，在本年级中可以算得上是出类拔萃的人。可最近，向来自信乐观的他却心事重重。原来，他在不知不觉中对班上的一名女生产生了好感，他觉得有些困惑和迷茫，于是想把自己的心事跟妈妈说说。

一天晚上，妈妈正在电脑前工作，看妈妈已经快忙完了，他走了过去，没有直接说自己的事情，却试探性地问妈妈："妈妈，你累了吗？"

"儿子，妈妈不累。"

"妈妈，你晚上回家还要工作，一定很辛苦，我给你捶捶背吧！"

"儿子，妈妈知道你懂事，可我现在还没忙完呢。"

听了妈妈的话，李铮知趣地走开了。后来，妈妈转念一想，觉得儿子今天的举动异常，应该有什么事情想跟她说，于是，她放下了手中的工作，说："儿子，妈妈忙完了，你有什么话想跟我说吗？"

于是，李铮把自己的问题和困惑向妈妈诉说了一番，经过妈妈的开导和教育，他顿时觉得轻松了很多。

【有话要说】

随着年龄的增长，孩子的语言表达能力、思考能力等各方面都会不断提高，孩子渴望被尊重、被认可、被理解的愿望也会日渐强烈，尤其是对于父母，他们的期待会更多。但有时候，孩子又常常出于一些特殊的原因不愿意或者不便把心中的想法直接告知父母，而是会用一些特殊的表达方式，此时父母就应该多悉心观察孩子的举动，揣摩并理解孩子话语中的弦外之音，上述例子中李铮的妈妈在这方面就做得很好。

孩子和大人一样，也都希望被尊重和理解，尤其是当他们向父母倾诉的时候，可是因为每个孩子的个性不同和具体的情况不同，他们可能会出现一些欲言又止、说话时拐弯抹角的情况，使交谈不那么顺畅。通常而言，性格内向的孩子比外向开朗的孩子更容易说话含蓄。当然，一些特殊的情况也会促使孩子采用这样的表达方式，如当孩子意识到自己做错了事情，会觉得尴尬而难以启齿；当孩子表现不佳，会出于自尊心、怕挨骂等心理而不愿意把心中的想法告诉父母；当孩子遇到了一些困惑，出于害羞心理而不敢将实情告诉父母等，此时孩子常常会通过一些特殊的方式，如说一些题外话、欲言又止的行为、故意转移谈话目标等来表达，如果父母粗心，只是注意孩子表面的话语，而没有细细思考孩子话语的弦外之音，极可能忽略孩子的真正需求。

因此，父母在与孩子交谈时不仅要善于倾听，更应该多用心，学会听懂孩子的弦外之音。具体来说，父母需要做好这些方面：

1. 父母应该多关心和了解孩子，多留意孩子的性格和行为等的变化。

在平时的日常生活中，父母应该关心和了解孩子，对于那些性格偏于内向、说话时喜欢"拐弯抹角"、含蓄或者不善于直接说出自己想法的孩子，父母在交流时更应该多思索和观察。

另外，父母可以通过孩子平时习惯的改变，了解孩子的情绪变化，比如当孩子情绪低落、做事没有精神的时候，平时贪吃爱玩的孩子不爱吃、不爱玩的时候，父母就应该凭借经验去推测孩子的问题，或者用直觉去感受孩子的问题。

2. 父母在与孩子交谈时既要善于听，也要细致观察，同时还应该多考虑孩子的感受。

在与孩子交流时，父母不仅要注意听孩子说的话，还应该用心观察孩子的肢体动作、神情等，猜测孩子话语的弦外之音，以便更好地了解孩子的需求，有针对性地帮助孩子解决问题。

当然，父母还可以在日常的交流中了解孩子每天的行为、想法，从揣摩孩子的心思、了解孩子的感受出发等方式来获悉和明白孩子的具体情况，听出孩子话语的弦外之音。

【说话演练场】

李姿听话懂事，聪明上进，总能很好地安排自己的学习和生活，很让父母省心。今年暑假，学校准备举办一次夏令营活动，规定在校学生可以自愿报名参加。李姿非常想参加，可又担心妈妈不同意。

一天吃完晚饭后，她见妈妈一个人在收拾厨房，于是跑了进去，对妈妈说："妈妈，你在收拾厨房啊，我来帮帮你吧！"

"不用了，厨房这么脏，你还是先出去吧，小心把衣服弄脏了。"

李姿并没有走，而是说："没关系，妈妈平时上班就辛苦，下班了还得操持家务,我早就应该多帮帮你了!"接着又说道,"今年暑假我们学校准备举办一次夏令营活动,自愿报名,小泉和群群她们都说要报名去。"

面对这种场景,你可能会这么对孩子说:

"都说不用你帮忙了,你只会越帮越忙!妈妈现在正忙,你先出去吧,有事情一会儿再说!"

会"说话"的父母却会这样说:

"哦,我知道了,原来你是想跟妈妈商量一下夏令营的事情啊,好吧,等我一下!"

第七章

嘴下留情，走出沟通的误区

"你不配当我女儿"——过分苛责会伤害孩子

欣欣从小学二年级就开始学小提琴，已经学了十多年了。一方面出于自己的爱好，另一方面一直寄希望于文艺特长能对高考录取有利。

一次，欣欣正在练琴，妈妈在旁边监督，发现她的手形不对，就用一根小棍挑起她的手腕，大声训斥："跟你说过多少次了，手形不对，你怎么总是出错啊？"

欣欣马上改了过来，但是不一会儿，手形又不对了，妈妈又大声训斥她："已经跟你说过了，要保持正确的手形，怎么就是不听啊？一点儿都不认真，真不配当我女儿！"

欣欣听了很不高兴，也有些着急，于是她对着妈妈喊道："我不练了，我就是练不好！我是不配当你女儿！"说完就跑了出去。

其实刚开始练琴时，欣欣很有积极性，每天都主动要求练琴，并且很努力。但在妈妈一声高过一声的训斥中，练琴变成了欣欣最讨厌的事情，也失去了兴趣。

【有话要说】

在现实生活中，有很多父母和欣欣的妈妈一样，经常会在孩子学习一项新事物时，密切注视孩子的一举一动，一旦发现有错，立即十分着急地加以纠正，或是训斥和指责孩子，有时甚至达到了苛责的程度。如果父母对孩子过于挑剔，总是批评和斥责孩子的错误，无形间将强化孩子的错误行为，甚至让孩子产生严重的自卑心理。

有教育专家曾指出，责备孩子的声音越小，孩子听得就越认真，教育的效果也就会越好。美国教育专家的一项研究结果也显示，与肉体处罚比较起来，父母对孩子动不动就破口大骂，更有可能在以后的岁月里给他们造成心理伤害。孩子容易犯错，并经常犯同样的错误，父母的批评教育是必要的，但也应该讲究方式方法，千万不要对孩子过于苛责，更不能对孩子说一些尖酸刻薄的话，因为苛责孩子只会伤害孩子的心灵，加重其心理压力，甚至还会影响到孩子的正常发育和成长。

父母苛责孩子是不能教育好孩子的，还会伤害到孩子，父母在家庭教育中一定要避免这种行为的出现，尽量少对孩子说一些过分的话和苛责的话。具体来说，父母可以从这些方面加以努力：

1. 教育要适时和适度。

孩子有了缺点错误应及时给予纠正，趁热打铁，不可拖拉。在教育孩子时，态度要严肃，语气要平和，摆眼前事实，讲错在何处，不要翻旧账。过多的苛责，孩子听了会感到厌烦，当作耳边风，会事与愿违，达不到目的。

2. 要控制好自己的情绪，语气尽量温和。

一些父母在得知孩子犯错时常常会情绪激动，不分青红皂白就责骂和数落起孩子来，结果孩子往往因惧怕而一句也没听进去，根本起不到教育的效果。如果父母能控制好自己的情绪，语气尽量温和一些，孩子或许才能更好地明白父母的意思和自己的错误所在，从而改正错误。

3. 少责骂孩子，耐心地指出孩子的错误，让孩子明白父母的爱。

如果父母总是苛责孩子，不断地指责孩子的错误，反而可能强调了孩子的过失行为，孩子的注意力就会全部集中在与父母的责备相对抗上，根本不会想到反思自己的行为，也就达不到教育的目的。而如果父母能耐心地指出孩子的错误，同时对孩子表达自己的关爱，这样孩子或许就更能理解和接受。

总之，想教好孩子，父母一定要注意自己的态度，千万不能过分苛责孩子。

【说话演练场】

小乾的爸爸是单位的领导，做事雷厉风行，有胆识、有魄力，平时很受人尊重，可是小乾却性格懦弱，做事没有主见，在公众场合表现得羞怯焦虑，他的爸爸对此有些苦恼。

有一次，小乾的爸爸带着儿子去参加单位举办的一个聚会，聚会上有抽奖和互动环节，结果抽到了小乾的名字，要求小乾表演一个节目，之后就能领取一份奖品。

爸爸对小乾说："真幸运，儿子，抽到你了，去表演一个节目吧！"

可小乾的脸马上就红了，他向爸爸求救道："爸爸，我胆子小，害怕在别人面前表现，你帮帮我吧。"

面对这种场景，你可能会这么对孩子说：

"你怎么这么没出息，真不配做我的儿子！"

会"说话"的父母却会这样说：

"没事，儿子，别紧张，爸爸知道你的歌唱得不错，只要你尽力好好表现就行了，不会有人笑话你的！"

"算了吧，你不是那块料"——别给孩子"泼冷水"

夏琼是一个胖胖的小女孩，她平时很喜欢唱歌跳舞，在闲暇的时候总喜欢哼哼歌，练练舞。有一次，夏琼独自在家里写作业，一边儿写还一边儿小声地唱着歌，唱着唱着还起来手舞足蹈一番。此时妈妈回来了，看到这情景，妈妈一阵劈头盖脸地数落夏琼："做作业时你怎么还有心思唱歌跳舞，这么不专心，能写好作业吗？"

"嗯，我……"夏琼显然被妈妈的大声训斥吓到了。

"你长得又不苗条，声音那么沙哑，唱得一点儿都不好听，怎么还好意思唱歌跳舞啊？还是快点儿好好写作业吧！"妈妈紧接着又是一阵数落。

"妈妈，你……"原本高高兴兴的夏琼尴尬得无地自容。一会儿之后，她愤怒地转身离开，走出了家门。

【有话要说】

很多父母都觉得孩子还很不成熟，不能太宠着、惯着，而应该多经受一些磨炼和打击，否则，孩子就很容易骄傲自满，经受不起挫折。有的父母则习惯以大人的标准要求孩子，当孩子表现得不尽如人意的时候，父母为了激励孩子的进取心，让孩子保持头脑冷静，就喜欢给孩子"泼冷水"，说一些打击孩子的话，上述例子中的夏琼妈妈就是如此，她因为不满女儿的表现，对着女儿就是一阵数落，可是却没有意识到，她这一盆"冷水"，浇在了夏琼稚嫩的心灵上。

生活中，孩子似乎对于周围的很多事物都充满着好奇心，而且，他们的情绪波动也很明显，常常会出现因好奇而想要去模仿的现象和情绪亢奋、激动等情况，这本身是无可厚非的，可有些父母却无法正确看待和理解这些行为，认为孩子在过度兴奋的时候很容易盲目乐观、失去自我认知和判断的能力，还认为孩子在考虑问题时总是不成熟的，为了让孩子保持冷静客观，避免孩子受到伤害，一些父母会因此而给孩子"泼冷水"，以阻止孩子的行为。

然而实际上，给孩子"泼冷水"未必能让孩子保持正确的心态，让孩子冷静下来仔细思考，反而会激起孩子的不良情绪，从而影响孩子的行为。另外，如果父母总是在孩子开心的时候给其"泼冷水"，就会打击孩子的积极性，影响其做事热情，甚至会阻碍孩子潜能的发展，如果父母总是在孩子想要尝试新的事物的时候给孩子"泼冷水"，孩子的自信心就会受到打击，这会使孩子丧失继续奋斗和进步的动力。而如果父母在孩子表现有些糟糕的时候"泼冷水"则更是有害，这样会让孩子觉得自己的努力得不到父母的尊重和认可，甚至会给孩子留下心理阴影。

从孩子成长发展的角度来说，在孩子想要去做某事的时候，父母应该尽可能地支持和帮助孩子，即使是觉得事情很难，孩子会做不好，也应该先试着帮孩子想办法，给孩子以尝试的机会，而不是总打击孩子。

【说话演练场】

陈露看到班级里别的同学都报名参加兴趣班，培养艺术特长时，她也报了一个二胡班。因为陈露以前并没有系统地学过音乐，基础不怎么好，而且二胡本身就是比较难学的乐器，所以陈露在刚开始学习的时候觉得非常吃力，可她仍旧坚持不懈地练习着。

有一天，陈露在家练习拉二胡，由于刚刚开始学，又没有完全掌握技术要领，她拉得非常难听。妈妈走过来，说："你这是在拉二胡吗？驴叫都比这好听！"

陈露听了很伤心，也很气馁，一时间不知道该说什么好。此时，爸爸回来了……

面对这种场景，你可能会对孩子这么说：

"这是在干什么呢？二胡怎么拉成这样。干脆别学了，你根本就不是那块料！"

会"说话"的父母却会这样说：

"孩子，虽然你的二胡拉得还是没有什么艺术性，可比起前几天来进步多了！慢慢学，总会一点点进步的，我知道现在二胡拉得很好的一些人，都是从勤学苦练中走过来的，相信你也一定可以！"

"父母骂你是为了你好"
——"打是亲，骂是爱"是最大的谎言

王洋的爸爸脾气有些暴躁，在教育儿子的时候不仅没什么耐心，动不动就会对孩子大吼大叫，在孩子表现不好的时候甚至会责骂和打孩子，但是，王洋并没有因此而服从爸爸的管教，反而变得十分叛逆。有一次，王洋又因为在考试中数学成绩很不理想而挨爸爸的打。

"爸爸，老师说家长也不能随便打人！"在挨打之后，王洋不满地说。

"谁让你不好好学习，不好好表现呢？考得不好就要挨打！"爸爸大声地吼道。

"你这样做是不对的！"王洋有些气愤地说。

"谁说我是不对的，你是我的儿子，我就得好好管你！'打是亲，骂是爱'，我这样做还不是为了你好！"

"我不用你管，你越是这样，我就越不听你的！"王洋边说边哭着跑出了家门。

【有话要说】

"打是亲，骂是爱"是中国不少家长信奉的教育理念，而且在现实中，不少父母也都是这样做的，他们相信"棍棒底下出孝子"，在教育孩子的时候喜欢训斥和打孩子，以此来惩戒和教育孩子，希望孩子记住"前车之鉴"，上述例子中的王洋爸爸就是这样。事实上，这种教育方式收效甚微，多数孩子并不会因为父母的打骂而意识到自己的错误，改正不良行为，反而会因此对父母产生不满情绪。这是因为人们的情绪判断会遵循"情绪判断优先定律"，即当人们遇到问题时，通常会情绪先于理性，先处理情绪之后再处理事情。当孩子对父母有不满情绪之后，通常会先记住当时的"恐惧"，而忘了对错误的判断与反省，同时还会因为父母的不理解和不尊重而厌恶父母。

心理学上所说的"情绪判断优先定律"，即指情绪会优先于理性，影响人们的判断。无论是好情绪还是坏情绪，都会首先影响到人的行为。当孩子闯了祸之后，他们心里其实很痛苦、很内疚，在这种糟糕的心态下，孩子只会对父母的打骂反感，会觉得父母是因为不爱自己、不关心自己才会这样的，此时，孩子就根本无心改正错误。

从表面上看，打骂可以使孩子暂时克服自己不合理的欲望和控制不正确的行为，但是不能从根本上解决问题，弄不好还可能使孩子养成说谎的毛病，父母面前不做而背后做。同时，打骂会污辱孩子的人格和扼杀孩子的个性，还容易使孩子丧失自尊心，逆来顺受，畏首畏尾。另外，经常被打骂的孩子，随着年龄的增长，虽然已看不见他们身体上挨打的伤痕，但在他们的内心，却仍然保留着幼年时挨打的痕迹，这些痕迹会造成孩子不自信、缺乏安全感等后遗症，对孩子的个性发展和人生发展都会产生消极的影响。

无数事实证明，"打是亲，骂是爱"是最大的谎言，暴力教育从来就不会让孩子变得顺从，也不会让孩子变得聪明和懂事，在教育孩子的时候只有学会"先处理情绪，后处理事情"，先体谅孩子的感情，宽容和安慰孩子，处理好孩子的情绪，使孩子处于良好的情绪状态下，然后再想办法教育和引导，孩子才会信服和接受。

教育孩子只能说服，不能压服，只能用爱交换爱，用信任交换信任。打骂教育是一种畸形的家庭教育方式，在现代的家庭中，应该避免出现。

【说话演练场】

过几天就是蒙蒙爸爸的生日了，叔叔和姑姑都说要来给爸爸庆贺生日。为了迎接客人的到来，蒙蒙和妹妹在周末主动承担了打扫卫生的工作。在收拾桌子的时候，由于蒙蒙心不在焉，不小心把桌子上的花瓶打碎了。蒙蒙知道这是爸爸最喜欢的花瓶，明白自己闯了大祸，十分担心，心想："这是爸爸最喜欢的东西，而且爸爸向来非常严厉，这次他一定会骂我、打我的！"

正在此时，爸爸回来了，看到蒙蒙和地上打碎的花瓶，有些气恼地问："这是怎么回事？你怎么把我最喜欢的花瓶打碎了？"

"不，不是我，是……妹妹。"蒙蒙吞吞吐吐地说。

后来爸爸经过调查，发现的确是蒙蒙把花瓶打碎了。

面对这种场景，你可能会这么对孩子说：

"你怎么总是这么毛手毛脚的啊？花瓶居然被你打碎了，而且你还敢撒谎，看我今天怎么收拾你！"

会"说话"的父母却会这样说：

"今天打扫卫生，你是咱家做得最好的，我很高兴！至于这个花瓶，放在这里是有点儿碍事，我也早想处理它了，碎就碎了吧。不过呢，以后劳动的时候可要注意啊，万一花瓶碎片伤到手怎么办？还有，撒谎是很不好的行为，犯了错误，要及时改正，以后不再犯同样的错误，依旧是个好孩子，记住了吗？"

"他考试经常不及格"——别揭孩子的伤疤

张华和陈默是表兄弟，他们的家也住得不远，所以两家人往来算是比较密切的。有一天，张华的妈妈带着张华到陈默家玩，此时陈默的妈妈正因为孩子的考试成绩不理想而训斥孩子。

"你怎么搞的？怎么又考得这么差？都不知道你平时是怎么学的，真是笨得很啊！"妈妈训斥陈默。

陈默不说话，低着头，内心似乎也在为此而觉得羞愧。

"你小学时学习还不错的，可自从进入初中以来，你的成绩为什么就这么糟呢？你想想看，这个学期你哪次考试让人满意了？去年期末考试你排在了班级倒数第 10 名，数学没有及格，英语也考得很不好。这学期的期中考试还是没有长进，数学只考了 56 分，仍旧是不及格，你丢不丢人啊？"妈妈对着陈默就是一阵数落。

"其实我也想好好学的，我也不想这样的！"

"那你还不好好反省一下，下次考好点儿，不要总是不及格了，很丢人的。"

看到妈妈当着亲戚的面这样批评自己，陈默觉得很不好意思，于是没有再说什么，低头进了房间。

【有话要说】

在孩子的成长过程中，难免会犯这样那样的错误，会留下一些难以磨灭的失败印记，也会在不经意间做出许多让大人感觉好笑的"糗事"，而随着时光的流逝，有些事会被忘却，有些事则可能始终被铭记。孩子成长过程中的不愉快经历或多或少会给孩子带来羞耻感，成为他们的隐痛，甚至给他们的心灵造成一定的伤害，留下一些疤痕，一般人都是不愿意回顾这些经历，更不愿意向别人提起这些经历的。对于上例中的陈默来说，接连几次的考试不及格一定会对他的心灵造成影响，他也有自尊心和羞耻心，希望自己能考好，更希望能守住自己的尊严，可妈妈当着亲戚的面一阵数落陈默，无疑是在揭他的伤疤，让他觉得内心受伤，自尊心受挫。

孩子身上的缺陷、曾经的失败和挫折经历都会在孩子的心中留下伤疤，当孩子心灵的伤疤还没有痊愈的时候，就非常希望能得到别人的尊重和保护，尤其是来自父母的保护。如果父母不了解孩子的这种心理，总喜欢把孩子的缺陷和不愉快的经历到处说，或者拿来当作笑料说给别人听，或以此作为教育孩子的素材，就很容易伤害孩子的心灵，在他们的心中留下难以消除的疤痕。父母在教育孩子的时候是需要讲究科学方法的，尤其是当孩子受挫，希望得到保护和尊重的时候更是如此。

当孩子因为失败和表现不佳而自怨自艾的时候，父母最应该做的是理解和安慰孩子，而不是对孩子的表现持不接纳的态度，更不能时不时地说起那段令孩子觉得羞愧和不安的经历，揭孩子的伤疤，这样只会让孩子倍觉痛苦。

另外，对孩子来说，其身上的缺陷、曾经的失败和挫折经历都会在内心留下伤疤，当孩子心灵的伤疤还没有痊愈的时候，父母千万不要揭孩子的伤疤，不要因为孩子的缺陷而嘲笑他，不要因为孩子曾经的过失和不愉快经历来数落和教训孩子，而应该多多理解和关心孩子，慰藉他们的心灵，用爱来滋养孩子，帮助他们走出成长的困境。

【说话演练场】

妍妍今年刚上初中，她的学习成绩不错，平时也特别活泼，喜欢帮助人。在小学时一直担任班干部，所以在初中的班主任说希望全班同学能踊跃竞选班长时，她也非常想要参加竞选。有天晚上，她把自己的这一想法说给了妈妈听。

"妈妈，我们老师说过两天就要竞选班长了，我想参加竞选。"妍妍对妈妈说。

妈妈知道，女儿一直对当班干部很热心，尤其是想当班长。

在小学时她就几次尝试着参加班长竞选，可惜都失败了。

面对这种场景，你可能会这么对孩子说：

"你这次还想参加竞选啊？你以前不是参加过很多次班长竞选，可都失败了吗？有一次你还因此而当着全班同学的面哭了呢！总是落选，你不觉得很丢人吗？"

会"说话"的父母却会这样说：

"嗯，可以试试。尽管以前你有失败的经历，但你希望为同学服务，并能始终坚持的心是很好的！相信你这次一定会有好的表现，你一定会收获成功的！"

"你只管努力学习，其他事别操心"
——培养孩子要全面

周天成长于一个单亲家庭，妈妈独自抚养他长大，十分不易。因为家庭环境特殊，妈妈对他的要求非常高，一心希望他能成为很优秀的人。于是，周天从小时候起就被要求每天勤奋学习，这使他每天娱乐的时间特别少，也没有什么朋友，其他的业余爱好更是被全面限制了。妈妈还总爱拿他的成绩与其他人比较，一旦发现周天有退步，就会训斥和打他，周天因此十分不满。有一次，周天的叛逆情绪终于爆发了。

"我真怀疑你是不是我的亲妈妈，整天就只知道让我学习学习，我没有任何娱乐时间，也感受不到任何快乐！"周天大声地说。

"你这是什么话，妈妈还不是为了你好？这么多年来我辛辛苦苦地养育你，让你好好学习，难道有错吗？"妈妈感到有点儿委屈，"你的家境与别人不同，妈妈养大你已经很不容易了，你以后的路只能靠自己，如果不好好学习，你怎么能改变命运！"

周天没有作声。妈妈又接着说："孩子，你现在是学生，主要的任务就是学习，只有学习好了，将来才会有美好的生活，其他事你就别操心了，以后再说。"

对于妈妈的话，周天觉得非常无奈，而且每次听完后都会觉得压力很大。

【有话要说】

其实很多家长和周天的妈妈一样，仍处于分数教育，每天督促孩子好好学习，总是只关心孩子的学习成绩，却忽略了其他方面的培养和训练，常因为孩子的成绩不佳就责骂、训斥孩子，培养出了高分低能的孩子。事实上，分数并不是衡量孩子能力的唯一标准，也无法完全真实地反映孩子的能力，每次都能考高分也不意味着真正的优秀和能拥有远大的前程。

孩子在成长过程中不只是需要通过学习获取知识，还需要培养和发展其他各方面的能力，只懂得学习的孩子本身就是有问题的，也是难以走好以后的人生之路的。美国教育者认为教育所强调的技能应该更加重视孩子各方面的能力培养，比如感受能力、分析能力和独立解决问题的能力等，使孩子具有良好的素质。所以父母在培养孩子时更应关注孩子的素质和全面发展，让孩子早早地接受锻炼，培养能力，以助他们成才。具体来说，家长可以注意这些方面：

首先，父母应该对分数有正确的认识，改善教育观念，明白分数所代表的意义。只有明白了这些，父母才会调整自己的教育观念，改变"只重视分数"的观念，帮助孩子学习，并且提高孩子其他各方面的能力，而不是整天催促孩子学习再学习，在学习上给孩子施加各种压力。

其次，父母应该在实践中落实正确的教育观念，真正关心孩子的成长，帮助孩子成才。比如，当孩子学习遇到困难时，父母千万不能用刻薄的话把孩子"打入冷宫"，而应该给予孩子及时的安慰和鼓励，提高孩子的学习兴趣；当孩子的成绩在班上总是遥遥领先时，家长要注意防止孩子滋生骄傲情绪，这时可以给孩子讲一讲一些优秀者的例子，以激励孩子继续努力。另外，父母更应该教孩子学会以一颗平常心对待学习和生活，不仅要关注学习，更应该注重其他方面的均衡发展，注重各方面能力的提高。

另外，父母还应该为孩子的全面发展创造良好的条件，鼓励孩子多多学习和实践，在孩子迷惑、遇到困难的时候给予引导和帮助。

【说话演练场】

小安的妈妈是一位具有高级职称的英语教师，对孩子要求甚严，她很希望自己儿子的英语非常优秀。为此，她利用暑假的时间给孩子报了一个封闭式的英语辅导班，还每天命令孩子做各种各样的英语练习题。

有一次，她拿着一本英语练习册，对孩子说："你必须在一周之内，把这里面的习题从头到尾做一遍。"

"妈妈，这本练习册这么厚，一周的时间肯定做不完。"小安说。

"只要你每天都认真地做，肯定是能完成的！"妈妈鼓励小安。

小安无语，只能按照妈妈的意思去做。几天之后，他把自己锁在了屋里，不愿意出来吃饭，也不愿意出来见人。

面对这种场景，你可能会这么对孩子说：

"你怎么能这么不懂事，妈妈这样做还不是为了你好？你想想看，你的英语成绩好了，总体的分数提高了，将来不就能考个好学校，找份好工作，以后也就能衣食无忧了啊！"

会"说话"的父母却会这样说：

"孩子，是妈妈不好，不能只顾着让你学习，却忽略了对你其他方面的培养，妈妈今后一定改正！"

第八章

谈话有智慧，说得多不如说得妙

"我来给你讲个故事"——巧借故事引导孩子

金金活泼好动，很喜欢思考问题，可就是不怎么讲卫生，待人接物也没有礼貌，妈妈平时也没少给他讲道理，可金金一点儿都听不进去，有时还会故意和妈妈"对着干"。

有一天，金金和爸爸妈妈走在路上，遇到了金金的数学老师，金金立即把脸转向一边，装作没有看见。之后，妈妈对金金说："你明明看到老师了，怎么不和老师打招呼啊？"

"我不喜欢他，所以不想跟他打招呼！"

"你这孩子怎么能这样，尊师重教、待人有礼是中华民族的传统美德，我们每一个人都应该继承……"妈妈一口气给孩子讲了不少大道理，可金金似乎不领情，对妈妈嚷嚷道："知道了，你每次都这样！"

爸爸见状，并没有严厉地批评金金，也没有继续说大道理，而是给他讲了一个某人因为不懂得礼貌、不懂得尊重人而不被大家喜欢，最后只能独自居住在山上的故事。金金认真地听着故事，最后他脸红了，向父母承认了错误并表示以后会努力改正。

【有话要说】

不少父母都发现，自己的孩子一到了青春期之后，就变得叛逆而听不进道理和劝告，越是让他这样，他偏偏要那样，给他讲道理或者提要求根本就没有用。实际上，孩子的这些表现一方面与其个性和心理发展有关，另一方面还可能是由父母的教育方式不当而引起的。

每个阶段的孩子都有其成长特点，年纪尚幼的孩子心智还不成熟，理解能力非常有限；青春期的孩子追求自我和独立，希望能体现自我意识，而且比较敏感和叛逆。总体来说，无论是哪个阶段的孩子，基本上都不怎么喜欢听空洞的道理，很难接受严厉的说教，年纪还小的孩子是因为理解不了这些大道理，而青春期的孩子是不喜欢这样的交流和教育方式，对于父母经常说教的行为会产生本能的反感和叛逆。

身为父母，在关心孩子成长，教育孩子进步的时候一定要掌握孩子的这种心理，多采用孩子喜欢和能接受的方式与其交流，这样才能把话说到孩子的心里，增强教育效果。与空洞的说教相比，在教育孩子时讲究方法或许更可取，其中，针对孩子存在的一些问题，根据具体的语境，说一些孩子喜欢听的故事不失为一种很好的教育方式。孩子一般都喜欢听故事，故事有趣生动，更容易吸引孩子的注意力，激起孩子的兴趣，故事中蕴含的道理深刻而形象，能给孩子启发和引导，也更容易被孩子接受和理解，因此，父母在平时可以多陪陪孩子，利用空闲时间给孩子讲一些故事，让孩子从故事中汲取营养，改正错误的行为，树立正确的人生观。

首先，父母可以给孩子讲一些优秀人物和英雄楷模的故事，以此教育孩子，指引孩子成长。比如，古往今来的科学家、艺术家、思想家对真理的追求、对事业的献身，以及这些人物的立志、奋斗进取、战胜挫折等方面的故事就是很好的选择。

其次，父母可以用一些科学故事和寓言故事启发孩子的好奇心，激发孩子对学习、探索和思考的兴趣，或是加强孩子对于某一些问题的思考和研究，激励孩子积极进取。

再次，当父母发现孩子身上有这样那样的缺点时，可以针对具体情况，选取一些类似的故事来教育和启发孩子，鼓励孩子在听故事的时候自己思索和反省。

在生活中，运用故事引导和教育孩子的好处很多，只要父母能仔细琢磨，就一定能找出最适合的教育方式，优化教育效果。

【说话演练场】

在父母和很多同学的眼中，李佽是个不讲卫生、懒惰的孩子，他总是想着各种方法偷懒：每当到了学校规定的劳动时间，李佽总是会装病故意不参加；他的书桌，总是看起来非常乱；他的衣服，总是弄得很脏而不换洗；在家里，他从不收拾房间，更不用说帮爸爸妈妈打扫卫生了……

"儿子，你的房间又乱又脏，该收拾一下了。"一天晚上，爸爸对李佽说。

"我不觉得乱啊，不就是有些果皮纸屑吗？而且，被子本来每天都要盖，又何必整理呢？"

面对这种场景，你可能会这么对孩子说：

"你真是懒，拿你没办法了，再这样下去，以后怎么得了！"

会"说话"的父母却会这样说：

"来，儿子，爸爸给你讲个故事吧。话说从前有个儿子，他非常懒惰，几乎从来不下地干活儿，就连吃饭也要妈妈喂，后来，妈妈要出远门，因为担心自己的孩子饿着，就做了一个大饼挂在他的脖子上……"

"要是不这么做的话"——让孩子在对比中领悟道理

肖悦今年马上就是小学毕业班的学生了，他的其他成绩还可以，就是作文水平欠佳，以致影响了语文成绩，妈妈为此很着急，想让他报名参加暑假的作文班。可是，肖悦并不愿意，他想利用暑假的时间好好玩玩。

"儿子，暑假的作文班马上就要报名了，你想好了没有？"一天，妈妈问。

"嗯，我还在想……"

"我知道你并不十分乐意参加作文班，你想在暑假好好玩玩，对吧？可是你能听妈妈帮你分析一下参加作文班的好处与坏处，然后再决定吗？"

肖悦点了点头。

"你马上就要小学毕业了，上作文班可以帮助你尽快提高写作能力和语文成绩，成绩好了，你会变得更自信，对于你以后的考试也很有帮助……而坏处在于，为了上课，你就得牺牲一些休息时间，做自己喜欢的事情的时间就会少一些……你自己决定吧。"

肖悦认真地想了想，觉得妈妈分析得全面而在理，加上自己班上很多同学也都报了这个作文班，所以就决定要报名参加了。

【有话要说】

在孩子成长的过程中，父母不能凡事都为他们规划好，却可以通过教育让孩子明白事理，不断成长。青春期是孩子成长的关键时期，这一时期的孩子，自我意识和独立性都比较强，往往喜欢按照自己的意愿去做事而不喜欢被强迫，对于这一阶段的孩子，父母如果想要求孩子去做某事或者不要做某事，最好不要采用逼迫和命令的方式，因为这样很可能会适得其反。

父母教育孩子的重要原则是要学会把话说到孩子的心窝里，让孩子明白道理，从而自觉接受和服从。然而，孩子的心智还不十分成熟，考虑问题也未必周到，很多时候，孩子并不能完全明白做某些事情的原因和好处，也不明白做某些事情会有怎样的危害和后果，此时就需要父母耐心地给孩子讲道理。但是，讲道理也不是一件简单的事情，切忌空泛说理和说一些孩子根本就不明白的话，想要把话说到孩子的心里，让孩子明白道理，在给孩子讲道理的时候，适当地运用正反对比的方式是很好的。

运用正反对比的方式给孩子讲道理就是运用比较的方式，先给孩子说说做某事或者不做某事的好处与坏处，并在这个过程中，委婉地表达自己赞成什么，反对什么，让孩子能从中悟出道理，并能自主决定该怎么去做。需要注意的是，父母虽然是可以把自己的观念暗藏在正反对比说理里面，却不能太明显，这种说理教育的重点是一定要引导孩子自己分析和判断，在分析做与不做的同时学会趋利避害，做有利于自己成长的事情。在这个过程中，父母需要注意以下几点：

首先，在正反对比说理中一定要注意态度和方式，不要让说服变成说教或是压制。

为了达到运用正反对比教育方式说服孩子的目的，父母应该放弃说教和压制，不给孩子讲空洞的道理，不用强硬的语气或是家长的权威压人，而应学会把道理说得通俗易懂，并尽量贴合孩子的理解方式和认识水平。

其次，在说理时要以孩子为出发点，多给予孩子关爱。在运用对比说理说服孩子的时候，不仅要灵活运用多种说理方式，使得论证更有说服力，更重要的是，要学会从孩子的角度考虑问题，体现父母的关爱和用心，这样不仅能让孩子在教育中明白事理，学会自己分析和解决问题，积累更多的做事经验，更能让孩子感受到家庭的温暖。

【说话演练场】

宁君和丁丁原来是一对很好的朋友，可最近两人因为一件小事吵架了，他们互相指责，谁也不肯让步。宁君虽然很珍惜这份友情，想要和好，却一时丢不开面子，于是就把自己的苦恼跟爸爸说了。

"爸爸，我最近有些不开心，因为我和好朋友丁丁闹僵了。"

"嗯，我知道了。其实你很想和丁丁和好，是吗？"

"是的，可是，在这件事情上我们都有错，可是最先说不要做好朋友的人是他。如果我先让步，会很没面子的。"

面对这种场景，你可能会这么对孩子说：

"如果是这样的话，你还是等着他先来道歉吧，你又不是没有朋友了！"

会"说话"的父母却会这样说：

"其实，我觉得你先让步也没有什么不好的，如果你这样做了，不仅不损失面子，还能显示你的宽容大度。更重要的是，能改善你们的关系，增进友谊。但如果不这样做的话，两人仍旧会互相埋怨和指责，那你们这么多年的友谊就有可能从此破裂了。"

"你们老师跟我说过"——借人之口，表己之意

正读小学五年级的小影从小就比较任性，在家里，她非常娇蛮而不讲理，向来是说一不二的，家里人都觉得她很难管教。可是，平时任性的小影却很崇拜王老师，也十分听他的话。后来，小影妈妈就由此想到了一个让小影听话的好方法。

有一段时间，小影经常因为上网聊天而很晚睡觉。

"小影，时间不早了，快点儿去睡觉吧！"妈妈催促说。

"嗯，好，等一会儿。"小影应道。

"已经等了很久了，你怎么还不去啊？"妈妈有些不耐烦了。

"我说等会儿就等会儿，你不要再啰唆了嘛。"

妈妈想了想，说："我今天遇到你们王老师了，他说发现你最近上课精神不太好，好像是休息不够！他还说，小孩子正是长身体的时候，如果睡不好，会影响以后的发育的，这样可能以后在学习上也会觉得很吃力……"

一听是自己喜欢的王老师说的话，小影觉得很有道理，于是马上关了电脑，乖乖睡觉去了。

【有话要说】

偶像崇拜，已成为时下青少年群体一个普遍而又引人注目的现象。很多孩子都有自己崇拜的偶像或是非常喜欢的人，相比于听从父母的话，孩子更愿意按照自己喜欢或崇拜的人的要求去做事，或是模仿偶像的行为去做事，所以父母在教育孩子的过程中，遇到孩子不听话的情况，有时还可以考虑借别人之口，来对孩子进行说理

教育。上述例子中的小影妈妈就很好地运用了这一方法，她抓住小影崇拜王老师而听其话的特点，成功地说服了小影早点儿睡觉。

生活中，不少父母都发现孩子在家不怎么听自己的话，很难管教，可是对于有些他喜欢或崇拜的人的话语却言听计从。这其实是因为孩子对于喜欢或者崇拜的人，常常有较深的感情，对于这个人十分信赖，从内心深处想要向其学习和靠拢。

在教育孩子时，如果遇到孩子听不进父母的正确意见和道理，却很听某些喜欢或崇拜的人的话时，父母就可以尝试着用这个人的语气来跟孩子交流和说理，从孩子喜欢或崇拜的人的角度出发来对孩子提出要求，表达自己的意思，让孩子乖乖听话，这也是很有效的一种教育方式。在具体的操作过程中，父母可以参考如下的一些建议：

首先，父母平时应该关心孩子，多与孩子交流，及时了解孩子的想法。想要洞悉孩子的心理，灵活地运用借人之口表达自己要求的方式，父母首先应该了解孩子的所思所想，知道孩子平时喜欢和崇拜什么人，比较愿意听从谁的劝告和话语，孩子更容易接受的教育方式是什么，只有做好了这些准备工作，才能对症下药，取得良好的教育效果。

其次，父母在运用这一方式的时候也要注意说理的准确性，要让孩子信服。青春期的孩子已经具备了一定的识别和判断能力，虽然对于某些人的话特别容易信服，但也不会不明所以地盲从，因此，父母在借人之口来表达自己的意思时，也应该说理充分，这样才能真正让孩子信服和听从。

还有一点需要注意，父母在运用借人之口，表己之意这一方式

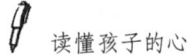

的时候应该掌握适度原则，不能毫无节制地使用，这样只会适得其反，令其失去效用。

【说话演练场】

飞飞一直很崇拜自己的爸爸，他觉得爸爸不仅帅气魁梧，而且智慧过人，无所不知，总能在自己遇到困难的时候帮助自己，所以他在家非常听爸爸的话。有一次，爸爸要出差一个月。因为爸爸不在家，飞飞变得调皮起来，晚上放学后不是在外面玩到很晚才回家，就是回家后马上看电视或上网，到很晚了才想起做作业。

有一天，飞飞放学回家后又马上看起电视来。

"飞飞，你的作业完成了吗？怎么又在看电视？"妈妈问。

"嗯，还没有呢，等看完这集动画片就做。"

面对这种场景，你可能会这么对孩子说：

"你怎么总是这么不听话，你爸爸不在家，你就无法无天了是吧？你再不听我的话，我可生气了！"

会"说话"的父母却会这样说：

"飞飞，爸爸出差前已经交代了，每天放学后可以允许你看一会儿电视，可前提是你要先做完作业。爸爸说了，如果你乖乖听话，他会带礼物回来的！"

"考试不过是只纸老虎"——说话时加点儿幽默的语言

贾科今年读小学六年级，在学习上一直很努力上进，成绩也很不错，可就在离升学考试还有一个月的时候，他的情绪波动异常明显。原来，贾科向来好强，他觉得老师和父母都对自己期待很高，自己应该加倍努力，一定要考个好成绩来回报大家，所以心里感到压力很大。

有一天，爸爸见贾科学习时有些焦虑，就问："儿子，今天怎么了，你看起来好像忧心忡忡啊？"

"没有，只是马上就要升学考试了，我有些担心和焦虑，我平时成绩还不错，就怕这次考得不好，辜负你们的希望，也担心别人因此笑话我。"

"原来是这样，放心吧，儿子，爸爸以前考试也会紧张，但后来我想明白了，考试只不过是只纸老虎，虽然看起来很凶猛，却不能伤人，只要你不被它吓到，就能战胜它！而且，即使你这次没有考好，纸老虎也不会拿你怎么样啊，我和你妈妈更不会对你怎么样！你现在要做的就是调整好心态，放轻松一点儿，到时正常发挥就好了。"

贾科被爸爸幽默的语言逗乐了，心情也轻松了不少，学习也比以前有效率了。

【有话要说】

父母教育孩子，不能总是板着脸，动不动就批评指责，有时候运用一些幽默的语言，灵活地运用一些教育技巧也很重要。上述例子中贾科爸爸的幽默语言就对帮助孩子缓解紧张情绪，激发其学习热情起到了重要作用。

父母在教育孩子时，适当运用一些幽默的语言对于增强教育效果是很有好处的，因为很多时候，严厉的批评和指责只会加深亲子之间的矛盾，让孩子觉得难过，使其不愿意与父母交流甚至变得叛逆，但是一些幽默的话语，既能化解尴尬，调节气氛，给孩子深刻的印象，也能让其受到良好的影响。

幽默是一种无形的力量，具有幽默感的人往往能赢得别人的青睐和欢迎，人际交往能力一般也较强。在家庭教育中，幽默感就是家庭环境的清新剂和亲子关系的润滑剂，有幽默感的父母往往更容易与孩子沟通和交流，懂得以幽默智慧来教育和引导孩子的父母往往更能赢得孩子的喜欢，在教育时也能收到更好的效果。在运用幽默智慧的时候，父母应该注意这样一些问题：

1. 弄清幽默的真正含义。

幽默是用影射手法，机智而又敏捷地指出别人的缺点或优点，在微笑中加以否定或肯定。幽默不是油腔滑调，也不同于嘲笑和讽刺，幽默是在玩笑的背后隐藏着对事物的严肃态度，它没有那种使人产生受嘲弄或被辛辣讽刺时的痛苦感。

2. 父母应该努力增长自己的知识，陶冶自己的高尚情操。

幽默是一种智慧的表现，必须要有丰富的知识和开阔的视野做基础，同时也是一种乐观、宽容精神的体现，所以父母想要运用好幽默的语言，必须在这些方面加强自己的修养，平时自己多看书、多学习，广泛涉猎，并注意加强自身的道德修炼和心灵陶冶。

3. 在日常生活中，父母在教育孩子的时候可以多运用一些幽默的语言，并努力培养孩子的幽默感。

幽默是一种生活的智慧，在很多场合中都是可以运用的，父母可以针对具体情境，适当地运用，如孩子不小心把牛奶打翻在桌上了，父母可以不责备孩子而是幽默地说"原来是桌子想喝牛奶了"；

当孩子写字潦草，父母也可以幽默地说"我还以为是我眼花呢，看到的是无数虫子在爬，原来是你手抖了"。不管是在什么情境中，有幽默感的父母总能想出很好的语言。

此外，父母还可以以自己幽默和乐观的精神影响和陶冶孩子，不断培养孩子的幽默感，这对于孩子将来的成长也是非常有益的。

【说话演练场】

正读小学的佳佳比较贪玩，而且做事情有些粗心，经常丢三落四。在平时的生活中，佳佳经常因为贪玩而把手中的东西随手乱扔，过后就忘记放哪里了，尤其是书包，不知道丢了多少回，而且他的书包里总是装满了各种各样的东西，非常乱。

有一天佳佳放学回到家，爸爸发现儿子平时回来都背着书包，今天却没有，就问："佳佳，你的书包到哪里去了！"

佳佳一摸自己的背，发现的确没有书包，便说："放学的路上我停下来玩了一会儿，我也不记得书包放在哪里了！"

之后，爸爸连忙带着佳佳去找，结果在学校的球场找到了。

面对这种场景，你可能会这么对孩子说：

"你这孩子，连自己的书包都看不住，唉！"

会"说话"的父母却会这样说：

"佳佳，你是学生，书包和课本就是你的武器，只有随时装备好武器，你才能上前线，书包怎么能随便丢呢？而且，你看你的书包里，塞了这么多东西，它驮累了竟躲着主人睡着了，所以啊，以后一定要记得背书包，并注意帮它减轻负担！"

"你是不是想要这样"
——让"闷葫芦"开口说话，更需要智慧

亚亚是个非常内向而自卑的孩子，她向来不爱说话，即使遇到了熟人也总是低着头尽量躲避，当别人问她话时，她也总是尽量简洁地回答，有时甚至闭口不语，以至于班上的同学很少有人喜欢同她一起玩儿，妈妈也一直为她的性格苦恼不已。

一天，亚亚和妈妈在街上遇到了张老师，张老师很关心亚亚，一连问了她好几个问题，可亚亚不是简单地回应着，就是躲在妈妈身后不说话。

"亚亚，刚才老师问你问题呢，你怎么不回答？"

亚亚没有作声。

"你这样很不礼貌，老师从此就对你印象不好了，以后肯定也不喜欢你了。"

"嗯。"

"以后要大胆一些，回答别人的问题有什么可害羞的。"

亚亚点了点头，只是羞涩地一笑，还是什么都没有说。

【有话要说】

生活中，有性格开朗的孩子，也有性格内向的孩子。性格开朗的孩子往往愿意把自己内心的感受说出来与人分享，当别人询问时也总能积极作答，而性格内向的孩子则可能不愿意随便回答别人的问题，也很少愿意向周围的人表达自己的真实想法和感受，但过于内向的性格也必然会影响孩子的人际交往。

想成为一个合格的家长，不仅要在生活和学习上关心、教育孩子，帮助孩子茁壮成长，更应该关注孩子的情商培养，努力塑造孩子良好的性格，陶冶孩子的情操。在孩子成长的过程中，如果父母发现自己的孩子性格过于内向，很容易在别人面前羞赧和恐惧，就应该及时想办法帮助孩子，从打开"闷葫芦"的金口开始，让孩子克服心理的恐惧和担忧，学会与人正常交往。

让"闷葫芦"开口说话并不是一件简单的事情，需要父母付出更多的关爱，动用更多的智慧，但父母如果能抓住并利用好如下的两个要点，还是能取得比较好的效果的。

首先，每个人都有自己的兴趣爱好，在与人交谈时也倾向于谈论自己喜欢的或者感兴趣的事情。针对性格内向、不善言谈的孩子，父母可以从孩子感兴趣的事情入手，引导孩子谈论这些话题，帮助他们展现自己，逐步提高表达能力。

除此之外，父母还可以多与孩子谈论一些孩子关心的事情、擅长的事情或者与孩子的生活实际密切相关的事情。比如，孩子班上发生的有趣故事、孩子崇拜的偶像、孩子喜欢的活动、孩子近期的愿望和需求、孩子在生活中的困惑和愉快的事等。有些事情虽然看起来微不足道，却可能是孩子最关心、最愿意跟人谈论的事情，父母如果能留心孩子的生活，及时捕捉这些信息，就能让不喜欢交谈的孩子开口，让他们顺畅表达。

其次，父母想要打开"闷葫芦"的金口，让孩子变得爱说话，还应该注意交谈的态度和语气。在与性格内向的孩子交谈时，父母最好能保持温柔和蔼的态度，多照顾孩子的感受，在交谈中注意循序渐进，平时尽量使用"你觉得怎么样""你是不是想要这样""我很想听听你的想法"之类的话，切不可过于急躁，如果总是在交谈时指责和打击孩子，这样只会让情况更糟糕。

在孩子性格形成和发展的过程中，遗传因素固然有所影响，但父母的教育方式却更关键，如果父母平时能多留心，多动用智慧进行教育，相信孩子定能向好的方向发展。

【说话演练场】

明丽本就是一个性格内向、不善言谈的孩子，再加上她进入青春期后脸上长了很多痘痘，她因此而变得更加自卑，平时总是喜欢一个人躲在角落里而不愿意跟人交流。很多同学都取笑她是一个"闷葫芦"，半天也憋不出一句话，她因此而变得更加沉默寡言了。

有一天，明丽一句话也没有说，回到家之后就莫名其妙地发起脾气来。

"丽丽，你这是怎么了，心里有什么话可以跟妈妈说啊！"妈妈见状，连忙说。

明丽没有说话。

"有什么事情可以说出来嘛，生气是解决不了问题的。"妈妈又说。

明丽看了看妈妈，仍旧自己在那里生气。

面对这种场景，你可能会这么对孩子说：

"难怪别人都说你是'闷葫芦'，真的是半天说不出一句话，你这样下去，以后可怎么办啊？"

会"说话"的父母却会这样说：

"孩子，是不是在学校受委屈了，是遇到什么不好解决的事情了吗？说出来听听，妈妈帮你想办法，怎么样？"

"如果别人也像你一样会怎样"——将问题抛给孩子

小威聪明活泼，伶牙俐齿，可身上的毛病也不少，其中最严重的问题就是，他有些爱贪小便宜，经常借了别人的东西迟迟不肯归还，等到别人遗忘的时候，他就会据为己有。看到儿子这样，妈妈心里很着急。

一次，小威又借了同桌漂亮的橡皮而不想归还。妈妈知道后，有一天，她趁着小威在用橡皮的时候，就故意问他："你手中的橡皮是谁的？"

"我同桌夏明的。"

"是夏明好心借给你用的吧？可我怎么见你已经保管了很久了呀？"

"那个，我本来是想早点儿还给他的，可是我觉得这块橡皮很漂亮，有些舍不得，而且夏明家很大方，一定不会介意我留下它的。"

"嗯，是的，夏明是很大方，可是你想想，如果别人也像你一样，借了东西不及时归还，还总想着据为己有，那你愿意借东西给这样的人吗？再说，如果你实在想要一样东西的话，爸爸妈妈可以给你买，橡皮本来就不值几个钱，为此而失掉了信誉，你觉得这样值得吗？"

小威听了，若有所思地点了点头。

【有话要说】

现实生活中，像小威一样有这样那样毛病的孩子不少，当遇到孩子做错事情或是身上的毛病很多的时候，一些父母总是比较强势，喜欢直接指出孩子的缺点和不足，要求孩子应该这样而不能那样，或是经常将自己的意愿强加在孩子的身上，希望孩子完全按照自己的要求办事，这其实是很不妥当的。

父母总是与孩子针锋相对，总习惯以强制压迫的方式解决家庭教育问题，最容易出现的一种结果就是，孩子并不会心甘情愿地按照父母的要求去做，尤其是对于有着较强独立性和思考能力的青春期孩子来说，很多孩子不仅不会照做，还可能出于不满和叛逆而选择与父母对抗。在教育孩子时，父母一定要注意讲究方式方法，当孩子并不想按照父母意愿办事的时候，父母可以尝试着把问题抛给孩子，如父母可以用"如果别人都像你一样会怎样""要是我按照你说的话去做会怎样""如果人人都学你会怎么样"等话语，给孩子提出相关的问题，引导孩子自己去观察和思考，在这个过程中明白道理，自觉地去做某事或是纠正某种不良行为。在这个过程中，需要注意的是：

1.父母在把问题抛给孩子，引导孩子学会思索和分析的时候，一定要先了解清楚具体情况。一些父母常常以工作忙、培养孩子的独立性等为借口疏忽对孩子的关心和教育，把问题抛给孩子自己解决，这其实是很不应该的。父母只有对孩子的情况了解透彻之后，才可能做出正确的判断和评价，找到适合自己孩子的教育方式，这样才能有的放矢地帮助孩子解决问题。

2.把问题抛给孩子，实际上也就是启发孩子自己进行探索和思考，同时也把解决问题的权利教给孩子，父母只是在旁边起引导作用，至于孩子具体要通过什么方式解决，该怎么做，父母最好不要替孩子决定，让孩子根据自己思考的结果做出决定。

教育好孩子的方式是多种多样的，但总体来说，关爱和尊重是其中的重要原则，每一个父母都应该坚持好，只有将教育建立在此基础上，才可能真正有所成效。

【说话演练场】

小易注重外表，平时都穿得比较干净整洁，可他只注重个人卫生，到了公共场合，他就很不讲究了，经常随手乱扔果皮纸屑，有时还会随地吐痰，妈妈为此没少教育他，而他呢，虽然能意识到自己的错误，可总是很难改正。

一天，爸爸带着他去中心广场玩，小易不自觉地又将用过的纸巾随手扔在了地上。

"小易，你怎么又乱扔垃圾了？你妈妈昨天不是又教育你了吗？"爸爸问。

"哦，我忘记了。"

"快点儿把垃圾捡起来吧，知错还得及时改正。"

"广场上人这么多，而且待会儿肯定还有清洁工人打扫的，不要紧的。"

面对这种场景，你可能会这么对孩子说：

"你这孩子，叫你捡起来，你到底听不听话？"

会"说话"的父母却会这样说：

"广场上的人这么多，扔一点点垃圾是不怎么显眼，可是你想想看，要是人人都像你一样，会怎么样？到那时，广场还能立足吗？你还愿意到脏脏的广场来玩吗？"

轻松
教育

班耀友———

编著

如何说孩子才会听,怎么听孩子才肯说

吉林出版集团股份有限公司
全国百佳图书出版单位

图书在版编目（CIP）数据

　　轻松教育．如何说孩子才会听，怎么听孩子才肯说 /
班耀友编著．-- 长春：吉林出版集团股份有限公司，

2020.8

　　ISBN 978-7-5581-9008-7

　　Ⅰ．①轻… Ⅱ．①班… Ⅲ．①家庭教育 Ⅳ．① G78

　　中国版本图书馆 CIP 数据核字 (2020) 第 140033 号

QINGSONG JIAOYU

轻松教育

编　　著：班耀友

出版策划：孙　昶

责任编辑：颜　明　徐巧智　王　妍　姜婷婷

装帧设计：李　荣

出　　版：吉林出版集团股份有限公司

　　　　　（长春市福祉大路 5788 号，邮政编码：130118）

发　　行：吉林出版集团译文图书经营有限公司

　　　　　（http://shop34896900.taobao.com）

电　　话：总编办 0431-81629909　营销部 0431-81629880 / 81629900

印　　刷：天津海德伟业印务有限公司

开　　本：880mm×1230mm　1 /32

印　　张：25

字　　数：650 千字

版　　次：2020 年 8 月第 1 版

印　　次：2020 年 8 月第 1 次印刷

书　　号：ISBN 978-7-5581-9008-7

定　　价：138.00 元（全 5 册）

印装错误请与承印厂联系　　电话：022-82638777

前言

　　做父母的都对孩子有真挚的爱，都愿意尽其所能地给予孩子最好的，同时期望自己的孩子能成龙成凤。但家庭教育不仅需要爱，更需要方法。为人父母的你，是否常常觉得和孩子有距离感，常因各种问题和孩子发生争执？是否常为孩子的不听话、不懂事、太令人费心而苦恼，以至于家里整天充满了呵斥、吵嚷声？是否觉得孩子对你的叮嘱和教导不理解、不接受，甚至故意跟你对着干？

　　当家庭教育出现类似问题时，父母大都把矛头指向孩子，并为其加上一堆让自己难过、让孩子痛苦的"罪名"，却很少换位思考，分析自己的态度与行为。殊不知，没有教育不好的孩子，只有不会教育的父母。成功的家庭教育，首先源于良好的亲子沟通，而失败的家庭教育，可能是沟通出了问题。所以为人父母者需要学习沟通的技巧，在"如何说""怎么听"这两方面多多用心，善于说，更要懂得听。

　　巧妙说孩子才会听，善于听孩子才肯说。父母恰当的语言能搭建起与孩子心灵对话的七彩之虹，父母用心倾听才能捕捉到有效信息，找准教育的切入点。父母要及时与孩子沟通，消除隔阂，清扫孩子内心的尘埃，帮孩子营造一片晴朗的天空。你要听出孩子的潜台词，说到孩子的心坎里，以父母、老师同时又是好朋友的身份，陪伴孩子健康快乐地成长。具体来说，你需要组织你的语言，让孩子清楚、透彻地理解你的话；你需要学会给语言穿上"糖衣"，让孩子爱听你说话；你需要给孩子表达的机会，让孩子主动说出心里话；你需要学会说服和倾听的技巧，让沟通的过程变得温馨而愉快……

为了建立这个快乐沟通的平台，本书综合教育专家的建议，从 7 个方面进行了探讨和实践：

1. 帮助孩子面对他们的感受。

2. 鼓励孩子与我们合作。

3. 鼓励孩子自立。

4. 表扬，不要贬损；批评，不要伤害。

5. 面对错误，还有惩罚之外的方法。

6. 让孩子爱上学习。

7. 帮助孩子认识全新的自己。

书中结合家庭教育的典型问题，阐述了完美亲子关系的本质规律和关键点，辅以大量的常见场景和问题加以说明，并配有相应的练习题，提供了可行的思路和操作性建议，让父母切实掌握这些技巧，并灵活运用，随时应付各种情况。其提供的互相尊重而又切实可行的沟通方法，仿佛一把打开孩子内心世界的钥匙，能指引你切身体会孩子内心的感受，把和孩子的矛盾化解于无形之中，缓解孩子和父母的紧张关系。

沟通质量决定教子成败。本书能帮助苦恼的父母应对亲子教育的燃眉之急，切实帮助父母和孩子达成完美沟通，是一本融合爱与沟通技巧的神奇之书，也是一本带来家庭和睦、帮助孩子成长的父母必读之书。

　　换种方式教育你的孩子吧。让成人俯身进入孩子的世界，让孩子像成人一样和父母对话，这种沟通交流的形式一旦建立，就能创造家庭的快乐与和睦，让孩子在你的引导下身心健康地成长。当掌握了说服与倾听的技巧，你的一句话可能照亮孩子的一生，你的一次真挚倾听，可能会轻易化解孩子心内郁积的风暴雷鸣。

目录

第一章

怎样营造良好的沟通氛围?

温暖的家庭少不了交流的气氛

一项"家庭教育大调查"显示，亲子共处时最常从事的活动是，妈妈和孩子一起看电视，这大约占到调查人数总数的35%；其次就是妈妈辅导孩子的学习，这大约占到25%。剩下的则是其他活动，如游戏等。

而妈妈每天和孩子说话的时间，则缩短在半小时以内，而且说的内容多是"教导性"的。

在这种情况下，家庭教育出现了"想要"和"需要"之间的落差，家长希望孩子功课棒、才艺佳、听话又乖巧，所以让家长花时间与精力最多的，还是处理"课业与升学的压力""孩子学习的状况"等问题。然而孩子最希望与家长分享的是"心情和情绪"，他们的心愿就是家长能多和他们说说话，而不是总问"你今天的功课完成得怎么样""今天你学会什么了"。

上班族家长们常常在跟时间赛跑，但也要挤出时间陪陪孩子，和孩子聊聊天，分享他的心事。

即使能陪伴孩子的时间很短，但只要注重质量，仍然能让孩子感受到父母对他的关心，建立良好的亲子关系。

而当孩子得到爱与关怀的时候，他的自信心就会持续增长。

下面这位妈妈就想出了一个聪明的方法：

我把抽出时间与儿子交流列为每天的工作内容之一。

每天中午我用电话与儿子联络，问儿子学习有什么困难、老师对他有什么要求、需要妈妈给什么帮助。开始,儿子吞吞吐吐,不太爱讲,但在我的启发和开导之下,他便把在学校的困难、学习方面的疑问,甚至与同学相处产生的误会等,都讲给我听。我帮他分析原因,指点做法,引导他正确处理,使他感到每次与妈妈"煲电话粥"都很愉快,都充满喜悦和信心。

慢慢地,每天中午,我不打电话去找他,他就会给我打电话,向我讲述学习上的困难、生活中的趣事、思想上的困惑。他还调皮地称中午时间是"妈妈时间",是"热线时间"。

还有一位母亲,她从孩子很小时就注意和孩子的情感交流。每天在孩子上床时都要问问他:"今天过得开心吗?"孩子长大后,就形成了在睡前和妈妈沟通的习惯,有什么不顺心的事就像朋友一样告诉妈妈。

有了这样的感情基础,孩子就容易接受妈妈的建议和忠告,容易跟妈妈建立起朋友般的关系。

如果缺少家长的陪伴与沟通,孩子就容易"情感饥饿"。"情感饥饿"的孩子特别喜欢撒娇、任性,偶尔还会做出一些古怪的行为,以引起家长对他的注意,又或者极端地自闭内向、郁郁寡欢。

当孩子出现这些情况以后家长才发现自己的失职,后悔不已,这时再做出改变也许已经来不及了,因为弥补受到伤害后的亲子关系,赶走孩子的"情感饥饿",也许要花很长的时间,也许永远也不能实现了。因此,要从小就注重与孩子的交流,这是一个温暖的家庭必不可少的活动。

来看看下面这位女孩现身说法:

我从小就生活在一个很幸福的家庭中,即使在最容易叛逆的青春期里，我都很少跟父母大吵大闹。

我的父母从我很小的时候起就给我创造了很好的交流与沟通的家庭氛围，我很少看见我的爸爸和妈妈吵架，他们每次有矛盾，总是能坐下来交流，等我长大以后，他们甚至会邀请我当"法官"。

我也很少跟父母吵架，每一次我们意见不一致的时候，也都是通过交流来解决，虽然我有时候会耍小孩子脾气，可是我的父母却总是想办法让我冷静下来。等我冷静下来以后，他们才开始跟我讲道理。

现在，在大学的班级里，我是班长，大家都说我是一个性格很好、办事能力很强的女生。我要感谢我爸爸妈妈的培养。

总之，一个温暖的家庭、一个注重交流的家庭，培养出来的孩子性格肯定比较好，因为在这样的家庭里，孩子能感受到父母的爱，能和父母很好地交流沟通。因此，想让孩子快乐成长的父母，从和孩子好好沟通开始吧，给孩子一个温馨的家庭，给孩子一个好性格。

和孩子开展平等的对话

美国总统西奥多·罗斯福有句名言："在儿子面前，我不是总统，只是父亲。"他也将这句话彻底贯彻在日常的生活中。他很少用命令的口吻跟孩子说话，而是一直以一种平等的姿态与孩子进行平等的交流。

作为家长，应该理解孩子，相信孩子，做孩子的知心朋友。如果将自己放在了高高在上的位置，那么在和孩子的交流中很容易让孩子产生距离感甚至逆反心理,这不利于家庭教育。那怎样做到与孩子进行平等的对话呢?

首先,要意识到孩子是一个独立的个体,不是父母的附属品,这是与孩子进行平等对话的前提。然而,许多父母习惯于把孩子看作自己的一部分,甚至是自己的私有物。在这类父母的潜意识里,都有这种想法,即孩子是自己的骨肉,把孩子养育大,就可以把孩子当成自己的私有财产,自己也当然有权处置、安排他们的人生。

其次,在与孩子的交流过程中,要认真地考虑孩子的想法,不要总觉得他只是个孩子,什么都不懂。这也是很多家长常犯的一个错误。

赵丽丽是一名小学三年级的学生,很喜欢跳舞,可是她的妈妈总觉得跳舞太耽误学习,不让她去跳舞。

有一天,赵丽丽想了很久,决定跟妈妈做一个约定,那就是如果她努力学习,成绩一直能保持在班级前五名,妈妈就得答应她让她去学习跳舞。晚上,等妈妈下班后,赵丽丽很高兴地走进了妈妈的房间。

"妈妈,我想跟你签个合同。"

"小孩子家的,知道什么是合同吗? 好了,别闹了,看书去。"

"可是,妈妈……"

"好了,哪里来的这莫名其妙的想法。学习去吧。"

赵丽丽沮丧地离开了妈妈的房间。

就这样,赵丽丽的妈妈失去了一次与孩子交流的机会。

最后,也是最重要的一点,那就是要放下自己家长的权威,允许孩子自由地表达自己的想法,尤其是在关于孩子的未来发展这种事情上。父母爱孩子，总是替孩子考虑和安排，却很少去考虑孩子的想法和感受，只要父母觉得好的，孩子就必须接受。其实，这对孩子非常不公平，也影响亲子关系，很多青春期的孩子和父母的矛盾冲突激化也是源于此。

而这种矛盾其实并不难化解，具体方法就是和孩子展开平等的对话，听听孩子的想法，考虑一下孩子的感受。

欢伊又和妈妈吵架了，妈妈和欢伊都搞不清楚，这是从欢伊上初中以后，她们母女之间的第几次"战火"了。

这一天，欢伊和妈妈吵完架后，很生气地回到了自己的房间中，过了很久，欢伊从房间中又走了出来，递给了坐在沙发上正生气的妈妈一封信。

妈妈：

请原谅我不想再称呼你为亲爱的妈妈，这是因为我也很生气。我们总是吵架，没完没了。用爸爸的话说是"三天一小吵，五天一大吵"。我对于我们之间的吵架也很厌烦。

我知道你是爱我的，做很多决定也是为我好。可是我还是受不了你总是自作主张地替我决定未来。

我觉得自己已经不是一个小孩子了，我有权决定我自己的一些事情。就比如今天这件事情，我不想整个暑假都学习，我想出去旅游，而且爸爸都已经同意了，那为什么又给我报了一个补习班呢？

妈妈，我希望你不要生气，不过我还是要说一下我的这个要求：请你考虑一下我的感受，尊重一下我的决定。

最后，谢谢妈妈。

你的女儿：欢伊

当欢伊的妈妈看到这封信后，陷入了思考：也许，真的应该用一颗平等的心来和欢伊谈事情了。

爱，只有在平等的时候才会给人最温暖的感动，不平等的爱有时候带给人的压抑要比温暖更多。

父母对孩子的爱也是如此，只有父母平等地对待孩子，和孩子交流，放下家长的架子，孩子才会更多地感受到父母温暖的爱。

【怎么听怎么说之现场演练】

和孩子签个"合同"

平等，不只是同龄人的特殊待遇，孩子和父母也要在某种程度上做到平等，比如可以签订一份"合同"明确双方需要做到的。

五年级的小学生阳阳和妈妈签订了一份双方共同起草的"母子协议"，这份看上去严肃又有趣的协议这么写道：

甲方（妈妈）的义务：

每月提供 50 元零花钱；

不能对阳阳的朋友不友好；

未经允许不能偷看阳阳的私人物品；

不能使用讽刺性的语言，要尊重阳阳；

阳阳不会做的题目，要耐心讲解。

乙方（阳阳）的义务：

上课要认真听讲；

每天要按时完成老师布置的作业；

放学之后要按时回家，不能去网吧；

每天预习及复习功课的时间不能低于 30 分钟；

晚上 10 点之前一定睡觉。

教育专家认为，家长与孩子签订协议是一种新的家庭教育方式，它能够使家长和孩子在一个平等的位置上对话。

这种"合同"能够很好地展现家长与孩子之间的平等关系。尊重孩子，能够与孩子站在同一个平台上沟通是非常必要的事情。

现在，我们也可以试着和孩子签个合同：

甲方（ ）：_____

_____

_____

_____

乙方（ ）：_____

_____

_____

_____

在姿态上和孩子保持平等

不色厉内荏，不一触即发，不妄图全盘操控，能与孩子平等对话，实际上反映了父母的自信和底气！

用沟通代替对孩子的命令

在生活当中，不经意间就会发现父母和孩子的对话充满了父母对孩子的命令，相信在不少家庭中，我们都可以发现这样的景象：

"去，给我回家写作业去！"

"不准说话，赶紧吃饭！"

"今天必须去辅导班听课……"

在父母教育孩子的过程中，很多父母一不小心就忽略了一点，那就是孩子是发展中的个体，具有独立的人格和鲜明的个性心理特征，在向周围世界学习的过程中，他们更喜欢处于主体地位，做学习的主人，而不是一直被父母命令，被动地接受。

了解孩子、尊重孩子、激励孩子、诱导孩子是成功的教育方法，强迫责令，以成人为中心，往往使孩子被动，收不到好效果。

因此，命令的方式应慎用，绝对不能滥用。

举个例子，当孩子玩得开心之时，家长硬性命令孩子去做这做那，孩子不去，家长便拖着孩子去，孩子很委屈，有时还大哭大嚷。其实，只要好言相劝，或者等孩子玩尽兴再做其他事情，效果反而会更好。

田宇今年5岁了，这一天他跟隔壁的晓彤正在小区的花园里抓蝴蝶，突然他的妈妈急急忙忙地拉着他往小区外面走。原来，田宇的妈妈有急事要出差，准备把田宇送到姥姥家，爸爸已经在小区外面等着他们了。

然而，田宇的妈妈并没有对田宇说明原因。

田宇说："我要捉蝴蝶。"

"捉什么蝴蝶，妈妈有急事，快！"田宇的妈妈边说边拉着田宇往外面走。

结果田宇就是不走，不一会儿就大哭了起来。田宇的妈妈越来越着急，就打了田宇，田宇更加委屈，在地上打起了滚儿。

这时候田宇的爸爸走进了小区的花园。

"怎么还没有出来呢？"田宇的爸爸问田宇的妈妈。

"这孩子太不懂事了，死活要捉蝴蝶。"田宇的妈妈说道。

"田宇，爸爸跟妈妈今天有急事，所以要把你送到姥姥家，等从姥姥家回来，我们再和晓彤捉蝴蝶，好不好？"爸爸蹲下来对哭着的田宇说。

田宇抹了抹眼泪，点着头。爸爸抱起他往外走，妈妈向爸爸伸出了大拇指。

除了上面的例子，生活中还有一些情况需要父母们注意，比如当孩子用手抓饭吃，妈妈打了孩子的手，孩子哭了，正哭得喘不过气来时，爸爸命令孩子"不要哭，闭上嘴"。孩子怎能一下子憋住这口气呢？

纵然成人是一番好心去教育，但实际上却起到了摧残心灵、摧残健康的副作用，这种命令是孩子不能执行，听从不了，也不应该听从的。

其实，有一种比命令更好的方式，那就是沟通。

不知道父母有没有发现，自己在命令孩子的时候，说话的态度往往简单而生硬，而在和孩子沟通时，说话的口气往往也心平气和了不少。温和的态度更容易让孩子接受，而粗暴的态度容易遭到孩子的反抗。所以，温和的沟通比生硬的命令往往有效得多。而且，孩子在接受命令时，是被动的，而在沟通时，孩子是主动的。比起被动的指派，主动的接受就多了一种愉悦的心情，这也是孩子为什么讨厌父母直接命令的原因。

小飞扬今年4岁了，每天晚上总是在房间里跑来跑去，一会儿摆弄玩具，一会儿摆弄书本，总之就是不肯安静地睡觉。飞扬的妈妈每天晚上都要追在他后面：

"飞扬，不要再摆弄玩具了，去睡觉！"

"飞扬，把漫画书收起来，睡觉了！"

"陈飞扬，去睡觉！"

妈妈的声音越来越大，可是飞扬却还是玩自己的。这让飞扬的妈妈很崩溃。后来，飞扬的妈妈实在是没有力气喊叫了，就走到飞扬面前，心平气和地告诉他："飞扬，小孩子要早早睡觉，才能早早起来，身体才会好。而且，爸爸妈妈明天早上也要早早起来上班，睡晚了，对身体也不好。你能安安静静地去睡觉吗？这对你和爸爸妈妈都好。"

飞扬听了妈妈的话，扔下了漫画书和玩具，乖乖地到自己的床上睡觉去了。

飞扬的妈妈也长舒了一口气。

通过沟通，最容易让孩子站在他人的立场上思考，也最容易让孩子养成理解他人的习惯。只有这样，他才有可能成为一个全面发展的优秀人才。所以，当父母命令孩子，而孩子依旧无动于衷时，不妨换个方式，好好沟通一下。

【怎么听怎么说之现场演练】

平等地和孩子说话

有的父母喜欢冲着孩子摆为人父母的架子，常常对孩子呼来唤去，用命令的语调对孩子说话。可是他们渐渐发现，孩子们慢慢不吃这一套了，常常将父母的一道道命令当成耳边风。

1. 命令并不是教育孩子的好方式

著名的教育专家陈鹤琴在《家庭教育》一书中举过这样的例子：一次，他看到自己的儿子拿着一块破旧的棉絮裹着身体当成毡毯玩。

如果是你，你会怎么做呢？

A. 把破棉絮夺过来

B. 不管，任他玩

C. 告诉孩子，这个不干净

D. 其他办法

陈鹤琴思考了一下，觉得还是用积极的暗示去指导最好，于是就对孩子说："这旧棉絮是很脏的，是有气味的，我想你不要玩这块布了吧。你可以去要一块干净的，去向妈妈要一块干净的布吧。"

结果孩子听了之后，高高兴兴地就去找妈妈了。

无论是什么人，受到激励而改过，是很容易的事情，受到责骂而改过，则是比较不容易的。小孩子更是喜欢听好话，不喜欢听恶言。

2. 柔和的教育才有回旋的余地

孩子玩积木上瘾了，可是时间已经不早了，该让孩子睡觉了。你该怎么跟孩子说呢？

A. 命令孩子停止玩耍，马上睡觉

B. 让孩子尽兴地玩，不管他

C. 让他再玩 10 分钟然后睡觉

D. 其他办法

如果父母明白孩子的心理，可以这样对孩子说："呀，这个东西真好玩，可惜时间不早了，乖孩子该去睡觉了。要不你再玩5 分钟？"这样说话，既夸孩子乖，同时又用征求的口气同孩子说话，让孩子感受到尊重。

而且这样说话，父母也为自己留下了余地，即使孩子暂时不听话,父母也不至于为了自己的威严而和孩子大动肝火。

沟通一下,效果更好

通过沟通,容易让孩子站在他人的立场上思考,也容易让孩子养成理解他人的习惯。只有这样,他才有可能成为一个全面发展的优秀人才。

及时关注孩子的情绪变化

曾经有一位教育家说过:"最好的父母一定是懂得孩子的心事的父母,是在孩子最需要的时候给孩子关怀的父母。"

其实每一对父母都想做优秀的父母,希望自己可以懂孩子内心的想法,能在关键时刻给孩子帮助。然而有不少父母在教育孩子的过程中发现,这其实是一件很难的事情。

一天,晓峰闷闷不乐地回到家,什么话也没说,可妈妈一看就知道晓峰有心事。

"儿子,怎么了?有什么事情想跟妈妈说说吗?"晓峰的妈妈温和地问了晓峰一句。

"心里有些烦!"晓峰的话中充满了怒气。

"说说吧,看妈妈能不能帮你。"晓峰的妈妈继续温和地对晓峰说。

"今天去上学的时候正好遇到我们班一名女同学,当时她拎的包很沉,所以我就帮她拿了,我俩一起走到了教室门口。没想到同学们见了都起哄,连老师也误会了,唉。"

"原来是这样啊！被人误会了，心里一定不好受吧！但你热心地帮助同学拿东西是好事，相信大家的取笑没什么恶意。"

听了妈妈的话，晓峰心头的阴霾渐渐散开了，心情也变好了，高兴地去做作业去了。

孩子在成长的过程中，会遭遇到各种各样的问题，有时候他们会选择主动求助，有时候也会把不快藏在心里。

这时候就需要父母及时关注孩子情绪的变化，从细微的地方去感知孩子是不是遇到了困难，从而帮助孩子解决困难。

彬彬最近在回家的路上，总是被高年级的同学欺负，他们还恐吓彬彬说要是敢告诉家长、老师，就让彬彬好看。这让彬彬心里很害怕，即使回到家里也是一副担惊受怕的样子。

他很想跟爸爸说说这件事情，可是想到同学的恐吓，还是没敢张嘴。爸爸隐隐约约地感觉到儿子似乎有什么话跟自己说。

"彬彬，你有话要跟爸爸说吗？"彬彬的爸爸习惯性地问了彬彬一句。

"没，没有。"彬彬结巴着回答道。

"哦，没有的话就去写作业吧。"

就这样，彬彬的爸爸没有觉察出来彬彬的恐惧，失去了一次帮助彬彬的机会。

及时感受到孩子的情绪变化，不仅仅能及时帮助孩子解决问题，更能给孩子安定的力量和支持，让孩子更有勇气战胜困难，并同父母更亲近。

刘强已经上初三了，再也不像小学时那样，什么事情都愿意跟妈妈说，这让妈妈很沮丧。

于是，刘强的妈妈开始关注儿子情绪的变化，希望能找到一个机会，让孩子主动跟自己说说心里的事情。

有一天，刘强生气地回到家中，用力地把一本物理书摔在沙发上，然后就躲进了自己的房间。刘强的妈妈感觉到刘强很生气，于是敲开了刘强房间的门。

"我感觉到你很生气。我猜跟那本物理书有关系。"

"今天下午，我们的物理老师给我们在讲题，我突然想到了这道题其实还可以用另一种方法去解，于是就站起来对老师说了我的想法，结果被他给批评了一顿，说我没有礼貌，随便打断他讲话!"

"怎么也得等你讲完自己的想法再批评你嘛! 不过，随便打断他人讲话确实不好，以后不要这样做了"

"对，我也觉得，他没有给我说我自己想法的机会，让我很生气! 但我也确实打断了老师的讲话，以后不这样做了。"

就这样，刘强跟妈妈谈了好久，到最后刘强不生气了，刘强的妈妈也很开心，因为自己好久都没有跟儿子谈这么久了。

孩子的成长需要家长的关怀。在平时的生活中，家长要学会做一个有心人、细心人，多抽些时间陪陪孩子，多注意孩子情绪的变化，多为孩子分忧解愁，这样孩子才会和家长更贴心，也才会把心里话和家长说。

【怎么听怎么说之现场演练】

正确处理孩子的负面情绪

孩子和我们成人一样，有他们自己的烦恼。他们也会郁郁寡欢、怒不可遏、无理取闹……这些情况都很正常。作为家长，我们应该接受孩子的负面情绪，然后积极引导。

在面对孩子的负面情绪时，家长保持良好的情绪是关键。在很多时候，虽然我们深爱着自己的孩子，但是在生气的时候也会表现出否定、责备，这会让孩子忽略我们的目的，而更加关注我们的情绪。

1. 孩子出现担心、害怕的情绪，怎么办？

举例：孩子有一次做噩梦被吓醒了，但是又怕别人知道了会嘲笑自己胆小，你怎么跟孩子说？

当孩子出现类似的情况，我们可以以一种很轻松的口气安慰孩子，同时用科学知识帮助孩子解答。

像做噩梦这种情况，我们完全可以宽慰孩子说，噩梦只是由于平日玩得太累或者睡姿不好等而引起的，而且噩梦的内容也不是真实存在的。

或者，我们还可以跟孩子说"哎呀，我小的时候也有类似的担心和害怕，不过后来我自己就能克制了"，这样的方法还是挺管用的，而且屡试不爽。

2. 孩子有点儿无理取闹，怎么办？

举例：因为刚买过几套拼图孩子又不拼，却还要买新的，所以你不想给他买，但不给他买，他就大哭大叫，你会怎么办？

对待孩子的这种无理取闹，最好的方式就是冷处理，任由他宣泄，不要被他哭闹的架势屈服，也不要同意他的无理要求。

等他哭累了，觉得没趣的时候，就不闹了，这样处理的效果最好。或者，我们还可以对他说"咱们来照照镜子吧，看看你是不是变丑了"。

帮助孩子正确处理情绪

　　当孩子感到难过的时候，可能会有闷闷不乐、摔东西或者乱画、大吼大叫等外在表现，当看到孩子有这些表现时，父母应该先给予充分的理解，然后陪在孩子的身边，引导孩子宣泄或者化解心中的不良情绪。

第二章

让孩子信任、接纳我们

教育的过程少不了陪伴的环节

据世界卫生组织公布的一项研究数据表明，平均每天能与父母共处两个小时以上的孩子，智商要比那些没有和父母相处的孩子高。

不仅如此，那些长时间没有父母陪伴的孩子在成长过程中很容易表现出"情感饥饿"，从而刁蛮任性或者多疑胆怯。

因此，不少教育专家都建议父母，不管多忙都要抽空陪陪孩子，以满足孩子的情感要求，促进孩子健康快乐地成长。

但是，很多父母由于太忙了，根本没有时间来亲自照料孩子，也很少能沉住气耐心陪陪孩子，这让孩子难以享受家庭的温馨。

明明的爸爸是一个经理，经常要去工地，早出晚归，甚至有时候周末还要去外地。明明很少和爸爸交流，可是明明一直很希望有机会和爸爸待在屋子里玩游戏。

今天明明的爸爸终于有时间休息了，明明特别高兴。

"好，爸爸就满足一下你小小的心愿。那我给你读一下新买的那本故事书吧！"

"哦，爸爸真棒！走，我们去客厅吧！"说完，明明就拉着爸爸往外走。

父子两人来到客厅，爸爸刚把书翻开，准备给明明讲故事，电话铃就响起来了。

"儿子，坐在这里等等爸爸啊，我接个电话，马上就回来。"爸爸说完就去和客户聊开了，把明明晾在一边。

打了一通电话之后，爸爸回来找孩子，刚要开始读书，没想到电话铃又响了。

"明明乖啊，爸爸再去接个电话。"爸爸说着又跑开了。

这时的明明心里很难过，觉得原来爸爸这样不重视自己，就想："算了，还是自己一个人玩吧。"然后就拿着故事书闷闷不乐地回到自己的房间去了。

这是在很多家庭中都会出现的片段，父母可能觉得这没什么大不了，事后哄哄孩子就好了。可是站在孩子的立场来看，这就是对孩子的不尊重，从而让孩子对父母很失望。

还有一种情况：很多家长由于工作确实很忙，实在抽不出时间来和孩子交流，自己内心也是充满愧疚，于是就用物质来弥补孩子，希望以此减少自己对孩子的愧疚感。

但是这样的效果真的好吗？答案显然是否定的。要知道，情感教育的缺失是不可以弥补的。

小强的爸爸工作很忙，可以说是以岗为家，早出晚归，小强很少能看到爸爸。因为每天早上他还没有起床，爸爸就上班去了；晚上他要上床睡觉了，爸爸可能加班还没有回来。

爸爸其实心里觉得很愧疚，不知道用什么样的方法来补偿孩子，他所能想到的，就是用物质来回报孩子。

于是，每当爸爸出差回家，就会召唤小强："小强，快来看爸爸给你带什么好东西回来了。"

小强立马就从自己的房间跑出来，接过爸爸手中的礼物，说了句"谢谢爸爸"，然后又跑回自己的房间玩去了。

几乎每次小强的爸爸出差，都不忘给小强带礼物，小强好像也摸清了爸爸的行动规律，每次当爸爸出差回家的时候，他就会主动地跑出来，然而眼睛不是看爸爸，而是盯着爸爸手中的礼物，接过礼物就自己玩耍去了。

有一次爸爸出差回家，恰巧忘记了带礼物给小强，而小强也像往常一样高兴地从自己的房间跑出来迎接爸爸，然后失望地说："咦？你怎么这样就回来了？没有给我带礼物吗？"听到孩子这样的问话，爸爸哑然。

其实孩子最需要的，并不是这些好的玩具和礼品，而是父母的关怀、陪伴和交流。很多家长在年轻的时候没有时间陪孩子，等到孩子长大之后，他们痛苦地发现，孩子已经不愿意和他们沟通了。如果单纯地靠物质和孩子进行沟通，也有可能让孩子把沟通看得很功利。

作为父母，你们可曾想过，努力地在外打拼，为的就是让孩子生活得更好，可是在教育孩子的问题上，总是出现重大的失误，是不是有点儿得不偿失呢？因此，聪明的父母，总是想尽各种办法，抽出时间多陪陪孩子。

【怎么听怎么说之现场演练】

试着制定一个"孩子时间"

在日常生活当中，无论有多忙，父母每天都应该抽出一定的时间和孩子在一起，陪伴他们成长。

能够和孩子快乐地在一起，不仅仅是在享受天伦之乐，更重要的是让孩子知道，我们是多么在意并且关注他。来给自己打打分，看看自己在这方面做得是否到位：

1. 你每天陪孩子多长时间？

A. 不到半小时

B. 一小时左右

C. 一个半小时以上

2. 你平时会固定一些时段和孩子在一起吗?

A. 没有固定时段,想起来就陪一陪

B. 有固定时段,和孩子商量好的

C. 基本不交流

3. 如果孩子要求你陪他,你会怎么做?

A. 果断拒绝

B. 视心情而定

C. 第一时间陪孩子

陪伴孩子需要时间,也需要提升单位时间内的质量。多给孩子时间,多陪伴孩子,很多亲子关系上的问题可能就会迎刃而解。

教育离不开陪伴

爱是理解,爱是关怀,爱更是陪伴。再多的物质也难以弥补没有父母陪伴的童年。因此,如果真的爱孩子就多陪陪孩子吧。

理解是建立默契的开始

在家长和孩子之间,没有什么是无法沟通的,因为,每一个人都是从孩子长成大人的。

一个心理专家曾经写过这样一个真实的故事：

一个孩子灰溜溜地出现在我面前，他肯定是闯祸了。果然，他老是喜欢打邻居家的猫，人家都警告好几回了，他还是不听。

"是因为有什么心事吗？其实，我能理解你。我年轻的时候也做过一些不好的事情呢。"时光回到了我的少年时代。

"在我读初中的时候，父亲做生意，亏了很多钱。三四年的时间里，总有来路不明的自行车停在我家院子里，等着要账。有一年快过年的时候，还有两三个收账的就是不走，我当时心里特别难受，也很怨恨父亲。后来，我养成了一个习惯，就是但凡看到陌生的自行车停在我家，就会想办法拔了人家的气门芯，让他的自行车圆着进来，瘪着出去。这件事情被爸爸发现后，我挨了一顿打。其实，我当时也明白自己这样做是不会让家里少还一分钱的，要账的走着也能来，我总不能在地上铺钉子扎鞋吧，但我心中的委屈和痛苦需要发泄，所以我一如既往地拔气门芯，直到家里要账的人越来越少。

"这是我小时候的'功绩'之一，还有很多呢，唉，小时候自己做了错事还不觉得错呢。"

"我打那只猫，是因为它什么都不干就可以吃东西，我却要好好念书写作业才能吃东西，这不公平！"他终于开口了。

"嗯，是不公平，不过你打猫也不起作用啊。"一个拧在孩子心中的结，慢慢打开了。

很多人在小的时候，对待周围的事情都非常敏感，并且想得很细致。但是到了成年之后，这些人就会完全忽略那些细微而丰富的东西，并且忘记了自己曾经年轻过，觉得读不懂孩子，无法理解孩子了。其实，这些大人在小的时候，有和孩子一样的心路历程，只是他们忘记了而已。

20世纪70年代，流行黄上衣红星帽，左胸口插一支钢笔更时髦；80年代，流行喇叭裤、BP机，扛着录音机上街更拉风；90年代，流行染发，挑几缕金黄色的最有回头率；现在，流行火星文、自拍，在博客上说什么都能找到共同语言……时代一直在变化，而人的成长轨迹是一样的，渴望表达、渴望重视、渴望成功，改变的不过是抒发这些情绪的方式罢了。

要想理解孩子的情绪，家长需要反思一下，想想自己小的时候是什么样子，是否也经历过类似的问题，那时候的自己最希望父母怎样做……这样就知道现在身为父母的自己该怎么做了。

家长可以多回顾自己小时候的样子，这样就可以明白孩子的过错实在不是什么新鲜事，多多理解孩子，孩子的成长是需要爱和包容的。

而只有真正地理解了孩子，孩子与父母才可能建立一种默契。

每天下午五点放学，童童只要吹一下哨子，童童的爸爸就会抱着足球跑向儿子。而等到晚上七点吃完饭，童童的爸爸只要眼睛瞅一下钟表，童童也会自觉地关掉电视，回到自己的房间写作业。邻居们都说这是一对天生就非常有默契的父子。

可是，只有童童和爸爸知道，这默契的建立实在是来之不易。以前童童十分爱玩，讨厌写作业。童童的爸爸试了各种各样的办法，包括把童童锁在屋子里强迫他写、弄坏或没收童童的足球让他没办法玩等，可是都不见效。直到有一天，童童对自己的爸爸大声喊道："难道你小时候就只爱写作业，不爱玩吗？"童童的爸爸才想起了自己当年也很爱玩。于是他也开始理解童童了。最后，他和童童商量，他陪童童玩一会儿，童童得乖乖地自己写作业。没想到童童很爽快地就答应了。刚开始，童童玩了一会儿后，写作业还得他去催促，后来，他只要一看钟表，童童就知道自己该写作业了，父子之间默契了不少。

我们都希望自己能和孩子建立一种默契的关系，那就不妨学学童童的爸爸，多多理解孩子。

【怎么听怎么说之现场演练】

测试一下，你和孩子的默契程度

你真的了解自己的孩子吗？你和孩子真的存在默契吗？

存在默契的一个重要前提就是能够对孩子足够理解。下面一起做个小测试吧，一共有8个问题，你可以试试自己能不能答对，答对的数目越多，说明你对孩子的理解程度越高。

1.你的孩子最喜欢什么颜色？

_____

2.你的孩子最怕什么？

_____

3.孩子最好的朋友是谁？

_____

4. 孩子最喜欢吃的食物?

_____

5. 孩子的梦想是什么?

_____

6. 孩子最喜欢听的故事是什么?

_____

7. 孩子最喜欢的小动作是什么?

_____

8. 孩子最喜欢的电视节目是什么?

_____

如果我们答对的很少,那么就要注意了,我们要多花些时间来陪伴我们的孩子,来认识我们的宝贝。

和孩子增加交流,建立默契,其实现的方式可以是多种多样的。即便是同样的父母,面对同样的孩子,也需要不断地调整自己的教养模式,不能总是用一套僵化的模式来和孩子建立默契。比如说,并非总是向孩子刨根问底,就会让孩子觉得有默契,也并不是总帮孩子做事情,孩子就会觉得默契。默契是一种心灵的感应,想做到默契,要在理解孩子、爱孩子的基础上,再施展教育的技巧。

如何应对和大人"对着干"的孩子？

不少父母都发现，每个孩子在成长过程中都有这样一个阶段：对于父母的话左耳进右耳出，动不动就跟父母顶嘴，或者干脆跟父母对着干。孩子究竟是怎么了呢？怎么突然间就这样不听话了？

罗定的爸爸妈妈是一对很开明的父母，一直以来很少跟罗定有冲突的时候。可是罗定的妈妈最近发现，儿子自从读小学六年级以来，发生了显著变化。罗定似乎不像以前那样喜欢跟父母交流了，对于父母的一些做法和看法，他也时不时地提出反对意见。有一段时间，他甚至特别喜欢跟自己的父母"对着干"：父母要求他做的事情，他总是找各种理由拒绝；父母给他的意见和建议，他也经常当作耳旁风；当父母想要跟他好好谈谈的时候，他没听几句就索性出门。

"小定，你上次不是说想去看话剧吗？这周末妈妈陪你一起去看吧。"

"不了，我现在不想了，我周末想要跟同学一起去唱歌。"

"小定，过两天就是你的生日了，以前你总想请同学到家里来玩，明天爸爸妈妈就给你们足够的时间玩，我已经帮你们准备了很多零食，到时候你们可以好好聚聚。"

"不用了，我现在觉得还是去外面过比较好，我已经跟同学们说了，把地点定在饭店。"

"那爸爸妈妈也去，顺便帮你结账？"

"不行，我请的都是同学，你们去不合适。"

"你这孩子，怎么总喜欢跟父母对着干？也不想想如果你是父母，我们老是跟你这么对着干，你心里会好受吗？"罗定的妈妈很委屈地对罗定说，惹得罗定的爸爸哈哈大笑。

其实，罗定经常做出与父母"对着干"的举动，与青春期成长阶段心理密特征不可分。在生活中，面对孩子成长发育过程中的这些心理特征，父母应该多多了解和关心，在这一基础上，父母可以通过一些实际行动来帮助孩子走出青春期的困惑，帮助孩子健康成长。尤其是当孩子出于叛逆而做出一些不合时宜甚至错误的事情时，父母更应该好好引导和教育了，而不是一味地对孩子进行指责，这会让孩子更加反感父母，从而更加叛逆。

兰兰下学期就读初中了，妈妈发现，她最近变得有些奇怪，总喜欢跟同龄人聊天，却什么话也不喜欢对家人说，有时候妈妈问上好几句，她才勉强回答一两句。更让妈妈担忧的是，原本乖巧的女儿似乎一下子变得叛逆起来了，在很多事情上她总喜欢跟父母对着干。

"兰兰，你不是一直想跟向老师学舞蹈吗？我们昨天已经帮你联系好了，明天就带你去报名上课。"妈妈高兴地说。

"舞蹈？我现在已经不想学了。"兰兰没好气地答道。

"你这孩子，上次不是哭着嚷着要去吗，妈妈费了很大的劲儿才帮你联系上，现在怎么不想学了？"

"就是不想，我就不喜欢按照你的意思去做，不想总是顺从你！"

这个时候，兰兰的妈妈要怎么跟孩子说呢？硬碰硬行吗？当然不行, 这样做的话, 只会让孩子的逆反心理更加强烈。其实, 兰兰的妈妈不妨和孩子好好商量, 在商量的过程中不要急于说服孩子, 而是听孩子倾诉, 把好她的脉, 然后对症来下药, 就可以取得事半功倍的效果。

在这个过程中, 专家给出了以下三点建议, 父母在引导孩子的过程中需要特别注意:

1. 尊重孩子, 让孩子和父母有同等发言的机会, 不能只是父母说了算, 不许孩子表达自己的看法。其实, 很多孩子不听父母的话并不是认为父母的话没有道理, 只是觉得父母用一种高高在上的态度命令自己, 这让他们感觉父母很不尊重自己。

2. 了解孩子, 在此基础上如果发现孩子有做得不正确的地方, 用一种商量和讨论的方式同孩子交流。孩子需要父母的理解, 如果父母不了解孩子的喜好, 只是站在大人的角度, 对孩子进行命令或者评判, 孩子当然是听不进去的。

3. 树立孩子的自信心。家长对于孩子处理问题中的积极方面要给予充分肯定, 在此基础上与孩子讨论如何进一步完善事情处理的方法, 这样孩子会比较容易接受。

总之, 要放下家长的权威, 用爱心引导孩子, 孩子自然会放下自己的叛逆的"武器", 乖乖和父母站到相同的"战线"上去。

【怎么听怎么说之现场演练】

努力和孩子取得思想一致

想让孩子向好的方向发展, 作为父母的我们要尝试着改变一些自己的不良做法，不要对孩子过于严厉，也不要总是喋喋不休，否则的话，我们越是卖力地管教，反作用越大。看看下面的一些问题吧，反思一下自己做得怎么样。

1. 你在说话、做事的时候关注到孩子的感受了吗?

A. 从来没有

B. 有时会想起来，有时会忘记

C. 一直很关注孩子的感受

实际上，我们关注孩子的感受，就等同于关注他是否接受我们的建议。有些家长认为教育孩子就是要严厉，在管教孩子的时候不许他这样那样，打骂孩子更是家常便饭。但是，在这种环境中成长起来的孩子，往往会懦弱、胆小怕事，要么就是逆反性极强。

还有一种家长，喜欢过多地干预孩子的行动，喜欢对孩子唠叨，对孩子的行为和想法总喜欢提出些反对意见。这样必定会引起孩子的反感和不满，对于教育孩子是没有好处的。

2. 你在管教孩子的时候喜欢摆架子吗?

A. 嗯，有必要用这种方式震慑

B. 是否摆架子，都顺自己心情

C. 尽量和气，以理服人

父母在管教孩子的时候应该以尊重和宽容为前提。尽量多用商量的口气和孩子说话，可以温和一点儿的时候就没必要太严厉，更不要向孩子发号施令。

3. 你愿意多给孩子一些自己做决定的机会吗?

A. 小孩子不懂事，家长代劳

B. 在一些事情上孩子有自主权

在平时，父母可以多给孩子一些自己做决定的机会，让他们有一定的选择权，这样就可以大大减少逆反的行为。如果家长什么事情都独断专行，那么也难怪孩子有意见。

此外，对于那些总喜欢跟父母对着干的孩子，父母应该多多给予安抚和引导，在坚持原则的前提下，可以多多表扬一下孩子的良好表现，或者在日常生活中和孩子玩互换角色的游戏，让孩子体验一下做家长的感觉。这样，孩子就比较容易理解家长的用心了。

理解孩子，孩子才不会和父母对着干

孩子也许会无缘无故地不听话，会叛逆，但是不管哪种情况，父母的理解和爱都是化解这种情况最好的良药。

努力寻找你们的共同话题

由于爸爸妈妈平时的工作很忙，小于从小就跟着爷爷奶奶长大，直到上初中时，他才被接回到父母的身边。

由于长期没有跟父母生活在一起，小于起初与父母的关系并不是很好，表现出一种极大的不信任，并且凡事都喜欢跟父母对着干。

小于的妈妈在多次尝试沟通失败之后，听从了教育专家的意见，试着走进孩子的生活，努力寻找与孩子的共同话题，以缩小与孩子的距离。在知道儿子喜欢打球之后，她终于找到了突破口。

"儿子，今天是周末，你想要打球吗？妈妈有段时间没

运动了，很想去活动活动筋骨。"妈妈说。

起初，孩子十分不愿意和妈妈一起去运动，总找各种理由推脱，可几次之后，他终于答应了。

在球场上，母亲和儿子配合得非常默契。打完球回来，妈妈略带佩服地说："儿子，你在球场上表现真棒，没想到遇上高手了。今天我很开心。我们都喜欢打球，以后再一起切磋。"

听完这些话，小于会心地笑了，与妈妈的距离感也消失了不少。

有不少父母发现，在生活当中，孩子越是长大，和自己的关系就越疏离，特别是正处于青春期的孩子。

还有一些父母发现，自己的孩子非常善变，在学校中和在家中判若两人，在学校里活泼开朗，但是在家中一言不发。

实际上，孩子在成长的过程中表现出对父母的疏离是一种正常的现象。孩子长大了，他们渴望挣脱父母的束缚，按照自己的意愿去安排生活，同时也希望父母能够给予理解和支持。反之，就会表现出叛逆。

当然，对于这种疏离，父母也并不是束手无策的。让父母与孩子交流受阻的另一个关键原因就是父母和孩子之间缺乏共同语言。再加上有些爸爸妈妈常年忙于工作，不重视与孩子的交流，好不容易有了和孩子沟通的机会，又往往将侧重点放在孩子的学习成绩上，对孩子真正感兴趣的事情置之不理。

这种关注的重点的不同，直接导致父母与孩子之间的隔阂。

要想摆脱这种僵化的亲子关系，最好的方式就是试着和孩子做朋友，努力寻找和孩子的共同语言。

父母如果真的关心孩子的成长，想要真诚地和孩子交流，那么就应该允许孩子有自己的想法，并鼓励孩子说出自己真实的感受。同时，作为父母也要有意识地不断提高自己，多关注一些新鲜事物，多关注孩子喜欢的东西，努力让自己的思想跟上时代，不要让孩子觉得父母很老土。

怎样跟上孩子的步伐呢？

比如说，喜欢篮球的孩子很想看 NBA 球赛，那么父母就不要因为看电视剧和他抢频道。再比如说，孩子和同学玩得很开心，回家晚了，父母要抱以尊重和理解，不能上来就是一顿臭骂。再比如说，孩子很喜欢流行歌曲，父母也不妨试着学唱几首，体会一下孩子的感受。

我跟孩子一起坐在沙发上，看着电视里播放的韩剧，女儿看得兴高采烈，这让我很奇怪。

"你很喜欢里面的男主角吗？"

"当然喜欢啦！"

"可是，我更喜欢女主角。"

"为什么呀？"

"因为她很努力呀，作为一个替身演员，她喜欢自己的职业，努力去做到最好。而且心地又善良，面对自己喜欢的人，虽然有时候表现出很骄傲的样子，可是私底下却努力跟他学习。"

"嗯，男主角也很好呀。那么爱她，照顾她。"

"是不错，可那也是因为这样的姑娘值得他爱。"

"好吧，妈妈，我想我知道你什么意思了，我也会努力做一个值得被爱的女生。"

"哎哟，15 岁的孩子说出这样的话，可真是不害臊。"

我开玩笑道。

"这都 21 世纪了，有什么害臊的？"

我笑了笑，看着女儿放下了遥控器回到房间去睡觉了。

在教育女儿的过程中，我尽量避免去讲大道理，大多数时候都是通过孩子喜欢的东西给她讲述。就这样，即使是在孩子的青春期里，我们母女还是关系很亲密，女儿也很少叛逆。

其实，当孩子意识到自己和父母有共同话题的时候，他们自然也愿意和父母多交流，主动向父母敞开心扉，把父母当作自己的朋友。

【怎么听怎么说之现场演练】

了解孩子的梦想，协助他实现

如果有一天，我们开始有这样的感觉：我和孩子可以谈论的话题越来越少，我们的共同语言随着时间的流逝而消失。那么，作为家长，我们要尽量想办法了解孩子的兴趣点到底在哪里。

1. 你会尽全力读孩子读过的书吗？

A. 不，他看的我从来不看

B. 偶尔翻翻

C. 但凡孩子看过的书，一定亲自过目

我们可以尽自己的努力，与孩子读同样的书，或者寻找孩子喜欢的书给他，孩子和家长就可以产生共同话题，从而变得更加亲密。

2. 你会和孩子一起规划他未来的蓝图吗？

A. 没兴趣，不过小孩子说说而已

B.会很认真地听，然后夸他有出息

C.不仅认真听，还给提些建设性意见

只要是养育过孩子的父母，一定都会达成这样的共识：孩子的梦想瞬息万变，一天会变换不知多少次。他们一会儿说要当企业家，一会儿说当电脑专家，一会儿又说要当投资专家。不过，要是真正有心的家长，还是可以从孩子的梦想中看到些蛛丝马迹，可以和孩子大概想一想实现一个梦想所需要做的准备，并进一步具体规划这些梦想。与此同时，孩子会很高兴父母能够认同自己的想法，感觉自己找到了知音，如此一来，你们还愁找不到话题吗？

寻找和孩子共同的话题

和孩子有了共同的话题，孩子自然愿意与父母交谈。寻找和孩子共同的话题，是保持亲密的亲子关系最重要的办法之一。

关心孩子的感受，积极地帮助他

每个孩子在成长的过程中难免遇到伤心的事情，因此会偶尔表现出闷闷不乐，不想跟别人交流。但是如果孩子长期沉默寡言，不想跟他人交往，就需要家长特别注意了。

文文的妈妈最近很为女儿担心，因为在前不久的家长会后，老师跟她说，文文平时性格内向、沉默寡言，上课时总不积极回答问题，下课之后也不怎么喜欢与同学交流，这对孩子的成长十分不利。

文文妈妈回想一下，觉得孩子平时就听话而内向，在公共场合胆子向来比较小，不禁怀疑自己的孩子有"社交恐惧症"。

"文文，今天是周末，你怎么不出去找同学玩啊？"

"不去了，也没什么玩伴，我还是在家好好学习吧。"

"学习也要注意劳逸结合啊，你出去玩儿吧，去找隔壁的肖丽吧，她今天在家。"

"不，我决不会找她玩儿的，她太好动，话也很多，还总喜欢到人多的地方凑热闹，我可不想。"

"热闹很好啊，大家一起玩儿才开心嘛！"

"我不觉得，我喜欢一个人安静地待着，在人多的地方我常常感到害怕和焦虑，遇到有人跟我说话我还会心怦怦跳、手心出汗，我一点儿也不喜欢跟别人交流！"

文文的妈妈这时才感觉到文文可能是在和别人交往上出了问题。

在现实生活中，像文文一样的孩子不在少数，他们喜欢独自一人，害怕和别人交往，不喜欢在众人面前发言，在与人交谈的时候会表现得焦虑不安，担心自己在别人面前出丑。对人很回避，不能信任周围的人，不能接纳周围的人。

孩子之所以会出现这种行为，主要是源于心理问题。这种不正常的心理状态与一个人的性格、心态、成长环境等因素密切相关。

假如一个孩子的性格很内向，那么，他很可能是在童年时期的社交场合遭受过打击，或者是在成长过程中经历过什么让他感到不愉快的事情。这些不舒服的经历让孩子在潜意识中厌恶与人交往。

孩子不爱与人讲话，这本身是一个棘手的问题，说大也大，说小也小，有的孩子在他熟悉的环境中会表现得特别活跃，但是一旦换一个地方或者换一群人，他就会表现出非常内向的一面。要追问具体的原因，这很可能是因为孩子本身的生活环境太"安静"了，与人交往的机会太少。

作为家长，要站在孩子的角度上了解孩子内心的这种恐惧，关心孩子的这种感受，多多地鼓励孩子。

比如鼓励他主动跟其他小朋友玩，带着孩子参加亲戚朋友的聚会……要知道，童年的孤独是非常痛苦的。让孩子学会主动和别人讲话吧，哪怕声音很小，也要及时给予孩子鼓励，父母的态度决定了孩子下一次勇敢的尝试。

萧炎刚上幼儿园的时候，总是一个人躲在角落里，不跟其他小朋友玩。萧炎的老师看到这种情况后，就把萧炎拉到其他小朋友中间，让他们一块儿玩，但是没一会儿，就发现萧炎还是跑到角落自己一个人去玩了。

后来，萧炎的老师把这种情况告诉了萧炎的妈妈，于是，在一个周五的早晨，萧炎的妈妈和萧炎一块儿来到了幼儿园。到小朋友们活动的时间了，萧炎还是一如往常自己一个人躲在角落里。

这时候，萧炎的妈妈叫来了住在萧炎家隔壁的彤彤，对彤彤说："彤彤，你去叫上萧炎跟你一块儿玩，好不好？"

"萧炎不喜欢跟我们玩，他总是一个人。"彤彤嘟着嘴说道。

"这次他会跟你一块儿玩的。"

形形和萧炎的妈妈一起找到了萧炎。

"萧炎，我们一块儿去玩吧。"形形对萧炎说。

萧炎看着形形摇了摇头。

"去吧，萧炎，和形形一块儿去玩，她很想跟你玩。"萧炎的妈妈对萧炎说。

萧炎还是摇摇头。

"萧炎，如果你不去，形形会很难过的，你哪怕去跟她玩一会儿，然后回来再自己玩都可以，好吗？"

萧炎点了点头，形形也很高兴地拉着萧炎去跟大家玩。玩了一会儿之后，萧炎却没有回来。萧炎的老师看到后，对萧炎的妈妈说："你真是有办法！"

"他只是有些胆小，多多鼓励一下他，就好了。"萧炎的妈妈对老师说。

在这个社会上，学会与人交往是很重要的，因为良好的社交能够磨炼和增强一个人的能力。

只有当一个人的接触面越来越广，他的知识面才会得到更大程度的提升，情商也随之提高。反之，如果害怕与人交往，那么将来的发展就会受到一定的局限。所以说，家长们不能轻视孩子的交流问题，如果孩子变得不爱说话，或者是看到人就躲，就要及时关心孩子，并给予孩子帮助。

【怎么听怎么说之现场演练】

设法让孩子感受到与人交往的快乐

孩子在与人交往方面出现了障碍，原因有很多，有的孩子因羞怯而紧张，有的孩子因自己的能力和知识欠缺而有自卑感，有的孩子只是缺乏必要的社交锻炼……针对不同的情况，我们要用不同的方法，来帮助孩子提高社交能力。

1. 你会积极关心孩子对交往的感受吗？通常用哪种方式？

A. 经常询问孩子的感受

B. 观察孩子是否有厌恶交谈的倾向

C. 反思自己对孩子说的话是否恰当

D. 给孩子更多的关爱

E. 其他

在日常生活中，父母应给予孩子更多的关注，尽早纠正不恰当的教育行为，这样的话，孩子出现心理问题的概率会小很多。

2. 你会积极努力地给孩子创造社交的机会吗？

A. 不会，我觉得一切顺其自然

B. 会，我觉得与人交往，多多益善

一个人，越是不愿意跟人说话，说话的能力就越容易慢慢丧失。所以我们要帮助孩子争取社交锻炼的机会，比如说带着孩子参加一些集体活动，看到别人就主动打招呼，去串门的时候带着孩子，家里来客人的时候给孩子一些说话和表现的机会。这样的话，慢慢地，孩子就懂得如何与人交往了。

如果孩子实在克服不了与人说话时的恐惧，我们可以教孩子学习用深呼吸的方式来进行放松和调整心态。如果孩子的不良反应很严重，也可以带他去看看心理医生。

用爱积极地帮助孩子

每一个不爱与人交流的孩子，需要的是父母的帮助，而不是父母的指责。关心孩子的感受，积极地帮助孩子主动与人交流，是父母给孩子最好的爱。

第三章

吸引孩子与我们"合拍"

再忙也要抽时间陪陪孩子

2013 年的春晚上，林妙可和众多小朋友合唱的一曲儿歌，唱出了不少儿童的心声："爱我你就陪陪我，爱我你就亲亲我。"可以说，每一个孩子都有这样一个再小不过的愿望，可是这样微小的愿望，有时候也得不到满足。

每一个爱孩子的父母，都不应该忽略孩子这个微小的愿望，一定要提醒自己：无论多忙，也要抽时间陪陪孩子。当孩子得到父母全身心的关注时，就算只是平静的待在一起几小时也会给孩子一生的记忆中留下难忘而又温馨的回忆。

作为家长，想想自己有没有做过这些事：

每天午饭时间问问孩子的情况，向孩子讲述有关自己的事情。

每周抽出一天或半天时间陪伴孩子。

每晚睡前，去孩子房间与他交谈一会儿。

"职场父母一定要多挤点儿时间陪陪小孩。你可以把孩子交给保姆、老人，但是谁也取代不了父母在孩子心目中的地位。千万不要以忙为借口把孩子推给别人，不管多忙，一定要记住和孩子多聊天、多沟通。"这是一位职场妈妈在总结自己的育儿经验时发出的感慨。

她说：

在孩子小的时候，我和孩子的爸爸都忙于自己的事业，想着我们有所成就，才能给孩子一个更好的未来，才是对孩子最大的爱。因此我们决定把孩子送回老家，交给孩子的爷爷奶奶抚养，我们每个月只要给孩子多寄一些衣服和玩具，让他在物质上得到很好的满足就可以了。

我们努力工作，尽自己最大的力量去给孩子创造很好的物质条件。可是，等我们事业有成的时候，却痛苦地发现孩子根本不愿意和我们沟通。更令人担忧的是，孩子内向多疑、胆小怕事，偶尔还会做出一些很古怪的行为。

看着这样的孩子，我在想，即使我们赚再多的钱，可以让他有一个幸福快乐的未来吗？一个缺乏爱的孩子怎么会快乐呢？现在真是后悔以前为了事业没有多陪陪孩子，没有给孩子足够的关爱。

确实，缺少大人陪伴与沟通的孩子喜欢撒娇、任性，并且偏内向、胆小、多疑，偶尔还会做出一些古怪的行为，目的是引起大人的注意，让大家觉得他很重要。家长在发现孩子有这些行为以后，应该自我反思一下，看看自己是否忽视了孩子的情感需求，是否应该合理安排工作，挤出些时间多陪陪孩子，让他感受到你对他的爱与重视。

有一位父亲，有了儿子之后，仍然不断地开创着自己的事业，由替人打工到创立自己的小公司。公司生意蒸蒸日上，发展态势很好，这位父亲整天忙得团团转，忽略了在成长中的儿子，他和儿子在一起的时间也越来越少了。

一个周末，这位父亲出差两周后回到了自己的家中，已是午夜时分，他的儿子早已经睡着了。当他将随身的文件放进书房时，却看到书桌上有一张纸条，内容是这样的："我的好爸爸，我好久没看到你了，你是个做生意的能手，可惜你是个'冰箱'爸爸，别的小朋友爸爸的爱是热的，你的爱却是冰冻的。"

儿子的话让这位年轻的爸爸十分的愧疚。从此，无论再忙，他也会抽出时间陪可爱的儿子说说话，谈谈自己身边的趣事，再聊聊儿子学校里发生的事情。这样相处的时间多了，他们的父子关系便变得融洽了。

这个故事的确具有一定的代表性。尽管现在的家长面临着各种生活压力，早出晚归，很少与孩子交流，但在一个完整的家庭里，对孩子而言，无论是爸爸，还是妈妈，都是他们每天生活中不可或缺的一部分。

总之，家长们多抽出些时间陪孩子一起做他们热衷的事情，是非常重要的。花越多的时间了解孩子，家长就越可以有的放矢地为孩子做心理辅导工作，教会他相关的生活技能，鼓励他实现自己的梦想。总之，孩子有了家长的陪伴，就会更加热爱生活、更加活泼开朗。

【怎么听怎么说之现场演练】

陪孩子玩有技巧

爱玩是孩子的天性，陪着孩子一起玩，可以拉近和孩子的距离，陪孩子玩也有技巧吗？怎样让孩子觉得好玩？其实这里面也是有很多学问的。

1. 你是否会表现出对游戏的兴趣?

A. 不会，只是陪陪孩子而已

B. 会的，和孩子一起玩是开心的事

其实，当孩子发现你对这个游戏没兴趣时，就会觉得游戏不好玩了。孩子很敏感，他能感受到家长对游戏的态度。所以，在陪伴孩子的时候，要和孩子一样真诚、投入，要专心地陪孩子。

2. 在陪孩子做游戏时会注意听他们发表的见解吗?

A. 一般不太在意

B. 会的，言为心声

孩子都需要爸爸妈妈的关注，而且越多越好，当孩子在游戏中发表见解的时候，我们应该给予更多的爱意和关注，因为孩子说的话，很有可能还有潜在的含义。家长们多花心思倾听孩子所说的话吧，说不定，他会带着我们去看看他的内心世界。

3. 你会有意识地保护孩子在游戏中的想象力吗?

A. 没注意过这个问题

B. 会觉得孩子的某些想法很有趣

C. 会注意保护孩子的想法，不急于纠正

进入孩子的世界，我们除了要多听之外，更要开放自己，多问问孩子。我们不能苛求孩子的想法和我们一样，也不用着急表达自己的想法。在孩子的眼中，太阳可以是绿色的，河流可以是粉色的，我们要有一定的包容性，多了解孩子的想法，这样才不会破坏孩子的兴致。

与孩子一起谈论成长中的悲喜

对于每一个人来说，当自己产生喜怒哀乐时，第一个想法就是与人分享。成年人都有和人分享信息的心理需求，对于孩子来说也是如此，甚至这种需求比成年人更为迫切。科学家发现，90%的孩子都渴望和父母分享成长中的喜怒哀乐。

在一个家庭中，父母的关心和信任可以让孩子对父母更加尊敬和亲近，并且乐于向父母倾吐心声。当孩子和家长聊天时，他更希望得到父母专注的倾听、感兴趣的提问，同父母分享他的沮丧，会令他内心舒畅得多。

很多时候，孩子向家长抱怨，只是想发泄情绪，说完了，心情自然就好了。如果家长不了解孩子的这种需求，只想为他提供解决方案，可能会让孩子反感，甚至中止沟通。

迪迪放学回到家后，迫不及待地和妈妈分享这天的感受。

迪迪：当班长太累了，既要自己学习，还要维持纪律。

妈妈：既然不喜欢，就和老师说说不当了。

迪迪：可是我也很喜欢当班长，它让我觉得很光荣。

妈妈：既然你喜欢，那就不要再嚷嚷着说累了。

迪迪（沮丧）：可是喜欢不代表不累啊！

妈妈（无奈）：真不知道你到底要说什么……

谈过话后，迪迪只觉得情绪无处发泄，她不愿意继续与妈妈交流，因为她觉得无趣极了。

如果妈妈换一种谈话方式，更注意倾听，谈话的效果就会有明显的不同。

迪迪：当班长太累了，既要自己学习，还要维持纪律。

妈妈：你今天好像很累。

迪迪：是啊，当班长让我觉得很光荣，可也让我总觉得有压力。

妈妈：嗯，我明白你的感受，我也曾经有过这样的情况。

　　迪迪：我怎么做才好呢，真头疼。

　　妈妈：妈妈相信你一定能处理好的，来，让妈妈抱抱你。

　　迪迪：谢谢你，妈妈，我觉得舒服多了。

　　迪迪继续这样不停地讲着，她很兴奋，喜欢和妈妈说话，因为妈妈愿意当她的听众。

　　从这个例子可以看出，有时和孩子一起分享成长，只是倾听、感受和理解就行，并不需要过多地提出解决方法。

　　不过，这并不是说家长可以对孩子不闻不问，只要听他们抱怨抱怨就可以了。孩子们都喜欢被喜爱、被珍视的感觉，家长可以多关心孩子，当他们发现自己被家人喜爱和珍视，那么他们会有一种满足感。

　　有一天，我的女儿很沮丧地回到家中，放下书包一句话不说就走进了自己的卧室。我感觉孩子一定是在学校里发生了什么不愉快的事情，所以我敲开了孩子房间的门。

　　"妞妞，发生什么事情了？"我坐在孩子身边问她。

　　"我们班上的一个男生太讨厌了。我代表班级去参加学校举办的英语比赛，没有拿到奖项，心里本来就够难受了，谁知道他还在那里说风凉话，说什么英语学得好，不过是在我们这个班里还算行罢了，但跟其他班的一比较就差多了。"孩子说着说着竟然哭了起来。

　　"好了，妞妞，他也许是在开玩笑。"我一边儿把孩子搂进了我的怀中，一边儿安慰孩子。

　　"妈妈，跟其他人一比，我也觉得我很糟糕。"孩子在我的怀里边哭边说。

　　"不，不管你成绩怎样，在妈妈眼里都是一个很好的孩子,是妈妈唯一的好孩子。"我轻轻地拍着孩子的后背,安慰着她。

孩子听了我的话后,哭了一会儿就不哭了,并对我说:"嗯,有妈妈支持,我就很幸福。"

孩子能够和家人畅所欲言,这是培养双方关系的大好机会,父母应该给予孩子更多的爱和理解,但是不要把孩子看成是弱者,这样会让孩子心中落下"我什么都做不好"的印象。

只有在父母理性的爱护之下,孩子才能够独立起来,才能够尽快成长起来。

【怎么听怎么说之现场演练】

和孩子交流有技巧

当孩子面对压力或者遭遇不愉快的事情时,他希望有人能够在这个时候了解并且帮助他。如果父母能和他一起谈论问题的细节,分享他的沮丧、迷惑、无助,对孩子的情绪控制能力和人格发展都大有好处。

1. 想一想,你家孩子总是会抱怨些什么?

学习中的抱怨:＿＿＿＿＿＿＿＿＿＿＿＿＿＿＿＿＿＿＿＿＿

生活中的抱怨:＿＿＿＿＿＿＿＿＿＿＿＿＿＿＿＿＿＿＿＿＿

对自己的不满意:＿＿＿＿＿＿＿＿＿＿＿＿＿＿＿＿＿＿＿＿

通常,当孩子遭受压力的时候,会抱怨"我的学习成绩为什么上不去""为什么我总是这么倒霉""讨厌的考试什么时候能结束",他用诸如此类的话来表达他的烦恼、失望和挫折。

2. 在孩子情绪不好时,你一般什么反应?

A.对孩子的暴脾气加以批评

B.能哄则哄，否则他闹起来让人头疼

C.耐心地给孩子讲各种道理，直到吵起来

D.耐心地听他说，不插话

其实，孩子情绪不好时，只需要我们对他表示关心，让他感受到支持，仅此而已。我们倾听他抱怨，不用太长时间，他的情绪就会慢慢好转，也不再觉得这些是压力了。

3.你会有意识地鼓励孩子广交朋友吗?

A.顺其自然，没在意过

B.鼓励他，这很重要

一般孩子都很关注自己的人际关系，他们喜欢根据个性上的差异，组成一个个趣味相投的小团体。如果一个孩子觉得自己不能够被团体接受，他就会感到被孤立，从而产生自卑、怯懦等情绪。所以，我们要鼓励孩子广交朋友。

4.孩子遭遇失败，你会怎么做?

A.批评他

B.安慰和鼓励他

当孩子遭遇挫折的时候，其实在内心需要别人的同情。比如说，孩子在比较重要的考试中失败了，有的家长就会一味责怪他"真没出息"，有的则是同情安慰，积极开导："这次的题目出得也挺偏的，你可以选择复读，还有机会。"前者的态度只会让孩子更加痛苦，后者的态度才是正确的。

分享孩子的喜怒哀乐

　　每个人的成长过程中都会有悲喜，也需要与人分享，这会让悲伤减少、喜悦增加。作为父母，一定要主动与孩子讨论成长中的喜怒哀乐。

让孩子参与家庭大事的讨论

　　在日常生活当中，如果父母从来不考虑孩子的感受，不让孩子对家里的事情发表意见，那么孩子就会感到在家中没有话语权，从而感到失望愤怒。要是这种情绪无处发泄，久而久之，孩子要么会成为沉默寡言的"闷葫芦"，要么就是事不关己高高挂起的"书呆子"。

　　因此，有教育专家建议，父母应该尽量多召开一些家庭会议，让孩子参与家庭大事的讨论。

　　家庭会议会让孩子找到一个说话的窗口，在这里，孩子可以被倾听，可以参与到交流甚至是解决问题的环节中，在这种平等民主的氛围下进行的教育，对孩子是一个无形中的良好的熏陶，孩子思考问题、组织语言、参与活动的能力都会得到锻炼，而且，在这种情况下孩子也很容易感受到来自父母的重视。

　　家庭会议是孩子成长的一个小渠道，孩子通过家庭会议上讨论的问题逐渐熟悉家庭结构。在一个完整的家庭里，需要考虑到家务、财务预算、日程安排和生活方式。而这些，也为孩子以后离开父母，自立门户和适应社会打下坚实的基础，还可以锻炼孩子的语言表达能力。

当孩子的想法得到表达，情绪也得到了宣泄，孩子的心理会更加健康，家庭也会更加和谐稳定。

每到月末，儿子就会拿出家庭会议记录本，和父母一起坐在沙发上，开始每月一次的家庭会议。今天晚上，一家人又坐在一起开会了。

"爸爸，你对我这个月的表现满意吗？"儿子真诚地询问父亲。

"嗯，非常满意，只是你今后放学回家时，尽快洗个澡，好吗？可能是由于天气太热，你总是抱怨自己浑身痒，影响你的睡眠。"

"嗯，好的，谢谢你的提醒！"儿子在会议记录本上写下"勤洗澡"三个字。

"我这段时间心里总有一股莫名的烦躁，也不知是什么原因。"母亲说。

"我想是你长时间待在家里干家务，而很少外出散心的缘故。这段时间我的工作很紧张，也没有多少时间来陪你。这样吧，下个星期天，我们一家人去郊游好吗？"

"你的建议太好了！"母亲开心地说。于是，一家人又在灯光下开始讨论下周末的郊游计划。

这样温馨的对话，没有一个孩子会不喜欢。与此相反，充满命令的对话，几乎没有孩子会喜欢，一不小心还会激起孩子的逆反心理。

一个周末，梅丽在家里边吃零食边看电视，爸爸回来看到桌子和地板上有很多垃圾。

"你没看到地板脏了吗？这么大了，也不知道收拾收拾，整天就知道玩。"爸爸没好气地对梅丽说。

"嗯，好像不是很脏啊。上次你在家的时候，地板比这还脏，你都说可以等明天再打扫的。"

"你这孩子，怎么这么跟爸爸说话，爸爸忙着工作，可你呢？快点儿，把电视关了，打扫卫生！"爸爸的口气强硬又坚决，梅丽听后，心里非常不高兴，索性把原来桌上的垃圾全弄到了地上，自己回房间看小说去了。

其实，梅丽本来想吃完手中的零食就打扫卫生的，可爸爸此时以不容商量的语气命令她，令她十分反感，所以她才选择了和爸爸对着干，如果爸爸能以商量的口气平和地跟她说话，她一定会愉快接受的。

很多父母常常觉得，自己是一家之主，孩子就应该听从自己的吩咐和要求。

他们习惯于不征求孩子的意见，就自作主张地要求孩子去做某事，结果往往适得其反。就像文中的梅丽爸爸，他没有完全了解梅丽的想法就以不容商量的口气下命令，结果引来了孩子的反感。

现实生活中，有些父母虽然征求了孩子的意见，但也只是象征性地问问孩子。很多时候，父母会觉得孩子的意见不成熟，最终还是按照自己的想法行事，将孩子的意见弃之一旁。结果，让孩子觉得自己的意见得不到重视，最后也懒得参加这种形式性的"家庭会议"。

孩子是家庭中的一分子，应该有权利参与家庭大事的讨论，而参与讨论又可以带给孩子不少益处，父母何乐而不为呢？

【怎么听怎么说之现场演练】

开个既温馨又高效的家庭会

父母和孩子的沟通就像管道中的水，若是管道一头高一头低，水只能流向低的一头，只有两头差不多高，水才能自由流动。

1. 你平时和孩子说话时，注意语气吗？

A. 不怎么注意

B. 尽量温和，但有时候会受情绪影响

C. 对孩子，总是严厉不起来

在家庭生活中，父母如果想要求孩子做某事或不做某事，应该少用强硬的命令，而尽量以商量和请求的语气来代替，多使用"你看能不能这样""我们想听听你的意见""请你帮个忙吧"等话语。

虽然提出的要求还跟原来相同，但只要父母灵活地改变语气，孩子的理解就会迥然不同。

2. 你觉得家庭会议可行吗？应该注意些什么？

A. 从来没想过，觉得不必要

B. 觉得只是个形式

C. 觉得是个挺好的方法，可以征求下孩子意见

家庭会议是一种和孩子沟通的方式。如果你觉得家庭会议是个不错的交流手段，那么就可以和孩子一同尝试一下。在会议进行当中，应该注意以下事情。

（1）成人负责主持会议，制定规定。

（2）除非特殊情况，否则成员不可以缺席。

（3）不管是反对还是赞同，每个成员都有表达意见的权利。

（4）做到耐心倾听不打岔，不在会议中大喊大叫，影响会议进行。

（5）每位成员之间应做到互相尊重。

（6）将分散注意力的东西减到最少。关掉电视、电话和收音机等。

（7）由家中的成人做最后决定。

让孩子参与家庭事务

孩子是家庭的成员，让孩子参与家庭大事的讨论，会让孩子更有责任感，也会让孩子感到父母对自己的尊重。

引导孩子开发人际交往的天赋

孩子天生喜欢和人说话，喜欢和人交流。

琪琪虽然是一个漂亮的小女孩，但她天生就有一种男孩的性格，像男孩子那样喜欢爬上爬下，甚至一些小男孩都不敢玩的体育项目如单杠、双杠等，她都敢玩，而且玩得很出色；她有点儿看不起那些受了委屈、挨了批评就哭哭啼啼的小女生，相反，妈妈爸爸的批评、指责往往对她不起作用……

对此，琪琪的父母很忧虑：这孩子怎么就没点儿女孩气呢？

其实，琪琪父母有点儿杞人忧天了，虽然琪琪大大咧咧的性格有点儿像小男孩，但这种性格也有很多好处：女儿不像大多数小女孩那样敏感、爱哭，做父母的要省心很多。

而且最重要的一点是，这种大大咧咧的性格恰恰是琪琪人际交往的优势所在，会使她拥有很多朋友。

孩子们都喜欢与那些不计较细节、性格有点儿大大咧咧的孩子交朋友，而且他们还给出了几乎一致的理由：与这样的朋友一块儿玩不会累，而且可以玩得很开心。

所以，父母应该尽量培养孩子的这个性格，不仅要鼓励孩子多交朋友，还要帮助孩子克服斤斤计较、小心眼的毛病，这样的话，孩子会有更多的朋友，会玩得更加开心，这对他以后的发展将会有很大帮助。

因为孩子的天性更加倾向于关系式的生活方式，所以父母可以多挖掘有助于他社交的品质，孩子会很容易开发并利用这些天赋，更好地融入朋友当中。

有一位妈妈这样说道：

女儿小时候是我们小区的孩子王，她总喜欢带着一帮孩子玩，孩子们有了什么纠纷也总来找她解决。有一次我看见她处理两个孩子的矛盾——他们并不比女儿小，但是他们都对女儿的解决方案表示赞同——两个孩子很快就达成和解，继续愉快地玩耍。

很明显，我的女儿在交际方面有天赋，于是，在以后的日子，我刻意地把女儿的这种天赋挖掘出来：带她接触更多的人，让她来招待客人……

现在，女儿自己经营着一家企业，她的员工以她为荣。

一旦发现了孩子的天赋，父母就要积极地把它挖掘出来。这样，他们所具备的天赋才会成为其终身的财富。

当孩子表现出与他人交往时的恐惧和厌恶时，父母应该耐心地和孩子交流，并且帮助孩子缓解紧张感，给予孩子积极的鼓励。同时，家长要想开发孩子的人际交往能力，也要从多方面入手：

1. 激励孩子交往的兴趣和欲望

家长最好多鼓励孩子花费一定的时间和精力去和同龄人聊天、游戏、出游，不要忽视孩子在这方面的实践。当孩子想要找其他小朋友玩，就支持他。如果孩子对与人交往表现出恐惧和厌烦，就要耐心地和孩子交流，帮助孩子缓解紧张感。

2. 为孩子的人际交往创造条件，树立榜样

良性的人际交往需要正确的交往动机和一定的交际技能，在这些方面，父母都应该成为孩子的好榜样。

3. 重视对孩子心理素质的培养

与人交往，需要良好的心理素质和人格素养，比如善良、真诚、守信、开朗、率直、理解他人等，这需要家长在日常生活中有意识地加以培养。

第四章
培养孩子的合作意识

注意培养孩子的交往能力

　　妈妈在路上碰到了老朋友，但是发现自己的孩子并没有跟朋友打招呼，于是问道："小丽，你好像忘记什么了吧？"小丽显然还没有意识到自己该说什么，这时妈妈指着朋友说："这是李阿姨。"小丽听了妈妈的话，害羞地低下了头。妈妈对朋友说："也不知道这孩子为什么看到人不知道打招呼，性格还这么内向，在学校也不愿意与人交往。"

　　在现实生活中，有不少青少年性格孤僻，害怕与人交往，躲在自己的小世界中。一项调查结果显示，34.9%的青少年都觉得自己孤独。

　　不得不提醒家长的是，有的孩子试图逃离社会，胆小谨慎，害怕与别人交往，总是试图躲避他人，但这种心理并不是一个人天生就有的，大多数是后天的社会性需要没有得到满足而造成的。

　　一个人的成长不可能脱离社会单独进行，因此父母需要特别注意培养孩子与人交往的能力。

　　美国石油大亨洛克菲勒在总结自己的成功经验时曾表示："与太阳下所有的能力相比，我更关注与人交往的能力。"正是洛克菲勒卓越的人际沟通能力成就了他辉煌的事业。

　　与人相处的能力，是一种综合能力，它包括很多方面，比如和小朋友在一起，他要考虑应该怎样和人家说话，怎么样才能够表达清楚自己的意思，不但要求有语言表达能力，还要有计划、有辨别力、有方法。

一个交往能力不好的孩子，其他能力的发展可能会受到影响。对此，教育专家给出了以下建议：

1. 尽量为孩子扩大交往的圈子，使孩子除了家庭以外，能够和更多的人交流、交往。如，朋友、同学、老师、亲戚等等。

2. 尽量将孩子视为一个个体，平等地对待孩子，努力培养孩子独立的人格。需要注意的是，这个过程要顺其自然，不可强制规范，不然只会让孩子感受到不快乐，否则对于他和别人的交往是极为不利的。

3. 从小就培养孩子团结友爱的品质。

4. 除了和孩子进行语言上的沟通以外，也可以尝试和孩子进行一些其他方式的对话，比如一起做游戏等。

西西很小的时候，由于爸爸妈妈很忙，便由乡下的爷爷奶奶抚养。西西上幼儿园时，才被接回父母身边。刚到父母身边的西西总是表现出胆怯内向的一面，这也让西西的妈妈很担心，担心孩子无法融入城市的生活中。

还记得西西的妈妈第一次带西西去幼儿园，西西一直躲在妈妈身后，不敢去和老师同学打招呼。即使过了一个月，西西在幼儿园里还是经常一个人趴在桌子上发呆，很少跟其他小朋友玩。

西西的妈妈为了能让西西融入这个集体中，开始想办法，最后采取了老师的建议，那就是带西西去同学家里玩，或者邀请西西的同学来家里玩。

一开始，西西的妈妈害怕邀请西西的同学到家里玩，没有人愿意来，就决定带着西西去同学家里玩。西西最初很不愿意，西西妈妈就鼓励她说："西西不要怕，去同学家里玩是很有趣的。"西西很不情愿地跟着妈妈去了同学家。就这样，慢慢地西西跟班里大多数的孩子开始了真正意义上的认识。班上的同学在学校里玩的时候也总是叫上西西。期末的时候，西西妈妈邀请西西的同学到家里玩，这时候的西西已经可以很快乐地和朋友们相处了。

没有人天生孤独，也没有人喜欢孤独。孩子都希望自己有很多朋友。但是，由于孩子的心理还不太成熟，还不足以解决和朋友交往中出现的所有问题，所以需要父母进行引导帮助。这不仅仅是孩子成长的需要，也是为孩子的将来种下一颗有益的种子。

【怎么听怎么说之现场演练】

培养孩子与人交往的能力

孩子的社交生活需要大人的指导。因为交往不仅意味着快乐、分享，也一定会有竞争、矛盾等。那么我们怎样才能有效地培养孩子与人交往的能力呢？

1. 孩子喜欢与他人交往，你会加以限制吗？

A. 会的，希望孩子专心学习

B. 会帮助孩子选择，防止他被带坏

C. 鼓励他多与人交往

有些家长只希望孩子学习好，其他的活动都不让孩子参加。家里来了客人，孩子刚跑过来，家长马上训斥："去去去！小孩子不要多事，做功课去。"如果孩子有其他活动要和伙伴们外出，家长就横加干涉："有什么好玩的，待在家里看书。"在限制交往中成长起来的孩子，在与陌生人交流时，就会显得畏畏缩缩，甚至连一句话都说不出来。

2. 你的孩子有关心他人的习惯吗？你会在这方面加以引导吗？

A. 没怎么注意过

B. 会和孩子讲这些道理

C. 自己能做到以身作则

人际关系很大程度上是人际彼此相互作用的结果。若希望得到别人的关心，首先就应关心别人。家长平时应该多教育孩子关心身边的人：同学生病了，可以去看望一下同学；邻居需要帮助的时候，子给予邻居必要的帮助；自己有的东西，也可以和小朋友们一起分享。学会关心他人，是人际交往的基础。

3. 你平时习惯鼓励孩子多参加些团体活动吗？

A. 不怎么鼓励，希望孩子以学习为主

B. 鼓励，为了他得到加分

C. 鼓励，希望他的生活多姿多彩

D. 鼓励，希望他找到自己喜欢做的事

孩子在和小朋友一起做游戏的时候，往往能体现出与人相处的能力，以及对人际关系局面的控制能力。孩子和其他小朋友一起玩时，不但能锻炼他的团体合作意识，还能够训练孩子对人际关系的协调处理能力，孩子的性格也会变得开朗活泼，容易与人相处。

4. 你平时注重加强孩子的自身素质吗？

A. 没太注意过

B. 挺留心这方面的

注意加强对孩子能力的培养，如运动、才艺、对知识面的扩展等，这也能让他产生自信和勇气，在与人交往的时候更能底气十足。

培养孩子的交往能力

现代社会，是人与人交往的社会，一个不具备交往能力的人很难在现代社会立足。因此，父母一定要注意从小培养孩子的交往能力。

鼓励孩子多与人接触

社会学家说："人，是群居的动物。"没错，我们的一生中不可避免地要与他人打交道，也不可避免地要遇到各种各样的人，这些人中有的也许只有一面之缘，有的成了我们的朋友。我们自身的性格、事业、生活都和遇到的人有直接关系。

如果害怕与人交流，那么很显然，性格、事业、生活都会遇到很多阻碍。因此，不少专家建议父母，要鼓励孩子从小就多与人接触。

5岁的豪哥性格开朗，喜欢交朋友。有一次，他跟随妈妈去野餐，在他们的营地旁边，也有一个家庭。豪哥看到那边有一个小朋友，他的社交能力就开始显露了。他冲着小朋友挥手示意，那边的孩子看到有人挥手，也兴高采烈地回应起来。两个孩子就那样挥来挥去，乐此不疲。就在这个时候，对方的家长看到豪哥在挥手，马上护住了自己的孩子，并冲着豪哥叫道："你敢打他，我就打你。"

有的家长在理智上都是支持孩子认识新朋友的，但是当自己的孩子和陌生人交流的时候，会担心自己的孩子被陌生人伤害，就像故事中那位小朋友的家长一样。然而这种做法却是非常不恰当的，这会在无形当中给孩子灌输强烈的防备意识，对孩子日后与人接触和交往产生不利的影响。父母应该鼓励孩子多与人接触。

在现实生活中，我们会看到有些孩子性格畏缩、爱哭泣、不敢与人接触，这与家庭的影响有一定的关系。有些孩子的父母怕自己的孩子吃亏，对孩子过分保护，使孩子养成了胆小怕事、遇事退缩的性格。要知道，孩子的社会行为和人际关系对他今后成长都有影响，因此父母要鼓励孩子多与人接触，要注意培养孩子开朗、活泼的良好性格和善于与人相处的能力。

孩子在成长过程中需要接触更多的人，这样才能够提高自己的组织能力和团体意识。人是群居动物，依靠集体来抵御侵袭、创造语言、传播智慧。在现代社会，是否有组织能力和团体意识，是衡量一个人能力的重要标准。因此，让孩子接触不同年龄的人，是孩子成长过程中必不可少的。

当然，对一个孩子来说，适合他们成长的小社会中并不特别强调不同职业的成年人出现，因为他们对新事物的接受和感知能力是有限的，而不同年龄幼儿间的互动，对幼儿的智力，特别是思维能力的发展是非常有好处的。这样可以训练他们的思维和表达能力。

这也是蒙台梭利的一个教育主张——混龄教育。

所谓的混龄教育，就是想办法让不同年龄段的孩子们一起玩耍，这样能够体现出群体互动的复杂性和层次性。不同的孩子在不同的群体当中扮演着不同的角色，比如说在这里是弟弟或者妹妹，到了另一个群体就是哥哥或者姐姐，这样的一种变化会使他们不断适应和接受新的角色。这些角色变化可以让孩子体验到年幼幼儿对年长幼儿的尊重、敬畏、钦佩或嫉妒，同时还能体验到年长幼儿对年幼幼儿的关心、爱护或轻视等，这些复杂的情感体验能给孩子带来巨大的冲击。

多和不同的人接触，孩子也将获得丰富的情感体验，由于年龄差异和能力差异，每个孩子都将拥有区别于以往的角色和地位，面对相对复杂的关系，他们处理问题的能力也会得到相应的锻炼，这对他们的成长是有好处的。

了解到这些，父母也就明白了，应该鼓励孩子多与人接触，努力创造孩子与别人交往的机会，尤其是多和不同年龄段的朋友接触交流，让孩子的生活不孤单，锻炼孩子各方面的能力，这是他们的成长过程中一笔不可多得的财富。

【怎么听怎么说之现场演练】

培养孩子与人交往的兴趣

让孩子学会与他人交往，对孩子的成长及个性完善具有重大的意义。在与人交往的过程中，可以让孩子的性格变得更加完善，为以后走向社会打下良好基础。

孩子在整个幼儿时期都很难摆脱自我为中心的个性，他们也很难站在别人的角度看待问题，并且会认为自己的想法就是别人的想法。正是因为这样，我们更应该注意培养孩子与人交往的习惯。

那么，怎样着手培养呢？一般而言，孩子眼中的朋友就是"和他们一起玩的人"。如果我们问孩子"为什么某某是你的好朋友"，他们一定会回答"因为我们常常在一起玩"。我们可以有意带着孩子找邻居家的同龄小朋友们一起玩，让孩子慢慢学会一些交往技巧，然后再想办法扩大孩子的交友范围。

1. 你会着意让孩子感受美好的生活吗？

A. 没有过

B. 有过，希望孩子有一种积极的生活态度

我们可以经常带着孩子走出家门，让孩子多和他人接触，多带着他们一起去发现生活中充满乐趣、充满欢乐的地方，这有助于消退孩子的害羞感觉。

2. 你平时会有意识地保护孩子的自信心吗？

A. 没注意过

B. 嗯，平时比较留意

害羞的孩子在陌生人面前会显得很笨拙，但是我们千万不要认为这是很严重的问题，更不要把"害羞"这个词定格到孩子身上，否则会给他一种强烈的心理暗示。孩子会认为自己就是害羞的人，觉得自己和周围的小朋友格格不入，会更加封闭自己，并且更加害羞。

3. 孩子不和人打招呼，你怎么办？

A. 狠狠地教训他

B. 耐心引导他

我们需要耐心，多花一些时间来教导孩子，让他适应和别人的交往。如果孩子不愿意和别人打招呼，我们可以对孩子说："妈妈知道你今天还没有准备好，对吗？没关系，我们下次再说。"

这样就能够减轻孩子内心的紧张。

和孩子一起参加活动

西方的教育家认为："陪伴孩子的过程，和孩子互动的过程，就是教育孩子的过程，家长应该抓住每一次和孩子共同参加活动的机会，教会孩子更多的技能和本领。"

如果有一天，孩子在学校要参加球赛，并邀请你观看，身为父母的你会抽出时间去参加吗？

一些家长可能会认为，这只是孩子的一次比赛，去不去没有多大的关系。其实这种想法是完全错误的。有不少教育专家都建议父母积极参加孩子的活动，因为参加这类活动，就是对孩子的肯定。如果家长们希望自己的孩子能够养成持之以恒的品质，掌握其他与学习、生活相关的技能，就要在参与孩子活动的过程中，用自己的兴趣和热情加以指导和鼓励，为孩子树立榜样，这样才是最明智的做法。

斯科特先生从不会忘记参加有孩子参与的每一项活动：市篮球联赛、运动会、学生音乐会、话剧表演——即使儿子只是演一棵树。斯科特先生是一个牙科医生，对运动一窍不通，对音乐也不大感兴趣，但他还是努力抽出时间去为儿子加油。他说，希望自己在孩子成长过程中尽量陪着他。最近一段时间，儿子迷上了制作遥控飞行器，为此，他甚至办了寄宿，专心地在学校里研究试验。每天，他都会给斯科特先生打电话，报告自己的新进展：他的飞行器反应更灵活了、飞得更远了……一天，儿子打来电话："爸爸，明天下午就开始比赛了，来替我加油吧！"斯科特先生兴高采烈地回答："太棒了！我明天一定准时去。"第二天，斯科特先生把诊所停业一天，上午跑到书店里找了很多遥控飞行器方面的书，又给儿子买了一组昂贵的飞机模型，下午准时赶到学校。遗憾的是，儿子那天并没有取得好名次，面对专程赶来的爸爸，孩子有点儿惭愧。斯科特先生拿出自己准备好的礼物——书和模型，递给了儿子，然后用玩笑式的口吻说："小子，看到了吗？这么贵的书和礼物都买了，你要是敢因为一次小小的失败就放弃，那我绝对饶不了你！"儿子大笑着接过礼物："什么放弃呀！等着吧，下次第一名就是我！"这时，儿子已经完全振作起来了。

也有些家长总认为让孩子一个人玩就可以了，自己已经累了一天，哪有心情和时间陪孩子玩呢？著名的教育家陈鹤琴曾经说："小孩子在家里，一定要有相当的东西可以玩，有相当的事情可以做，要知道如果不玩不做，那就不会有发展。做父母的总是说小孩子的不好，其实是因为做父母的不知道怎样教小孩子。"

爱玩是每个孩子的天性，很多父母能够不过分限制孩子去玩，但是能和孩子一起玩的父母却并不多。许多父母总觉得玩是孩子的事情，和自己没有多大关系。其实，孩子们很需要父母做他们的游戏伙伴，和他们一起玩游戏。而且父母和孩子一同玩游戏，不仅能够满足孩子情感上的需要，还能促进孩子的心理发展。

有的时候，家长一旦忙起来，就会用"我很忙""我还有很多事情做"这样的话来敷衍孩子，其实，假如家长能够借玩耍的机会和孩子多多相处，这对于亲子感情是大有好处的。更重要的是，玩耍是孩子接受新事物、学习新知识的最好方式。

笛卡尔是著名的数学家，他能取得这样大的成绩，与童年时候的家教是分不开的。

笛卡尔小时候很喜欢玩搭房子的游戏。他的父亲认为，孩子玩的同时能够锻炼他的思维能力，而且在玩这种游戏的时候，孩子的手脑并用，不仅能够使肌肉得到锻炼，动手能力也会大大提高。

因此，每当笛卡尔玩搭房子游戏的时候，父亲会给予他很多帮助。他经常会引导笛卡尔，利用现有的模型、图画鼓励笛卡尔充分想象，同时还为他讲一些有关结构建筑的基本知识和基本方法，告诉他将木块铺平，怎么去延伸，怎样达到合理的受力效果。

这样的游戏训练了笛卡尔的空间认识，同时也使他学会了有计划、有步骤地进行设计，在玩的过程中很有成就感。

对孩子而言，玩就是学习，学习就是玩。对孩子来说，玩是最快乐的事情，他们每天都是边玩耍边学习。如果把游戏当成孩子学习的一种方式，孩子在玩的过程中就能锻炼肢体、促进记忆、开发智力、培养情感、认识世界。

家长应该以专注的精神很投入地和孩子一起玩，当家长真正投入的时候，孩子才会感受到开心。应付的态度只会让孩子扫兴，甚至会引起一些不愉快。

真正科学的家庭教育，就是将知识融入孩子的游戏之中，并且把着眼点放在认识事物、传授和巩固知识上，让孩子通过这些游戏逐步加深对事物的认识和了解，并且巩固学习到的知识。

【小技巧】

1. 和孩子"亲子共读"，陪孩子一起读书。

2. 和孩子"安静蜗居"，比如让孩子完成铺床单、穿鞋等事情，父母在旁边耐心陪伴。

3. 和孩子"亲近自然"，带着孩子到户外骑车、爬山或郊游。

4. 和孩子"亲近社会"，带孩子串亲戚，教他待人接物。

和孩子们一起参加活动

父母和孩子一起参加活动，既可以给孩子鼓励，又可以给孩子留下美好的回忆，还可以加深亲子之间的亲密关系。父母何乐而不为呢？

在社会活动中培养孩子的合作精神

父母教育孩子，应该注重培养孩子的合作精神，让他们懂得1+1>2的道理。在现代社会，如果一个孩子能有团结合作意识，并时刻将这种意识转化为自觉的行动，那他长大以后，往往也能在现实生活中争取到更多成功的机会。

星期六上午，一个小男孩在他的玩具沙箱里玩耍。沙箱里有他的一些玩具小汽车、敞篷货车、塑料水桶和一把亮闪闪的塑料铲子。在松软的沙堆上修筑公路和隧道时，他在沙箱的中部发现一块对他来说巨大的岩石。

小男孩开始挖掘岩石周围的沙子，企图把岩石从泥沙中弄出去。他手脚并用，似乎没有费太大的力气，岩石便被他连推带滚地弄到了沙箱的边缘。不过，这时他才发现，他无法把岩石向上滚动，翻过沙箱边框。

小男孩下定决心，手推、肩挤、左摇右晃，一次又一次地向岩石发起冲击，可是，每当他觉得取得了一些进展的时候，岩石便滑脱了，重新掉进沙箱。

小男孩只得拼出吃奶的力气猛推猛挤。但是，他得到的唯一回报便是岩石再次滚落回来，砸伤了他的手指。

最后，他伤心地哭了起来。这整个过程，小男孩的父亲在起居室的窗户里看得一清二楚。当泪珠滚过孩子的脸庞时，父亲来到了跟前。

父亲的话温和而坚定："儿子，你为什么不用上所有的力量呢？"

垂头丧气的小男孩抽泣道："我已经用尽全力了，爸爸，我已经尽力了！我用尽了我所有的力量！"

"不对，儿子，"父亲亲切地纠正道，"你并没有用尽你所有的力量。你没有请求我的帮助。"

父亲弯下腰，抱起岩石，将岩石搬出了沙箱。

"儿子，记住，一个人的力量终归是有限的，你必须学会寻求他人的帮助，学会和他人合作。知道吗？"父亲语重心长地对儿子说道。

小男孩看着爸爸，点了点头。

现代社会是知识经济时代，各行各业的竞争日趋激烈，然而这些竞争并不是靠个人单枪作战就可以取胜的。因此团队合作意识在竞争中越来越重要。

然而，在独生子女比例相当大的今天，每一个孩子的好胜心都很强，孩子大都缺乏这种团结合作意识。这种状况与我们所处的需要合作意识的信息时代很不合拍，十分令人担忧。

对此，父母在鼓励孩子与人交往的同时，更要帮助孩子树立很强的团队意识，培养孩子与人合作的精神。两人为"从"，三人为"众"，我们的社会是由人组成的，社会的发展需要人的团结合作。每个人都要借助他人的智慧完成自己人生的超越，这个世界充满了竞争与挑战，也充满了合作与快乐。

对当代的父母来说，在孩子很小的时候就培养他们与人协作的团结精神尤为重要。

孩子一般不会在需要合作的情境中自发地表现出合作行为，他们也不知道应该如何合作。这就需要家长教给孩子合作的方法，引导孩子与人合作。

我们可以为孩子量身打造一些活动，让孩子在活动中体验合作的重要性。例如，在活动中有四个小朋友，但是只有三件玩具，怎么办？大家在话剧表演中都想演同一个角色，怎么办？……当孩子们在玩的过程中遇到问题了，他们就会想办法协商解决。当玩具不够的时候，他们就会主动想办法，相互谦让，或者是轮流使用，或者干脆大家一起玩，或者找其他的小朋友借。家长可以有意识地帮助孩子设计这样的情境，帮助他们逐渐养成合作的习惯。同时，通过合作，大家一起玩，也会玩得更开心。

为了孩子的未来，为了孩子的幸福，希望所有的父母都认识到团结合作的重要性。

【怎么听怎么说之现场测评】

测试一下，你的孩子是否有合作意识

你了解孩子吗，你是否可以很明确地回答出你的孩子是否有合作意识？如果不可以，下面可以做个简单的测试，来帮你找到答案：

测试中的句子描述了孩子们经常会表现出来的行为，在每个句子后面写上你认为最能代表孩子目前水平的数字，然后将这些数字加起来，得到总分。

评分标准：

完全符合5分

符合4分

基本符合3分

不太符合2分

不符合1分

1.喜欢跟小伙伴们一起做游戏，并且在整个过程中能够与他们友好相处。

2.遇到不会做的事情时会及时向别人请教，共同探讨解决的方法。

3.承认并尊重别人的劳动，认识到没有别人的帮忙不可能实现自己的目标。

4.会帮别人爬到果树上，然后共同分享摘来的果实。

5.喜欢参加篮球、足球等需要合作的活动，能够得到伙伴们的认可。

6.相信"团结就是力量""人多力量大"之类的至理名言。

7.能够欣赏别人的优点，在共同做事时不嫉妒别人"出风头"。

8.在合作过程中出现矛盾时，能够妥善解决。

9.和家人一起出游时，能够很好地完成自己分内的事情。

10.与合作伙伴出现分歧时，能够从对方的立场看待这一行为。

总分结论：

40~50：恭喜你，你的孩子很有合作意识。

30~40：如果你能让孩子更好地认识到与他人团结合作的重要性，相信会让他受益匪浅。

20~30：你的孩子的合作意识有一些模糊，这影响到他与别人的合作效果。可能你得调整一下自己的教育方式，看看能不能找到更好的方式教会孩子团结合作。

10~20：你的孩子对合作意识没有概念，遇事喜欢自己干，不喜欢寻求帮助。建议你请教一下专业人士，相信他们会给你一些有益的建议。

培养孩子与人相处的技巧

婷婷今年14岁了，上初中二年级，学习成绩很优秀，门门功课90分以上，长得也很漂亮，大大的眼睛，圆圆的脸。按理说，婷婷应该在班级里很受欢迎，可是在学校里，却很少有同学跟她一起玩，吃饭、回家也都是独自进行。原来，婷婷也存在着一些缺点，比如说话很不礼貌、霸道、自作主张、骄傲等。老师觉得应该纠正一下她的缺点，就找到婷婷的母亲，把想法告诉了她。谁知婷婷的母亲很生气："现在这些小孩儿，人际关系还挺复杂的，我们婷婷也不愿意和他们玩呢，只要学习好就行了。"

很多父母都有这样的想法，觉得孩子只要学习好，不懂与他人相处也没关系。其实，这种想法很不对。一个学习再好、再聪明的孩子，如果不懂得如何与人交往，即便他是个神童，也不会做出大事来。因为一个人只限于自己知道的知识，而不懂得与人交流学习心得，那么他的潜能根本无法施展出来。这样的话，即便是才高八斗，也只是个闭门造车的书呆子。

所以父母应该告诉孩子一些与人相处的技巧，教他做一个受欢迎的孩子。

首先，父母应该告诉孩子的第一个技巧就是尊重别人。尊重别人，是与人交往的基本常识。在孩子的世界里，尊重别人往往都是体现在一些小事上，比如不嘲笑别人的缺点，不歧视别人的残疾等。教孩子懂得尊重别人，别人也才会尊重他。父母在这一点上必须要以身作则，平时在家中，与孩子之间就应该互相尊重。

其次，父母应该教育孩子懂礼貌。父母应该鼓励孩子对他人说："我跟你玩好不好？""我们一起做游戏好不好？"让孩子懂得这是与人接近的一种方式，与人开始交往，这样说很得体，容易使人亲近。所有的人都喜欢有礼貌的孩子，不喜欢粗鲁的孩子。

最后，要引导孩子经常赞美别人，家长需要经常赞美孩子，同时也要教孩子赞美别人。如果孩子能够经常赞美他的同伴，这能为他赢得不少友谊。

和婷婷同班的圆圆，学习成绩虽然一般，却是班里最受欢迎的女孩。这让婷婷很不服。

"她有什么好呢？学习成绩不如我，长得也没有我漂亮。"婷婷知道大家在选举班级最优秀的女孩时把票都投给圆圆后，私底下悄悄对自己的同桌说道。

"我也把票投给圆圆了。"

"为什么？"

"因为她很讲礼貌，经常帮助大家，就算她自己学习成绩不太好，可只要是她会的题目，你去问她，她一定会很耐心地给你讲解。最最重要的是，她从来都不说任何人的坏话，要是有谁取得了好成绩，她一定会真心地夸奖她。"

听完了这些后，婷婷不以为然地把头转了过去。

"你看，圆圆就不会流露出你现在的这种表情。你虽然成绩好，可是当别人请教你问题时，你总是会流露出一种高高在上的表情。你虽然比圆圆漂亮，可是，你从来都不会夸奖别人，只会欣赏自己。最糟糕的是，你从来不懂得尊重别人，霸道无理又任性。"

听了同桌的这番话后，婷婷不好意思地低下了头。

总之，一个人的人际交往能力对于他日后的生活和事业有着不可忽视的影响，父母应该尽早培养孩子与人相处的技巧，培养孩子的人际交往能力。

第五章
培养孩子自律

适度自由，他才能学会自控

每个人都对自由有着热切的渴望，没有人喜欢自己的行为被人限制。如果太过限制一个人的行为，就会激起反抗。

孩子也是如此，如果父母很严厉地控制着孩子的行动自由，孩子也会想方设法地从父母的控制下逃离。

斯思的母亲一直想把她培养成一个钢琴家。斯思每天放学回家都要苦练钢琴，看到别的小朋友在小区里开心地玩游戏，她心里满是羡慕。

有一次，斯思实在是太累了，就跟妈妈说："妈妈，我就玩10分钟。"妈妈一想也就10分钟，于是允许了。

可结果等了半个小时，斯思还是没有回来练琴。妈妈气到了极点，把斯思找了回来，边走边抱怨："你这孩子怎么没有一点儿自控能力呢？说好的10分钟，现在都半个小时了。"

我们经常听到很多父母这样抱怨：让他出去玩一会儿，结果玩了半天都不知道回来；遇到喜欢吃的东西，就吃个不停，不知道停筷子。其实，父母也应该反思一下自己的教育：孩子这样，会不会是因为自己管得太严了？

调查显示，自控能力较差的孩子，有些是因为从小被管得太严，由于他们从小没有自己的空间，所以一旦有机会放松，他们就控制不住自己了。

　　孩子不懂得控制自己，其实可能是因为他们很少有机会能够放松一下，大多数时间都被父母安排得满满的。所以一旦放松下来，孩子就会想着去做自己平时想做又不敢做的事。但如果家长能给孩子一定的放松时间，他就不会觉得偶尔一次的休闲时间多么宝贵，就能理性地对待自己的行为，慢慢学会自我控制。

　　著名漫画家朱德庸，他从来不限制孩子玩耍的时间，而且总是担心孩子在学校学习的时间太多而没有机会出来玩，于是常常请假带着孩子周游世界。但是很奇怪，他的儿子似乎并不喜欢这样。

　　有一次在欧洲，老爸玩得很开心，孩子却哭了起来，问他为什么，他说："爸爸，我想要回学校上学。"

　　很多著名的教育家也提倡让孩子在宽松的环境中成长，孙瑞雪女士的《爱与自由》，就很深入地探讨了孩子的天性发展与成长环境之间的关系。当你适当放开手让孩子成长的时候，他并不会像你想的那样漫无目的、毫无纪律。在他的内心中，其实有一套自我发展的规律，他会遵循这一规律去学习、说话、排队等。如果我们压制它，或者想要人为地调整这个规律，就会破坏孩子的成长。

　　每个父母都希望自己的孩子健康快乐地成长，那不妨给孩子留些自由的空间。

　　在孩子的成长过程中，很多事情可以让他们自己做决定，比如他们可以自己选喜欢的衣服，自己决定零花钱的用处，自己决定吃多少饭，自己决定做作业还是玩，父母要相信，孩子是会对自己负责的。

美君是家里的小公主，从小爸爸妈妈对她都很宠爱，几乎替她安排好了所有的事情，美君似乎也习惯了爸爸妈妈的照顾。

可是，今年刚上初一的美君就宣布，从此以后要自己挑衣服，不要穿妈妈买的衣服了。这让妈妈很不高兴，也很担心，害怕美君选一些奇怪的衣服。

"还是妈妈来替你选吧，妈妈还是很有眼光的。"美君妈妈有些不甘心，希望可以说服美君。

"不，我要自己选，你选的我是不会穿的。"美君一口回绝了。

"可是，你知道你穿什么样的衣服好看吗？"美君妈妈接着说。

"我会选我自己喜欢的。"美君也不甘示弱地说道。

"你要是选了那些看起来奇形怪状的衣服，我是不会给你买的。"美君妈妈下了"最后通牒"。

"放心，我会对自己负责的，才不会把自己打扮得像个外星人一样。"美君对妈妈说道。

妈妈吃惊地望着美君，才发现自己的小公主已经长大了，对事情也有自己的看法了，也是时候给这个小公主一些自由了。

其实，每个孩子成长到一定年龄后，都希望可以为自己做主。一般来说，当孩子有了这个意识之后，孩子的责任感也就开始发展，孩子便会对自己负责。

所以，把自由留给孩子，父母能获得一份轻松，孩子也能学会自控，这对彼此都是有好处的。父母应该考虑一下这种教育方式。

【怎么听怎么说之现场演练】

为孩子留一些"自由的空间"

细心的家长可以想一想，我们和现在的孩子相比，谁的童年更艰苦呢？

A. 我们那时候比较艰苦

B. 现在的孩子比较艰苦

C. 都艰苦

我们小的时候，各种物质条件很差，甚至有的同学衣服上有补丁，平时哪怕得到一盒蜡笔、一个乒乓球都要高兴半天。但是，那时候孩子的高兴事，现在的孩子却感受不到了。想想那个时候的课余生活吧：放学回家之后，用一个小时的时间做完作业，接下来就可以出去玩啦，男孩子找个地方踢球或者捉迷藏，女孩子则在院子里跳房子、跳皮筋。到了周末或者是暑假，胡同里面一大群的孩子，在那里捉蜻蜓、捉知了，还可以一起去郊外捉蛤蟆、捉蛐蛐，童年就是在游戏中尽情地释放欢乐。

而现在的孩子，和我们那时候的情况正好相反，他们享受着物质上的满足的同时，却减少了这个年龄应该有的"疯玩"时间。

一些调查显示，现在的孩子，平时要上课学习，到了节假日的时候，还要去参加各种补习班、兴趣班。这实在是挺让人无奈的一件事情。

但是对于现在的父母，尤其是作为上班族的父母而言，怎么让孩子有多姿多彩的业余活动，确实是个难题。

现在大家住进楼房之后，院子没了，邻里关系也变淡了，适合孩子玩乐的场所也少了。我们要怎么做，才能为孩子创造一个适合他们玩乐的空间呢?

1. 你愿意帮孩子寻找一片适合他们玩耍的"安全地带"吗?

A.觉得没必要

B.觉得挺不好找的

C.他们随便找个地方都能玩

D.帮他们观察下地形，替他们寻找

我们可以帮孩子在居民小区内创造一个玩耍的安全地带，或者作为业主向物业提一些要求。比如公共健身设施多是为中老年人锻炼身体设计的，恰恰缺少孩子们喜欢的篮板、球门等，这一情况应该改变。

2. 你愿意教孩子"怎么玩"吗?

A.没必要，他们挺聪明

B.愿意和他们互动

在双休日中，家长可以带着孩子运动、玩游戏，也可以带着孩子学习手工、学习厨艺。还可以干脆一家人比赛爬山，这些都是很好的活动方式。我们可以给孩子多出主意，给他们支着儿，告诉他们应该玩些什么、怎么玩。

3. 你注意留给孩子"自己的时间"吗?

A.之前没注意过

B.注意，不会把他的时间排得满满的

我们要留给孩子一些空间时间，至少在双休日有一天或者半天的时间让孩子自己安排。哪怕让他多睡一会儿，哪怕让他在那里发呆。孩子的成长发育需要他逐步自主。

给孩子适度的自由

　　一个人在有了一定的自由之后才会学着自我控制，父母在教养孩子的过程中，对孩子控制得越紧，只会让孩子更加不自控。相反，如果给孩子适度的自由，父母也一定会发现，其实，孩子是有自控能力的。

对感受要宽容，对行为要严格

　　孩子们是无法控制自己的感受的，比如面对未知的事情的时候，充满恐惧；面对糟糕的事情的时候，满心的绝望。作为父母，这时候怎么办呢？

　　小勇今年刚上初一，以前都是住在家里的，现在由于学校要进行封闭式管理，不得不住到学校。想到这里，他的心里很是害怕。

　　开学第一天，小勇就对妈妈说："妈妈，我心里有些害怕。"

　　"怕什么呢？男子汉不要怕！"小勇的妈妈有些不高兴地说道。

　　"学校住的地方晚上有灯吧？"小勇继续问道。

　　"有！你这孩子，真是的，这点儿事都怕，不要怕，听见了没有？"小勇的妈妈生气地呵斥道。

　　小勇感觉妈妈似乎有些生气，就再也不说话了。而且，慢慢地，他在学校里遇到一些事情，也不再愿意跟妈妈说了，担心妈妈又说他胆小怕事，不勇敢。

面对自己从未经历过的事情，每个人都会有一丝害怕，这种感受是很正常的。可是，小勇的妈妈不仅不体谅他的感受，还指责孩子不勇敢，这导致了孩子后来有事情不愿意跟自己的妈妈分享。

试想一下，如果小勇的妈妈能宽容对待孩子的这种感受，体谅一下他的害怕，孩子会感到妈妈的可亲，自然也不会疏远妈妈。

我们都喜欢和那些能够站在我们的角度，体谅我们感受的人做朋友。孩子何尝不是呢？

但是，对孩子的行为也不能一味纵容，需要严格要求的时候，必须严格。孩子的自制力等能力还在培养中，父母的严格要求有助于孩子养成良好的习惯。

丽丽今年5岁了，每天放学回家后的第一件事情就是放下书包，坐到电视机前，然后一直看到睡觉。丽丽的妈妈觉得这样不仅影响孩子的学习，也会伤害到孩子的眼睛。

"丽丽，把电视关了。"丽丽的妈妈每次都这样喊叫，可丽丽仍是无动于衷。丽丽妈妈只好自己动手把电视关了。可是不一会儿，丽丽又把电视打开了。这让丽丽的妈妈很是无奈。

久而久之，丽丽的妈妈对此实在是没有办法了，只好放弃了，任由丽丽放学回家后一个劲儿地看电视。

直到丽丽的爸爸有一次严厉地教训了丽丽一顿，丽丽这种坏习惯才有所收敛。但是丽丽很长一段时间都因为爸爸的教训闷闷不乐，不敢跟爸爸说话。

丽丽不加限制地看电视的行为，的确是很不好的，丽丽妈妈严格限制也是没有错的，可是，丽丽妈妈对丽丽的要求却没有得到丽丽的重视，这是为什么呢？主要原因就是丽丽妈妈的方法。

在我们严格要求孩子的行为的同时，一定要注意我们的方法。父母对孩子的行为严格要求，但不一定要采取严厉的说辞。相反，要尽可能地采取温和的说辞，给孩子留一些主动性，以防激起孩子的逆反心理。

要知道，试图强迫孩子改变那些无法让家长接受的行为，结果一定是令人失望的。

因此，在这里，我们给父母一些建议：针对孩子的不当行为，首先要理解孩子做出这种行为的心理原因，也就是首先搞清楚孩子是怎么想的。不过，不管孩子的想法是正确的还是错误的、是可以原谅的还是不可以原谅的，都不要去指责孩子，而要尽力去理解孩子的心理。其次，针对孩子的心理，好好引导，在此基础上严格要求孩子的行为。

总之，父母在看待孩子的感受和行为时要区别于大人对待，孩子还只是孩子，如果在教育孩子的过程中没有让孩子从心理上接受父母的教育，那可以说是白费力气了。

【怎么听怎么说之现场演练】

制定规则，大家一起来遵守

俗话说，国有国法，家有家规，我们要给予孩子充分的自由，但是这个自由也是有底线的，是要在遵守规则的范围之内。和孩子一起制定规则吧。

1. 制定规则后，你能下决心按照规则惩罚孩子吗？

A. 说得比较狠，其实做不到

B. 说到做到，不留情面

你的孩子在电脑前专心打游戏，这个时候开饭了。你很不高兴地对孩子说："再不来吃饭，你最喜欢的可乐鸡翅就没有了。"

但是孩子对你的话充耳不闻，无奈之下，你只好叹口气，等孩子什么时候过来吃饭再给他吃。

像这样的情况，就属于我们说话不算数，孩子当然会感觉无所谓。如果是立了规矩，那就一定要说到做到。

这样不仅能树立起父母的权威，同时也教育了孩子：爸爸妈妈尊重你的选择，但是你要自己承担后果。

2. 孩子不听话，你会不会有情绪化反应？

A. 会的，会因为一件事而扯到其他事

B. 不会，和孩子说话从来就事论事

孩子吃饭的时候不老实，把饭菜弄得满桌子都是，妈妈看到之后，一下子暴脾气就上来了："你真是烦人啊，怪不得幼儿园的老师不喜欢你。"孩子听了这话，委屈地哭了起来。其实，像这样情绪化的指责，孩子根本不知道家长想要表达什么。

所以，当我们看到孩子有某些不合规矩的行为，可以心平气和地和他讲，比如说"不喜欢的菜可以不吃，但是不能乱扔"等等，就事论事，教育的效果会更明显。

3. 你觉得"立规矩"这个事情在教育中有必要吗？

A. 全是形式，没必要

B. 没规矩就没方圆，有必要

孩子越是对自己喜欢的事情，往往越没有节制。给孩子立规矩，是在帮助孩子懂得"自我控制"，长大之后才能成为一个对自己行为负责的人。

4. 你在处理问题的时候会考虑到孩子的感受吗?

A. 做不到

B. 会的，尽量委婉些

孩子心爱的水瓶丢了，他会伤心地哭，给他买个新的，孩子还是闷闷不乐，怎么回事？很多家长都有类似的困惑。孩子有自己的思维方式，家长应该多从孩子的角度来考虑问题。

宽容对待孩子的感受

宽容理解孩子的感受，让孩子感受到父母的爱，孩子才愿意主动改正错误。如果父母只是一味地指责孩子，更容易激起孩子的逆反心理。

怎样让说脏话的孩子住嘴？

在公共场合，常常会遇到一些脏话连篇的人，这时候周围的人都会流露出一种鄙夷的表情。如果说脏话的人是孩子，就更让人听着难受——看上去机灵可爱的孩子，怎么就"出口成脏"呢？

说脏话会被看成没有教养的表现，几乎所有的父母都不愿意让自己的孩子和说脏话的人交朋友。而且说脏话的孩子会被主流社会否定，会被贴上"坏孩子"的标签。

也许孩子并不明白自己说的脏话到底是什么意思，但他已经被贴上了"坏孩子"的标签。孩子生活在社会的大环境中，难免会受到不良语言的影响。有时候孩子和小伙伴发生了争执，也会使孩子被迫骂人，以牙还牙，这样很容易让孩子养成不良的习惯。

琪琪和莉莉是同一个班上的两个小女生，平时就喜欢斗嘴。莉莉骂人骂得特别凶，常常会把琪琪气哭。

有一次，在学校大扫除的时候，琪琪负责提水，一不小心摔倒了。莉莉看到之后，不但没有过来帮忙，反而站在一边嘲笑："你是笨蛋啊！连走路都走不好，是不是小时候爹妈没有教过你走路啊？"琪琪听到之后，很难过地哭了起来，也回骂了莉莉一句，可是心里还是不好受。

琪琪放学回到家之后，还是闷闷不乐的，忍不住把学校的事告诉了妈妈，并且问妈妈："如果有人骂你，你该怎么办呢？是不是应该回骂别人一句呢？"妈妈这才明白了琪琪一晚上闷闷不乐的原因。

妈妈问琪琪："如果你要送礼物给别人，别人却不接受，那你该怎么办呢？"

琪琪很认真地回答："那就自己带回去啊。"

妈妈说："同样的道理，当有人骂你的时候，你也不要接受他的责骂，就请他自己带回去吧。"

琪琪听懂了妈妈的意思："我不接受别人骂我，说明别人没有骂到我，而是在骂他自己。"

妈妈又补充了一句："当别人骂你的时候，也不能回骂别人。否则，你也和他一样了，记住，骂人就是骂自己啊。"

琪琪的心结解开了，和往常一样按时休息了，第二天照样精神饱满地上课。

要想从根本上杜绝孩子说脏话，父母一定要注意以下几点：

1. 父母自己千万不能说脏话，要给孩子树立一个好榜样。很多父母在家时都不注意这一点，动不动就说脏话，孩子耳濡目染，自然也会受到影响，开始说一些脏话。最为可怕的是，孩子有时候还没有意识到这是脏话。所以父母一定要做好榜样。如果父母千叮咛万嘱咐告诫孩子不要说脏话，可是自己却脏话连篇，这让孩子怎么信服呢？

2. 当我们听到孩子说了脏话的时候，一定要及时制止他，并告诉他这是非常不好的行为。孩子有时候是不会意识到自己说脏话的，他可能只是从别人那里听来的，觉得好玩，就随口说了出来。这个时候，父母一定要温和地告诉孩子，这种行为是非常不文明的。但是切记不能因为孩子说了脏话而对孩子进行体罚，不然可能会导致孩子从心理上反抗，从而不听从父母的话。

3. 要对孩子的情绪进行合理的引导。有些孩子可能是跟同学、朋友吵架，或者被老师父母说了几句，心里愤愤不平，脏话就随口而出了。这时候，父母就需要注意了，对孩子的这种负面情绪要理解，并加以合理的引导，为他们创造条件发泄负面的情绪。比如可以创设悄悄话角，当孩子感到愤怒的时候，可以让他们来到这个角落，独自大喊大叫，并舞动自己的手臂，还可以让孩子通过运动的方式来宣泄感情。

孩子控制不住脾气怎么办？

李医生夫妇最近被儿子的坏脾气折磨得头疼。儿子奇奇7岁，才上小学二年级，脾气却暴躁得厉害，稍不如意就大发雷霆、大喊大叫。即使是跟他讲道理，他也听不进去，如果父母不按照他说的去做，他就一直吵闹、哭喊、在地上打滚儿，手里有什么东西都会顺手扔出去。

为此，李医生夫妇想尽了办法，他们打他，苦口婆心地教育他，罚他站墙角，责骂他，呵斥他……这些都不管用，一有令奇奇不满意的事情，他还是会大发雷霆，暴躁脾气依然如故。

这天，奇奇看到邻居家小朋友拿着一个变形金刚，觉得很好玩，就跟那个小朋友一起玩了起来，两个人玩得很开心。很快，吃晚饭的时间到了，那个小朋友被他妈妈叫回家，奇奇也只好依依不舍地回家了。

回到家里，奇奇就跟妈妈讲："妈妈，你给我买个变形金刚吧。"

"你的玩具箱里不是已经有两个了吗？"妈妈很奇怪。

"我想要小朋友那样的。"

"那等明天爸爸出差回来了带你去买吧。"

"我不！我现在就要！"奇奇的愿望没有得到满足，大声喊了起来。

"你这孩子，我晚上还得去值夜班呢，哪有时间去给你买啊。来，奇奇乖，咱们吃饭了。"

"我不吃，我就要变形金刚。"奇奇的倔脾气又上来了。

"快点儿吃饭！吃完了我要去上班！"妈妈生气了，说话的语气重了点儿。

"砰——"令妈妈没有料到的是，奇奇竟然把饭桌上的一碗米饭推到了桌子下，碗的碎片和米饭撒了一地。

妈妈很生气，拉过齐齐，狠狠地朝他的屁股上打了两巴掌。奇奇躺在地上哇哇大哭起来。

妈妈又着急又生气，眼看着上班时间就快到了，可奇奇还躺在地上撒泼，她不知如何是好了。

"现在的孩子真是越来越难管了！"有不少妈妈抱怨说，"稍不如意，牛脾气就上来了。打也不听、骂也不灵，哄他吧，他还更来劲儿！"

心理学家认为，孩子爱发脾气是由于家庭教育不当引起的。如果家人事事以孩子为中心，孩子要什么就给什么，久而久之，孩子就会养成遇事爱发脾气的习惯。比如，孩子想要一个玩具，而妈妈不想买给他，他就会大哭大闹，此时，妈妈既想管教，又怕孩子受到委屈，结果可能就会对孩子"俯首称臣"。这样反而会让孩子形成一种错觉：只要我大哭大闹，他们就会让步，我的愿望就能实现。如此下去，就会形成恶性循环，孩子逐渐就养成了乱发脾气的坏习惯。

此外，有的孩子乱发脾气，可能是从父母那里学来的。父母是孩子最早的启蒙老师，父母日常所表现出来的好品质，孩子会受到潜移默化的影响，但是，一些父母在某些方面却没有给孩子做好示范，有的父母遇到不顺心的事情，常常会大发雷霆，甚至还会将怒气撒到孩子身上。这种行为模式往往会被缺乏辨别能力的孩子加以效仿，于是孩子就会仿照父母的处事方式，遇到问题或困难时，也会大发雷霆。

所有父母都不希望自己的孩子是一个随意发脾气的孩子，可事实上发脾气是孩子成长过程中的必经之路，如果引导得不好，孩子就会像奇奇一样，养成乱发脾气的习惯，变成一个暴躁的孩子。

孩子发脾气就向他屈服是最不可取的教育态度和教子方法。当孩子乱发脾气时，父母要保持冷静，孩子的不合理要求绝不同意，要让孩子明白，无论他怎么发脾气，父母都不会"俯首称臣"，他始终都达不到自己的目的。当孩子已经"雷霆万钧"时，不妨使用"冷淡计"，大家都不去理会他，等他冷静下来之后，再当着孩子的面，分析一下他发脾气的原因，细心地引导、教育孩子，相信孩子会从错误的行为中吸取教训。

专家认为，父母在阻止孩子坏脾气发作的时候，既不能采取过于强硬的态度，也不能采取过于软弱的态度。最好能够迅速而果断地将孩子的注意力转移到其他方面，以缓和孩子紧张的情绪。也就是说，当孩子正处于发脾气中时，父母不要一心训斥孩子，因为孩子这时是听不进去的，也不要强迫孩子或者用武力迫使孩子马上停止发脾气。最简单的方法就是用冷处理法，让他一个人去发泄，去自我克服、自我平息。这样坚持一段时间后，孩子就会渐渐改正乱发脾气的习惯，因为他知道这样做是什么也得不到的。

【小技巧】

1.孩子发脾气，绝不能向孩子"俯首称臣"。

2.孩子发脾气时，可以适当地采取"横眉冷对"措施。

3.家长要以身作则，让孩子学到正确的东西。

第六章

提高激励效果的技巧

善于挖掘孩子身上的闪光点

教育家在调查实验的过程中发现了这样一个现象：大人们总是对孩子的缺点非常敏感，对孩子的教育也往往以"纠错"为主。然而不得不说的是，这种教育在一定程度上压抑了孩子的个性。新时代需要有个性、有自信的孩子，而这样的孩子大多是在激励和赏识的教育中培养出来的。这就需要家长对孩子多点儿耐心，找到他的闪光点。

小军是一个让老师和家长都非常头疼的孩子，从上初一起，在学校，他调皮捣蛋，不遵守课堂纪律，在家里，他似乎也很叛逆，喜欢跟爸爸唱对台戏。

"你这孩子，在学校不好好表现，我的脸都让你给丢尽了！"在又一次被老师请到办公室谈话之后，爸爸一回到家就对小军大声嚷嚷。

"总是这么不争气，看我今天怎么教训你！"爸爸十分恼火，想要惩罚一下小军。这时妈妈走过来，劝住了爸爸，然后将小军拉到了一旁进行教育。

"跟妈说说，你为什么要在学校打人呢？我知道你虽然有些调皮，但不是一个爱打架的孩子。"

"今天课间的时候，小月因为不给大个子莫风抄作业就被他打了，当时小月的脸都青了。我是小月的朋友，看到好朋友受欺负很气不过，所以就出手替她打抱不平。"小军说道。

"原来是这样。看到同学被不讲理的人欺负，是应该帮助。但是你的做法太过于鲁莽了，打人这种方法是以暴制暴，不可取，可以想想其他更温和的方式。"

听完妈妈的话后，小军觉得很受教育，也认识到了自己打人的错误。

父母想要教育好孩子，最关键、最要紧的是要学会欣赏孩子，善于发掘其身上的闪光点，而不是一味地埋怨和批评孩子的缺点。寻找孩子身上的闪光点就能恰当地进行评价和表扬，这不仅仅能让孩子感受到温暖和关爱，也能让孩子受到鼓舞和启发。鼓励是自信的酵母，夸奖是自信的前提，有效的鼓励和夸奖能让孩子发扬自己的优点和长处，取得更大的进步。

发掘孩子身上的闪光点，就是发掘孩子身上的潜能，帮助孩子把潜能开发出来，就可以帮助他成就更加精彩的人生。

著名的钢琴演奏家李云迪 18 岁就获得了肖邦国际钢琴比赛冠军，是目前获此比赛冠军的唯一一个中国人，也是这项奖最年轻的获得者。他谈起自己的成功时，说除了努力练琴之外，最重要的就是他的妈妈在他很小的时候就发现了他身上的音乐的天分。如果不是妈妈的慧眼，他现在可能就是一个普通人。

不可否认，不是每个人都有着李云迪一般的音乐天赋，但是我们也必须承认，每个孩子身上都有闪光点，只是有的孩子的闪光点是天生就有的，有的孩子的闪光点是后天培养起来的。就像有的人小时候并未表现出在某方面的天赋，但在后来的学习中找到了兴趣，同样也成就了一番事业。而且，父母得明白，比起孩子能力上的闪光点，孩子身上表现出的道德方面的闪光点对于孩子的人生发展有着同样不可忽略的作用，毕竟要做事，先做人。

只要细心观察，不戴有色眼镜，不求全责备，就能找到孩子值得赞美和肯定的地方。在明白了这点之后，父母就需要在平时多观察，多深入挖掘。

【怎么听怎么说之现场演练】

闪光点从哪儿挖

上面讲了很多发掘孩子闪光点的重要性，但是，我们从哪里挖掘孩子的闪光点呢？以下地方更容易找到孩子的闪光点：

1. 孩子最突出的优点。
你觉得你的孩子有没有非常明显的优点？

A. 没有（再使劲想）

B. 有（写出来）

细心的家长会发现，孩子在生活中是喜欢展示自己的，当他表现优秀的时候，最希望得到父母的肯定和鼓励。积极正面的肯定，会使孩子的内心产生一种愉悦，并努力做得更好。

2. 孩子与同龄人最大的不同。
你觉得和同龄孩子比，你的孩子有没有很特别或很超常的地方？

A. 没有

B. 有

这世界上没有完全相同的叶子，也不会有完全相同的孩子。每个孩子都有自己的特点。

3. 错误中也有闪光点。
孩子犯错了，你是直接教训他，还是分析下原因呢？

A. 只要是错了就要教训

B. 会问一下来龙去脉

孩子避免不了犯错误，当发生这种状况的时候，我们可以分析一下孩子的问题出在哪里，对症下药。如果孩子犯错的出发点是好的，只是好心办了坏事，那么家长是应该欣慰的，一定要先肯定孩子的出发点，满足孩子的心理需求。

用发现的眼光看孩子

每个孩子身上都有闪光点，只要父母有心发现并引导，每一个孩子都是天空中最亮的星，他的人生也会因此而大放异彩。

不忽视孩子每个细小的进步

每个孩子都像是一块尚未雕琢的璞玉，都有成为人才的可能性。而这块玉是大放光彩还是失去光芒，与父母如何教育有一定关系。

张天今年已经读小学六年级了，可他的字一直写得很潦草，笔画不清。为了帮助张天改进这个问题，妈妈在征询他的意见之后给他报了一个书法兴趣班。刚开始的时候，张天还很有耐心，刻苦地学习和练习，可过了不久，他学习的兴趣慢慢减弱，在练习方面也远不如原来了。

一天，妈妈见张天正漫不经心地练习着，问道："儿子，最近感觉怎么样？学书法有用吧！"

"有什么用啊？用毛笔写字真累，我是越来越没有耐心了，而且，用毛笔写好了未必能用钢笔写好，我不想学了。"

张天说。

妈妈听完，拿过张天的练习本一看，然后顿了顿说："嗨，还真是不错，你的字明显比以前进步了嘛！你最近的作业我也看了，字迹清晰，结构合理，比以前好很多了啊，你怎么说没用呢？"

张天听后，虽然还有些怀疑，但心里十分高兴，一下子又找到了学习的热情。

很多父母常常因对孩子要求过高而难以看到孩子的细小进步，甚至当孩子没有达到自己理想的标准时就全盘抹杀孩子的进步，这其实是非常错误的做法。

事实上，孩子的进步是阶段性的，是需要时间的，家长应该充分明白并理解这点，给孩子的成长以充足的时间，表扬孩子的每一个进步。只要孩子比原来有所进步，就要及时给予孩子肯定和赞扬，这对孩子来说是一种很大的鼓舞，会让他们在进步的道路上不断前行。

所以，家长不妨对孩子说："你每天都在进步。"这句话对于成长中的孩子来说，尤其对看起来没什么进步的顽童来说，是一种积极的鞭策。要知道，孩子受到什么样的对待，就会变成什么样的人。

每个孩子都是不断成长的，从不成熟到成熟需要经历一个较为漫长的过程，在孩子们看来，自己前进路上的每一步都是不容易的，只要做好了，父母就应该是高兴的，就应该表扬自己。在家庭教育中，父母应该读懂孩子的这种心理，珍视孩子的进步，学会欣赏孩子，因为这不仅影响到孩子学习和做事的效果，还会影响到孩子对人对事的态度。

　　金星的成绩总是在班级里垫底，老师和同学们瞧不起他，他自己也放弃了，可是，金星的妈妈却一直不放弃，坚持鼓励孩子。

　　"金星，你能做到每一次进步一个名次吗？这次是倒数第一，我只要求你下次考到倒数第二就可以了。"

　　金星在母亲的鼓励中，一点儿一点儿地进步着。五年级期末时，他不再位列班级倒数十名了。可是，刚上小学六年级，金星又考了一次班级倒数第一，他很沮丧。

　　"不要这样沮丧，你看你这次的数学成绩可是一个前所未有的高分！"金星的妈妈对金星说道，"不要放弃，下一次可以考得更好的。"

　　就这样，金星在妈妈的鼓励中重新获得了信心。等到六年级期末的时候，他的成绩已经排在班级中等了。

　　不积跬步，无以至千里。没有细小的量的累积也就没有质的变化。我们都相信，没有孩子注定会做一块失去光芒的石头，只要父母留心孩子每一次细小的进步，并用一种欣赏的眼光去看孩子，及时鼓励孩子，这块玉就总会有大放光彩的一天。

【怎么听怎么说之现场演练】

从细小环节增强孩子自信

　　孩子不自信是经常遇到的问题，我们要给孩子一个宽松的成长环境，在日常的生活中，通过一些小细节来表示对他的肯定，让在孩子快乐中增强自信。下面提供一些增强孩子自信的日常做法，家长们可以试一试：

1. 你会嘲笑"孩子话"吗?

A. 有时候会

B. 不会，会鼓励他

孩子刚刚学会说话的时候，如果出现发音不准的情况，我们不要嘲笑他，也不要当面刻意强调他的错误，否则我们的嘲笑会让孩子失去学习语言的信心和兴趣。当孩子发表某些不切实际的观点时，我们也不要嘲笑他，多让孩子描画美好的蓝图，也是不错的事情。

2. 你会张贴孩子的"作品"吗?

A. 不

B. 会摆放一些

荣誉感能够激发孩子的自信心。我们可以给孩子创造一个让他展示作品的空间，让孩子在家中最醒目的墙上张贴他的作品，或者为孩子准备一个柜子，陈列他的小制作。

3. 你会拿孩子和别人比较吗?

A. 会给他树立很多标杆

B. 只让孩子跟自己比

家长不要总是拿自己的孩子和别人的孩子比较，也不要对孩子说诸如"妹妹都学会数数了，你还不会，你可真笨"之类的话。哪怕孩子真的比别的孩子差，我们也不能这样说。总是拿比他强的孩子和他比，这样最容易挫败孩子的自信。

4. 你会鼓励孩子表演他的特长吗?

A. 很少

B. 会的，并且配合他

鼓励孩子表演特长，并且鼓励他敢于从容地登台表演，这就是锻炼他的自信心。当孩子在表演背诵诗歌、讲故事和唱歌的时候，我们可以在旁边给他鼓励，孩子有了优秀的表现，最好及时给予表扬，让他们能够把赞扬和好的行为联系在一起。迟到的赞扬，往往效果大打折扣。

肯定孩子的优点要及时

表扬是鼓励孩子前进的一种动力，表扬得越及时，对孩子自信心的树立越有帮助。

小田是某市初一的学生，他出生在一个富裕的家庭，从小衣食无忧。在学校组织的一次城乡孩子"手拉手"活动中，他了解到大山里的孩子至今还过着艰苦的生活，很多人每天都要步行很远去上学，内心受到了极大的触动，也非常想帮助山里的孩子。

"妈妈，我们学校最近正组织城乡孩子'手拉手'活动，看到山里的那些小朋友在那样艰苦的环境下还刻苦地学习，我真的很受感动，也想为他们做点儿事情。"一天晚饭后，小田对妈妈说。

"那你想为他们做些什么呢？能具体说说吗？"妈妈耐心地问道。

"我想把自己以前买的一些书籍送给他们，还想把现在不能穿的衣服捐献出来，另外，我还可以给他们寄一些零花钱。"

"嗯，你的想法很好。你能这样做，说明你是一个有爱心的人，很值得表扬！"

　　小田听后，心里美滋滋的，他非常感谢妈妈对他的理解和支持。在妈妈的肯定和帮助下，他奉献了自己的一份爱心，觉得非常满足。

　　我国著名的教育专家朱永新在《新教育之梦》中有这样一段话："理想的父母是永不会对孩子失望的，决不吝啬自己的表扬和鼓励。在教育子女的过程中，父母的一个微笑、一个赞许、一种肯定都会激起他们非常强烈的情感，扬起他们希望的风帆。"

　　有一位中国的高中生，17岁的时候就被全球顶尖的大学——哈佛大学录取了，很多人都向她请教成功之道，她很谦虚地把这一切都归功于父母的培养。在一次公开的采访中，她这样说道：

　　其实，我小的时候一直都觉得自己没有一点儿出众的地方。可是，我的父母在知道了我有这种想法以后，就对我说："不，每个人都是独一无二的，是别人无法取代的，记住了，不要自己否定自己。"

　　刚开始，父母的这句话并没有引起我心里多大的变化。可是，他们却很注意在生活中一点一滴的小事情中及时地肯定我。

　　当我第一次整理自己的卧室时，他们夸奖我是一个很爱干净的好孩子。

　　当我第一次犯了错误主动认错的时候，他们夸我是一个勇于认错的好孩子。

　　当我第一次帮助别人的时候，他们夸我是一个乐于助人的好孩子。

当我第一次作文被老师当作范文读给全班同学时，他们夸奖我是一个小才女。

当我第一次数学竞赛获奖时，他们夸奖我是一个很聪明的孩子，并对我说："这世界上，只有一部分人，既可以作文写得很棒，数学又学得不错！"这给了我莫大的信心，我开始越来越相信自己的能力。

总之，我的每一次进步、每一次成功都会得到他们及时的鼓励，这也给了我极大的信心和力量。可以说，是他们的及时鼓励让我一步一步走进了哈佛。

及时具体地肯定，才能让孩子更加清晰明确地认识到自己的优点，并保持这种优点。

【怎么听怎么说之现场演练】

发现优点然后放大优点

很多父母也想表扬孩子，但是他们觉得找不到孩子值得表扬的优点，这该怎么办呢？我们不妨照着下面的方法来做。

1. 用全面的眼光看孩子。
你夸奖孩子最多的是哪方面？

A. 很少夸奖他

B. 各种夸

C. 其他

夸奖不能只盯着孩子的学习成绩这一个方面。孩子的性格、文体才能、兴趣爱好等，都是评价孩子的因素。只要我们考虑的方面多了，就不难找到值得表扬的优点。

即便是在学习方面，我们也不能只看分数。孩子学习的认真程度、预习复习的状况、各门功课的情况、写字是否工整、卷面是否整洁干净，这些都关注一下，就会找出不少优点。

2. 用发展的眼光看孩子。
你会因为孩子的某些行为迅速下定论吗？

A. 有时会说些过激言论

B. 坚信孩子会慢慢变好

我们家长不要把孩子看得太"死"，只要细心观察孩子，就可以发现孩子有进步的余地。关键是我们要拿孩子的今天和昨天比，而不是拿孩子和别的孩子比，哪怕自己的孩子有些微不足道的小进步，也是值得肯定的。

3. 具体事情具体分析，科学评判孩子。
你有过不分青红皂白批评孩子的时候吗？

A. 有

B. 没有

看任何问题都应该从尽可能多的角度去分析，避免以偏概全、笼统否定。

比方说，孩子的某次作业没做好，错误比较多，我们不能看到本子上好多"×"就批评孩子，而是要看看哪些题目做错了，是因为马虎，还是因为根本不懂，还是因为题目偏难超出了孩子的水平。这样分析，会找到问题的根本，也就有了解决的方法。

4. 夸奖孩子也讲究方法。
你觉得自己会表扬孩子吗？

A. 还行

B. 好多不到位

关于表扬孩子，父母应该注意要做到中肯、适度，不能过分夸大，也不能无端缩小。要让孩子清楚表扬的是哪一点、为什么表扬他，要注意时间、场合，要结合孩子的个性特点和年龄特点。对于有骄傲情绪的孩子，要适当减少表扬，提高要求，对自卑感较强的孩子，就要通过表扬培养孩子的自信。

欣赏孩子的"小聪明"

在一个父母俱乐部中，有位年轻的妈妈讲述了一个困扰：两岁半的孩子学会了耍"小聪明"：到了该睡觉的时候，为了和妈妈多待一会儿，不断制造出各种不睡的理由；为了让妈妈抱一下自己，假装自己身体很不舒服。这位年轻的妈妈就很担心。

其实，这位母亲的担心是多余的，要知道，从一个想吃就吃、想哭就哭的孩子成长为具有丰富思想和独立思考的人，是一个渐进的复杂过程。孩子充满好奇地探索着外部世界，也同样充满好奇地探索着自己的"社交方式"，孩子的这种"小聪明"是心智发展的显现。随着孩子年龄的增长，他们的"聪明"就会慢慢表现到日常的学习生活中了。

薛政就读于某市重点中学，在读初二，他家住在市中心的一个高档小区，家境很好。尽管如此，薛政从没放松对自己的要求，学习成绩一直不错。刚读初二时，由于英语教材的难度增加了，他觉得学起来有些吃力，成绩也退步了不少。可一段时间之后，这种状况突然有了明显改观，而薛政学英语的兴趣更浓了，他的父母觉得有些诧异。

"儿子，最近发现你学习英语的热情很高嘛，可前段时间你还说学英语很吃力。"爸爸好奇地问。

"嘿嘿，这可是个秘密，我找到了学好英语的捷径。"薛政说。

"哦，什么捷径，能跟爸爸说说吗？"

"我发现咱们小区里住了不少外国人，他们的英语水平都很高。最近一段时间，我每天放学后总是想办法多跟他们交流，在他们的指导和帮助下，我的英语不仅口语能力进步了，综合水平也提高了不少。而且，我从中还发现了英语学习的好方法和乐趣，所以就进步了。"

"儿子，你真聪明，这真是个学习英语的捷径。"听完孩子的话，爸爸不禁为儿子感到高兴。

"小聪明"其实就是孩子处理事情时的智慧，对于很多家长而言，如果孩子的"小聪明"用在了提高学习、办事效率等行为上，一般是不会反对的，也许还会进行表扬，但用在其他方面，则如临大敌，惶恐孩子会变坏。

冲冲今年上初三了，他是班里的体育委员，也是学校篮球队的队员。一直以来，冲冲很想要一个自己的篮球，可是冲冲的父母却总是因为各种各样的原因没有买，这让冲冲很伤心。他虽然从父母给的生活费中能节省一些，然而对于买篮球这件事，那点儿钱还是不够。

有一天，冲冲感冒了，很难受，可是父母都要去上班，没有时间陪冲冲去医院。于是冲冲的爸爸就给了冲冲一些钱，让他自己去医院打针吃药。聪明的冲冲突然想到了可以通过装病来向爸爸要钱，来买个篮球。于是，即使感冒好了以后，冲冲还是装着感冒很严重的样子，骗取爸爸的钱。不料没过多久，这个诡计就被爸爸识破了。

爸爸看到年纪小小的冲冲想方设法地骗人，就狠狠地打了冲冲一顿。这让冲冲很生气，把自己关在房间里不说话，直到爸爸道歉，冲冲才走出了房门。这时候，冲冲的妈妈对他说："孩子，你爸爸意识到他打你不对，但你有没有意识到自己也犯了错误呢？虽然你很想要一个篮球，想的这个办法也很聪明，可这是不诚实的表现。对不对？"冲冲点了点头，意识到自己的错误了。

聪明的孩子会事事多想办法，难免把自己的才智用偏。身为父母，既要看到孩子表现出来的机智的一面，又不能纵容他们碰触底线，以引导他们将这种聪明发挥到正途。

【怎么听怎么说之现场演练】

对孩子的"小聪明"区分对待

孩子对于"小聪明"的运用，哪些是得当的、哪些是不当的，父母应该学会分情况妥善解决。

孩子的"小聪明"有时只是随着孩子心智的发展，在探索外部世界时尝试的一种"社交方式"，并不全是狡诈不诚实的表现，我们千万不能武断地认为只要孩子要"小聪明"就是变坏。当然，也有一些"小聪明"是需要我们加以防范和制止的。

1. "钻空子型"小聪明
你家父母双方对孩子的教育方针一致吗？

A. 不太一致，有所区别

B. 基本上是一致的

C. 完全统一

如果孩子喜欢利用父母教育方式不一样或者爸爸管得严、妈妈管得松的情况"钻空子",父母应该先反思一下自己的教育态度和方式是否有问题,自己对孩子是否存在溺爱的现象等,让两个人的教育方式统一之后再出对策,避免给孩子留下"可乘之机"。

2. "偷奸耍滑型"小聪明
你的孩子爱偷懒吗?

A. 没有,比较乖

B. 爱偷懒,防不胜防

孩子为了偷懒而耍小聪明非常正常,唠叨、斥责等方法往往很难见效。因此,父母的智慧也要相应升级,用示范、奖励等方法,让孩子不再偷懒。

3. "推脱责任型"小聪明
你的孩子犯错之后喜欢给自己找借口吗?

A. 嗯,他总是这样

B. 不是,老老实实承认错误

如果孩子耍"小聪明"是因为做错了事情想逃避惩罚,父母应该在理解孩子的基础上指出孩子的错误,并鼓励孩子主动承认错误并且改正,要让孩子知道,认识自己的错误并勇于承担责任,是一个人最难能可贵的品质。

最后,我们在学会善待孩子的小聪明之余,还要注意:当发现自己的孩子喜欢耍小聪明的时候,还应该多反省一下自己的行为,过分的限制和约束,也容易让孩子以耍小聪明的方式来欺骗父母。因此父母在管教孩子的时候,应当掌握好适度的原则,满足孩子合理的愿望和要求,同时还要建立起必要的规则,让孩子学会用规则来约束自己的行为。

学会欣赏孩子的小聪明

在生活中，父母需要用发展的眼光看孩子，尤其是当孩子将自己的聪明才智用在了正当的事情上时，父母一定要及时赞赏孩子的小聪明。

适当给孩子"戴高帽"

在现实生活当中，恰当地给孩子"戴高帽"是一种很有效的方法。这个"高帽"并不是虚假的表扬和一味地护短，而是"预支"表扬，为孩子的行为指明目标和希望，增强他的信心。

小樱生活在一个相对民主的家庭，她的父母都是高校老师，虽然平时对她的要求也比较严格，但在家庭生活中，父母尊重小樱的意见，也十分重视对其各方面能力的培养。

在小樱刚读初一的时候，妈妈就"任命"她为"家庭管家"，让她帮忙管理家庭事务，参与家庭决策。

在新年前，家中的三位成员都想添置新东西，妈妈想买一双新鞋子，爸爸想买一台新电脑，而她想买一个新手机，三人各抒己见。

"我也觉得三个人的愿望都满足是最好的，但以咱家目前的经济情况，这样做之后就可能要过一段拮据的日子了。"妈妈说。

"是啊，我们都明白。"爸爸和小樱一致说。

"那还是让我们的'家庭管家'来决定吧。我相信她是一个懂事的孩子，一定会做出正确的决定。"

小樱听后，仔细地想了很久，最终做出了决定："还是先给妈妈买鞋子吧，这个最便宜。之后，可以给爸爸买电脑，爸爸的工作需要它，然后再给我买新手机。"

听到女儿的决定，父母由衷地感到高兴，因为女儿又懂事了很多。

与成人一样，孩子也喜欢听到赞美的话，希望得到别人的认可，甚至喜欢有人能给他"戴高帽"。

小樱的父母给了她一个"家庭管家"的头衔，并且能经常为她创造参与家庭事务的机会。在小樱看来，这不仅是父母尊重自己话语权的表现，也是父母对自己能力的肯定和信任，所以她很乐意接受父母的任命，并且在处理问题时能以"家庭管家"的身份来思考并做出决定。

而且，小樱在担任"家庭管家"的同时，还体验了管理家庭事务、协调家庭成员利益等的不易，从而能更好地体会到父母持家的艰辛。另外，在这个过程中，她不仅增强了自信，各方面的能力也得到了锻炼和提高。

父母根据孩子的特点和优势适当地给孩子"戴高帽"，并不是说父母可以任意夸大孩子的优点，盲目地进行表扬，而是指父母能以一种尊重和平等的态度来对待孩子，突出孩子在家庭生活中的重要作用，多给孩子一些施展才华的机会，让孩子在这个过程中体验成就感，实现自我价值。

在运用"戴高帽"的方式表达对孩子的积极肯定和赞许时，父母还应该注意如下的一些问题：首先，在运用这一方式时，父母应该掌握适度的原则。"戴高帽"的赞美方式通常在一定程度上是对孩子能力的肯定，但在表达方式上多少带有一些夸大的成分，如果频繁地使用或是经常夸大孩子的表现，孩子就有可能因此而忘乎所以，这对孩子的成长十分不利。

其次，父母应该根据自己孩子的性格特点决定是否选用，对于那些比较羞涩、自信心不足的孩子，父母可以适当地使用"戴高帽"的方式，以激起孩子的自信心和成就感，帮助其不断进步，而对于那些平时就很骄傲、容易自满的孩子，父母最好还是少用为妙。

【怎么听怎么说之现场演练】

鼓励孩子不能一味靠"戴高帽"

孩子是父母的心头肉，在与孩子相处的过程中，越来越多的家长会采用鼓励的方式，可是我们该怎样鼓励孩子呢？一味地给孩子戴高帽，遇到事情就表扬鼓励吗？可是鼓励的话翻来覆去就那几句，怎么办？可能我们没有意识到，我们不恰当的鼓励和表扬也会让孩子小小的心灵受到伤害。

1. "戴高帽"需要谨慎。
你会随随便便不讲原则地赞美孩子吗？

A. 表扬多多益善

B. 还是会考虑是否给予赞扬

适当的赞赏可以树立孩子的自信，但是一些不必要的"高帽"，或者是夸大其词的"高帽"不仅不能收到预期的效果，反而会影响孩子的身心健康。因此，给孩子"戴高帽"也需要谨慎。

在日常生活中，一些家长在赞美孩子时，喜欢用"太好了""你真棒"这样的话，而孩子总是对这样的赞赏不领情。

"高帽"要适时适度地给，不能动不动就表扬，否则孩子的抗挫能力就会差一点儿，甚至经不起一点儿风浪。

2. "戴高帽"的同时提建议。
你平时喜欢给孩子提建议吗？

A. 总是

B. 基本不提

C. 伺机而动

打个比方，孩子喜欢堆积木，家里到处都是他堆的"作品"。他每完成一件作品，就会找大人来欣赏，其目的无非是要博得一两声赞赏。我们在赞赏的同时也可以给孩子提建议，比如"你的积木如果不堆在床上，可能效果会更好呢"，这样孩子会更愿意接受。

第七章

聪明的家长会说会管

先统一方案，再进行教育

琳琳家境富裕，条件优越，爸爸是一家大型公司的部门经理，妈妈是医院的主任医师。

但是，爸爸妈妈几乎每天都要因为她的教育而发生争执。妈妈总是认为，琳琳只要好好学习就可以了，不用做家务。但是爸爸觉得，好好学习是应该的，也该做些力所能及的家务。妈妈还总是向琳琳灌输做人要有心计的思想，而爸爸则教育孩子要善良、诚实。

于是，琳琳家中就常常发生类似下面的场景：

六点半左右，琳琳吃过晚饭，问爸爸能不能看一会儿《猫和老鼠》再写作业。爸爸觉得很正常，就同意了。可琳琳遥控器刚拿到手，电视还没开，妈妈就一把抢了过去，说："还不快写作业、看书！"

爸爸和妈妈对于琳琳的教育始终持不同的观点，时间长了，琳琳感到无所适从。

有一次，爸爸和妈妈又因琳琳的教育问题吵了起来，爸爸说了妈妈几句，刚好妈妈手里拿着一个牙签盒，脾气火爆的她一听爸爸说自己不对，手上的盒子就砸了过去。牙签撒得到处都是，琳琳着实被妈妈的举动吓了一跳。

从那之后，琳琳越来越沉默，在家的时候半天不说一句话，而且经常把自己关在房间里。她的脸上很少有笑容，上课时常常注意力不集中，成绩也由名列前茅退到了中后的位置。

琳琳接受着父母截然相反的教育方式，自己不知道该听谁的了。心里的疑惑总得不到解决，久而久之，心理上便处于一种混乱状态。这种现象正好印证了心理学上的"手表定律"，即当一个人只戴一块手表时，他可以知道现在是几点，但当他带着两块或更多的表在身上时，却难以确定准确的时间，同时也失去了对准确时间把握的信心。"手表定律"启示人们：在做一件事情的时候，只能有一个指导原则和价值取向。正如尼采所说："兄弟，如果你是幸运的，你只需要有一种道德而不要贪多，这样，你过桥会容易些。"

同样，在教育孩子的时候，父母之间的教育方针不能经常出现矛盾，比如，总是给孩子设定两个截然相反的目标，提出两种完全不同的要求等。这样矛盾的教育会使孩子无所适从，无法形成自己独特的价值体系，从而在行为上陷入混乱。

正如"一千个读者就有一千个哈姆雷特"一样，一千个父母也会有一千种教育子女的方式，这种父母双方教育方针不统一的情况也很常见，那当出现矛盾时，应该怎么去处理呢？教育专家给出的建议是，最好"模糊处理"。即父母双方应互相妥协，冷静克制自己，而且要尽量避免在孩子面前暴露出教育的不一致。如果已经在孩子面前暴露出了不一致，要尽量做到不在孩子面前争吵，而采取一定的补救措施，尽量使思想趋于一致。总之，绝对不给孩子拥有两个价值观的机会。

父母教育观相悖的话，除了混淆孩子的价值观，有时还会使孩子产生错觉和偏见。比如对一个孩子来说，当妈妈的要求比较简单或者语言比较委婉时，他会将之与爸爸较严格的要求和直接的话语做对比，产生妈妈更爱自己一些的成见。这样的话，他就会倾向于按照妈妈的要求做，同时对爸爸形成抵触心理。这样的话，孩子和爸爸之间的隔阂加深，既不利于孩子的健康成长，也不利于亲子关系的发展。

谢杭的爸爸是一名物理学教授，妈妈是一名中文系的教授。谢杭的爸爸一直认为，作为一个男生，应该去学习理科，于是在谢杭很小的时候便强迫谢杭学习数学、物理等。可是，谢杭的妈妈认为，比起孩子将来成绩优秀，更为重要的是要给孩子的一个健康快乐的童年，应该让孩子多亲近自然。

于是，谢杭常常听到爸爸说："谢杭，去做数学题。"可是，在谢杭还没有拿出作业本的时候，谢杭的妈妈就说："航航，走，我们去动物园。"于是，谢杭就欢天喜地地跟妈妈去动物园了。

慢慢地，谢杭对于爸爸的话几乎都不听了，跟妈妈的关系却很好，对妈妈的话言听计从。这让谢杭的爸爸很伤心。

在教育孩子的问题上，父母双方要站在统一战线上，以共同将孩子教育好为目标，如果互争高低，结果只能是爸爸妈妈以及孩子"三败俱伤"。

【怎么听怎么说之现场演练】

"微笑协商"建立良好关系

父母和孩子两代人出现冲突是很正常的现象，但是如何解决冲突，每个家庭却各不相同。我们可以尝试一下"微笑协商"办法。步骤如下：

1.父母双方分析冲突的原因是什么；

2.父母双方共同找出解决冲突的办法；

3.找出冲突双方都能够接受的解决办法。

总而言之，失败的父母会让孩子感到无尽的委屈和压抑，同时自己又会被孩子弄得头痛。父母都是爱孩子的，这是人的天性，但是爱孩子是一回事，孩子能否感受到父母的爱是另一回事。

1.孩子能感受到你的爱吗?

A.不能，彼此很对立

B.能，彼此很默契

中国人普遍比较含蓄，不轻易表达自己的情感。比如说，有的父母认为自己和孩子讲话不用客气，措辞很硬，态度很凶。有的父母对孩子比较严厉，使孩子经常处于被惩罚和训斥的阴影之下，对父母有很强的畏惧心理。有的父母习惯向孩子提要求，以至于孩子感觉自己处处受到支配，不仅体会不到父母的良苦用心，还会埋怨父母影响自己的独立。

2.孩子所能够感受到的爱是怎样的?

_____

_____

如果我们过于情绪化，心情好就对孩子百依百顺，心情不好就对孩子横加指责，这样就会给孩子一种父母的感情很不可靠的感觉。

利用非正式机会教育孩子

联合国教科文组织国际教育规划研究所的研究员雅克·哈拉克认为，非正式教育是一种典型的终身学习过程，人可以通过日常经历、来自周围环境的教育影响和教育资源，即家庭、邻里、工作场所或闲暇活动、市场、图书馆及大众传播媒介，习得各种态度、价值观念、知识和技能。

其实，非正式教育和正式教育相比，并不存在谁优谁劣的问题，最主要的区别是进行的方式和地点。非正式教育是一种终身教育，可以在任何时间、地点进行，而正式教育是一种阶段性的规范教育，其实施要具备一定的条件。完整的教育当然不能仅仅依靠非正式教育，但如果缺少了非正式教育，那这个教育的过程终究是不圆满的。

有一位老师在阅读活动中，教小朋友认识红、黄、蓝三种颜色。活动一开始的时候，孩子们看图的兴趣比较高，能够跟着老师进行阅读，不过能坚持到最后的小朋友就很少了。在和孩子进行分析颜色的时候，只有小部分孩子能够根据分析说出颜色，大部分的孩子对于突如其来的三种颜色不知所措。

当天，老师和孩子们一起在院子里玩滑梯的时候，老师指着滑梯说道："看，红色。"接着，有个小朋友就跟着喊："红色，这是老师说的红色。"老师利用了一个很好的机会，将教学转移到课堂之外，利用孩子在生活中的常识与兴趣，又对孩子们进行了颜色方面的知识巩固。通过这样的方法，让那些原本分不清颜色的小朋友认识了红色。

　　这个故事可以说明一个道理：教育不仅可以在教室里进行，更可以发生在任何地点。而发生在非正式教育场合的教育，其实能更好地让孩子接受。所以，家长可以在孩子的日常生活中，利用非正式的机会让孩子学习、锻炼。要知道，日常生活中到处都有学习的机会，随处都有最好的教具，只要把学习渗入到日常生活中，不论多少都会有效果。通过这些无意识之中提供的学习机会，无论多么讨厌学习的孩子，也一定会逐渐对学习产生兴趣的，同时还可以让孩子感受学习的快乐，使其在生活中得到成长。具体方式可以分为以下几个方面：

　　1. 利用非正式机会对孩子进行爱国教育。

　　有一位妈妈为了对孩子进行民族自豪感的教育，把孩子带到了一个大型的停车场，让孩子数一数在这么多的汽车中，有多少辆是本国制造的，占汽车总数的百分之几，孩子通过计算，统计出了国产车所占比例。在停车场里的这一幕，不知道胜过多少爱国主义教育的课程，强有力地增加了孩子的民族自豪感。这也是在生活中进行教育的极好范例。

　　2. 利用非正式机会对孩子进行技能教育。

　　比方说，妈妈想和孩子组织一次家庭旅行，引导孩子对地理产生兴趣。为了完成出游的计划，就需要翻地图、查找参考书，将这些事情交给孩子来做，可以让孩子在不知不觉中学习地理知识，并且很有可能让孩子爱上地理科目。这就是教育的一种很好的方式。

　　3. 利用非正式机会对孩子进行社会教育。

　　为了让孩子有环保意识，让他认识到垃圾对环境的危害，一位妈妈带领孩子走进了垃圾填埋场。在距离垃圾场很远的地方，孩子就闻到了一股臭气，捂住了鼻子。这样的教育多么直接和生动，不需要妈妈再多说什么，孩子就明白了保护环境的重要性。

4. 利用非正式机会对孩子进行爱心教育。

在学到《同情和帮助残疾人》这节课时，为了让大家都能体会到残疾人的痛苦，老师把学生分为三组：第一组同学只能用一只手写字；第二组同学只可以在轮椅上活动；第三组同学被蒙住眼睛在教室里走上两圈。这些真实的体验，让孩子们亲身体会到残疾人生活的困苦，也就很容易对残疾人产生同情和理解。

总之，生活是孩子吸收知识的大课堂，非正式教育也可以让孩子受到很好的教育。家长们一定要学会好好利用非正式的机会教育孩子，让孩子随处都可以学到知识，然后，在空闲时间里，把吸收来的知识反复思考、反复咀嚼，就可以将那些零碎的知识整合成为更有意义的学问。

【小技巧】

1. 摒弃一板一眼的教育姿态。

2. 利用非正式机会对孩子进行教育。

3. 善于抓住生活中的细节对孩子加以引导。

慎用批评孩子的权利

一个上初中一年级的学生在日记中这样写道：

今天，我的好朋友敏敏来约我出去玩，正碰上妈妈大发雷霆地教训我。

　　这次考试，我的成绩下降了，在班里只排到第 10 名。敏敏在一边替我解围说："阿姨，方方还好，我还不如她呢。"

　　谁知，敏敏不说倒还好，她一说，妈妈反而更来劲儿了，她骂着我把敏敏也捎带进去了："那你们还不在家好好补习功课，还到处玩？我要是学习不好，早就趴一边哭去了，看你们，一点儿事也没有，脸皮真厚！"

　　敏敏气得眼泪在眼眶里直打转，转身就跑了。

　　我和妈妈吵了起来："妈妈，你怎么能这样说我的朋友？"

　　妈妈说："我就是要把她气走，免得她以后再来找你，以后你也不许和她在一起了。"

　　我气哭了，跑进自己的小屋，把门反锁上。

　　我觉得很委屈，妈妈怎么能这样无情地批评我呢？她怎么能这样批评敏敏呢？平时她不是显得很温和吗？怎么现在不一样了呢？

　　可见，方方妈妈这次对方方的批评给方方心理带来了很大的创伤。偶尔成绩下降在求学生涯里是一件司空见惯的事情，但是方方妈妈却因此大发雷霆，还骂孩子的好朋友。所以说家长要慎用手中批评的权利，如果批评不当，不但起不到教育的效果，还会失去在孩子心中的威信，实在是得不偿失。很多教育专家都建议家长，要尽量避免批评孩子，如果真的要动用批评的武器，也要讲求批评教育的艺术。

　　已经上初二的小梅学习成绩优异，但仍然"玩"性不改，每周六都要像哥哥一样玩一会儿电子游戏。

　　说是"一会儿"，实际上却是好几个小时。因为她每次虽只打一局，但一局至少得打过好几关，有时甚至能从头打到尾，这样几个小时就过去了。

有时妈妈看不过，便吼她："别玩了！快去写作业。"

她往往会以"只差一点儿就过关了"为理由，再拖半个小时。

为了帮助女儿改掉贪玩的坏毛病，妈妈想了个好办法。

又一个周末，妈妈约了自己的几个朋友聊天，并让小梅为她们服务。

就在小梅为阿姨削苹果的时候，妈妈提起了如何对待孩子贪玩的话题。几位朋友都有十几岁的孩子，所以都有话说。

其中一个阿姨说："我儿子已经上初三了，还整天惦记着玩，家里看得紧，他就到游戏厅、网吧玩，我都快愁死了。"

小梅在旁边很紧张，生怕妈妈揭自己的底。

小梅的妈妈接过话茬说："你越管得紧，她越不听话。我就从来不管小梅和她哥，每周他们都可以玩一个小时的游戏，而且很守时，说一个小时，就一个小时。"

说着，小梅的妈妈看了看表，然后对小梅说："女儿，到了玩游戏的时间了吧？去吧，玩一个小时就停。"

那天，小梅很自觉地在游戏机旁放了一个闹钟提醒自己，一个小时后，干干脆脆地退出了游戏。

以后，不管妈妈在不在旁边，小梅都只玩一小时，到了时间就立刻停止，再也不用妈妈费心了。

小梅妈妈的这种教育方法虽然不适用于每个孩子，但是很值得家长借鉴。至少，家长在孩子犯错误的时候要保持冷静，要心平气和、循循善诱，让孩子认识到自己的错误，而不要一味地呵斥、批评。

在有些孩子的成长中，永远被这些话包围：

"都这么大了还不懂事!"

"就知道玩,这么大了还让我操心!"

"好的没学会,就学会上网了,你是不是想把我气死?"

可想而知,这些话会带给孩子心灵很大的伤害。所以说,批评也要讲究艺术。

家长在批评孩子的时候应注意:

1. 批评与表扬相结合。该表扬的时候表扬,该批评的时候批评。这样孩子会觉得父母是公正的,如果只批评不表扬,孩子会因家长只看到他的缺点,看不到他的优点而不满,从而不愿意接受批评。

2. 批评孩子要适时、适度。孩子的时间观念比较差,昨天发生的事,仿佛已经过去好久了,加上孩子天性好玩,刚犯的错误转眼就忘了。因此,家长批评孩子要趁热打铁,不能拖拉,否则就起不到应有的教育作用。

3. 批评时离孩子近些,在批评孩子的同时,父母应该让孩子感受到家长对他的爱。这时,增加和孩子的身体接触,就是最好的辅助批评的方法。在批评孩子时,可以搂着他的肩膀说话,或拉着他的手讲道理给他听。但是切记不要很大声,要压低音量。总之,要尽量考虑孩子的感受,这样,即便父母说出指责的话,孩子也会坦然接受。因为他知道,父母是出于爱才批评自己的,自己并不会因为这次错误而失去父母的爱。

【小技巧】

1. 批评和表扬相结合。

2. 无论是批评还是表扬,都要适时、适度。

3. 批评孩子的同时可以增加肢体语言表示亲近。

过分苛责会伤害孩子

欣欣从小学二年级就开始练小提琴，一方面出于自己的爱好，另一方面一直寄希望于文艺特长能对高考录取有利。

一次，欣欣正在练琴，妈妈在旁边监督，发现她的手型号不对，就用一根小棍挑起她的手腕，大声训斥："跟你说过多少次了，手型不对，你怎么总是出错啊？"

欣欣马上改了过来，但是不一会儿，手型又不对了，妈妈又大声训斥她："已经跟你说过了，要保持正确的手型，怎么就是不听啊。你有没有脑子？真不配做我女儿！"

欣欣听了很不高兴，也有些着急，于是她对妈妈喊道："我不练了，我就是练不好！我真不配做你女儿！"说完就跑了出去。

其实刚开始练琴时，欣欣很有积极性，每天都主动练琴，并且很努力。但在妈妈一声高过一声的训斥中，弹琴变成了欣欣最讨厌的事情。后来，她对钢琴完全失去了兴趣。

有教育专家曾指出，责备孩子的声音越小，孩子听得就越认真，教育的效果也就会越好。相反，责备的声音越大，孩子就越害怕，教育的效果也会越坏。美国教育专家的一项研究结果也显示，不仅肉体处罚会伤害到孩子的心理健康，父母对孩子动不动就破口大骂，也有可能给孩子造成心理伤害。孩子容易犯错，并经常犯同样的错误，父母的批评教育是必要的，但也应该讲究方式方法，千万不要对孩子过于苛责，更不能对孩子说一些尖酸刻薄的话，因为苛责孩子只会伤害孩子的心灵，加重其心理压力，甚至还会影响孩子的正常发育和成长。

小乾的爸爸是单位的领导，做事雷厉风行，有胆识、有魄力，平时很受人尊重，可是小乾却个性胆小懦弱，做事没有主见，在公众场合表现得羞怯焦虑，他的爸爸对此有些恼火。

有一次，小乾的爸爸带着儿子去参加单位举办的一个聚会，聚会上有抽奖和互动环节，结果抽到了小乾的名字，要求小乾表演一个节目，之后就能领取一份奖品。

爸爸对小乾说："真幸运，儿子，去表演一个节目吧！"

可小乾的脸马上就红了，他向爸爸求救道："爸爸，我害怕在别人面前表现，你帮帮我吧。"

小乾的爸爸一听这话，就气不打一处来，数落小乾道："你怎么这么没出息，真不配做我的儿子。"

自从爸爸这次在大庭广众之下训斥了小乾之后，小乾表现得更加不自信，更害怕与人接触了。更为可怕的是，只要爸爸一大声说话，小乾就害怕，父子俩几乎不再交流了。

父母过分地苛责孩子是不能教育好孩子的，还会折磨和伤害孩子，因此父母在家庭教育中一定要避免这种行为的出现。具体来说，父母可以从这些方面加以努力：

1. 指责要适时和适度。

父母在指责孩子的时候，一定要选对时间和地点，不要在众人面前指责孩子，不要在孩子吃饭的时候指责孩子。尽量选择在孩子睡觉前，在孩子自己的房间里，一般而言，这时候孩子的心情比较平静。而且，要尽量选在孩子犯错的当天或者第二天对孩子进行一些必要的批评教育。此外，尽量少对孩子说一些过于难听的话，比如"我怎么养了你这么笨的孩子"之类的很伤害孩子自尊的话。

2. 要控制好自己的情绪，语气尽量温和。

一些父母在得知孩子犯错时常常会情绪激动，不分青红皂白就责骂和数落起孩子来，结果孩子往往因惧怕而一句也没听清楚，根本起不到教育的作用。如果父母能控制好自己的情绪，孩子会更好地明白父母的意思，认识自己的错误所在，从而改正错误。

3. 在批评孩子的同时，要耐心地指出孩子错误。

批评孩子，一定要给孩子指出他的行为或者语言错在哪里，否则只是一味地告诉他"你今天表现得不好"或者"你做的那件事情糟糕透了"，这会让孩子觉得莫名其妙。因为，有可能他并没有意识到他做错了什么，或者在他看来，那种行为并不算是错误，这就需要父母很明确地告诉孩子。

总之，想教好孩子，父母一定要注意自己的态度，千万不能过分苛责。

【怎么听怎么说之现场演练】

委婉地批评孩子

批评孩子的时候，如果不讲究方式方法，结果只能是"家长出了气，孩子不服气"，起不到应有的教育效果。所以，对孩子进行批评教育，也要讲究策略，"心中有剑，口中无剑"是批评的最高境界。

1. 以柔克刚。
你批评孩子习惯使用硬邦邦的语言吗？

A. 是的

B. 不，尽量使用温和的语言

有的孩子被家长不知道批评了多少次，但是照样是我行我素。这个时候，我们应该避免直截了当的批评，调动孩子满腔的热情，就能够很容易达到目的。

2. **此时无声胜有声。**
你觉得自己是个急脾气的家长吗?

A. 是的,孩子一犯错,就压不住脾气

B. 不是,先思考一下教育对策

假如一个孩子每天都处在被打骂和训斥的环境中,就会变得麻木,进而产生一种想法:他们都觉得我是坏孩子,那我就坏下去吧。所以,急脾气的家长首先要反思自己的教育对策,先克制住自己的怒火,再平和的引导孩子。如果暂时做不到,不妨先忍一忍,让自己冷静下来再说。须知"此时无声胜有声",重要的是让孩子认识到自己的错误并改正,而不是简单粗暴的"电闪雷鸣"。

3. **让孩子知道你爱他。**
你善于向孩子表达你的爱吗?

A. 太酸,从来不表达

B. 有合适的机会就表达一下

爱可以感化一切,孩子虽然叛逆,但不是草木,其对父母的深厚感情是天生就有的。如果孩子总是对父母表现得叛逆激烈,那是因为他觉得父母不爱他了,所以也就没必要听家长的话了。如果孩子明白父母对他的爱有多深切,那么他也会用爱来回报。

第八章
不要给孩子贴负面性的标签

循着正确的思路定义"优秀"

正确理解"优秀"的父母，对孩子有着宽容的心态，孩子做得不够好时，他们不指责，更多的是鼓励和引导孩子。而对"优秀"定义不准确的父母，把自己的愿望都压在孩子身上，要求孩子样样做到最好，不管孩子是否为之付出了努力，只关注结果，结果不理想时对孩子一味指责，会严重伤害孩子的自尊心。

父母不应也不要用"好"和"坏"来评价孩子

我们经常听到不少父母这样夸奖或者批评孩子：

"今天真听话，是个好孩子。"

"不要学隔壁小强，他不爱学习，是个坏孩子。"

"这次成绩考得不错，真是个好孩子。"

很多家长喜欢用"好"和"坏"来评价孩子，却没有仔细想过一个怎样的孩子才算是一个好孩子，一个怎样的孩子则算是一个坏孩子。一个学习不好但是很热心，总是喜欢帮助别人的孩子算是一个坏孩子吗？一个学习很好但同时又满嘴谎言的孩子算是一个好孩子吗？我们发现，笼统的"好"与"坏"是说明不了一个孩子的。因此，用这两个字进行的评价是一种定性的、静态的评价，对于可塑性很强的孩子来说是不合理的。

由于孩子的可塑性很强，父母简单的好与坏的定性就很容易给孩子的成长造成一系列不好的影响。比如说，那些学习好的孩子，由于经常听到父母夸奖他们是好孩子，很可能会下意识地认为，只要学习好，就是一个好孩子，从而不会在道德上严格要求自己。再比如说，那些不听话的孩子，由于经常听到父母指责他们是坏孩子，也可能会因为这句话而自我放弃，去犯更多的错误，破罐子破摔。

其实，孩子听话不听话、学习成绩优秀不优秀，都和他的品性没有直接关系。并且，由于成长环境和家庭教育的影响，很多孩子身上存在一些缺点也是正常的。父母不能因为孩子的缺点和犯的错误，将孩子定性为坏孩子。相反，我们还要想办法给她们贴些正面标签，激发他们正向发展。

李强今年 14 岁了，刚上初中。父亲在他 6 岁的时候因车祸离开了他，母亲也在他 10 岁的时候改嫁，李强跟着奶奶生活。他上课时经常乱动，下课还欺负同学。对此，语文老师想了一个办法。

一天，数学课之后是语文课，语文老师非常高兴地走上讲台对全班同学说："刚才张老师回办公室后对我们说了一件事情，我和其他老师都惊呆了。"

这时，班里安静下来，等待着语文教师公布惊人的消息。

"张老师说，上节课一个同学的表现，让他感到非常意外！"

班里更安静了，大家都在猜测着是不是谁在老师面前告了某同学的状。

"这个同学就是李强，张老师说上节课李强听讲非常认真。我和张老师同事这么多年，没见他这么高兴过，也让我们为李强同学的进步鼓掌！"

顿时，班里掌声四起。在接下来的语文课上，李强虽憋得难受也忍住了，没有来回走动。语文课结束后，语文老师说："刚才张老师夸李强同学时我也不敢相信，但这节语文课上李强的表现可以证明，李强同学是好样的！他以后肯定会越来越好！"

一个优秀的孩子或许不会因为一句"你真是一个好孩子"而变得更加优秀，但一个缺点很多的孩子却往往会因为一句"你真是一个坏孩子"而自我放弃。

在一个少管所里，一位15岁的少年沮丧地对心理医生说道：

我很小的时候，还不知道不经过别人的允许从别人家拿东西就是偷，有一次我从邻居家拿了他家儿子的变形金刚，邻居家的阿姨说了我一整天，说我小小年纪，就偷别人家东西，坏到骨子里了。后来周围的人都说我坏，甚至我的爸爸妈妈也说我是一个坏孩子，后来我也觉得我真坏，不可能做一个好孩子了。

总之，不管是哪种情况，简单的"好"和"坏"都不会起到教育孩子的作用。所以，不要用"好"与"坏"评价孩子，评价孩子时，不妨让评价的内容具体化，以免以偏概全，这样也有助于孩子自己发现缺点并改正。

【怎么听怎么说之现场演练】

正确评价孩子

我们总是有意无意地对孩子说"你真是个好孩子"或"你是个坏孩子"，这样看似无意或轻巧的评价可能会在孩子心里产生很大的影响，会给孩子很强的心理暗示。生活中，你是怎样评价孩子的呢？看看下面的例子，希望能帮你找到一种合理评价孩子的方式。

1. 当孩子跑过来给你送一个苹果，你接到苹果时会怎么说?

A. 用"好"评价

B. 用"孝顺"评价

孩子都希望听到表扬他的话，他给你送来苹果时也是希望得到你的表扬的。父母这时不要只是用"好"或"你真好"来评价孩子，如果这时你夸孩子"孝顺"的话，会让他明白自己做什么事是孝顺的表现。

2. 当孩子帮助同学找回遗失的铅笔刀时，你会怎么说?

A. 用"好"评价

B. 用"乐于助人"评价

孩子帮助别的同学，这是他"乐于助人"的表现，如果这时父母用"好"字评价孩子的话，是不妥当的。因为，"好"字直接对应的是"坏"，这是一个定性的评价，往往会以偏概全。

3. 你难过时，孩子默默地陪着你，你会怎么说?

A. 用"好"评价

B. 用"懂事"评价

父母难过时，孩子陪在一边，这样的孩子一定是善解人意并且特别懂事的。这不是"好"能概括的，这是一个人的性格问题，不是品质问题。

4. 当孩子不小心打翻了墨水瓶，你会怎么说?

A. 用"坏"评价

B. 用"不小心"评价

孩子做错事很正常，毛手毛脚打翻墨水瓶也再正常不过。如果是孩子着急帮你拿墨水瓶，结果一不小心掉在了地上，这就是

"好心办了坏事",更不能用"坏"字来评价了。所以,这时,父母只需要提醒孩子下次该怎么做就行了。

5.当孩子在玩的时候弄脏了衣服,你会怎么说?

A.用"坏"评价

B.用"不注意卫生"评价

孩子处在喜欢玩耍的年龄,玩耍给他们的童年带去了无尽的欢乐。如果一个孩子在玩的时候不小心弄脏了衣服,父母不必太在意,只需提醒他以后注意卫生。

6.当孩子考试成绩不理想时,你会怎么说?

A.用"坏"评价

B.用"不够努力"评价

每个孩子都想做到最好,但万一孩子考试成绩不理想,父母一定不要严厉责罚甚至讽刺挖苦,而要善意地帮孩子寻找原因,并且不要把原因归为孩子不可控制的因素上,只要告诉他再稍稍努力就可以了。

父母也尽量不要定性地用"好"与"坏"来评价孩子,评价孩子时要常换词语,进行具体地评价,让孩子明白他哪儿做得好、哪儿做得不好,这样才能再接再厉或者努力改进。

不对孩子说"你比别人差"

美国心理学家华生有这样一句名言:"给我一个小孩,我可以把他变成律师、医生,也可以把他变成小偷、强盗。"很多父母对此不以为然，认为这只是一个心理学家的谎言。可是，稍微有点儿心理学知识的父母就会明白，这不是一个谎言，而是一个真理。其实，华生的理论是有着科学的心理学依据的，这个依据就是心理学上经常说的"心理暗示的作用"。

心理学上，根据暗示的不同效果，将暗示分为积极暗示和消极暗示两种，前者多数是一种鼓励性的暗示，可以给人带来正面的情绪，而后者多是一种批评性的暗示，带给人们的也多是负面的影响。

其实，很多家长在教育孩子的时候，都会不知不觉地使用暗示。但是，调查发现，很多父母都不同程度地在使用"消极暗示"，甚至直接说出"你比别人差"这类话语。如此这般的消极暗示，会给孩子的成长带来很大的负面影响，比如造成孩子情绪低落、产生自卑心理等。

下面用一则真实事例来说明这个问题。

娟娟在班里的学习水平属于中等，可是娟娟很努力。有一次娟娟得了一个进步奖。拿到家后，娟娟的妈妈拿着奖状看了又看，开心地说："真好，我家娟娟的努力见到成果了，娟娟会越来越有出息的！"娟娟的爸爸则赶紧把客厅墙壁上最显眼的位置擦干净，把奖状贴了上去，还说："以后这面墙就留给娟娟贴奖状了……"为了表扬娟娟，爸爸妈妈还带着娟娟专门到外面玩了一天，为娟娟下一阶段的学习加油。

娟娟的同学芳芳，平时成绩也是一般，但是期末考试考得不错，老师为了鼓励她也给她发了一个进步奖。拿到奖状那天，芳芳特别兴奋，一路小跑回到家给爸爸妈妈分享她的喜悦。没想到，爸爸接过她的奖状后，冷冷地扔出一句："我说你比别人差吧，以前就没得过奖状，得一次还是个进步奖，有什么好高兴的！"听到爸爸这样说，芳芳特别伤心，因为自己确实没得过奖状，也许自己真的就比别人差、比别人笨吧。于是，整个假期芳芳都闷闷不乐的，也没怎么学进去。

在父母不同态度的影响下，娟娟和芳芳一个是好好学习了一个假期，一个是天天郁闷，没有学进去。开学后，娟娟的成绩又进步了，而芳芳却一直情绪低落，甚至产生了厌学情绪。

我们常常说，孩子就像一张白纸，他的人生会画出一张什么样的画卷，会受到父母的教育的影响。如果父母经常告诉自己的孩子"你比别人差"，孩子自己也会慢慢觉得比别人差，相反，如果父母鼓励孩子说"你可以成为一个优秀的人"，孩子自己也会朝着优秀的方向去努力。所以，如果你希望自己的孩子越来越有出息的话，那就不要告诉你的孩子"你比别人差"，而是要多一些积极暗示。

2005年1月，赖斯出任美国国务卿，她是继克林顿政府的马德琳·奥尔布赖特之后美国历史上第二位女国务卿。谈起自己的成功，赖斯深情地感谢她母亲在她的成长过程中对她的教育。她说："在我很小的时候，母亲带我去买衣服，有一次，我看中了一件很漂亮的衣服，想去试衣间试一下，可是，却被服务员拒绝了，原因是这间试衣间是专供白人使用的。我的母亲听了后很生气，大声呵斥了那个服务员，然后坚持要我去那间试衣间试衣服。等我出来的时候，她告诉我：'记住，你不比任何人差，任何人都无法让你感到自惭形秽。'我一直记得母亲这句话，也相信我可以做到很优秀。"

每个父母都希望自己的孩子优秀，可是却很少有人像赖斯的母亲一般将优秀根植在孩子的内心深处。其实，优秀也是一种习惯，当你在孩子的内心种下这颗种子的时候，他就会努力使自己优秀。所以，不要打击孩子的信心，不要给他的内心种下自己比别人差的种子。

【怎么听怎么说之现场演练】

给孩子积极的暗示

在生活中，我们的语言总会带一些积极或消极的色彩，从而有意无意地给孩子一些暗示，读读下面的语句，看看你是习惯使用消极暗示还是积极暗示。

积极的暗示

1. 孩子："爸爸妈妈，手工课上我若做不好老师会说我。"

爸爸妈妈：你是最棒的！只要努力，你可以做成的！ ＿＿＿＿＿＿＿

＿＿＿＿＿＿＿＿＿＿＿＿＿＿＿＿＿＿＿＿＿＿＿＿＿＿＿＿＿＿＿＿

孩子都想得到老师的表扬，他希望自己在手工课上能表现得非常好，这样老师就会喜欢自己。他之所以会这样对你说，一部分是出自担心，另一部分是希望得到你的鼓励。

2. 孩子："爸爸妈妈，长跑比赛我怕我赢不了。"

爸爸妈妈："坚持到最后一秒就是胜利。" ＿＿＿＿＿＿＿＿＿＿

＿＿＿＿＿＿＿＿＿＿＿＿＿＿＿＿＿＿＿＿＿＿＿＿＿＿＿＿＿＿＿＿

孩子参加比赛时，往往负载着很多人的希望。于是，就会产生压力，这些压力过大的话会给孩子带来心理负担。这时，父母一定要学会给孩子释压。

3. 孩子："爸爸妈妈，我有时会对自己不满意！"

爸爸妈妈："宝贝，你已经做得很好了！" ＿＿＿＿＿＿＿＿＿＿

孩子这样跟你说话时，一定是把你当作朋友了，这是可喜的事情。父母要学会换角色和孩子交流，不要再按父母的要求对待孩子了，而是作为朋友，给孩子支持和鼓励。

消极的暗示

1. 孩子："爸爸妈妈，这道题目我不太会做。"

爸爸妈妈：你这个没出息的家伙！ _____

孩子说他做不了什么事时是希望得到你的帮助，而不是劈头盖脸的批评。

2. 孩子：爸爸妈妈，这样处理这些玩具对吗？

爸爸妈妈：笨，怎么可以那样做？ _____

孩子在询问你的意见时，父母同意与否都要采用温和的方式，这样，意见才能更有效。

3. 孩子：爸爸妈妈，我想考进实验班。

妈妈：你这么笨，办不到的！ _____

孩子也有孩子的梦想，不管他的梦想可行不可行，只要他愿意为其付出努力，父母就一定不要打击。

孩子的人生观、价值观、世界观都没定型，可塑性很强，你给他什么他就接受什么，你暗示他将怎么样他就会按照你暗示的方向发展。同样是一个孩子，会成为律师、医生还是小偷、强盗，和父母的教育方式有很大关系。此外，"你比别人差"会严重伤害孩子的自尊心，让他觉得自己不可爱或父母不爱他。这样，孩子有什么心里话也不愿意告诉父母，代沟就产生了。所以，望子成龙的家长，请不要轻易使用"你比别人差"之类的言辞。

给受挫的孩子正向引导

没有一帆风顺的航程，也没有一帆风顺的人生。作为家长，与其过度保护孩子，不让孩子经受一点儿挫折，让孩子成为温室中的花朵，倒不如给受到挫折的孩子正向引导，教孩子积极面对挫折，让孩子在每一次挫败经历中都能为成长增加一份坚韧和成熟。

每个人都有遭遇失败的时候，都希望得到周围人的安慰和帮助。孩子的心理承受能力比起成年人来说更是脆弱得多，在遭受挫折时也比成年人更希望得到安慰和帮助。作为父母，在这个时候安慰并引导孩子更能使孩子感受到父母的爱，从而拉近与父母的关系。

依依的爸爸和妈妈很忙，大多数时候依依是由爷爷奶奶照顾的。一直以来，依依都跟爸爸妈妈不是很亲近，也不太愿意给爸爸妈妈打电话。

有一次，依依在学校举行的运动会上表现得很差，心里很难受。这天，妈妈也请假去参加了运动会，看见依依在运动会上表现得不好，就赶紧跑过去安慰依依。

"依依，没事，妈妈小时候参加运动会也经常是倒数第一名。"妈妈对依依说，可是依依看着妈妈，没有说话。

"只要我们努力了，就没有遗憾了，不要因为一次的失败就沮丧。"妈妈接着说。依依突然抱着妈妈哭了起来。

"没事，没事，下次继续努力。"依依的妈妈轻轻地拍着依依的背说。

从那次运动会以后，依依开始跟妈妈很亲近，时不时地给妈妈打个电话。

此外，引导孩子积极面对挫折，对于孩子认识自身的价值，建立积极的心态也有着重要的作用。一般而言，孩子在遭受到挫败时，都容易对自身的价值产生怀疑，开始自卑，这时候就需要家长从旁引导，帮助孩子重新获得积极的心态。

一个足球运动员在接受采访时说：我一直都觉得自己很有足球的天分，可是，在我初中的时候，第一次参加大型的足球比赛时，球队输了，我的心情很低落，开始怀疑自己是不是真的有踢足球天分。这时候我爸爸拿出了一张10美元的钞票，问我想不想要，我点了点头，然后，他把这张10美元放在脚下踩了几下，问我现在还想不想要，我依旧点了点头。然后他对我说："孩子，你记住，每个人的价值都不会因为一次踩踏就没有了，相反，它一直都在。只是有时候你低落的心情将你的眼睛欺骗了。所以，不要放弃！"这段话让我重新相信我自己是有天分的，有价值的。后来，我每一次遭遇到失败时，都会想起爸爸的话。这段话是我失败时的指南。我很感激我的父亲。

孩子的生活经验毕竟有限，在遭遇到失败以后，快速找出失败的原因是有些困难的，这时候如果父母能给受挫的孩子正向引导，帮助孩子理性分析，无疑会给孩子带来很大的帮助。

每个人的一生中都不可避免地要遭受失败和挫折，作为父母，要给受挫的孩子正向引导，不要因为孩子一次的失败就觉得孩子什么事情都做不好，而是要帮助孩子从挫败中走出来，这样他在未来的人生中才会越走越顺。

【怎么听怎么说之现场演练】

帮助孩子从挫败中走出来

在生活学习中，孩子所做的每一件事情都希望得到父母的赞赏和支持，所以，一旦他没有做好时，就会产生羞愧心理。这时，父母不要给孩子负面的训斥，而应该鼓励孩子，告诉他人不可能把每一件事都做到最好，要学会在挫败中成长。

通过以下例子，看看你面对孩子的挫败时是怎样的家长：

1. 儿子要证明自己能爬到树的最高处，结果从高处摔下来时，你会怎么做?

A. 愤怒，觉得他在逞强
B. 心疼，理性地讲道理

孩子为了证明自己而去爬树，结果让自己受了伤，这时父母首先要关心孩子伤得怎么样，其次再给孩子讲解相关的道理，告诉他想要证明自己是没错的，但要选择合适的场合和事情。

2. 要强的女儿在学校的舞蹈比赛中没有拿到名次时，你会怎么做?

A. 指责，觉得是女儿不够优秀

B. 宽慰，告诉她参与最重要

孩子本身要强，没拿到名次一定非常难过。这时，父母要安慰孩子，而不要再打击孩子。

3. 一向成绩优秀的儿子，这次没考好，你会怎么做?

A. 辱骂他没有好好学习

B. 帮助他找出没考好的原因

任何人都有失误的时候,家长要允许孩子的偶尔失误。如果孩子一直成绩好,一次没考好算不了什么,但是,一定要帮助孩子找到原因,是做题不细心还是最近不够努力等等。

4. 孩子和班里的同学闹矛盾了,你会怎么做?

A. 将责任归到某一方进行指责

B. 询问原因,帮助调解

孩子们的世界有孩子们的规则,他们之间矛盾来得快也去得快。家长要帮助孩子寻找根本的原因,不要急着将责任归到一方,以免冤枉哪个或偏袒哪个。

5. 孩子兴致勃勃地发表他的看法时,遭到周围人批评,你会怎么做?

A. 附和周围人的观点

B. 鼓励孩子对阐述的问题继续思考

遭到周围的人的批评,这对孩子来说本身就是一个挑战。这时,不管孩子正确与否,父母在外人面前就不要跟着别人一起批评自己的孩子了,而要委婉地提醒孩子继续思考他阐述的问题。随着思考的加深孩子也许会慢慢有答案的。

每个人都不可能不遇到挫折和失败,正确认识和面对这些经历会让人在挫败中练就坚韧的品质。父母要积极认同孩子的挫败,不要一棒子打死,觉得孩子什么都做不好,而是要帮助孩子吸取经验教训,以便在未来的路上走得更顺利。

帮助孩子在挫败中成长

积极认同孩子挫败的经历,让孩子感受到父母的爱,会给孩子从失败中走出来的力量。

过度的赞扬和过度的批评一样有害

小文的妈妈从前对小文很严格，很少夸奖她。但自从有人告诉她赞扬对于孩子成长的好处之后，她开始千方百计地去夸小文。

"我们家小文真聪明，这么难的题都做出来了。"

"我们家小文真有眼光，这件衣服穿在她身上真是好看极了。"

"我们家小文穿上这件衣服，真漂亮。"

来自妈妈的赞扬越来越多，小文也开始有些飘飘然了。

"这道题很简单的，这都不会，真笨。"当同桌问小文一道题目时，小文对同桌说道。

"这是你自己选的衣服吗？你怎么这么没有眼光。"小文对莉莉说道。

现在不少父母都已经意识到"赏识教育"的必要性，也都开始不吝啬对孩子进行表扬和赞赏，就像故事中的小文的妈妈一样。但是，任何事情都有两面性，表扬用得泛滥了，也会过犹不及。

下面看看过度的赞扬会给孩子带来哪些坏处。

1. 过度赞扬会徒增孩子的虚荣心。

赞扬孩子一般要在孩子做对什么事或表现得出色时，父母不失时机地进行，这种赞扬会激发孩子的兴趣，增加他的自信心和成就感。但是，如果赞扬不是建立在实事求是的基础上，不管孩子说什么做什么，父母都不假思索地称赞，这样便会增加孩子的虚荣心，变得"唯我独尊"。

2. 过度赞扬会让孩子认不清自己。

人贵在自知,如果家长对孩子一味地表扬,甚至孩子做错事时也在找表扬他的理由。这样,孩子对自我的评价便是不切实际的,更不用说在认识自我的基础上,学会调节自我适应周围的变化了。

3. 过度赞扬会让孩子逃避挫折。

如果孩子听惯了赞扬的话,会认为自己无论做什么都是有道理的,都是值得赞扬的,这时,即使孩子做错了什么,他也无法听进批评。做错事时听不进批评,就无法及时改正,当错误更大时又会逃避,不敢面对。

既然过度赞扬会带来这么多不好的后果,那么到底如何赞扬孩子才对呢? 让我们一起看看专家给出的建议:

1. 父母表扬孩子一定要基于事实,而且,这种事实必须是孩子努力的事实,不能是孩子先天就拥有的事实,比如孩子长得漂亮等就最好不要去夸奖,这对于防止孩子虚荣心的无限制增长是必不可少的。

2. 要让孩子明白他得到赞扬的原因,这样才不至于让孩子在赞扬中迷失自我。孩子需要来自他人的肯定和赞扬,但是也需要建立自我评价。让孩子明白他得到赞扬的原因,会让孩子明白什么是自己的优势,什么是自己的劣势,这样在孩子建立自我评价时会全面一些。

3. 赞扬孩子时用语要客观准确,不要过度夸张,必要时可以用身体语言,比如一个拥抱。但是切记不要用物质奖励代替语言赞扬。客观、准确、不夸张的赞扬,可以让孩子感受到父母的赞扬是真心实意的，不是敷衍自己，从而获得鼓励。如果加上身体语言，孩子更能感受到来自父母的喜悦，他们会朝着父母鼓励的方向继续努力。

总之，父母在赞扬孩子的时候也是需要把握一定的原则的，不然，会给孩子的成长带来伤害。

【怎么听怎么说之现场演练】

赞扬和批评孩子的学问

赞扬和批评对孩子都会产生很大的影响，两者都不可或缺，也都不可滥用，到底如何使用赞扬和批评才更有利于孩子的成长呢？下面，我们看几则实例，悟出些赞扬和批评的学问。

1. 儿子学"孔融让梨"，将最大的水果给爷爷吃，你会有什么样的反应？

A.吝啬赞扬

B.赞扬孩子孝顺

孩子的模仿意识很强，会在模仿成人的过程中慢慢长大。如果孩子在模仿好人好事，那么家长一定不能吝啬自己的赞扬，要及时赞扬孩子，这样，能强化孩子的模仿行为，日后，孩子也会将这种行为持续下去。

2. 孩子学习非常努力，成绩也不错，你会怎么做？

A.大肆赞扬孩子，说他什么都是最棒的

B.赞扬孩子，但告诉他，他在做分内的事

孩子足够努力本身就是一件值得父母认可的事情，如果孩子取得了好成绩，父母一定要给他双倍的肯定。试想，父母作为员工，做好了分内的事，也是希望得到上司认可的。所以，对于孩子，我们不要吝啬赞扬，但也要告诉孩子他在做分内的事，也就是他必须做好的事。

3. 孩子弄坏了别的小朋友的钢笔,你会怎么做?

A. 袒护孩子,指责钢笔质量有问题

B. 赔给小朋友一支新的钢笔,并且告诉孩子以后要小心点儿

这里孩子的行为也许已经给别的小朋友带去了伤害,这时,作为父母,就不要袒护自己的孩子了。首先让孩子给小朋友道歉,其次,也一定帮小朋友修好钢笔,实在不行的话,就买一支新的作为赔偿。此外,也要告诉自己的孩子,以后小心点儿。

4. 孩子东跑西跑地忙个不停,你在旁边会怎么做?

A. 孩子做什么都说好

B. 实事求是地赞扬孩子

孩子乐于做各种事情,做得好的父母就要表扬,做得不好的就要帮孩子认识到问题所在。切忌孩子做什么父母都说好,不然会让孩子觉得自己不会犯错或者感觉父母在敷衍自己,表扬也没什么价值。

5. 如果你的孩子总吃零食不吃饭,你会怎么做?

A. 纠正其错误做法

B. 他吃一口,就夸他一句"真乖"

吃零食并没错,但是,如果孩子只吃零食不吃饭的话却是一个极坏的习惯。在不该吃饭的时间吃零食,该吃饭时不吃饭,这样孩子的饮食会很不规律,对身体很不好。此外,这样可能会让孩子变得懒散。作为父母,绝对不能把孩子吃饭当成可表扬的事情来表扬,因为这是孩子应该做的。

6. 孩子在雷锋月获得"小雷锋"奖章,你会怎么做?

A. 对孩子竖起大拇指

B. 给孩子 200 块钱

赞赏对于孩子来说是不可或缺的。但是，父母一定不要用物质代替口头上的赞赏，如果你给赞赏标上了价格的话，赞赏就会贬值。当金钱的数额对孩子不具诱惑性或孩子不需要钱时，孩子的积极性也会受挫，因为心灵的需求不是金钱可以弥补的。

不要孩子做什么家长都认为是值得赞扬的，一味地赞扬反而会浪费了赞扬，让赞扬显得特别廉价，所以家长们要理性地运用赞扬。